無錫文庫

第三輯

南塘丁氏真譜
萬柳溪邊舊話
萬柳溪邊近話
續萬柳溪邊近話
錫山王氏宗譜
錫山邵氏宗譜

鳳凰出版傳媒集團
鳳凰出版社

ISBN 978-7-5506-0805-4

圖書在版編目（C I P）數據

南塘丁氏真譜等 / 丁錫鏞等纂修. -- 南京 : 鳳凰出版社, 2011.8
（無錫文庫. 第3輯）
ISBN 978-7-5506-0805-4

Ⅰ. ①南… Ⅱ. ①丁… Ⅲ. ①氏族譜系－無錫市 Ⅳ. ①K820.9

中國版本圖書館CIP數據核字(2011)第173501號

責任編輯　王　劍
裝幀設計　姜　嵩
出版發行　鳳凰出版傳媒集團
　　　　　鳳凰出版社(原江蘇古籍出版社)
　　　　　南京市中央路165號　郵編 210009
　　　　　發行部電話 025－83223462
集團網址　鳳凰出版傳媒網　http://www.ppm.cn
印　　刷　無錫市證券印刷有限公司
　　　　　無錫市揚名高新技術産業園B區75號　郵編 214024
開　　本　889×1194毫米　1/16
印　　張　33.75
版　　次　2011年8月第1版　2011年8月第1次印刷
標準書號　ISBN 978-7-5506-0805-4
定　　價　440.00圓
(本書凡印裝錯誤可向承印廠調換,電話:0510－85435666)

無錫文庫工作委員會

無錫文庫編輯委員會

總序

七千年文明史，三千年建城史，江南名城無錫，襟長江依太湖，自古以來就是魚米之鄉，禮儀之邦。無錫文化自泰伯南奔以來，騰蛟起鳳，尚德崇文，在數千年的傳承發展中，教化常持，經世務實，人杰輩出，大家林立，文藻絢麗，錯彩鏤金。舍南舍北皆春水，欲與湖山作主人，數千年的人文傳統，賦予了風光秀美的無錫以獨特的文化魅力，鑄就了城市剛柔相濟、秀逸清麗的的文化品格。

無錫是中國吴文化的發源地。早在商代晚期，周太王古公亶父的長子泰伯三讓王位，携其弟仲雍奔吴，定居無錫梅里，建『勾吴國』，『端委以治周禮』，施以禮儀教化；興修水利，授以農桑，不數年而『民人殷富』。泰伯帶來的中原文化與無錫本地土著文明相結合，吴文化以及作爲其重要組成部分的無錫文化就此發端。晋室南渡，北方人群大量南遷，帶來了中原的文化技術，促進了無錫農業、水利、手工業和商業的發展，中原文明再度與吴文化進行融合互滲。在本土文化與异地文化的碰撞和交融中，不斷推動着無錫這座城市的文明進步。

無錫歷史文化『追歷七千餘載歲月滌蕩，遂經四大轉折而成其廣大深厚：泰伯西來，吴文化成焉；永嘉南渡，江左文脉振焉；宋室波遷，江南文風始焉；歐風東漸，錫邑占風氣之先，民族工商文化始焉。數百代鄉彦賢達智慧與創造累積，文獻足徵，無慮百千』（《錫山先哲叢刊》重版弁言）。無錫文化以兼容并蓄多樣化的形態不斷發展。

崇文尚教，以教促文。北宋嘉祐三年（一〇五八），無錫始設縣學；北宋政和元年（一一一一），理學傳人楊時在無錫創建東林書院，此後無錫出現了喻樗、尤袤、李祥、蔣重珍等一批知名的教育家。至明代，顧憲成、高攀龍等在東林書院講學，此後又有許多書院相繼而起。古代無錫對教育的重視，促進了『崇文』和『尚教』的風氣，也造就了大量的人才。自隋朝開創科舉取士到清末廢除科舉，無錫共出了五名狀元、三名榜眼、六名探花和三名傳臚，并有五百四十名進士，一千二百多名舉人；『一榜九進士』、『六科三解元』，自古傳爲佳話。近代以來，經濟的繁榮進一步帶動了教育的興盛。無錫籍國學大師錢穆曾説：『晚清以下，群呼教育救國，無錫一縣最先起。』此後無錫的實業家紛紛出資興辦文化教育事業。教育的繁興，在極大程度上促進了無錫的文化發展，出現了空前的文化人才崛起的高峰。

文脉綿延，後出轉强。歷來『文化』的概念有廣義和狹義之分，這裏的『文脉』之『文』，用的是狹義的概念，即指經史、文學、藝術等人類所創造的精神財富的總和。在無錫的歷史文化傳統中，自古及今，悠悠文脉，如瓜瓞之綿綿。必須指出的是，從文化發生學的角度來看，早期中華文化的中心是在黄河流域的中原地區，無錫在宋元以前，雖有像顧愷之、李紳、尤袤、蔣捷、倪瓚等一批人文英才，但在整體上，無錫的文氣是自明清以迄近現代達到巔峰。在整個江南地區文教昌明和無錫經濟繁盛、教育勃興的大背景下，無錫地區在經史、文學、繪畫、音樂等諸多領域中，建樹卓越，俊才雲蒸，真正呈現出『人文之盛，冠於南國；碩彦輩出，著述繁富』的局面。

求實務本、重工崇商。無錫自古爲江南富庶之地、魚米之鄉。明代東林講學者將士商并列爲『本行』，講求經世致用；近代早期維新的思想家、實踐家薛福成提出『黜浮靡，崇實學』，大力倡揚『工商爲先，耕戰植其基，工商擴其用』的觀念，這些都成了近代以來無錫人求實務本、重工崇商的重要的思想根源；兼以明清時期，封建自然經濟解體，資本主義開始萌芽，無錫經濟日趨繁盛。鴉片戰争以後，上海開埠，由於商品經濟的發展和商業資本積累的增加，逐步形成了一個以上海爲中心的，北接江陰、靖江，西連蘇州、無錫、常州的經濟區域。有布、米、絲、錢『四大碼頭』的無錫，被譽爲『小上海』。到了十九世紀末、二十世紀初，無錫許多有識之士積極引進西方生産技術，大力興辦工廠，形成了近代六大資本系統，無錫成了近代中國民族工商業的發祥地和蘇南經濟中心。經濟的繁盛，不僅爲無錫文化的不斷發展提供了堅實的物質基礎，而且也形成了無錫文化的主流形態之一的，具有鮮明特色和豐富内涵的『工商文化』。

文化源長，文獻宏大。在歷史上，無錫有過兩次較大規模的文化整理。一八九九年，《常州先哲遺書》是包涵無錫在内的第一次區域性文化整理集成。一九二三年，《錫山先哲叢刊》是無錫真正意義上從城市角度進行的一次文化整理。當時，國家積貧積弱，社會動蕩離亂，身處亂世的有識之士高擎文化的旗幟，以縱覽千古的魄力和毅力致力於城市文化傳統的繼承與弘揚，爲無錫地方人文教育提供了文化楷模，對增强無錫崇文興教氛圍發揮了重要的作用，爲無錫躋身江南名城提供了文化動力，其意義至今爲後人感念。

滄桑巨變，天上人間。經過近一個世紀的奮鬥探索，特别是改革開放三十多年來的迅猛發展，中華民族强勢崛起。國運昌隆，盛世修典。中共無錫市委、市政府高度重視地方傳統文化的整理弘揚工作。自二〇〇七年提出『建設文明無錫，打造文化名城』以來，無錫全面深入開展歷史文化遺産的挖掘、清理、保護和修復工作，傳承弘揚優秀傳統文化，彰顯城市人文歷史底藴，掀起歷史文化名城建設新高潮。此後，市委、市政府在《無錫市文化大發展大繁榮行動綱要》中明確要求全面整理出版地方歷史文獻，市委、市政府在《關於深化文化體制改革加快文化强市建設的决定》中再次明確要求編纂《無錫文庫》，正式啓動迄今爲止無錫地區規模最大、綜合性鄉邦文獻集成的修編工作。爲確保《無錫文庫》的編纂工作順利進行，市委、市政府專門成立了『無錫文庫工作委員會』，由市委宣傳部牽頭，設立了『無錫文庫編輯委員會』，計劃用三年時間完成編纂出版工作。《無錫文庫》的編纂，將以嶄新的學術角度和現代學科框架對城市歷史文化進行全面梳理和弘揚，站在時代的高度，充分展示城市深厚的歷史底藴，彰顯先賢哲人的智慧創造，解讀無錫文化的獨特個性，提煉升華無錫的人文精神，光前裕後，古爲今用，以文化人，由人化文，以史爲鑒，開啓未來。

《無錫文庫》的編纂出版必將發揮重要的文化功能：首先是搶救文獻。無錫自古即有豐富的地方文獻，無論經史子集，都有重要著作流傳於世。然而無錫近代歷經戰亂，一些重要典籍已毁佚，僅有書名存留；還有一些珍貴的明清地方史籍，也以孤本存世，處於若存若亡之間。由於各種原因，一些代表無錫文化的典籍保存於國内外各大圖書館中，在無錫不易見到。從清末到民國期間，在文化上有不少重要成果，而這部分書籍因長期被忽視而處於毁佚的邊緣。《無錫文庫》的編纂就是爲了搶救文獻，保存文脉。其次是古籍整理。無錫先賢留下的載籍很多，但現存書籍，版本雜亂，良莠不齊，整體而言没有經過系統編排梳理，使用不便。《無錫文庫》的編纂，就是從版本目録學的角度加以梳理，每書皆撰提要，鈎玄指要，便於閲讀使用。第三是服務大衆。《無錫文庫》所收皆爲地方古史遺文，是研究無錫歷史沿革和文化傳承的必讀書目。《無錫文庫》的編纂出版，使這些書籍的使用更加便捷和廣泛，對無錫的文化建設、城市規劃、古迹保護、名勝開發都具有很高的學術價值和實用價值。

歷史唯物主義觀是《無錫文庫》編纂出版工作的重要指導思想。《無錫文庫》是一部具有社會主義新時代特點的典籍集成，編纂理念和選編觀念更加科學，注重學術性、實用性和經典性相結合，并且儘量收入古籍版本研究的新成果，廣泛收集流散在國内外的珍貴典籍。編纂工作中，始終堅持『尊重歷史、尊重科學、尊重規律、尊重專家』的原則，堅持『雙百』方針，對傳統文化中重要的不同學派、不同觀點的資料兼收并蓄，力求客觀、完整和全面。當然，《無錫文庫》不可能包羅萬象，而以文史哲爲主要内容，兼顧其他類别著述，整體呈現出無錫歷史文化的發展脉絡。强化編纂工作的學術規範，提倡實事求是的良好學風，對文庫的整體規模、體例框架、所收書目、版式裝幀等進行反復論證，反復比較，多方聽取意見，慎之又慎，力争使《無錫文庫》成爲一部真正代表無錫文化的綜合性鄉邦文獻集成。

編纂出版《無錫文庫》的盛舉，得到了海内外衆多著名的文史專家、學者教授的熱烈響應。許倬雲、馮其庸、楊天石、李文海、徐中玉、馮遠、胡福明等無錫籍文化名人和劉玉才、程章燦、江慶柏、張廷銀、金良年等專家學者應邀擔任《無錫文庫》的學術顧問，他們扎實的學術功底、嚴謹的治學風範、卓越的學術見識，爲《無錫文庫》提供了有力的支撑。

千年吴地文明，百年工商繁華，賦予無錫人聰慧和靈秀，創造了具有獨特品質的城市文化和城市精神。當我們手捧先哲留下的珍貴文化遺産，不僅滿懷感恩、敬畏之心，更涌動着不負前賢、勵志圖新的激情，去努力創造城市文化嶄新的輝煌，讓無錫文化大發展大繁榮的春天更加姹紫嫣紅、繽紛燦爛！

無錫文庫編輯委員會

二〇一一年一月

凡例

一、《文庫》所收爲無錫籍作家的著述和與無錫相關的歷代文獻，分爲《官修舊志》、《地方史料專著》、《年譜家乘》、《無錫文存》和《近現代名家名著存目》五輯。

二、無錫地域範圍以現行行政轄區爲準。《文庫》立足無錫市區，兼顧江陰、宜興，適當選收江陰、宜興具有代表性的著作。

三、《文庫》所收著作，以史料價值高、使用價值大爲原則，適當兼顧其版本價值。

四、《文庫》主要采用影印方式出版，《近現代名家名著存目》收入作家小傳和主要著述目録。

五、《文庫》所收著作，其編纂年代下限爲一九四九年；《近現代名家名著存目》則不受此限。

六、《文庫》所收著作，原書如有蠹損、殘缺、漫漶不清處，原則上以相同版本予以換頁、補頁，使全書清晰、整齊。

七、《文庫》對所收每種圖書，均撰寫提要，置於每種書扉頁之背面；每册均新編頁碼，自爲起訖。

八、《文庫》編制書名索引和著者索引，以方便讀者使用。

第三輯編輯説明

本輯為《無錫文庫》之第三輯《年譜家乘》，收録無錫（含江陰、宜興）歷代名人年譜以及部分著姓望族家譜。

年譜是史籍中一種人物傳記體裁。但和一般的傳記有所不同，一般的傳記主要紀傳主的生平大要，而年譜則是以譜主爲中心，以年月爲經緯，比較全面細緻地叙述譜主一生事迹。所謂『叙一人之道德、學問、事業，纖悉無遺而系以年月者，謂之年譜』（朱士嘉《中國歷代名人年譜序》）。家譜是一種以表譜形式記載一個以血緣關係爲主體的家族世系繁衍及其重要人物事迹的圖書體裁，主要包含譜序、題辭、恩榮、凡例、像贊、世系、傳記、宗規、家訓、祠墓、義田、藝文等内容。

它們都屬於史籍中較爲特殊的體裁，過去由於歷史研究中理論的誤導，不重視或忽視人的主體性，對名人與望族的研究相對來説顯得薄弱。隨着思想禁錮的打破以及地方史研究的逐步深入，纔慢慢爲學界所重視，並成爲熱點。今天我們将此列爲專門研究对象，着眼點是它的社會意義，具體一些説，就是某一望族在它所處的社會制度下，對政治、經濟、文化、社會生活諸方面所發生的正負影響，又從某一望族的興衰過程透視其社會歷史的宏觀背景。同時望族的研究離不開個體研究，離不開對名人和精英在歷史發展中所處的地位和發揮的作用、功過善惡給予合乎歷史真實的評價。無論是群體或個體研究，其結果都對現實生活有借鑒的作用。

無錫，地靈人傑，截至二〇一一年，產生於此的百餘名科學院、工程院、社科院院士（學部委員）已使它成爲名副其實的『院士之鄉』、『人才高地』，無錫的人文之厚，正源自這片熱土千百年來所湧現出的衆多風流人物與著姓望族。本輯首次較全面地彙編了這些名人的年譜和部分著姓望族家譜共約一百三十種，爲學界研究提供參考。需要説明的是，考慮到文獻資料的完整性、實用性、稀見性，個別年譜家乘會突破一九四九年的年代下限；而當代編寫出版的無錫歷代名人年譜，坊間易得，不在此次收録之列；另有十一種年譜因已分別附録在《無錫文庫》第二、三、四輯的相關書内，也就不再重復收入，它們是：《梁溪先生年譜》（譜主李綱，李綸編）收入第四輯之《梁溪先生文集》，《修敬公年譜》（譜主秦旭）、《端敏公年譜》（譜主秦金）、《從川公年譜》（譜主秦瀚）、《海翁公年譜》（譜主秦德藻）收入第三輯之《錫山秦氏宗譜》，《盛顒年譜》（譜主盛顒）收入第三輯之《勾吴盛氏宗譜》，《顧端文公年譜》（譜主顧憲成）收入第四輯之《顧端文公遺書》，《師竹廬自述》（譜主竇鎮）收入第二輯之《師竹廬隨筆》，《孝侯公年譜》（譜主周處）、《簡惠公年譜》（譜主周葵）、《少宰公年譜》（譜主周家楣）收入第三輯之《國山周氏世譜》。

本輯排列順序，先年譜後家乘，無錫、江陰、宜興各自分編。年譜依譜主歷史年代爲序，全文收録。家乘依姓氏筆畫爲序，視其文獻價值，全文收録或選擇收録，選擇收録者，在提要中加以説明。

目録

南塘丁氏真譜

（民國）丁錫鏞等 纂修

《南塘丁氏真譜》家乘十卷首一卷附刻一卷世系十卷雜識一卷，（民國）丁錫鏞等纂修，一九二四年鉛印本。

該譜主修丁錫鏞、丁錫鈞、丁福保、丁錦。總纂丁寶書。另有纂修、協修、參校等多人，皆爲丁氏族人。

丁氏源出姜姓。丁氏之家譜最早始修於明嘉靖年間。丁氏遠年之譜自趙宋時丁元珍以科第起家，爲一世祖。傳至元末第十一世丁進五，仕元至定遠大將軍，入明削籍爲民。丁進五自武進遷居無錫，自此爲無錫丁氏一世祖。三世丁敏道於明永樂年間購南門外南塘地，聚族而居，世稱無錫南塘丁氏。此譜在編纂上頗具匠心，圖像、像贊皆從古譜而來。爲丁氏先祖題寫像贊的有邵寶、文嘉、陳幼學，杜詔、浦起龍、王澍、秦蕙田、孫揆均、俞復、范廷銓、錢基博等。譜中列入所有能收集到的歷次序文、家乘、墓銘。十五世以上先祖詩文皆載入，十五世以下酌收，並載先人著述目録。譜牒部分有世系圖及譜文，爲家譜的通常作法。譜前列有修譜之人照片。該譜所録明清以來無錫丁氏之傳承，雖有缺失，然其中安齋公堯年支所記詳贍。該譜之修爲丁氏城中居民集資而爲，不同於農村之宗族。以此之故，封建色彩大爲減少。校對精良，然所承清代舊譜而來之避諱字皆未改，如萬曆仍作萬歷，弘治仍作宏治，此乃民國譜之通病。然該譜爲丁氏家族保存了大量原生態的資料，也是無錫地方史研究的取資之所。其編排體例無不有學問家之眼光。

丁紹儀、丁福保等人出於此族。

本書據一九二四年本影印卷首、家乘十卷附刻一卷、雜識一卷。

（徐志鈞）

南塘丁氏真譜

陽湖汪洵書耑

民國十有三年甲子重脩

家寶

袁昌齡

此次續脩凡傳銘跋系一切皆照舊譜有增無刪即飜刻原序像贊等太不敢稍失舊譜面目以得罪於祖宗此後當援以為例倘有以修譜為漁利計尅扣工費妄為刪削當以大不孝論

南塘丁氏貞譜序

世俗之有譜。蓋先聖哲王明倫敦俗之旨。故必辨宗系。別親疏。明支派。絕援附。惟仁之至而義法始嚴焉。後之人既闇其義。而著爲例。人人有所率循。又慮子孫之流而爲非。於以崇名節。祖宗之嘉言懿行。靡不備載。以隆其稱述。而戒以無忝所生。懼祖宗之遠。弗克追。於以書葬祭。書之不能詳。復列圖以明之。使歷久而不忘。譜至此美矣。備矣。蔑以加已。然胡以世際其盛。則人知敬愛。雍雍肅肅。比戶而可封。際其衰。則人懷叛貳。大反乎是。豈先聖之教。猶有未至歟。抑自有非聖之說。中於青年無識之心。遂欲舉先聖範圍弗過之道。蕩決無餘。而思一逞歟。吾不能不望於世族長老。篤守家法。以保其子孫。且有以漸漬於鄉里。而化彼狂惑也。爰於丁氏

譜一發之。考無錫丁氏譜。始於明嘉靖庚申。越百十有二年。至康熙壬子。續修之。又越七十八年。至乾隆庚午。三修之。又越百年。至道光庚戌。四修之。又越四十五年。至光緒甲午。五修之。自甲午至今。又越三十一年矣。丁氏裔孫仲祜。慕韓。各捐國幣四百銀圓。杏初。荷生。各捐百圓。爲第六次續修之費。公舉子秀遂初任編纂。校刊等事。閱兩歲而告成。其搜羅之詳贍。義法之謹嚴。足與舊譜後先媲美。傳曰。君子之言。信而有徵。余於丁氏譜見之矣。余慨夫今之學子。弁髦舊學。行將數典而忘其祖。閱此譜。知丁氏之子孫。尚謹守家法。故不辭而爲之序。甲子春仲天津徐世昌

歷朝丁氏纂修宗譜執事目

明嘉靖庚申初編垂香集宗譜

編纂

龍崗公諱武年支七世裔孫 訒 與泉

南溟公諱文年支八世裔孫 時泰 永貞 龍南

清康熙壬子重修宗譜編校子姓

總纂

安齋公諱堯年支九世裔孫 洹 玉泓 晴宇

纂修

南溟公諱文年支十世裔孫 幼學 儒可 懋承

安齋公諱堯年支十世裔孫 明俊 樹滋 君蕃

協修

南溟公諱文年支十一世裔孫 世珩 長宿 彥昭

安齋公諱堯年支十一世裔孫 燿 宸昭 旭如

參校

龍崗公諱武年支十一世裔孫 聚瓚 子穆

安齋公諱堯年支十一世裔孫 煥 文之

安齋公諱堯年支十一世裔孫 紹美 西文 留菴

清乾隆庚午三修宗譜編校子姓

纂修

安齋公諱堯年支十二世裔孫 龍起 峙九 月川

安齋公諱堯年支十二世裔孫 鵬起 雲翮

安齋公諱堯年支十二世裔孫 鶴起 乾九 聞菴

協修

安齋公諱堯年支十三世裔孫 景范 少伯 筠亭
安齋公諱堯年支十三世裔孫 亭 中事
安齋公諱堯年支十三世裔孫 秉銓 世綸 莘樂

清道光庚戌四修宗譜編校子姓

編纂
安齋公諱堯年支十五世裔孫 㯳 俊之 樂圃

采訪
安齋公諱堯年支十六世裔孫 守默 竹舲

清光緒甲午五修宗譜編校子姓

主修
安齋公諱堯年支十七世裔孫 墉 倣石 枚卿

總纂

安齋公諱堯年支十五世裔孫 嘉梓 琢齋
安齋公諱堯年支十七世裔孫 維墉 野芹
安齋公諱堯年支十七世裔孫 承祥 絜菴

纂修
安齋公諱堯年支十八世裔孫 寶書 芸軒
安齋公諱堯年支十八世裔孫 鉄 雨蓀
安齋公諱堯年支十八世裔孫 福保 仲祜 梅軒

采訪
安齋公諱堯年支十五世裔孫 嘉植 廣田
安齋公諱堯年支十七世裔孫 沛基 雨亭
安齋公諱堯年支十七世裔孫 德陛 厚甫
安齋公諱堯年支十八世裔孫 錫泉 藕軒

繪像
安齋公諱堯年支十八世裔孫 鏡 嘉生

請延外姓掌稿兼校勘
同邑 王封圻 孟和

民國十三年甲子六修宗譜編校子姓

主修
安齋公諱堯年支十六世裔孫 錫鏞 杏初
安齋公諱堯年支十六世裔孫 錫鈞 荷笙
安齋公諱堯年支十八世裔孫 福保 仲祜 梅軒
安齋公諱堯年支十八世裔孫 錦 慕韓 乾齋

總纂
安齋公諱堯年支十八世裔孫 寶書 芸軒

纂修
眞愚公諱舜年支二十世裔孫 元錫 子秀
眞愚公諱舜年支二十世裔孫 元釗 遂初

協修
安齋公諱堯年支十七世裔孫 均 佩卿
安齋公諱堯年支十八世裔孫 遜鈞 芥軒
安齋公諱堯年支十八世裔孫 祖庚 朗西
安齋公諱堯年支十九世裔孫 兆霖 佐成

參校
眞愚公諱舜年支二十一世裔孫 文海 慕禹

十六世孫錫鏞小影

十六世孫錫鈞小影

十八世孫福保小影

十八世孫錦小影

十八世孫寶書小影

二十世孫元錫小影

二十世孫元釗小影

十七世孫均小影

十八世孫遜鈞小影

十八世孫祖庚小影

十九世孫兆霖小影

二十一世孫文海小影

敘次宗譜例言

夫譜必有例。例貴謹嚴。非可以顛倒錯亂而施之也。統閱各家譜例。佳者蓋寡。惟紀昀景城譜例。最爲精核。今略師其意。參酌而損益之。因敘數語如左。以爲後禩之法云。

誥敕爲國家鉅典。故必列之簡首。所以紀國恩。誌家慶也。用毘陵觀子巷譜語。從來世家舊族。必有令範。如北齊顏之推唐柳玭。皆有家訓。故合肥龔氏譜。心照心鑑等編纂。彙輯大清律前賢統說先儒格言於誥敕之次。今倣其例也。不曰格言而曰塾課者。取定海黄氏塾課之例也。以原敘冠卷次之首者。重其舊也。益以像贊者。存儀型也。傳狀銘記之類。編於世表前者。遵垂香集例也。兼輯圖書集成通志府志縣志等書者。從其類也。繼之以忠節貞節表者。昭忠貞也。倣合肥龔氏譜例也。繼以傳家集者。存先世著述大凡也。世系表分一支爲一卷。卽歐陽氏蘇氏以一支爲一譜之例也。冠以世系統宗者。蓋以今之譜一族一譜也。復列世系圖於統宗之前者。欲其展卷瞭然。便檢閱也。

右叙分篇之例

譜題南塘。示別也。有同縣而非族者。靑山洛社等支是矣。題曰眞譜。以乾隆間有族人鳩合邑中丁姓爲大通譜。青山洛社等支皆入此譜。懼其以僞亂眞也。卽闻菴公乾隆譜例也。世系表遵歐陽氏例。仍垂香集毘陵譜舊也。毘陵譜述元珍公系出漢陽郡侯伏。語見第一世世系表。然荒遠難追。文無確據。又云丁姓始于丁公伋。語見元天歷二年舊序。不知商時已有丁姓。太公金匱云武王伐紂丁侯不朝語見荖石公氏族考後。云始于齊。似謬。今

不述姓源。愼也。卽藥圃公道光譜所謂丁氏之所自始。姑闕疑可也。語見氏族考。詳字與官爵及婦族。據世說註所引諸譜也。七略稱子雲家牒載以甘露二年生。文選王儉集序註引。周氏譜載翼以六十四卒。劉孝標世說註引。則譜詳生卒。古法也。譜載塋墓。據隋書經籍志載楊氏譜例也。譜記遷徙。兼載行事。從歐陽氏例也。以上參用紀氏例。臣死君。子死父。妻死夫。皆書於譜。維名教也。修舉族中公事。能任勞者。皆書於譜。錄功也。以上參用法坤宏譜例。干犯名義者。逃入二氏者。不登於譜。玷身家也。來稿不詳所出者。不登於譜。防亂宗也。舊譜有所闕略。無可補者闕之。古史法也。

右敍編纂之例

譜皆書名。臨文不諱也。佚名。書字。書次第。歐陽氏例也。佚次第則記以方空。逸周書穆天子傳凡闕字皆作方空。辭窮也。有子者註子幾。無子者註名下。以杜插支亂宗之弊也。亦歐陽氏例也。記女之所適。古法也。世說註引謝氏譜袁氏譜。以上參用紀氏例。元配繼配。但書配書繼者。省文也。取錫山秦氏譜例也。女不詳書。以其登於夫家之譜也。然有守貞不字者。當詳書之。待旌節也。凡書封贈。敬遵大淸會典。概不贅。

右叙書法之例

十八世裔孫寶書福保樑謹述

修譜者衆矣。修譜而深於譜學者。殊不數見。惟觀於吾族五修眞譜例言。遠法歐蘇。近賓紀龔。又復援引羣書。衷於至當。美矣備矣。觀止矣。玆屆第六次續修。業已先例之堪循。奚必刪繁而就簡。祗以桑田滄海。國體變更。輯核陳編。間有宜於昔而不宜

於今者爰遵　仲祜宗長意旨而悉行裁去並參以管見數種合併表明於後

原譜所載大淸律不適用於民國删之餘如塾課前賢統說雖皆至理名言增進家庭教育然値此私塾取締名教寖衰時代刻之恐亦無人寓目不如幷此删去以省卷帙

圈點固是文家陋習惟此家乘及傳家集乃搜輯先人之傳序銘記述略詩文俾後人取而閱之知所景仰如不逐句圈斷恐一披覽而不復展誦不展誦則未能索解不索解則易啟厭心厭心生而置之高閣將祖宗之道德文章彰彰在人耳目而子孫偏不能道其一二爲故圈之以便閱者誦讀

舊譜既係　遷錫始祖伯通公支眞譜則其他支派當然非

我族也使遺我族而誤入他譜爲他人之祖之後焉是絕吾祖後也使認他族而修入吾譜爲吾祖後焉是絕他人之祖之後也二者均不可爲也吾惟仍吾譜之舊吾祗守吾譜之眞

吾族之宦遊他省者咸通信或登報諒無不逹若本邑則聚族南塘而散居各鄉鎭翻閱舊譜未載住址本支何在探訪較難實因當時來稿先未註明故編稿者雖欲詳載而無由即如此次編稿亦僅就可知者載之然所載者究寥寥也嗣後修譜各支裔務將住址註明稿本俾得照稿載入表末或頁縫下次采訪庶不難按圖索驥焉

原譜世系表生卒書干支不書年分省文也今照編之但年代遠則某帝幾何年未必盡人能記某年爲某干支未必盡人能知不若直書年分較爲醒目兼書干支更佳芻言略備惟續修者其裁諸 元錫元釗謹識

南塘丁氏六修眞譜目次

南塘 丁氏眞譜 目次 三

宗譜跋 封廣東廉州府同知堯年支十世 丁明俊 樹滋君蕃
丁氏眞譜序 以下乾隆庚午增 乾隆壬戌翰林院庶吉士禮部尚書謚文恪 張泰開 履安有堂
眞譜跋 太學生堯年支十二世 丁鵬起 雲翩賓齋
眞譜跋 署池州府知府堯年支十二世 丁鶴起 乾九聞菴
南塘丁氏支譜序 道光庚戌增 直隸獲鹿縣典史堯年支十五世 丁檽 俊之藥圃
南塘丁氏宗譜序 以下光緒甲午增 光緒乙酉舉人署晉州知州 章鈞 定安
丁氏家譜序 鄧濂 似周
南塘丁氏甲午譜後序 邑庠生堯年支十八世 丁福保 梅軒仲祜
五修眞譜跋 光緒癸己副貢邑庠生堯年支十八世 丁寶銓 南森 堯年支十八世 寶書 雲軒 堯年支十八世 福保 仲祜
叙次宗譜例言 編列譜端 丁寶銓 寶書 福保
五修眞譜跋 丁鑲

右原序 附跋例言

元授威遠大將軍嘉興路萬戶府萬戶伯通公像贊 始祖進五以下嘉靖庚申原刻 倪峻 靜寄
樸菴公像贊 三世敏道 成化甲辰進士兵部尚書謚文莊 祁寶 國賢
明贈魯藩長史古直公像贊 五世斯濟 海門 崔桐
明正德庚午舉人魯藩長史南洲公像贊 六世延年 方逢時
明嘉靖甲辰進士黃巖縣知縣龍峯公像贊 七世謹 文嘉
文津公像贊 長年支八世紹 像闕舊詩以下康熙壬子增 萬歷己丑進士南京太常寺少卿 陳幼學 志行
清贈廣東廉州府同知晴宇公八十像贊 堯年支九世洹 順治壬辰進士湖州推官 龔廷歷 玉臣震西
清封廣東廉州府同知君蕃公像贊 十世明俊 以下乾隆庚午增 康熙壬辰特賜進士翰林院庶吉士官 杜詔 紫綸雲川

南塘 丁氏眞譜 目次 四

清康熙癸卯舉人石菴公像贊 舜年支十一世熙 恩貢生 楊恩霈 心栽
清歲進士留菴公像贊 堯年支十一世紹美 雍正庚戌進士蘇州府教授 浦起龍 二田芊香
清郡增生赤菴公像贊 十一世熀 金步青
清壽州儒學訓導筠皐公像贊 十一世濟美 華宏顯
清廣東廉州府同知鴻洲公像贊 十一世煐 康熙丙戌進士吏部員外郎金壇 王澍 篛林
清贈廣東高州府知府原任安徽安慶府儒學訓導約齋公像贊 十一世詮 乾隆丙辰探花刑部尚書謚文恭 秦蕙田 樹峯味經
清贈廣東高州府知府原任安徽安慶府同知聞菴公像贊 十二世總起 以下光緒甲午增 光緒癸巳舉人 唐浩鎭 輔臣
清乾隆丙子舉人孝義縣知縣長孺公像贊 像舊闕十二世王士 光緒辛卯舉人陽湖 吳眺 樨暉
清乾隆庚子舉人廣東高州府知府蘭谷公像贊 像闕十三世亭 光緒癸巳舉人 高翔 伯安
清乾隆癸酉舉人浙江常山縣知縣菊圃公像贊 十三世如琦 光緒壬辰進士浙江 林頤山 晉霞
清乾隆丙子舉人廣東廣州府知府濬齋公像贊 十三世尹志 高翔
清贈武功將軍原任陝西漢中府甯羌州知州默甫公像贊 十四世瀚 唐浩鎭
清乾隆癸卯舉人番禺縣知縣仲瀾公像贊 像闕十四世芳洲 光緒甲午舉人 許士熊 侶樵

清乾隆戊申副舉人華州州判秋溪公像贊 十四世桂洲　光緒甲午舉人 俞復 仲還
清恩卹殉難伯仁公像贊 十四世瀾洲　同治癸酉拔貢 侯映奎 蓉莊
清嘉慶戊辰恩科順天南元候選知縣雙梧公像贊 十五世榕　光緒甲午舉人 孫揆均 叔方
清候選同知藕舫公像贊 十五世嘉禾　孫揆均
清候選縣丞琢齋公像贊 十五世嘉梓民國十三年甲子增　歲貢生 范廷銓 寅伯
清道光壬辰舉人揀選知縣植卿公像贊 十七世培光緒甲午增　同治辛未進士 朱鑑章 達夫
清國學生蓉亭公像贊 十七世懋堂以下民國十三年甲子增　郡庠生彝年支二十世 丁元釗 遂初
清太學生蓉溪公像贊 大年支十八世永治　邑庠生 鄒呈桂 頌丹

清候選布政司理問鶴皋公像贊 文年支二十世九成　優增生文年支二十一世 丁鵬振 逸清
清候選布政司理問澹人公像贊 二十一世汝濬　北京清華大學教授 錢基博 潛夫
右像贊
卷次之二
集賢校理元珍公墓表 嘉靖庚申原刻　贈兗國公諡文忠廬陵 歐陽修 永叔
元珍公墓誌銘 嘉靖庚申原刻　封荊國公諡文臨川 王安石 介甫
封晉陵公君饒太君墓誌銘 光緒甲午增　宋樞密院副使太子少師晉陵 胡宿
存誠公墓文 四世鐫舊闕侯訪到補刻　朱袞
封魯藩長史守誠公墓文 五世斯濟舊闕　邵寶
邵太孺人七十壽文 五世斯濟配以下嘉靖庚申原刻　邵寶
增廣生壽夫公墓記 六世松年　邵寶

明正德庚午舉人魯藩長史南洲公墓文 六世延年　嘉靖丙戌進士翰林院侍讀學士 華察 子潛
徐太孺人貞節傳 六世文□配　張問明
談太孺人八十節壽序 武年支九世起慈配以下康熙壬子增　順治壬辰進士戶部員外郎 唐德亮 采臣
節壽談太孺人榮旌序　崇禎丁丑傳臚湖廣提學僉事 高世泰 彙旃
晴宇公八十壽傳 堯年支九世逗　崇禎癸未進士兵部主事 陳震生
李太孺人壽序 長年支九世學儒配　邑庠生 呂自成 誠之
李太孺人節壽傳　順治乙未探花江西按察使 秦鉽 克繩補念
王太孺人節傳 武年支十世宏遠配　華國光
潘太孺人七十節壽序 大年支十世見龍配　龔廷歷
袁太孺人節傳 堯年支十世桂蘂配　國史院檢討已未博學鴻儒 秦松齡 留仙對岩

文之公記略 十一世煥　康熙壬寅恩貢堯年支十一世 丁紹美 西文留菴
右家乘一
卷次之三
封廣東廉州府同知君蕃公傳 十世明俊以下乾隆庚午增　文華殿大學士兼禮部尚書諡文端桐城 張英 敦復樂圃
君蕃公暨配馬太孺人合傳　丁紹美
君蕃公暨配馬太孺人墓誌銘　秦松齡
歲進士留菴公傳 十一世紹美　歲貢生 高愈 紫超
郡增生赤菴公暨配黃太孺人合傳 十一世煌　乾隆乙未進士桑植知縣 顧奎光 星五
鳳陽府壽州儒學訓導筠皋公墓誌銘 十一世濟美　庚子舉人涇縣訓導 華希閔

錡臯公六十壽序 都察院左僉都御史 俞化鵬 青岳
華太孺人傳 十世濟美配 雍正壬子舉人 周永禧
壽華太孺人九十序文 張泰開
廣東廉州府同知鴻州公傳 十一世烘 康熙壬辰進士嘉善知縣 張鏞 東序
鴻州公墓誌銘 舊闕 雍正癸卯進士永順府同知 潘果 讓村師仲
安慶府儒學訓導約齋公六十壽序 十一世詮民國十三年甲子增 華希閔
約齋公傳 以下乾隆庚午增 華希閔
約齋公墓誌銘 河南總督 朱藻
敕贈孺人秦太孺人述略 一世詮配 安慶府儒學訓導堯年支十一世 丁詮 南昭約齋
敕封孺人秦太孺人墓誌銘 十一世詮繼配 兩江總督太子少傳謚剛烈滿洲 鄂容安 休如虛亭
郡庠生德貽公傳 十二世起元 邑庠生 黃印 堯咨迴谷
郡增生象軒公小傳 十三世佩 許獻
詔旌節婦毛孺人鄒孺人合傳 武年支十二世允讓配 堯年支十四世仁涵配 郡庠生堯年支十二世 丁龍起 峙九月川

右家乘二

卷次之四

贈陝西漢中府甯羌州知州逸園公墓誌銘 堯年支十二世鵾起 以下道光庚戌增 乾隆丙辰鴻博國子監祭酒 顧棟高 復初震滄
贈廣東高州府知府原任安徽安慶府同知聞菴公墓誌銘 十二世鶴起 乾隆戊辰狀元東閣大學士謚文定會稽 梁國治 階平瑤峯
乾隆庚子舉人廣東高州府知府蘭谷公墓誌銘 十三世亭 乾隆戊子舉人廣西巡撫 孫永清 宏度寶巖

乾隆癸酉舉人浙江衢州府常山縣知縣菊圃公墓誌銘 十三世如琦 體仁閣大學士謚文達儀徵 阮元 芸臺
乾隆丙子舉人廣東廣州府知府澹齋公墓誌銘 十三世尹志 乾隆進士廣西平樂縣知縣清江 楊懋珩 桐石枝山
廣西藤縣知縣捧齋公傳 十三世雲銘 平湖 吳璥 松圃
廣東嘉應州巡檢德新公墓誌銘 十三世旭 嘉慶乙丑翰林閩浙總督謚文靖 孫爾準 平叔
國學生永叔公家傳 十三世景歐光緒甲午增 道光壬辰舉人堯年支十七世 丁培 芸石植卿
贈廣東番禺縣鹿步巡檢莘樂公墓文 十三世秉銓舊闕 翰林院編修武進 張惠言 皋文
贈武功將軍曉堂公墓誌銘 十四世升舊闕 雲貴總督謚文忠侯官 林則徐 元撫少穆
贈武功將軍原任陝西漢中府甯羌州知州默甫公墓誌銘 十四世瀚道 光庚戌增 孫爾準
甘肅甯遠縣知縣耦仙公墓文 十四世瀛洲舊闕 鄂山
乾隆戊申副舉人陝西華州州判秋溪公別傳 十四世桂洲以下光緒甲午增 光緒辛卯舉人陽湖 吳朓 穉暉
恩卹殉難伯仁公傳 十四世瀾洲 同治癸酉拔貢 侯映奎 蓉莊
國學生坤一公傳 十四世志甯 丁培

右家乘三

卷次之五

嘉慶戊辰恩科順天南元候選知縣雙梧公傳 十五世榕以下道光庚戌增 嘉慶壬辰翰林廣州將軍宗室 果齊斯歡 益亭
雙梧公墓誌銘 乾隆癸丑狀元武英殿大學士謚文恭吳縣 潘世恩 芝軒

陳太孺人傳 十五世榕配　闕名
薛太孺人家傳 十五世檝配　太學生堯年支十五世 丁彥和 暢之
薛太孺人墓表　道光戊子歲貢宣城教諭 顧翾 蘭崖
書馬貞女 十五世瑚聘光緒甲午增　翰林院庶吉士禮部儀制司主事武進 劉逢祿 申受
省齋公傳 十五世廷桂以下道光庚戌增　乾隆乙卯進士慶陽知府 薛玉堂 又洲
贈武功將軍前署福建龍溪縣知縣少伯公傳 十五世棠號藹之　嘉慶戊辰翰林太常寺卿長洲 陶樑 鳧香
侯選同知藕舫公傳 十五世嘉禾光緒甲午增　孫揆均
侯選同知琢齋公傳 十五世嘉梓民國十三年甲子增　光緒甲午會元 陶世鳳 丹翼
侯選縣丞湫泉公家傳 十五世鳴玉以下光緒甲午增　丁培
福建上洋通判杏舲公述略 十六世紹儀　廣東順德知縣 胡鑑

南塘丁氏貞譜 目次 九

卹贈雲騎尉世職原任浙江海鹽縣典史蓉舲公家傳 十六世文炳　光緒甲午經魁 廉泉 惠卿
國學生禮堂公行狀 十六世嘉會　丁培
浦太孺人節傳 十六世柏森配　增廣生 薛重煦 叔棻
右家乘四
卷次之六
道光壬辰舉人揀選知縣植卿公述略 十七世培光緒甲午增　咸豐丙辰狀元戶部尚書 翁同龢 叔平
沈太孺人節傳 十七世延年支瑞昌配民國十三年甲子增　陸瑋
過太孺人家傳 十七世堯年支維墉配以下光緒甲午增　薛重煦
國學生蓉亭公家傳 十七世懋堂　光緒乙亥經魁內閣中書候選知縣陽湖 錢福𧏙
襲雲騎尉世職議敘福建縣佐潔菴公事略 十七世承祥民國十三年甲子以下增　丁寶書 福保
　丁寶書 福保
薛太夫人哀啓 十七世承祥配　丁寶書 福保
孝貞女自敘 十七世承祥姊　丁明菴 永之
占魁公行述 十七世庚揚　海軍學校畢業堯年支十八世 丁祖庚 朗西
亡女絜絜哀辭 十八世錫泉妹以下光緒甲午增　丁培
絜絜墨瑄兩女壙銘　丁培
太學生蓉溪公傳 大年支十八世永治以下民國十三年甲子增　附貢生 曹贊勳 翊宸
侯選布政司理問鶴皋公傳 文年支二十世九成　邑庠生 秦穀豐 健庭
王太夫人墓碣銘 文年支二十一世汝濬配　北京清華大學教授 錢基博 潛夫
王太夫人節傳　徐彥寬

南塘丁氏貞譜 目次 十

右家乘五
卷次之七
元珍公傳 以下光緒甲午增　圖書集成
元珍公傳　江南通志 孝友
元珍公傳　常州府志 人物
元珍公傳　毘陵人品記
元珍公祠 民國十三年甲子增　錫金縣志 祠祀
元珍公軼事 以下光緒甲午增　梫經齋筆記
壽夫公軼事 六世松年　康熙庚午 無錫縣志 雜志
南洲公軼事 六世延年　黃卬編輯 錫金識小錄
龍峯公傳 延年支七世乾隆庚午增　康熙庚午 無錫縣志 宦蹟

右家乘六

卷次之八

卷次之九

寄贈丁判官 歐陽修
釂後看雪走筆呈元珍判官 歐陽修
招丁元珍 封荊國公諡文 臨川 王安石 介甫
寄丁中允 民國十三年甲子增 王安石
次韻答丁端州 民國十三年甲子增 王安石
元珍以詩送綠石硯所謂玉堂新樣者 光緒甲午增 王安石
復至曹娥堰寄剡縣丁元珍 道光庚戌增 王安石
送丁中允宰剡詩 道光庚戌增 陸經
寄丁彥誠 從黃楊集輯出以下民國十三年甲子增 元 華幼武 棲碧
過金園寺次丁彥誠韻簡茂上人楊文可 華幼武
山居次蔡南民韻 從梁溪詩鈔輯出以下光緒甲午增 廣東廉州府同知堯年支十一世 丁熯 鴻洲

村遊 丁熯
和顧研峯六月七日乘月訪友韻 丁熯
題丁元昭小照 民國十三年甲子增 康熙庚子舉人涇縣訓導 華希閔
雜詩 從梁溪詩鈔輯出以下光緒甲午增 乾隆丙子舉人孝義縣知縣堯年支十二世 丁王士 長孺 蓼渚
登石州城 丁王士
舟次龍游有懷王燮公 丁王士
富春江卽事 丁王士
青家驛赴會甯縣作 丁王士
曹丈集 余丈心齋 蔡丈蕙蛟 連騎來餞賦贈 丁王士
再授孝義敘懷 丁王士
山村訪彝九華隱君 丁景范 少伯 鐫亭

陳留館中作示邵南珍丁少伯 以下民國十三年甲子增 邑庠生 黃印 堯香 遜谷
賀襄城官署新婚兼寓勉勵意 黃印
瓶中蠟梅和中臺韻 黃印
春日懷丁三旭丹 以下光緒甲午增 乾隆丁未進士蘇州教授 顧敏恆 立方 笠舫
秋夕懷丁三旭丹 顧敏恆
清明日從顧文子先生賈丈禮耕黃仲則沈楓墀遊白紵山 從旗讌亭
詩鈔錄出 乾隆癸卯舉人番禺縣知縣堯年支十四世 丁芳洲 仲瀛
夏五月杏石過訪予於蓮花僧舍依間因病來此養痾同寓兩越月極唱酬談讌之樂長至前數日將攜歸舊寓賦此奉贈兼以留之 丁芳洲
芳洲以壬子七月聞繼母鄧恭人之喪越明年四月二日始克自

羊城藥累奔赴感時物之皆變傷人事之多艱風雨歸舟百端
交集成七律六章以當哭云爾 錄二 丁芳洲
次兒果入都應試詩以勗之 丁芳洲
五十自壽兼壽內詩四首 丁芳洲
去任永安留別諸紳士四首 丁芳洲
催租行 丁芳洲
張海客杜贈詩四首卽次原韻奉答 錄一 丁芳洲
丁俊之以哲兄雙梧解元遺墨屬題率書二絕 民國十三年甲子增 顧植
厓門 以下光緒甲午增 太學生堯年支十五世 丁彥和 暢之
抵里二首 錄一 丁彥和
舟行雜詩十六首 錄三 丁彥和

書齋卽事　丁錫庚
再遊石門白雲洞有感　丁錫庚
余成之自浙回里所拍浪淘沙些闋見示並囑題和　丁錫庚
贈澄江王芸階先生七絕四首　丁錫庚

右傳家集詩類

搗練子 從國朝詞綜補錄出以下光緒甲午增　壽州儒學訓導堯年支十一世　丁濟美 筠皋
浪淘沙 春日 從聽秋聲館詞話錄出　乾隆癸酉舉人常山縣知縣堯年支十三世　丁如琦 器淳菊圃
解珮令 題友人漁隱圖 從聽秋聲館詞話錄出　丁如琦
南歌子 從國朝詞綜補錄出　陝西甯羌州知州堯年支十四世　丁瀚 西園默甫
月華清 七夕前一日雨中漫賦 從國朝詞綜補錄出　丁瀚
臨江仙 春日偶題 從聽秋聲館詞話錄出　丁瀚

南塘丁氏眞譜 目次 三二

高陽臺 秋夜聞笛 從聽秋聲館詞話錄出　丁瀚
踏莎行 望雨 從聽秋聲館詞話錄出　丁瀚
鵲橋仙 新秋 從聽秋聲館詞話錄出　丁瀚
南柯子 從國朝詞綜補錄出　嘉慶戊辰南元堯年支十五世　丁榕 鳳千雙梧
采桑子 從聽秋聲館詞話錄出　丁榕
醉花陰 從國朝詞綜補錄出　丁榕
浣溪紗 從聽秋聲館詞話錄出　丁榕
蘇幕遮 從聽秋聲館詞話錄出　丁榕
滿庭芳 從聽秋聲館詞話錄出　丁榕
木蘭花慢 新月 從聽秋聲館詞話錄出　丁榕
洞仙歌 題友人松風蕉雨圖 從國朝詞綜補錄出　獲鹿典史堯年支十五世　丁槦 俊之
浣溪紗 經古滇道 從聽秋聲館詞話錄出　郡庠生山西徐溝縣典史堯年支十五世　丁榮 紹宗子和
減字木蘭花 爲席靖菴題吹簫圖 從聽秋聲館詞話錄出　丁榮
眼兒媚 從聽秋聲館詞話錄出　丁榮
滿江紅 從國朝詞綜補錄出　太學生堯年支十五世　丁楷 端書
清平樂 從聽秋聲館詞話錄出　太學生堯年支十五世　丁彥和 暢之
更漏子 從聽秋聲館詞話錄出　丁彥和
鳳凰臺上憶吹簫 晚霞 從聽秋聲館詞話錄出　丁彥和

右傳家集詩餘類

案目錄中必註明某支某世及某名者便查閱也又註明某年、增入者蓋自有明以來屢次增益不敢後先相混也倘不註而明之何以知前人搜輯之勤乎嗣後當援此爲例不得妄爲刪

南塘丁氏眞譜 目次 三三

削

附刻

亡室丁安人節烈行略　周建標 準之
孝烈丁安人傳 丁福保書丁安人傳後　蕭穆 敬夫
十六字令　丁瑤眞 叔媛
桂殿秋 冬月有懷兄妹　丁瑤眞 叔媛
代棣香致暢之書　丁善儀 芝仙
贈潤卿妹　丁善儀 芝仙
題嫂氏馬遺照　丁善儀 芝仙
金錯刀　丁善儀 芝仙
憶王孫　丁善儀 芝仙

昔賢云婦嫁從夫又云女以男爲家故女子既嫁德言容功皆
載入夫家譜牒茲獨登諸吾譜緣得此數作原稿不忍聽其散
佚爰附刻傳家集後以備周楊兩姓之採輯

右世系表

南塘丁氏六修眞譜卷首

制誥敕命

宋授丁宗臣可太常博士丁寶臣可太常丞制

奉
天承運
皇帝制曰國家試功之典參任以職考課以法質成於期用甄美效亦存至勸以爾宗臣吏資强敏器質莊重以爾寶臣文典而蔚才敏且精是惟天倫並入吾彀所試有迹厥脩弗愆或鳴絃以字人或剖符而守境並時上計據法得遷入承樂卿進掌儀綍悉號朝閨之美足爲家閥之榮就服寵褒益思勉勵

制命
慶曆　年　月　日
之寶

宋授丁寶臣知端州制

奉
天承運
皇帝制曰端州遠在南服民物繁庶振揚聲教宜在得人具官丁寶臣練達有爲荐更郡邑必能綏靖元元以體朕一視同仁之意今特以爾爲是州往惟欽哉勿替朕命
制命
皇祐　年　月　日

之寶
清贈前贈文林郎安徽安慶府儒學訓導加一級丁明俊奉政
大夫候補同知暨妻前贈孺人馬氏宜人誥
奉
天承運
皇帝制曰興孝維君錫類弘[illegible]報本敎忠自父服官敬用承家
爾丁明俊乃候補同知丁煐之父道在禔躬爰表絲綸之重
志存作室式弘堂構之遺茲以爾子遵例急公贈爾爲奉政
大夫候補同知錫之誥命於戲恩逮所生彌表象賢之美榮
施下壤益彰燕翼之庥
制曰疏恩將母弘推錫類之仁移孝作忠均切顯揚之念爾候
補同知丁煐之母馬氏愛子能勞篤義方於杼軸相夫克順
端令範於閨闈茲以爾子遵例急公贈爾爲宜人於戲象服
昭榮聿荷延綸之寵熊丸式榖永流泉壤之輝
誥命
康熙五十七年五月二十一日
之寶
清授候補同知丁煐奉政大夫暨妻惠張氏贈封宜人誥
奉
天承運
皇帝制曰宣猷佐治端資貳守之良課吏安民並紀協恭之績
爾候補同知丁煐禔躬恪愼蒞事精勤分雙旌五馬之榮襄

六典九條之治詰奸宄而克靖勵廉隅以自持茲以遵例急
公授爾爲奉政大夫錫之誥命於戲撫循是職贊良牧以宣
猷綸綍式頒沐新恩而勵節
制曰良臣宣力於外効厥勤勞賢媛襄職於中贊茲寵錫爾候
補同知丁煐之妻惠氏終溫且惠旣靜而專綦縞從夫克贊
素絲之節蘋蘩主饋爰流彤管之輝茲以爾夫遵例急公贈
爾爲宜人於戲敬爾有官著肅雍而並美職思其內昭淑愼
之遺徽
制曰在公必敬臣心每待助於閨闈齊禮維均國典必疏榮於
繼續爾候補同知丁煐之繼妻張氏以順爲正無成有終柔
嘉克踵乎前徽珩璜流譽慶澤用昭其嗣美翟褘增光茲以
爾夫遵例急公封爾爲宜人於戲如綸如綍勿忘象服之榮
宜室宜家尤副鸞書之錫
誥命
康熙五十七年五月二十一日
之寶
清授安徽安慶府儒學訓導加一級丁詮文林郎暨妻秦秦氏贈封
孺人敕
奉
天承運
皇帝制曰敎必隆乎庠序任綦重夫師儒爾安徽安慶府訓導
加一級丁詮學足垂型行堪表範履蹈不逾乎矩矱衣冠克

樹其威儀茲以覃恩授爾爲文林郎錫之敕命於戲尙增芹
藻之輝永服絲綸之寵
制曰登朝資涖事之臣宜室賴同心之助爾安徽安慶府訓導
加一級丁詮之妻秦氏貞靜居躬柔嘉可範燕婉夙嫺夫內
則雞鳴交勖夫官箴茲以覃恩贈爾爲孺人於戲服王章之
訓辭昭孔宗之懿矩
制曰人臣篤匪躬之誼朝廷疏繼續之典爾安徽安慶府訓導
加一級丁詮之繼妻秦氏柔順慈徽雍和協吉洵內助之克
修宜朝章之式賁茲以覃恩封爾爲孺人於戲允紹前徽而
罔間尙揚淑問於無窮
敕命

康熙五十七年五月二十一日
之寶
淸贈附監生丁鶚起修職郎安徽池州府建德縣以教諭銜管
儒學訓導暨妻楊氏八品孺人敕
奉
天承運
皇帝制曰使任需才稱職志在官之美馳驅奏効報功膺錫類
之仁爾丁鶚起乃安徽池州府建德縣以教諭銜管訓導事
丁如琦之父雅尙素風長迎善氣弓冶克勤於庭訓箕裘丕
裕夫家聲茲以覃恩贈爾爲修職郎安徽池州府建德縣訓
導錫之敕命於戲肇顯揚之盛事國典非私酬燕翼之深情

臣心彌勵
制曰奉職無愆懋著勤勞之績致身有自宜酬鞠育之恩爾楊
氏乃安徽池州府建德縣以教諭銜管訓導事丁如琦之母
淑範宜家令儀昌後早相夫而教子俾移孝以作忠茲以覃
恩贈爾爲八品孺人錫之敕命於戲賁象服之端嚴誕膺鉅
典錫龍章之渙汗永播徽音
敕命
乾隆三十六年十一月二十五日
之寶
淸贈前贈修職郎安徽池州府建德縣以教諭銜管儒學訓導
丁鶚起文林郎浙江衢州府常山縣知縣暨妻前贈八品孺

人楊孺人敕
奉
天承運
皇帝制曰求治在親民之吏端重循良教忠勵資敬之忱聿隆
褒獎爾丁鶚起乃浙江衢州府常山縣知縣丁如琦之父禔
躬淳厚垂訓端嚴業可開先式穀乃宣猷之本澤堪啓後貽
謀裕作牧之方茲以覃恩贈爾爲文林郎浙江衢州府常山
縣知縣錫之敕命於戲克承淸白之風喜茲報政用慰顯揚
之志昭洒遺謨
制曰朝廷重民社之司功推循吏臣子懷冰淵之操教本慈幃
爾楊氏乃浙江衢州府常山縣知縣丁如琦之母淑慎其儀

柔嘉維則宣訓詞於朝夕不忘育子之勤集慶澤於門閭式
被自天之寵茲以覃恩贈爾爲孺人於戲仰酬顧復之恩勉
思撫字載煥絲綸之色允賁幽潛
敕命
康
熙五十五年正月初一日
之寶
清贈前贈文林郎浙江衢州府常山縣知縣丁鶚起奉直大夫
陝西漢中府甯羌州知州加三級暨妻前封孺人楊氏宜人
誥
奉
天承運

皇帝制曰考績報循良之最用獎臣勞推恩溯積累之遺載揚
祖澤爾丁鶚起乃陝西漢中府甯羌州知州加三級丁瀚之
祖父錫光有慶樹德務滋嗣清白之芳聲澤留再世衍弓裘
之令緒祜篤一堂茲以覃恩贈爾爲奉直大夫陝西漢中府
甯羌州知州加三級錫之誥命於戲聿修念祖膺懋典而益
勵新猷有穀貽孫發幽光而丕彰潛德
制曰册府酬庸聿著人臣之懋績德門輯慶式昭大母之芳徽
爾楊氏乃陝西漢中府甯羌州知州加三級丁瀚之祖母箴
誡揚芳珩璜表德職勤內助宜家久著其賢聲澤裕後昆錫
類式承乎嘉命茲以覃恩贈爾爲宜人於戲播徽音於彤管
壼範彌光膺異數於紫泥天庥允邵

誥命
嘉慶二十四年正月初一日
之寶
清授浙江衢州府常山縣知縣丁如琦文林郎暨妻楊氏封孺
人敕
奉
天承運
皇帝制曰分符百里必遴出宰之材報最三年爰[illegible]懋官之典
爾浙江衢州府常山縣知縣丁如琦雅擅才能克宣茲惠撫
綏有要常深疾痛在己之心懷保無窮不忘顧復斯民之責
茲以覃恩授爾爲文林郎錫之敕命於戲前勞已茂用褒製

錦之能來軫方遒益勵飲冰之操
制曰良臣宣力於外效厥勤勞賢媛襄職於中膺茲寵錫爾浙
江衢州府常山縣知縣丁如琦之妻楊氏終溫且惠既靜而
專綦縞從夫克贊素絲之節蘋蘩主饋爰流彤管之輝茲以
覃恩封爾爲孺人於戲敬爾有官著肅雍而並美職思其內
迪黽勉以同心
敕命
乾
隆五十五年正月初一日
之寶
清贈前授文林郎浙江衢州府常山縣知縣丁如琦奉直大夫
陝西漢中府甯羌州知州加三級暨妻前封孺人楊氏宜人

誥

奉

天承運

皇帝制曰求治在親民之吏端重循良教忠勵資敬之忱聿隆褒獎爾丁如琦乃陝西漢中府甯羌州知州加三級丁瀚之父禔躬淳厚垂訓端嚴業可開先式穀乃宣猷之本澤堪啓後貽謀裕作牧之方玆以覃恩贈爾爲奉直大夫陝西漢中府甯羌州知州加三級錫之誥命於戲克承清白之風嘉玆報政用慰顯揚之念昭迺遺謨

制曰朝廷重民社之司功推循吏臣子懍冰淵之操教本慈幃爾楊氏乃陝西漢中府甯羌州知州加三級丁瀚之母淑慎其儀柔嘉維則宣訓詞於朝夕不忘育子之勤集慶澤於門閭式被自天之寵玆以覃恩贈爾爲宜人於戲仰酬顧復之恩勉思撫字載煥絲綸之色允賁幽潛

誥命

嘉慶二十四年正月初一日

之寶

清授甘肅甘州府山丹縣知縣丁閬洲文林郎暨妻張氏封孺人敕

奉

天承運

皇帝制曰分符百里必遴出宰之材報最三年爲重懋官之典爾甘肅甘州府山丹縣知縣丁閬洲雅擅才能克宜玆惠撫綏有要常深疾痛在已之心懷保無窮不忘顧復斯民之責玆以覃恩授爾爲文林郎錫之敕命於戲前勞已茂用褒製錦之能來軫方遒益勵飲冰之操

制曰良臣宣力於外效厥勤勞賢媛襄職於中膺玆寵錫爾甘肅甘州府山丹縣知縣丁閬洲之妻張氏終溫且惠既靜而專恭縞從夫克贊素絲之節蘋蘩主饋爰流彤管之輝玆以覃恩封爾爲孺人於戲敬爾有官著肅雍而並美職思其內尙黽勉以同心

敕命

嘉慶十四年正月初一日

之寶

清授浙江曹娥場鹽大使丁廷楷修職郎敕

奉

天承運

皇帝制曰器使著隨材之效綸章有逮下之恩爾浙江曹娥場鹽大使丁廷楷夙展勤勞勉承奔走秩雖卑而克盡其職力能殫而無曠厥官玆以覃恩授爾爲修職郎錫之敕命於戲勵玆繁劇之才錫以休嘉之命

敕命

道光二十五年十月十五日

之寶

清授甘肅平涼府德隆縣縣丞丁棻修職郎敕
奉
天承運
皇帝制曰錫類推恩朝廷之大典奉公效職臣下之常經爾甘
肅平涼府隆德縣縣丞丁棻賦質純良持身恪謹既服官而
奏績行報國以抒誠襄事惟勤新綸宜賁茲以覃恩授爾為
修職郎錫之敕命於戲宏敷章服之榮用勵靖共之誼欽茲
寵命懋乃嘉猷
敕命
嘉慶二十五年十月二十二日
之寶

清授甘肅平涼縣知縣丁棻文林郎暨妻華秦氏贈封孺人敕
奉
天承運
皇帝制曰分符百里必遴出宰之材報最三年爰重懋官之典
爾甘肅平涼府平涼縣知縣丁棻雅擅才能克宣慈惠撫綏
有要常深疾痛在己之心懷保無窮不忘顧復斯民之責茲
以覃恩授爾為文林郎錫之敕命於戲前勞已茂用褒製錦
之能來軫方長益勵飲冰之操
制曰良臣宣力於外效厥勤勞賢媛襄職於中贊茲寵錫爾甘
肅平涼府平涼縣知縣丁棻之妻華氏終溫且惠既靜而專
綦縞從夫克篤素絲之節蘋蘩主饋爰流彤管之輝茲以覃
恩贈爾為孺人於戲敬爾有官著肅雍而並美職思其內垂
淑慎之遺徽
制曰在公必敬臣心每待助於閨闈齊體維均國典必疏榮於
繼續爾甘肅平涼府平涼縣知縣丁棻之繼妻秦氏以順為
正無成有終柔嘉既踵乎前徽珩璜流譽慶澤用詔其嗣美
翟褘增光茲以覃恩封爾為孺人於戲如綸如綍勿忘象服
之榮宜室宜家尤副彤書之錫
敕命
道光八年十一月初四日
之寶

清贈增廣生丁禾武翼都尉暨妻章氏孺人誥
奉
天承運
皇帝制曰國有爪牙之選克宣力於旗常朝頒綸綍之榮必勤
思夫水木用褒先世以大追崇爾丁禾迺陸軍部正軍校加
三級丁錦之曾祖父樹德務滋發祥有自敦詩說禮克垂楷
狙之猷勇戰敬官早裕熊羆之略茲以覃恩馳贈爾為武翼
都尉錫之誥命於戲懋功有賞榮則溯於所生慶典欣逢
恩不忘其自出加茲寵秩尙克欽承
制曰令儀淑慎啟奕葉以凝庥懿則昭垂溯芳型而錫祉爰申
嘉命用表慈徽爾章氏迺陸軍部正軍校加三級丁錦之曾
祖母溫恭有恪淑慎其儀範著宜家夙稟珩璜之訓仁能裕

後丕昭禮法之儀茲以覃恩貤贈爾爲淑人於戲紫綸賁寵
惟能歷世而寖昌彤管增輝庶使前光而媲美用承渥澤世
席隆庥
誥命
宣統元年正月二十九日
之寶
清贈太學生丁漢光武翼都尉暨妻秦氏淑人誥
奉
天承運
皇帝制曰德厚流光溯淵源之自始功多延賞錫褒寵以攸宜
膺沛殊施用揚前烈爾丁漢光迺陸軍部正軍校加三級丁

錦之祖父性賦醇茂行誼恪純啟門祚之繁昌華簪衍慶廓
韜鈐於緒業弈葉揚庥鉅典適逢崇階宜陟茲以覃恩贈爾
爲武翼都尉錫之誥命於戲三世聲華人倫之盛事五章服
采洵天室之隆恩顯命其承令名允荷
制曰天朝衍慶必推本於前徽家世貽謀遂承庥於再世彝章
宜錫寵命載揚爾秦氏迺陸軍部正軍校加三級丁錦之祖
母壼範示型母儀著美惠風肆好既比德於珩璜餘慶綿延
自邀恩於翟茀特頒渥典用表芳規茲以覃恩贈爾爲淑人
於戲緩帶輕裘挺孫枝之材武高文典册貤大母之顯榮祗
服寵綏長照良軌
誥命

宣統元年正月二十九日
之寶
清封邑庠生丁恩陛武翼都尉暨妻劉氏淑人誥
奉
天承運
皇帝制曰秩分介冑克抒報國之忱教始庭幃誕啓析薪之祚
爾丁恩陛迺陸軍部正軍校加三級丁錦之父褆躬淳篤訓
子義方燕翼維勤殫深心於韜略象賢能繼廓大業於弓裘
茲以覃恩封爾爲武翼都尉錫之誥命於戲恩榮上逮式膺
殊渥之施惠澤下敷用慰顯揚之志
制曰家法嚴明奬教忠之舊德壼儀純備嘉徙宅之前勞爾劉

氏迺陸軍部正軍校加三級丁錦之母早習箴規夙嫻訓典
相夫以禮式彰秉敬之風教子有成茂展策勳之志茲以覃
恩封爾爲淑人於戲錫翟茀以揚徽休聲益著賁鸞函而煥
采惠問彌昭
誥命
宣統元年正月二十九日
之寶
清授陸軍部正軍校加三級丁錦武翼都尉暨妻孫氏淑人誥
奉
天承運
皇帝制曰簡甲兵以樹績驕士爲榮懸爵賞以使人武臣是賴

爾陸軍部正軍校加三級丁錦職司列校藝冠諸軍簡閱師
干夙號熊羆之旅彍成賢將能諳虎豹之韜茲以覃恩授爾
爲武翼都尉錫之誥命於戲著嘉烈於戎行祗承休奬書成
勞於策府勉效馳驅

制曰宣力奏功固賴同心之喆配推恩逮下聿昭盛世之隆規
爾陸軍部正軍校加三級丁錦之妻孫氏效順於家能宜其
室備切箴規之助宵旦殷勤式逢慶澤之施絲綸璀璨茲以
覃恩封爾爲淑人於戲淑德揚於中饋樹乃壼儀休章錫自
天朝欽予時命

誥命

宣統元年十月初十日

之寶

民國任陸軍少將丁錦陸軍部軍務司司長璽命

任命狀 簡字第八百六十七號

任命丁錦調任陸軍部司長此狀

大總統 馮國璋

中華民國六年八月二十三日

統印 段祺瑞

民國授中將銜陸軍少將丁錦勳五位璽命

蓋聞敵愾同仇薄海詩賡袍澤論功飲至分珪瑞輯躬桓中

將銜陸軍少將丁錦學裕陰符才長武庫畫山川而聚米高
子房借箸之功耀鎧仗以臨戎有德裕籌邊之略克副衆望
合予殊施本大總統依勳位令第　條特授以勳五位用嘉
乃績虎節宜猷尤協腹松之瑞麟臺奏績[illegible]茲汗簡之勛此

證

榮典

徐世昌

中華民國九年一月一日

之璽

民國任勳五位陸軍中將丁錦航空署署長璽命

任命狀 簡字第一千二百二十七號

任命丁錦爲航空署署長此狀

大總統 徐世昌

中華民國十年二月十七日

統印 靳雲鵬

日本國贈丁錦勳二等瑞寶章璽證

保有天佑踐萬世一系帝祚之日本國皇帝以勛二等瑞寶章贈
與支那共和國陸軍少將丁錦表朕慈愛之意
神武天皇即位紀元二千五百七十八年
大正七年九月二十六日在東京帝宮親署名鈐璽

大日本
嘉仁
國璽
大正七年九月二十六日
賞勛局總裁正四位勛三等伯爵兒玉秀雄印
大日本帝國賞勳局印
勘查此證以第三千六百八十七號記入勲等簿册
賞勳局書記官從五位勲五等横田鄉助印
義大利國任丁錦高級軍官並給二等勳章證書
受上帝恩賜及全國愛戴之義大利國王
維多利歐愛馬努愛理第三陛下
聖模利奇歐及拉薩盧大首領

證明下開事項
茲由外交部長請求任命中國航空大首領丁錦將軍爲聖模利奇歐及拉薩盧高級軍官並頒給襟章以資憑證着秘書長
施行此項命令并行記錄
一千九百二十二年四月三十日在羅馬王宮
維多利歐愛馬努愛理 簽名
外交部長 山車 印
王宮秘書長 波賽里 印
聖模利奇歐及拉薩盧大首領之秘書長宣告如下
茲奉國王諭特任丁錦爲高級軍官給與二等勳章記入第二百四十六號請保守此證書以資考證
一千九百二十三年四月廿八日在羅馬 波賽里 簽名

丁氏宗譜序

按族氏譜云丁出於軒轅之後至春秋時周大夫有丁崇者輔平王復國以功邑諸宥錫姓丁氏自漢暨唐世有顯宦趙宋之興丁元琢以科第起家有聲爲伯通翁十有一世阜祖縣元琢後又四世孫名若曾者孝宗朝爲張魏公幕官爵江陵法曹又五世孫

名弘化者仕元仁宗爲熙河路提捕都知以功遷寧江路提點厥後民罹兵燹遷徙不寧勝國初伯通始定居於錫之春伯云念予之先世居於

莫序二

汴在元季可道府君以長志起家居錫之南里予王大父順昌翁与鄉進士南洲曾祖文朴菴翁有姻誼且以文章敢世好故知丁之世裔爲獨

詳焉

嘉靖龍飛壬午春三月既望

南沙莫止題

莫序三

嚴繩孫書

丁氏雙桂垂香集序

龍南永貞以儁才碩學推重一時，與余同師景山王先生業舉子之業，相與頌籍雙文，情誼懇切。而族第紹光思實復從余游越四寒暑，則丁氏之世裔顛末余固知之詳

而信之深者也。輿泉隱君南林徵君之兄龍南永貞伯父也，樂其族之衍且昌，而思揚先烈、思倡後賢，爲譜以垂之。譜成，乃因龍南請余序。余雖不文，義敢獲辭哉。謹按丁之先世爲武進人，宋英宗時兄弟

賓臣寶臣，寶臣者幼孤，藉母訓翊有成，同登甲科。賓臣爲都官，寶臣爲秘閣校理、同知太常禮院。英宗每論人物亟稱之，歐陽文忠公與之游。後因訐直忤當道謫去，鄉人多其節，爲母塋特樹雙桂坊以旌

之，顯其里曰慈訓里。迨宋迄元，世居武進。至勝國初，民罹兵革，四牡横奔，九流錯亂，而彝敘之化于茲澌矣。惟時寶臣十有一世裔孫名進五者，慕三讓之風，覩遷沼之靈，遂自武進來居邑之泰伯，因歸伯

通侯
高皇帝定鼎金陵平蕩六合承戶
部約束始落仕籍為氏冊傳迄襆
菴公復轉徙南塘而後昌益裕焉
遊庠序者闡周孔之微相魯藩者
光箕裘之志其佗躬田力賈所業

雖殊要皆思永前規以振後緒者
也余方為丁宗子姓賢之而與泉
君復有作譜之舉豈非慕伊者之
敦九族婣輯之篤宗工而興者乎
且萬物本於天人本於祖今之人
顧有歆日泉而昧其源飯香黍而

忘其種者何歟良由親親之恩薄
而宗法之不備則生人之徽缺而
天下無維俗者此也朝遂無良牧
者此也無惑乎世家大族侈于唐
虞三代之時而漸唐且旋若九世
之同居一門之百口不多見於天

下也今與泉丁君思有以揚而倡
之則尊祖敬宗之心始將佗範于
後人而燕翼詒謀之慮又將作配
于前備矣豈不偉哉豈不偉哉吁
此余所以樂為之序而弗辭也然
則為丁之後嗣者宜何如當思佗

譜者之心與夫求序譜者之志勉紹基業用光厥宗如是則子孫愈賢族愈大姓益衍而教化之隆賢才之盛可以邈諸三代之世矣余不佞敬贅是以歸丁氏云時
嘉靖三十九年庚申冬十月既望

木菴道人張問明謹序

康熙己酉嘉平孫紘禾書

龍南公輯譜序

從來人才興替係風俗厚薄風俗厚薄係宗法明晦而宗法之明晦係譜系之存亡譜系既亡則宗法因之以壞朝廷無世臣而人才替昭穆無定次而風俗薄天下之弊莫有大於此者故譜書之作正所以救人才厚風俗而宗法之大本源也譜其可以不作乎哉泰族自宋興以來世居武進

子姓繁衍以世族稱至諱寶臣者遂與兄賓臣同登甲第為宋名臣五百年來於茲矣然泰也不幸而不得生于其時而親炙先德之著又不幸以當世之績散渙而無稽痛何可言哉粵自胡元之季兵火煽殃民人流離其播遷亡命者不可紀數吾祖諱進五者聞泰伯有三讓之風遂求其從托處焉而譜書之散亡而不可究者其在

斯時欲由進五公而下凡歷四世祖孫一德輕財好施不求聞達而所以啓祐我後人者茲亦勤矣由是再傳而後吾伯祖南洲翁輩遂相繼出焉進以大道者彰用世之猷展力穡事者洪肯搆之績蓋雖潛見不同而所以勤宣令德策名清時為光前裕後之圖者亦我子孫之所共覩而無俟于述者也惟時吾伯祖南洲翁方將脩明

譜系推原本始用大其傳而羈絏官情未及就緒貴志以沒可悼也已可悼也已吾伯與泉翁重傷先志之弗酬大憂後人之無緒毅然以譜事任之不辭遡流窮源支分派別世次以明昭穆以定業已渙之人心延將湮之祖德億萬斯年子孫之所以世守而不忍忘其從來者皆吾伯與泉翁有以開之也然則風俗之所以反薄歸厚宗法之所以由晦而明人才之所以繼緒不墮者端在此也何其偉哉泰也蠢頑無知愧不能繼昭先德以將順伯父之意而伯父之命不敢重違也謹齋沐以識之時嘉靖庚申冬十月既望裔孫時泰百拜識

康熙己酉小春華長黄書

丁氏宗譜序

憶予幼時從大父午川公後往來姻戚間獨南塘承溪丁公與大父尤相得。而予亦數數過之。不予瀆[illegible]蓋予祖母李孺人與承溪丁公之配兄弟也而承溪公之叔祖孝廉南洲公則我邵之自出予與承溪公之仲孫崇吾又同倩于景懷姚公。我邵之與丁氏實世爲姻戚。以故兩姓之往來尤密云南塘當吾錫衝繁要處中亘運河夾塘之上下。聚族而處者丁氏居十之七大父攜予過其里見其爲士者道德明秀而歌誦之聲不輟寒暑服賈者皆敦厚古朴不相詐也入於其家。見長者率其子弟少者扶其羸老。後先進退皆中禮節而問於其族。則貧相周患相拯老弱癃殘者相養祭醻相召昏嫁喪葬相助有不然者斥勿齒予大父未嘗不顧而嘆曰自族師閭胥之法廢。而風俗之失其美也久矣乃丁氏猶行其法於同姓之親其子孫之昌熾未可量乎予時幼小雖不獲記其詳而大父則時時以誡予兄弟。謂丁氏之所以教家而睦族者可法也後予浮沉仕途遠涉於瘴烟瀛海之鄉幾三十載洎乎家居而年已衰老思欲如幼時從大父後與姻戚往來之樂不可復得雖以至戚如丁氏亦且音問曠隔。而往來者寡矣。則吾不知丁氏之子孫孰存而孰亡耶其猶聚處於南塘之上下耶抑其族人之蕃衍或較盛於昔日耶予每欲一過其里尋向時所爲嬉遊處而未遑也。乃庚子之春予甥丁煥偕其弟紹美。詣予請曰吾族人之滋息日有加也且多散處四方者矣予叔懋承懼其久而失所傳也譜以聯之敢請所以序其端者予閱其書憮然於幼時往來之

樂而大父午川公及承溪公二三故老皆無存者則爲之出涕以悲既而喜丁氏之子孫蕃衍若此。則知根本厚者其枝自茂而大父午川公之言。爲信而有徵也予故樂爲序之以勗丁氏之子孫善守其先世之所以教家而睦族者。而予亦承大父午川公之遺訓且以勉吾族人焉

時

順治十六年歲次庚子二月既望前

賜進士通奉大夫原任山東布政使通家眷弟邵名世頓首拜撰

南塘丁氏續修宗譜序

凡人樂有顯祖父尤樂有賢祖父稱述其祖父之顯不若傳頌其祖父之賢也然祖父雖顯矣賢矣而後嗣弗彰先疇誰服則祖父之賢且顯必藉子孫之賢且顯者以傳之是人望其祖父之顯尤望其子孫之顯人望其祖父之賢尤望其子孫之賢也且賢者不必顯顯者不必賢祖父能文子孫不以文傳之祖父敦行子孫不以行繼之雖復登清班拾巍科而祖父之文行弗傳者往往而是是人望其有顯子孫更望其有賢子孫也余家與丁氏篤孔李之雅稱通家者四世矣歲癸卯與石菴同聽鹿鳴且予世居南郊相去一衣帶水出入附麗不少間年來讀書秘府朝夕給筆札備侍從戚屬年誼邈焉不修好者五閱年所辛亥冬接君蕃年翁一緘以譜屬予序且曰此予與伯兄戡承家姪旭如越四世而續修者也知丁氏之源流者莫子若能序丁氏之支系者亦莫子若且石菴已玉樓應召而吾輩續修之修之是石菴志也石菴在屬序予譜者莫子若矧攷列世類分別涇匯備照代徵文選行之業者史氏職也宜序予譜者莫子若爰爲文以序之按丁自黃帝分姓後世遠不可考趙宋英宗時有都官賓臣知太常理院贊臣居武進之慈訓里越宋而元而明十一世孫進五徙吾邑之秦伯鄉因號伯通再傳而樸庵遷南塘自是觀上國游庠校相魯藩服田力賈各守故業無忝家聲至今日而丁氏接南郭上下比廬而處此其譜牒之列眉者也閱其譜自前代科名文藝以及節孝廉隅隱德壽考與夫先世贈言并近代名公大人之琬琰載之維恐不悉剞

成令族人家函一編以守其宗法此君蕃年翁志也廣其志務俾先世之文章善行垂則於今日務俾後世之文章善行取法乎前人務俾先世後世之文章善行俱不朽於千百年誠可嘉也今而後丁氏之祖宗必且懽然曰吾子孫之不墜吾科名也有如是吾子孫之不虧吾品行也有如是庶幾無敗類而弗羣者乎丁氏之子孫必且悚然曰吾祖宗科名之顯者有如是吾祖宗品行之賢者有如是即有敗類而弗羣者知改也即異姓之人亦將曉然曰丁氏有賢子孫而不墜其祖父之科名也有如是丁氏有賢子孫而不虧其祖父之品行也有如是是丁氏有賢子孫而可爲天下之爲子孫者勸丁氏有賢子孫而并爲天下之顯而不賢之子孫愧也

時

康熙歲次壬子仲春二月既望

賜進士及第翰林院編修奉

命纂修

聖訓己酉山西鄉試正主考同邑年通家眷弟周弘拜首題

懋承公脩譜跋

人生之有祖宗猶木之有根本根深則本厚本厚則枝榮故能垂蔭久遠適千百傳而不衰其或間生異人如為子克孝為臣克忠士能立名女能立節是皆正氣所鍾輝映天壤上光國史下馨家乘詎非祖德高深有以致之吾宗自世祖伯通公仕元為萬户從毘陵徙居於錫之泰伯歷六代

而至南洲公暨龍峯公父子奕葉相承詩書繼美自元迄今凡三百四十餘年由一人而衍户口數百亶由祖德所延非有譜牒以志之㣲特後人莫知所自即長幼尊卑世次亦茫然無考睹吾曾伯祖與泉公暨吾大父龍南公兩君子肇輯於前越茲已百餘載子姓紛紜且有覿面而罔識者則今之續脩其又可緩耶曩者族姪瓚雖

有志增帙畧經草創未幾夭亡余不揣固陋已酉夏因更為分別宗支廣搜遺帙于是載命男世珩不憚溽暑之際跋涉之勞核名考諱正偽改訛自夏徂秋方始就緒集成授諸剞劂然不敢效世俗之扶譜居奇以射利者取祖宗之辜族也今而後通族子孫仰體世德淵源相與黽勉為忠孝節義之行者庶幾不負余今日重輯之意

焉耳

康熙八年歲次已酉嘉平上浣

十世孫幼學百拜跋

懋承親丈屬筆談宜兩書

君蕃公脩譜跋

吾宗譜之有事於續脩也曷可緩哉源流賴以別世次賴以序越千百世俾子若孫按籍而求得指某人為某裔某裔為某支淵源分派判若列眉不致世遠年湮泯沒無所稽考則宗譜之有事於續修也曷可緩哉吾始祖自伯通公徙居錫邑經三百餘載六世祖南洲公即欲纂茲家乘而有

志未遑踵其事者則有曾伯祖與泉公伯祖龍南公兩君子焉然其所纂者僅及九世今且十有四傳矣而子姓繁衍較與泉公作譜時已十加六七己酉春吾父晴宇公會祭祖塋至者不及十之三乃問以昭穆詢以宗支俱未有知甚而冠婚成立未及謀面者指不勝屈爾時吾父憮然謂予曰吾族姓紛紜而水源木本安可不辨循

是以往恐漸失其尊卑少長之序是宗譜之有事於續修也曷可緩哉吾兄懋承聆言而前即與族人議各捐貲為之核名號註生卒別源流拮据半載集成一稿以授吾父吾父又以宗支圖尚未校訂畫式九葉付諸梓人刻期告竣柰以前議刻資寡寥無幾歷三載終未告成吾父亦倏焉長逝噫天下事易於謀始而難於圖成有如

斯者俊目覩其艱遂偕侄燿力為仔肩舍剞劂氏于家殫心竭慮三年中或有未經詳核尚俟校讐者悉為釐定以補懋承兄之不逮睹斯譜也寧復有過墓而不識其昭穆者乎寧復有坐論而罔別其宗支者乎寧復有覿面而猶失其尊卑少長者乎是宗譜之有事於續修也曷可緩哉輙刷印若干俾吾族各藏一本以觀覽焉今而

後庶前不患其無承後不虞其無述是役
也未必無小補云
康熙歲次壬子仲秋穀旦
守制十世孫明俊稽顙百拜謹識
年通家眷弟華康新錫祉氏書

丁氏續脩宗譜序

古者國有史家有乘譜在一
家義與國史等自漢氏以下
史家纂例不必盡同其繁簡
疏密尚質尚文亦各因其才
而不能一要之言史之善者
莫大於信其不善者莫甚于
誣孔子嘆史闕文之不可得
見誠貴其信而惡其誣也譜
之道豈有異於是乎乾隆庚

午余姻戚丁君閬菴郵書京邸以續脩宗譜屬予為序并述所以續修之意其言曰吾丁氏世居南塘系出自宋知太常理院寶臣譜不始寶臣

序二

而始寶臣十一世孫伯通公重始遷也由伯通公而上元季兵燹譜牒散失疑不可譜疑則闕之眘也譜肇始於前明嘉靖至

國朝康熙初吾祖君蕃公一脩之遵經始之意而加詳察焉近息有新譜之刻由伯通公而上舊所疑而不敢詳者詳之由伯通公而下庶所慎而

序三

不敢擴者擴之支派紛襍加於庶者不啻倍蓰從兄雲翩見而愳焉謂是失祖宗眘重意而亂吾族也乃一以庶譜為主而增葺之其為本支者

不敢闕遺其非本支者不使攙入題曰真譜以別於僞庶不至淄澠之莫辨而朱紫之易淆也余續其言而韙之夫譜之爲教尊尊也親親也苟

序　四

非祖而冒以爲祖則尊非所尊非族而聯以爲族則親非所親如郭崇韜之拜汾陽李揆之耗輔國書之史冊徒爲有識者所鄙笑而安之爲譜

者但以官閥地望相誇詡而敬宗收族之意微其能免於誣者蓋鮮若丁氏之譜奮之於始而疑者斷之慎之於終而襍者辨之準以史家之例

序　五

亦可謂一家之信史也已易之同人曰君子以類族辨物失族而曰類所以審其異也蓋審其異而後可以致同別其非我族者而一本九族之親

乃因結而不可解則譜之貴
於信其義豈下於史哉譜始
於嘉靖間而是時南州龍峯
兩公以科名文章顯繼君蕃
以輩之而公族子或仕至郡

序　六

司馬或以儒古著名於時今
聞菴宰中州大邑稱循良復
偕從兄峙九雲翮勱勤于兹
譜別偽存真守先待後君子
謂其知所本矣根之深者其

實茂源之遠者其流長繼繼
承承寖昌寖熾將於是乎在
自今以始歲其有君子有穀
詒孫子尚其推廣譜之意與
族之賢者共勉之哉

序　七

旹
乾隆歲次庚午夏六月既望
賜進士出身通奉大夫
欽命禮部右侍郎前内閣學士
兼禮部侍郎都察院左僉都

御史
内廷供奉翰林院侍讀
日講官起居注右春坊右中允
翰林院編修翰林院庶吉士
年家姻眷弟張泰開頓首拜
撰

序八

跋

禮有之尊祖故敬宗敬宗故收族自宗法
廢而欲尊祖敬宗收族者家必譜是賴譜
不立則雖有尊祖敬宗收族之思末由自
盡譜立而不脩不數傳條分葉散蕃衍滋
多勢必至收者渙尊且敬者替故譜不可
以不修也吾南塘丁氏自元季伯通公由
武進徙錫之泰伯鄉再傳樸庵公徙南塘
又五傳而得南洲公兄弟十有五人諱皆
年字行其中無後者三人其十二支剏今
之蜂屯蟻從大半不離南塘左右者皆是
南洲公欲輯譜未就嘉靖庚申與泉公嗣
而成之時龍南公爲之序所稱遡流窮源
支分派別萃已渙之人心延將湮之祖德
億萬斯年子孫之所以世守而不忘其所
從來者皆與泉有以開之誠哉是言後人

跋一

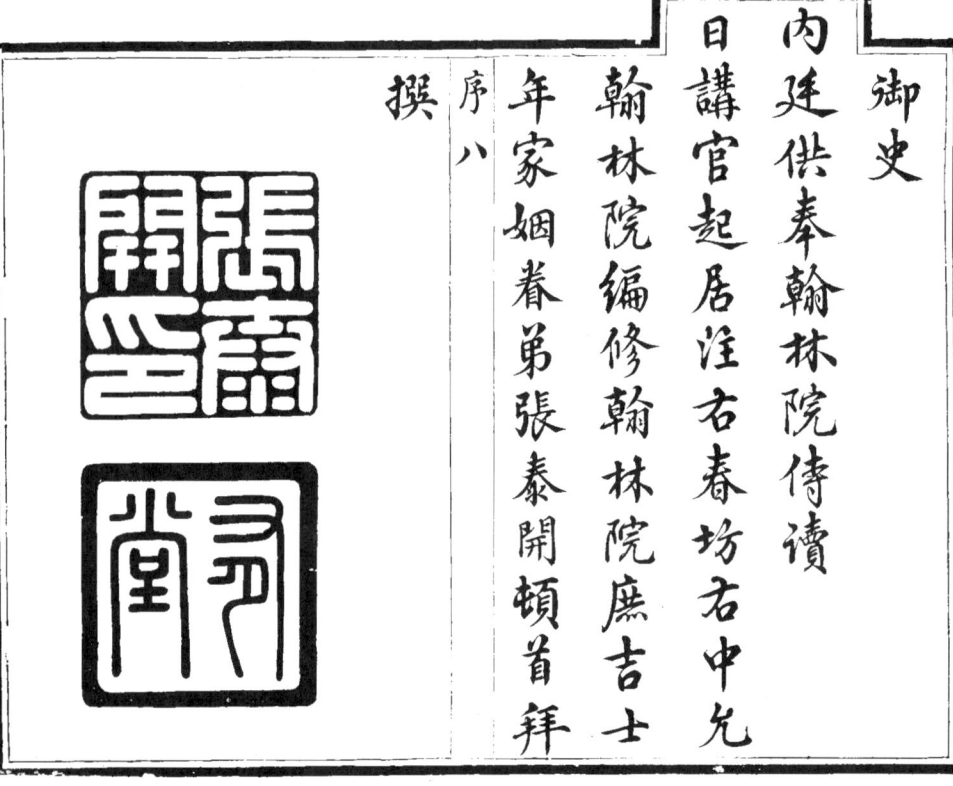

所宜奉為金科玉律者已復歷四傳至康
熙己酉相去已百有餘年吾宗子姓益繁
吾祖贈奉政大夫君蕃公與猷祖懋承公
乃繼起而重輯之然不過因前人之舊增
九世以下所當增未嘗敢有所附益誠慎
之也誠重之也遹者漢儀不謹守先世譜
法以致攙入别派紊亂吾宗余與峙九兄
大懼其獲罪前人而乾九弟適自陳留丁

跋二

艱回籍與余同心爰因吾祖所脩原譜各
按的支分單開載偕姪筠亭彙集查核標
以真宗譜而付之剞劂不敢忽舊譜之所
有不敢添舊譜之所無務求不濫不遺有
裨於通族無獲戾於先世而止惟是世系
外　誥敕傳誌則加詳焉有明歸震川先
生之作歸氏譜例也謂譜者載其族之世
次名諱而已其所不可知無如之何其所
可知無不載也嗟乎此則吾家與泉公作
譜與吾禮修譜意哉收族以此尊祖敬宗
以此吾願後之視今亦猶今之視昔而毋
安載其所不可知則吾族其寖昌而熾歟
乾隆十五年歲次庚午孟秋穀旦

十二世孫禮鷴起百拜謹跋

跋三

年通家中表眷末郃之鵷拜手謹書

跋

吾家宗譜自興泉公始爲之斷自遷錫祖伯通公吕下凡九世歷百年而吾祖贈奉政君蕃公續脩之一遵成法僭先志以佀以續

引之百世可也荏苒又八十餘秊幸際

國家休養生息之盛族姓益蕃支流紛襍亟宜續修以清世次而執掌風塵未遑從事丁卯歲聞漢儀兄感於無稽遂致變亂舊法於伯通公以上有所增加伯通公吕下有明係絶支而攙入别派者余心許焉己巳遭太孺人艱回籍大事既畢峙九雲翮兩兄相謂

此事若不及今釐正將有藏疾納汙不可究詰之槩余因偕兩兄出舊譜發單分散各支刻期彙集查核校正則筠亭之力爲多越七月告竣夫家之有譜猶國

之有史也國有信史而後可以鑒萬年家有信譜而後可以垂百世不信益貴有譜矣近代譜法必推廬陵歐陽氏眉山蘇氏按其譜例皆務闕疑以傳信不

跋三

與之法其誰適從況先世之所創垂已歷四百秊緜十六世矣苟欲改而更張之非子孫之心所敢安也用識續刊丁氏真宗譜顛末如此庶後之人鑒焉

乾隆十五年歲次庚午孟秋穀旦

在制十二世孫鶴起稽顙百拜謹識

跋四

南塘丁氏支譜序

秦漢以來宗法不修而譜牒興焉義例詳明雖不言宗法而宗法隱寓乎其間也自仁率親等而上之自義率祖等而下之無賢賤

一也循是以來其為繼禰之宗也隱然當以克家自任其為繼祖之宗也隱然當以繼志自任推而繼曾繼高皆然不特惟是百世不遷者百世宗之五世則

遷者五世宗之為宗者勿下替于斯枝為支者勿淩躐夫冠昏由是而冠娶必告練祥必赴情可達也戚單祖免族食世降分可準也至主瘞之際乃其尤大

彰明較著者也又戴禮云上治祖宗旁治昆弟下治子孫祭法也于譜也亦然祭法則以子孫之精誠昭格祖宗譜牒則以祖宗之仁愛聯屬子孫其義一也

自序三

因此去食舊德農服先疇以堂構爲光前以弓治爲裕後三從九親無由殊得睦昵之序五服六親能總之通緦麻之恩生相扶持死相哀痛爲然傳會則失之誕挂漏則失之疏亦非所以示百世親九族也宋歐陽氏蘇氏及李獻吉氏紀載先世行事並出已裁者鴻纖必確也尊親雖諱微合自存所以敬昭源流

自序四

之遠詳昭丁數之繁嚴昭少長之倫恭昭國恩之重慎昭行誼之賓永昭閨範之懿此六者闕一不可也柳冲姓族系録凡望族謂之右族然唐宋世家惟閭喜裴氏姑蘇范氏至今賢括代興簪紱相繼者良以子孫聿念祖德而忠厚世篤也唐穆宗褒文水李氏譜詒曰忠勸民節孝激人倫義警澆浮敬厚風俗是

自序五

宗譜之重關人心風俗禮樂政治也如是吾宗自乾隆庚午迄道光庚戌一百一年未修譜矣支庶繁衍幾若秦之越矣奚就南三房第九世晴宇公而下匯而梓之其中愛繼兩祧朝廷議政必實書之本乎人情也同父同親繼嗣必詳前譜於出嗣他族者猶詳載之則撫育異姓者黜固傷恩隱又淆本彼徐楊高

自序六

陳袁王過鄒諸大姓特表而著者所以致禋祀之誠別婚媾之嫌也彰而明之兩全之意也坤以柔主母以子貴雖嫡庶之分綦嚴而敕誥同膺服制詳列爲嚴故于無子女者不載而于其子女名下書生母某氏以別之體例意也至前譜所載茲不復贅者一集本支仍與前譜相歸而行也編纂既竣迺祖述宗法申

明譜例已升諸簡端是役也採訪君巍公支則族姪默君蕃公支則據各裔開付故詳略有不同云

道光三十年庚戌十五世裔孫楠百拜謹序

自序七

光緒甲午年家子唐浩鎮拜手謹書

南塘丁氏宗譜序

光緒紀元之二十年歲在甲午余自直隸之晉州乞假歸省適同縣丁君野華暨其弟枚卿潔菴挨長琢齋等輯宗譜事竣以其稾見示徵序於余余受而讀之作而曰有是哉其脩輯之謹且勤而纂述之美且備有如是哉慨自庚申之亂吾邑淪陷於寇厥後卷籍散失人民流離其莫得而稽攷者不獨譜牒已也而譜牒之存亡關於人事者為

序 一

尤急故三十年來聚族而居者靡不以脩譜為急務顧或草率從事體例未精甚且懷挾俗情詳畧失當揆諸敬宗收族之意固有寖失其真者矣今丁氏之譜其取法之善立意之良固由

創始者之克端厥本顧守而勿失當蕩析離居之後殫補苴掇拾之勤俾夫無美不彰有疵必去何丁氏之多賢子孫也余於野芉為葭莩親而其先芬達德如暢之公彥和子和公元照植

卿公培則又與余祖若父為詩酒友為道義交茲展是編而數公者之嘉言懿行往往而在則余之樂序是譜正不獨諸君子脩輯之謹且勤纂述之美且備而不能已於一言也若夫氏族

之源流著作之體要具見於舊序及纂脩者之例言故勿贅而攄其敬佩之意以誌諸君子繼述之美因以見丁氏之多才云

誥授中憲大夫補用直隸州知州前署晉州事姻愚弟章鈞

頓首拜撰

光緒歲次乙未季夏朔日癸巳

愚科舉人杜嗣程頓首謹書

序　四

丁氏家譜序

金匱鄧濂撰　無錫丁福保注

古者小史奠繫世。辨昭穆。譜牒之掌。厥有專官。周禮春官宗伯、小史掌邦國之志、奠繫世、辨昭穆。奠音定。逮史遷著書。自爲序傳。漢司馬遷著史記、內有列傳自序七十卷。家世術業。罔不備書。家譜之作。其俶落也。爾雅釋詁、俶、落、始也。疏、初、始之異名也。此段言譜牒掌于春官。迨漢以後、始作自民間。魏晉以降。門望益崇。學士文人各有著錄。時則有若王肅家傳。隋志、王朗王肅家傳一卷。虞覽家記。隋志、虞氏家記五卷、虞覽撰。范汪世傳。隋志、范氏家傳一卷、范汪撰。明粲世錄。隋志、明氏世錄六卷、梁信武記室明粲撰。咸萌。柢。經傳。萌、芽也。柢、根也。經傳、指聖賢所著書而言。斧藻。訓。典。斧藻、修飾也。揚子法言、吾未見好斧藻其德、若斧藻其粲者也。左傳、告之訓典。訓典、謂先王之書也。

鄧序　一

鄧。文。茂。記。鄧亦作豐、盛也。昭。往。焯。來。昭、光明也。焯、古灼字、明也。至于韋鼎。唐志、韋鼎撰韋氏譜十卷。徐商。唐志、徐商撰徐氏譜一卷。陸景獻之倫。陸景獻撰陸氏宗系譜一卷。且以纂脩姓名。芬耀圖史。譜錄之重。自昔然矣。此段言魏晉以後家譜益重。吾鄉句吳故封。史記吳太伯世家、太伯之奔荊蠻、自號句吳。句者、吳言之發聲也。禮讓成俗。新門。舊望。隔代輝映。唐書高氏廉傳、責天下譜牒、參攷史傳、檢正眞僞。進忠賢。退悖惡。先宗室。後外戚。退新門。進舊望。右膏粱。左寒畯。合二百九十三姓。千五百六十一家。號曰氏族志。名節。風。教。爲世。顧。矚。舊唐書袁朗傳、門第須歷代入賢、名節風教、爲衣冠顧矚。慨夫時更板蕩。板蕩、譏亂世也。詩大雅有板蕩二篇、皆言厲王之無道也。唐書、疾風知勁草、板蕩識誠臣。郊生戎馬。老子曰、天下無道、戎馬生於郊。爾雅、邑外謂之郊。戎馬猶言兵馬。文獻淪絕。文獻、論語朱注、文、典籍也。獻、賢也。縑帛散落。縑、重絹而其色微黃者。帛、今謂之綢。絲織之總名。古人鈔書皆用縑帛。此指書籍而言。家乏先。

賢之狀。隋志有海內先賢傳、先賢集、兗州先賢傳、徐州先賢傳、交州先賢傳、魯國先賢傳、楚國先賢傳贊、汝南先賢傳、濟北先賢傳、會稽先賢傳、吳先賢傳、零陵先賢傳等、裴松之三國志注引用先賢行狀最多。士無舊德之傳。舊德、先代之德澤也。易、食舊德。班固賦、士食舊德之名氏。又見言劉者必彭城注。姬酉祁已莫詳其宗派。國語、黃帝之子二十五宗、其得姓者十二。姬酉祁已滕葴任荀僖姞儇依是也。農商工仕多失其世業。尹文子、全治而無闕者、大小多少、各當其分。農商工仕不易其業。有志之士、讙然惕之。讖晉失、傷與傷通。此段言吾鄉多舊族、自經粵匪之亂、則先人掌故、大都燼於兵火、故士多傷之。丁君雲軒少席華胄。席、資也。因也。華胄、謂顯裔。晉書、衣冠華胄、宜蒙優免。早標民譽。秉張融之門律。南史列傳二十二、張融有孝義。忌月三旬不聽樂。事嫂甚謹。南齊書四十一卷張融傳、張氏知名、前有敷演、鏡暢、後有充融卷稷。法陸煦之家史。舊唐志、陸煦撰陸史十五卷。爲丁氏家譜若干卷、編次既竣。竣、事畢也。國語、有司已事而竣。屬引其耑。耑與端通。物之首也。予惟宗灋既

鄧序　二

廢。古人分別嫡庶統系之制、謂之宗法。清程瑤田有宗法小記。灋即法。世風益漓。漓、音離。薄也。近士大夫厥有數蔽。杭才金碧之上。劉孝綽侍宴詩、宮闕引鴻鸞、朝行命金碧。爭妍緗素之末。緗素、謂書卷也。古人寫本多用縑素、其染成淡黃色、名、謂之緗素。信文緹帙、緗素愛玩無已。發雌霓之妙解。梁書王筠傳、約製郊居賦、要筠示其草。讀至雌霓連蜷。約撫掌欣忭曰、僕常恐人呼爲霓。按雌霓之霓、五激反。雲霓之霓、五雞反。喜筠讀音不誤也。挺碧雞之雄辨。碧雞、神名。又山名、在雲南昆明縣西南。山有神祠。漢宣帝使王褒往祀、歸而作碧雞頌文。選劉孝標廣絕交論、縱碧雞之雄辨。注、引馮衍與鄧禹書曰、衍以爲寫神輸意、則聊城之說、碧雞之辨、不足難也。亦自謂逸才豐蓺。逸材、謂超出衆人之材。李冲謂楊大眼、千載以來、未有逸才若此。蓺即藝字。殫見洽聞。謂見聞之淹博也。班固賦、元元本本、殫見洽聞。逮與溯。畀姓所由、始受氏所自來。畀即得之古字。姓、生也。古者因生以賜姓、所以表明其所生、爲婚姻之別也。氏、氏族也。上古建國則有姓、其支系別之爲氏、以次則曰孟孫、仲孫、叔孫、季孫之類。或有以官、以邑、以王父之諡與字爲之。故惟貴族有氏。平民則無。左傳、墜氏亡氏。言削奪爵邑而爲平民也。後世但有姓無氏、姓氏不復分、而姓亦謂之氏矣。則瞠目直視。瞠、音撐。直視也。結舌莫對。結舌、謂不發言也。漢書、智者結舌、邪僞並進。祖禰不別。祖、始廟也。周禮、左祖右社。父廟曰禰。生稱父、死稱考、入廟稱禰。探三古之歸藏。三古、謂上古、中古、下古也。漢書注、歷三古。伏羲時爲上古、周文王時爲中古、孔子時爲下古。歸藏、古易名。黃帝作。周禮、大卜掌三易之法。一曰連山、二曰歸藏、三曰周易。一說殷易歸藏、以坤爲首、象萬物之莫不歸藏於地。支派不明。支派、歧出之流派也。北齊書、是以具書其支派。談八瀛之遼闊。宋書樂志、澤物九有、化浮八瀛。縱有林寶纂姓之博。林寶、唐濟南人。撰元和姓纂十八卷。詎免籍氏數典之譏。左傳昭公十五年、數典而忘其祖。言追數典故、而忘其祖之所職掌也。其蔽一也。此段言雖有高才、而忘其祖宗者、又言雖有譜牒、而荒渺無攷者。粲粲門子。文選東晳補亡詩、粲粲門子。如磨如錯。毛詩曰、粲粲衣服。傳曰、粲粲鮮盛貌。選注引周禮曰、正室謂之門子。鄭玄曰、正室嫡子、將代父當門者。祁祁搢紳。古之仕者垂紳搢笏。故稱官族曰搢紳。文選潘岳楊荊州誄、祁祁搢紳、升堂入室。毛詩傳曰、祁祁、衆多也。豔蔡邕之製

鄧序　三

碑。後漢書、郭泰卒、同志共刻石立碑、蔡邕爲文。既而謂盧植曰、吾爲碑銘多矣、皆有慚德、惟郭有道無愧色耳。喜韓愈之諛墓。唐書韓愈傳、劉義者、聞愈接天下士、步歸之。後以爭語不能下賓客、因持愈金數斤去、曰、此諛墓中人得耳、不若與劉君爲壽。愈不能止。直欲乞彼鴻藻。鴻藻、言博大之文也。班固賦、鋪鴻藻、信景鑠、揚世廟、正雅樂。光我縢牒。縢、緘也。牒、譜也。史記有玉牒書。乃至述祖悳之頌。悳即德字。文選謝靈運有述祖德詩。半出譽言。譽言、言不信也。左傳哀二十四年、是譽言也。上史宬之書。宬、藏書之室也。明大內有皇史宬。貯實錄祕典。都非實錄。漢書、遷有良史之材。其文直、其事核。不虛美、不隱惡。故謂之實錄。私人紀先世之事、亦曰實錄。如唐李翺之皇祖實錄、則記其先祖之事也。豈曰追遠。乃邢昕述躬之賦。魏書列傳七十三、北史列傳三十一、邢昕字子明、太昌初、除中書侍郎、加平東將軍、光祿大夫。時言冒竊官級、爲中尉所劾、免官。乃爲述躬賦。何云闡幽。類正始服官之簿。正始、三國魏邵陵厲公年號。時士大夫競尚清談。世稱正始之風。其蔽二也。此段言富貴之家、請人作家傳墓誌、以諛其先人者。永叔家穎。植表

於瀧岡，歐陽修，字永叔，廬陵人。修老潁之西湖，修父觀葬於瀧岡，修表其阡。仲卿籍舒，繫情於桐邑。漢朱邑，字仲卿，舒人。病時屬其子曰，必葬我於桐鄉，子孫奉嘗不如桐鄉民。求諸襞析間亦有之。今則墨綬初綰，綰，鈎繫也，孔稚珪北山移文，至其紐金章，綰墨綬。墨綬，黑色印紐也，漢官儀，邑宰銅章墨綬，秩六百石。銅符乍握，銅符，乃銅虎符之省。史記，初與郡國守相為銅虎符。集解應劭曰，銅虎符，第一至第五，國家當發兵，遣使者至郡合符，符合乃聽受之。握，掩持也。便已委故壠於狐兔，委，棄置也。壠，冢也。言棄其舊坟為狐兔所竊穴也。寒盟言於蝯鶴，寒盟言，謂背其盟言也，孔稚珪北山移文，蕙帳空兮夜鶴怨，山人去兮曉猿驚。猿俗蝯字。范蠡去越，擁高貲而不歸，范蠡，越人，後浮海入齊，變姓名，父子治產致產數十萬。張祿入秦，戀名位而不去，范睢逃入秦，乃易姓氏曰張祿，說昭王，遂拜相。竟忘毛裏之戀，毛裏，言人子之於父母也。詩，不屬於毛，不離於裏。傳，毛以言父，裏以言母。何有首邱之思。禮記，古人有言曰，狐死正邱首，仁也。其蔽三也。此段言入籍他省，古亦有之，惟今則一行作吏，便不思歸故土矣。

鄧序　四

希榮而慕勢，豔貴而醜賤，自視高於穹蓋，穹蓋，天也。言其形穹隆如蓋。名心灼於炎旭。炎旭，謂夏日熱氣盛也。羊豕遠跡，諱言其祖宗，漢書，公孫弘、卜式、兒寬傳贊，以鴻漸之翼，困於燕爵，遠迹羊豕之間。非遇其時，焉能至此位乎。貂蟬炫華，誇耀其親懿。漢書楚元王傳，王氏一姓，乘朱輪華轂者二十三人，青紫貂蟬，充盈幄內，魚鱗左右。南阮北阮，以貧富為戚疏。晉阮咸與籍居道南，諸阮居道北，北阮富，南阮貧。諸阮皆飲酒，咸至不與共飲事，見晉書。東裴西裴，以聲華為寵寂。五代史裴皞傳，裴氏居燕者號東眷，居涼者為西眷，居河東者為中眷。是以高遵賤出，必受侮於宗鄉。魏書八十九卷列傳七十七，高遵，字世禮，渤海蓨人，父濟，滄水太守。遵賤出，兄嬌等常欺侮之。及父亡，不令在喪位。杜甫窮愁，將見遺於家牒。馬永卿嬾真子，杜氏凡五房，一京兆杜氏，二杜陵杜氏，三襄陽杜氏，四洹水杜氏。五濮陽杜氏，而杜甫一派，不在五派之中，豈以其仕宦不達，而諸杜不通譜系乎。其蔽四也。此段言富貴則可通譜，貧賤則為非族。況夫

滄桑迭更，神仙傳，麻姑云，接侍以來，已見東海三為桑田。儲光羲詩，滄海成桑田，世人以喻時勢變易之速也。金石俱毀，金石，金謂鐘鼎之屬，石謂碑碣之屬。古人於日用器物，大抵鐫勒文字，又頌功紀事寓戒，亦皆銘諸金石。東漢而後，墓碑盛行。梁元帝集錄碑刻為碑英百二十卷，是為金石文字著錄之始，顧其書不傳。宋歐陽修、趙明誠輩，始事搜採，著錄迄清代而大盛。金石之學，遂為專家。以其能識文字之源流，訂經史之訛闕，所裨於學者多也。悠悠世祚，攸按無從，遂使言劉者必彭城，唐書高士廉傳，唐至中葉，風教又薄，譜錄都廢，公靡常產之拘，士亡舊德之傳，言李悉出隴西，言劉悉出彭城。悠悠世祚，訖無考按，冠冕皁隸，混為一區，可太息哉。言杜者必京兆，魏書杜銓傳，世祖謂崔浩曰，天下諸杜，何處高望。浩對曰，京兆為美。黃犢之產，或乞姓為韋，張鷟朝野僉記，隋開皇中，京兆韋袞有奴曰桃符，每征討將行，有膽力，袞至左衛中郎，以桃符久從驅使，乃放從良。桃符家有黃犢，宰而獻之，因請乞姓，袞曰，止，從我姓為韋氏。符叩頭曰，不敢與郎君同姓。袞曰，汝但從之，此有深意。故至今為黃犢子韋。青甯之生，或沿訛成馬，莊子至樂，久竹生青甯，青甯生程，程生馬。託梁公之裔，遂竊

鄧序　五

告身，宋史狄棐傳，本有狄國賓者，仁傑之後。分仁傑告身與棐，棐奏錄國賓一官，而自稱仁傑十四世孫。棐，梁公即仁傑也。過郭令之墳，特陳籩豆。郭崇韜，唐莊宗朝為樞密使，自以為子儀之後，其伐蜀也，過其墓號慟而去。何增高價，徒玷名宗。玷，辱也。盧亘文，久玷中書，名宗即名門有稱於時之望族也。若欲挽其頹風，必先昭其真派，此即丁氏之譜所由作歟。此段言喪亂之後，譜系大都偽訛，丁氏之譜，尚能明其真派。僕伏處里閭，里閭，里門也。唐書高儼寓傳，其先五代王巽，居李圍里閭。久荒簡畢，荒，廢也。簡，牘也。古未有紙，載文於簡，謂之簡札。畢，簡也。禮，今之教者，呻其佔畢。今亦謂手札曰手畢。荒，古荒字。既無承天譜系之學，唐志，何承天撰姓苑十卷。又非倉曹人物之志，唐書，李守素，署天策府倉曹參軍，通姓氏學，世號肉譜。許敬宗曰，倉曹此名，豈雅目邪。宜有以更之。虞世南曰，昔任彥昇能通經，時稱五經笥，今以倉曹為人物志可乎。茲因雲軒之屬，適觸所感，遂放卮言，莊子，卮言日出。注，酒器滿則傾，空則仰，比之於言，因物隨變也。兼綴大凡，書諸首簡。

定文之誼，雖愧於陳思（曹子建與楊德祖書：昔丁敬禮常作小文，使僕潤飾之，僕自以才不過若人，辭不爲也。敬禮謂僕：卿何所疑難，文之佳惡，吾自得之，後世誰相知定吾文者耶。案陳思即子建），求米之風，差殊於承祚云爾。（宋章如愚山堂考索：丁儀、丁廙有盛名於魏，壽謂其子曰：可覓千斛米，當爲尊公作佳傳。丁不與，竟不立傳。案陳壽字承祚，此段逸用丁姓典故以作結語）

鄧濂字似周，光緒間以詞章之學名於時。殁後著述散佚殆盡。此序作於光緒甲午，是時福保二十一歲，喜其詳贍典雅，乃不揣檮昧而爲之注。存之篋衍已三十餘年矣。今歲將此注刊入譜內，以便後之讀此序者。民國十四年五月二號福保識於上海醫學書局

南塘丁氏甲午譜後序

氏族之書果何昉乎。桓譚新論云：太史公三代世表，旁行斜上，並效周譜。按周禮小史奠繫世，辨昭穆，則譜之起於周也無疑。漢鄧氏有官譜，應劭有氏族篇，王符潛夫論有姓氏篇，子雲家牒見於李善文選注，晉代諸家譜見於劉孝標世說注，斯皆族譜之最古者。晉宋重門第而譜牒別爲學，凡縉紳之子咸能述其世系。潘安仁作家風詩，陸士衡集有祖德述先二賦，庾子山之哀江南歷敘受姓以來以至其父肩吾，雖間有鑿空傅會之弊，然猶足以證世風之古。邇來新生後學往往弁髦先疇，數典忘祖，高曾之字諱已不復記憶，遑論其他，悠悠世祚，譜錄都廢，新門舊族，混爲一區，可太息哉。福保曩在京師備員國學，伏讀 高宗純皇帝八旗氏族通譜序，諄諄訓迪，有云：前之人既以忠實勤勞，覆幬其後嗣，凡茲食舊德而服先疇者，其何以無墜厥緒，大哉 王言，益曉然於譜牒之關係於子姓者非淺鮮也。余於甲午年修譜時，任編纂之役，當時未有一言以敘其端，每引以爲憾，今重讀是譜，心有所感，乃作後序，謹述先世之大略，以告族人曰：

吾族始遷祖伯通公，於元末自常州始來無錫，歷二百餘年，至明嘉靖庚申始創宗譜，斷自始遷，自爲一族，據史氏斷限之例也。始遷以上，闕所不知，據歐陽氏例也。後歷百十有二年，至 國朝康熙壬子續修之。又歷七十八年，至乾隆庚午三修之。又歷百年，至道光庚戌四修之。又歷四十五年，至光緒甲午五修之。史通曰：家史者，事惟三族，言祇一門，止可行於室家，難以播諸邦國。且箕裘

不墜則其錄猶存苟薪槱云亡則斯文亦喪吾丁氏家史雖中更兵燹洊歷亂離得呵護於灰燼抱遺墜於珙璧纖纖綑綑緜延數百年以貽我後之人亦云幸矣

明洪武間第三世樸菴公始由泰伯鄉遷居南城外之南塘故曰南塘丁氏古法不紀遷徙今紀遷徙亦歐陽氏例也昔魯大夫東門襄仲之後爲東門氏齊大夫北郭子車之後爲北郭氏隋志有京兆某氏等譜唐志有東萊呂氏家譜皆以所居之地名之由今上溯樸菴公雖五世之親已絕於袒免而三遷之後尚識其枌榆良由祖宗之遺澤長也

余以新史學之學識統觀吾家遷錫以來五百三十餘年間之陳迹考其盛衰得失而區分時代焉由一世至三世爲開創時代由

四世至九世爲守成時代由十世至十四世爲全盛時代由十五世以至今日爲式微時代繼是以往子弟之入學堂者漸多意者異日中興之機殆在此歟吾又詳稽其興廢之原理分爲三端一曰由商業而興者一曰由讀書仕宦而興者一曰由不讀書求仕宦而敗者殷鑒不遠來軫方遒著之於篇後嗣可以取法矣

第一世百通公爲宋太常禮院諱寶臣十一世孫世居常州仕元爲萬戶府萬戶值元代鼎革落仕籍爲民始遷居無錫之泰伯鄉

第二世仲綱公早卒第三世樸菴公由商業起家以富聞於一鄉

第四世存誠公仰承父志輕財好施第五世諱斯濟斯民第六世均以年字排行始有以讀書顯者延年公正德庚午舉人山東魯藩長史松年公文年公武年公堯年公均補博士弟子員延年之子諱謹中嘉靖甲辰進士知浙江黃巖縣事堯年之子諱謨增廣生謨之子諱紹虞棄儒而賈豪於貲紹虞之子諱洹號晴宇好予散其家財洹之子諱明俊號君蕃大振商業錫金識小錄曰丁氏居南塘多習賈君蕃始爲牙行家益饒裕云是爲第十世

君蕃公因高曾以來五世無顯者先澤將斬思起而振之乃疎財好義見善必爲以重聘延名師課諸子讀書嘗詔諸子曰吾少以大父年老故不得已去儒治商業然非吾素志祖宗以儒起家隆其遺緒何以爲人子孫繼吾志者汝曹責也其長子諱煌郡增生次子諱濟美壽州儒學訓導三子諱煐廣東廉州府同知四子諱詮安慶府學訓導是爲第十一世

第十二世諱王士乾隆丙子舉人山西孝義縣知縣諱鶚起受知

於儀封張先生伯行江陰楊先生名時爲宋儒之學不求聞達諱鶴起安徽安慶府同知是爲君蕃公之孫

第十三世諱如琦乾隆癸酉舉人浙江常山縣知縣諱亭乾隆庚午舉人廣東高州府知府諱尹志乾隆丙子舉人廣東廣州府知府諱雲銘廣西藤縣知縣是爲君蕃公之曾孫

第十四世諱瀚陝西甯羌州知州諱寶洲直隸河西務同志諱善洲河南洛陽縣知縣諱瀛洲江西萬載縣知縣諱芳洲乾隆癸卯舉人廣東番禺縣知縣諱桂洲乾隆戊申副榜就職陝西華州州判諱閬洲甘肅平涼府知府是爲君蕃公之玄孫

由第十世至十四世雖無顯宦達官而遺愛惠政後先媲美其事迹備載於邑志行義宦望孝友文苑等傳者代不乏人由今思之

實爲吾族全盛時代。皆讀書仕宦之明效也。至十五世。以科名顯者漸少。而平之公暢之公采之公洪之公等。猶以詩文名於時。然皆爲南北闈所困。齎志以歿。僅余之曾伯祖雙梧公中嘉慶戊辰南元而已。其後納粟捐職者日益繁。讀書者日益寡。衣食奔走。饑驅四方者踵相接。往往一再傳後。已有瑣尾流離之嘆矣。至十七世。僅芸石公中道光壬辰舉人。枚卿公中同治壬戌進士而已。今國家科舉已廢。科學漸興。爲子弟者。以進學堂得受完全之教育者爲最貴。第十八世。爲余之兄弟行。學陸軍者有慕韓。學海軍者有端甫。學警察者有九皋。既衰復振。其在茲乎。其在茲乎。

書曰。七世之廟。可以觀德。吾族自始遷祖至今。閱二十餘世矣。而子孫猶有廬可居。有田可耕。有書可讀。每逢春秋佳日。猶能羅具牲醴。一奠數百年之邱墓。以瞻拜其松楸。未始非祖宗之餘德。足以蔭庇之也。言念及此。喜懼交集。吾曹其勉乎哉。

甲午歲。修譜時。任主修者一人。任總纂者三人。任採訪者四人。任繪圖者一人。至今皆相繼謝世。僅余兄弟及雨生在。回憶當時。至今十餘年間。其聚散存歿之感。何能無慨於中耶。福保擬續修家譜。以救邇來蔑古忘本之弊。嘗考後漢百官志註。胡廣曰。歲一治諸王世譜。又考　大清會典。　皇族之玉牒。以十年纂修一次。天潢貴胄。猶重譜系。可以爲天下後世之家乘法矣。吾曹其毋忘此家譜。而及時修輯之。愼藏之也。

光緒丙午冬季十八世孫福保謹識

甲午譜後序　四

五修眞譜跋

吾邑經粵匪以後文獻闕如即以吾族舊譜論所存者僅得二三而已故此次修輯不容再緩然謀之宗人皆以難辭邀論再四議始定於是小子等乃旁搜博采凡涉先世掌故悉爲輯出閱十有六月而竣譜既成其間有不可不揭出者有二事焉一爲繼子准其入譜後人不得妄生異議蓋譜之有繼子始於垂香集也（見無錫縣志館采公宦蹟傳及錫金識小錄館采公軼事）惟垂香集未嘗註明今必明其以某姓子爲繼者既恐亂宗且嫁娶不致有同姓之虞也一爲道光譜不僅晴宇公一支（譜序云自晴宇以下彙而輯之此指支譜而言也）自延年公以下及紹周派紹虞派之長房二房三房皆載於支譜之後（惟絕支不載）近有人僞造譜稿欲竄入大年公支與道光譜校無一相合其插支事屬顯然乃揮之去又恐後人以道光譜爲僅載晴宇公一支也故剖析如此若夫譜系之源流世次之分合前人序之詳矣小子等何贅焉

光緒乙未二月下浣十八世裔孫（寶森 編保）百拜謹跋

跋　一

跋

鉷自總角時側聞家君有修宗譜之意冉冉三十年中以奔走衣食故卒未暇及此也歲癸巳家君就從叔枚卿於粵東潮陽署語次及修譜一事從叔首躅自金爲倡然吾家宗譜上溯吾祖鵠起公庚午續修之歲已一百四十餘年於玆矣以時代之遠子姓之蕃中兼髮逆煽蕩遷徙流亡者不可指數以故每每中阻鉷深念吾祖庚午之修爲吾宗一大關鍵倘續修者不能殫心竭力以繼其成不且貽吾祖羞乎此鉷所由不辭疎漏之罪而急欲底於有成者也爰就芸軒梅軒從昆季商確之亦曰此先曾祖俊之公夙志而效於天者也若以祖宗之靈或克有濟敢不共襄厥事乎於是發舊藏出俊之公手輯宗譜四巨册相與考世系源流別族屬

支派咨訪勤勞靡間寒暑更得族祖琢齋分任其勞然於採訪之道勤則勤矣而族人於兵燹後遷徙無定故於無從採訪者譜中概從闕略以俟歸籍後冀後之繼修者得其當以補錄之焉故於確實無嗣者注名下以別之且有詩文目次未及編入者如馬貞女事高祖別傳暨采之公詩文之類概從補遺之例自始迄終凡越二歲始告蕆焉縱核其間雖闕略舛錯之憾或所不免然大致已備庶可俾後之復修是譜者有所考訂而糾鉷之不逮焉用識數語以跋其尾

光緒乙未七月朔日守制十八世孫鉷百拜謹跋

元威遠大將軍伯通公像

元萬戶府萬戶伯通丁公像贊

誰謂世不遠而發祥於翰苑之芳誰謂學不廣而轄事於鼓鼙之行職司閫鉞鑰鎖澄江建龍飛乎淮甸爰避影而潛藏景玆讓德因卜築乎廉城之陽典型之望桑梓之光余瞻儀表庶幾欽德星兮而尸祝於鄉

邑人倪峻題

裘昌齡書

明徵君樸庵公像

南塘丁氏宗譜　卷之二　像贊　二

明徵君樸庵丁公像贊

爾才不顯爾貌不矜人皆騁機辨爾獨守其璞人皆修邊幅爾獨歛其神胡為乎挾素封之產且有以動當宁之明綸安車不起適我素心其人為瑞萁其德為椒馨爰自命之以樸庵之號可以對令名而無愧乎影衾

二泉邵寶題

後學許同范書

明奉直大夫古直公像

南塘丁氏宗譜　卷之二　像贊　三

明誥贈奉直大夫丁老年伯古直公像贊

其貌樸而古其心仁以温其人則繩尺是守而忠信以為根種德積學裕乎其身而以啓佑其子孫則有慨于老成之不可作者披圖而載拜之未嘗不怏然于典型之尚存烏乎古之所謂鄉先生者公其人與公其人與

海門崔桐題

錫山高翔書

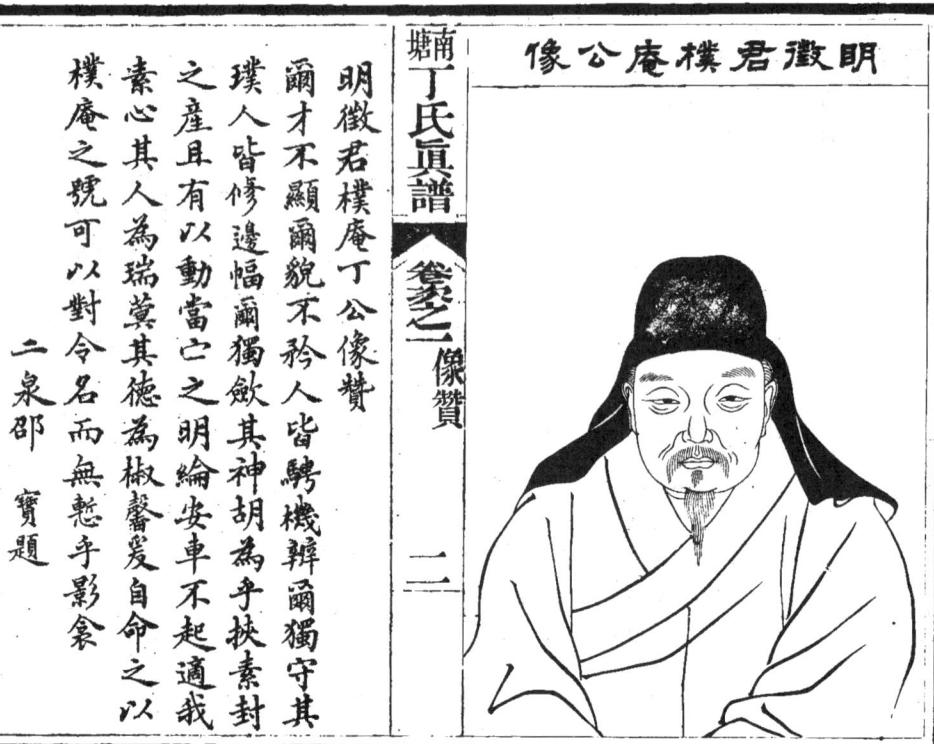

明奉訓大夫南洲公像

南塘丁氏真譜 卷之二 像贊 四

明奉訓大夫魯藩右長史南洲丁先生像贊

望其器宇五鵲停峙接其德容雙鳳翟起究其才智則龍虎之變化而莫測其所以是胡不羽儀天朝而乃廻翔乎藩服之長史職而聲施藩服望重天朝則觀其垂紳佩笏而可以想見其小心也如此方逢時題

袁昌齡書

明黃巖令龍峰公像

南塘丁氏真譜 卷之二 像贊 五

明文林郎黃巖縣尹龍峰丁公贊

望則邑宗才乃人傑早策名于王國旋筮仕于東浙秩掌簿書況酣麴蘖奚位不竟其施而小試武城之牛刀年不永其歷而還赴玉京之仙室豈造物之忌贏俾哲人之實折惜乎

茂苑文嘉題

後學范嚴書

文津公像

像佚

親翁丁文津像贊

爾津可問爾文無華龍峯宦族濟陽世家肖而父之清揚蔭溪南之柳肖而祖之森聳想海上之槎余昔與君同師友之席麗澤之日已久令與君結兒女之姻于歸之期匪遐作德於晚心逸可嘉被爾巾束爾服一爐柏子一卷楞伽如此清修意味幾見市廛有廢余為摹無象之聲於有象之涯肖丹青之所不能一肖者庶幾乎言有大而非誇

天啟甲子初冬南京太常寺少卿姻生陳幼學頓首拜書

後學俞桂一補書

奉政大夫晴宇公像

壽未晴翁亣隱君八十像贊

望翁皃兮巍巍鉅翁壽兮奕奕傾瞳廣頤顴眉如戟衣冠不古不今音非如金如石家裕棗數蘭芽玉太層關閱擇齊了木歷隱逸空兮言蟲教生瑕齡匪畬山其壽匹

黎洪歷題

商濟鎮書

奉政大夫君蕃公像

誥贈奉政大夫君蕃丁老伯像贊

克丈夫乎其容抑抑乎其躬以振先緒勉上厥衷金之渾玉之溫雙桂之門六竹敲堦厥本根允垂裕其後昆

雲川杜紹顥

衡之書鈐書

孝廉石庵公像

清康熙癸卯科舉人石菴丁公像贊

二泉之清九龍之秀誕生名流光前裕後其躬金玉其品圭璋淵源家學發為文章惠施五車子建八斗早登巍科才堪大受猗歟先生三代之英瞻拜遺像我無能名

後學楊恩霈拜題并書

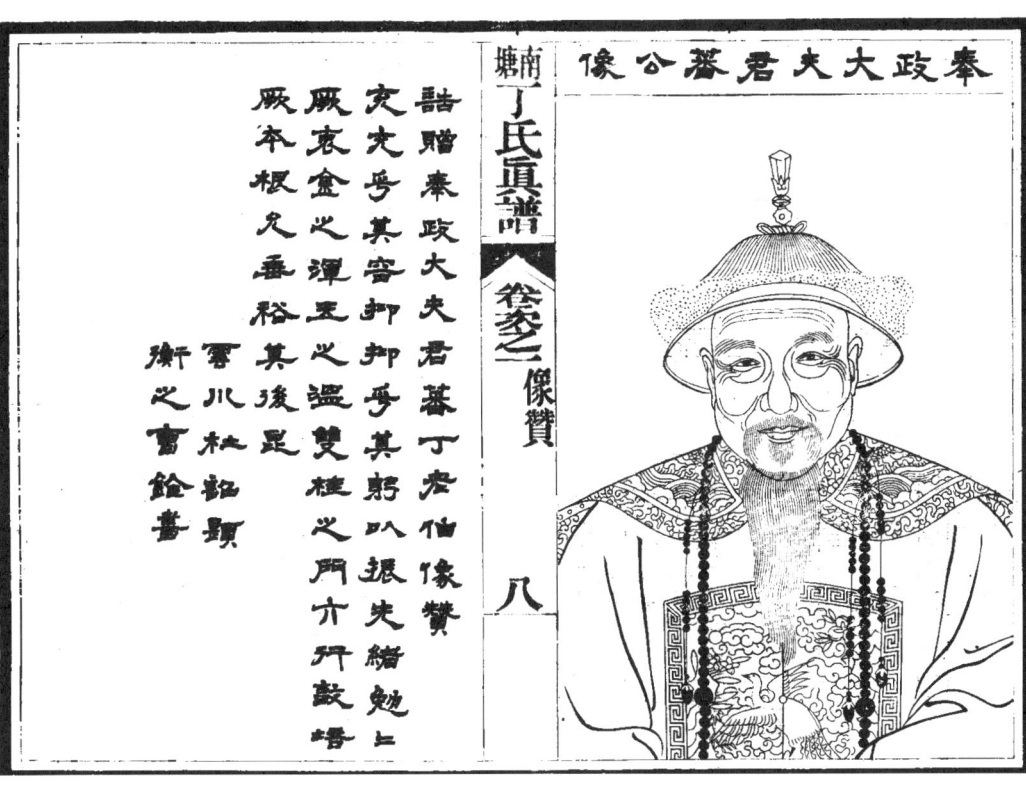

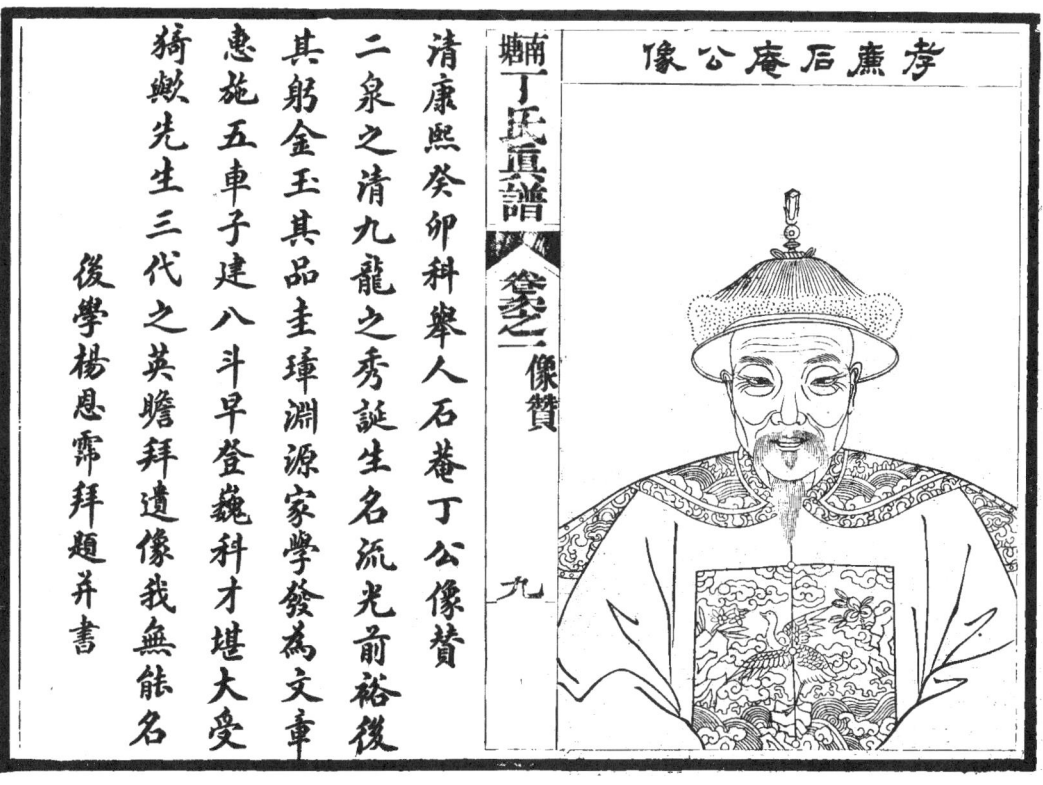

歲進士留菴公像

南塘丁氏眞譜 卷之二 像贊 十

康熙甲午歲進士畱菴丁先生爲贊

猗與先生士林儀軌秉心直方植躬孝弟飫經史之膏腴撥聖賢之心髓早歲英挺鸞停鵠峙晚歲從容風光月霽憶杖屨之追陪宛音容之有斐色温而莊神恬且止斯倫常内之完人而名教中之真士

孩禪浦起龍題

門下晚學生華紳曾拜書

郡增生赤菴公像

南塘丁氏眞譜 卷之二 像贊 十一

老親翁赤菴丁老先生八十像贊

仰先生之德兮渾然若璞睹先生之容兮温乎如玉噫此渭翁之年兮不遇周文之後車韬光而歛華兮偃息於幽人之廬

後學金步青題

東里華珍旦書

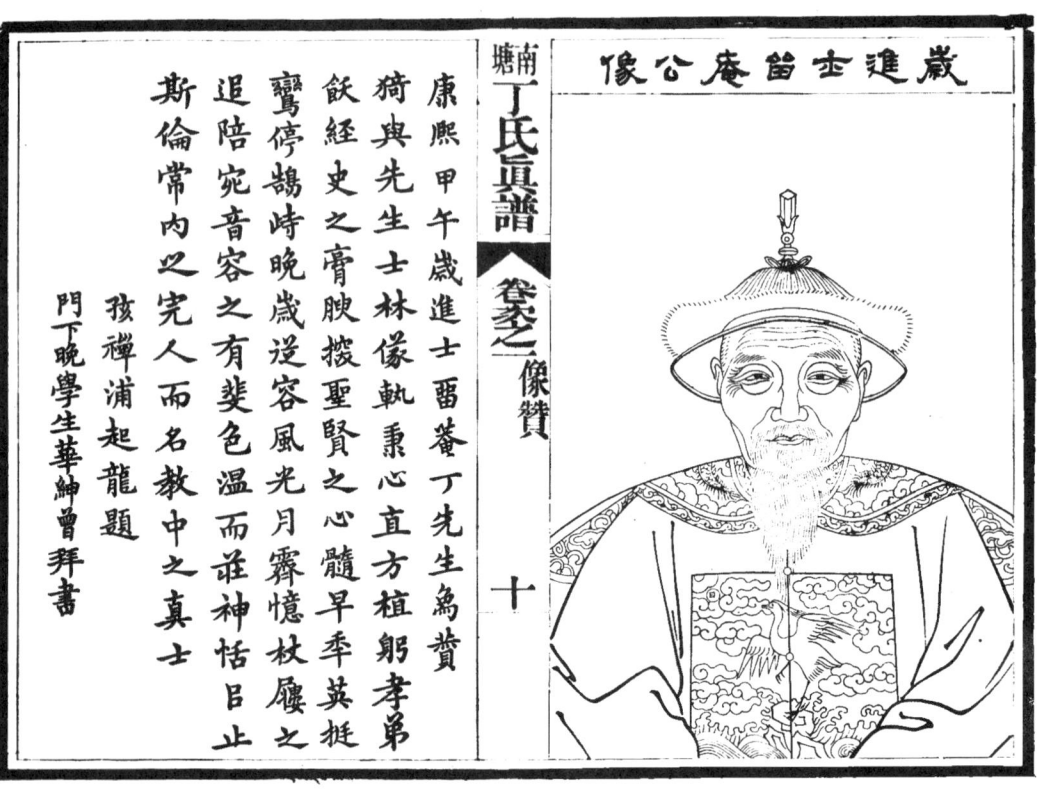

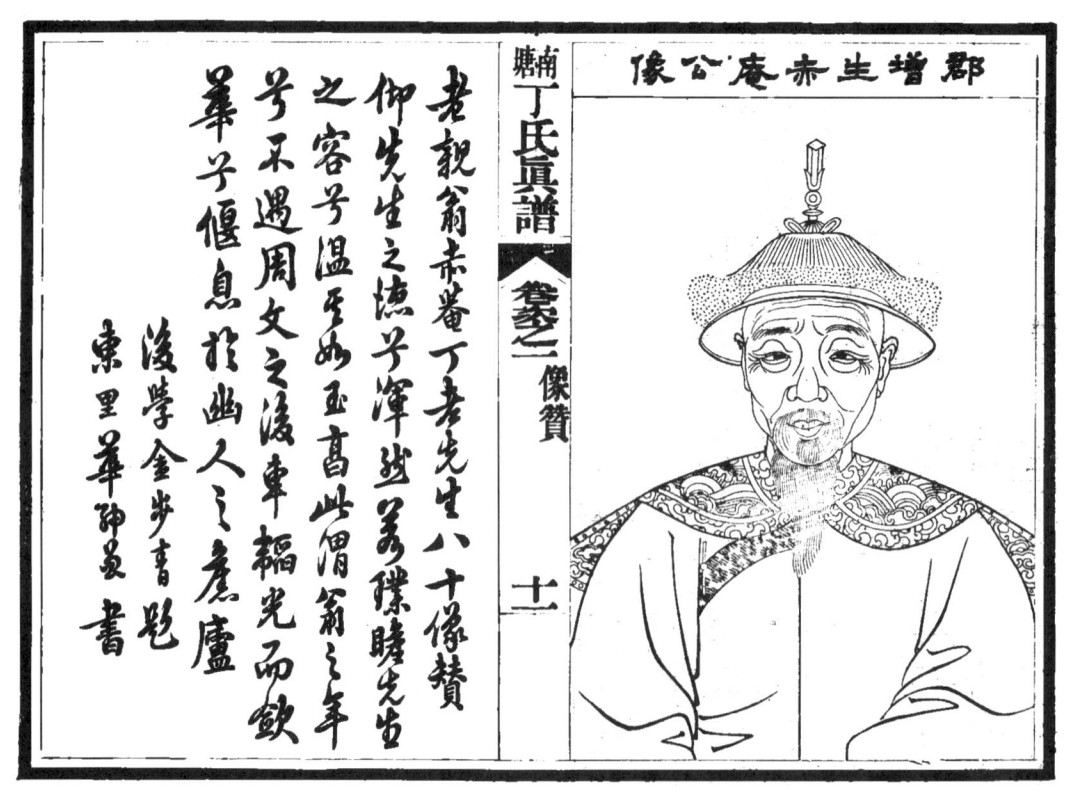

壽州學博筠皐公像

壽州學博筠皐丁先生像贊

斧藻其德追琢其藝式於章縫本之孝弟
我思古人經義治事垂聲千秋伊惟造士
先生之心疇謂非繼蚤夜孜孜用承廣厲
校官育才是亦經濟乞休耶園知止惟義
有惠鄉閭有澤後嗣無忝前脩秘閣之裔

同學姻弟華宏顯拜題

蒙譔曹銓書

廬州司馬鴻洲公像

誥授奉政大夫廬州司馬
鴻洲丁先生爲贊
貌古而蓄神清而臞廊廟
之秀道德之腴天与閒人
其命也夫

琅邪王澍題

東里華紳曾書

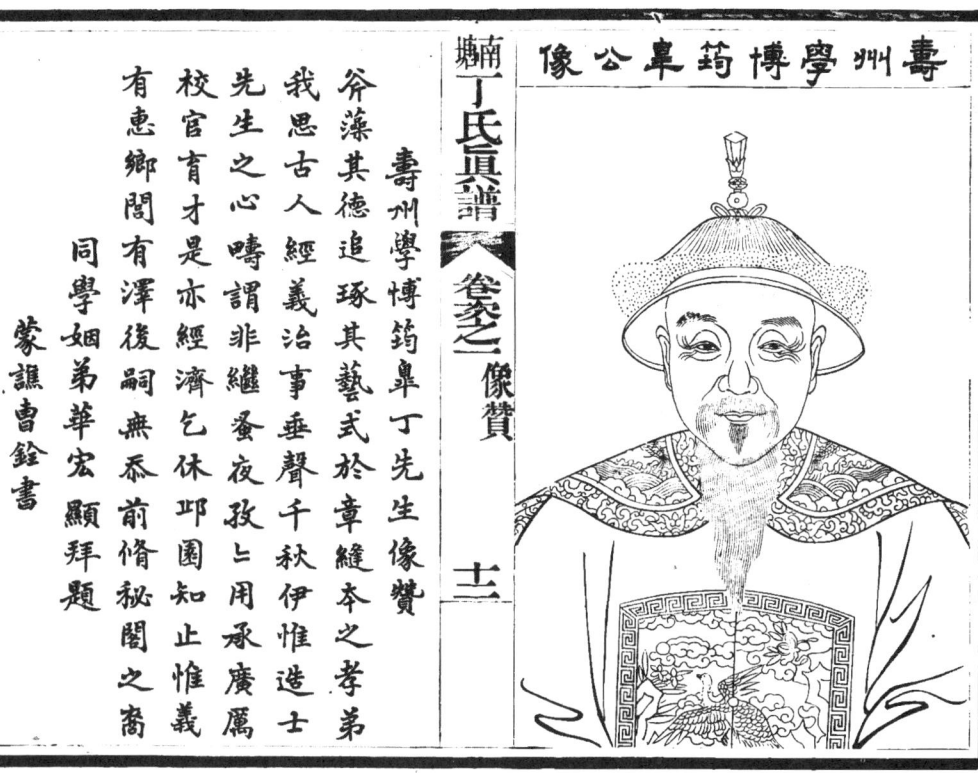

安慶府學博約齋公像

勅授文林郎安慶府學博約齋丁姊文像

贊

其貌昚咸其神秋水鐸聲載揚範身訓士
化協於膠庠行修於鄉里詒燕世之清芬
宛古人之芳軌

味經秦蕙田題

東里華紳曾書

安慶司馬聞菴公像

誥贈朝議大夫廣東高州府知府聞莽丁

公像贊

於鑠明德越我丁公發揮道素揚厲軌風
宣防既塞萬福攸同佐翼牧伯丕顯元功
壽以仁永位以德隆睎華耀采葉葉靡窮

年家子唐浩鎮拜題

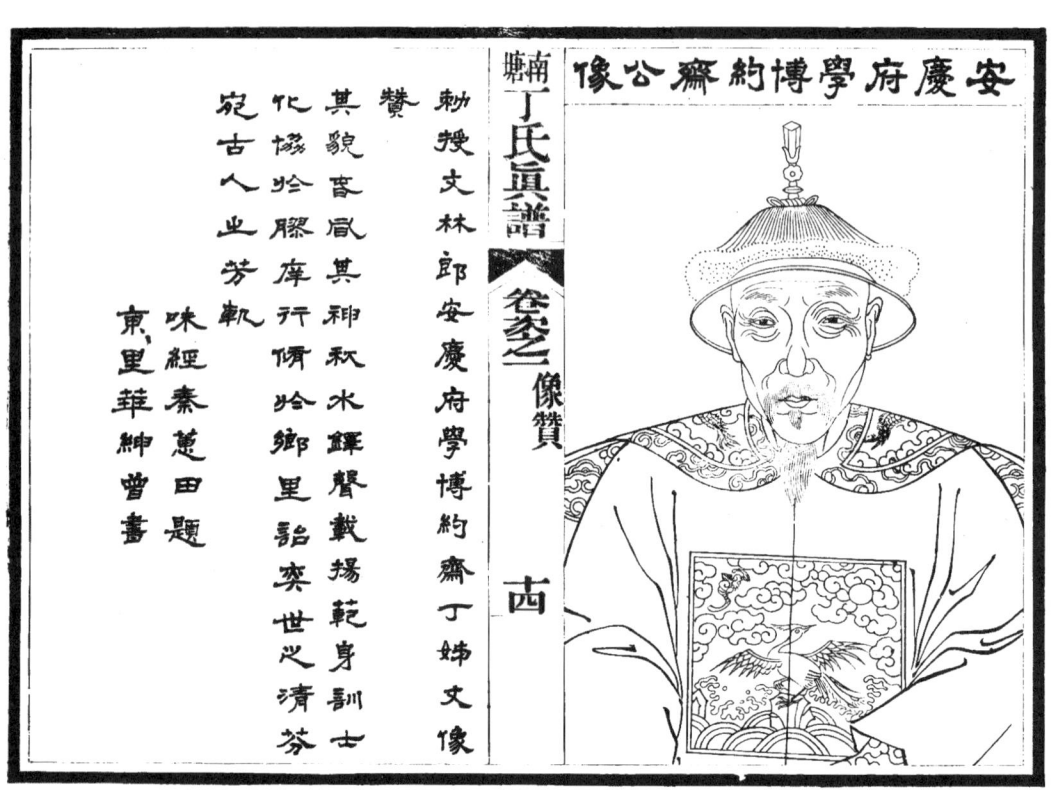

孝義縣知縣長孺公像

像佚

乾隆丙子舉人孝義縣知縣長孺丁先生
像贊
鸞鳳炳采虬龍潛姿斂翮矯翼執聖于時
瓌藻絢騰閎詞噴鼓曇域容與踪武山父
杖履緜眇頽陽慘紅敬弔先喆瞻仰遺風
陽湖吴朓拜題
後學范[illegible]謹書

高州府知府蘭谷公像

像佚

廣東高州府知府蘭谷丁公像贊
歐嶺屹屹鑑江汪汪山景其德水流其芳
石龍風茂白馬雲裳靈樸斯潤輿區遐康
疊礄聯氣圓璧燊光杜祠馨發欒社儀皇
鳳翼未瘁蚪鱗奚藏詡思靡既洪緒永荒
後學高翔撰書

常山縣知縣菊圃公像

乾隆癸酉舉人常山知縣菊圃丁公像贊

於休先生誕有明德燭爲文章抗古大筆一官泠署多士咸埶三載論績來牧吾民以芟以理百堵皆安榆次凰集中年雉懽悠然解組頤志南軒單寒後進瞻仰弗諼

林頤山拜題

俞　澋拜書

廣州府知府澹齋公像

廣東廣州府知府澹齋丁公像贊

龍巖百尺虎嶂千廛冠劍所指梧榆自新鯨牙海逝鱷毒淵淪莫遠非瞽無思不賓熙懷穆穆亮德恂恂處進慎退頤光養真襟帶既朗軒裳何珍歸來安槀潁陽之濱

後學高翔撰書

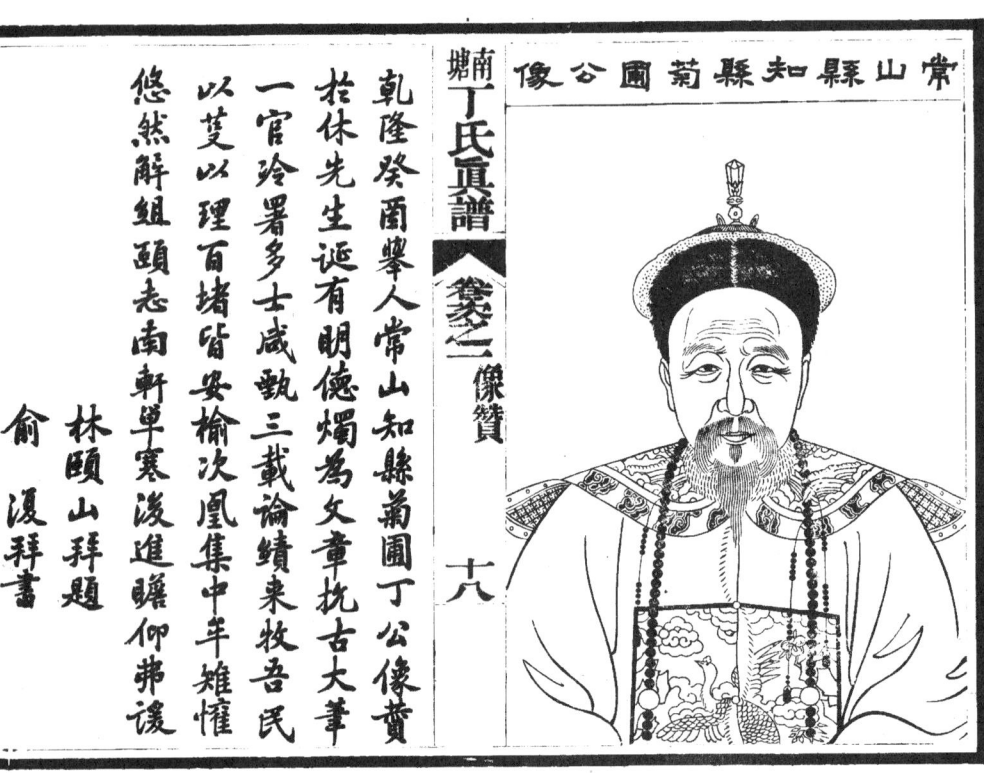

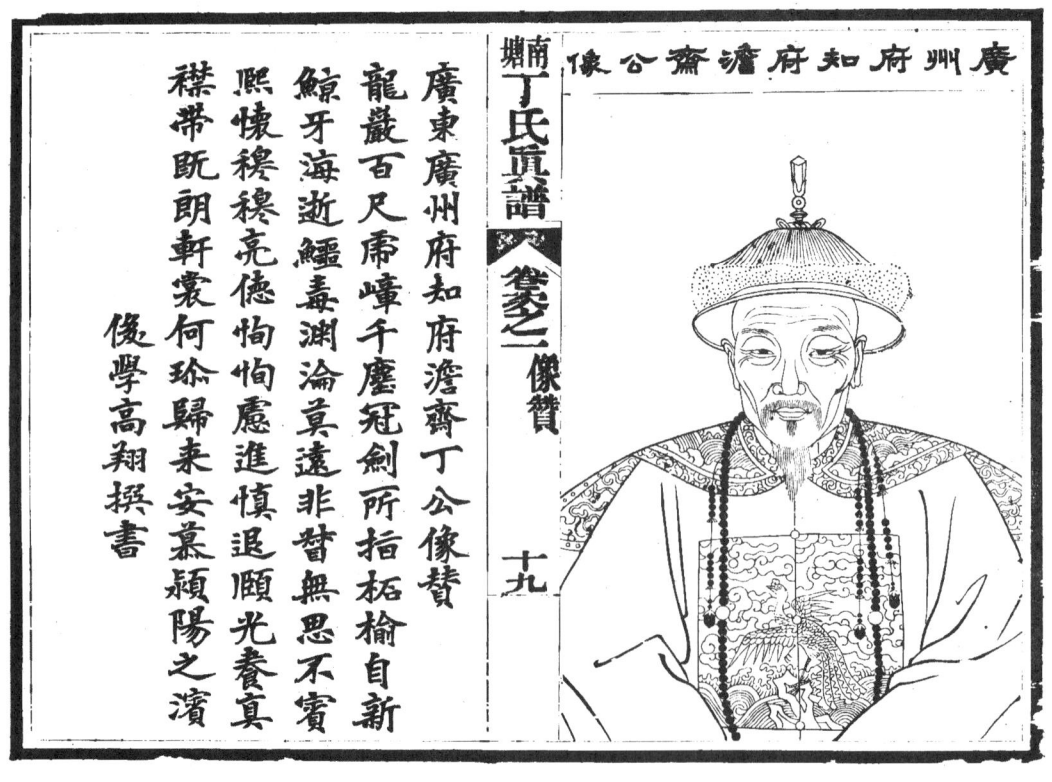

武功將軍默甫公像

南塘丁氏眞譜　卷之二　像贊　二十

誥贈武功將軍陝西寧羌州知州默甫丁
公像贊
命世誕生赫赫忠良乃台吐耀乃嶽降祥
圭璋其質蘭蕙其芳蒸黎昏墊伊公是匡
宙合陰曀伊公是光如劍出匣如穎吐芒
孝友恭懿惟善允臧德容仰睇百紀樹坊
年家子唐浩鎮拜題

番禺縣知縣仲漁公像

像佚

南塘丁氏眞譜　卷之二　像贊　二十一

乾隆癸卯舉人番禺縣知縣仲漁丁先生
像賛
旅㳫踐金太于伯季孝弟力田古多循吏
番禺撫治保乂恤家民飫張麥里鹽潘苍
歲月貿遷穆風載緬劉覽遺徽濡毫冊簡
後學許士熊拜題并書

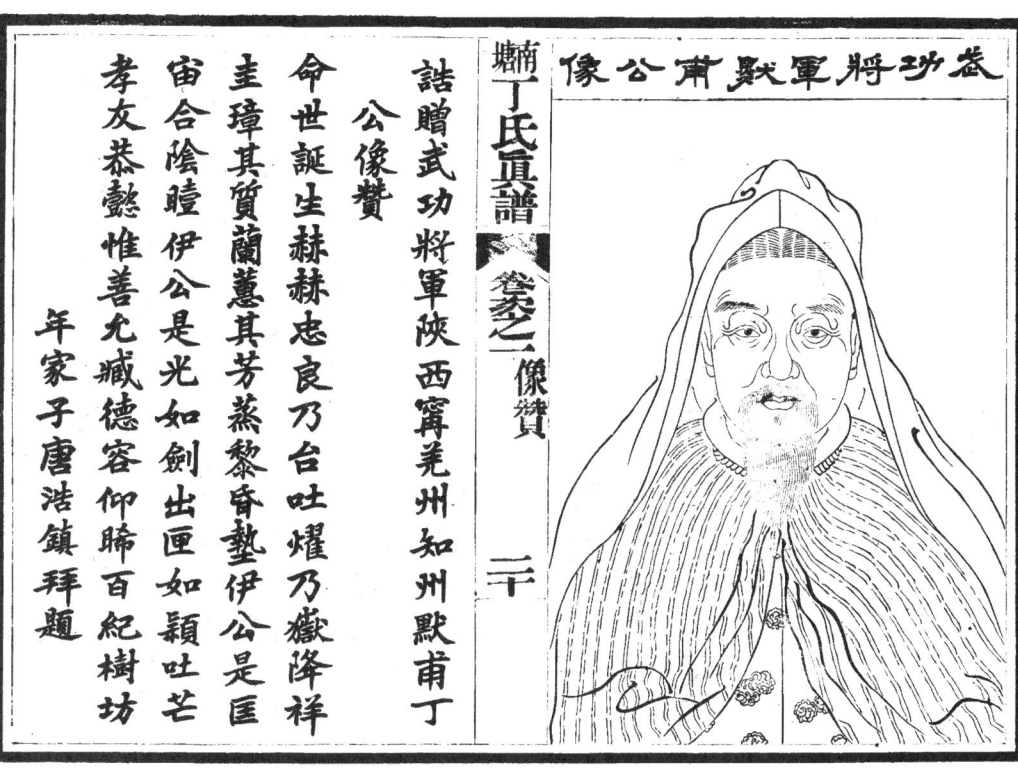

華州州判林溪公像

乾隆戊申副舉人華州州判桂洲丁先生
像贊
昌黎闢佛靳彼罝昏偉公繼武鬼軸宵奔
嫉惡如霜婞直自遂矜嬰之儔畏其鋒鋭
文園四壁齊相一裘達人觀化俛仰無憂
後學俞 復拜題
元孫鍈百拜謹書

恩卹殉難伯仁公像

丁伯仁先生贊
日月淹華陰陽亂震烈烈丁公英風高振
粵匪蝗跳噬我三吳公率壯士捍城援枹
朱旆營魂城堙蟻萃公殉以身成仁取義
其身則碎其志常伸金紫萬輩有媿斯人
侯映奎題
許同范書

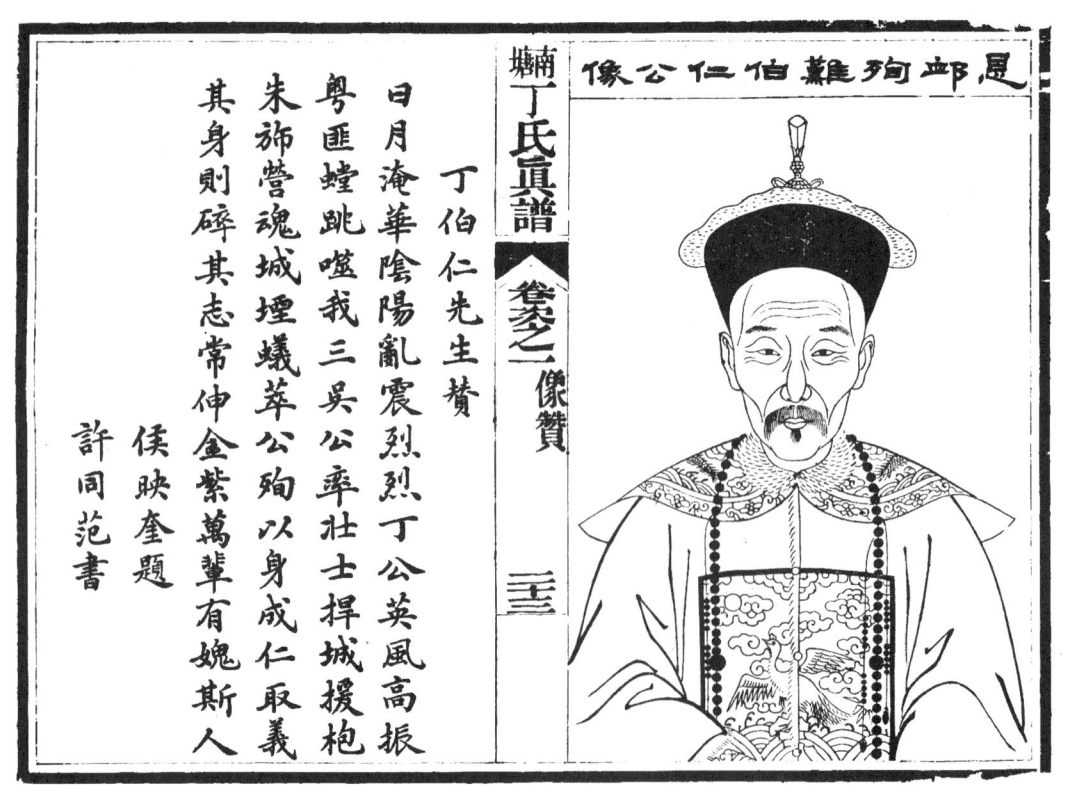

嘉慶戊辰南元雙梧公像

南塘丁氏眞譜　卷之二　像贊　二十四

嘉慶戊辰　恩科南元雙梧丁先生像贊

隱痌諱疾懼傷吾親純德弗曜竟殞其身恫〻淵躬內行既踐藉甚公卿浮名胡羨子安不祿長吉早亾今昔一慨欲叩穹蒼北雲翹首惻憤俳佪千年華表何日歸來

孫揆均題

許同范書

奉政大夫藕舫公像

南塘丁氏眞譜　卷之二　像贊　二十五

表叔藕舫丁公像贊

鄉闕鼓鞶田園伐赭伯季孔懷韡棣闕厦填星溺水大吏告災悽惶悲惻酬金銜哀晏〻之資緒風屬此僉曰仁人敢謁柱史

孫揆均拜題

許同范謹書

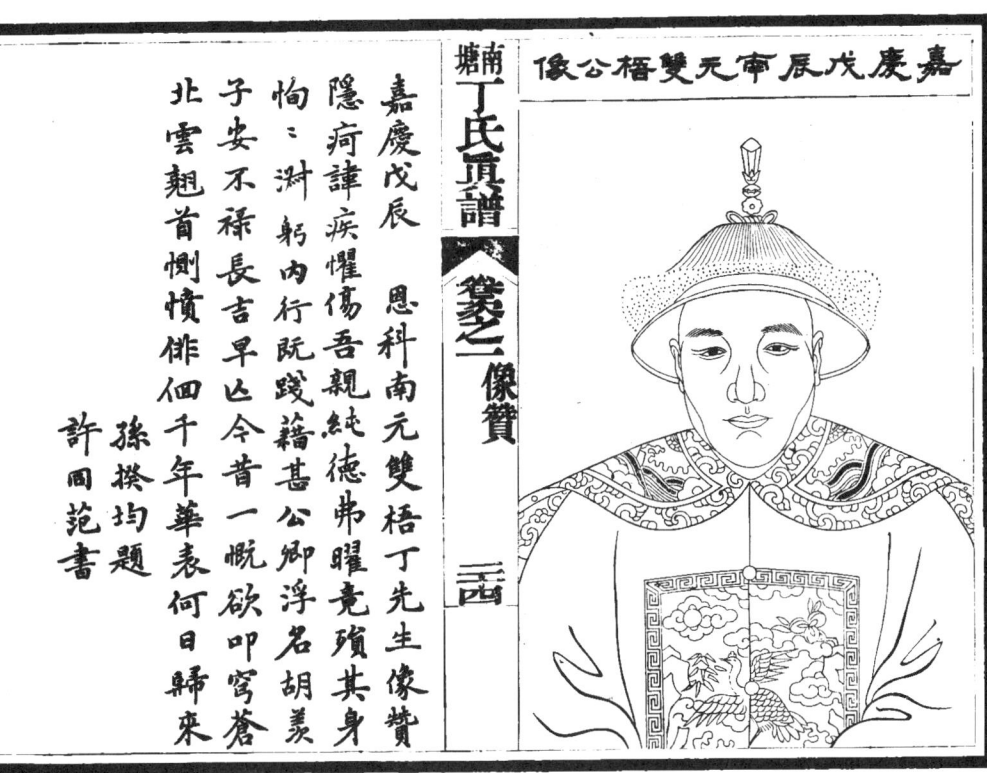

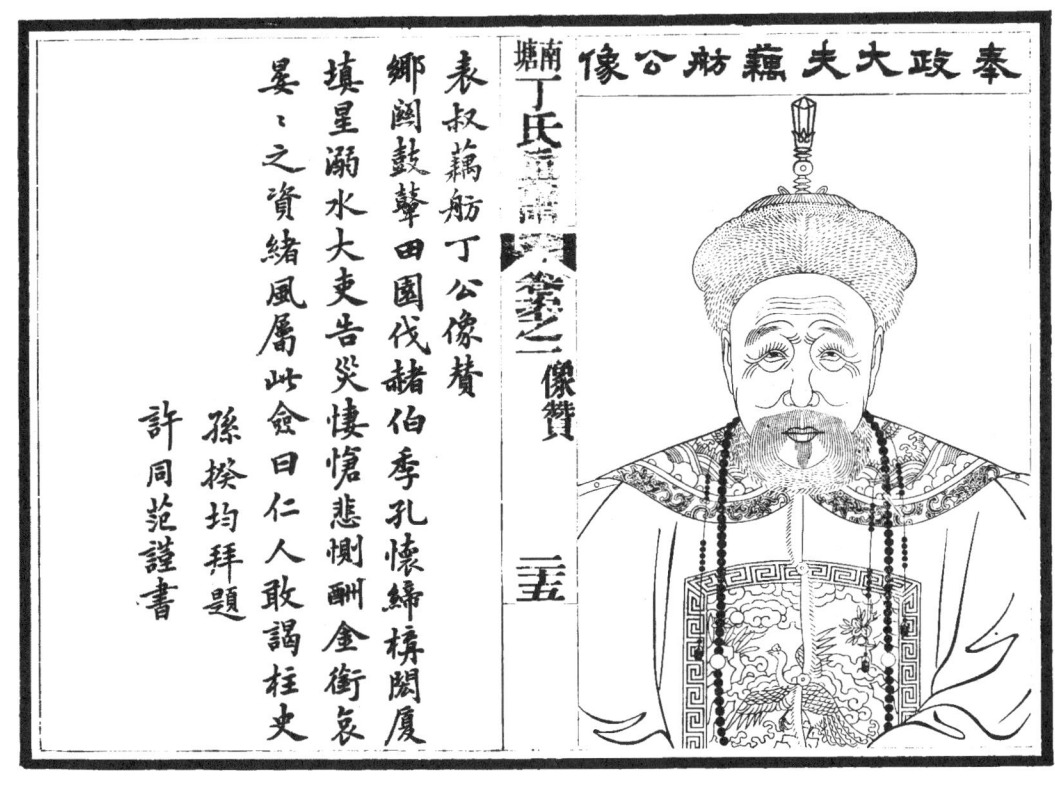

孝廉耘石公像

南塘丁氏宗譜　卷之二　像贊　三六

九峯鬱蟠二泉洌清標秀東南誕有
先生矯然鶴立早宴鹿鳴陳思七步
力與抗衡晚擁皋比講席主盟不于
似鑑夙荷陶成展拜遺像高山景行
受業朱鑑章百拜謹贊
愚姪孫其業拜書

清封奉政大夫琢齋公像

南塘丁氏宗譜　卷之二　像贊　三七

清封奉政大夫琢齋丁先生象贊
美哉丁公貌古心雄儉勤創業信義持躬吾錫庚申
洪楊變起孝侍雙親友于羣季滄桑劫後寇平還鄉
經營市宅角逐商場樊重治生韓康居肆卅載經商
三倍利市階前蘭玉砥行礪名庭中棣鄂哀死事生
收族敬宗扶危濟困譜輯歐蘇粟輸秦晉胡天不弔
遽喪老成年方六甲子有雙丁秋水為神春風識面
裕後光前公真無忝
姻愚姪范廷銓拜譔并書

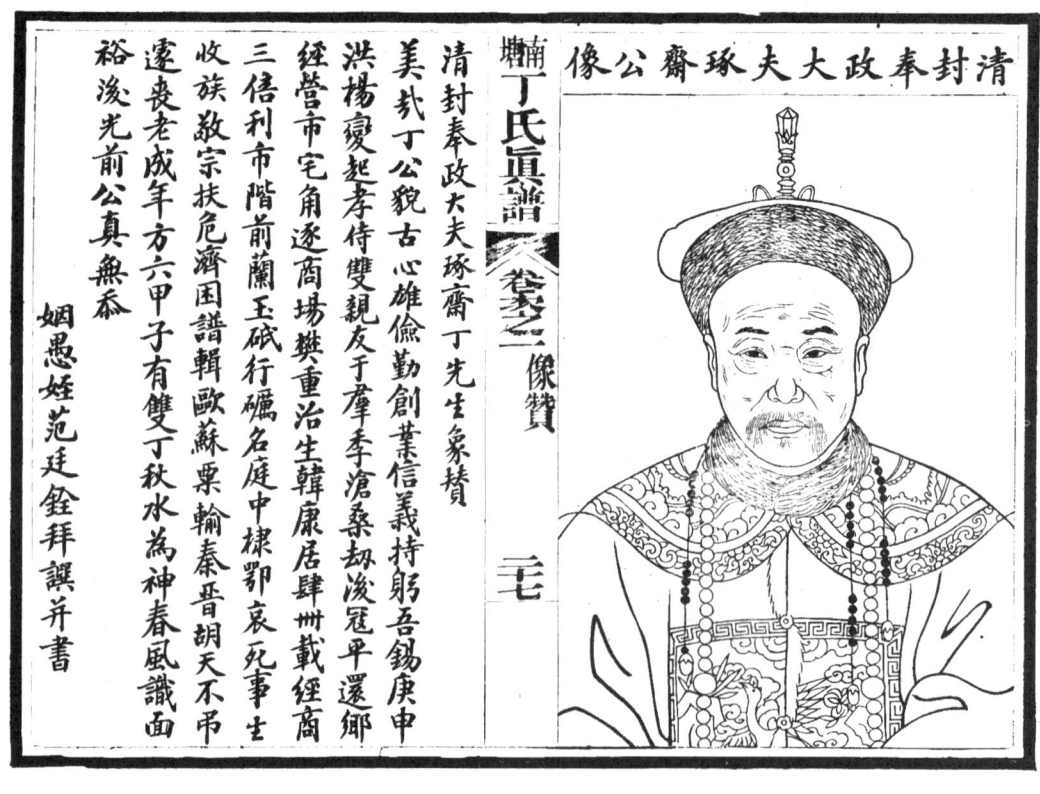

清太學生蓉亭公像

清太學生蓉亭公像贊

望湖門左伯瀆之濱哉公市隱孝友敦倫紛被匪擄糜食慕親亡殁哀毀感泣里鄰嗟凡不祿纘緒無人以似以續克奉明禋扶危濟困任恤睦姻六行兼備瞻仰遺真

再姪孫允釗拜題

後學徐鴻逵書

清鄉飲介賓蓉溪公像

蓉溪姻長像贊

兟兟此公奕奕其神一生貨殖曰紀曰經敬宗睦族扶危恤貧積善成德遺爾子孫桂枝競秀蘭徵奮興百紀千紀流澤彌馨

姻晚鄒呈桂拜撰

世晚錢基烈拜書

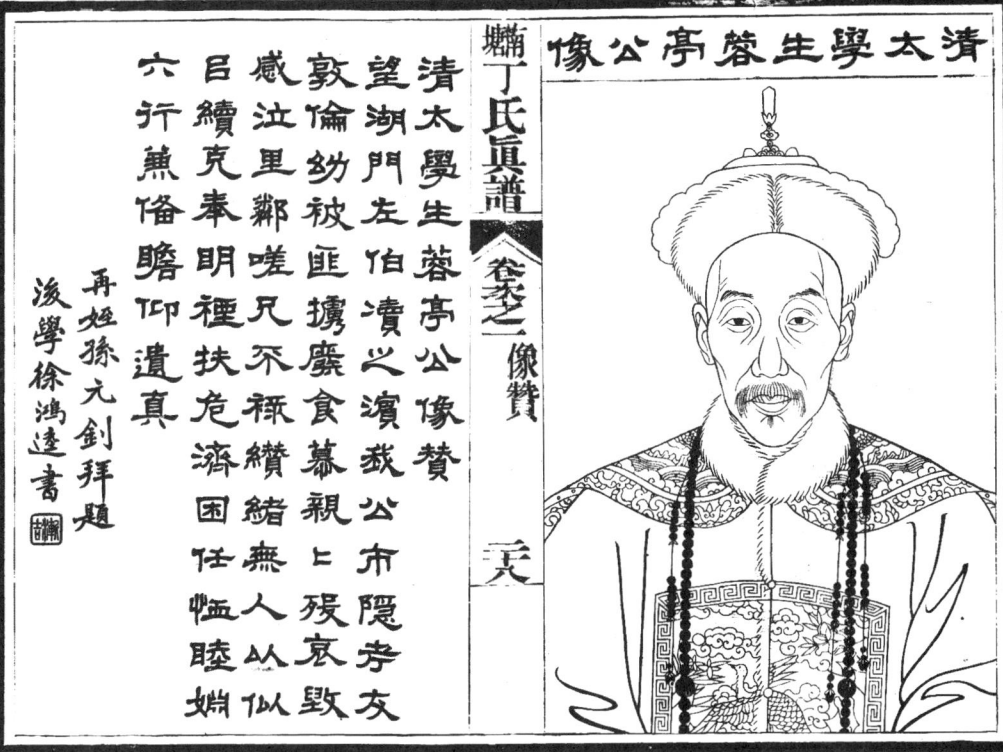

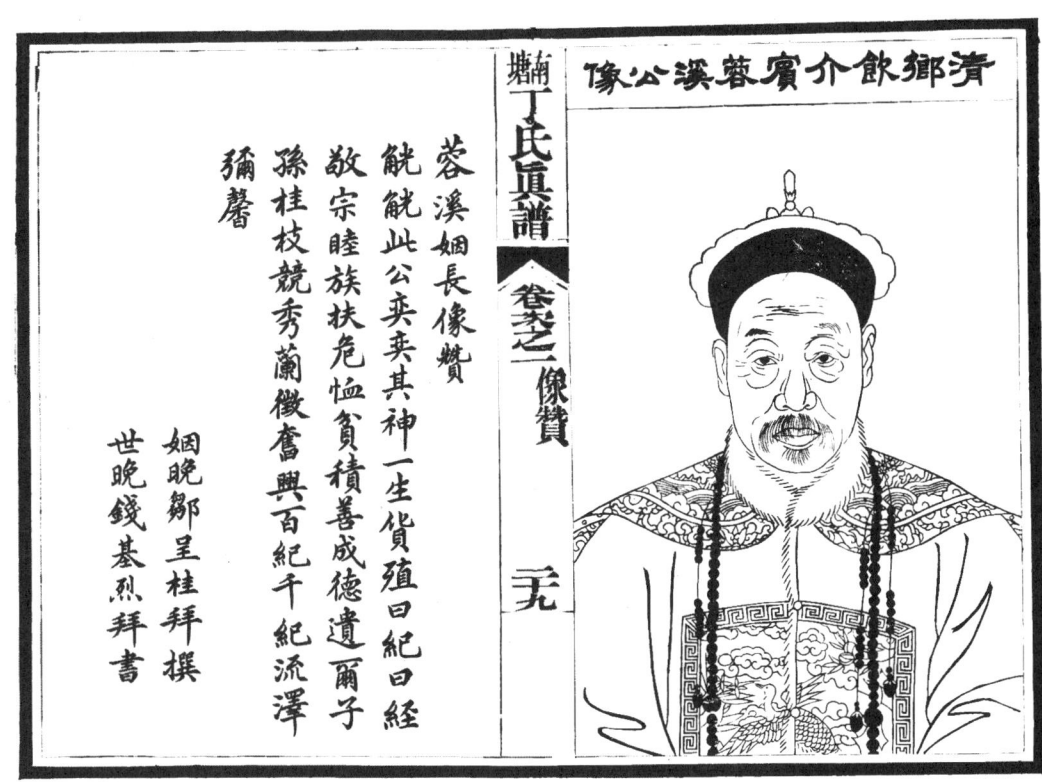

清奉政大夫鶴皋公像

南塘丁氏宗譜　卷之一　像贊　三十

鶴皋丁公像贊

公貌藹然公德粹然公之闡纂雖日久而彌然是固事業
盡由人為抑亦賦稟厚於得天用能展布其所蘊蓄
而輯葺施不隨盡於蔓草荒煙睦婣任卹髣髴鄉郞
成分定而無人盱膽尤令人想見古者箸範風焉宜
爾子孫蟄蟄浸昌浸熾於蠡湖之邊載瞻遺像
欲拜故敬以勖爾後善承爾先

族侄鵬振拜題

清奉政大夫滄人公像

南塘丁氏宗譜　卷之一　像贊　三十一

丁公遺真圖贊

丁公諱汝溶字滄人無錫楊名鄉人也尤之長不膝鼓以死年二
十九其夫人王氏生能配其賢歿能守其法余嘗碣其墓稱
曰丁節母者也孫子若汀以公遺真圖屬題因系之贊曰
是惟節母之所天而生殉其母者儼兮其若窮負軒而坐
蔭桐之下然而洞洞屬屬然豈丹青之所能窮展公遺真
所仰止而發歎眇焉用式於諸夏

同邑錢基博題

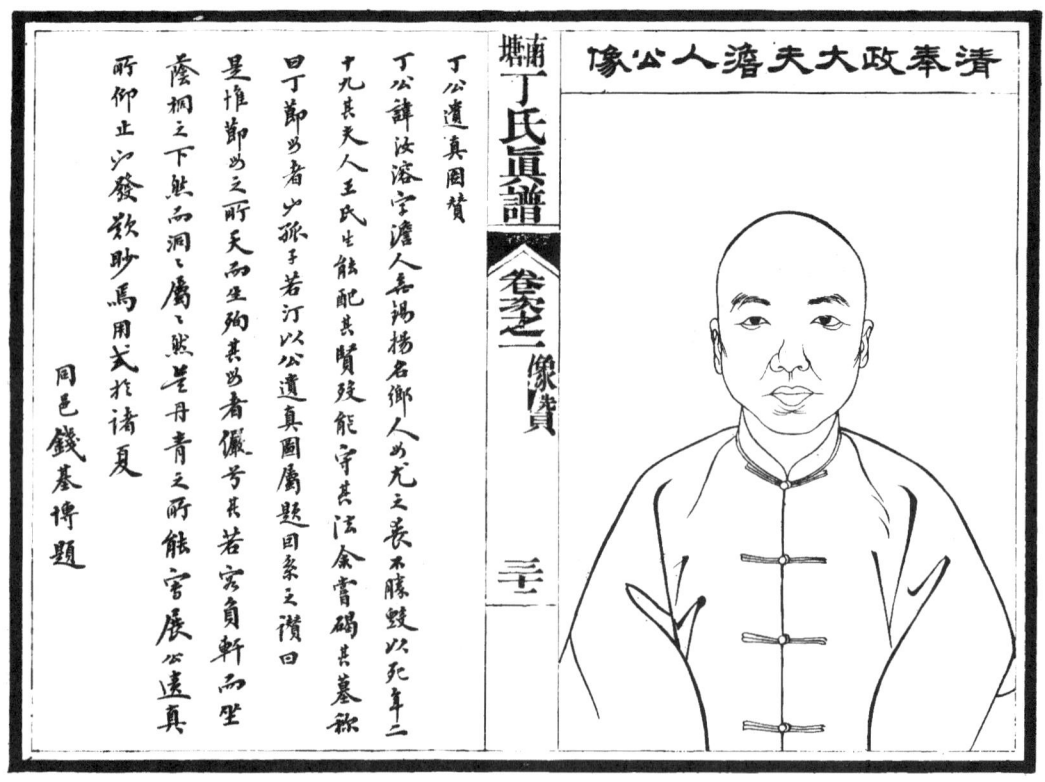

家乘一 傳狀節記之類概之曰家乘取省文也從劉山侯氏譜例也

集賢校理丁君墓表 歐陽修

君諱寶臣字元珍姓丁氏常州晉陵人也景祐元年舉進士及第爲峽州軍事判官淮南節度掌書記杭州觀察判官改太子中允知剡縣徙知端州遷太常丞博士坐海賊儂智高陷城失守奪一官徙置黄州久之復得太常丞監湖州酒稅又復博士知諸暨縣編校秘閣書籍遂爲校理同知太常禮院君爲人外和怡而内謹立望其容貌進趨知其君子人也居鄉里以文行稱少孤與其兄篤於友悌兄亡服喪三年曰吾不幸幼失其親兄吾父也慶歷中詔天下大興學校東南多學者而湖杭尤盛君居杭學爲教授以

其業所學問而自修於鄉里者教其徒久而學者多所成就其後天子患館閣職廢特置編校八員其選甚精乃自諸暨召居秘閣君治州縣聽決精明賦役有法民畏信而便安之其始治剡也如此後治諸暨剡鄰邑也其民聞其來讙曰此剡人愛而思之謂不可復得者也今吾民乃幸而得之而君亦以治剡者治之由是所至有聲及居閣下淡然不以勢利動其心未嘗走謁公卿與諸學士羣居恂恂人皆愛親之蓋其召自諸暨也以才行選及在館閣久而朝廷益知其賢英宗每論人物屢稱之國家自削除僭僞東南遂無事偃兵弛備者六十餘年矣而嶺外尤甚其山海荒闊列郡數十皆爲下州朝廷命吏常以一縣視之故其守無城其戍無兵一日智高乘不備陷邕州殺將吏有衆萬餘人順流而下潯梧封康諸小州所過如破竹吏民皆望而散走獨君猶率羸卒百餘拒戰殺六七人既敗亦走初賊未至君語其下幸得兵數千人伏小湘峽扼至險以擊驕兵可必勝也乃請兵於廣州凡九請不報又嘗得賊覘者一人斬之賊既平議者謂君文學宜居臺閣備侍從以承顧問而眇然以一儒者守空城提百十饑羸之卒當萬人卒至之賊可謂不幸而天子亦以謂縣官不素設備而責守吏不以空手捍賊宜原其情故一切輕其法而君以嘗請兵不得又能拒戰殺賊則又輕之故他失守者皆奪兩官而君奪一官已而知其賢復召用後十餘年御史知雜蘇寀受命之明日建言請復治君前事奪其職而黜之天子知君賢不可以一眚廢而先帝已察其罪而輕之矣又數更大赦且罪無再坐然猶以御史新用故屈

君使少避而不傷之也乃用其校理歲滿所當得者即以君通判永州方待闕於晉陵以治平四年四月某甲子暴中風眩一夕卒享年五十有八累官至尚書司封員外郎階朝奉郎勳上輕車都尉曾祖諱耀祖諱諒皆不仕父諱柬之贈尚書工部侍郎母張氏仙游縣太君君娶饒氏封晉陵縣君先卒子男四人曰隅曰除曰隮皆舉進士曰恩兒纔一歲女一人適著作佐郎集賢校理胡宗愈君既卒天子憫然推恩錄其子隅爲太廟齋郎君之平生履憂患而遭困阨處之安焉未嘗見戚戚之色其於窮達壽夭知有命固無憾於其心然知君之賢哀其志而惜其命止於斯者不能無恨也於是相與論著君之大節伐石紀辭以表見於後世庶幾以慰其思焉

案歐陽文忠集。姚選古文辭類纂。皆載此文。毘陵觀子巷譜亦輯入。惟元珍公曾祖及祖考僅有某字。俱未塡諱。今攷康熙壬子譜。已據王介甫墓誌補入。蓋介甫當時得胡宗愈所撰行狀。故能述其世系。至於與毘陵譜世素（系）表不合（毘陵譜。元珍公曾祖諱驄。祖諱德家。考諱中。）已詳註於藥圃公氏族考後。茲不贅

秘閣校理丁君墓誌銘　王安石

朝奉郎尚書司封員外郎。充秘閣校理。新差通判永州軍州。兼管內勸農事。上輕車都尉。賜緋魚袋。晉陵丁君卒。臨川王某曰。噫吾僚也。方吾少時。輔我以仁義者。乃發哭弔其孤。祭焉。而許以銘。越三月。君壻以狀至。乃敍銘赴其葬。敍曰。君諱寶臣。字元珍。少與其兄寶臣。皆以文行稱鄉里。號爲二丁。景祐中皆以進士起家。君爲

峽州軍事判官。與廬陵歐陽公游。相好也。又爲淮南節度掌書記。或誣富人以博州將。貴人也。猜而專吏。莫敢議。君獨力爭正其獄。又爲杭州觀察判官。用舉者兼州學教授。又用舉者遷太子中允。知越州剡縣。蓋其始至。流大姓一人。而縣遂治。卒除弊興利甚衆。人至今言之。於是再遷爲太常博士。移知端州。儂智高反。攻至其治所。君出戰。能有所捕斬。然卒不勝。乃與其州人皆去而避之。坐免一官。徙黃州。會恩除太常丞。監湖州酒稅。又以大臣有解舉者。遷博士。就差知越州諸暨縣。其治諸暨如剡。越人滋以君爲循吏也。英宗卽位。以尚書屯田員外。編校秘閣書籍。遂爲校理。同知太常禮院。君質直自守。接上下以恕。雖貧困未嘗言利。於朋友故舊無所不盡。故其不幸廢退。則人莫不憐。少進也。則皆爲之喜。居無

何。御史論君嘗廢矣。不當復用。遂出判永州。世皆以咎言者。謂爲不宜。夫驅未嘗教之卒。臨不可守之城。以戰虎狼百倍之賊。議今之法。則獨可守死爾。論古之道。則有不去以死。有去之以生。吏方操法以責士。則君之流離窮困。幾至老死。尙以得罪於言者。亦其理也。君以治平三年待闕於常州。於是再遷尙書司封員外郎。以四年四月四日卒。年五十八。有文集四十卷。明年二月二十九日。葬於武進縣懷德北鄉郭莊之原。君曾祖諱爊。祖諱諒。皆弗仕。考諱東之。贈尙書工部侍郎。夫人饒氏。封晉陵縣君。前死。子男隅除隮爲進士。其季恩兒尙幼。女嫁秘書省著作佐郎集賢校理同縣胡宗愈。其季未嫁。嫁胡氏者亦又死矣。銘曰

文於辭爲達。行於德爲充。道於古爲可。命於今爲窮。嗚呼已矣。卜

此幽宮

晉陵縣君丁母饒氏墓誌銘

封晉陵縣君丁母饒氏。爲今集賢校理丁君元珍之配。國子監饒公女。生而聰明秀異。在諸女中。父母最鍾愛之。及笄擇配。由潤歸常之丁氏。爲時丁公方舉進士。及至爲峽州軍事判官。入以勤儉勉夫子。以守法責羣下。以孝道奉翁姑。賢聲遠振。內外無間。隨公歷淮南節度掌書記。杭州觀察判官。太子中允。知剡縣。徙知端州。時適海賊暴發。城無戍守。公以爲患。君曰。妾聞守臣與城存亡。今日之事。惟竭力圖存而已。成敗非所計也。公以爲然。乃請兵廣州。謀捍禦。提兵百餘以備要害。日夜不怠。君先奉其姑仙遊縣太君張氏歸於常。復語公曰。無私憂也。請專心王事而已。既而賊勢猖

獄莫支郡邑皆陷公遂失守治罪奪官君聞迎而慰之曰盡瘁國事者分也成功者天也而榮辱則命也夫人亦守常分而已如彼天命何哉公改容而謝之未幾公復召用常曰吾守官夷險一致不少動其中者君有助焉耳其教諸子嚴而有法伯仲季皆舉進士第人多榮之以治平元年正月卒於京師官舍春秋五十有二遡其生祥符七年三月十九日子男四隅除隋隆女一適胡宿季子胡宗愈其諸子卜是年二月扶柩歸葬晉陵思君賢德不可不銘而宿在姻親知君最詳義不庸默因爲之銘曰

饒氏之先起自平陽威守武陰漢室循良綿綿至今源遠流長至于太君其德靡悔學士之妻直講之女奉姑以孝相夫順只教子象賢科第相繼君其逝矣令聞不已勒以銘詞昭示萬世時治平元年二月八日樞密院副使太子少師致仕前翰林學士同里胡宿撰

丁母邵氏太孺人七十壽文

邵寶

正德丁卯秋九月吾門人丁延年仁夫既畢京闈試歸而謁予於杭吾知仁夫學經甚習而爲文辯博宜取高第久矣邇乃連進連屈識者爲之不平茲其事也吾意其將洩其怨尤鳴其抑鬱於予而仁夫自起居外曾無一語及場屋事既而以其母孺人明年壽七十將率其弟舜年武年等稱觴致祝請予爲之辭其言曰吾母端重有則自入吾門逮事吾祖父母稱冢婦者若干年其孝慈之行孚於上下教吾兄松年業進士未成而延年武年繼爲庠生延年等夙夜黽勉圖獲祿養以承母志而未能焉今母七十矣顧何以藉手爲壽哉予聞而作曰仁夫斯言也足以壽母矣夫親以子顯子之顯親以文以行文行具矣則自外至者其得與否蓋不足深論子獨不見夫農乎農有美田而勤稼穡一不得年人曰已乎曰未也姑待之再不得年人曰已乎曰未也姑待之三不得年人曰已乎又曰未也姑待之既而有年大有年連收三歲之利穰穰盈室祭祀賓客有餘用焉於是向之勸已者顧以爲頌天下之事其久屈而伸固亦若是也哉仁夫與其弟承夫譬之於農所爲美田而勤稼穡者有年大有年之慶將不遠矣丁之先宋有實臣與兄賓臣者同登科第今也安知不在丁氏母知德者也誦予言其志能無悅乎藉手爲壽莫大於是請爲仁夫書之

丁壽夫墓記

壽夫諱年字松年更字壽夫錫庠增廣生生而神采奇秀六歲讀書日記千餘言八九歲通孝經小學善屬對所居要途邑大夫道其門每出句試之輒驚嘆去因進之學宮壽夫於是奮志進士業與寶暨莫如起如進同師素庵俞先生講尚書多能先意起發未幾長篇大章操筆立成先生曰近世子弟如壽夫蓋難得取青紫如拾芥耳前提學侍御戴公每歲考必加奬勉既而功日加學日進經義論策新奇瑩潔敻然出人意表然不自滿見人有片善必虛心聽從如予不敏每事推讓翰墨書札無不兼能暇日彈琴歌詩以適趣好閑棋或至竟日不休此其一病也予嘗規之遂已既冠益修身勵行事父母孝處伯叔昆弟敬以和奉師長與朋友曲令盡禮意若錢惟章許克寬殷南金秦用中其最密者成化庚子

秋。應試京闈。前三日。得傷寒疾。負疾畢三場。誦其文於予。皆合程度。然病益殆矣。歸十日而卒。九月三日也。年十九。聘陸永芳女。厥祖鎮以卒之明日。葬壽夫於南門九里鋪北。先塋之傍。薄棺無槨。淺土不墳。嗚呼。若壽夫之才。予方期大就。以爲邦家之光。而僅止乎此。可哀也已。可哀也已。予與壽夫同門友。壽夫卒時。予方領薦在南畿。既不能爲之藥。又不能爲之殯。壽夫視予猶兄也。予不得視猶弟也。朋友之義。實負之矣。磨石墓前。敘述平生。匪直爲觀美也。庶幾慰壽夫於冥漠。

成化十六年臘月六日。鄉進士邵寶撰

丁南洲墓文

魯長史丁大夫生成化乙酉十二月十四日。凡享年七十有二歲。

有二子。長即謹。娶陳氏。嘉靖乙酉鄉進士也。以大夫教。文譽日起。人以遠大期之。次讃。未娶。繆氏女許之婚。三女。其壻周相尤琛。其一未字。夫天下士立身孝友。而以誠篤行之事君。而君孚。教子而子成。評於鄉而鄉人推重之。如丁大夫其人者。則固有足尚者矣。其文章功業。雖施不及顯。要之可概見焉。法宜銘。銘曰。於丁大夫。孝友是趨。云胡弗都。積而光有孚。　二王引而長。厥嗣克昌。燦山之陽。有封若堂。完璧而藏。

嘉靖十八年。翰林院侍讀學士鴻山華察撰

丁碩人徐氏貞節傳

節婦徐氏。小字玉英。庠彥丁顯夫妻也。父諱宏。字元大。母秦氏。即孝孚女也。兩族俱忠誼儒雅。垂諸邑誌。弈弈相埒。元大公女六。婦其季也。童齔時。秀慧貞雅。淡素冲抑。不苟訾笑。視聽。性警敏。喜習女紅。好自檢約。母嘗語徐公曰。是女舉止異諸娣。他日必能事舅姑。相夫子。宜擇端良賢偉者歸之。年方笄。公爲擇配。果得邑南丁古直子顯夫。顯夫與南洲公昆季也。年二十有三。節婦歸焉。維時丁門榮盛。諸妯娌競以華腴相尚。獨節婦以夫翁早世落魄。即脫簪鈿。爲治生事姑計。仍親績絲紡。寒暑罔懈。雖布素處華腴間。未嘗色動。姑悅其敏。夫亦安焉。相夫七年。生三子。長誠。次諷。三論。俱幼。三尤未離襁褓。而夫恙。節婦勤劬憂悴。爲廢飲食。亡寢起。一夕顯夫將終。與訣曰。吾疾如此。殆不起。母老子幼。將奈何。婦答曰。婦人之義。從一無二。妾願以此生餘年事姑撫孤而已。終不失身墮行。令夫有憾於泉下也。居無何。顯夫瞑目矣。夫終。殯殮哭臨。哀毀

骨立。宗親見者。鮮不垂涕。於斯時。節婦年甫二十有九。以夫殞故。雖終喪。靡麗之物。未嘗接手。曰。妾未亡人也。何以此爲。家貧。日用恆不給。節婦愈修婦職。勤晝夜。因以易衣食。事姑必致豐腆。以其次啖諸子。已惟冷炙殘羹。聊解飢渴焉耳。每遇節敘。必饎蒸。嘗儲其甘旨食姑。雖至腐壞。尙猶弗忍食也。平居惟深處臥闥。閉門默習女工。經月未始出門限。雖娣姒亦罕相接見。惟侍婢春香朝夕周旋而已。以姑耇。對姑未始不言笑。娛如平生。退以夫卒故。晨夕嘗悽愴於懷。涕泣處枕席。有知而已。不令獲聞於姑。傷姑心也。節婦夙執女儀。歸甯惟謹。迨夫亡。但歲時遣人存問父母。雖兄銘齋公省之。命婢通慇勤。罔見面也。既而姑以老疾卒。節婦禱醫哭殯如夫禮。諸子長。卜師誨之。子以次壯。擇婦配之。而節婦老矣。爰自

守夫制迄蓋棺。凡歷二十餘霜。而其清淑之性。貞固之操。愼約之行。廉潔之介。終始如一。視與夫訣之誓。眞無渝矣。質諸大方。將無傳乎。

傳曰。婦道以順。臣紀惟貞。皎皎徐女。有光於丁。悼彼男子。吐詞爲經。委贄義替。二三其心。曠瘝官守。鬚眉婦人。嗟嗟節婦。女中典刑。龍山之峨。具區之潔。苦節於宮。秋霜烈日。余觀顯夫之妻。其矯矯風節。豈止與天下婦人增輝哉。凜其清淑貞固愼約廉潔之概。尤爲貞臣烈士貪夫薄子之所欽惕。於是乎傳。

同邑晚學木菴張問明著

壽丁節母談孺人八十序

每讀忠孝節義篇。未嘗不形超神越也。顧獨於節婦爲難。凡忠臣孝子義士。多所興起。婦人目不知書。闇與道合。矢志靡他。豈非出乎其性者哉。嘗見天之于忠臣孝子義士。每嗇其壽。而於節婦往往豐其壽以奇之。蓋忠孝秉一往獨至之性。赴蹈綱常。稍遲則逝。節婦非歷盡險阻艱難。其志不顯。其事亦不彰。故豐之以壽者。天之報之也。正天之巧於試之也。予之年以試之久。而其志必不可奪。則天亦縱其年而不復吝之矣。然爲節婦者稱未亡人。其志原不期乎壽。而天且固縱之以壽。則壽固節婦之所不樂居也。惟不樂居。以故壽他人易。而壽節婦也恆獨難。由來壽節婦者必稱說其生平茹荼飲血。凛冰霜。矢天日。不知述此於節婦之前。譬如論功行賞於刀痕劍瘢中。未有不痛定思痛。流涕太息者也。以爲吾今而後。始可以無愧。則前此之戰戰兢兢。惟恐失足者。至此而節婦之責已塞。節婦之責塞。而爲節婦之子者。責愈難塞。而愈不能無愧。蓋節與烈一也。當其稱未亡人時。豈不能遽從容地下。猶徘徊至四十五十。由稀而耄。而期頤。無非以藐諸孤在耳。以其孤之未有成立也。隱忍以至四十五十。日復一日。由稀而耄而期頤。而已不覺其壽之及矣。故曰壽他人易。而壽節婦也恆獨難。如丁節母談孺人。余未交其子岵瞻時。即聞其毀容斷髮。拒强族。撫遺孤。大節凛凛不可奪。癸酉秋。余以被放。得交岵瞻。適値其母春秋高八十。岵瞻嘆息涕下。爲余言貧賤無以爲母壽。若岵瞻者。洵可謂知其難者也。雖然。余既得交岵瞻。因以壽其母。可謂厚幸矣。獨余祖母節與母同。少於母十歲。年七十。其爲壽同。而余之貧賤無以壽吾祖母。亦與岵瞻同。然則知其難而不克副其難也。豈獨岵瞻哉。於是乎爲序。

眷弟唐德亮頓首譔

節壽丁母談孺人榮旌序

嘗觀拂於遇者。輒咎其天。天固不可咎而可格也。壯士入而虹見。忠臣憤而霜飛。感召之間。應若響答。要於苦節爲甚。苦節至女子爲尤甚焉。昔程嬰公孫杵臼。非所稱烈丈夫哉。殺身相度。保孤爲難。乃巾幗中人。飲冰茹蘗。數十年間。上而奉翁姑。中而報夫子。下而撫遺孤。盡瘁鞠躬。各底其志。是固丈夫所不易者。女子爲之而有餘。蒼蒼者天。所亟祐之以風勵當世者也。予於丁母談孺人實有感焉。孺人爲太學霞溪公女。少歸侍泉丁公。奉翁姑。相夫子。盡婦道。不幸侍泉公捐館舍。遺孤甫襁褓。孺人欲以身殉。絕而甦者數四。愴戀中忽自警曰。不孝以無後爲大。未亡人苟從游地下。則遺孤何以爲生丁氏宗祊從茲絕矣且堂上二人亦何以終天年也因勉起進食居恆事二人悉賁十指訓遺孤以至成立慈嚴兼至泊翁姑相繼考終哀毀盡禮勤厥襄事彝珥爲罄而孺人之心盡矣一日操綆汲於河忽仰天呼號而自溺爲見者驚嘆乃孺人於昏霧間見一黑衣神承之而起倏免於厄蓋孺人所以守志至此者徒以二人及遺孤在耳今二人以終遺孤以立事畢矣可以報夫子於九泉矣是故人神見之當爲心裂者也更可異者值隆冬絕粒命遺孤小鬻於市中道忽蹶於積雪中得金少許嗣是漸有起色壽而且康迄今年且耄矣視聽瑩然嗟乎天之所以祐孺人者何響答如是哉方侍泉公卽世也孺人殉之孰云非節然慷慨從容難易迥別其節卽全大義則無以成也故孺人不殉而

有遠慮智也事上而周始終孝也仰事俯育女紅是藉勤也熊丸陶髮玉子於成慈也事竣志完輕身赴義烈也困窮之際感動鬼神誠也凡此皆其孀居貞粹所以報侍泉公而格天者也夫人所一行則金石銘之風雅詠之聲教賴之孺人兼有若此斯實女子之殊尤亦丈夫之標的也予不佞爲之疏　請尋奉
俞旨旌之表厥宅里樹之風聲以彰我
聖天子褒德敦倫之至意猗歟美哉化行自近先遺孤始遺孤爲誰通邑所稱丁孝子岵瞻是也
崇禎歲次己卯嘉平懿旦通家眷弟高世泰頓首撰

丁隱君晴翁姑丈八十壽傳

宋元豐初潞公文彥博留守西都韓富公以司徒致仕因慕香山九老之會乃集公卿年高者十三人爲洛中耆英會就資聖院建大廈曰耆英堂命閩人鄭奐繪像堂中一時推爲盛事千載下傳之逸譜無不豔稱然韓富公年七十有九而張問張燾王拱辰輩年止七十至席汝言王尚恭不過七十五六耳甚矣壽躋八袠之難也再稽香山九老維胡杲吉皎劉眞等年八十六七而狄兼謨盧愼尚未及七旬知從來居五福之首而應三祝之全者不更難乎歲乙巳姑丈晴宇丁翁稱八十觴一時進祝者趾錯堂下攷古禮職方氏採風俗登良民凡遐陬逸士言行之美者皆得上天子表四方所以端民心礪風俗厥有由也予也向曾歷是官亦猶行古之道也作丁隱君八十傳

隱君名洹字玉泓晴宇其別號也丁自大宋寶臣寶臣同登虎榜

與歐陽文忠游英宗論人物亟稱之是爲翁始祖自宋迄元世居毘陵後名進五者徙吾邑之讓里再傳爲樸庵公文物蟬聯科名輝映至庠彥棠溪翁名謨爲翁王父若溪翁名紹虞爲翁父悉棄儒而賈皆豪於貲迨生翁凝重有異性五六齡器識如成人王父常摩其頂手撫之曰此兒誠文舉也迄稍長不事生業好施予凡里中有紛難事力解之不任德人不忘以德歸翁卽當日之王彥方司馬君實不至是厥後年日長家日落守先人之廬蕭蕭數椽施予勿倦日者不自聊獨行郊外常搔首自問曰天貧我乎我不爲貧困也但願目中無貧人貧困我何害未幾見瓦坻自翻動翁異之凝視之見瓦坻仍自翻動益異之遂攜歸斯言也里中人爭道之予初以爲妄及訊翁不之諱予含之始信翁大公之志足以

格天故天亦以不經之事示翁誠慰翁也自是家日豐而翁之樂
善如故居左有石梁橫亙巨流圮勿得葺行者苦之翁力任其費
工寢以成至於瘞遺棺掩道骼濟饑渴以妥行旅捐絮帛以賙皴
膚一切陰行之事歲如一日日如一時不少懈晚年來棲心禪竺
瞻拜空王夕唄晨鐘不以老故廢或時而放屐山巖鳩杖村塢人
以爲溪翁釣徒而不知其爲五都之人也與人交不設城府無親
遜接其宇如醴醪醉人居家重敦睦藹然可親即視臧獲無疾容
元配陳孺人予從姑也白首相莊伉儷並守一堂四世有子克振
祖業有孫能讀父書翁之得于天者全矣非得于天者全翁之所
以自培者則固厚也
古職方陳震生曰天定勝人人定勝天二語並傳之當翁以好施

食貧貧且數是天以貧嘗我翁也翁固無如天何也迄翁貧如故
樂善好施亦如故天心格矣予以壽予以富予以多男子是翁未
嘗責報于天而天之予翁者不倦天又無如翁何也何氏不云乎
有隱德者必招顯報非翁之謂歟今躋翁於洛中耆英之列直居
文潞公之先即置之香山九老之林亦不過三四席間耳又何必
稱南山傾北海始足爲翁壽乎予以是傳翁翁不朽矣

時

康熙歲次乙巳正月朔旦前職方眷姪陳震生頓首拜撰

丁母李孺人壽序

昔予內父少塘丁翁內行淳備三世同居教三子以讀教一姪以
治生卒之讀者與治生者皆困志各不伸然一門孝友居約交勉
困於讀者猶未免戚慨侘傺困於治生者竟怡然安之不見其眉
之皺不聞其室之謫予謂伯醇固坦率過人而其婦亦賢矣伯醇
以五十六歲考終疾革謂二子曰吾晚年落業於親戚少有所貸
汝兄弟必一一償之吾死無憾予聞而歎伯醇之爲善人爲信人
沒齒益見其後必昌當是時其婦李孺人年四十歲家無擔石頹
垣老屋生計蕭然惟朝夕督二子以勤苦人休不休人息不息如
甯越之勵志然閱數年而得給饔飧又閱數年而稍稍居積致餘
今且南樓堂構復其舊業祭祀婚姻得以時舉孺人之晚節自苦
而安不輟老績之勞饒有分甘之樂宗族鄉黨莫不稱孺人之賢
能代終也能裕後也豈不信哉孺人當七十時二子勉稱觴倏忽
又八年豫乞予言爲母八十之祝予問其故曰今宗人合修家系

有事剞劂將乘此舉梓吾母壽序以垂後而取徵於姑丈之言予
嘉二子之篤孝樂爲揄揚更勉之曰吾聞庶人之孝曰畜畜以含
畜爲義庶人含情受樸躬耕力作以畜其德則其親獲安今二子
四十年勤苦奉母訓以安母自茲以往母安而益安以享上壽亦
惟二子之有以安之也吾閱丁氏譜代有文人有顯者有孝子節
婦世居南塘宗支繁衍後之興者殆未可量今孺人之貞二子之
孝其啓佑有自其培植益深徐觀其昌以徵予言天人之際當不
爽已

康熙庚戌清和穀旦眷弟呂自咸拜撰

丁母李孺人節壽傳

從來忠臣孝子代有名人節婦亦不少概見若夫樹德而德成撫

孤而孤立。始以節鬭。繼以壽著者。殆未易覯也。考諸孟光少君能爲婦而無聞于節。柏舟共姜能有節而無聞于壽。節壽具備。洵其難哉。今丁母李孺人者。乃南樓後裔。伯醑公妻也。少育賢榻。長嬪德閥。生子二女一。俱未畢婚嫁而伯醑公早逝矣。母惟飭舉止。稱未亡。教子以成立。教家以勤儉。雖伶仃孤苦。貧乏不能自存。而茹荼飲蘗。四十餘年有如一日。孀幃慘淡。絲粒皆辛。而金玉其操。冰雪其心。俾養民昆仲而昌而熾。暨諸孫振藻儒林。以無貽厥考羞。是皆母之艱苦倍嘗以致之也。上之既不媿夫翁于地下。下之又無負子孫于目前。其女中丈夫也哉。其女中丈夫也哉。歲在壬子。壽躋八袠。邑庠諸彥與南塘父老稱觴相慶。曰母以德順天而天以壽報母宜廣

聖朝旌貞之意。以勵天下之爲婦者。乃請之邑侯。伯成吳公因題其額曰節壽雙榮。是眞可以膾炙古今。流芳彤琯矣。在昔三遷斷織。人知孟有母也。勉齊李杜人知范有母也。以善爲養。人知尹有母也。今母樹德而德成。撫孤而孤立。始以節鬭。繼以壽著。殆與三母之賢並垂不朽云。予謬叨史職。親炙其休。雖忝不文。樂傳其事。以繼賢令尹獎善之盛心也。漫爲之傳。

時

康熙歲次壬子仲夏榴月朔

賜進士探花及第江西等處提刑按察使前整飭楡林東路道陝西布政使司參政整飭分守杭嚴道中憲大夫浙江按察司副使分守海北海南道

特簡廣東布政司右參議

欽授內翰林國史院編修加一級儒林郎戊戌科會試同考試官

年家眷弟秦鉽頓首拜撰

丁節母王孺人傳

丁節母王孺人者。故念疇公元配也。丁爲南里世族。孺人父肖愚公爲擇偶。得念疇。遂委禽焉。于歸後。見念疇體弱而癯。每善調護。一切內外之操。門戶之支。不以纖悉累其心。會疾篤。呼諸子女若有所不忍言者。孺人解其意。因泣謂曰。吾矢不以二心棄而子若女也。念疇點首頷之。又曰。奈吾幼弟無依何。孺人曰。叔也煢煢。吾決無二視。孺人泣。念疇亦泣。遂卒。惟時孺人幾不欲生矣。既而念及遺言。爲留一息。治殮具皆如禮。自是而有侮其叔者。欺其孤者。

孺人爲一力當之。而幼叔始得有成立。復瘁十指以婚兩男。嫁三女。而長則男婦相繼沒。次亦喪婦。爲再娶之。孺人以苦節而貧。又重累其婚嫁之煩。喪葬之費。天殆以歷試孺人者。益堅孺人之節也。孺人矢志時。年三十有三。今年七十有六。以不合　旌表例。故不敢請。然其操則固已凜於霜皎於雪也。可以傳矣。

觀生子曰。天壤間忠孝節義之事。往往以艱苦而成。如孺人者。眞巾幗而具鬚眉之行者也。夫使君臣朋友。俱能忍其艱苦。得全忠義。天下不難治矣。孺人立志不欺。卽一言千古。又況蘭芬玉韻。足爲光大也哉。

康熙九年歲次庚戌之桂月眷弟華國光頓首拜撰

表孀潘孺人七十節壽序

予家自南渡時始祖六三公隨扈徙新塘一居郡城一居錫之陽春里系牒列眉不容紊也明初萓峙南塘者爲丁氏考其譜系亦自郡徙錫予兩姓通姻婭世世不衰蓋不異昔年朱陳村故事耳嗣後家忍翁憲副與先甲丁先生屬同譜之雅分誼尤篤予未第時與家叔姪兄弟歲時宴會伏臘交懽座中稱中表者丁氏參其半迄今聚廬而處脣齒相依丁氏與吾家實錯趾焉年來棄繻入山常與明甫表兄握盃話舊因悉其母夫人苦節狀縷悉歲戊戌年且七袠矣邑令伯成吳公行古禮登堂介壽風其屋曰冰柏其心諸姻戚載拜稱南山者躋堂下孺人龎眉皓首爰進三爵仙顏微酡謂諸兒曰小子識之毋忘我四十年飲蘗之勤也蓋孺人稱未亡年甫三十斯時手撫五雛家徒四壁以十指供六時以一身

當百瘁饑者待食渴者待飲問未亡人長者待養幼者待哺問未亡人姻婭于以洽歡喪葬於以賵賻問未亡人公私於以執工宗黨于以酬酢亦兼問未亡人蓋孺人任字凡公四十年未了之責幷開子若孫千百載振繩之緒也今有子能繼父業有孫能讀父書家日起業日隆昔也形單影瘁今也玉列珠陳昔也風暴雨寒今也含腴席膴天之所以報孺人不爲不厚孺人之食報于天不爲不全予故不辭不敏而囑之管城以備採風使者之擇也或曰丁氏世以節壽著其先有談孺人以八十壽言見之朶臣彙旃兩先生鴻寶亦既列之宗乘矣予鄙僿安敢附兩先生之末然而孺人之節固不讓談孺人而孺人之壽且將越談孺人而上之也予縱不文乎藉孺人而益彰矣

柱下史龔廷歷頓首拜撰

丁節婦袁孺人傳

節婦袁孺人者丁隱君晴宇之婦馨芝之妻也父岐山母馮氏年十八歸丁氏二十一而寡生一子曰燿三齡耳是時崇禎末江南頻仍荒旱雖世家巨族類不能相守袁翁夫婦慮其女之貧不能克也謀奪其志節婦指其孤泣曰此一塊肉誰鞠之者吾生死爲丁氏人矣因呼天以自誓其夫女弟二人素不與嫂相能日夜於其舅姑前諓諓數節婦不置節婦無幾微見於言色始終怡然事舅姑不怠舅姑感其孝讒譖弗行也家貧日爲人補紉以供甘旨每食必先舅姑與其女節婦或竟不得食後燿年長節婦憮然曰吾欲教兒讀書以期靑紫然舅姑年已老日需甘毳能待此萬有一之事耶乃盡捐嫁時器物命兒習商賈業身仍爲人補紉或一

燈熒熒夜分績麻不輟節婦爲人勤儉敦樸外寬內明綜理家人生產井井不失纖毫教兒以時廢居往往牟大利時節縮而用其仂及燿既壯娶室業日益起比於素封者而節婦已老矣燿以母勞苦日久間求華珍玩好之物以娛母節婦怫然曰吾未亡人何用此且汝故貧家子甯得一旦習於侈也嘗以歲時徵諸姻戚爲姑壽笑語移日追道平生節婦抱幼孫而語諸姻戚曰吾撫三歲孤遭離亂而得至於今良不易因歔欷泣下節婦雖老廩廩治其字課孫勤舉子業其志不衰也

史氏曰丁氏世居南塘其上世多貞婦天子表其宅里時時見於士大夫之傳紀孺人其繼起者哉迹其奉舅姑撫孤子屹然窮困中其志有足多者余爲論述之編之其家乘俟採風也

賜同進士出身翰林院檢討加一級管理
章奏
誥敕前國史院檢討內弘文院庶吉士加一級
御試第一年家眷弟秦松齡頓首拜撰

文之兄記略

吾兄名煥字文之幼失母後母以愛女故屢欲分居吾兄愀然曰晨昏奉事惟吾一人耳固不肯雖貧膳必洗腆每日晚歸必懷母所嗜好之物以娛母後母感其孝敬弗忍析也居父母喪窶不能給而鬻衣質屋以致其禮鄉黨嘆息以爲難吾兄爲人仁厚誠慤樂善好施尤篤親親之誼吾祖明宇公生四子長吾父敬明公生予一人仲卽吾兄之父崇吾公生吾兄一人叔完盧公亦生一子

曰光甫季完吾公無子家皆貧皆仰身吾兄吾父母相繼去世棺衾殯葬之費悉出於吾兄時予六歲耳一女弟止三歲煢煢無以爲養吾兄卽挈予兩人歸延師教予爲予婚娶嫁予女弟若已子女無異予成室後隨館於外妻子一切食用悉吾兄給之甯自凍餒不令予妻子凍餒也每遇科歲試必爲予覓府名不令予知但戒曰汝已府試有名須努力毋怠及道試報罷則欣然慰予曰得失有命勿以小失介介而前者請囑之需絕口不道無幾微懊恨意予今已三十七歲矣尚依兄存活而吾兄之所以教養予者三十年如一日也吾兄又爲光甫娶妻喪而又爲之娶常曰吾祖一支四分凡此四分之婚嫁葬祭皆予一人責也苟畢吾事卽死且瞑矣完盧公完吾公相繼死吾兄殯之葬之務盡其禮迎嬸嬸歸養於家以母事之誡家人嬸母未食勿先食也卽一出入必稟命焉如是者二十四年死而以禮葬之後光甫又死遺二女吾兄又爲嫁之如禮命次子爲之後衣食其寡婦視光甫之存時尤厚吾兄以一人而所以撫恤吾父與吾叔之三代者如此至於族人之貧者周之病者藥之不能葬者葬之不能娶者娶之其事固不可屈指計也性喜掩棺捨棺養一僧人主其事先予匠值凡死而無棺者僧給票於匠處取棺掩尸則傭丐者丐者喜得錢雖百里外得露尸必奔走告吾兄吾兄必多予錢使瘞之或親往瘞焉其瘞處居人或地主有不容者間以此相爭然吾兄先已具詞邑宰許吾兄便宜行事故卒無他慮而吾兄亦不以此事之叢是非而悔其初志也河滸下積棺數十具其生人皆貧不能葬者風銷草嚙

頹然破屋中吾兄見之惻然卽具詞邑宰爲買旁近地傭人坎而瘞之無何而地主之族人扶一老嫗至曰此地吾爲政盜葬何也必再得四五金乃已不然則死此矣日至門詬誶吾兄竟倍價與之而不與較也辛卯壬辰邑中連歲饑祲石米白金三兩餘吾兄連歲買米於南禪寺爲粥以食餓者活幾千人每歲冬杪必以糙米賑四或曰此皆盜賊抵罪者耳何賑爲吾兄曰吾自不忍其苦耳遑計其有罪與否耶有以貧告者親識固無論已卽不識其姓氏亦必欣然予之無所靳不取其券亦不責其償也道遇流人未嘗不周恤之或止而食之長興茶客某兄吾舊相識也國初家經兵燹以孤身就食吾兄吾兄養之傍舍客性嗜酒吾兄飲必召客勸醉以爲常迨年老多病童僕多惡之而吾兄躬親湯藥若事長

者然至今二十餘年始終以客禮相接無怠意且爲客謀終爲之計矣於南塘遇一病者宛轉路傍吾兄掖至空舍中迎醫視之問其里居曰溧陽人某問有親屬否曰有弟某居某處吾兄即抵信其家囑其弟來數日其人竟死吾兄買棺爲小殮之以待其弟又抵信其弟速之來後其弟至吾兄又釀里人賻之而去吾兄家故貧業徙居致中人之產以好施故家復衰落室人常以爲言吾兄慨然曰自我致之自我散之亦復何憾一鄉人載其病妻就鍼北里以斧資既竭來告吾兄吾兄不問其爲何許人也趨視困中米僅斗許耳室人曰止此矣勿與他人吾兄曰我與若猶得從容爲計彼窮途良可憫竟傾困與之是日貸鄰米爲稀糜食家人亦無怨言也其好施之性貧而不倦如此若夫繕橋梁之圮壞者甃道

路之險仄者力能獨任則任之不然則倡好義者共爲之至於放水陸物命尤其性之所好也吾兄未嘗業儒其言行悉與道合常曰做人須自門內做起又曰人生天地間自當爲善彼望報者皆妄想也或問吾兄一歲棺施幾何尸掩幾何盍記其數吾兄曰吾受僧誡若記其數恐彼人於冥冥中作報施想非吾意也故生平施德於人皆過則忘之後遇其人若不知有前事者其人或非理相干吾兄惟自責而已終不曰我曾有德於汝也居家慈和儉朴門內無誶語嘻嘻之聲待子姪怡怡然時稱引少時艱難以誡之視僕童如子女遇人欣欣煦濡善下無人不可相與者然不肯爲婞婀之態見事有非義雖不關己利害亦必公言激發無所避人或不能堪然久而知其內之無城府也未嘗不嘆而服焉鄉黨宗族間或有所興舉必曰須文之來此事乃濟而吾兄亦不避事之難必慨然任之而未嘗惜其貲與力也其有訐訟者必先質之吾兄往往得吾兄之言而解以故人無知與不知一聞吾兄之名必曰仁人長者云昔張靜翁先生常稱吾兄曰若文之者其孔門所謂善人乎皆以爲知言吾兄今六十六歲老矣日與佛氏之徒棲心禪誦概不聞戶外事惟賑貧濟困收恤宗黨之舉則慷慨力行如向時無異也

康熙歲次壬子秋八月朔弟紹美頓首謹識

南塘丁氏六修眞譜卷次之三

家乘二

君蕃公傳

君姓丁氏諱明俊號君蕃梁溪人也少慧好書既長尤工舉子業一日見其父勤生走風雨日暮道滑幾顚者屢泫然泣下曰奈何爲人子忍以勞貽吾親憊甚勿恤他日即五鼎養何益矧或養不逮耶微我誰代者顧言之恐非父意因託父親信者婉爲言初父不許既念產薄指繁孀嫂一寡姊妹二仰食恐不給欲許之則懼不勝君再四力任且言服勞分也以其隙亦勿廢學於是父議委之家家有田十八畝君曰予嫂及姊君居次有兄早世有姊亦寡故云君既有家勤儉以治生生漸饒則謀所以娛其親者靡勿至

父年七十忽於稱觴之辰遘危疾君號慟籲天請代竟瘳後父母皆至大耋嫂姊雖予田仍不給君又給之二藐孤撫之如子皆得成立又以孀妹無後爲立後且置產爲詒推恩厚宗族修譜系還舅氏田券割址讓其甥迎內母養之二十餘年或曰治生非君好暇則力學故無間而卒嗇於名疑君之未能無憾而天之報之者未厚顧家庭之際尤觀其用心梁溪故多孝子如南齊華至以父命廢冠勝國二秦亦以侍養廢仕以較俗禮俗情豈遂無憾然其廢於彼乃以成於此惟其用心之必遂而已方君不忍其親之勞而汲汲代之業甘違才苦迹以必遂其心此之爲心則既遂矣其未能無憾者即天之所以明其無憾者也然吾知天固有以俟之矣君於鄉曾以術回帥府之暴人賴以安平居或予食或予衣或予棺或予吉凶備禮無虛日已未庚申歲活人尤衆君配馬氏尤能成夫之德居身事上接物皆爲人所難爲詩曰孝子不匱永錫爾類宜其有是哉君嗣君南昭司訓吾郡故因其狀而爲之傳

賜進士第

予告光祿大夫

經筵講官文華殿大學士兼禮部尚書加二級充

三朝國史政治典訓會典方略一統志明史類函監修總裁官前

經筵日講官起居注禮部尚書兼管翰林院詹事府事教習庶吉士充丁丑會試總裁官戊辰辛未甲戌文武

殿試讀卷官工部尚書禮部左右侍郎兵部右侍郎翰林院掌院學士兼禮部侍郎翰林院侍讀學士左春坊左諭德兼翰林院

修撰翰林院編修癸丑會試同考官內弘文院庶吉士年家眷侍生張英頓首拜撰

從叔父君蕃公暨從叔母馬孺人合傳

嗚呼余六歲先君見背世父三人皆前死爲從叔行者雖多獨公與孺人憐念視若嫡姪然憂相共樂相語事相左右患難相扶持蓋五十年如一日也自公與孺人歿而余煢煢無所向矣悲夫公諱明俊字樹滋號君蕃生而穎異有大志以高曾以來五世無顯者先澤將斬思起而振之奮身闤闠中而力爲善行字孤寡卹親黨不憚分產畀之某乏食某無衣某橋道未修某婚無力某死無棺以告無不應者疎財好義惟恐此生之有遺善孳孳爲之無倦色而最誠切者教子也嘗諭諸子曰吾少以大父年老故不得已

去儒治生業然非吾志也祖宗以儒起家墜其遺緒何以爲人子孫繼吾志者汝曹責也勉旃延禮師儒修脯必加厚置書千卷恣諸子之所欲觀以南塘宅近市聲譁購屋郭內東林書院之前故有園林之勝更植梅數十株梧桐牡丹數本孺人率諸子延師課讀其中醴膳必致豐潔諸子課未竟孺人篝燈紡績嘗至夜分以待其子卒業而後寢里中能文者盛禮邀爲文會冀資益于諸子即予之不肖亦辱命在塾三年殊慚素食公與孺人不予訾也公性無他好經營之暇輒手一編有疑義則記之策簿晚一葦入城過館館在園林中時或明月當軒萬籟俱寂庭中惟見樹影交橫如蜿蜒公於其間從容究析所記疑義孺人爲瀹佳茗具果餌以進當是時悠然如遊太古不啻朱子羅浮山靜坐也諸子亦克承

父教相繼補弟子員公謂孺人曰吾志欲續先代儒業今吾子雖得寸進然吾身居城外汝爲母者須日嚴督使之有成無以姑息爲也公之重期其子者如此又以東城宅隘而易屋南郭內頗有漢于公高大其門閭之望而仲子濟美季子詮亦以明經出仕有日矣乃壽止六十有八以丁丑之春溘焉而逝竟不及享其子一日之祿養嗚呼可哀也已公爲人誠恕生平未嘗涉迹公庭相識有訐訟者亦必力解之即代爲費貲無所惜有胠其篋者物色之得其人從者欲聞之官公弗許盜得釋治門內頗嚴而與人甚和易無老少皆親愛之往往出門時鄰里羣兒望見競來牽衣索果公大笑人予一錢而去與孺人相敬如賓四十餘年無一褻語孺人性淑婉能體公志曲承舅姑歡心姑屬纊時猶援孺人手曰吾

不忍舍汝去也公歿後孺人又持家五六年內外事井井如公存日無異戚黨皆曰非獨君翁乃其婦亦賢者也孺人姓馬氏父仲弼先正文肅公之從姪孫女也壽七十有一壬午年卒

論曰丁氏惟前明正嘉間南洲公舉庚午鄉薦授長史龍峯公登甲辰進士宰黃巖父子相繼貴顯迄今五世其澤微矣公欲起而振之豈非有志之士哉諸子發迹黌宮駸駸得祿養矣而不及享是可悲也然公父晴宇公舊堂額曰修德所公嘗徘徊其下思所以衣其言者今仲子濟美叔子煐增闢新室俱仍以修德爲其額豈徒然哉志有繼而事有述公與孺人不亡也

緦服姪紹美頓首拜述

君蕃丁公暨配馬孺人墓誌銘

余觀邑乘前明成化初有丁壽夫諱松年者幼與邵文莊公同學相善九歲補博士弟子員稱神童其弟諱延年偕諸弟受業文莊公門舉正德庚午鄉試其姪諱謹登嘉靖甲辰進士羣從多讀書好學文莊公爲之倡導德業文望焜耀一邑余嘆生之晚不及其時一親睹其盛也今丁亥之秋余叔孝祖與余姪藥師以其姻親丁翁卜葬有期爲介其孤來請銘余辭不獲也按狀翁諱明俊字樹滋號君蕃其先自宋秘閣校理同知太常禮院元珍十一世孫伯通爲元萬戶府萬戶明初遷邑之泰伯鄉再傳至樸庵遷南塘是爲南塘丁氏又三傳爲翁高祖諱堯年縣學生即與其兄延年同遊文莊公門者曾祖諱謨靖江縣學增生祖諱紹虞父諱洹母

陳孺人生二子翁其次翁年六十有八時學宮舉行鄉飲酒禮邑士條列翁行事將上諸當道翁聞固辭不能强乃已夫周禮三物之教衰鄉黨間求其能知六行者寡矣觀翁之存心制行眞古之所謂賢者乎弱冠見父年老拮据治生卽輟巳舉子業而服其勞任家督衣粗食糲而奉親倍極豐腆色養兼至父遘危疾諸醫罔效翁籲天求以身代泣拜數日父於彌留中霍然起自後保護益謹優遊晚景年登大耋則翁之孝足稱也兄早世嫂寡遺孤幼姊適陳氏妹適朱氏皆寡而貧陳氏一子甫髫齡翁並收育之應分田數畝悉以歸寡嫂而撫孤姪孤甥如子有所贏三分之而各得其一由此甥姪兩家俱得饒給又爲朱氏妹立後制賻產則翁之友足稱也以宗譜百年失修慮族人散處四方尊卑莫辨與族同

志者訪求考訂詳明世次昭穆三閱寒暑剞劂成書家致一卷使族人皆知所本歲時伏臘必大合族人諄諄諭以孝弟載二指曰愧此二字不可爲人則翁睦族之誼有足多者尤厚於故舊外家陳氏家貧翁還所鬻田券不責償又扶掖之俾各有生業凡有連者絕不以貧富貴賤有所嫌歲時問遺不廢時相過從延款極懽則翁之能姻也至矣與人交不侵然諾亦不妄發一語平時恂恂退讓若無能者而爲人解紛排難則直前不可撓嘗希馬伏波之爲人巳未庚申歲祲民饑傾廩粟賑之施槥掩骼製棉衣給寒者歲歲爲之無倦意人有所貸不能償還其劵不之責則翁之能任也恤也又有足錄者嗟乎世俗日澆惟役役於鷄鶩蝸角視父子兄弟如胡越焉况於他人之休戚乎翁既厚培其根本又好施樂

善慕古豪傑之所爲厥其生平六行具備與於賓筵之列誠足以風勵薄俗而翁顧欿然自下恥於表暴其賢不尤加人一等乎翁自以爲儒不卒平居常怏怏形之嘆息而延禮師儒嚴課諸子咸底有成續前代詩書之業其志抑又遠矣配馬孺人父仲弼母陳氏先正文肅公之從姪孫女有賢德能助翁爲善門內事一委之孺人躬親操作事上遇下皆如禮翁有所施予必曰此人需之急必速與之則翁之所以能備六行者孺人不無力焉男子子四煌郡增廣生濟美歲貢生候選教職煐太學生候選州佐詮歲貢生現任安慶府訓導女子子三文學强觀庠彥李蕙徵貢士楊銘顯其壻也孫男十人孫女七人曾孫女二人翁季子詮初爲余叔孝祖之壻余年來棲息山園孝祖叔嘗過余稱翁隱居樂志有園林

之勝每春秋佳日輒與菰川張先生湄仙華先生翁兄宏章丁先生三四耆舊樽酒談心彬彬如也馬孺人親治具必洗必腆余既雅慕其前代之盛思識其子孫又樂翁有香山洛社之風嘗欲締姻誼一謁翁參與其間而翁歿矣悲夫翁卒於康熙丁丑年三月二十一日孺人卒於康熙壬午年七月初六日以康熙丁亥年十一月十三日安厝於天授鄉稔莊祖塋饗室將別爲兆域擇吉以葬銘曰田之頫突生鶉牧之良奧生牂惟賢蓄德端有馮趾先代美今其興土岡綿後水洄前寖昌而熾視此阡

賜進士第奉直大夫

日講官　起居注左春坊左諭德兼翰林院修撰充

平定三逆方略明史纂修官右春坊右諭德兼修撰左右春坊中

允兼編修翰林院檢討內弘文院庶吉士加一級辛酉江西鄉
試正主考甲子順天鄉試正主考年家眷弟秦松齡頓首拜撰

先祖先祖妣安葬時未遇
覃恩至康熙五十七年
誥贈奉政大夫
誥贈宜人

孫男龍起謹識

留菴丁公傳

余年未盈十則聞東河丁君之名噪甚。蓋是時例用表判試童子。而君自幼穎敏。能援筆立就。宛丘陳公令錫。曾拔君置前茅。時余尚未嘗識君。後數年。於余從姪汪若座中晤公。見其淸言亹亹。貌

溫氣和。類有道者。甚重之。後復時會遇。遂成相知焉。然公數奇。艱於遇。年四十。山右蘭若解公督學江南。始拔第二名入泮。明年富陽郘公歲試。遂擢冠軍。交遊共爲公一吐氣云。余嘗繼公館於以思王君家。王君懿戚恆惺顧君。余素交也。而禹田錢先生。尤闔邑所推重也。佳晨宴集。余四人恆聚款言。竟日夕。陶然樂也。乃往年九月。錢先生與顧君同日卒。余往哭之。至十二月公復卒。余往哭。而闔人拒之堅。竟不能一舒予慟。死生聚散之感。於斯而極矣。越今年正月。諸孤謀葬事。請余一言述其概。謂余與公交遊五十餘年。知公之深無如余者。故不敢以不文辭。按公姓丁氏。諱紹美。字西文。留庵其別號也。其先出於宋秘閣校理。同知太常院元珍公之後。公父曰敬明公。祖曰明宇公。曾祖曰承溪公。高祖曰蒙溪公。

敬明公早卒。公幼失其怙。從兄文之撫字之。文之善治生。公八九歲。即委以家瑣事。然非公好也。每歲索租村中。文之令公從。公則私挾策以行。書從文之奔馳隴畔。夜獨咿唔一室。文之不知也。後或以告文之。曰。兒向學。吾豈煩以瑣瑣哉。是時次民張公有時望。文之即令公負笈往從公。於時藝有夙根。不習而善。旁及詩歌古文。一見無不通曉。張公以遠大期之。自後一意讀書。於經史子集靡不覽。篤好先儒性理語錄。期於躬行深造。晝作宵爲。必手自記注。雖薪粒斷絕。無戚戚意。手一卷不釋也。故公聲譽從此日隆。凡勤心教子弟者。無不爭延置西席。而文之家業反日落。公悉以館穀奉之。有逋則代償焉。其先意承志。事之猶父也。後文之卒。公列二主於家廟。終身奉祀。曰。生吾者父。成吾者兄也。撫文之二子如

子。而俱不自檢飭。公涕泣勤喻。不能從。不數年而先業蕩盡。其一早卒。其一以妻子衣食累公者。至三十有餘年。歿爲斂葬從厚。有二子。方圖爲授室。會疾革。囑諸子曰。必成吾志。蓋公感其兄撫育之恩。而惓惓於身後者如此。噫。使凡爲兄者撫其孤弟。盡如文之。凡爲弟報其兄撫育恩者。盡如公。人心不幾三代乎。是可傳也已。公生平無疾遽言色。凡事甘退讓。學中嘗議歲貢先後。公讓其友居先。曰。我後無傷也。故遲二年乃得貢。公於家祭必虔。必前一日齋。不飲酒茹葷。蓋余嘗親見之也。於學尊信程朱。不尙異說。尤惡佛氏。嘗著論斥之。晚年尤嗜易。涵養純粹。春風和煦。人皆愛敬之。授經凡六十餘年。含巽以誨。不尙嚴厲。多興起有成者。若陳子人龍。鄒子士隨。華子覲光。其最著云。年八十有一。臨終無他語。惟斂

容整衾拱手逝嗚呼公於五福可稱全備獨欠富耳富爲怨府無可羨况公所不計也亦何憾焉

赤菴丁公暨配黃孺人合傳

眷同學弟高愈頓首拜撰

公諱煌字涵昭贈奉政大夫君蕃公諱明俊長子丁氏世居南塘俗習賈而公獨幼喜儒邑名士黃大夏先生見公文字以女是爲余再從母黃孺人孺人于歸時奩具簡薄獨所載書至數十册戚族咸怪異之公既嗜學工文章孺人亦雅好典籍闔閨不聞嬉嗃聲惟以文史相娛悅伉儷間不啻好友公弱冠入郡庠思以功名自奮孺人益時加敦勉靜掃一室晝吟夜誦焚膏繼晷靡間寒暑孺人所攜史漢八家皆大夏先生手自評註公悉探其奧故

南塘丁氏眞譜　卷次之三　家乘　九

爲文質朴古淡不逐時趨每歲作文至數百首然惟錢禹田先生及族兄西文先生賞之餘皆以爲不利于舉場不好也而公果累舉不售孺人慰曰命也奚怨故園可樂與子偕隱矣性澹于貨利視謀封殖計錙銖者心鄙之孺人亦同志故析產後較仲叔季弟爲獨絀屏居南塘日手一編不輟或知己對弈刻燭賦詩長篇短章酣嬉淋漓積久成帙孺人女紅之暇輒取古書課兒女子爲講解大意怡怡如也公雖與物無競而見義必爲始贈公豐于貲性仁弱邑中虎而冠者誣以漏糧事羣視爲几上肉公挺身與抗直于大中丞張清恪公置其尤者于法餘皆遯迹遠避人咸以爲快孺人事姑尤謹三十年無毫髮忤後經營婚娶家日益落公與孺人安之蕭然一室圖書滿架積久如新未嘗見戚戚容西文先生

謂公庶幾不失赤子之心者故更號赤庵孺人晚通禪乘年七十有八無疾逝公後孺人四年卒年八十有一所著詩文諸稿藏於家子三人龍起鳳起鴻起龍起食餼郡庠爲名諸生能繼公家學者

鳳陽府壽州儒學訓導筠皐丁君墓誌銘

愚甥顧奎光頓首拜撰

故京兆尹俞公化鵬嘗爲余道壽州司訓丁君之賢課士勤而不名脯脩以釀金錢州人之貧不能教其子弟者君設義學教之師生之旣稟及其經籍紙筆費咸取給於君俞公鳳陽人也壽州則鳳屬也公言得之州牧李君與壽州人士之口宜信而覈丁君與余同里同學世有姻連其能文謹繩墨爲丁氏賢者余知之也熟

南塘丁氏眞譜　卷次之三　家乘　十

獨不意其爲校官乃能爲人所不能爲如是州人士賢之州牧賢之郡人之望於朝端不妄言者復賢之洵乎校官之賢不當以其官老也無幾君乞休歸里余訪之其家訊無恙外道俞公之所稱而問其所以歸則曰吾子知我乎吾丁氏自明正嘉間科第蟬聯閥閱稱盛高祖以上皆儒衣冠也曾大父大父值鼎革潛光不曜迨吾父奉政公節嗇起家課督吾兄弟四人未嘗晷刻忘纘戎迨屢試屢躓以序授校官自愧也復自勵漸稍異它校官之牟纖微以畢事者又先君子嘗欲剏義學以惠族黨抱志未就余小子試之於官規橅粗就而上官將以其事列之薦剡迹似假此以梯榮者是以不敢居余曰君之不忘先澤也有志厲其官也有立而避梯榮之迹也近矯毋亦嶄異於人而未協於中耶君曰否吾憶少

壯時。與二三知己笑傲湖山。觴咏節物。不自知其樂也。及爲校官偪僂學使者郡守之前。喜慍不能自主。始知向者之樂之難得。有如萬分一擢爲令長。爲州郡守佐上官。益多。不能自主者益甚。欲尋少壯一日之樂。其可得乎。毋甯舍之而歸也。余聞其言。愈賢之。以爲向者京兆之稱君者未足以盡君。而君之志有在塵埃之表者。匪直巽於牟纖嗇以畢事者輩也。君之歸也。好施與。若同善育嬰施衣施槥諸會。君皆出金錢以襄事。邑中尤共賢之。歸十年而卒。余哭之。卒八年而君之孤鵬起偕其弟元起自興鴻起以葬有期。匍匐來乞銘。余既賢其生。哀其死。於其葬而有乞也。弗忍辭。乃爲誌其世系爵里生卒子姓而系之以銘。君姓丁氏。名濟美。字雯昭。號筠皐。系出宋秘閣校理同知太常禮院寶臣。祖洹。父封奉政

大夫明俊。母馬宜人。奉政公生四子。君居仲。以邑庠生充貢。選授鳳陽府壽州儒學訓導。生順治庚子十二月念九日。卒雍正庚戌十月念九日。壽七十有一。娶華氏。側室陳氏。子男五。華出者二。鵬起。州同知。鶴起。殤。陳出者三。元起。自興。鴻起。女子四人。適國學生蔡烺。徐峻。周鵬集。華出。適王洵。陳出。孫男五人。鵬起出者二。秉銓大鈞。殤。元起出者一。夔鏞。自興出者二。嵩昊。俱幼。孫女四人。乾隆己未四月初九日乙酉。君孤鵬起等葬君邑天授鄉稔莊祖塋之穆。銘曰。

壽有賢師。秘閣之裔。藏魄於此。子孫勿替。

詔徵博學鴻儒鄉貢進士壬子浙江鄉試同考官前甯國府涇學博士年家眷同學弟華希閔頓首拜撰

筠皐丁公六十壽序

梁溪丁君筠皐訓壽之九年春。秋週甲子。其同里媚戚以予鄉被君德化久。知君爲詳。於是郵書京邸。屬爲祝嘏之詞。蓋前一載。君淑配華夫人設帨之旦。諸君子登堂奉觴。夫人辭焉。至是爲君稱慶於家。更爲夫人進一觴。禮也。予不獲辭。丁爲梁溪著姓。太翁君蕃以長厚聞於鄉。諸子列膠庠登仕版。蜚聲搢紳間。其發祥有自矣。君之訓壽也。禮才畯。恤貧難。以學行相砥礪。又設義學以誨業之未成者。子弟烝烝向化。往往脫穎而出。前後學使者馳檄褒美自制撫藩臬以下。獎勵有加。前此未聞也。吾觀棫樸之詩曰。周王壽考。遐不作人。夫儲養人材。若無與於祈年永命之事。而詩人云然。夫豈不栽培涵育之仁。克叶夫造化甄陶之理。故休徵之應有

不期而致者乎。魯頌曰。天錫公純嘏。眉壽保魯。而申之以魯侯燕喜。令妻壽母。諸君子稱君之壽而並及夫人。猶魯之遺意也。而予謂猶有本焉。聞君赴官攜箸以行。夫人與長君鵬起爲之居守。君無內顧之慮。得專心教事。躬無綺紈之飾。居無瑰麗之觀。食無珍羞之奉。俸薪所入。悉供適館授粲之資。未嘗以私問遺於家。易曰。王假有家。勿恤吉。傳曰。交相慶也。君其有焉。夫人理田疇。治臧獲。內政肅然。壼以外。遠則請命於夫子。近則責成於長君。易曰。無攸遂。在中饋。貞吉。傳曰。順以巽也。夫人有焉。長君之奉親也。問安視膳。不懈於庭闈。宿肉異根弗匱於道路。以甯君於外。而順夫人於內。易傳曰。子克家。剛柔接也。長君有焉。今君連舉兩雄。顏如少壯。夫人神觀精明。長君才富識敏。詒謀燕翼。顯榮昌熾。均未有艾。記

有之父子篤兄弟睦夫婦和家之肥也其言祝嘏則曰祝以孝告嘏以慈告予應諸君子之請不欲侈陳岡陵松柏之文冥靈大椿之語以爲君祝惟援引經傳皆君肄業及之者而推及家庭之庸行以爲教本非徒善頌而善禱也今天子久道化成方隆師孺植倫紀君經行修明令聞章徹將膺不次之擢備淸華之選教思所被又豈止一州與鄉之父老子弟頌禱而已哉

康熙己亥孟春穀旦年家眷弟俞化鵬頓首拜撰

丁母華孺人傳

從來士大夫之立名成業者類必有賢內助陰相之然後不汩不撓得一意爲其所欲爲以有聞于世然內德懋矣而或其年不永其嗣不蕃不能無憾於天之嗇其福若丁母華孺人以婦順相其夫子者五十年壽躋九十子孫蕃昌殆閨闈中間氣所鍾孺人有女爲婦於余家孺人既歿長君鵬起以余忝姻好且元起自興仲叔二人從余遊稔知儒人內行故屬爲傳孺人華氏邑庠彥天來公女壽州學博筠皋丁先生之德配也於歸時舅姑年未耆方蚤夜以勤儉率其家以嚴肅式其子婦孺人至卽善承舅姑旨先後和其妯娌佐饔飧烹飪諸婦職得舅姑歡天性尤慈仁寬厚自爲婦訖爲母無內外尊卑上下咸宜之每嗇已好施以佐夫子方筠皋銳志鑛礪文行時持壼政綜理有方故得專意於學筠皋之任壽州念家事無所寄因攜側室陳氏侍巾櫛而孺人則與長君家居理田疇辦賦稅延賓師一切無廢墜筠皋於壽州廣建義學延

名儒萃諸孤寒子弟育成之寒氈薄俸不能供孺人則從家中擠節衣食費助成其事雖脫簪珥無所惜并及膳飲所需時時遺以旨蓄如是者十年以爲常筠皋既乞休歸里優游林下叶偕老之歡者又十年捐館孺人所生二子殤其一仲叔季三子皆陳出生母中年逝孺人撫視成立之不異已出將析產謂宜一體均分筠皋如其言知者以爲有合於風詩樛木之慈仁鳲鳩之均一云晚年謝壼政長齋禮佛但不暱女尼而于育嬰同善及善澤放生諸會則始終樂助無所倦年既九十神明不衰乾隆戊辰八月十五日忽無疾而逝洪範敘九疇及嚮用五福不及女婦理則統同觀於孺人非五福具備者歟孺人其亦有以自致之矣

年家眷姻弟周永禧頓首拜譔

壽丁母華太孺人九十序文

國家景運方隆大化翔洽每歲四方大吏有以百年之老上聞者錫幣建坊無間男女誠以天心之所亶厚故恩禮有加焉此其人稟賦固異于尋常又必修德以凝承之然後耄耋期頤之川至而日增也戊辰之春吾鄉丁母華太孺人年躋九十余中表華君叔度寓書於余請一言爲壽時余孫方締姻於孺人猶子陳留君而其叔子自興應試京兆以文藝相質曾稱道其母氏有賢德今屆大壽余何可以無言聞之易曰至哉坤元萬物資生乃順承天禮曰婦順備而後內和理內和理而後家可長久也蓋乾健坤順天地之大義乾以剛健爲元坤以柔順爲元元德屬仁仁者天地生物之心而人得以生者故天錫難老仁者壽之太君德性溫厚慈

和喜施濟其持家則知慮之明綜理之密遠過於世之閨閣而渾然內含一將之以婦順然皆壼內恆德惟筠皋先生司訓壽州時孜孜以育才造士爲務其建造義學所費不貲太君則從家中撙節措辦不足則脫簪珥不惜故筠皋得行其志教澤留貽一方向微太君則筠皋雖教思無窮亦掣肘于寒氈莫濟而止耳黽勉有無嗇其家以助君子在官之樂育其爲婦順孰大於是夫造就人才中閫陰贊於壽國壽民且有餘裕則壽其身固宜今太孺人九十壽康百年轉晌其長君率先諸弟修南陔白華之行而孫枝多賢家門日起行見福履綏繁祉介將

紫誥自天與百年之寵錫並至所爲內和順而後家可長久者不但壽其身仰且壽其家此則仁者壽之之徵而余可決其理之必

然而不爽者爰樂爲之序俾張之北堂以侑康爵

乾隆十三年歲次戊辰孟春穀旦

年姻家眷弟張泰開頓首拜譔

郡司馬鴻洲丁君傳

君姓丁氏諱熿字元昭號鴻洲蓋邑之南塘人也自宋學士元珍十一傳而至伯通由笪陵遷於邑之泰伯鄉再傳而樸菴徙居南塘遂爲南塘丁氏君由太學生通仕籍初授鑾儀衛經歷陞授奉政大夫廣東廉州府同知會有不滿於君者遂得

旨回籍林居二十載於乾隆四年夏四月卒冬十二月葬於嵇莊之祖塋君之行誼誌而銘諸墓者有潘司馬讓村矣余不揣固陋復贅其梗概者何哉余固有心契於君而不能自已者也君之爲人崇信義重然諾務周恤施與排難解紛起家勤儉而不吝於財於宗黨姻戚耗費不啻萬計未嘗自德其行高矣夫人而知之也君之才德優於仕矣遭際盛明位治中別駕驥足未展而遂已焉喜慍不形於色謂非通懷雅量有明乎出處進退者歟亦夫人而知之也抑君居官勤慎一介不取歸田卻埽不與戶外觴咏悠游怡然自得又賦性坦夷胸無城府雖有橫逆輒先自反遇事敢言直詞無隱有貪暴者流公私黨惡齧噬良善毒逋通邑君則義形於色挺身獨抗無敢或橫是何屈伸以時剛柔有制歟然亦夫人而知之也而余所心契於君者天資醕粹孝于親友于兄弟施於有政不必事事則效古人而至性所發如合符節經云事親孝忠可移於君事兄悌順可移於長居家理治可移於官蓋事之似易

而至難者君其庶幾乎君之兩尊人均有賢德多善行先師秦宮諭誌之悉矣君共爲子職盡愛敬於生前竭思慕於歿後恪遵遺訓繼其志述其事沒齒不敢忘殆亦三年無改終身孺慕者歟君之昆弟皆得專心學問讀書成名者由君能佐其尊人理家政持門戶也自幼至老式好無尤晚年事伯兄保護尤謹有司馬君實風於仲季之亡而神傷伯兄逝而病因之不起非恭兄友弟而能是歟升其堂肅肅如也入其室雍雍如也言乎父子兄弟夫婦慈而教孝而箴和樂且耽琴瑟靜好彬彬如也言乎煇庖臧獲僕婢廝養無瘁色無惰容作息有常溫飽以時井井如也非君之身教化行門內者歟余所心契于君不揣固陋而贅其梗概者以此余自滯迹河干不獲親色笑者數年於茲矣迴思向者同遊輦下於

先文林則愉婉之誠。儼然父子。於余伯仲愛敬之實。居然兄弟。於旅舍之燕飲歡會。宛然戶庭。此又君之根本深厚。發於天性。推類以及者也。吁。人之制行。往往勉其所難。而忽其所易。覯人者。亦遂遺其本而專務其末。此碩德隱行。所由泯沒而不傳也歟。論曰。太上立德。其次立功立言。三者得一。足以不朽。雖然。難言之。人非大賢。孰克致此。人豈易傳哉。抑又思之。依附聖賢。緣飾功業。夸張文字。名歸而實不至者。何代蔑有。其篤行君子。潛德弗耀。澤𢇁於人。言必有中。而韜晦滅沒。實至而名不歸者。又豈無人。或傳或不傳。固有幸有不幸。亦未必非後起者之責也。書言令德孝恭。孝友者。德之先見者也。余於君立功立言。即未敢知。第舉一德之美。夫豈不足于傳歟。古有人以文傳。亦有文以人傳者。余樸僿無文。不能

作佳傳。其諸文以人傳乎。

賜同進士出身敕授文林郎內閣中書舍人充子史精華館纂修官特用浙江嘉興府嘉善縣知縣甲辰丙午浙江鄉試兩闈分校官詳請題授淮安府清河縣儒學教諭加三級紀錄三次眷弟張鏞頓首拜譔

丁約齋六十壽序

華希閔

約齋弱冠。與余同研席。又同庚生。相切劘於文藝。而策勉以德業。約齋益余者什九。余益約齋者什一也。比從南塘徙城居。去敝廬不數武。而余適以其遷居之辰。舉第三女。約齋知之以為瑞。重之以婚姻。自此情好彌篤。俄約齋秉鐸維揚。遷秣陵。余亦司調琴溪。蹤跡稍疏闊矣。而假試事之間。畢兒女姻事。握手道故。相劘策之意。未嘗異曩時。迨余倦遊旋里。約齋亦解組歸來。相視皆髮種種。而約齋右臂偏痺。七筋用左手。余亦躓車傷足。不良於行。兩人相視悲吒。研席情好。宛如昨日。而筋力志氣。已非其舊。未審向後六十七十。又作何狀。今則吾兩人皆六十矣。次君方綰符中州。宣力王事。長君叔子。開長筵。邀內外諸親黨。酌酒稱慶。而屬侑觴之辭于余。余竊惟壽文。盛于近世。而意本於詩書。周召之相期祝也。曰天壽平格。天保之詩曰。戩穀罄宜。蓋祝其壽。必由於愛其人。愛其人。則思相拔於道德。以為致福之本。古道也。余與約齋交四十年。相期待者頗不薄。讀傳至臧孫三不朽。誦詩至漢人崇明德保金石之句。往往三致意焉。余既暴棄終身。訖於無就。用自傷矣。約齋學識過余倍蓰。况稟承尊贈公君蕃先生之教。孝友於家。睦婣於宗黨。凡邑中澤人濟物諸義舉。無不勉力襄事。是亦桑梓之平格也。所謂戩穀者非耶。以故自天祐之。吉無不利。今右臂之痺者已瘉。康強善飯。芳辰良日。與前輩諸老。湖山讌詠。彷彿香山九老。洛

陽耆英故事。閭里望為神仙中人。諸郎皆雋才好學。彬彬有立。綸綍自天。方來薦至。而諸孫瑤環瑜珥。環繞膝下。見之輒有玉樹堦前之歎。其致此者。夫豈偶然也哉。猶願約齋增修厥德。以迓天休。德日益崇。福日益茂。期頤耄耋。岡陵山阜之歌。日進無疆也。爰集詩三章。以侑三觴。其一章曰。淑人君子。敬之敬之。聿修厥德。惟天其右之。其二章曰。俾熾而昌。俾壽而臧。景命有僕。黻衣繡裳。其三章曰。君子有穀。詒孫子。天被爾祿。濟濟多士。

丁約齋先生傳

約齋姓丁氏。諱詮。字南照。贈奉政大夫。諱明俊之季子也。系出宋秘閣校經同知太常禮院諱寶臣。校經十一世孫諱進五。自毘陵遷邑之泰伯鄉。五傳諱堯年。與兄松年延年並以文行著聲。黌序

延年。正德庚午舉南畿。其子謹。嘉靖甲辰進士。堯年生讃。讃生紹虞。紹虞生洹。洹生奉政云。約齋年十九。補博士弟子。多從名師友交遊。爲文若游雄闊。不作柔曼怏耎態。師友交口稱之。旋以明經司訓揚州府之興化縣。丁內艱服闋。補安慶府學訓導。念先世以科名顯。既衰復振。當在我。雖作學官。猶從舉子旅進旅退於場屋者二十餘年。訖不得志。則命仲子從事河工。不期年。主封邱縣簿。旋署開封府北河同知事。約齋手書勉以忠藎。勿躁進。苟厥職。其爲訓導也。勤考課。葺學宮。雪士子之被誣斥落者。平難平之訟。而御其晌教士循規矩。終其任。士不致以逋糧好事敗。上官以爲賢。將薦諸朝。會以例當改官。給咨引見。約齋遽以疾辭。返里閭。治生課子。集親朋。詩酒歡讌。徜徉湖山

者六年而歿。其於進退間裕如也。居家矜細行。且晚課兒童洒掃庭院。潔几案。灌花木。而門戶啓閉。必躬親之。嘗訓其子曰。天下國家一理也。士庶人不能操家。所學何事。奉政以勤儉大其業。約齋不敢忘。時時以稼穡艱難訓子弟。日用節嗇。無妄費。然能施予。邑中有某廢隊未舉。某死未殮葬。某貧不能舉火。以告。約齋必有以慰其意。在安慶時故舊至。必盃酒言懽。歸資其扉屨。里人有繫安慶驛者。賴約齋得不困蹐。古人所謂嗇其身以養人者。約齋近之。客秋余應制府聘。赴金陵修志。約齋力疾送之河之滸。執手繾綣。若欲有所屬而卒未言。迨冬十二月歸而約齋先一月死矣。余哭之柩前。今十二月庚申。孤鶚起將葬君祖墓之穆。衰絰來乞余作傳。禮朋友之墓有宿草而不哭焉。約齋與余生同歲。學同師友。居同里。重之以婚姻。交深矣。別不久而死。期而葬。烏能以無悲。微孤也請。猶將爲之計長久。況請之者誠哉。爰覈其生平。傳之如右。約齋配秦氏。孝廉嚴煜女。卒。繼娶秦氏。翰林院編修靖然女。子六人。鶚起國學生。鶴起封邱主薄。署開封府北河同知。蛟起。文起。霞起。蔚起。皆業儒。孫四人。

論曰。古有言守道不如守官。道者統名。而官各有職。能舉其職而官事理矣。道豈外是哉。約齋訓子操家。通天下國家以立說。故鉅細咸理。其能守官可知矣。杜太史雲川語余。嘗倡同善會。歲除振貧乏。初皆響然應。顧多豐許而約與。約齋每歲脫粟襄事。獨不以豐凶贏縮。君子觀人於微。約齋賢於人矣。賢者言必有中。彼其執手繾綣時。欲語余者何耶。而竟不及吐。惜哉。或曰。約齋與子友也

從此訣別。神若有不釋然者。非誠欲語也。若然。尤動余之悲也夫。

仝學姻弟華希閔拜撰

安慶府儒學訓導約齋丁先生墓誌銘

約齋丁先生。字南昭。諱詮。無錫人。贈奉政大夫君蕃。諱明俊之少子也。其先有伯通諱進五者。爲宋秘閣校理同知太常禮院寶臣之十一世孫。仕元爲萬戶。慕讓里之風。始居無錫之泰伯鄉。再傳有敏道號樸菴者。由泰伯遷居南塘。稱南塘丁氏。越五傳至安齋諱堯年者。爲邑諸生。與兄延年俱能文章。敦行誼。延年正德庚午舉人。其子謹。嘉靖甲辰進士。安齋之後爲棠溪。諱讃。靖邑庠生。生若溪。諱紹虞。紹虞生晴宇。諱洹。洹生奉政公明俊。先生幼即好學。年十九。補博士弟子員。由明經司訓昭陽。丁內艱。起補皖郡。歷二

十餘年而歸歸六載而卒年六十。母馬太宜人。原配秦先先生卒。再娶亦秦子男六人。鶚起鶴起蛟起文起霞起蔚起女六人孫男四人孫女十人卒以雍正辛亥年十一月三十日葬以雍正壬子年十二月七日墓在天授鄉嵇莊祖塋之穆嗚呼余事先生在師友之間迄今幾二十年每懷先生爲人。猶幸庶幾復見之而先生不可作矣悲夫憶康熙丁酉余隨家大人讀書皖城臬署是時先生適訓郡學。勤於其職郡人士愛之。一時聲名出諸學博右家大人歷數郡僚之賢否獨稱先生不置。予因出謁先生仰其儀範聆其議論洵君子人也予既心契先生而先生亦不鄙予引爲忘年交。迨余稍通仕籍與先生別後家大人亦去皖絕不聞先生音耗或仍此一氈否或有薦其賢得殊擢否雲山迢隔未嘗不遙望悵

然也雍正丁未。余奉命分守河北有封邑縣佐姓丁名鶴起者。來謁年少英英露爽語河務則明於利害歷歷如指掌雖久於疏鑿者有不逮。余識爲有用才。詢其里居。而後知卽先生仲子喜甚問先生起居則旋里矣。詰其不赴部改補之故則曰精力向衰不堪鞅掌簿書矣余乃默然嘆息謂先生蘊藉深厚而鬱於下僚其有託而去固宜然未老投簪。悠然林下山水可娛以此克享大年。未始非先生之福也辛亥冬鶴起以先生訃告余既悲先生之遽逝而又惜鶴起之去也欲援奪情例强留之而鶴起涕泣橫流。辭益堅余亦不忍强。鶴起以余知先生請誌其墓中之石余限於官守不獲臨喪一慟何敢以不文辭按狀先生孝於親急於行義不以窘迫辭。及周旋道路之親友。與救災恤患無怯容無德色。至於操持之潔謝請託絕苞苴。兩任教員克殫厥職葺學宮勤考課。軫貧寒雪誣枉教思漸被皖郡多士至今尸祝之此皆余稔知先生者嗚呼以先生深識老學。而可見者僅止此此余所以執筆而爲之三嘆也假使先生少壯氣盛奮迹棘闈雲蒸龍變。所見必不僅此卽抑首廣文一席亦既士林交稱之。上官嘉許之。使列於薦剡首被拔擢進爲王家羽儀。其所見亦必不僅此乃屢進屢躓湮棄冷署者至二十年。豈其不如諸公袞袞耶是固命也孔子曰君子疾沒世而名不稱焉先生雖不克大展厥蘊而居鄉居官咸有所建立遺風餘韻猶播於錫山皖城士大夫之口視富貴而名磨滅者何如哉若先生者。可以沒世斯可以不沒世矣。乃爲之銘銘曰

龍山峩峩蜿蜒磅礴梁鴻古溪。波紋如縠。以此鍾靈多有名族南塘丁氏雙桂遺躅由宋及今簪纓相續先生特起。行能拔俗。爲士爲官一氈自足胡爲以沒玉樓召促。佳城鬱鬱。協於吉卜。執紼盈路。靡不痛哭。嗟余繫宦羇乏一束。車無由過而痛在腹。言之不文爲先生辱

欽命總督河南山東河道提督軍務兼都察院僉都御史加三級紀錄十次前都察院僉都御史協理河南山東河道總督事務河南布政使司分守彰衛懷三府兼管河北河務水利兵備道禮部堂主事年家眷世弟朱藻頓首拜撰

敕贈孺人先妻秦孺人述略

吾母馬太宜人。以壬午七月六日卒于家越三月而先妻秦孺人

遂歿。嗚呼孺人思吾母而病閩吾母得疾而病始劇得吾母凶問
而悲號欲絕遂以身殉也。嗚呼尚忍言哉孺人以孝死。可以無憾
獨予覥焉視息負疾于太宜人而抱愧于孺人。迄今每思吾母卽
念孺人不能置也。太宜人懿行詳先贈公誌傳中而孺人尙未有
述故追憶生平。聊志一二。示兒輩知之。孺人姓秦氏明兵部尙書
諡端敏公諱金八世孫女。康熙丁卯舉人靖江教諭諱嚴煜女也
年十七歸于余孺人之事先贈公及太宜人也視諸子婦較晚。而
太宜人獨鍾愛孺人性謹愼周密先贈公曾手銀一封未及藏而
有急客至適孺人在堂置銀于案謂孺人曰爲吾收此。久不復問
至歲除贈公意戚戚不舒太宜人詢之曰尙有客逋五十金費繁
無措孺人取前所藏金進贈公問所由曰此某月某日所付也。封

南塘 丁氏眞譜 卷次之三 家乘 三二

識宛然恰五十金贈公駭愕由此益愛重孺人太宜人亦珍愛之
逾于女贈公捐館。孺人悲哀甚太宜人憐其弱反勸慰之後諸兄
嫂皆析居太宜人獨偕孺人共處飲食起居。早晚扶掖非孺人意
不適也時時勉余以學曰學專乃成。家事委任之母慮。約束童僕
以身先之井井有條理侍下極慈雖小婢未嘗加鞭朴精于女紅
不少暇逸奉太宜人及余。膳必精腆自飲止粗糲甘淡泊好勤劬
蓋其天性云已巳余司訓興化迎養太宜人孺人侍太宜人于署
歡然樂也間一歲太宜人思歸孺人侍太宜人南還懽然樂也。太
宜人念余署中乏中饋主。堅命孺人啓行孺人心不忍離而重違
太宜人命忍淚告辭意緒淒愴飲食減損至署兩月。而嗽血症作
時太宜人亦以念孺人故致疾孺人急買舟南還至中途聞訃慟

絕復甦。於路哭不絕聲。至家而委頓不可爲矣。比予歸。氣僅如絲。
謂予曰。得從吾姑死奚恨。子女皆幼。善視之。遂瞑。年僅二十有八。
嗚呼。尙忍言哉。方太宜人始病。孺人尙未知也。幼女感寒。夜半思
飲。女婢俱熟寐。孺人持燈往廚下取湯。聞空中語曰。汝憶姑耶。別
不久矣。孺人驚悸流汗。遍覓無有也。抵明而家報至。嗚呼。其妖耶。
其誠感耶。以太宜人之慈。孺人之孝。有潛通於冥漠者。無怪也。太
宜人以余故不獲有其婦。孺人以余婦。不獲終侍姑。思而病。瘧而
遂至斯極。此予所以負疚於太宜人。而抱愧於孺人者也。嗚呼。尙
忍言哉。余再補任安慶。孺人亦得邀
恩泉壤。茲三兒俱各有適。而孺人已不及見矣。悲夫。予約其梗概。
含淚識之。其居恆瑣事不及詳。俾兒輩時一展玩。庶幾如見汝母
也

南塘 丁氏眞譜 卷次之三 家乘 三三

雍正甲辰三月六日約齋詮識於皖城學署

敕封孺人丁母秦太孺人墓誌銘

乾隆十有三年戊辰。余膺
簡命出撫中州。訪諸屬員賢否甲乙於前撫。今兩廣總督碩公。公
示余所擬計冊。州縣循良吏。以陳留令丁君鶴起最。是歲王師西
征已巳凱旋往返皆由豫。余委丁君於西安。於陝州。勤敏任職。動
合機宜。民不滋擾。兵以大安。余益嘆碩公之知人。而心識丁君之
賢。方期共圖治理。可匡余不逮。而丁君以繼母秦太孺人之訃告。
時陳留民惜君之去涕泣致祭。攀轅輓留。余亦悵然如失左右手
也。七月。予閱河至陳留境。丁君匍匐叩辭。面深墨。語哽咽不能出

聲復稽顙曰鵠起願竊有請也鵠起幼失恃長養教育微吾母不至此待罪茲邑吾母每歲手書必誡以無忘淸慎勤三字因多病不克迎養無以報母慈今將歸謀窀穸事惟是墓中之石希賜鼎言以垂不朽因出其伯兄鶚起所述行略示余余旣重丁君之賢而惜其去且悲其志遂不敢以不文辭按太孺人姓秦氏封翰林院庶吉士虎仙公諱松喬孫女壬辰進士翰林院編修陶庵公諱靖然女歸於丁則贈奉政大夫君蕃公諱明俊之介婦安慶訓導約齋公諱詮之繼配也秦爲梁溪望族陶庵公世稱碩儒尤有家法故太孺人自幼嫻習內則小學端嚴靜默足不踰戶稍長佐其妣張孺人庀家政井井族黨皆稱其賢年二十二歸約齋公約齋公元配秦太孺人遺子三女一俱幼太孺人調寒煖節飢飽牀褥

衣履飲食必親檢視言動出入具有程度家庭之內藹如肅如也約齋公之任皖城寒氈俸薄念諸子無撫育訓迪者命太孺人督諸子家居約齋公任皖化大行諸生童多來問業需太孺人主中饋太孺人恐諸子失學卽攜之任所教育之未幾謂約齋公曰廣文升斗幾何而多以家口自累請歸理薄業諸兒讀書費吾自任之君無憂也因留淑女侍約齋公攜諸子返故廬一意延師課子每作文必取視善則大喜不則色不怡曰無貽祖父羞也太孺人自擧二子拊之均一嘗語諸子曰親名師謹交遊飭行檢戒媮惰勿絕讀書種子足矣遇不遇命也故約齋公諸子咸修整自好閉戶讀書無世俗奢靡紈袴習仲子出宰大邑獲上愛民稱中州循吏皆太孺人之教也夫婦之于夫子之于母期於各盡其心爲其

道與臣之事君等今太孺人體約齋公之意不以前後異體二其心艱難拮据督課其子底於有成而諸子咸體太孺人之意異出如同乳束躬砥行或出或處皆克自樹立無忝所生均於風化實有禆補使世之爲臣者其心如太孺人之爲婦丁君兄若弟之爲子其益於民生國計者不旣多乎竊反覆太孺人母子事可以教慈教孝而幷可以教忠此余所樂爲稱道而不復辭讓者也按行略稱太孺人勤儉以持家和順以處衆孝不衰於父母恩不替於宗黨卹寡妹之窶者撫其女如己女幷絜湅樲殍諸善擧皆尋恆女子所難而在太孺人猶爲餘事故揭其大者誌之子男六人鶚起太學生鵠起河南陳留縣知縣鯪起琦霞起俱太學生蔚起業儒琦及霞起太孺人出也女六人壻高邦基朱持世華公輔汪之

溥華德義汪之洋其歸朱氏華氏者太孺人出也孫男十二人女十七人享年六十有六卒以乾隆己巳歲之二月十一日祔以是歲之十一月二十六日墓在天授鄉之稔莊銘曰

相夫有聞勖子有成鳴鳩之愛螽斯之仁子稟母訓蔚爲國禎豈家之則實邦之型越百千世視此刻文

賜進士出身

誥授光祿大夫

欽命巡撫河南等處地方兼提督銜節制全省軍務督理營田兼理河道兵部左侍郎都察院右副都御史世襲三等伯加三級

軍功紀錄二次前兵部右侍郎國子監祭酒詹事府詹事翰林院掌院侍讀學士翰林院編修年家眷侍生鄂容安頓首拜撰

德貽丁公傳

公姓丁氏諱起元字升甫號德貽系出宋祕閣校理同知太常院元珍公實臣明初有進五耆自毘陵遷無錫越十一傳而爲歲進士留庵先生諱紹美載邑志儒林是爲公父公幼隨留庵先生於塾行步不苟端重如成人坐處足不移迹同學呼爲小先生讀書性穎敏習舉子業操筆立就根柢前輩不趨時好一稟留庵先生指遂偕留庵先生並授經里中一時有大小丁先生之號云公教人文行交飭坐立進退一秉程度凜不可犯有不率者必正色譙訶雖已婚冠者不少假借必改乃已衡文不執成見濃淡平奇方圓動靜隨所長而造就之雖憚公之嚴而無不各饜其意者性端愨沉毅不苟識笑侍留庵先生則愉色婉容怡怡然終身孺子也

留庵先生年八十餘非公在側則不歡出入扶持晨昏晏語陶陶款款古所云養志者公庶幾近之有鉅姓司訓松江厚禮聘公教其子以父年老力却之事異母兄備極友愛同居五十年無間言族有貧而鬻其子者公悉力籌畫贖歸撫之公素貧寒慎取與而義之所在勇於敢爲不以有無爲解如此故人尤以爲難戚里有紛競者得公片語輒立解遇橫逆夷然不校也居恆無惰容衣冠整肅未嘗傾倚弱冠居母孫太孺人喪哀毀幾至滅性年五十餘留庵先生卒亦如之始留庵先生步趨宋儒學行爲一邑儀表公循循庸行無講學名而核其所爲無不合儒先矩矱者早年艱於遇合逾壯始補博士弟子晚歲優游杖履有子克家康强逢吉人皆羨厚德之報云年七十有二卒配張孺人與公媲德後公五年卒子三景范景歐景韓

論曰師道立則善人多余少時聞邑中稱經師者推小丁先生無異辭顧留庵先生誨人以寬公則尙嚴毅何歟易蒙之九二曰包蒙其上九曰擊蒙世日降習益澆不捍其外誘鮮克有成者公之不爲包而爲擊殆所謂利禦寇者歟公內行純備蓋非徒以言教者嗚呼師道之不立久矣如公者豈可多得哉

同邑黃印頓首拜撰

郡增生象軒小傳

丁佩字孔環號象軒郡增廣生歲進士留庵先生孫也性度夷曠學問淵深自少有聲文壇與陶未堂正中鄒小山一桂張有堂泰開輩結社以文字相劘切操行尤端方和厚有乃祖風非其義不

苟取與逮同學相繼貴顯便屏迹不至其門久躓場屋家貧就館四方不肯依阿當道遇不可輒拂衣去年將及耆江蘇許大中丞聞其文行並懋聘入幕府爲其子師中丞移節他省遂謝歸好吟詩不蹈襲唐宋諸家頗取裁選詩以嘗與諸同社熟讀文選故也其後有老友嚴元桂聯邑中善詩者爲詩社招之與焉然亦不時至稿多隨手散軼前娶于陳繼娶于華而卒無子竭蹶爲其弟納婦曰苟得子猶吾子也於親串則浦孩禪起龍爲密孩禪深推服其人文並雅飭云

乾隆庚午仲夏同學弟許獻謹譔

詔旌節婦毛孺人鄒孺人合傳

毛孺人族兄益生公諱允謙配年二十八益生公捐館舍遺孤光

瑞。幾數齡。煢煢子立。內外無倚。孺人矢志保孤。茹荼食蓼。篝燈紡績常至丙夜。一切衣食費。及孤從師修脯。皆出自十指中。孤稍長。督之嚴。不染一切飲博嬉遊習。卒能成家繼業。苦節五十年。年七十有八。

詔建坊旌表。越三年。族以節旌者。又有鄒孺人。

鄒孺人。族姪孫仁涵配。年十九。來歸。二十一而仁涵以疾卒。孺人仰天大號。絕食求死。舅姑泣謂曰。吾老矣。誰慰吾兩老人者。乃強食。鍵閉一室。勤女紅。以供甘旨。婦代子者二十年。舅姑相繼歿。殯斂皆如禮。宗黨以為難。始仁涵未有嗣。及姪宗梅生。孺人子焉。後宗梅白母節於當事。得

旨給銀建坊。時乾隆九年也。

龍起曰。吾丁氏以貞節傳於譜者六。其得旌於

朝者。惟侍泉公配談孺人。越百年而兩節母繼之。嗚呼。艱哉。毛孺人既崇祀貞節祠。鄒孺人年屆六旬。而康甯強健。神明不衰。殆易所謂安節之亨歟。

南塘丁氏六修眞譜卷次之四

家乘三

丁逸園封公墓誌銘

康熙丙辰鴻博 國子監祭酒 顧棟高 [illegible]

夫士君子能不以功名熱於中。不以勢利汨其心。不以轗軻移其志。方可以力於學而進於道。而蹈履必於沉潛。心術期於純正。終其身能刻苦自勵。老而彌篤。有如吾友逸園丁君其人者。逸園姓丁氏。諱鵬超。字鳴九。晚號逸園。幼聰俊。讀書務探根蹠。竊必深詣獨造。識者已知其與俗學異矣。通經史。旁泛濫於諸子百家禮樂名物。究心綜覈不輟。而尤邃於易。習舉子業。規橅王唐。不趨時好而遂喑闇以致試南闈試北闈。迄不得志。然終不以此爭得失。而乖其抱負。年二十。得受知於儀封張敬菴先生伯行。肄業於紫陽

書院。時所招致之士。如蔡梁村世遠輩。無不才品卓越。行誼端方。逸園日與讀書講道。遂肆力於明體達用之學。後從江陰楊凝齋先生名時游。益實行致力於性命身心之地。體察於人倫日用之間。居安樂玩於宋先儒。及元明之許羅胡薛之傳。力持正學。以第一等人物自期。後隨之滇南。凡所敷奏。與夫撫綏整飭諸政。皆任草創。贊畫臧否。倚藉如左右手。雍正五年。欲以孝友端方薦。因念父母春秋高。固辭不赴。文定疑逸園確然有守。毅然有為。不惟為吾道之羽翼。正可為經世之良材。而何見遠作閉戶潛修計而遜固不惟固辭。并乞歸里。其意則以讀先儒之書。聞聖賢之道。今乃遠居萬里外。致貽老親倚閭而望。縱使學問才力。壓倒一世。此等人亦何足取。而猶妄冀得進於道耶。文定迺賫其歸裝。遂隻身歷

黔。粵。險梅嶺。泝長江而東下。筆耕舌耨。以供菽水。並於家園蒔花種竹。雅歌鼓琴。以日夕承歡於膝下。時人以康孝稱之。旌誕逢劇遊名勝。動卽勾留。裴吟五琴七研一劍三鑪。與酣酒閒。輒給岡贈客。高唱迎風。五輛蠟展。一葉偏舟。幾遍天下。并得廣交一時豪俊。晚自天台雁蕩而還。日與余等切磋砥礪。教誘後進。以敦品行。植名節。嚴取予。愼交游。爲準繩。世所謂年老窮經。學博養粹。凡一舉一動。皆足以訓方型俗者。舍逸園吾誰與歸。壽六十有六。以太學諸生終。康熙三十一年壬申十一月十二日酉時。君之生也。乾隆二十二年丁丑九月初七日申時。君之卒也。孟子講義。中庸揭要。易經溯源。剝復論。捫蝨篇。嘐旨或問。逸園詩集。文集。各若干卷。君之著述也。封孺人楊氏。康熙甲午歲貢再程女。慈和莊儉。罔憚勤

勞。至老猶然。而不爲苛刻。故族中大小化之。無敢含棄以嬉者。君之配也。乾隆癸酉舉人如琦。幼如成人。而博學明辨。孜孜篤行。蓋深有得於君之薪傳者。君之嗣也。今將葬於九龍山之麓。謹祭奠於君之靈。誼得志君之幽。以銘君之生平。至事實世系。則有君之年譜行狀備焉。銘曰。隋珠藏匱。和玉韞璞。設未純粹。誰欽卓犖。阿頑人。程朱正學。世有宗儒。文定清恪。遠紹精微。旁搜賾博。見知聞知。傾心悅樂。萬里歸帆。數椽茅屋。晨羞夕飧。課花問竹。定省無虧。一堂雍睦。宜享遐齡。皤皤名宿。雲鴻矯健。春蘭芬馥。花甲有六。怛化何速。有子賢孝。無忝而教。庠序聲蜚。京兆光耀。品端器淳。克家之肖。我與逸園。通家昆弟。藥石相投。心血相繫。奕世交情。骨肉不啻。兆域歸眞。夜臺長逝。水流山高。催肝裂肺。緬想芳躅。歷歷可志。柳下黔婁。康思慕仲。我哀衷。表君令譽。吾黨僉謀。私謚文裕。

誥贈朝議大夫廣東高州府知府前安徽安慶府同知聞菴

丁君墓誌銘

乾隆戊辰狀元太子少傅東閣大學士謚文定梁國治階平會稽

曩余視學至皖。識無錫丁君聞菴。君時爲安慶府同知。數過余。與之譚。粹然儒者也。君服官數十年。教其三子皆廉潔。卒於皖。不克返葬。及君仲子尹志守廣州。以假歸。始獲吉壤。葬有日矣。而君長子亭遽歿。於是尹志與弟雲銘兄子寶洲。遣人持書走京師。合辭請誌君墓曰。亭歿時。惓惓以不及葬親爲憾。且欲得一言以揚親之令名於無窮。謹奉亭所爲行狀以來。惟哀憐而賜之銘。則幸甚。按狀。君姓丁氏。諱鶴起。字乾九。號聞菴。曾祖洹。以孝友稱於鄉。祖明俊。以義俠著於里。父詮。以明經官安慶府學訓導。君性穎異。嗜

讀書。敏於爲文。屢試不售。遂從事北河。時同邑嵇文敏公方治河。器君才。版君爲封邱主簿。君相視水勢。卽獻議。以爲河南岸濱淤。溜注於北。興隆口適當其衝。水盛漲必潰隄。旣歲糜茭薪。非完計也。今如開引河。釃其流。使水有所游衍。宜無患。且隄外數十里。悉爲膏腴。文敏公卽令君繪圖。以議上。　報可。遂以君襄事。費省功倍。民享其利。至今賴之。遷中牟縣丞。署縣篆。升陳留知縣。君之在官也。不利私財。不避險艱。凡所蒞工。必完必固。洎爲令長。考績皆最。治陳留十年。償積逋以活貧民。凡獄詳愼。獄無寃抑。歲旱請禱。澍雨輒應。飛蝗過界。均抱穗而死。人民驚以爲神。以憂去官。泣送數千。喪除。授廣西蒼梧縣。其治一如陳留。諸大吏以養利境鄰於交趾。土瘠而俗頑。使君牧之。其克有濟。卽擢爲養利州。君摩以禮

義煦以慈惠教之養之民以甯一會以公事出境吏不謹逸獄囚八日而獲例當逸官奉　旨以八日獲犯而革職將何以懲不獲犯者丁鶴趄著革職留任歲滿部推安慶府同知署池州府事以疾卒於官實乾隆三十一年十一月十三日壽七十有一配華氏後君七年卒子三亭尹志雲銘均爲牧令有政聲女三孫九孫女四曾孫十四曾孫女十二以乾隆五十二年三月二十一日葬於漆塘之新阡華恭人祔焉君事父母孝待人以誠平居摘前言往訓以自勵蓋其原本經術學養醇粹故發於事業無施而不可而有異於俗吏之所爲也亭常爲余屬吏而尹志昔爲盱眙教諭亦余舊屬也余皆賢之以爲君食報於其子孫者當未有艾也於其請故不辭而銘之銘曰

丁氏之先世居晉陵來遷讓里鬱久必興惟君之生幼挺嶷岐精研道腴屛落浮綺文不偶俗其如命何投筆南闈捧檄北河黄河渾渾駭浪奔觸君職其勞搴茭楗竹主簿一言民食其福昔之沮洳黍稷彧彧歷典州邑士民謳思不絿不兢養痾變齊昌事君致身敢憚瘁癘年將耄及君志逾厲爰鑒爾誠小故是眚庶茲有位無忘砥礪猗君之德垂範後昆連城佩綬以子以孫漆塘之原歸骨於此銘之幽宮以永千祀

廣東高州府知府蘭谷丁公墓誌銘 乾隆戊子舉人廣西巡撫 孫永清 寳巖

乾隆五十一年春二月廣東高州府知府蘭谷丁君歿於任大府以聞　朝廷軫念勞臣以君服官數十年黽勉盡職　特詔入城以褒榮之秋七月嗣子寳洲善洲奉君柩道於桂林以歸余與[illegible]

戚也其疾也使往問爲其計也位以哭爲其歸也賻以弔焉唁二孤於途次拜且泣以誌墓爲請君齒長於余少同里閈自欽其德人又同官粵然則銘君者莫余宜也謹按君姓丁諱亭字中臺號蘭谷系出元萬戶伯通公進五自晉陵遷錫世有隱德曾祖明俊駐廉州府同知祖詮安慶訓導考鶴趄安慶同知君爲長子少寄籍於良鄉舉乾隆庚午京兆試任雄縣教諭捐升知縣選廣東長甯署東莞長樂調南海擢惠州府同知改連山理猺同知未至任洊升江西贛州知府護吉南贛甯道免官辛卯恭祝　聖母萬壽給降等職銜尋起爲廣西柳州知府左遷同知改發廣東旋即復職署瓊州潮州護惠潮嘉道最後高州以疾卒於官君爲政尚嚴明持大體不苛察苟利於民知無不爲在長甯歲旱縣阻山出穀

少君開倉盡糶以活民大吏知而詰曰君年少不更事脫來歲買補不足獨不爲身家計乎明年大稔採辦令下荷擔相屬廩庾充溢民有兄弟爭產久不決君曉之曰手足相賊於汝安乎吾愧爲長吏不能明教化致爾如此涕泣自責若無所容皆感悔兩讓其眥不取乃以建橋曰聯氣橋以志君德東莞民好訟喜械鬬君宣布教條俗果衰止有男女幼結婚皆巨族也其後夫家背盟謀他娶涉訟君察其情必男富女貧强合之將薄其婦乃召兩家父母媒妁鼓樂鳴贊飾其子女使成禮以乘輿鹵薄送歸其家由是歡合無少間除夜盜入某家亡金珠數千金牆有孔類穿穴入者君熟察之知非是即升梯四覽舍垣下入其鄰家搜而得之其摘伏發奸皆此類也當是時諸大吏交相薦舉引　見　賞墨刻豐貂

彩緞奉　旨著軍機處記名。以知府升用。君重荷　主知。由南海屢遷。連典大郡。然任贛州護道篆未帀月。於前任相沿習事未及釐革。用是罷黜。在粵久。習其土風民情。生平僅一爲贛州。卽廢。復用。又之粵。粵西則柳州。粵東歷瓊潮高三郡。所至皆著治聲。其在瓊也。生黎弄兵。射殺崖州巡檢司某。君偕總兵疾馳赴募嚮導。冒瘴霧。出入險阻。縛其渠及黨以歸。事平。謁制府。仍以不能防患未形引咎。并乞循例參奏。獲奉　恩旨處分降抵。然是役也。不逸有罪。不及無辜。大吏咸加獎許。以爲他人莫能及也。君才可大用。乃困於屢躓。不竟其志。而君常以受　厚恩。雖因事譴。旋　賜湔雪。感激圖報。矢諸歿齒。守高州。年已七旬。恆秉燭視文書。達旦不倦。所云盡瘁以任者。其君之謂歟。配詹氏蔣氏支氏。咸出名族。盡坤

道。皆不永年。子二女三。其世系姻族生卒。詳行述中。不具列。君亢高明爽。爲文章。纚纚數千言。摻筆立就。與人交。披肝露膈。不設城府。居官未嘗殖產。既老。始裒餘。買田百二十畝。以奉蒸嘗。事親孝謹。兄弟白首無間言。年六十有九。以乾隆五十二年三月二十一日。葬君於漆塘之新阡。迺爲之銘曰。

噫乎丁君。高世之氣。軼羣之姿。練達政體。宣布教化。郡邑以治。羣推衆挽。中道離咎。若或尼之。豈非命耶。屢蹶復振。迺止於斯。生榮死哀。亦又何求。曷視此辭。

浙江常山縣知縣菊圃丁君墓誌銘

乾隆己酉翰林 體仁閣大學士 阮元 芸臺 儀徵

余於丙辰督學於浙。耳無錫丁君名。洎撫浙至今。歷有年矣。而搢紳耆舊。猶津津道君不置。欲就所聞而爲之傳。以永其人而俾收民者式。今年秋。君門下士王君家景。介其孤瀚。以誌墓來請。因就所聞與狀所述而編敍之。敍曰。君姓丁。諱如琦。字器淳。號菊圃。其先家常州。有宋太常禮院元珍先生實臣十一世孫元萬戶諱進五者。自晉陵遷無錫。遂爲錫人。又十傳。封奉政諱明俊。實君曾祖。奉政生封朝議諱詮。實君祖。朝議生封文林諱鶚起。實君父。君生而岐嶷。少博涉羣書。乾隆甲子。貫直隸密雲衛籍。補博士弟子員。旋貢成均。癸酉京兆獲售。乃改原籍。丙戌司鐸安徽之建德。慨然以正文體培士氣爲己任。其敎士也。務敦實行。重名節。與諸生講經史及漢唐以來文章。必溯源追流。以故士望咸歸附之。大府知君深。薦於朝。丁未授浙江常山令。下車値旱歉。卽以鋤姦暴爲安良計。時有巨猾號鐵拳頭。糾黨肆刦。君親捕獲。置諸法。邑賴以安。

又大憝吳老虎。恃拳勇爲民蠹。無攖其鋒者。胥吏亦畏避之。會强姦其族叔新婦。鳴之官。君計擒械之。三日斃。聞者稱快。大吏廉其能。加優獎焉。君明察內敏。發奸擿伏。無遁形。又善治疑獄。民有夜殺人逸者。適屠昧爽挾刃過。蹴屍仆。人疑爲君。爲省釋。觀者大讙。未幾。逸者獲。乃解。江山野井得屍。君驗畢。默識於心。無所別白。歸繞某村窯側。拘傭丁一訊得實。民神之。君曰。汝不見屍頭壓新磚乎。其精慎類如此。夫士君子讀書。常以吏才自詡。一旦臨牘案。經雜疑。非姑息迂緩。卽銳氣矜才。以視君之鎭靜敏捷。又當何如哉。君性介。有卓識。醴商獄興。富紳隱發。以多金餽。不爲動。英咭唎入貢過境。首白大吏。增減一切供務。詳立章程。事簡而體倍崇。屢攝各廳縣篆。繁務錯雜。而君從容料量。裕如也。故長公彝吉公慶評

君不惟品學兼優。吏治實浙中第一也。服官十載。報最擢司馬。以老辭。乙卯歸。方君官常山也。接引後進。如老師宿儒。故所得多名士。開化戴敦元。海甯許嘉猷輩。皆門下士也。己酉壬子。充浙闈同考官。得士陳秋水宣向榮等若而人。餘姚張志緒卷。以經語爲房僚長興某令抹黜。君奇其文。代薦於主試。竇公光鼐。張遂通籍。故終身執弟子禮惟謹。素重友誼。開化周令鬱死。西安謝令遣戍。柴總戎大紀籍歿。或肩任其虧。或恤贍其孤。或資歸其孥。凡此皆有古人風。生平嗜書。作令時。簿書而外。皆卷軸。歸益富。著有菊磵唫香集。歸又六年。庚申正月二十八日無疾終。距生年康熙壬寅十二月二十九日。春秋七十有九。配楊氏。國子生東表女。有壼德。先君卒。子一瀚。有官秩。女二。適國子生蘇端書。國子生朱紘。以癸亥

十二月十二日。葬於邑西龍山稍仙人塢之新阡。與楊孺人同兆。銘曰。清澈壺冰。勵芟稂莠。循吏政成。䯄黃而後。心止於水。德溫於春。錫山千載。榮霈恩綸。松柏森森。以繁以茂。幽宮斯妥。貞珉永壽。

廣東廣州府知府濟齋丁公墓誌銘

乾隆進士廣西平樂知縣 楊懋珩 枝山清江

廣州太守濟齋丁公既歿之明年。將葬。公子瀛洲等以狀來請銘。余於公爲年家子。屬又姻婭。公第三孫楣。余壻也。當公嶺南歸時。余以先太孺人憂。自長洲挈家寓梁溪。得晉謁公。覩公言論丰采。心竊欽儀。公亦以余可語。居得相近。杖履過從無虛日。公嘗以納壙之文見屬。余謂公精神强固。須二十年後議之。乃別未七年而公與余遂不復相見也。病劇時。余已自桂林罷歸。次江右。公望余不至。每嘆曰。楊子何不來乎。嗚呼。誌公之墓。余何敢辭。顧遂誌公墓則余所不意。執筆泫然。不禁重過腹痛也。按公狀。公諱尹志。字襄城。一字濟齋。宋祕閣校理丁元珍先生寶臣之後。祖約齋公詮安慶府學訓導。父閒菴公鶴起。安慶府同知。子三人。長亭季雲銘公其次也。生而凝重。讀書不務駁博。必反復沉潛。得其要領。乾隆丙子。閒菴公以蒼梧令擢養利州牧。入都。公時年二十五。隨行。遂寄密雲籍。爲衛學生。是秋舉順天鄉試。旋改原籍。甲申選盱眙縣教諭。丙戌遷山西山陰縣。調四川閬中。歷河南內黃陝西保安平利。署咸甯。調長安。庚子正月。特簡廣東肇慶知府。調廣州。累護肇羅督糧道篆。癸卯以疾乞府歸。家居十二年。以疾終。公器宇端嚴敏而能斷。平生恥以能吏自見。故所至有循聲。而才識絕人。遇事迎刃解。上游恆倚重之。官保安時。今湖廣總督畢公沅適撫西安

初入謁。即奇公屬以疑獄數事。平反悉當。在咸甯長安。所斷獄尤多。兩邑民爭欲得公。或歌頌尸祝之。公爲政寬平。務持大體。每聽事。必坐堂皇。平心靜氣。得盡其辭。間出片言。往往折服。嘗謂人曰。一日不治事。則一日曠職。故鉤稽聽斷。恆至夜分。必至案無留牘乃已。移廣守後。值歲凶。議發粟出糶。上官有難色。公委曲陳懇。乃得請。粤東濱海島上諸船貿易往來無虛歲。會紅毛夷以宿怨刼呂宋舟於澳門以內。俘其衆。勢洶洶將發。而故事外夷在內地。毋得相讎。大府屬公偕副將某以往。公迺密遣人馳白左翼鎮。令於虎門張皷整師以待。而自往登舶。諭其酋以利害。紅毛總兵官計絀。且懾公貌。於是盡歸呂宋人。返其貨。事遂解。巡撫幼川李公湖尤重公。嘗謂公氣度足以鎮物。才具足以治劇。節概足以率屬。可

謂知公者矣聞萑公卒官後以故鄉牛眠地未卜遂厝於皖恆引
爲戚歸田日即偕地師徒步走山谷間上下崄阻不敢少息既得
吉躬自赴皖扶櫬歸葬而公亦以是得胸膈煩懣疾遂絕意仕進
閉門讀書蒔花種竹時與二三知己徜徉山水以娛暮景而天不
引其年奄忽怛化識者惜之公以書生受　上知遇殊恩由縣令
不三年遂擢太守典劇郡攝監司不可謂不重顧決然引退於未
及懸車之歲或者疑公矯情不知公宰長安時有刺史缺畢公將
以屬公公以才地弱資序淺辭畢公嘆爲君子蓋天懷淡定進退
有則既不爲詭激以鳴高亦不肯唯諾以取容悅李公撫廣時患
海南多盜欲董以威虔劉稍過公每爲力爭多所矜釋李公以清
介剛毅聞海內寮屬見者恆震慴失詞顧獨能聽公公亦以自任

不疑李公薨當事者意趣與公不相中公自念知己已亡恐直節
難容故引疾耳使公少柔其氣委蛇以通俗甯遂以二千石終其
所設施必更有可觀惜乎未竟其用也然公忠孝無忝俯仰寬然
則亦可以無憾矣公歿於乾隆五十九年甲寅正月十九日距生
於雍正元年辛亥六月二十八日壽六十有四　敕封文林郎
例授朝議大夫配華氏繼配孫氏　例晉恭人先公卒子四瀛洲
芳洲桂洲閬洲皆有官秩以乾隆六十年十二月十一日啓兩恭
人之壙合葬於歷村之新阡乃爲之銘銘曰
百解之舟其半尚虛萬石之鐘其音乍舒而遽止於斯將留其有
餘以俟後嗣我銘幽宅以紀公之德匪虛辭是飾將九京是質書
無愧色視此元石

廣西藤縣知縣捧齋丁先生傳

吳璥（松圃　平湖）

嘉慶十年八月二十七日捧齋丁先生卒於鄉越三月其家孫栻
匍匐遣使請傳於余余自揣不足以傳先生辱先生交最深許附
姻婭其曷敢辭先生諱雲銘字文輝一字捧齋祖安慶訓導詮考
安慶同知鶴起生子三人長高州守亭仲廣州守尹志先生其季
也幼穎異侍尊府君於官所見判決獄囚輒了了府君心異之兩
兄皆之官悉委以家計年雖少賓客慶弔無缺事二親烝烝色養
家庭無間言讀書務通大義暇則治律令究吏事以爲異日服官
地瑣瑣記誦勿屑也年二十七援例授直隸懷來知縣歷湖南安
化廣東龍川清遠陽春廣西藤縣下車所蒞案無留牘獄無冤民
仁聲載道大吏咸器重之剡薦卓異將不次擢會失要囚限內緝

獲仍循例落職先生官藤最久實烟瘴地風氣刁頑素稱難治先
生爲設教禁其俗遂變及去民作德政以歌思之至今其鄉人有
至藤者輒訊先生無恙云罷官後當道咸欽先生才惜未竟其用
爭致爲上客遂遊幕中州遇難理事必諮先生先生念刑名家多
深文苛刻之弊故口講指畫悉以慈惠濟之留中州二十餘年胥
便其法而服其神蓋先生雖去官其見重於當世如此性好施於
鄉人尤厚羈旅有不遇者悉委曲周之不少懈乙丑秋以疾歸遂
卒壽七十配趙氏子三龍洲鳳洲蘭洲均先卒孫七人名杞名禾
者現爲名諸生名椿名梧者候選從九亦以精律例爲當道大吏
之上客

廣東嘉應州巡檢德新丁君墓誌銘

嘉慶乙丑翰林閩浙總督贈太子太師謚文靖孫爾準平叔

道光二年冬同里丁君卒於家其孤貽穀寓書六十里外乞銘於余而亡其狀不能詳其生平行事其明年葬有日矣貽穀復以狀來請至六七而不倦余曷忍以不文辭按行狀君諱旭字德新系出宋秘閣校理諱寶臣後至元萬戶君由晉陵遷無錫始著籍爲無錫人曾祖諱明俊贈奉政大夫祖諱濟美壽州學博父諱王士乾隆丙子舉人筮仕閩中三任皆劇邑時君甫冠佐理往來井井公私皆稱其宜最後令山西孝義縣君隨侍料簡公事如閩時孝義君居官廉解組歸不持一物生計蕭然而徜徉林泉飲酒賦詩若不知其貧者則以君能養志也君性穎悟篤志於學特以幼年佐宦不能卒其業然胸中洞識古今好議論留心當世之務思欲一試其才乃出而求仕得縣尉分發廣東任嘉應州太平巡檢其地與閩之汀州接壤挺健好訟君據理喻之多解散去終任未嘗責一人嘗謂人性皆善卽相糾紛苟能道理達情自當相說以解簿尉秩雖卑亦何不可以自效乃世之居是職者事每賄成甚且濟以捶扑不得其平爭者益衆是猶抱薪救火愈熾其焰也豈長民之義哉因是不合於流俗十餘年困而歸賫志以歿有足悲者而今貽穀筮仕復得廣東天殆將昌其後以酬其未竟之志耶語云天道報施善人不於其身必於其子孫諒哉斯言也君嘗以遠祖朴菴公兆域世久湮失足繭四鄉訪求得之勒碑以誌此亦可想見其抱負矣君生乾隆十二年九月三十日卒道光二年十一月十五日壽七十有六配俞孺人繼娶孫孺人卽余姪也再繼鄒

孺人皆先君卒子五長貽穀次澧次沅次湘次濟女五皆仕族孫二孫女一以道光三年某月某日葬於無錫石埠山之新阡銘曰

少仙沉沉百寮低仕不掛籍不如己黃綬歸來臥鄉里鬱鬱青霞入修晦桑東有壟室初啓岡阜前橫抱如儿式穀子孫當鵲起

高祖永叔公家傳

公諱景歐字永叔號九峯升南公第三子也公兄弟四人長景范無後次景鎬早殤幼弟景韓升南公以名諸生教授鄉里間從游甚衆與父留庵公同授經里門人稱大小東河先生公幼習舉子業書法出入鍾王人爭寶之繼因升南公年高累重以筆札佐當道爲負米計迨晚年公子坤一公習申韓館穀較豐公遂家居不出卒年七十二公配曹孺人壽至九十後公二十年卒

論曰余幼侍祖母楊孺人當來歸時及事曹太孺人爲言舊宅在東河錢衖兄弟同居甚窄公悉以讓幼弟而自僦屋遷居東河巷口祖母告余如此嗚呼可以知公之友愛矣元孫培謹撰

陝西甯羌州知州默甫丁公墓誌銘

嘉慶乙丑翰林閩浙總督贈太子太師謚文靖孫爾準平叔

公諱瀚字西園號默甫江蘇無錫人少穎異稱博覽遇事洞澈以疑難質者犀剖燭照朗如也性溫和淵涵有度素不慊者亦優容必盡歡眉萃濃翠目含清光瞻接間凜然嚴重嘉慶丙辰從事東河甲子敘績得滇南永善令初公讀書有遠志棄舉子業後思建樹以發抒其積蓄及爲令悉本循吏之所爲常言爲吏者能約束奸詐猾蠹使民得盡情以達於上則百弊除旋調陝西之中部中

部舊芳州地也積俗凋劫下車後百務振興先學校以培人材釁宮圮捐俸修造更度地增新祠祀文昌搆危閣以藏經書院者作養人材之藪也而中部無之公首倡創建延科名品學之兼者主講席厚資膏火俾一時文風烝烝日上甲科連鑣稱極盛焉更建義學以課貧民子弟又以邑乘爲徵文考獻之書中部自　國朝百五十餘年典籍缺如公蒐羅採訪裒積成帖簡而詳信而當具史筆焉又自同官之金鎖關起經宜中洛鄜達延榆邊牆萬山叢雜舊有唐時鄜坊車道兵燹屢經故徑塞公陳八議以請於方葆巖中丞力主開復之利兼西山有橋曰道口曰蘇家俯鑿山腰如長虹駕綵亘四十八丈有奇公重建之省遞運節支應北山千里遂糧通而商集公之益民瘼而得政體類此豈若奉行故牒飲食

醉飽視公事如傳舍不肯盡心實益民生反塗澤粉飾博一時之譽者之所能襲而取也官中部近十年政和民成已已卓薦於朝甲戌升甯羌州牧前牧積牘如山千有餘奇公計日定程坐堂皇縱吏民稟白觀聽不三月而淸無稽留者民頌之曰百家門戶九顛連今日重瞻仁壽天但願使君常借我春臺遊到萬斯年先是漢南民本强悍又狃數年兵革之棼宦斯土者因循姑息流弊愈甚公以爲法不峻則姦不懲是以初政尚嚴非本志也大府皆知公練刑名而又能寓德於法也遇疑獄悉屬公公亦虛衷而受胥歸於當又甯羌爲川藏首站衝道也供頓飲食之費頗病民且險路顚躋役者憊焉公頻修棧道愼差減徭民便之大抵公之爲政慈惠爲心歸於簡靜而又能力荷艱大者也癸未以病解組歸居

鄉亦多厚德余與公爲中表戚往還最稔通籍後馳驅王事天各一方雖不得親見公之行事已知其必有卓卓可傳者今公之孤棨等以行述乞余爲銘謹按公生於乾隆庚辰二月二十一日卒於道光丁亥閏五月初三日壽六十八歲曾祖諱詮安慶訓導祖諱鶚起潛德弗仕父諱如琦浙江常山知縣配趙氏候選知州麟照女繼楊氏直州同知濟川女先公卒子七長棨郡庠生山西徐溝縣典史次棓嘉慶戊辰順天南元次槫直隸獲鹿縣典史次棠候補知縣署福建龍溪縣事次棣次楹四川江津縣典史署西昌縣丞次召棠候銓從九女四孫十孫女七茲卜吉於是年十一月二十二日甲子祔葬於龍山梢仙人塢祖塋之昭用撮其大者書之而郵爲之銘銘曰

偉哉丁公抱負非常公之隨宦政佐琴堂公之作牧化洽膠庠仁風普陝惠露沾羌飄然解組一介行囊歸眞返璞山水徜徉天災適値賑濟勤襄宜爾子孫遺澤孔長

丁州判別傳

光緒辛卯舉人吳朓稺暉陽湖

古者左邱明爲春秋傳司馬遷史記用其體爲列傳人爲一篇厥後記纂者沿遷之舊不失漢魏晉宋之間斯製遂繁作於史官者爲史傳作於私家者有別傳有家傳家傳多其人子孫爲之別傳能文章者皆可爲若謝鯤傳樂廣何劭傳王弼皆其例也近代戔戔之士倡言於衆謂私傳非古又謂非史官不當爲人作傳豈不謬甚無錫丁君雨蓀懼其高祖舊行澌滅令爲文以傳之因執私家記述之義爲作別傳丁州判桂洲字步蟾自號秋溪無錫人也

曾祖詮。安慶府訓導。祖鶴起。安慶府同知。署池州府知府。父尹志。以舉人歷官至廣州府知府。署肇羅道。世有令德。廣州君生四子。公齒居三。自少能尚志。持介操。厭薄華侈。中乾隆戊申順天鄉試副榜。貢太學。就職　授陝西華州州判。既之官。後以閑曹蠹祿。不任有爲。旋即去官。歸隱其家。賫大志。期得當爲世用。然迄於其歿世卒無有能用公者。公之隱也。不得已。放迹山水間。爲詩歌繢畫以自遣。詩得比於唐天寶間作者。畫善山水。同縣胡義人最有名。公出其上。顧旋作旋棄。有傭其詩若畫弗屑也。公性遠權勢。惡異學。所交惟清江楊進士懋珩。遂甯張萊州問陶之弟問簪爲最契。二人流寓無錫。公在鄉里。常共讌游。歸安姚文僖與公同爲嘉善周氏壻。文僖督江蘇學。盛騶從過公。公拒不納。明旦復至。拒如初。

文僖使人問故。詭詞以謝。嫉老氏佛氏之教若仇讎。緇衣黃冠者流。過其門者立驅之。尤不喜形家言。嘗爲仲兄買葬地。術者皆言不吉。當斬嗣。公葬其二子。術者之說卒不驗。由公嚴正。故山魈土魅皆畏公不爲禍。以公逐狐一事參證愈信。公孫幼。有狐爲祟。家人禱狐不去。公鬪厲聲呵讓。狐竟絕迹。公貌癯。美鬚髯。辭色嚴莊。見者畏怖。不事家人生產。隱處後。數爲當道延主書院講席。奉脩脯。皆散與戚族之貧者。家無隔宿舂。晏如也。道光甲午八月。公卒。年八十二。卒之日。召親故劇飲。語生平甚歡。終讌入內。卒。有秋爽齋詩集若干卷藏家。子三。伯前卒。仲叔皆爲佐貳官。仲子瑩照。赴官雲南宣威州吏目。道遠念親不置。沒於道。

論曰。丁州判以末僚不足有爲。泛然歸隱。顧其子吏目君復殉薄祿。走萬里之外。甯託古者爲貧之義。有不得已者耶。雖然。今世卑官之祿。禦貧亦綦難矣。必其人善媚長官。屑屑取民。同於賤賈。始足給饔飧。叅八口。故無論州判公之隱在彼不在此。籍令吏目君得踐雲南官。亦必不終其任以歸。嗟乎。此可見近世制祿之失。爲貧仕者之難也。

丁伯仁先生傳

先生姓丁氏。諱瀾洲。字伯仁。號振芳。世居邑之城南。丁故吾邑著姓。至先生父家中落。先生性端慤。舉止莊重。幼時儼若成人。狀事親以孝敬聞。入塾讀經史。遇忠孝節義事。輒慨然有所思慕。然卒以家貧廢讀。庚申四月。粵匪寇常郡。吾鄉團練甚急。先生力董其事。一日先生謂長子嘉禾曰。時事日棘。予又年邁。必不能向草間

竊活。二幼子當在家侍我。汝與嘉植宜先出城。以延似續。庶幾覆巢之下有完卵也。嘉禾等跪而泣諫。先生曰。世固有食祿而避其難者。予雖布衣。獨不可爲忠義之民耶。遂麾嘉禾嘉植偕行。未幾城陷。先生死之。其繼室陳氏。先投井以殉。二幼子皆被擄。旋得別路歸。迨邑城克復。嘉禾等急至家。覓遺骸不得。謹具衣冠以葬。顧

請大吏奏聞

賜卹如例。並准附入惠山忠節祠。先生殉難時。年六十有四。陳氏四十有四。先生以長子嘉禾官

誥贈奉政大夫。元配侯氏。予從姑也。繼室陳氏。同先生殉難者也。俱賢淑。皆贈宜人。子六。嘉禾。候選同知。嘉植。太學生。從九職銜。侯氏出。嘉梓。候選縣丞。嘉楨。嘉桓。嘉相。陳氏出。女二。長侯氏出。適張

巧之次陳氏出隨母同殉粵匪難候暎奎曰史遷作貨殖傳蓋深憤世俗之但知狥利而不復顧名義也先生熟商務又曉然於生死利害之交卒能與其婦從容赴難其所成就不遠且大歟嘉禾諸君並敦行樂善恪守前型兄友弟恭家道日隆知先生之遺澤長矣嗚呼天之報施善人亦豈有艾歟

光緒十年仲秋之月候暎奎謹譔

曾祖坤一公傳

公諱志甯字坤一永叔公子也公無昆弟隨永叔公幕游始習申韓游中州二十餘年名重公卿間張警堂先生銘官中州公佐之最久警堂以循吏受　純廟知擢至臬使尤與公契最後館於夏邑得疾歸卒於家年五十一

論曰公性伉爽喜施與與人交能善始終雖頻年館穀頗豐而入不敷出卒之日囊槖蕭然吾家世多壽考獨公僅踰五旬時距永叔公歿甫終喪曹太孺人猶在堂也嗚呼豈非天哉曾孫培謹譔

南塘丁氏六修眞譜卷次之五

家乘四

例授文林郎嘉慶戊辰　恩科順天南元候選知縣丁君雙梧傳

嘉慶壬戌翰林任廣州將軍 宗室果齊斯歡 益亭

君諱榕字鳳千號雙梧世爲吳中望族曾祖鶚起邑諸生懋行淳德爲邑純儒祖如琦父瀚俱爲牧令以廉慎稱君其仲也年二十受知於山陰平寬夫先生補博士弟子員癸亥肄業成均甲子秋闈報罷省親之秦適父以中部令兼攝宜君篆因兩邑書院之乏人掌課也邑志之無人修葺也遂留秦編志乘課生徒與邑有志諸士朝夕講解經史潛心文藝遂使陝以北文教振興望風而負笈者踵相接趾相錯也乙丑丙寅兼掌雕陰敷文宜川諸山長事

舉凡經明而行修引錐而自勵者莫不由此掇科第捷南宮聯翩而筮仕而鳳千夫子之名遂家喻而戶頌焉戊辰以南元出曹麗生潘芝軒兩相國之門一時名噪江南文雄燕北名公巨卿爭先交識羅致多方是夏經勒宜軒揆帥相延即課孫公府己巳扶疾入闈未邀青選每鬱鬱以丈夫子不能及時振興深慨夫歲月之蹉跎而病由此益深矣適默甫大令膺薦於朝君侍於旅邸恐貽父憂陰囑醫者以微恙告迨還館舍而疾愈篤其兄榮於獲鹿弟槦署聞信馳赴早噤不能言僅及視含而已時嘉慶已巳十二月十一日也得年二十有八君篤天性植品節七齡喪大母十歲喪母均瘠哀如成人弱冠嗜學貌恂恂而氣雍雍讀書六通四辟曠若夙解詩古文辭電掣風發源遠而聲宏傍及六書六法靡不精

其所以能成就識所趨向者皆業師王勵山周掄仙秦楞香及庭訓之博約也其師資如王玉章張船山法梧門楊蓉裳輩其所游覽如燕秦晉豫陟泰華攬江河凡關塞之險隘山川之名勝文章之浩瀚士大夫之賢否莫不一一身親炙之以開拓其心胸而淬勵其骨幹故其學淵淵無所際而其行乃純粹無瑕疵悲夫豐其才而嗇其年富其學而未能施其用也配陳氏贈福建松溪巡檢紹烈女著有西神樵侍文集雙梧唫館詩鈔

論曰余於戊辰分校順天得君卷咸擬第一惜以南皿格於例君秉志立行君子人也惜不永年未見施設然質性聰穎力學憤悱則已可與吳中宿儒碩彥爭驅並驂矣得傳於今始克信於後不壽其身而壽其詩文以較夫世之拾金紫臻期頤歿即無稱者君

亦可無憾於九京矣

丁南元雙梧墓誌銘

乾隆癸丑狀元武英殿大學士 潘世恩 芝軒吳縣

雙梧孝廉既歿之明年秋其兄榮將御其柩歸江南祔葬於九龍山仙人塢之原謁余請文其幽余忝通家誼不可辭按生以縣學生入國子監嘉慶十三年余典試順天得生卷置第二以冠南士來謁余見其恂恂篤雅深器重之及讀其詩古今文踔厲風發實大而聲宏始知爲王玉章劉芙初陸心蘭之高第聲華久籍甚於名公巨卿間而余初未之識也一試禮部不售授課於勸宜軒公相家學益勤其年十月其尊人默甫刺史膺薦入都生侍居逆旅而病恐攖父憂且赴任有程限陰囑醫者以愈告遂還館舍而病益篤朋輩爲書招其兄比至已十日不能言僅及視含而已時十四年十二月十一日也得年僅二十有八生姿稟絕人謹言慎獨九齡時妣趙宜人病卒毀瘠如成人宗黨稱純孝爲其爲詩幼本受業於諸生周掄仙專務淵博深渾後遊齊豫客燕秦遍探名山大河廣交一時知名士如法學士式善揚農部芳燦互相切磋愈益奇放雅工書果益亭學士其師也恆倩捉刀往往有出藍之譽余曾預讎其西神樵侍文集雙梧吟館詩鈔各若干卷其兄及弟速爲梓刻當必壽世也生姓丁名榕字鳳千號仲鵾別號雙梧世爲無錫人祖如琦浙江常山知縣父瀚陝西甯羌知州妻陳氏贈福建松溪巡檢紹烈女性明慧嫺禮則曉書史生授室後就試於燕省親於秦在外者八載今生死矣妻居江南尚未知其死也無子以兄子文熊爲嗣銘曰

劬於學孝於親吁嗟丁生遽返其眞其命短其行醇修夜不暘勸此貞珉

陳孺人傳

夫勁竹挺翠標苦節以千年靈木含貞矢堅心於一死是以禮義所激粹或憤磨矣悲痛自傷石或立化矣故世有汎舟矢志匪石盟心絕粒明貞危軀示烈朝廷重錫褒之典里鄙揚懿孅之休遂使淑母賢媛埒於忠臣孝子傳諸弈禩君子重焉如丁母陳孺人者洵可傳已孺人蓋紹烈贈公之女而雙梧解元之配也譜其派牒宗擅六奇叙厥門楣名高七彥而孺人生能淑慎幼即柔嘉婉娩閨型教何煩乎師氏從容典則禮已重於中壼機絕鍼神能工婦職絜辭椒頌兼秀文心稽厥幼慧羣奉女宗矣洎歸雙梧解元

也時値鳴鳩振珮出穎川之室人堪挽鹿將車歸濟陽之庭三日
入廚獨諳老姑之性一燈佐讀欲成夫子之名時雙梧以博士弟
子員鳳采未舒鵬搏願奮將觀光於京華以角藝於場屋乃援例
入太學肄業斯時也半載琴瑟一朝驪駒離別縈心征人念彼雲
霄勵志夫子勗哉而雙梧果名噪藝林房喬則羣推國器聲蜚黌
序郭泰已首冠成均旋以省親心切改馳秦省未旋吳山戊辰試
京兆以南元獲售捷音馳報欣剪彩於深閨壯羽聯飛冀攀花於
上苑乃以己巳之歲禮闈報罷燕市羈留客牕風雨嗟鐵硏之空
磨早歲龍蛇訝玉棺之遽下時孺人以翁姑遠宦侍依母氏八載
蘭閨盼堦鄉而不見一莖叢草傍弱女以自憐訃至母秘不以聞
豈知大刀空唱信已絕於鴈鱗惡耗不祥夢屢徵於瓊瑰越年餘

旅櫬旋歸匱主空奉孺人則呼天泣血搶地椎心寡鵠孤鸞天乎
已酷茹荼集蓼命也何堪況顧影身單不等中郎有女即撫孤義
重偏嗟伯道無兒記兩字懷淸欲久生而不可願一身殉節繼之
死以奚辭咯血嘔心遂以畢命嗚呼痛哉且夫女子之義莫重於
貞也節媛之行莫難於烈也是以在璞之玉一遭刖而愈珍款冬
之花至凌霜而倍燦而孺人心定於水節高若山視死如歸有生
不願隻身赴義桐肯半生九原從夫藥無獨活稽古賢媛亦稱罕
覯乃者鄰族薛太守玉堂等臚列事實申請題奏特奉旌表給帑
建坊大吏重輶軒之采夫子有恩榮之頒綍綸煥以霞日棹楔標
乎雲霄則是女貞挺節卷□傷心亦慰於重泉者也嗟乎大節永
貞孤芳自烈翼此坤教揚之彤管編列女之傳有待乎史官播賢

母之聲已聞諸珂里以此勵風徽於萬古激嗣葉於閭維爰紀烈
型垂矜式焉

薛孺人家傳

孺人薛姓無錫人父鼎鉉母璜塘趙氏少長富室而端靜儉約出
於性生自鍼黹剪裁以逮紡織烹飪無弗習亦無弗工兼知詩與
書顧不多作佐理家務深得父母歡待諸弟尤友愛以嘉慶甲子
秋歸俊之三兄適從父甯羌公選中部令西鄜甫靖招兄往襄署
事孺人得書拮据辦裝至典釵釧促兄於歲暮西行而自奉母氏
以居戊辰兄需次北直孺人因侍母氏湯藥不忍遽別數緩行期
己巳兄赴獲鹿尉任時諸姑之適蘇適朱者家皆貧窶伯兄子初
肄業成均仲兄雙梧舉南元一試禮闈病歿京邸過陳兩嫂亦並

依母氏庚午春孺人邀朱氏姑及蘇朱兩子姓及姆姒同之獲鹿
衣食咸均聚處有年益相和協兄外家亦璜塘趙氏外祖母王孺
人年老多病憚於遠行孺人平居念及猶以爲遺憾也甯羌公以
卓薦以升擢屢入都孺人聞之輒大喜以得承色笑盡婦職爲快
甯羌公嘗因病留滯孺人捐簪珥易參朮偕兄日夜調護不敢少
休歷十餘旬甯羌公病間語孺人曰汝眞不愧於孝矣昆季有筮
仕者恆竭力以成其美子初兄之遊西域也不知關禁綦嚴挈眷
以往至中途而進退維谷孺人立遣紀綱僕走數千里迎張氏嫂
以歸並延師以課諸姪兄性好結納獲鹿當川陝孔道冠蓋紛紜
適館授餐必豐必腆有賓至如歸之譽孺人內助之力爲多而於
戚族之來則周其困乏以安之比其去則量其遠近以贐之必令

到後尙有贏餘而心始慰。有常熟歸姓。吳江張姓。仁和方姓。全家流寓於鹿也。每待給於孺人。久而無怠容。亦無德色。方姓夫婦同時下世。父母遠在杭州。既爲營葬。復拊育其子女。嗣莘畬大令之母汪太君。由潞河南旋。乃送方之子女於東昌。俟蔡氏舟過。囑攜之以還故土。蓋方婦同出於汪。其用意周摯如此。乙酉。叔母楊氏宜人卒。兄聞訃星奔。而孺人以費絀暫留。旋得甯羌公病耗。急買舟遄發。扼於糧艘。迨抵里門。而甯羌公歿已數月矣。痛哭成禮。即舉殯以妥先靈。兄免喪亦不復出山。文炳姪宦於浙。與孺人就養於新城尉署。孺人體素羸弱。至是病勢疊增。丙午夏。痢瘧交作。命家人備後事。凡附身之具。靡不指示周詳。疕治已完。含笑而逝。時道光二十六年丙午六月十四日酉時。距生於乾隆四十六辛丑十一月二十二日辰時。壽六十有六。越八年。甲寅九月初七日丁巳時。葬於邑之龍山梢金雞墩之原。坤山艮向兼未丑分金。子一文炳。孫男二。嘉玉。嘉瑜。孫女一。

彥和曰。甯羌公自陝歸。僦屋於瑞虹橋。即和之祖宅也。孺人至自獲鹿。亦居於是。見其內操井臼。外接姻黨。下御僕婢。秩然貼然。和方同處鄉閭。知孺人之賢而才爲最悉。食指既衆。薰蕕雜出。不能無意見參商。兄弟以籍貫訛字。爲親串所挾控。其中別有主之者。孺人力勸兄絕意仕進。留值訟事。遂使含沙之技。終爲見晛之消。諸弟得入蜀入閩。後先捧檄。蓋孺人之所見者大。而所全者多矣。惜一生心力兼殫。不獲數年祿養。以償其勤苦。然炳姪夙承庭訓。斂練有爲。異日光大顯融。孺人之食報。正未有艾也。兄以行略見示。敘事贍雅有法。故仍其語。稍删次之。俾世世子孫。毋忘遺澤焉。

薛孺人墓表

顧翙 蘭崖

丁君俊之有賢室曰薛孺人。既歿而傷之。既葬而思之不能寘。乃手其從弟彥和所譔家傳。屬爲之文。孺人姓薛氏。父鼎鉉。母趙氏。少長富室。節儉出於性生。鍼紉滫瀡。女子之職。若夙習。在室能佐其母疕家事。人尤以爲賢。及歸丁君。君考甯羌公宦西秦時。軍務未蕆。羽檄旁午。亟召君襄治官書。孺人脫簪珥。辦裝俾歲暮西邁。母宿留。君筮仕獲鹿也。路當孔道。冠蓋絡繹。君性豪喜結納。薪芻館舍。漿酒藿肉。客至如歸。無不滿意。孺人實相之。甯羌公屢入都道出鹿邑。孺人每昧爽治具。潔槃匜。奉甘旨惟謹。甯羌公臥疾十餘旬。孺人佐君治藥餌。購蔘朮。日夜調護不少休。甯羌公病間。亟

稱其孝。君姑所適。皆不能自存。伯兄肄業成均。仲兄舉京兆早歿。嫂依母家。孺人迎姑姒至署。飲食服御。視己加豐。君諸弟入仕。孺人必竭力襄贊。以期其成。南中人歸姓張姓方姓。全家流寓於鹿。孺人賙給之。卹其死喪。育其子女。又爲之經畫以還其鄉。二十年如一日。其用心之周且厚類如此。甯羌公歿後。遭家難不解。孺人勸君毋起復。多方排釋。事或可寢。齮齕者果技無所施。晚歲子文炳宦浙之新城。迎養至署。體羸多病。丙午夏。疾加劇。手檢斂具。神明不亂。卒年六十有六。子文炳。孫嘉玉。嘉瑜。孫女一。嗚呼。予詮次孺人行事。而知君之不能忘者有自焉。易坤爲吝嗇。婦人女子之性。無有不私其身與家者。人人各營其私。則其情閡而不通。故暌之彖曰。二女同居。其志不同行。惟能背私爲公。則足以通彼我之

懷。而家人利貞之象見。孺人治家。由親及疏。皆公而無私。故外患消而內行益篤。是豈尋常婦女之見所能及哉。古者於葬則有誌有銘有表。表以揭諸阡上。銘則納諸墓中。今孺人之葬。銘既不逮事矣。揭之於石。以示子孫而垂不朽。庶幾慰君之思矣乎。

書馬貞女　翰林院庶吉士禮部儀制司主事　劉逢祿　武進申受

貞女馬氏。名玉姝。無錫人。幼字同里丁高生。未嫁而高生殤。母欲匿之。貞女微聞。泣請于母。願歸丁氏。母泣許之。即易喪衣。慨然登車去。舅姑亦服其服。迎于堂。貞女北面拜。舅姑東西面答拜。請曰。丁某夫婦敢拜貞女之不亡吾子也。請南鄉。遂拜哭盡哀。子姓兄弟及侍御者皆伏地哭不能起。既哭。貞女易斬衰。適夫殯几前。伏地哭盡哀。姑命拚除高生所居樓。爲貞女寢室。貞女未嘗下。旬餘

得咯血病。不肯治。遂卒。時嘉慶十一年月日也。其姑爲余妻之父之妹。余聞而記之。

論曰。春秋賢伯姬以章婦道。柏舟美共姜以應葛覃。貞女之行。其重于聖人也。豈不著哉。自歸熙甫氏猶不能達知經義。以爲女在家。宜從父母。不知變事合經。固深於從父母命者哉。記曰。女未嫁而死。壻齊衰而弔。既葬而除之。夫死亦如之。鄭康成以爲夫死宜服斬衰。外王父莊方耕先生正之。以爲斬衰非弔服。引孔沖遠貌以表情。服以表貌之說。以經不曰壻死。而曰夫死。成之爲夫也。成之爲夫。則斬而不除者正也。齊而除者。非正也。其言可以爲世法矣。貞女之先以喪衣見舅姑也。亡于禮者之禮。變而得其正者邪。貞女雖促死。然使事父母舅姑。以終其天年。亦何所加損哉。

乙未五月赴澄應南菁書院甄別。獲見劉君復孫攜有劉禮部集。因憶道光譜云有禮部書馬貞女事。乃亟錄之歸。以登家乘

姪曾孫福保謹識於澄江客次

省齋丁公傳　薛玉堂

君姓丁氏。諱廷桂。字景安。別號省齋。國學生。居錫之南塘。父翁嵩源。諱渭。母孫孺人。翁生子三。君其長也。翁祖業素豐。以父兄不善治生而中落。翁勞苦營殖。業稍復。君幼讀書。通知大義。既長。翁試以事辦治。私謂所親曰。兒能如是。吾可無憂矣。乃盡以家政委君。君孝友出天性。而廢著鬻財之道。亦無學而勿能。繇是業日以饒。而名譽益著。凡屋宅之質他氏者。悉歸之。以聚處其諸父昆從。朝夕有不給。資之無少吝。疾痛喪葬。賙恤尤盡力。其於門內如此。其

他疏遠戚族。及里黨之急者。或周之不待告。或屢告而應之無倦色。稱貸久不能償者。焚其券。間有以怨報德者。直受之曰。此不足與校也。君每有善舉。聞諸翁。輒欣然嘉予之。君故得爲所欲爲。當其施與。輕重遲速。必稱父命。於善則歸親之義。亦由中出。而自合乎禮矣。乾隆辛亥歲歉。以助賑之役。翁得名聞於　朝。有　旨旌獎。後翁又以耆老逢　慶典。賜八品冠服。以及粟帛。鄉閭見者咸欣翁之尊榮壽考。而深羨其有子如此。翁年逾八十。命三子析產。君稟而三之。絕無軒輊。翁曰。長子辛苦半生。應倍之。君曰。同承先業。兒居長。辛勞分也。厚薄則私矣。能俱相安。則父母亦安矣。翁乃欣然從之。觀君所行。核之周官六行。庶無愧矣。而翁之於子。始終將順而成之。亦其素性然也。嘉慶甲戌。君以疾卒。明年翁亦卒。君

年六十有三。翁年八十有九。君二子。照國學生。杰邑庠生。君卒後十八年。時道光壬辰冬。照之壻華墉。以君之行狀來請傳。墉嘗以文事接聞於予。予年少樂道人善。其言可信。即芟取其要而叙列焉。墉又言君課子弟甚嚴。故子若孫咸早歲游庠。其長孫堉德佐治經理。亦克繩祖武。且有詩名。於此可以見丁氏之世澤方長且厚也。

論曰。嗟乎。父子之間。難言之矣。古者敷教。必首父子有親。夫父子之不親。由賦秉之或異。而志行以不同。雖大聖人有不能强使之同者。孟子曰。仁之於父子。命也有性焉。性豈易復者哉。苟其賦秉皆善。則志不必遠大。行不必瑰奇。雍雍乎一門之內。數十年之久。父子互知心。舉動若出一手。彼非眞知父子之親。烏能若是。吾傳

省齋。而深念南塘丁氏之父子。不禁喟然搦筆而興歎也。

署福建龍溪縣知縣少伯丁公傳

嘉慶戊辰翰林太常寺卿 陶樑 鳧香 長洲

歲己亥。丁令紹儀來知東湖事。余適巡視荆宜。東湖故荆屬夷陵州治。巖邑也。余見其年甚少。恂恂沉默。恐勿勝任。不兩月。循聲大行。始灑然異之。因留辦荆州堤務。且試以治獄。罔弗協。未幾以父憂去官。手持行狀乞言於余。乃知其家學相承。治行有自。奮筆而書以闡揚懿美。而慰人子顯揚之志。亦舊史官事也。謹節其狀而爲之傳曰。君諱棠。字少伯。一字琴香。世居江蘇無錫縣城南。祖如琦。以孝廉爲浙江常山令。父瀚。陝西甯羌州牧。生君於常山署甫四月。母氏趙見背。出繼再從伯升爲嗣。君讀書穎敏。屢試不售。遂省親之陝。佐治者七年。道光元年。考職縣佐。需次福建。先是漳浦縣染坊被盜。積九年矣。案不白。檄君往。至則訪其所控。半即染物主。蓋懼其索償。故反誣之。乃會縣計贓。飭賠半價而釋所控不問。未半月。別得眞盜以歸。大府以爲能。檄署平和南勝縣丞。南勝向隸撫民同知。缺裁改設。民輕其官。有楊葉陳胡四姓械鬭。連年。道路遏絕。君化以禮讓。俗風丕變。械鬭亦息。會龍溪縣四鄉一百八十七社集衆鬭。鎭道帶兵至。鬭愈熾。飛檄召君至。曰。是戢鬭也。而加以兵。若激之。必負隅。某請往。或得當以報。乃攜一僕。入其鄉。剴切曉諭。時環而聽者數萬人。緣素服君誠信。乃胥省悟。有歎呼者。有感泣者。咸釋散歸。君即請鎭道禁止兵役妄拏。而令自縛首惡。事迺鎭靜。有巨盜方世林玉等。負固海澨。爲閭閻患。君獨馳擒大

吏交章剡薦。特旨儘先升用。旋丁父憂。接丁生父憂。例爲人後者所生降服。君逾期素服終喪。始起復赴閩。適龍溪尤旱。搶刼日見。咸謂非君弗克治。遂檄君署。時奏浙米數萬石。接濟漳南民食。君蒞任。雨以時降。米至無需。且海運鹽蒸。半不堪食。而運費不貲。勢難復返。觀者代有憂色。君悉經理。選上者散之民。秋成納穀。次者貸給米戶。糶出繳價。下者留爲食糧。公私兼盡焉。又調署海澄縣事。下車後。親巡鄉社。問疾苦。戢盜賊。并攜文卷就近集讞。兩月餘。結案數百件。犴狴爲清。至歷權首領僚貳。雖未竟其施。而所至輒有聲譽。大吏倚如左右手。遇大獄大疑難事。必委君。君亦臨事英敏。無頗不平。雲霄廳有朱余氏者。鬻其夫。轉誣人。有司莫能定。以屬君。君察知該氏已一再適人。死者亦因奸苟合。且別有主謀之

人爰省釋其被誣者。并脫該氏於極刑。其明决精詳胥類此。性極眞摯。養寡居於嫂惟謹。且爲之請旌表。至戚族之貧不自存。與僚友之事不能鄙白。及在閩喪不能歸者。來就君。必償所願。喜收卹孤寒。如丙申進士余刺史遂生。落魄漳南。賴君之力。得以成名。此其最著者。歲乙未。議叙以知縣選用。適嗣母氏顧卒於寓。君自傷少孤。哀毀過甚。痰眩者日數發。遂致不起。嗚呼。可哀也已。君生於乾隆五十六年辛亥六月初五日。卒於道光十九年己亥十月二十六日。得年四十有九。配畢氏。子二。紹儀。湖北候補布經歷。紹[illegible]。業儒。

論曰。同一巖疆也。他人處之。趨走不遑。君則聲施爛然。聞其殁也。識與不識。均爲之咨嗟流涕。夫以君之居心行事。宜天佑其年。歷

階而上。不然。久於其位。亦必有卓卓可稱者。乃僅以服官政之年。遽攖疾而逝。彼蒼者天。似可知。似不可知。求其故而不得者。命也夫。然令聞善政。自在人間。今丁令紹儀。又英年靐立。綽有父風。是爲善必昌之說。又未嘗不信而可徵也。

藕舫丁先生家傳

先生諱嘉禾。字雙全。號藕舫。余同里人也。丁先世故居蘭陵。至元季遷無錫。有華望焉。父伯仁君。當粵逆嘯聚。江淮淪汨。集九衢偗楚衛丸邑。崇墉詎知夜嗥。訓狐竟成王羆之冢。晝熠崑玉。不歸先軫之元。先是伯仁君謂先生曰。覆巢之下。完卵難期。三弟侍我。子當先往。先生鼠思泣血。伏地椎心。冀趙武之猷留。陋眕盱之騈頴。於是雲昏晝隱。簣密宵行。沐雨履霜。邠卿於焉避難。陟屺瞻岵。詩人因而流哀。逭烽火稍謐。諸季無恙。潛得父尸而封之。先生之心已灌。先生之志愈苦矣。俄而朱眉竃掃。青犢灑塵。瀛海鏡波。星辰軌朗。先生牛衣馬磨。貧乏甚於王章。邑井江關。鄉愁動於庾信。蕭琮落葉。久此淒凉。姜肱置被。同茲友愛。遂偕諸弟歸焉。是時波斯碧眼。荷蘭紅獠。雜沓眞贗。傑僞良窳。坐擁瓌貨。逐馳什一。終古函夏之利權。一旦頓貿於西土。况園廛井碓。徧遭鐵額燒焚。廬舍陂池。洊値銅脛俘掠。先生統籌身世。俛度理情。王壽燼書。弦高載贄。焚投筆墨。習商務矣。於是開市朝而普納。劑絲布以懋遷。障麓嗤祖約之愚。握筭笑王戎之陋。漆林成幄。樊陂數君子之居。寶井湛光。陶邱追大夫之跡。比侯封於千戶。肆月令於四人。兼以鳫翮相依。永盡石君之志。荆株擢秀。必推李充之衣。甦嗷羽於洪波。壎篪

洽奏。蔭暍人於樾下。棣萼交榮。雖以伯子爲難兄。猷仗次公爲家督。洎乎晚歲。水府震蕩。鴻流滲黷。飢黎滿野。先生哀矜窮賤。蘇濟斑黔。異郭默之賑倉。同仲郢之蠲負。淵量彌閎。聲華斯遠矣。無何嚴風陨實。方搆在已之災。急景凋年。遽發兩楹之夢。煙雲蕩氣。淚雨招魂。嗚呼。痛矣。先生生道光癸巳正月。卒光緒甲午七月。享年六十有二。太學生。候選同知。例授奉政大夫。娶黃氏。例封宜人。能輔翊家政。子三。錫康。錫泳。錫鏞。皆敦樸無華。善述先生事者。女一。適顧。亦爲吾邑望族。爲贊曰。

金木性神。龍蛇世運。善積業光。家昌福藴。伯諷季舞。澹彼囂塵。丹縢緜烈。厚茲天倫。

表姪孫揆均拜譔

清候選同知丁君家傳

君諱嘉梓。字琢齋。無錫丁氏。世習儒。父瀾洲公。生六男二女。君行三。自幼讀書穎悟。瀾洲公善觀世變。素有商戰之志。因命諸子習商。君年十四。亦遵父命就商業。時粵匪南下。吾邑設團練局。瀾洲公襄辦團事。君亦任其勞。咸豐庚申。陷吾邑。瀾洲公與夫人陳氏。五六二子。及二女。均殉節。後皆入忠節祠。纂入邑志。當城破時。君有事在鄉。急歸省父母。遂被擄。跋涉於皖楚之間。屢瀕於危。迨安慶克復。始脫歸。昆弟之幸而存者復相聚。同治二三年。君重振舊業。與長次二兄同設雙盛。兄弟四人。同心協力。業乃大興。先後建三宅於北倉橋迎迓亭沈果巷。望衡對宇。雖分居而不啻一室。君居沈果巷。最淺隘。此君之讓德也。光緒十四年。季弟卒。與伯氏仲

氏愈爲友愛。推之親族故舊。恩禮有加。宗譜重修。君出貲以成之。齊秦晉楚水旱交作。解囊振飢。一無所吝。此君之仁德也。初伯氏臥病十年。內外諸事悉以委君。非獨能者多勞。亦君之孝友出於天性也。厥後伯氏卒。仲氏亦卒。始覺獨行之苦。時時憂傷。爲伯仲卜葬於舜柯山。親自督工。烈日大風弗避。嫁長兄遺女。鄰里稱爲豐盛。耆年碩德。譽望日隆。惟數年來寂寞寡歡。兄弟不可再得。因以酒解憂。此外一無嗜好。曾惠敏詩云。萬古豪情生琖斝。此句可以持贈。然酒能生溼。結成癖毒。光緒甲辰夏。病幾殆。諸名醫皆束手。長子錫鏞焚香告天。割股和藥以進。病乃愈。昔漢丁蘭列之二十四孝。錫鏞可謂承先志矣。後得胃病。不能飲食。雖孝子慈孫。不復能救。此所謂天命哉。君生於道光壬寅八月二十四日。卒於光緒乙已十一月朔。春秋六十有四。安葬於舜柯山。君以助餉保舉同知。配張宜人。子四。長錫鏞。候選縣丞。次錫鈞。國學生。錫鎬。錫成殤。女四。長早卒。次適張。次適許。次亦適許。孫祖慰。業錢莊。祖基殤。祖彭。現在上海中學校。祖洪。祖耀。現同在乙種工業學校。祖望一名祖源。尚幼。孫女六。君性勤儉。黎明即起。有暇則與子女幼輩講古人忠孝節義事。以盡家庭之樂。春秋佳日。自蓺花木數種。以酒賞之。其氣象宜獲大壽。惟壯年勞瘁。凡事畢集於一身。從不敢自逸。君固所謂有道者矣。君之歿也。幸未覩盤古氏以來未有之奇變。綱常名教。掃地盡矣。吾讀君之行述。益歎舊德可風。急宜傳之以示後。浸假如令威之化鶴歸來。其能無神州陸沈之慼乎。

癸亥重陽後七日舊史官陶世鳳譔

先祖漱泉公家傳

公諱鳴玉。漱泉其字也。父坤一公。母吳夫人。山陰吳大司馬留村公曾孫女。爲坤一公原配。無子。禱於大士。旁塑一兒。拇指脫落。僧以泥傅之。乞以爲嗣。遂生公。拇指臃腫。如所塑像。九歲而吳夫人歿。公幼有至性。哀毀特甚。二十四歲。坤一公自河南歸。得疾旋卒。上有重闈。數棺未葬。家徒壁立。讀書應試。無以支家計。乃游陝依族祖名尹志於長安縣署。仍習申韓。刻苦揣摩。未一年而當道爭聘。尹志公遷守廣東。又隨至粵。丙午歸里。去家恰十年矣。歸後擇地於蘇慶灣。祖母曹太孺人已先卒。乃葬祖永叔公暨曹夫人於主穴。而以坤一公吳夫人祔於昭。買宅於東河之南岸。其內室適與永叔公舊產讓弟者毘連。（光緒八年屋基已歸併余宅矣）旋游皖。館潁郡樊太

守處數年。適徐州守習太守以書招。公之故人也。遂至徐。爲薦所屬宿遷。後又館興化。己卯八月。自興化得疾歸。至十二月卒。年六十九。公在陝時。適膺危疾。羣醫束手。岐山令葛君有神醫名。爲秋帆中丞太夫人治疾來省。延視公。應手愈。在粵時。新會菱塘爲盜藪。成巨案。公治牘中夜聞鬼聲。悉心分剖。多所全活。在皖時。俗多強姦案。罪皆繯首。公議以素經失節昭著者。減一等。咨部議準。著爲令。公自撰年譜。余童時猶如見之。亂後失去。僅以記憶者追述之。孫培謹撰

外舅丁先生述略

先生姓丁氏。名紹儀。字杏舲。又字原汾。琴軒先生長子。生穎異。過目成誦。弱冠益卓犖不凡。長老期以大器。琴軒先生因鹽務轇轕。

得癲疾。家計中落。先生援例捐藩經歷。分發湖北。大吏倚重。署東湖縣知縣事。斷獄明決。其時年未三十也。旋居喪。去官歸。復以家計日絀。遊幕臺灣。友朋推重。欲留先生決疑難事。遂以原官改省福建。大吏信任。委權藩經歷。綜理七局事務。時髮逆踞大江南北。閩省上下游。賊匪蠭起。軍書旁午。日不暇給。又以度支匱乏。閩闠無銅錢。上游創鑄鐵錢。設官錢局發票。以收利權。以濟民乏。民間訛言日起。滾支日多。雖鐵錢亦不敷支。上游以先生明決。派委總司其事。支取有節。民始相信不疑。適制軍輿夫赴局滾支。先生以理折之。出言不遜。杖而後稟。制府陽稱其才。心實銜之。未發也。屬以軍功升通判。離局。錢法復壞。官民交病。嗣委先生權汀州府同知。爲蜚語所中。制府愈積不相能矣。上洋通判。素稱難治。四鄉皆賊。制府奏請題補。先生到任後。籌防懲賊。民賴以安。嗣因奉差入都。去任不兩月。而上洋陷。制府文致先生罪。劾規避落職。人多寃之。先生既去官。著書自娛。不復作出山計。自著有東瀛識略。聽秋聲館詞話。其編纂者。有 國朝詞綜補。楊蘿裳詞稿。藏書甚富。搜求鄉先生遺書尤勤。顧奎光雙溪集。及辟疆園遺集。既散失。賴先生出家藏本。復傳於世。以長子承禧貴。 誥封通奉大夫。配張夫人。幼嫻禮教。于歸後。得翁姑歡。施與無少吝。皆稱先生有內助云。子三人。承禧。承祜。承祿。女三。長適胡氏。卽鑑也。次適江蘇候補縣丞鍾葆。三適福建候補府經歷朱炳烺。

賜進士出身廣東順德縣知縣胡鑑謹述

卹贈雲騎尉世職丁君家傳

君丁氏。諱文炳。字蓉舲。系出宋太常卿元珍後。元末有自晉陵遷無錫。諱進五。爲君十六世祖。高祖鶚起。太學諸生。爲邑純儒。曾祖如琦。乾隆癸酉順天舉人。浙江常山縣知縣。祖瀚。陝西甯羌州知州。父樵。直隸獲鹿縣典史。兼祧父榕。嘉慶戊辰 恩科順天南元。君性剛直。好讀書。嗜古。多畜金石陶器。聚書數千卷。能嚌其要。以施於用。初爲浙江新城縣典史。丁母憂。服闋。補海鹽縣典史。歷署永嘉瑞安等縣縣丞。溫州府經歷。兼批驗所大使。咸豐三年。丁父憂。回籍。時粵孽煽禍。蹂躪徧於東南。君私憂佗傺。以剗除巨寇爲己任。困於無聲援。不能自出。十年四月庚午。李秀成陷常州。潰卒閬䦧於衢。四出焚掠。吾邑士民辟竄者十八九。君聞警歎曰。一城盡走。是以城棄賊也。予無守土責。縱委身以餌賊。亦無當。然不欲

與諸公同生也。乃使家屬出城。謂女蘊珠曰。汝好自爲之。諸弟孩唯汝賴。有婢秀雲在旁。叱之去曰。婢子何以處此。甲戌城陷。遂死之。同治四年事聞。

卹贈雲騎尉世職。配鄧氏。子四。承祥襲職。議敘福建縣佐。嘉瑜。小瑜。小品。並殤。孫二。寶書副貢生。福保。

廉泉曰。寶書昆弟與余善。手君狀。求爲傳。余維城亡與亡。守土者責也。君無守土責。於義可無死。然余觀當時士大夫之辟竄者。往往仍被賊擄。擊柝荷戈。馳爲賤役。或幸而得脫。或卒不得脫以死。其視君之死何如哉。嗚呼。是可傳也已。

先考禮堂府君行狀

公諱嘉會。字禮堂。先世系出宋太常卿元珍公後。元末有自晉陵遷

無錫。諱進五者。是爲十六世祖。考漱泉公。生公兄弟二人。長伯父彙貞公。公居次。幼讀書。應童試。嘉慶四年。年二十四。念家貧累重。漱泉公遠館皖北。獨支家計。思有以輔佐之。且爲定省計。慨然出遊。漱泉公館潁州樊菱川太守署。（名士鑑癸丑進士山西汾臨人）意弗善也。既至。姑令讀申韓書。府君朝夕研究。偶有疑義。遍翻羣籍。雖已臥。披衣起。通之而後已。朞年。學大成。適郡有疑獄。主賓聚議。不得其平。府君侍側。偶發一論。洞合機宜。樊公本以刑部郎出守。精於治律。大奇之。據以定議。漱泉公亦喜府君之速成也。先有肝疾。至是竟愈。是年。霍邱王公（名福滿洲人）莅任。樊公力薦府君入其幕。後樊公罷官。旅居省城。甚貧。府君常以館穀資之。蓋感知己恩也。八年。吾母毛太孺人來歸。時外祖吳縣盧谷毛公爲穎郡參軍。器府君。因以第

四女字焉。玉公旋遷壽州牧。偕往壽。適有大獄。世所稱蛇案是也。前令獲罪去。獄上行省。屢結屢翻。最後由星使讞定。羽檄紛馳。提解株累甚衆。府君佐玉公分別治之。多所保全。獄成。自制宿以下皆獲咎。而玉公無纖毫譴。明年。玉公卒於任。十二年。就蘇公必達之聘。（貴州遵義人舉人）館懷遠。八月。培生於穎郡經廳署。故小字穎生。旋挈眷赴懷縣。又移亳州。時先大父離家久。十四年春。偕府君挈眷回錫。府君抵里後一月。乃返安慶。江中遇風幾殆。先大父憚於遠遊。適故人習筠山太守守彭城。（名振翎江西人甲辰進士）以書招。爲荐宿遷令家鑑湖（名常懷甯人）署。又念府君遠隔定省。多疏。并招府君至徐。薦新選睢甯沈君（名錫圭浙江德清人甲子舉人）所。府君館睢。先後幾十年。中間沈君聘廉闓。後署江甯。接篆者爲田君汝芬（山西人舉人）。篚簋不飭。府君遇

事規抑之。積不相能。遂拂衣歸。田君得行其志。未幾而大獄起矣。睢有毆人折兩足者。田君受賂。以廢疾聞。訟於制府。檄沈君回任澈究。聲色甚厲。沈君函邀府君偕返睢。勢方洶洶。人謂府君可以直報怨矣。府君曰。吾以義相規耳。何怨之有。乃檢瘍科書。知患附骨疽。雖愈。足必折。府君使人謂訟者曰。爾第欲罪無末減耳。其實情不必計也。訟者如約。蓋律載折一肢者爲廢。折兩肢者爲篤。若其人素患廢。而又折其未廢者。雖一肢以篤論。乃以獄上。訟者甘服。田君免嚴議。方田君之待鞫也。惴惴恐不保。至是銜感刻骨。泥首踵謝。而府君義聲大著於淮徐間。宿遷有犯自縊。令尉互訐。疎防監獄咎在尉。私設班館咎在令。勢難兩全。郡尊知府君多智。檄沈君勘報。府君定議。其地在狴犴門外。向宿兵勇。緣豫陝不靖。軍

流人犯。奉文隨地截留。擁擠難容。故擇情輕者。量爲安置。既在門外。則非監。究與獄連。則非班館。其事遂解。府君之讀律。能得法外意如此。丁丑旋里。爲培定姻陶氏。是秋。就侯官李硯雲先生聘。赴川沙。名鴻瑞福建侯官人舉人半載卸事。明年又偕赴新陽。李君爲江蘇循吏。有仁政。當時蘇屬八邑皆加賦。而新陽獨否。邑民建祠尸祝。事載潘文恭祠堂記。府君實左右之。喆嗣蘭坪太史。名彥彬蘭卿都轉。名彥章事府君敬禮備至。己卯。就王君士仁河南鄧州人戊辰進士聘。館桃源。先大父時館興化。於中秋後。得疾返里。府君歸侍疾。醫藥調治。至十二月捐館。府君襄理大事。哀毀不勝。明年喪務畢。赴江甯待聘。十二月。督公徠延往海門。明年羅公心源繼之。又明年福公端繼之。凡三任。癸未春。江甯太守余霈元。延府君辦理發審。遂至江甯。

夏間因病旋里。爲先大父訪求墓地。至甲申春。始獲營治窀穸。事畢。復至江甯。時劉君鈴權府篆。懷甯人壬子舉人先大父興化居停也。延府君入署。主賓相得。冬間。適有溧水陶姓鎗替案。已詳準罰修貢院。議結矣。陶年幼。爲匪人誘。緣案拘繫年餘。祖母年邁臥病。情甚可憫。時年終。一詳便省釋。而丁胥索賄。故遲遲。府君乃擬稿上請。羣小大愠。而蜚語遂起。府君謨被解館出署。訴於方伯餘姚張公。巡道滿洲德公。請徹究。二公素重府君名。乃召劉公率上江兩令詣甯謝罪。仍請府君入署。府君不允。適培在家染患痢症。至是增劇。信促府君歸。乃在江甯延名醫吳君。偕返錫。瀕行。誓於神曰。吾治申韓三十年。無絲毫苟且。今以仁心致來謠諑。雖入府同人。均諒其無他。然事之有無。仍以吾子疾之愈否卜之。迨抵家。醫調漸有起色。交夏全愈。至明年而竟遊庠矣。是冬爲培完姻。丁亥春。先大母病歿。府君營辦喪葬甫畢。而目疾遽起。醫治稍愈。又患痿痺。兩足不良於行。蓋辛巳壬午間。館海門。積受潮溼。又因目疾多服涼劑。培諄勸府君勿出門。養痾數年。僅得小愈。需人扶掖。壬辰秋。培中式鄉闈。府君甚喜曰。吾家德薄門衰。汝幸讀書成名。何敢有奢望。得支門戶足矣。州縣不可爲也。癸巳會試。培得復失。府君怡然。時李蘭卿先生放常鎭道。命培往謁。先生一見甚歡。問府君近狀。意極殷拳。會權泉篆。欲請府君偕往。固辭之。明年。爲薦於丹陽孫畹香明府。命培隨往學習。四月到館。至七月初。忽患瘧。遂買舟歸。留培在署治事。不料未及旬日。遽於十五申刻。寒熱甫退。汗大泄。而氣亦脫。已長逝矣。享年五十有九。嗚呼痛哉。配吾母毛太孺

人。吳縣人。前安徽掌城知縣盧谷公女。淑慎溫恭。生長華膴。于歸後。節儉過寒士家。事姑嫜以孝。處妯娌以和。御婢僕以寬。府君喜揮霍。無餘財。孺人節嗇服用。置田數十畝。府君後在家養痾數年。賴所蓄以濟。歿後。府君二十年。咸豐甲寅十二月初六也。府君生於乾隆四十一年。歿於道光十五年。子培。道光壬辰科舉人。截取知縣。女一。嫁楊奎映。國子監生。以二十四年五月。葬嶂山之范家墩。先以候選從九品。贈登仕郎。繼以子培截取知縣。晉贈文林郎。府君早棄舉業。而習申韓。爲支持門戶計。既得館。則節省館穀。援衛工例爲從九。常念古人爲貧而仕。雖抱關擊柝。亦所不辭。縱祿薄官卑。終勝於依人作嫁。乃屢捐過班。迄不得選。雖當道爭迎。履厚席豐。非其所樂。終以廢詩書爲憾。以故禮文士甚敬。延師課培

甚嚴。培一第倖邀。未始非府君先澤之留貽也。大伯父棨貞公成婚半載。卽游陝。越二十七年始歸。府君事嫂撫姪女。絕無畛域。歸後伯父意欲分析。府君曰。吾兄弟只兩人。財物衣食。共之可也。何析爲。伯父甚感慰。後數年復游閩。晚景頗佳。轉寄貲爲府君藥餌資及培鄉會試費。府君之內行肫篤。感人如此。昔歐陽表瀧岡稱崇公治獄求生。子孫昌大。隨園傳鉛山蔣公。亦以申韓起家多陰德。府君仁心妙用。不愧古人。而培護落無成。以視前賢。無能爲役。遭逢浩刧。幸保室家。今年八十矣。若不及早詮次。俾府君瑋節瑰行。湮沒不傳。罪且滋大。故謹述梗概。以示後之子孫。男培謹狀

節母浦太孺人傳

節母姓浦氏。候選縣丞浦君文瀛之女。孝廉惠福之妹也。生而秀

慧。稍長卽精女紅。性嚴正。不輕言笑。同輩皆敬而畏之。年二十二。歸丁君晚香。丁氏世業儒。君尤勤學。以家計攖心。恆苦焉。節母至。稔其故。自代操家政。外又鬻奩田以佐君讀。君既得以肆其力於書史。而族人亦嘖嘖羡君內助之得人也。道光己亥。君從叔祖少偲。任浙江曹娥場鹽大使。招君襄辦署事。君遂往。明年秋。君弟繼樸病。君歸視之。繼樸旋愈。而君以勞瘁得疾。竟不起。時年纔二十五歲。先是君初疾時。節母晝夜侍奉。目不交睫。疾病又籲天請代。嘗私語家人曰。脫有不諱。吾不獨生也。家人見其辭意甚決。而君病日劇。因相與謀。詭言其倦不能支。勸於別室暫休。而令他人代侍君。故君歿之時。節母不在側。既覺。奔往一慟幾絕。家人慮有他變。日夕環守之。而節母終日號泣。勺水不進。勸之食不應。或以姑老子幼爲言。乃復食。自是蚤作晚息。仰事俯蓄。用或不敷。佐以紡織。偶倦臥。輒自悲曰。吾素尩弱。何能任此重乎。既復自奮曰。吾弗任。誰爲任者。因强起治事。不數年竟以此成疾。卒。節母教子甚嚴。而事故姑甚謹。夫歿後。益自刻苦。每有甘旨奉姑外。輒以食子。己不稍霑脣也。時爲姑與子置鮮衣。而己則荊釵布裙。若自毀焉。嘗曰。吾得養姑以終。見兒成立。吾其可以從先夫子於地下。夫卒不得償其願。噫。可哀也已。節母以嘉慶甲戌八月十五生。卒於道光乙巳九月二十一日。年三十有二。生一子。名維墉。卽今野苹先生也。當節母沒時。先生僅十歲。今則年逾服官。有丈夫子二。長名鏶。次名鏡。父子競爽。能守其業。人謂節母之德有以致之云。

薛重煦曰。坤爲吝嗇。自昔言之。覩節母鬻田佐讀之事。其志固已

超矣。卒覩閔凶。積勞以沒。古人曰。鞠躬盡瘁。死而後已。吾於節母亦云。

南塘丁氏六修眞譜卷次之六

家乘五

例授文林郎道光壬辰舉人截取知縣丁君植卿述略

丁君諱培號植卿字芸石常郡之金匱人也系出宋太常諱寶臣後元季之亂始遷居無錫君六世祖紹美遷居城中東河頭巷國朝雍正間析無錫東爲金匱故世籍金匱曾祖志甯始習申韓術祖鳴玉父嘉會俱以佐治名其家君母毛太孺人吳縣許谷公女爲穎郡參軍器君父贅焉嘉慶丁卯八月十九日君生於穎之經廳署君生而岐嶷頭角嶄然君父喜曰吾家三世以仁心濟刑術能昌大吾門者必此子也弱冠遊庠爲辛筠谷侍郎所識拔二十六歲領鄉薦蕭山相國湯文正公得君卷擊節嘆賞戊戌會試

以額滿見遺君殊淡然君既習舉子業而於家學刑名之書靡不留覽嘗佐父批牘動中肯綮君父沒時哀毀骨立毛太孺人勗之曰兒體弱多病且無昆季一身祧兩房關繫綦重詎可以小孝忘身耶君涕泣受命自是讀書養母絕意仕進毛太孺人暮年失明先意承旨百計娛親跬步不離左右人勸之仕君曰衰年瞽母詎可片刻離耶暨君母棄養而粵匪煽逆警信日至經營窀穸葬而始安庚申四月髮逆陷邑君挈眷避於南鄉同治癸亥吾邑城匪反正邑侯王公聞君避難於虞也聘以佐治其時大難甫平瘡痍滿目君以一身兼刑錢書契三席而恢恢有餘時吾邑倡辦田捐設善後局君勸邑侯甯寬大毋操切事舉而民不擾甲子春常郡逸賊東竄復犯吾邑君總理籌書協助城守危而復安事定之後邑侯欲上其功於中丞君力辭不受明年又佐治昭文聞佐邑侯閱試卷所拔皆知名士丁卯君挈眷歸里受東林書院山長之聘時與其邑士人論文講學娓娓不倦其邑之知名士咸執贄門下會有於上遊謀是席者君聞之即翛然舍去一意閉門讀書爲樂風雨寒暑手不釋卷古文宗姚姬傳詩宗張船山而尤工於制藝試帖所作小試諸藝逼似方璞山惜經離亂散佚無存僅存校經齋試帖兩卷長洲馮宮允桂芬所謂精蘊內含秀采外溢較之稗花館又爲過之君性儉朴布衣蔬食甘之如飴廉介絕俗不苟取予所居廬舍僅蔽風雨書齋四楹逼仄如巢圖書鹽米寢饋其中晚年嗜淡巴菇班竹一管呼吸吞吐文思沛然所作詩古文詞搖筆立就而楹聯又爲邑中傳誦常與二三知己品泉啜茗每談

國家掌故及前賢嘉言懿行及邑中世家大族盛衰興廢與夫山陬海澨遺文軼事窮源探本如數指上螺紋歷歷不爽聽者忘倦丙子邑中議修縣志舉君爲總纂君以讓之秦觀察湘業先是咸豐間曾修續志君爲分纂念餘年君以碩德耆舊兩與志書體例謹嚴去取平允世稱善本丙戌重遊泮宮學政給樂泮重庚之額君氣體清癯雖暮年耳目聰明燈下能作楷書君於星算堪輿之學咸通其意而又精於醫每出一論岐黃家爭相抄錄丁亥以疾終於家享年八十有二君與先兄文端公爲鄉榜同年余奉諱家居聞邑人藉藉稱丁先生不置後得交君壻薛君藻靑備悉君之本末僱其次子錫泉與族中修輯宗譜故樂爲述其大略如此

軍機大臣戶部尚書常熟翁同龢謹撰

節母沈孺人傳

節母沈氏。邑庠生春江公孫女。文林郎硯溪公長女。丁公光甫之配也。硯溪公得子晚。節母生而秀慧。年梢長。卽代母支持家務。井井有條。性嚴正。不輕言笑。同輩皆敬畏之。年二十一。歸於丁。丁公經商出外。體質羸弱多病。常以家計攖心。勞瘁過度。致不起。先是丁公疾時。節母晝夜侍奉。目不交睫。籲天請代。嘗私語家人曰。脫有不諱。吾不獨生。而丁公病日劇。家人知其辭決。虞有他變。日夕環守。節母終日號慟。勸之食。不應。親族咸以大義曉之曰。新婦設以身殉。於爲婦誠得矣。其如垂白高堂呱呱黃口何。理宜事姑撫孤。代亡者盡職。庶可無憾。節母意稍轉。起而保全大局。益自刻苦。早作晚息。數十年如一日。節母孝慈兼備。事太翁鄉飲介賓衡山

公。得其歡心。遇事先擇其難者。教子慈嚴並用。一家中無詬誶聲。鄰有孤苦者。節衣食以濟之。不稍吝。節母年五十六逝世。歿後。親族欽其行。哀其志。於清光緒戊申。請旌如例。崇祀貞節。子一。其綱。女一。適朱棟。至生卒年日。皆詳譜牒。故不具書。論其卓卓可信者著於篇。節母於是乎不亡矣。

姻愚姪陸瑋拜撰

過孺人傳

孺人者。過君竹筠之女。竹筠生二子四女。孺人居四。竹筠性嚴重。上下憚之。孺人孩提時。卽能先意承志。得其歡心。以故於諸女中愛孺人獨摯。年二十。歸丁君野苹。時丁氏家中落。孺人生長素封。咸慮之。乃彌月後。卽脫簪珥。勤鍼黹。凡絣縩操作之事。必躬必親。若素習然。人嘉孺人能守貧。而賀丁君得賢室也。丁君性亢直。胸無城府。遇不平事。怒輒形於面。孺人和顏解之。無不冰釋。故君數十年來。與人無雀鼠嫌者。孺人力也。咸豐十年。遭粵匪之亂。舉家遷徙。轉輾窮鄉。凡越數載。始得免於難。旣歸。家室蕩然。不得已賃屋而居。時邑城初復。生計維艱。孺人益自奮。相宅後得荒地畝許。使人墾之。栽桑育蠶。以佐家用。如是者殆三十年。竟以勞瘁中寒。得痰喘之症。每睡至中夜。卽喘咳。侵晨始稍平。積六七年。孺人知疾終不瘳。一日謂君曰。吾年老多病。設旦暮不測。家中誰與操井臼乎。子年長矣。盍爲取媳計。乃於甲午春。爲長子完姻。迨夏初。疾果劇。易簀時。呼媳謂曰。凡爲婦之難。百倍於爲女。吾居家時。頤養素豐。自歸丁氏後。蚤作夜息。惟恐不及。中經喪亂。流離困苦。至今

未嘗一日安也。今吾且死。支持門戶。責在汝矣。勉之勉之。勿怨貧。勿喜逸。惟勤與儉。可以起家。事翁事夫。必敬必順。毋貽他人笑也。遂卒。孺人生負至性。人有急難。援之惟恐後。當避亂歸時。凡族人散亡在外者。俱勸丁君招之歸。無衣者衣之。無食者食之。子身無依者。更爲設計取室。極力綢繆。無倦容。無德色也。居恆嘗戒二子曰。待人甯厚毋薄。德不可忘。怨不可不忘。其一生所爲類如此。孺人生於道光丁酉五月二十六日。卒於光緒甲午六月初三日。年五十有八。子二。長曰鏷。次曰鏡。女一。適扶人周扶九。

薛重煦曰。患難之際。人之性情見焉。余幼時聞長老云。粵匪之亂。父子兄弟夫婦。中道相棄者比比也。孺人一女子耳。獨能推一本之誼。求族人之散亡者歸之。又從而衣食之。又從而室之。可不謂

仁之至義之盡歟至其相夫子教子媳所言所行動中禮法抑又難能而可貴者矣余嘗爲丁君母立傳繼復傳孺人兩世芳型均堪垂後天將復興丁氏也歟何其室人之多賢也

國學生丁君蓉亭家傳

丁君蓉亭既沒之七年嗣君惟鈞踵門請曰先生與先子交最久知先子最深敢請一言以爲先子永余與君閭閈相近姻婭相望居平晨夕相過從縱極謭陋烏敢以不文辭爰即夙昔所聞於君者爲詮次而歸之君諱懋堂字蓉亭國學生錫邑之南塘人伯通公十七世孫曾祖仁濤妣王氏祖廷柏妣陳氏父文煜妣惠氏君性敏悟讀書過目成誦而家貧不能卒業遂棄舉習計然術性孝友事文煜君烝烝色養庚申之夏髮逆竄擾郡邑踵失君被脅見

執每念家貧親老奉養乏人輒涕泣不食賊詢悉顛末隱戒典守者緩其防得脫歸而文煜君以君故驚憤成疾寖以不起君呼天號哭痛極而嘶聞者咸爲感泣時干戈遍地歲頻不登惠太孺人復年邁多病君寄跡窮鄉日奔走於荆天棘地中藉懋遷以博蠅頭利雖饔飧不繼而堂上甘旨之奉無少缺洎事平而井里邱墟先人遺業蕩焉析焉君勤苦二十年家始隆起顧性儉約居恆惜物力甘淡泊衣粗茹苦自少至老無稍替而宅心忠厚聞義勇爲見廢疾餓者必推解之死無歸者必棺斂之人之貧不能存貧不能娶者必資傾之成全之他如橋梁之傾圮道路之崎嶇知無不爲爲無不力而友于之誼尤篤君兄早卒附身附櫬以一身任之且爲經營窀穸樹碣墓道而以子爲嗣恆時教子孫諄諄以植品

惇倫爲本而於兄弟之間尤三致意云室成孺人有賢德子六人惟鈞學鈞遜鈞志鈞時鈞敏鈞女一婚嫁皆士族君生於道光十九年四月初四日卒於光緒十三年十二月二十八日享年四十有九

論曰世之士名而商賈行者多矣平時朘削取贏綜覈出納至因錙銖得失瞋目攘臂坐視骨肉之饑寒漠然無所震動遇水旱疾苦曾不肯出什一以助賑貸如所入者比比皆是矣若君之隱居不曜嗜善如欲殆所謂商而士賈而士者也語云積善之家必有餘慶吾以卜其後嗣之必昌

光緒二十年孟冬月乙亥　恩科經魁內閣中書揀選知縣眷愚姪福蓀拜撰

先君潔菴公事略

嗚呼先君之卒於今二十有七年矣輒思粗述先君之事略而意鬱詞艱中止者屢今歲修輯宗譜乃追維所及聞見者詮次之如右

先君姓丁氏諱承祥字潔菴江蘇無錫縣人也咸豐庚申四月先大父蓉舲公殉粵匪難時先君年十九奉先大母匿跡鄉間後與外家薛氏遇同避亂於江北至二十三歲亂平始回無錫先權住東門外陳巷李連寶家李連寶者累世爲薛氏傭租而鄉居力田者也繼遷於裏黃泥橋薛宅又遷居大市橋之清甯巷張宅後則買宅書院衖而終老焉書院衖住宅故張氏產也同治間售與先君其後張某訛詐百出屢來借貸至僱老婦十餘人搬門窗掠食

物肆擾而不已。先君終不與校。如所索之數與之。如是者十餘年。一日張某又來借貸。語多不遜。旁觀皆爲不平。勸先君訟諸官。先君不聽。仍貲以錢。滿其欲而去。去不三日。張某死。先君又助以棺殮喪葬等費。不稍吝。設當時稍動意氣。其患何堪設想。人因服先君之量而益信爲善之無他虞也。憶光緒十餘年間。吾宅後門忽爲賊所竊。賊與更夫固上下其手者。更夫揚言。門易得。我知之。但須備款乃可。先君不深究。如其言向更夫贖門歸。吾家有祖遺之田二百畝。先君性寬仁。每歲收入。恆絀於他家。有不償租者。亦不以威逼。因此農人頌先君之仁愛不置焉。吾家住宅共分五進。前二進門臨通衢。可貿易。租與濮義興設一印花布肆。每月租金甚微。歷三十年而不加增。此又爲人所難能者。先君在家爲童子師。

教授生徒十餘人。自朝至暮。督課無倦容。如是者三十餘年。居鄉黨。與人婣婣若不能出口。或有橫逆來者。亦未嘗與校。然人亦不忍欺也。故一時鄉里推爲厚德長者。先君不喜作時文而喜作試帖詩。不孝兄弟每月應官師各課。時文後之詩。大抵先君所代作也。先君居家。自奉甚儉約。每晨親赴倉橋市。買糕餅魚肉蔬菜等物。使不孝兄弟攜之而返。及不孝等年稍長。始使僕人代攜之。當日暮時。必赴大市橋一順樓茶肆。與戚友十餘人。敘談二三小時。雖大雨雪。亦攜雨具赴。約歷三十餘年無虛日。歸家晚膳時。必攜糖果茶食等物以爲常。晚膳後。每與里中父老來余家。爲葉子戲以遣興。乙未丙申間。吾鄉以繭爲貿易者十六七。不孝寶書與友人等亦曾業之。虧折一千餘元。先君素謹慎。至此鬱鬱不樂。久之

遂患肺結核症。延至丁酉秋。病勢益篤。猶諭不孝兄弟曰。吾病倘無礙。汝等宜速赴南京鄉試。毋以我爲念。此八月初一日也。至初九日。而先君遽棄不孝等而長逝矣。先是先君夢不孝等著白衣冠。跪牀前哭拜。醒而惡之。殆思慮之甚。而夢中倏現其影像耶。抑事有預定。先於夢中示其兆耶。及不孝等星夜回家。沒已九日。已不及親自含殮矣。嗚呼。堂上拜別之時。卽爲與先君永訣之期。遺憾倫常。百身莫贖。尚忍言哉。尚忍言哉。先君生於道光壬寅六月十六日。沒於光緒丁酉八月初九日。享壽五十六歲。襲雲騎尉世職。議敘福建縣佐。配吾母薛太宜人。身歷艱鉅。支持門戶。佐夫教子。鄉鄰交推。後先君二十三年而卒。年八十四。合葬龍山梢逸園公墓之昭穴。子二。長寶書。光緒癸已副貢。次福保。縣學生員。女一。

迎梅。適候選縣丞王世昌。

嗚呼。先君終身韋布。無由爲卓絕之行。而平生飭躬砥行。修德遺後。稱於鄉黨。重於交遊。要皆俯仰無愧。足爲子孫法。故謹述其彷彿。以誌終身之痛。且以告後人云。

中華民國之十有三年六月男寶書福保謹述

薛太夫人哀啓

哀啓者。嗚呼痛哉。吾康强慈惠之母氏。竟棄不孝等而長逝耶。母氏薛。爲外祖父旭初公之次女。卽曾祖妣之姪孫女也。年二十五。歸吾父潔菴府君。母氏之歸也。於吾家之隆替有關係焉。母氏佐府君治家。凡三十餘年。僑寓江北時爲最難措手。寄居四外叔祖家爲最拮据。至謹出納。長子孫。以教以養。經紀百端。皆在書院衖

舊宅。追府君歿。而母氏遂不復問家事矣。府君爲先祖考暮齡府君長子。有弟三人。均歿於亂離中。女兄一。字明菴。矢志不嫁。卽姑母也。姑母嘗詔不孝等而告之曰。江南大營陷。錫城旦夕且破。汝祖因生死未卜。以家事付我。幷誡曰。爾母有疾。惑易不當。大弟誠實。小弟幼穉。家離散不可知。爾宜挈家至鄉間暫避。汝祖宦浙歸。故典屋居孫氏。乃隨孫仲鶱表舅至談村。逾時孫氏徙汴。三小弟相繼夭折。鄉豪睥睨者再。於是吾家岌岌日在飄搖風雨中矣。會得汝母音問。使王婢秀雲迹至仙女墩吳氏。具道其狀。吳氏者。大姨家。外祖父避亂因之而居者也。外祖父亦憂吾家失所依倚。乃送吾母至談村。於亂中成禮。時咸豐辛酉年也。四外叔祖旭庭公。五外叔祖雲階公。先率眷避難於江北者也。雲階公回錫。府君遇於

鄉。遂偕之江北某縣金沙鎮。與薛氏賃廛而共居焉。由是親串相依。有事則互相援助。吾家庶如漂舟之遵乎洲渚。亘縋之相維繫。無疾風高浪傾檣折櫓之爲害也。姑母明敏而倜儻。先代之契約田券。曾大父俊之公手纂之道光譜。均賴以保存。及見吾母措置有方。卽以家事相付。吾母遇難爲之事。必安轡徐行。循循偕之於軌轍。而不露凌競之迹。以故常佐姑母之所不逮。不孝寶書之生也。適城復回錫。賃居於黃泥橋四外叔祖家。是時迭歲告飢。官府租率未定。吾家故有薄田。出入亂離四五載。半鬻田以資饘粥。存者尙二百餘畝。然所入微甚。府君與母氏卒歲經營。常虞不給。凡抱乳炊餴縫紉洒掃諸事。皆吾母躬劬之。先大母鄧太宜人病臥床蓐已數年。櫛沐溲便。亦惟吾母是賴。至是中裙之穢污。不孝寶書之

褓襁袴服。澣汲浣濯。日必數十次。屋址高。河水低下。門外石級十有餘。峭立不可行。至今見之。猶怦怦然動於中也。先是舅氏耀庭公亂定歸城。廬舍蕩然。重構十餘楹於書院弄祖址。會比鄰有市屋者。其值甚廉。遂勸府君購置。吾母亦樂其近母家。卽出錢二百八十千買之。今書院弄舊宅是也。時先大母已卒。姑母樂依舊姻。葺治其家屋之未燬者。已異財而居數年矣。母氏躬親操作。劑其盈虛。府君應童試不利。棄而爲童子句讀師。暇則理田產。以故家漸裕。不孝寶書從府君讀。日不能五六行。府君不忍督責。黃昏時吾母補課之。嘗縷縷講先世故實及親串家諸瑣事。於是讀書聲。笑語聲。拍掌聞作。不孝福保甫在抱。啼笑於母氏之懷中而未曉也。至八下鐘。聞府君叩門聲乃已。蓋府君與親族姻黨數十人。每晚茶

於大市橋一順樓。歸必攜餅餌餑餑以啖不孝兄弟。此景此情。令人長號不自禁也。久之。不孝福保亦讀書。日坐吾母旁。字多齟齬。吾母因聲之不諧。常信口教數十百遍。迨畢論語。府君始自教之。不孝寶書少時。性喜畫。每至丹黃狼藉。府君不之責。吳觀岱君。畫友也。常過從吾家。吾母以子姪輩視之。不孝寶書作畫。觀岱輒爲之題款。今裝潢店有見者。墨痕已若隱若現矣。年十六七。始稍稍習舉子業。識陳仲英吳穉暉俞仲還諸君。穉暉尤相習。每日輒來一顧。雖淒風陰雨。必偕至春源啜茗。春源者。學子會集之所也。座間劇論文藝。雜以詼嘲。歷三四小時始歸。吾母常以晚餐置竈突以煖之。出之食。猶溫溫也。穉暉茶罷。每不欲徑歸。偕至余家。隨余食。談一小時而後去。府君與母氏教子均不主嚴厲。恐束縛馳驟。反至於橫

決而不可收拾。故不爲也。母氏又謂少年之成敗。以擇友爲先。父
母師長其次也。故稺暉靦侶諸君。雖日中而來。輟讀偕之出。並不
一禁。以爲是數子者。必不至流於邪僻者也。府君亦然之。時不孝福
保學作古詩小文。稺暉以爲可造。寒崖孫先生每綴以評語。并指
示法度。已隱收師友之益矣。光緒丁酉。府君見背。吾母痛之甚。默
念府君誠樸。不知人世有機巧之事。而勤苦終身。授徒二十年。無
一日之享其安樂。悲思悽愴。久而不止。又益以撫鞠之兩孫女。先
後擢折。女適王氏者。不兩載亦逝世。用是萬念俱灰。遂爲不孝等析
爨。察媳婦之能擔其煩也。即以家事付之曰。吾老矣。安能摒擋。然
仍不肯自暇逸。每從旁而助其籌度。母氏既不問家政。居書院衖
舊宅凡八載。居連元街新宅凡四載。居滬上賃舍凡九載。連元街

南塘丁氏貞譜 卷次之六 家乘 三十一

新宅。不孝福保教習京師譯學館。歸而營造。奉吾母而居之者也。旋
譯醫書業醫於上海。所入稍豐。即奉吾母遷滬。不孝寶書與廉南湖
俞仲還諸君創辦文明書局。亦僑寓於滬北。故常率子婦問母氏
起居。孫男女七人。長者十七八。小者二三歲。含飴繞膝。鼓舞而前。
頤性養壽。愉愉如也。母氏亟欲一見孫婦。并祈望曾孫甚切。嘗默
祝之。歲丙辰。不孝寶書爲子錫康娶婦。婦爲繼配鄒氏姪女。吾母所
稱者也。兩年兩舉男。吾母大樂。以爲生平適意無出於此。摩頂撫
弄。視之而笑。然已無力抱持矣。昨年二月廿五。忽患身熱劇咳。神
志昏迷。勢日趨於險。不孝寶書左右調護。不孝福保按脈診治。不敢自
製方。請日醫青木醫學士商榷而後進藥。閱三十日而愈。然步履
維艱。舌木强。意識大減矣。不孝福保營造寄廬於大通路。四月始落

成。遂奉吾母遷居之。不孝等私幸吾母既邀天佑。則後此之康甯壽
考。正未有艾。詎知十月中旬又患寒熱兼劇咳。飲食漸減。屢藥而
無效。至今年正月日加鄭重。始飯不能納。繼之以粥。粥不能納。繼
之以牛乳等流汁。迨流汁又不能入口。氣息僅屬。延至夏歷正月
廿二晚九點十分鐘。狀如熟睡。竟棄不孝等而長逝矣。痛哉痛哉。距
生於道光丁酉。享年八十有四歲。子二。寶書光緒癸巳恩科副貢。
元配狄氏。繼配鄒氏。華氏。朱氏。福保無錫縣學生。配王氏。女一。迎
梅。女壻王世皆。供職滬甯鐵路。孫男五。錫康肄業約翰大學醫科。
寶書繼配華氏出。永康在家養病。惠康肄業同濟德文學堂醫科。
士康肄業三育高等小學校。齊康幼。俱福保出。孫女四。大保二保俱
幼殤。寶書元配狄氏出。蘭芬肄業中西女塾。雪芬肄業競雄女學。

南塘丁氏貞譜 卷次之六 家乘 三十二

俱福保出。曾孫二。已寶蓉寶俱孫錫康出。竊念母氏一生。不欲以才
能自見。自奉尤儉約。衣不敝不改爲。飲食非齋若齋。尺布寸縷存
儲筲篋。弗敢暴殄也。待物以至誠。無詭隨詐虞之習。於家人子婦。
不苛碎而絜聒。有違其意者。必徐俟其悟。並不施峻厲之責言。以
故數十年來一家雝睦。此皆閨門之庸言庸行。無峻絕可驚之事。
而亘人長者每心焉儀之。以爲婦德之難能。正在此而不在彼也。
謹叙述崖略。貢之於當世
大君子之前。泣求
錫之鴻文。以光泉壤。感且不朽。哀痛餘生。語無倫次。伏惟
矜鑒。

不孝孤哀子丁寶書福保泣血稽顙

丁明菴自叙

余生於道光二十一年正月初八日。至六歲。祖母歿於新城官署。父蓉舲公丁憂回籍。余隨侍回無錫。吾父因錫地無期功強近之親。故依孫仲鼇表母舅以居。七歲。轉典新廟前孫伯塤公房屋。出典價錢五百千文。八歲。同弟潔菴始入塾。從王谷蓀先生讀書。九歲。父服闋。十歲。父得海鹽縣典史實缺。十一歲。父接眷至海鹽。八月母得精神病。祖父俊之公歿於無錫。父回錫。將宦囊置薄田。欲以收租為生計。二十歲。遇粵匪亂。三月與仲鼇母舅同遷談村。四月初十。錫城陷於賊。十三日。父囑余曰。母病癡。大弟誠實。小弟年幼。余將家事付汝。汝能將兩弟成家。予於九泉。亦當無憾。余含淚受之。十三夜。趁俞天賚船至蕩山蕩。父被執殉難。兩弟迷失。上岸

賃屋。每日出錢三百五十文。無何兩弟尋護。二十一日以船迎母。五月再回談村。全家大病。七月小玉弟亡。祖母之婢秀雲隨候二先生。尋弟之岳家薛氏議婚。是時薛氏避亂於仙女墩。二十一歲正月初十。娶弟婦薛。是歲冬秒。族弟伯耕窘甚。賣公產田十數畝於蕩口。田單上有丁氏公產子孫不得盜賣。賣者原價贖回十六字。是以每畝祇賣三元。後至同治三年。杏林公出洋七十元全數贖回。以其中蘭字六石九斗。為其嗣祖曉堂公支祭田。不入普通公賬。余二十二歲。八月秀雲死。二十三歲二月。粵匪又來。三月遷家于裏下田橋。潔菴弟遇薛芸階五表叔。遂遷家于江北之金沙。與薛姓同居。至二十四歲。八月。與薛姓回無錫。時同治三年也。住陳巷李連寶家。後遷居北門內裏黃泥橋。二十五歲七月。始回新廟前舊宅。先是。余見祖父俊之公手錄家譜兩厚册。凡全族之履歷家傳墓誌誥敕詩文等。皆備載無遺。未及刻而卒。余避粵匪亂時。知此譜之頗為重要。因與田單坟契等裝入布袋內。負之而行。流離播遷。歷五年而無恙。可謂幸矣。然未始非歷代祖宗之靈有以呵護之也。余二十七歲。仲鼇母舅自河南回錫。二十八歲春。鄧氏姑婆亡。秋母病亡。同治十一年。杏林叔回錫。公眼再立議據。余五十六歲。潔菴弟病亡。余亦患外症幾死。杏林公媳張氏來錫。因無川資回福建。將杏林公提出之曉堂公祭田六石九斗售與我。出洋九十餘元。言明須抽出二畝。以為曉堂公等六處坟墓祭掃之費。今我一并剩田二十七畝零。屬寶書福保二姪共管。為俊之公曉堂公杏林公祭掃之公田。余於族中有料理公田保存家譜

二事。又安葬岱雲曼雲二靈柩於青山。其中以家譜最關全族重要。非此譜。族人脫失紊亂。光緒間修譜。殊為難矣。此三者。似有微勞可錄。歿後宜以木主送入南市橋家祠。余風燭暮年。忽忽七十五歲。不知再活幾日。用是約述一生梗概。以告我族人。乙卯春正月吉日明菴謹識。

清旌孝貞女明菴胞姑。又號永之。卒於民國十一年夏曆四月二十日。享年八十二歲。以夏曆五月初九日。安葬於龍山稍先曾伯祖母張太孺人之昭穴。姪福保謹識。

謹案自叙中所謂曉堂公等六處坟墓者。第一處。諱升。字旭丹。號曉堂。以先曾叔祖諱棠為嗣。葬龍山稍白鶴塢新阡。第二處。諱棠。號芹香。葬龍山稍白鶴塢。第三處。諱紹儀。號杏舲。葬龍山

梢水牛墩背後戎字二千二百七十七號。第四處。諱承禧。號吉雲。葬龍山梢土名龍涇脛戎字七百零五號。以上四處。坟田皆姓張。第五處。諱承祜。號緩雲。諱承祖。號岱雲。葬青山。在荔枝山之旁。坟旁邊有西大街龔伯威之祖坟。坟佃住孫巷上。名孫榮昌。第六處。爲淡人張公及周太安人之坟。乃杏舲公之岳父母也。坟在烏涇橋旁。坟佃在烏涇橋下。名薛金龍。以上六處。上坟時折菜皆二百文。年節皆一百四十文。

又案民國九年。宗弟慕韓遵伯耕族伯之遺命。以租田二十二石七斗七升五合及契四紙單十九紙。還入公賬。以補公田之不足。其細數與公賬內舊有之田。均刊入譜內以備查攷。民國十三年二月福保謹識。

先君占魁公行述

先君諱廣揚。字占魁。其生也與憂患俱來。以兩親之不和。備受顚連之厄。幼時嘗侍先祖母往返八閩。歸程遇盜。行李盡失。抵錫未久。洪楊陷邑。奔避西漳。先祖母死難。先君被擄。時方十一齡也。閱數載乘間脫歸。而故園已罹兵燹。宗族之遭難者尤多。先君之歸無相識者。乃榜其姓氏里居及先德名諱於市。先嗣祖母楊聞訊。乃往認焉。先君之陷於匪中也。頗能留心文字。暇輒手不釋卷。故歸來之日。爲文即斐然可誦。迫於飢寒。難求仕進。因依表戚王太守穀孫於湖州。歷任厘局及軍械局等差。先君謙厚待人。治事維謹。所至賓主甚相得。終其身未嘗閒居。蓋由來矣。先君既能自立。往省先祖父於閩。爲之營兆立碑。先祖宦餘。悉以付之螟蛉弟名恆漢者。蓋洪楊之亂閩獨全。先祖父以家鄉被陷。音耗久絕。從王萬二庶祖母之請。因立螟蛉爲嗣耳。自閩歸後又數年。先嗣祖母楊爲聘於錢氏。閱年成禮。吾母來歸。先君辛苦半生。不惑之年。始享室家之樂。逾年小子誕生。家境粗安。融融怡怡。宴如也。時上峯嘉其勞績。保以知縣用。列諸薦牘。方期重整門閭。克彰先德。不圖天不假年。所志未遂。遽以疾卒。時光緒二十年甲午十月十三也。距生於道光庚戌四月十三。閱世四十五載。流離顚沛。艱險備嘗。極人生之慘痛。小子五齡而孤。先君之音容。杳然不能記憶。於其立身行事。茹苦含辛以成家業。更毫無所知。謹就吾母所昭示。至戚近族之所談者。於先君故後之三十年。撮其梗概而述之。聊誌哀感。兼示子孫云爾。

中華民國十三年甲子立冬日　男祖庚謹述

亡女絜絜哀辭　丁培

絜絜。余第五女也。同治壬戌。余館錢巷。方晝寢。忽急足自家來。余驚起。問家有病者乎。曰有。絜絜乎。曰然。病何狀。曰不能言矣。瘖起何時。曰兩日矣。余意稍解。以爲兩日耳。當無恙。即回家。奔馳二十里。日已暮。抵戶外聞哭聲。則絜絜先一時死矣。體猶溫。兩目視如望余者。余哭撫之。目乃瞑。家貧。草草具棺殮。厝於屋旁之桑園。吁。可哀也已。余避亂居南鄉。家無婢媼。絜絜起早汲水滿甕。治晨炊。比家人起則餐已具。歿後。盎常涸。朝暾已上而炊烟未起。母之劬勞益甚矣。體瘦耐勞無疾病。豐頤長領。具壽者相。性卞急。好與人斷斷爭角。而有膽識。無城府。憶是年春。挈家遷丁巷。母先一日攜妹他出寇猝至絮絮挈弟渡河避復走十餘里覓余同囘抵旁近鄰舍伺寇明日拔隊出門去絮絮卽入室與寇踵相接肩相摩也而胠篋者已在旁不得逞篋中物猶有存者而絮絮之釵釧盡失絮絮坦然曰是瑣瑣者不足計也其識大體如此字西嶂高氏渭圃廣文之次子某生於道光廿八年十二月廿六日卒於同治元年八月初八日年十五以同治　年　月　日祔於嶂山范家墩祖塋之旁父植卿爲之誄辭曰

謂天無知兮何以入乎險而能逃謂天有知兮何以相宜壽而反夭翳亂離之僑寓兮委弱骨於蓬蒿築青山之幽宮兮長傍大母以逍遙噫

絮絮墨琯兩女壙銘

丁培

絮絮墨琯姓丁氏余五六兩女也絮絮生戊申以咸豐壬戌八月初八日歿年十五字高氏墨琯生丙辰三月二十日歿年十三未字絮絮先以丁卯葬嶂山祖塋之昭辛未以墨琯祔焉絮絮性伉爽墨琯尤明慧均得余歡其沒也一以猝病不及醫一爲庸醫誤蓋自先後凋喪而余容髮日衰無復出山志矣於其葬也父培爲之銘曰

嶂山之麓水曲峯崇吁嗟雙玉瘞此幽宮長依祖妣魂魄毋恫千秋萬歲兮此恨何窮

丁蓉溪公傳

癸亥之秋丁君仲威謂余曰吾丁氏本居第六次修譜請君傳吾父以光家乘先君子少聰穎遭粵髮之禍逼於生計遂業賈設兩肆於淸名橋時先大父年高頣養顧而樂之諸姑出嫁均先君子經手無不曲承先大父之志遇地方公事苟爲先大父所允諾者無不竭力成之人以是咸服其孝云贊勳曰孝爲百行之先能有是則其他槪可想見也余生也晚不及見公而與令子仲威先生交仲威爲人循謹老成篤於公義蓋有先輩之遺風云

民國十二年九月　世愚姪曹贊勳敬述

鶴臯丁君家傳

落霞橋在邑西南鄉地濱五里湖爲大小渲入太湖要隘陂澤縱橫綺交脈注湖上諸山峯巒起伏環列如翠屏水木明瑟蔚然深秀過其地者知必有隱君子出其間吾友丁君實卜居焉君諱九成字鶴臯世爲無錫人先代業耕至君以貨殖名於時君質性抗

爽慕朱家郭解之爲人同治中葉以貿易往來滬瀆時則粵寇初平滬上一區繁華甲於省會華洋互市爲商賈輻輳之所操奇計贏者多挾其術以致富君以信義爲體寬和爲用手創之業甚鉅然篤交游好施與千金之蓄隨手散亡與人共賈利之所入自取其少者而以多者與人有鮑叔之風權子母者皆樂與君游居恆嘗謂人不難於聚財而難於散財此有所贏則彼有所絀吾以積累而成是業嘗懼蘊利生孽安用坐擁厚貲蹈古人象齒之戒故雖起家勤儉而見義勇爲初無所吝由熟於盈虛消長之機且合老氏知足之旨僅以輕財任俠目君君失之遠矣余先人在滬識君最早君齒又少長於余兩世交接相知最深今年春君仲子俊甫來以家傳請余惟孝子不忘其親古之人詠蓼莪而興懷撫桮棬

而知慼·惟此孺慕之誠。動於不容已耳。余既重君之行誼·又嘉俊甫能以繼述爲心也。爰書其大略·以備後之人有所考焉。君生於道光十六年七月初六日。沒於光緒二十九年四月二十三日。年六十八歲。娶尤氏·繼娶過氏。子三。長澹人次俊甫尤出。次堯卿過出。孫三。幼讀。澹人早卒。俊夫能世其業。

論曰。書言其父析薪·其子不克負荷。近世縉紳之家。門楣鼎盛。不旋踵而零落者。豈繼體之無人耶。將貽謀之未善耶。抑菀枯興廢。自有定數耶。君弓冶流傳。箕裘弗替。孰得孰失。必有能辨之者。

光緒甲辰夏四月同里弟秦穀豐傳

丁節母王太夫人墓碣銘

同縣錢基博撰文

維我

中華民國紀元之十一年二月二十四日。無錫丁節母王太夫人終於內寢。又三月。

今大總統黎元洪再正位。額其堂曰志潔行芳。蓋距丁公澹人之歿二十有六年矣·而丁公之祚。將墜而重光。丁公之子。亡父而有教。皆節母之力也。節母。無錫南方泉　淸封中憲公王望溪先生之女。母袁夫人。以孝謹特爲父母所愛。生十九歲矣。既嬪於丁。相夫敬。克厥愛。君舅鶴臯先生。方以通海起家。而慷爽憙施與。鄰里族鄙造請者趾錯於門。而節母彝彝皐皐。壹接以禮。酒漿供饋罔不盡懽。事威姑尤太恭人。愛稱其敬。奉膳羞。未嘗不甘。議酒食。未嘗不愉。大而賓祭家計。未嘗不與營慮。小而炰熩烹飪。未嘗不躬親也。姑語於人曰。自新婦來歸。門以內事。吾壹不何問矣。光緒十九年。姑尤太恭人卒。繼姑過。節母事之如尤恭人。而丁公以毀死。鶴臯先生大慼·於時節母年二十有九。長子啟鴻甫八歲。少者啟鈞在抱耳。丁公之沒五年·而鶴臯先生又卒。業以大落。節母每撫孤子而詔之曰。汝祖以艱難起家而不克有其子。汝父盛年而不克纘汝祖之緒。天也。吾所以忍須臾無死者。徒以汝兄弟在耳。顧不爲姑息愛。孤子之幼也。自塾中攜書歸。往往躬執爨炊。踞竈觚而督之背誦。不許有躐字。及其長也。俾習爲賈。俟有以自立而後爲娶婦。女嫁以時。料檢衣笥。豐約中度。而啟鴻啟鈞能順承母志。劬於所治。用以發聞而爲殖貨之雄焉。可謂孝子養志者矣。嘗語於余曰。吾母生平無疾言遽色。約其口與體。以及孤子女。無所不

約。而慼里有緩急。則又無所不救卹。僕婢有爲奸欺者。輒爲隱默。曰。吾彰其過。恐彼不能事人也。堅貞蒙難。雖極困乏。從不以告人。卒扶衰救敝以再造我丁氏。於戲。是可以愧世之士君子。謀人家國而終始易節。不能無墜所守者。節母生讓淸同治八年己巳三月初十日。年五十四。子啟鴻。啟鈞。女一。高廷奎其壻也。民國十二年十月八日。祔於丁公之兆。漆塘山其阡也。謹碣而爲之銘曰。節母之配。丁公觥觥。有德亡年。而母抱貞。公之藐孤。母實成之。公之墜緒。母乃擊之。二孤者才。母德以宏。誰碣於阡。我姓錢氏基博名。

丁節母傳

節母。姓王氏。吳錫之瞻橋人。父望溪先生。爲邑處士。節母其仲女

也年十九。嬪同邑丁瀞人先生。丁氏吳錫名族。君舅鶴皋先生。時方以海運起家。性慷慨好施。君姑尤恭人。亦善承鶴皋先生意。族鄰求請者不絕於戶庭。節母旣來歸。事舅姑相夫子。接賓客。內職畢舉。舅姑皆大悅相慶得賢婦。尤恭人恆憙語人。自吾新婦來。門以內事。吾乃不復措意矣。亡何。尤恭人卒。瀞人先生旋亦以毀卒。閱數年。鶴皋先生又卒。丁氏家驟落。節母佐夫弟輩治喪葬。雖在拮据中。莫不準合禮法。事繼姑過恭人夙孝謹。至是愈委婉盡禮。族婣尤太息羣謂難能云。當瀞人先生歿時。節母年甫二十有九。有二子。啟鴻啟鈞俱稚幼。節母故通書史。則親課之讀。二子晚由塾歸。必攜入竈舍。令背誦所業。躬執炊爨。踞竈觚聽之。暇輒詔以先人世德。絕不肯略假詞色。旣長。各使仍習商業。冀纘先緒。二子

克承母訓。卒自樹立。今並有聲津滬湘漢間。推商界聞人。一女亦遣嫁士族。而節母遽以積瘁致疾。民國十一年二月竟卒。春秋五十有四。邑人爲請褒揚於政府。黃陂黎元洪。適以事實再入主白宮。遂題旌其堂曰志潔行芳。

徐彥寬曰。彥寬與丁君昆仲。初未相識。而丁君介其友陳君進立來索彥寬文。意甚懇至。陳君復郵書督之曰。子之友錢瀞夫已爲銘節母墓碣矣。子其爲之傳。瀞夫以能古文名當世。頗自矜重。不苟作。前肅政史費樹蔚。嘗有詩曰。錢郎作文甚高古。傳誌尤嚴不輕予。今爲節母製銘。則節母生平之懿行。固可徵諸百世矣。歐風東漸以來。舊日倫紀多有廢墜。丁君親沒之後。尚能不忘杯棬之慕。兢兢焉知以顯其親令名爲務。且欲託文字垂之无窮。節母可謂有賢子。抑丁君之孝思不匱。足礪末俗。誠亦可敬也。彥寬用是不敢固辭。并撰論如右。

族弟朗西行狀　丁錦

嗚呼吾宗之不振殆有天意而非人謀所能左右之也譜牒所載戶不逾百丁不逾千求其讀書明理能自進於士流者無幾焉求其立功勳效名節使四方士大夫聞而識之者尤無幾焉三十年前邑中倡行新學搢紳子弟爭以出外就學爲急務吾族年相若志相同先後遊學於外研求所謂新學者有四人焉仲祜習醫算九皋習警察朗西習水師余則習陸軍也當其始業前無所倡旁無所助備經人世不堪之苦而終各有所成就幸矣四人中九皋獨無父母兄弟茹苦尤深朗西有母次之余與仲祜均有父母有兄弟仲祜尤有田廬恆產處境獨豐故其所歷顛沛之苦亦獨少壬戌之春九皋客死京寓今夏朗西又病歿里中不知天之於二人何以既厄其遇又嗇其壽如是其酷也余與仲祜撫今追昔輒

不勝其感慨焉朗西生於光緒庚寅五月初七日歿於民國丙寅六月初五日得年三十有七世系別詳家乘配馮氏墉塘公之長女生男子二忱恕女子二愉慰自秣陵水師畢業後服役軍艦生活海上者十年卒以籍非閩廣家無奧援屈居幫帶參謀等職於其所志所學不得萬分一施諸實際朗西之不幸亦海軍之不幸也庚申以還國家多故始則南與北戰繼且南與南戰北與北戰武人政客日以戕殺同胞攘竊權利爲事朗西惘之遂以經商自隱而貲少運蹇日事折閱朗西於是不得不死矣嗚呼士生於世落落無所短長則亦何裨家國幸而奮發有爲堪以少進於庸衆又不遇其時鬱鬱以至於死者豈惟夫人之不幸哉朗西歿後三閱月其族兄錦識其行狀於京師西槐老屋

稿來家乘已印畢故未編準世次俟後續修當編入第十八世

南塘丁氏六修眞譜卷次之七

家乘六 列祖事略凡散在省府等志及各文籍者今概爲輯出編於家乘之殿蓋與傳銘相類故也

元珍公傳　圖書集成

萬姓宗譜寶臣字元珍晉陵人與兄宗臣俱有文聲號二丁景祐中同登進士寶臣歷官至秘閣校理英宗每論人物必稱之尤與歐陽修友善修志其墓

元珍公傳　江南通志

丁寶臣字元珍晉陵人與兄宗臣並以文行稱號二丁舉進士歷司封員外郎卒少孤篤于友愛兄亡服喪三年孝義

元珍公傳　常州府志

丁寶臣字元珍晉陵人與兄宗臣俱有文名尤工詩同登景祐元

年第以太子中允知剡始至按大姓某氏得其人罪之縣中悅服移知諸暨其治如剡越人稱爲循吏歷官秘閣校理同知太常禮院寶臣在館久朝廷益知其賢英宗每論人物必稱之儂智高入寇時守端州以南力備寡被罪尋復召用寶臣初識歐陽公于峽州集中有到彝陵時與元珍推官書即寶臣也文忠參大政言者以嘗薦寶臣借以撼文忠乃指前事出倅永州尋卒文忠祭以文且誌其墓

元珍公傳　毘陵人品記

丁寶臣字元珍晉陵人與兄宗臣同登景祐初進士俱有文聲尤工於詩時號二丁寶臣以太子中允知剡始至流大姓一人衆皆悅服除弊興利甚衆移知諸暨其治如剡越人咸以爲循吏云後

歷秘閣校理。同知太常禮院。久處館職。英宗深知其賢。每論人材必稱之。後爲言者所指。出倅永州。卒。

元珍公祠　錫金縣志 祠祀

丁太常祠在北延鄉東亭。祀宋進士第。太子中允峽州軍事判官。祕閣校理。知太常院博士寶臣。同治八年。裔孫亦華妻楊氏建。

元珍公軼事　校經齋筆記

元珍公。與歐陽文忠王介甫爲執友。沒後。兩人爲作墓表誌銘。具存集內。介甫并有祭文一首。極知己之感。蓋介甫未知名時。公曾捡揚提挈之者。至歐陽永叔。本係同年。其訂交蓋在同官夷陵時。苕溪漁隱叢話所載歐陽公在朝時。曾夢至一處。排班行禮。公位在丁之下。深訝之。後謫夷陵令。丁爲峽州判官。班在令上。一日謁廟行香。恍如前夢。歐陽公作五古一首記之。

壽夫公軼事 別見錫金識小錄舊譜紀異　康熙庚午無錫縣志

文莊幼與同邑丁松年惠遠稱三奇童。嘗同至洞虛宮嗣龍山房道士。年八十餘。謂曰。聞三君敏妙。吾有王學士壽先師祖文千餘言。能誦十過記之。當烹白鵝以進。於是丁誦一過。背之不失一字。惠誦二過。訛四五字。邵細讀三過。又側聽二子背誦各一。訛十餘字。道士大笑進鵝。既去。謂弟子曰。邵子深沈寡言。舉止不苟。此遠大之器。二子質敏而氣浮。非其倫也。時三人皆十餘歲。又三年。而丁以儒士第一人應舉不第。尋卒。惠後仕終順天通判。悉如道士言。雜識

南洲公軼事　錫金識小錄

丁南洲。姿貌岸偉。守正持方。不爲禍福禪機搖動。卜日葬親。值天大雨。立驅翣人。姑俟天霽。衆曰。霽而不吉奈何。曰。吾親畏雨。何忍令吾親冒雨而行乎。卒俟晴明後葬焉。服闋舉於鄉。仕至魯王左相。

龍峯公傳　康熙庚午無錫縣志

丁謹。字懋庸。復姓俞氏。嘉靖四年。鄉舉時有建坊金之類。悉畀族黨之貧者。已徒步赴京師會試。十年不第。家益貧。與一僕文壽者。相倚自給。知縣鄭普。久知其名而未相識。將去。謁謹請見。强而後可。再拜歎息乃行。舉二十三年進士。遇意所不可。輒飲酒。飲輒醉。除黃巖知縣。治務簡靜。至官八十日而卒。邑令郭邦光經紀其喪以歸。宦蹟

龍峯公軼事 別見梁溪雜事　錫金識小錄

丁于德謹。魯王長史延年之繼子也。幼時。入號聖童。其居近石灰橋。長史晨起。攜于德於門。見馬過橋來。口吟云。馬過板橋霜正滑。于德應聲曰。雞鳴茅店日初升。時甫七齡耳。長史大喜。問何以能爾。曰。阿父不嘗吟雞聲茅店月。人跡板橋霜乎。其穎敏如此。後成進士。任黃岩知縣。

君蕃公傳　乾隆庚午無錫縣志

丁明俊。字樹滋。性孝友。父命析產。悉推與寡嫂。獨身治生。有贏餘。以什之二。與其孤甥。而已更與兄子中分之。其振人之絕。慷慨無慍。有大帥鎮蘇撤回兵繹騷。明俊獨延其伍長。厚飲食。與好語。令戢束麾下。皆喜曰如約。過南塘。帖然無譁者。行義

君蕃公傳　嘉慶癸酉錫金縣志

丁明俊。字樹滋。父命析產。悉推與寡嫂。獨身治生。有贏餘。以什之二與其孤甥。而已更與兄子中分之。有大帥鎭蘇撤回兵繹騷。明俊獨延其伍長。厚飲食之。令戢衆。由是兵過南塘無譁者。行義

君蕃公軼事　錫金識小錄

丁氏居南塘。多習賈。君蕃始爲牙行·代客鬻價。業漸起。有鄉人五鼓入城。於路見銀錠無數。悉拾之。置於囊。至君蕃門·覺囊中蠕蠕動。探而視之。所拾者悉青蛙也。大驚。悉傾之於地。時天甫明。其人去。君蕃啓門見之。銀也。取而藏之。由是家益饒裕。後亦蕃衍有仕者。其曾孫從予遊。言此。

留菴公傳　乾隆庚午無錫縣志

南塘丁氏眞譜　卷次之七　家乘　四

丁紹美。字西文。幼孤。育於從兄。稍長。挾與斂租鄉莊。紹美晝隨行。夜匿誦讀。兄覺之。喜。聽就學。補諸生。喜探維閩源流。體驗而身行之。益深於易。事從兄如父。從兄死·二子業不守。紹美以所受修脯賚之。末隧。時出詈言。賚之如初。子起元亦孝友。授經里中。有大小丁先生之目。孝友

筠皋公傳　乾隆庚午無錫縣志

丁濟美。字斐照。附貢生。選壽州學訓導。壽故有社學八。皆廢。濟美至。銳意作人。濟美乃萃州士於城南青雲菴。具膳立課。月必三。復相地宮牆間。爲堂三楹。選師聚生徒。而身董課之。凡建置膳脩。皆捐俸率之。閱十年乞身歸。宦蹟

鴻洲公傳　梁溪詩鈔

丁司馬熼。字元昭。號鴻洲。官廣東廉州同知。著有吾齋詩草。杜雲川丁端如爲之序。

約齋公傳　乾隆庚午無錫縣志

丁詮。字南昭。康熙中以歲貢司訓興化。丁艱起。補安慶府訓。勤職葺學。雪誣斥之生。平難解之訟。一持公道。拒賄謁。其立教以急聳親循矩度爲第一義。在官二十餘年。士無以逋糧造覺敗者。宦蹟

德貽公傳　道光庚子錫金縣志

丁起元。字升南。紹美子。諸生。稟承家學。不趨時好。與父並授經里中。一時有大小丁先生之號。侍父側。愉色婉容。終身作孺子慕。兄弟友愛無間言。孝友

聞菴公傳　嘉慶癸酉錫金縣志

南塘丁氏眞譜　卷次之七　家乘　五

丁鶴起。字乾九。父詮。歲貢生。司訓安慶。常爲諸生申雪冤枉。與同時舒城教諭朱灝生。宣城訓導顧振基。並有聲譽。鶴起由國子生效用南河·爲嵇文敏曾筠所器。授主簿。累遷至安慶同知。其令陳留最久。償積逋。愼庶獄。飛蝗過境。下令捕之。蝗抱穗死。去官日。民多泣送·其治蹟皆類此。從弟王士。舉人。好爲詩。歷官松谿漳浦知縣。有惠愛。子亭尹志。並由舉人歷廣東知府。以才幹稱。宦望

長孺公傳　梁溪詩鈔

丁孝義王士·字長孺。號蓼渚。丙子舉人。四十登賢書。五十而筮仕。初授松溪令。調漳浦。移疾歸。以家貧不給饔飧。寄南禪古寺居焉。起爲孝義令。復以疾辭。其治尙廉靜。而人謂其在閩以猛。在晉以寬。飲水之風不移。出山之志不作矣。喜吟咏。歸田後。俯仰釣遊。優

游杖履往往載酒擕朋共相唱和然數人吟侶之外亦無有人知其能詩者著有蓼渚詩草年七十六卒於家

蘭谷公傳　道光庚子錫金縣志

丁亭字中臺鶴起子乾隆十五年舉人歷知長甯東莞南海等縣升惠州同知江西贛州府權吉南道終高州知府長甯民兄弟爭產亭流涕諭之皆感泣讓其貲以建橋曰聯氣橋知瓊州時生黎弄兵射殺巡檢某亭募鄕導偕總兵冒瘴霧疾馳縛其渠及黨百餘人以歸專乃定弟尹志雲銘尹志另有傳雲銘任廣西藤縣號難治雲銘恩威並施民懷其德宦望

菊圃公政績　嘉慶癸酉浙江常山縣志

乾隆六十年知縣丁如琦重修大成門改造兩廡新建敬一亭博

文約禮兩齋及土地祠盥洗所有記載藝文

舊學宮之明倫堂在大成殿後崇聖祠在明倫堂右教諭宅在明倫堂左泮池在丹墀下乾隆三十八年移泮池於櫺星門外訓導宅乾隆三十四年建兩齋久廢乾隆六十年復建敬一亭於明倫堂下翼以博文約禮二齋改明倫堂爲崇聖祠以舊祠爲訓導宅於教諭宅前堂增兩楹爲明倫堂又建土地祠盥洗所於戟門外左右青雲樓仍居巽方爲文明之位焉學校

乾隆五十八年六月米價騰貴鄕民搶掠知縣丁如琦嚴治之遂靖祥異

澹齋公傳　道光庚子錫金縣志

丁尹志字襄城乾隆二十一年舉人歷官肇慶廣州知府歲凶議平糶上官難之尹志委曲陳告卒得請紅毛夷以怨刼呂宋舟於澳門內俘其衆勢洶洶尹志密白左翼鎭於虎門張礮整師親往登其舶諭以外夷在內地無得相讎夷酋慴服歸呂宋俘事遂解子瀛洲任萬載知縣芳洲乾隆四十八年舉人番禺知縣閬洲循化同知並以廉敏稱於時丁氏數世友愛瀛洲之去萬載也虧款數千金芳洲閬洲醵金償之宦望

少伯公傳　梁溪詩鈔

丁浣香鋐原名景范字少伯師事杜雲川太史著有浣香詩鈔

西園公政績

城隍廟在州治西北前明知州張簡王儒盧大謨先後修葺我朝嘉慶二十年知州丁瀚重修嗣後官民隨時補緝

湛之公傳　道光庚子錫金縣志

丁禾字湛之諸生詩文有奇氣文苑附周暻傳

暢之公傳　光緒辛巳錫金縣志

丁彥和字暢之國子生以駢體爲林文忠則徐所知居其幕最久性嗜古畜金石陶器富而精雖屢空人以兼金易之不予也粤匪之亂彥和病廢不能徙全家遘難文苑

附錄錫金考乘一則

勾吳識略四卷王一元撰其稿本今屬丁暢之氏又云一元勾吳識略向未刊刻其原本近爲丁暢之氏所得余曾假觀一過

潘孺人傳　光緒辛巳錫金縣志

丁宇凡妻潘年三十而寡有子五家徒四壁守節四十年撫其子

俱成立。列女

馬烈女傳　光緒辛巳錫金縣志

國子生丁權聘妻馬玉姝，未嫁，聞權死，割耳自誓。其姑憐而迎之，歸旬餘，得咯血疾，不肯治，遂卒，年十八。時嘉慶十一年，郡人劉逢祿書其事。列女

吳烈女傳　光緒辛巳錫金縣志

丁煜聘妻吳氏，國子生春源女。年十五，煜歿，女請適丁成禮。翁廷梁憐女年少，固辭。女哀痛自經，母救之，得不死，遂適丁。事重闈盡孝，守貞十三年卒。旌。列女

南塘丁氏六修眞譜卷次之八

忠節表

十四世

瀾洲　贈候選同知。咸豐庚申四月粵匪陷城，暨繼配陳氏、子嘉相、董次女同時殉難。同治五年奉　旨旌獎，崇祀忠節祠。堯年公支

十五世

彥和　太學生。咸豐庚申四月暨妾曹氏、子燕翼同時殉難。奉　旨旌獎，崇祀忠節祠，載邑志殉難紳民表及文苑傳。堯年公支

嘉樹　從九品。咸豐庚申城陷殉難。奉　旨卹贈雲騎尉世職，崇祀忠節祠，載邑志殉難紳民表。堯年公支

霖　從九品職銜。咸豐庚申城陷殉難。奉　旨卹贈雲騎尉世職，崇祀忠節祠，載邑志殉難紳民表。堯年公支

十六世

壽然　咸豐庚申城陷，暨繼配浦氏同時殉難。奉　旨旌獎，崇祀忠節祠，載邑志殉難紳民表。堯年公支

粹然　咸豐庚申城陷，暨配陶氏同時殉難。奉　旨旌獎，崇祀忠節祠，載邑志殉難紳民表。堯年公支

金熬　咸豐庚申城陷，暨配張氏同時殉難。俟　旌。堯年公支

金鵬　咸豐庚申城陷，暨配秦氏、子向榮同時殉難。俟　旌。堯年公支

安熙　咸豐庚申城陷殉難。奉　旨旌獎，崇祀忠節祠，載邑志殉

難紳民表 堯年公支
純熙咸豐庚申城陷殉難奉　旨旌奬崇祀忠節祠載邑志殉
難紳民表 堯年公支
文炳浙江海鹽縣典史咸豐庚申城陷殉難奉　旨卹贈雲騎
尉世職崇祀昭忠祠載邑志殉難紳民表 堯年公支
成勳廣東候補巡檢咸豐庚申隨肇羅道劉出勦□匪陣亡候
旌 堯年公支
燦　浙江候補從九咸豐庚申二月杭城失陷殉難奉　旨卹
贈雲騎尉世職入祀杭城昭忠祠載邑志殉難紳民表 堯年
公支
廷諧太學生贈布政司經歷咸豐庚申暨配鄒氏同時殉難候

旌 堯年公支
十七世
財寶咸豐庚申城陷殉難候　旌 大年公支
長生同治壬戌遇賊殉難候　旌 大年公支
振基咸豐庚申城陷殉難奉　旨旌奬崇祀忠節祠載邑志殉
難紳民表 堯年公支
文垣太學生咸豐庚申城陷殉難奉　旨旌奬崇祀忠節祠載
邑志殉難紳民表 堯年公支
耀基咸豐庚申城陷殉難奉　旨旌奬崇祀忠節祠載邑志殉
難紳民表 堯年公支
丕基咸豐庚申城陷殉難奉　旨旌奬崇祀忠節祠載邑志殉

難紳民表 堯年公支
十八世
燮　太學生贈候選州同咸豐庚申城陷殉難奉　旨旌奬崇
祀忠節祠載邑志殉難紳民表 舜年公支
德隆咸豐庚申城陷殉難候　旌 文年公支
永盛咸豐庚申城陷殉難候　旌 大年公支
永興咸豐庚申城陷殉難候　旌 大年公支
永龍咸豐庚申城陷殉難候　旌 大年公支
永正咸豐庚申城陷殉難候　旌 大年公支
維鎮咸豐庚申城陷殉難奉　旨旌奬崇祀忠節祠載邑志殉
難紳民表 堯年公支

寶源咸豐庚申城陷殉難候　旌 堯年公支
十九世
城　議敘九品銜咸豐辛酉殉粵逆難奉　旨旌奬崇祀忠節
祠 舜年公支
厚培候選布政司經歷咸豐辛酉殉粵逆難奉　旨卹贈雲騎
尉世職崇祀忠節祠載邑志殉難紳民表 舜年公支
鎭基候選州同咸豐庚申城陷殉難奉　旨旌奬崇祀忠節祠
載邑志殉難紳民表 舜年公支

貞節表案凡道光間已經旌表者皆見道光庚戌譜又案道光譜另有旌表一類

二世

氏章小字妙貞諱仲綱配明洪武二十五年守志舉遺腹子撫
教成立道光十五年　詔旌崇祀貞節祠載邑志列女姓氏
錄

六世

氏徐明生員顯夫公諱文年繼配明正德元年年二十九守志
撫孤道光十五年　詔旌崇祀貞節祠載邑志列女姓氏錄
嘉慶癸酉邑志二十九卷作國朝丁顯夫

氏陳諱喬年配公二十三歲卒氏守志候　旌

九世

氏談起時公諱起慈配年二十五守志五十年明崇禎間　詔
旌崇祀貞節祠載邑志列女姓氏錄嘉慶癸酉邑志二十八
卷作丁起時 武年公支

氏李崇古公諱學儒繼配守志四十餘年撫孤成立道光十五
年　詔旌崇祀貞節祠載邑志列女姓氏錄 長年公支

十世

氏王念疇公諱宏遠配明天啓二年守志撫孤苦節四十餘年
道光十五年　詔旌崇祀貞節祠載邑志列女姓氏錄邑志
作丁洪遠 武年公支

氏潘字凡公諱見龍配守志撫孤苦節四十餘年道光十五年
詔旌崇祀貞節祠載邑志列女姓氏錄嘉慶癸酉邑志二
十七卷作丁字凡 大年公支

氏袁馨芝公號君藝諱桂蓁配年二十一夫故守志撫孤道光
十五年　詔旌崇祀貞節祠載邑志列女姓氏錄 堯年公支

十二世

氏毛明昆公諱允謙配年二十八夫故守志五十餘年乾隆六
年　詔旌崇祀貞節祠載邑志列女姓氏錄 武年公支

氏許乾可公諱振宗配守志三十餘年撫遺腹子成立道光十
五年　詔旌崇祀貞節祠載邑志列女姓氏錄 文年公支

十三世

氏葉國臻公諱昌祚配守志撫孤乾隆七年　詔旌崇祀貞節
祠載邑志列女姓氏錄 舜年公支

十四世

氏鄒德含公諱仁涵配年二十一守志撫孤四十餘年乾隆九
年　詔旌崇祀貞節祠載邑志列女姓氏錄 堯年公支

氏吳太學生梧菴公諱鳳洲配年二十七守志撫孤三十三年
壽至六十歲卒道光四年　詔旌崇祀貞節祠載邑志列女
姓氏錄 堯年公支

氏錢東河候補從九品樂山公諱蓬洲配年二十八守志二十
四年五十二歲卒道光十五年　詔旌崇祀貞節祠載邑志
列女姓氏錄 堯年公支

氏周太學生候選縣丞德中公諱龍洲繼配年二十四守志撫
孤十二年三十五歲卒道光十五年　詔旌崇祀貞節祠載

邑志列女姓氏錄堯年公支
氏李番禺縣知縣步青公號仲漁諱芳洲側室青年守志道光十五年　詔旌崇祀貞節祠載邑志列女姓氏錄堯年公支
氏羅巡檢質菴公諱有穀繼配暨一女咸豐庚申同殉粵逆難同治間　詔旌崇祀忠節祠載邑志列女姓氏錄堯年公支
氏宋附貢生鹿步巡檢犇堂公諱震側室咸豐庚申殉粵逆難同治間　詔旌崇祀忠節祠載邑志列女姓氏錄堯年公支
氏徐上珍公諱廷良配乾隆二十年守志撫孤嘉慶間　詔旌崇祀貞節祠載邑志列女姓氏錄宗譜未及詳載堯年公支
氏王議敘從九蘭芳公諱沅配咸豐庚申殉粵逆難同治間　詔旌崇祀忠節祠載邑志列女姓氏錄堯年公支

氏汪若川公諱浩洲配咸豐庚申殉粵逆難同治間　詔旌崇祀忠節祠載邑志列女姓氏錄堯年公支
氏陳伯仁公諱瀾洲繼配咸豐庚申殉粵逆難同治五年　詔旌崇祀忠節祠載邑志列女姓氏錄堯年公支

十五世

氏馬高生公諱權聘己酉優貢燦女小字玉姝未嫁聞公卒割耳自誓其姑憫而迎歸經旬餘得咯血疾不肯治遂卒時年二十一嘉慶十一年郡人劉逢祿書其事道光十五年　詔旌崇祀貞節祠載邑志列女姓氏錄堯年公支
氏陳舉人雙梧公諱榕配公應禮部試卒於京氏聞訃慟哭嘔血而歿年二十九道光十五年　詔旌崇祀貞節祠載邑志列女姓氏錄堯年公支
氏程邑庠生蔭之公諱杞配年十八守志四十五年卒道光十五年　詔旌崇祀貞節祠載邑志列女姓氏錄堯年公支
氏陶從九品煥之公諱椿配年二十七守志二十二年四十九歲卒道光十五年　詔旌崇祀貞節祠載邑志列女姓氏錄堯年公支
氏毛吏目端書公諱楷配年二十五守志道光十五年　詔旌崇祀貞節祠載邑志列女姓氏錄堯年公支
氏裘俟亭公諱樾配年三十守志撫孤候　旌堯年公支
氏唐聖瑞公諱鳳林配年三十守志十二年卒道光十五年　詔旌崇祀貞節祠載邑志列女姓氏錄堯年公支

氏任時乘公諱曜林配年二十三守志撫孤壽至六十歲卒道光十五年　詔旌崇祀忠節祠載邑志列女姓氏錄堯年公支
氏吳桂森公號林生諱士林配年二十九守志壽至六十四歲卒道光十五年　詔旌崇祀貞節祠載邑志列女姓氏錄堯年公支
氏范蘭谷公諱秀林配年三十守志撫孤壽至六十五歲卒道光十五年　詔旌崇祀貞節祠載邑志列女姓氏錄堯年公支
氏錢恭山公諱御林配年十九守志壽至六十歲卒道光十五年詔旌崇祀貞節祠載邑志列女姓氏錄堯年公支
氏曹太學生暢之公諱彥和側室咸豐庚申殉粵逆難同治間　詔旌崇祀忠節祠載邑志列女姓氏錄堯年公支

氏龔太學生希之公諱栻配咸豐庚申殉粵逆難同治間　詔
旌崇祀忠節祠載邑志列女姓氏錄堯年公支
氏龔問之公諱機配年三十守志候　旌堯年公支
氏周蓉橋公諱廷棟配年三十守志同治間　詔旌崇祀貞節
祠載邑志列女姓氏錄堯年公支
氏周宏度公諱廷桂配咸豐庚申殉粵逆難同治間　詔旌崇
祀忠節祠載邑志列女姓氏錄堯年公支
氏鄒蔚[illegible]公諱爾泰配咸豐庚申暨女瑞芳同殉粵逆難同治
間　詔旌崇祀忠節祠載邑志列女姓氏錄堯年公支
氏趙候選從九品載之公諱廷梁配年二十九守志撫孤咸豐
間　詔旌崇祀貞節祠載邑志列女姓氏錄堯年公支

氏雍芝庭公諱嘉懋配年二十一守志候　旌堯年公支
十六世
氏浦太學生晚香公諱柏森配年二十七守志撫孤候　旌堯
年公支
氏張泰瞻公諱兆熊配守志四十餘年候　旌武年公支
氏陸錦雲公諱以晅配年二十守志撫孤道光二十七年　詔
旌崇祀貞節祠載邑志列女姓氏錄邑志作丁以烜堯年公支
氏陳開周公諱承烈繼配咸豐庚申殉粵逆難同治五年　詔
旌崇祀忠節祠邑志姓氏錄缺載堯年公支
氏孫雪香公諱元熙配咸豐庚申殉粵逆難同治間　詔旌崇
祀忠節祠載邑志列女姓氏錄堯年公支

氏王太學生耀南公諱炳側室咸豐庚申殉粵逆難同治間
詔旌崇祀忠節祠載邑志列女姓氏錄堯年公支
氏陶立亭公諱卓然配咸豐庚申殉粵逆難同治間　詔旌崇
祀忠節祠載邑志列女姓氏錄堯年公支
氏浦履長公諱壽然繼配咸豐庚申殉粵逆難同治間　詔旌
崇祀忠節祠載邑志列女姓氏錄堯年公支
氏陶廣心公諱粹然配咸豐庚申殉粵逆難同治間　詔旌崇
祀忠節祠載邑志列女姓氏錄堯年公支
氏鄧　誥贈奉直大夫一泉公諱元烈配年二十三守志候
旌咸豐庚申殉粵逆難同治間　詔旌崇祀忠節祠載邑志
列女姓氏錄堯年公支

氏楊吉甫公諱承烈配年二十八守志撫孤同治間　詔旌載
邑志列女姓氏錄堯年公支
氏張苑香公諱金鰲配咸豐庚申殉粵逆難同治間　詔旌崇
祀忠節祠載邑志列女姓氏錄堯年公支
氏秦沁香公諱金鵬配咸豐庚申殉粵逆難候　旌堯年公支
氏王福建通判殿香公諱兆麟配咸豐庚申殉粵逆難同治間
詔旌崇祀忠節祠載邑志列女姓氏錄堯年公支
氏楊秀山公諱泉源配年二十三守志光緒二年　詔旌崇祀
忠節祠載邑志列女姓氏錄堯年公支
氏高議叙縣丞春槎公諱光烈配年二十六守志撫孤光緒二
年　詔旌載邑志列女姓字錄堯年公支

氏吳煜聘太學生春源女年十五公歿請適丁成禮翁憐女年
少固辭女哀痛自經母救之得不死遂適丁事重闈盡孝守
貞十三年卒同治間　詔旌崇祀貞節祠載邑志列女姓氏
錄堯年公支
十七世
氏陶雲帆公諱德成配咸豐庚申殉粵逆難同治間　詔旌崇
祀忠節祠載邑志列女姓氏錄堯年公支
氏沈光甫公諱瑞昌配年二十六夫故守節存年五十六歲由
禮部具奏於光緒三十四年奉　旨給銀建坊　旌表節孝
並入祠春秋致祭延年公支
氏李邑庠生子健公諱昌言配年二十七守志撫孤候　旌堯

年公支
氏王錦亭公諱鍈基配年三十守志撫孤候　旌堯年公支
氏華荷蓀公諱延基配咸豐庚申殉粵逆難候　旌堯年公支
氏孫珊葆公諱丕基配守志光緒二年　詔旌載邑志列女姓
氏錄堯年公支
十八世
氏王讓叙縣佐式卿公諱維鈺配年二十七守志撫孤候　旌
堯年公支
氏顧太學生爵五公諱煌配守志撫孤光緒六年　詔旌崇祀
貞節祠載邑志列女姓氏錄舜年公支
十九世

氏陳五品銜候補縣丞長生公諱鳳岐配守志撫孤奉　旨旌
節建坊文年公支
氏蘇太學生諱鳳林配守志撫孤奏請　旌節崇祀貞節祠文
年公支
二十一世
氏華若川公諱兆濬配矢志守節由　督撫學三院會同奏請
奉　旨旌節建坊入祠舜年公支
氏陳綏之公諱福清配年二十一守志撫孤彙　學院童題給
節孝流芳匾額奏請　詔旌舜年公支
氏王五品銜候選布理問澧人公諱汝濬配守志撫孤彙　聚
大總統頒給志潔行芳匾額文年公支

鄉飲表

十一世

煥 康熙丙辰十月舉鄉飲介賓 堯年公支

十三世

秉銓太學生贈廣東番禺縣鹿步巡檢乾隆己酉正月舉鄉飲介賓 堯年公支

十四世

鏞 邑增生嘉慶丙寅舉鄉飲介賓 堯年公支

十四世

桂洲乾隆戊申順天副榜陝西華州州判道光戊子舉鄉飲大賓 堯年公支

十五世

權 國子監典簿銜直隸獲鹿縣典史道光丁未舉鄉飲大賓 堯年公支

燦廷同治□□舉鄉飲賓 延年公支

南塘丁氏六修眞譜卷次之九

傳家集

敘例

先人著述皆燬於兵。今廣爲搜輯。略得一二。以存手澤。兼謝當時投贈詩文。不敢沒先人執友也。即垂香集例也。後人不得妄刪。自十五世以下。支派繁衍。雖有佳著。當擇其題有關係者。并以五紙爲限。略見梗概。蓋詩文多則刊刻費。後之修者益難爲力。恐譜牒從此散佚也。

十五世以上。著述雖大半已佚。其書目尚可攷。今另編如左。自十五世以下書目亦照錄入以備異日考證

文集四十卷 集賢校理丁寶臣元珍

吾齋詩草 廣東廉州府同知堯年支十一世 丁烘鴻洲

蓼渚詩鈔 乾隆丙子舉人孝義知縣堯年支十二世 丁王士號蓼渚

孟子講義 附監生私謚文裕堯年支十二世 丁鴻起號九臯

中庸揭要 丁鴻起

易經溯源 丁鴻起

蜩復論 丁鴻起

損益篇 丁鴻起

醫旨或問 丁鴻起

遯園文集 丁鴻起

遯園詩鈔 丁鴻起

蒓圃唫香集 乾隆癸酉舉人常山知縣堯年支十三世 丁如琦號蒓圃

浣香詩鈔　太學生堯年支十三世　丁景范少伯
三省齋詩稿　邑庠生堯年支十三世　丁鏞讀堂
中部縣志　陝西漢中府甯羌州知州堯年支十四世　丁瀚西圃默甫
菜根書屋詩鈔　丁瀚
西園賸稿　丁瀚
西園瑣述　丁瀚
廉讓堂詩鈔　乾隆癸卯舉人廣東番禺知縣堯年支十四世　丁芳洲仲漁
秋爽齋詩稿　乾隆戊申副榜華州州判堯年支十四世　丁桂洲秋溪
西神樵侍文集　嘉慶戊辰順天南元堯年支十五世　丁榕鳳千雙梧
雙梧吟館詩鈔　丁榕
率性齋詩稿　太學生堯年支十五世　丁緊平之
怡石齋詩稿　太學生堯年支十五世　丁彥和暢之
西神山人詩鈔　太學生堯年支十五世　丁玉藻采之
年譜　太學生堯年支十五世　丁鳴玉漱泉
聽秋聲館詞話　上洋通判堯年支十六世　丁紹儀杏舲
國朝詞綜補　丁紹儀
東瀛識略　丁紹儀
碧霞閣制藝　邑庠生堯年支十六世　丁元照子和
焦桐集　丁元照
惜晚吟草　丁元照
校經齋文集　道光壬辰舉人堯年支十七世　丁培芸石植卿
校經齋詩集　丁培

校經齋筆記　丁培
校經齋試帖　丁培
園徵吟試帖　丁培
述德錄　丁培

文

修學碑　慶曆八年五月日宋高似孫剡錄卷一載　丁寶臣

天之道。運乎上。地之道。處乎下。聖人之道。行乎其中。一物不生。非天之道。一民不治。非聖人之道。自堯舜禹湯文武成康至孔子。千餘年。治天下者。同其道也。亂天下者。異其道也。剡令沈振初作學舍。未及完而徙他官。寶臣至則嗣而成之。遷殿於其中。塑孔子像。高弟十人。配坐左右。新門巖巖。應門耽耽。兩序翼翼。中庭砥平。令與學者。春秋釋奠。朔望朝謁。於斯學也。其可廢乎。噫。聖道與天地無窮。天地毀。則聖人之道。或幾乎熄。學其可廢乎。

宣和中燬於盜。建炎元年。令應彬建孔子殿。後三年。蜀郡范仲將始置廊廡。又明年。淄川姜仲開始大之。

舊經載孔子廟堂在縣東南。慶歷入年。縣令丁寶臣創。臨川王安國平父爲記。今不存

石隄記　從紀昀庚辰集門對浙江潮詩註輯出　丁寶臣

初景祐中。轉運使張公伯起。善爲捍禦之策。謂故隄率薪土雜治。不一二歲輒壞。雖勤繕構。卒不足恃。而重勞吾民。乃作石隄。袤一十二里。民賴以安。

舉丁寶臣狀　歐陽修

右臣竊見太常丞湖州監酒務丁寶臣。前任知端州日。因遭儂智高事停官。敘理監當。方智高攻劫嶺南州縣。例以素無備禦。官吏各至奔逃。兼聞當時獨寶臣曾捉得智高探事人。便行斬決。及曾鬬敵。朝廷以其如此。故他人皆奪兩官。獨寶臣只奪一官。以此見其比衆人情理之輕。臣伏見寶臣履行清純。頗有官業。惟海賊遽至。力屈致敗。出於不幸。今者伏遇給享恩赦。欲望聖慈特與不候監當滿任。牽復官資。就移一親民差遣。如後犯入己贓。臣甘當同罪。謹具奏聞。伏候敕旨。

回丁判官書 景祐三年　　歐陽修

修之得夷陵也。天子以有罪而不忍即誅。與之一邑而告以訓曰。往字吾民。而無重前悔。故其受命也。始懼而後喜。自謂曰。幸而謂

夷陵之不幸也。夫有罪而猶得邑。又撫安之曰。無重前悔。是以自幸也。昔春秋時。鄭詹自齊逃來。傳者曰甚。佞人來。佞人來矣。此不欲佞人入其邦而惡其來甚之之辭也。修之是行也。以謂夷陵之官相與語於府。吏相與語於家。民相與語於道。皆曰罪人來矣。凡夷陵之人。莫不惡之。而不欲入其邦。若魯國之惡鄭詹來者。故曰夷陵不幸也。及舟次江陵之建寧縣。人來自夷陵。首蒙示書一通。言文意勤。不徒不惡之。而又加以厚禮。出其意料之外。不勝甚喜。而且有不自遂之心焉。夫人有厚己而自如者。恃其中有所以當之而不愧也。如修之愚。少無師傳。而學出已見。未一發其蘊。忽發焉果輒得罪。是其學不本實。而其中空虛。無有而然也。今猶未獲一見君子。而先辱以書。待之厚意。以空虛之質。當甚厚之意。竊懼既見而不若所待。徒重媿爾。且為政者之懲有罪也。若不鞭膚刑肉以痛切其身。則必擇惡地而斥之。使其奔走顛躓。窘苦左山右窪。前虺虎而後蒺蔾。動不逢偶吉而輒奇凶。其狀可為閔笑。所以深困辱之者。欲其知自悔而改為善也。此亦為政者之仁也。故使得罪也。與之一邑。使載其老母寡妹。浮五千五百之江湖。冒大熱而履深險。一有風波之危。則叫號神明以乞須臾之命。幸至其所。則折身下首以事上官。吏人連呼姓名。喝出使拜。起則趨而走。設有大會。則坐之壁下。使與州校役人為等伍。得一食未徹俎而先走出。上官遇之。喜怒訶詰。常斂手慄股以伺顏色。冀一語之溫和不可得。所以困辱之如此者。亦欲其能自悔咎而改為善也。故修之來也。惟困辱之是期。今乃不然。獨蒙加以厚禮。而不以有罪困

辱之。使不窮厄而得其所為。以無重悔如前訓。可謂幸矣。然懼其頑心而不知自改也。夫士窮莫不欲人之閔己。然非有深仁厚義君子之閔矣。則又懼且慚焉。謹因弓手還。敢布所懷。不勝區區。伏惟幸察。

祭丁元珍學士文　　歐陽修

嗚呼元珍。善惡之殊。如火與水。不能相容。其勢然爾。是故鄉人皆好。孔子不然。惡於不善。然後為賢。子之美才。懿行純德。誰稱諸朝。當世有識。子之憔悴。遂以湮淪。問誰惡子。可知其人。毀善之言。譬如蠅矢。點彼白玉。濯之而已。小人得志。暫快一時。要其得失。後世方知。受侮被謗。無如仲尼。巍然袞冕。不祀桓魋。孟軻之道。愈久彌光。名尊四方。不數臧倉。是以君子。修身以俟。擾擾好愚。經營一世。

殆榮華之消歇。嗟泯沒其誰祀。是皆生則狐鼠。死則狗彘。惟一賢
之不幸。歷千載而猶傷。自古孰不有死。至今獨弔乎沅湘。彼靈均
之事業。初未見於南邦。使不遭羅於放斥。未必功顯而名彰。然則
彼讒人之致力。乃借譽於揄揚。嗚呼元珍。道之窮塞。有命在天。其
如予何。孔孟亦然。何以慰子。聊爲此言。寄哀一奠。有淚漣漣。

祭丁元珍學士文　　王安石

我初閉門。屈首書詩。一出涉世。茫無所知。援挈覆護。免於阽危。雖
培浸灌。使有華滋。微吾元珍。我始弗殖。如何棄我。隕命一昔。以忠
出怨。以信得仁。至於白首。困厄窮屯。又從蹐之。使以躓死。豈伊人
尤。天實爲此。有粲彼石。可誌於邱。雖不屬我。我其徂求。請著君德。
銘之九幽。以馳我哀。不在繆差。

與丁元珍書　　王安石

某頓首。過廣曾欲作書。遣人奉訊動止。以有故亟歸。是以雖作書
而不果遣。辱教承知屢賜問。然不得也。亦嘗附狀。何爲皆不至乎。
曹振佳士。已爲發令狀。如此人雖微元珍之教。固不敢失。況重以
元珍之見喩乎。前書已報左右。恐不到。故復以聞。求郡固且止。甚
荷見教。然某之所請。不爲無辭。若執政不察。直以爲罪。則某何敢
解免。如欲盡其辭而然後加之罪。則某固有本末。非今日苟然欲
避煩勞而求佚也。古者一道德以同俗。故士有揆古人之所爲以
自守。則人無異論。今家異道。人殊德。士之欲自守者。又牽於末俗
之勢。不得事事如古。則人之異論。可悉弭乎。要當擇其近於禮義
而無大譴者取之耳。不審足下終將何以爲僕謀哉。秋冷自愛重
之。望冬間復到廣州。冀或一邂從者。爲境上之會。不審可求檄來
否耳。不宣。

祭元珍公文

維年月日。都官外郎古襄門生許安世。（安世爲宋英宗治平四年狀元）謹以香帛牲
醴。遣姪許顯遙祭於
尊師丁老大人先生之靈。嗚呼先生。何爲而然。何辜於天。誰不遐
壽。而於先生。獨嗇其年。誰不宦顯。而於先生。終以倅讁。嗟嗟先生。
質賦完偉。氣豪養粹。學博而不涉於靡。理精而不流於晦。文奇而
不騰於誕。論卓而不牽於怪。身孔孟之正傳。抱伊周之宏烈。先生
與兄都官。聯登張唐卿榜進士第。伯仲詩文倡和。聲重朝野。甚爲
歐陽先生所識器。先生任秘閣校理。知太常。　朝廷每論人物。益

知其賢。必以先生稱首。時擢居要任。以沛厥施。忽中權大變。而端
州之播決矣。卒以捍禦儂智高南州鮮備。故屢招讒口。竟致擯斥
淪亡。嗟哉嗟哉。豈天不爲斯文之墜之憫耶。抑豐於德者嗇於遇
耶。果仁者恆黯黯以沒世。而小人宜赫赫在位耶。先生以道德淑
後賢。以文章起科第。以名節重邦閭。以聞望垂沒世。歷宦不數任
而業益光。立朝不數載而名益重。二子玉立。諸孫恂如。家學之承。
庭訓之守。固有不亡者存。以慰先生於九泉者。其在斯歟。其在斯
歟。愧安世薄宦四方。及門是歉。早膺猶子之視。未展視父之儀。方
圖掛冠東闕。引轄西郊。聆弦歌擊磬之音。締居夷乘桴之義。以尋
春風沂水之樂。而先生卒矣。存也。百官之富。宗廟之美。得升夫子
之堂。歿也。江漢之濯。秋陽之暴。莫慰哲人之逝。安世誠名教罪人

也。天乎天乎。痛忍言哉。仰斗杓以興哀。瞻衡嶠而出涕。師模遽瘁•小子疇依。故安世始爲斯世斯民哭。而繼以哭吾私。尙饗。

祭龍崗公文

維年月日。門生。兵科左給事中曹懷。鄉貢士陳義。太學生江陰張滕華心傳吳輅。庠生葛泰錢疇何學浦天祥唐錫談禮姚鸞錢贇朱子冕賈山賈愚鮑芹王國元王國儒等。謹具淸酌之儀。致祭吾師龍崗丁老先生之靈曰。惟靈龍山鍾秀。梁溪孕精。篤生我師。爲時俊英。年方髫齔。庠序蜚聲。魏武遺令。綽有文名。公輔爲期。慶雲景星。懷等及四歲月不同。先生示教。令始令終。或陞國學。或游黌宮。或以鄉居。或給事中。不忘厥德。敢負厥功。夫何天不慭遺。泰山其頹。哭臨甫畢。襄事聿催。俯想恩義。云胡不悲。永訣在茲。奠此

一盃。嗚呼哀哉。尙饗。

與泉丁隱君華誕諸君贈言小序

與泉隱君。嘉靖乙卯之誕。與始生月日胳合。人咸以爲造物之奇爲厥子某樂君鍾是奇也。走伻速賓。割鮮佇釀。爲君壽。如期而親友踵君之門者。國學上舍。時則有若許子魯泉。郡邑庠彥。時則有若苗子秋白。惠子南崗。許子愛日。趙子文江。俞子少峯。丁子龍南。惠麓耆儒。則邵小峯郭慕椿二人。師也。句吳遺獻。則龍峯邵氏。懶雲徐氏。秋泉殷氏。愛山杜氏之與吳毅堂也。咸萃於隱君之寓。與君揖讓。就坐奠爵。爲酒數行。龍南子避席請曰。今日之燕。勝友如雲。昌言滿座。願客吐布胸中之奇。爲家伯父耋耄期頤張本之頌。可乎。惟時衆賓歡然。亦首肯之。爲序。爲詞。爲五言律詩。暨五言古風。各一人。七言絕句二人。律詩七人。古風三人。詩成。次第捧巵歌詠以醻隱君。君復酌巵酬賓。而其爲燕也亦光矣。淸河張希哲氏時而偉之。於是乎記。

木菴張問明頓首譔

與泉丁翁誕日贈言序

吳下多佳山水。醞釀淸泉•流蔭茲土。故邦之人語壽考而有遐福者。皆以吾錫爲最。而其間淸冷潤澤之氣。又有獨發於一人。獨奇於一事。世澤綿延而不可解者。又以丁氏爲最。丁氏諸賢。其出者多循吏良能之稱。其處者有節義廉讓之行。以隱君子自名者。又有與泉翁爲最。與泉翁之壽。自弘治戊午冬仲有閏。而其日爲乙丑。則凡語多壽而鍾奇誕。又以翁之懸弧爲最。蓋歷今五十八年。

又値冬仲有閏。而日又乙丑。爲夫以吾錫斯泉。推壽一邑。而先發于丁氏。獨擅於隱君。又最奇于隱者之誕日。則斯泉一脈。其積之也久。其發之也深。其爲流也長。其取蔭也遠。蓋以數百年於茲矣。而益灌漑培植於與泉翁。由此言之。則翁之壽正未艾也。生輩値此奇節。各述小詩寄賀。易以蔄序。僭語上方。

秋白苗子易頓首譔

壽州義學述

古者士本於農。入而橫經。出而負耒。閭胥比長。莫非師也。管子作內政。令四民異處。已非先生之舊。然所謂少而習焉。其心安焉。不見異物而遷。則於教法近之。社學之制。昉於明初。(洪武八年)著於會典。備於學政全書。蓋卽古黨庠術序之類。其後名存實亡。至有以社

生之名廟學校者
國朝奉有查革之議（康熙二十五年作）所以防冒濫重名器也壽州社學見於乘志凡八而城內居其半今其遺跡可考者一耳辛卯春黔中張公來較士檄州縣復社學適余奉
命訓壽偕學正呂君撫故事以聞既念州之人比歲弗稔貧民窘於修脯以致子弟廢業者甚衆閭巷之間絃誦寥寥慮無以廣上之人作育人材至意乃諏於紳耆議建義學以補所未備先擇於城南隅奎樓之下曰青雲菴者中有空舍可容生徒數十人公舉諸生有學行者設帳其中遠近子弟願受學者聽余既捐俸資其膳修事聞上臺獎勵有加嗣後學者寖衆菴不能容越五年乃卜地學宮文昌殿後築室三楹丁酉正月經始四月落成紳士請余書其事余嘗考壽之風俗號爲近古忠孝節義之事不絕於書今流風亦少閒矣記有之禁於未發之謂豫易曰蒙以養正聖功也巓豕之牙童牛之牿聖人三致意焉是故爲之師者非特授之章句而已約束以固其防講論以通其惑誘掖獎勸以鼓其氣而達其材安知今日横經負笈於斯地者非即他日對揚
大廷翺翔雲路者乎不然而敦崇本業誦法先王少無蕩檢踰閑之習長稱鄉黨自好之士爲師與父兄者亦與有榮焉視彼嗜利逐末喜夸好爭冒法網以隕其身名者其相去何如也若夫忽作忽輟出入無常或見異而思遷始勤而終怠以負上之作育大非余所望於師與父兄者也方今
聖教修明人材蔚起余謭劣無能惟稱引舊聞期與壽之父老子

弟共相勉勵少裨風教於萬一於是乎書
康熙五十六年歲次丁酉錫山濟美謹述

壽州學博鈞臯丁君義學誌

壽志載社學八所久廢不立僅存者惟梓潼觀一義學耳歲庚寅梁溪丁君濟美字雯昭司鐸是邦慨然捐俸振興增設萃州之俊秀於城南奎閣之下日有課月有試一時人文蔚起自壬辰越丙申歷歲科童試君之門下奪幟黌宮不下二十餘士亦云盛矣猶念僻處城隅未足廣其教丁酉春復於學宮文昌祠後隙地搆講堂三楹門廡牆垣皆具凡良材堅甓之用造作工役之費金碧丹雘之需悉君捐貲經營期年而告竣郡人士仰君之德紀述詠歌不足以罄其懷來諸生梁御謝令樹劉鋭請於州牧李侯將勒石以垂永久侯寓書京師丐余言記其事余聞之而歎曰國家化民成俗之道必由於學夫義學者所以養正儲英專業輔學以成其治者也業專則道明道明則教化行風俗美今
天子崇學校興教化責任師儒君以實心行實政道高而望重志閒而行方文體有起衰式靡之功士行有立懦廉頑之效猶捐重貲建義學克殫厥職若此將見從遊之士磨礱攻錯日新月異業專而道明處爲端士出爲名臣則君之有造於吾壽與有裨於
國家者豈淺鮮哉余應李侯之請以見閒曹中爲國儲才有若君之用心誠爲難得而旦夕需遷據經濟之大用化民成俗幾於古治徧天下及後世舉視諸此爲爰系諸銘銘曰
錫山名賢學宗濂洛應召談經宣教秉鐸晰理延師斯文振作濟

濟英英。菁莪棫樸。如玉如金。荷其繩削。建設芸館。萃我後覺。於爲
仰瞻。輝煌錯落。爲琢爲磨。會文講學。列柏松筠。樂君之樂。億萬斯
年。風高渾噩。

賜進士出身通議大夫順天府府尹都察院左僉都御史甲午科
貴州正主考大理寺少卿奉
簡奉天府府丞兼攝府尹事提督奉天等處學政通政司左右參
議前掌登聞院事務掌河南道監察御史戊子己丑北直鄉會
同考試官掌京畿道察監御史協理江南浙江山東陝西道事
務貴州道監察御史巡視南城前浙江丙子科同考試官年家
眷弟僉化鵬青岳甫頓首拜撰

康熙五十七年歲次戊戌桂月　穀旦

公祭丁母秦太孺人　黃邛

嗚呼。懿懿寒風。蕭蕭落葉。蓮凋華井。嗟坤範之空存。月暗瑤臺。歎母儀之遽失。此仁孚遐邇。靡不瞻丹旐而傷懷。況誼切葭莩。能無聽虞歌而掩泣。惟太孺人河東名族。淮海孫枝。尹姞門高。幼稟過庭之訓。韋平世貴。長嫻內則之儀。淑慎性成。本無關于姆教。徽柔早著。羣已奉爲女師。其歸我約齋太親翁也。相莊鴻案。共推林下之風。對挽鹿車。彌起房中之譽。三春花暖。勿替勤勞。五夜更寒。猶聞機杼。處家則鳴雞弋雁。用成夫子之令名。之官而割少分甘。克佐興賢之化。兩分齋講業。固共遵安定成規。隔幔傳書。且競說文宣懿矩。洵爲巾幗所難能。羣羨閨房之僅事。異體之提攜倍篤。在桑之仁愛維均。乍詠齊牢。遽勤鞠育。纔踰廟見。便著恩勤。晨昏不懈。其維持。情逾自出。衣履親調。夫寒煖。恩甚同生。既而太親翁清官遠羈。太孺人則母而兼父。既晝荻以授書。亦丸熊而助苦。典衣勿惜。買書資稽古之功。截髮何辭。留賓冀親賢之助。迨仲君之奮翮花縣。試利器於專城。千里飛書。惟慎惟清。勉無負生平之志。一緘遠致。愛民愛國。戒勿忘乃父之心。是知製錦才工。皆本閫機之善教。懸魚節著。永懷封鮓之芳型也。況復情通任岬。性愛解推。恆賙貧而恤寠。亦濟乏以扶災。閃閃青燐。澤及寒原之枯骨。凄凄寒月。恩加委巷之窮嫠。其厚也如是。宜大耋之可期。何意夫人城圮。天姥峯傾。日在禺中。竟返瑤池之駕。陽生嶰谷。遄爲元圃之征。能無閭里鮮春杵之相。街衢多夜哭之聲也哉。某等忝居戚末。素託通門。欽陶母芳儀。遽遭塵劫。頌敬姜明訓。忽愴波澌。莫罄慈萱之行。難形寸草之心。爰陳清酌。敬薦芳蓀。冀靈輀之暫駐。庶來格而來歆。

代陳留耆老祭丁公母夫人文　黃邛

嗚呼。情之所不能已者。卽爲禮之所不可無。如吾儕之蠢蠢。實朴鄙而頑愚。譬嬰孩之失乳兮。不自禁其愴怛而嗚嗚。念我侯之大孝兮。悲失母而難留。惟侯實衆人之母兮。乃吾儕所永託而無憂。憶大浸之稽天兮。惟侯疏濬其狂流。更大旱之爍石兮。惟侯步禱乎層邱。迄災祲之既成兮。乃繪圖而上告。翳飛蝗之食我黍兮。乃出宿乎豐草。分四門而設賑兮。喜哀鴻之既飽。吏來無怒兮。催科不擾。民歡子來兮。力役省少。苞苴絕兮。迹訟庭兮草靑。四郊兮鼓腹。堂上兮鳴琴。士安兮弦誦。農樂兮耕耘。惟十年之成化兮。左饘

右粥。犬吠無驚。雖豐碑之屹立兮。其不能忘者。尤在吾儕耿耿之心。今侯將舍我而言旋兮。烏能已於泣涕而沾衿。吁嗟乎。侯之惠兮母之慈。母仙逝兮侯孔悲。我愛侯兮侯愛母。薦野蔌兮陳蕪辭。覊溪毛兮酌溪水。靈之來兮永歆止。

祭丁母秦太孺人（代陳留吏書作） 黃邛

嗚呼。白雲渺渺。靑艸茫茫。河縣之繁花。方欣爛熳。北堂之萱樹。遽見摧傷。斯則召父難留。百室盡心驚乎失恃。寇公莫借。千村皆淚落而沾裳者矣。惟茲莘邑。地處河隈。値民生之凋瘵。賴賢宰之維持。撫字心殷。人歌五袴。催科政簡。麥秀雙岐。製錦才工。知本斷機之教。懸魚化洽。永懷封鮓之思。四野咸仁君之德。十年皆慈母之貽。是太夫人之化被于茲邑者。綿乎渺乎。不啻其浹髓而淪肌也。

恭惟太夫人淑愼早著。徽柔性成。尹姞門高。不尚繁華之飾。韋平世貴。彌工操作之勤。相夫而戈雁鳴雞。化滿桐川之雨。課子而丸熊畫荻。毓來南國之英。剉薦之恩勤倍篤。在桑之仁愛惟均。千里傳書。不讓敬姜懿範。一緘却餽。何慚陶母芳型。嗚呼。綵服堪娛。捧檄志喜。既持節而迎。旋擁輿而侍。緋衣便作斑衣。官署欣爲子署。歌淸朝燕喜之詩。看紫誥回鸞之勢。固已盡色養之隆儀。益足敦天倫之樂事。而乃中年多病。何堪車馬長途。本性耽憂。不樂驅馳遠道。空餘愛日之忱。彌歎春輝之報。此詩人所以將母興嗟。貞臣所以獨賢致悼。況夫雪來柳往。正深涉屺之悲。竹殞蓮摧。竟得返眞之耗。能無悲哀欲絕。望故國而長號。躄踴忘生。呼蒼旻而莫告也哉。然而古稱大孝。首重顯親。自昔賢媛。惟期報主。既已驥黃媿

美。績著循良。何殊曾閔齊芳。親供甘旨。斯亦足以伸罔極之深情。慰終天之思慕也已。某等夙荷栽培。久叨福庇。蓮花幕下。未足擬三字之椽。懸鏡堂前。竊幸託二天之庇。驚哀訃之遄來。悵攀號之莫逮。感孝子之神傷。切輿情之共戴。奠桂酒之淸芬。儼淑靈之如在。尙饗。

六世胞叔祖闇菴公治陳留十年。乾隆十四年二月。遭秦太恭人喪。去官日。士民泣送。相接于道。政蹟載邑志宦望。此三首皆見爻資別稿。光緒二十一年乙未十月二十八日。福保錄畢謹記。

重修學宮碑記（載浙江常山縣志藝文） 丁如琦

學宮之設。所以奉先師。興後學也。而於一邑之治化。實有關焉。考

常山之學。創建於嘉靖間。其後歷年既多。浸以傾圮。康熙五十八年己亥。縣尹孔毓璣始捐俸次第增修。夫常山據浙上游。山川秀麗。翠繞烟環。扶輿靈淑之氣。宜其鬱積奮興。擷榜花登仕籍者。後先接踵而起。詎邇年以來。學宮日就頹廢。今年春。邑紳士以修建之議來告。余曰。此有司之責也。乃與廣文海鹽顧君一淸秀水何君振權。協心經畫。相度基址。庀工興事。改舊明倫堂爲啟聖宮。移建明倫堂於諭署之前。新建博文約禮兩齋於大成殿之後。其東西兩房。與名宦鄉賢二祠。戟門櫺星門。及庖庫亭池屏牆階戺之屬。一一整理。凡閱八月告竣。黝堊丹漆。煥然一新。視其規模有踰於舊。余既悅斯役之速竣也。又願斯土之士。游聖人之門牆。端一身之行習。道德以爲地。忠信以爲基。仁以爲宅。義以爲路。禮以爲

門六經以爲戶牖四子以爲階梯勵其志氣儲其材幹以備國家之求至於人文之炳蔚科甲之蟬聯固將旦暮遇之又何必屑屑言之哉余以丁未之秋來蒞茲土知學宮廢壞卽欲僝修緣役役於簿書錢穀之中因循未果閱七年之久始克從事於此既有關於教化士民之本而幷喜初志之得遂也故記之

西園瑣述　丁瀚

原書已佚今從聽秋聲館詞話輯出數條聊以存先人之筆墨云爾

楊蓉裳農部以拔貢生令伏羌值回匪肆逆力守危城甫解嚴適王蘭泉司寇方爲觀察提師至卽賦五言長排並紀事詩百韻索和好整以暇如此

梁汾典籍弱冠遊輦下寓居蕭寺一日扃戶出龔文毅鼎孳入寺答客於窗隙中見壁間題詩有落葉滿天聲似雨關卿何事不成眠句大驚歎向寺僧詢姓名去稱譽於朝時納蘭相國明珠方官侍郎卽延爲上客旋舉康熙五年京兆第二人官內閣典籍

昔經山右張蘭鎮見旅壁題詞調寄鵲踏枝云簾外曉寒風力悄欲換羅衣尚怯春光早剛著柳梢新綠到弄晴枝上聞啼鳥〇怪煞紫騮嘶漸杳試問金鈴護得花多少一樣春眠偏易覺輪他小妹忘春曉字極秀媚不知何人所作

復秋溪從芙蓉山館尺牘中錄出　楊芳燦

月之十七日台旆榮發不及趨送爲歉頃奉手翰敬悉三兄大人蒞任以來諸凡順序欣慰無似惟冠蓋絡繹酬應爲勞過此以往想可淸閒矣家斐園五兄身後孤寡零丁朝不謀夕深繫關切感何可言來札云云弟非不日夜縈懷無如人微言輕呼號莫應兼之上遊諸公日來正在迎送之際忙冗異常卽時常請謁十往九不見面且言多則不靈卽如現在穀甫先生旅櫬回南彭山泉之世兄聞訃奔喪仰藉於方伯觀察二公者均託弟轉致言之眞覺其煩亦復久無應驗奈何日昨晤虛菴丈囑其將前日知單公分催陳四兄湊齊寄至華州暫供朝夕饔飧之費然恐急切亦難集脉也弟頑軀猶適顧雲坪之病幸已向愈每日能食糜粥四五次矣諸承垂念故以附聞西園昨有來信二十日卸事月初可以來省專此佈復敬請升祉不盡欲陳令郎三表兄均此此字祈送岳生舍姪一看與見山商定後當再寄信也又行

致中部丁明府　楊芳燦

靑陽應律馺雪時晴頌福祉之綏和想起居之淸豫正擬修箋佈賀乃蒙華翰先頒並荷專足相迎朱提惠貽發函環誦摯誼勤拳雖至戚不敢言謝而感銘心版矣藉稔老表弟大人褆躬集慶錦署康娛欣慰無量二甥在都想有信回其文筆英秀愚之所知今春盼其聯掇大魁爲媚鄗之光也愚與吾弟睽離日久渴欲一圖把晤暢敘親情況蜜炬迎年椒盤守歲高齋樂事定勝講院孤吟無如解館以後尚有應酬不能擺脫心與願違有辜雅愛悵悵何如率占佈悃敬賀新禧不戩

案芙蓉山館尺牘與　高祖西園公書共有九首今錄其一以存梗概乙未七月朔福保謹識

廉讓堂詩鈔序

歲丙子。余於笠漁所。始與暢之訂交。笠漁以暢之益厚。余笠漁死。稿佚。每與暢之悼歎。而暢之怡石齋初集。余抄數十首。如花始開。如月初照。有情之什。往復千折。極纏綿之致。近加蒼老。變而益上。余叩暢之詩法。不盡余告也。讀廉讓堂詩。知暢之本于家學。余恨未識仲漁先生。而先生歿于[illegible]。暢之以寄甥館時多。十餘年搜遺補佚。僅得若干首。要其清灑峭拔。却扇一顧。粉黛無色。吾邑自吳斧仙後。無能及也。昔人評謝康樂詩爲初日芙蓉。評褚登善書爲瑤臺嬋娟。於先生彷彿遇之。去臘。暢之初以示余。余挑燈展誦。意得則度以曼聲。家君問曰。是丁仲漁稿耶。余在廣南。與仲漁周旋彌月。其人古循吏也。始識家君與先生本聯縞紵。而余與暢之交十年。俱未之知也。今暢之方葺先生遺事。尚當讀之一慰嚮往之思。余又悵笠漁嘗屬余同纂其父永平公遺著。竟不能待。而笠漁且無以傳也。道光丁亥三月望日。莕槎鄒導源謹序。

惟仁者能好人能惡人

嘉慶戊辰卿 天南卷一名　丁榕

以好惡歸之仁者。表其能而用情爲獨至矣。夫同是人。而好惡分爲非無私如仁者。烏能必其用情之當乎。故夫子表其能而用以立好惡之準。且君子立心甚厚。其待人接物。間固未嘗預存一作好作惡之心也。而其稱情而出者。實有以愜天下人之心。而無可議。蓋彰癉出於以大公。斯刑賞歸於忠厚。準情悉當者。用情至正。而好惡乃獨絕於天下。今夫天下至不一者人也。人不一而品亦因之不一。品不一而心亦因之不一。以異同爲愛憎。而銓衡無據。任

毀譽爲去取。而標榜皆私。於此而欲求一能好能惡者誰哉。吾於是不禁睪然於仁者矣。仁者存心至公。公則無私。而情順萬物以無情。心普萬物以無心。未嘗於入世之餘。先設一徇人之隱念。仁者宅心至正。正則不偏。而愛而知其惡。憎而知其善。要惟於應物之後。曲暢其無我之衷懷。蓋仁者初無所謂好與惡也。而於當好當惡之人。則施以好之惡之之意。藉非仁者之能用其情。而能若是哉。且夫好與惡實相濟也。而有時適以相妨。何也。一失之太刻。一失之太寬。彼其人非不嚴氣正性也。而嫉惡太甚。遂流於刻。而不肯稍容。偶然失足。卽加之屛逐。而弗使自新。片念求榮。卽予以誅心。而弗及自悔。遂令賢者亦望風生畏。而不敢自前。易占夬履。所以誠貞之亦厲也。此不能好而幷不得謂之能惡也。抑其人非不溫慈惠和也。而姑息太深。遂過於寬。而不克自振。明知其不可用。因循任之。而迹類市恩。深識其不可親。曲意護之。而禍深養惡。遂令小人得恃以無恐。而罔知顧忌。詩歌貝錦。所以慨投之未遠也。此不能惡而幷不得謂之能好也。惟仁者雨露之膏。與雷電之威而並施。好一人而基蒼生之福命。惡一人而快中外之人心。用情之地。學問基焉。而巷伯緇衣。未足盡其權衡之用。惟仁者水懦之政。與火烈之法而並濟。好在君子。而小人亦萌遷善之誠。惡在小人。而君子益矢臨深之念。至情之出。矯飾泯焉。而天命天討。適以符其公正之懷。考之易大蹇朋來。所以進君子。渙其羣。所以退小人。凡以言仁者之好惡也。其能烏可及哉。

局陳開展步伐整齊自是舉業正宗　屈公評

纖濃得中修短合度快讀一遍令人躊躕滿志由其意匠深也

高錦裁

此曾王父戊辰闈藝也自王父殉粵匪難家中所藏書籍皆毀於兵先人手澤存者惟此而已　曾孫寶書謹註

氏族考

按族氏。譜載丁出軒轅之後。至春秋時。周大夫弓崇者。輔平王復國。以功邑諸宥。錫姓丁氏。至宋元珍公諱寶臣。少狐。與兄寶臣篤友悌。以文行稱。號二丁。景祐中同登張唐卿榜進士。與歐陽文忠交厚。藉母訓誨。孺慕盡孝。母亡。鄉人敬愛之。爭助成塋。文忠額其坊曰雙桂流芳。又顯其所居里曰慈訓。兄爲都官。公初爲峽州判官。又爲淮南節度掌書記。及爲杭州觀察判官。用舉者。兼州學教

授。遷太子中允。知剡縣。再遷太常博士。移知端州。儂智高反。九請兵於廣州。不報。得賊覘者斬之。提百十羸民拒戰。殺六七賊。城陷。奪一官。徙置黃州。久之復太常丞。監湖州酒稅。復博士。知諸暨縣。英宗每論人物。亟稱之。因館閣職廢。特置編校八員。其選甚精。乃召居秘閣。以尚書屯田員外郎編校書籍。遂爲校理。同知太常禮院十餘年。御史知雜蘇寀受命之明日。建言復治前事。天子知其賢。先帝已察其罪而輕之。且數更大赦。無再坐理。然以御史新用。故屈使少避。乃以校理歲滿所當得者。通判永州軍州。待闕於晉陵。以治平四年四月四日。暴中風眩。一夕卒。年五十有八。累官至尚書司封員外郎。兼管內勸農事。階朝奉郎。勳上輕車都尉。賜緋魚袋。有文集四十卷。明年二月二十九日。葬武進縣懷德北鄉郭莊之原。曾祖諱耀。祖諱諒。皆弗仕。考諱東之。贈尚書工部侍郎。母張氏。仙游縣太君。夫人饒氏。晉陵縣君。子隅。除隮。皆成進士。季恩兒。甫一歲。公亡。朝廷推恩。錄其子隅爲太廟齋郎。女嫁秘書省著作佐郎集賢校理胡宗愈。四世孫諱若曾。孝宗朝爲張魏公幕官。爵江陵法曹。五世孫諱洪化。仕元爲熙河路提捕都知。以功遷甯江路提點。十一世孫諱進五。仕元爲萬戶府萬戶。值元明鼎革。落仕籍爲民。自毘陵始遷無錫泰伯鄉。是爲始遷祖。與子諱仲綱歿。葬鄉之附近南河。遺腹孫諱緻道。豪於貲。永樂七年。以金釧易基南塘。徙居之。子諱鎭。樂善好施。正統十年。建觀音堂義井。再傳皆年字行兄弟十有五人。其間無後者三。嘉靖庚申。遷祖之七世孫與泉公。輯雙桂垂杳集。康熙壬午。十世孫贈奉政君蕃公重修。時得

九派。列支分房。爲南塘丁氏譜。乾隆庚午。十二世孫贈朝議閒菴公續修眞譜。一遵成法。道光庚戌。十五世孫槦。謹就南三房第九世晴宇公而下。匯而輯之。先以付梓。庶子姓兄弟。不失尊卑之序。昭穆之倫。所有封誥官職。悉本誌傳行述。而名行生卒等。悤促校核。恐不無舛錯。而毘陵宗譜。亦係元珍公十一世後起世次。而首載系出齊丁公子孫以字爲氏。漢迄五代。居系無考。宋開寶初。有諱德裕者。居潭之醴陵。官內客省使。後征江南。領常潤等州經略巡檢使。權常州。弟德宏遂家焉。是爲丁氏之始。則丁之所自始。姑闕疑可也。

十五世裔孫槦謹述

元珍公曾祖諱耀。祖諱諒。考諱東之。本於王荆公所撰墓誌銘。

今考毘陵觀子巷譜公之曾祖諱廙祖諱德宏考諱中又考陳墅譜德宏之父諱雋則廙又名雋矣證以荆公墓誌銘並無一合處按二譜所載世系皆無確據似嫌荒渺故不從元珍公雖系出德宏其世次已無可攷若決其爲元珍之祖則武斷矣

怡石齋詩稿評語

騁才者遁虛矜博者泥實甚矣騷雅之難也是編華而不靡淸而不癯非枕葄功深不易臻此行將返櫂心緒殊雜他日有緣當盥薇重讀也白舫弟謙估評

集中詠古諸詩曲折淸峭史才詩筆皆臻絕頂寄弟贈交各篇什字字從肺腑中流出悱惻芬芳允符古人有志之旨浣薇維誦詑歎而已古文但知其佳而不能言其所以然門外人不敢强爲解

爲也乙未暮春陸元綸謹識

西神山人詩集序

朵之詩準古樹骨酌今運才豪而不麤淸而不弱始而醞音韋柳節短音長纖而宗法杜韓句奇語重昫書記之暇手不釋卷由是虛其心實其腹將不懈而及於古方當扶輪大雅豈惟掉鞅騷壇率書數言用識欣賞番禺張維屏

晉陵爲人文淵藪我朝二百年來老師宿儒才藝之士以道德文章鳴於時者更僕難終而優於才薄於祿者在近人莫如董君方立雖然方立吾讀其書而未見其人也若夫才之優祿之薄詞章並茂坎坷終身以視方立爲尤可悲者莫如丁君朵之方君之遊粵也年甫弱冠余因吳仲堅識之君性耽歌詩口所誦手所披耳目之所接心志之所嚮無往而非詩者每有所作冥搜苦索累日乃成單詞片義小有未安輒數改定必求穩愜而止復灑脫不拘小節有不稱意或嬉笑怒罵加之以故不得時譽而所投多不合日益貧困余與君皆奔走謀食久不相見已酉夏君抱病自陽江返廣州將謀歸晉陵余幸得一見未逾月而君歿春秋四十有三身後無長物惟遺詩一帙余欲取而付梓鬮晤竹香譚君亦出其舊稿相示託聚有日彼此較對無稍參商余有志未逮而譚君獨慨然肩任因歎奇才逸志必發幽光後之君子覽其詩閔其遇誦讀如見其人焉則朵之洵可不朽矣同治三年七月番禺徐灝序

西神山人詩集題詞

梁溪去吾吳百里而近自南渡迄今如李忠定綱尤文簡袤倪高

士瓚王舍人紱邵文莊寶高忠憲攀龍秦宮諭松齡顧典籍貞觀嚴檢討繩孫諸公名滿天下信人才淵藪也朵之年未及冠博極羣書詩文俱臻高格讀卷中諸作不覺俛首至地異時成就必不出古人下僕老矣靑矑無恙見此異才書之以慶余之遭也吳江郭麐

無錫丁朵之煥年家子也丁亥冬日將遊嶺南維舟過訪褎出吟卷見示六體兼工不名一格眞有萬夫之稟其所至未可量也老驥伏櫪忽逢神駒欽羨無已南城曾燠

晉陵先生詩初學漢魏繼宗王孟二十以後專師少陵而參以昌黎眉山新城秀水大抵醞釀深厚煆煉精純力追雅音別裁僞體自乾嘉間隨園甌北之徒破壞規矩更唱迭和疑誤後學斯道榛

蕪。先生起而矯之。廻既倒之狂瀾。厥功甚偉。生平喜交游。重然諾。天姿絕人。手不釋卷。有問津者。必爲剖析源流。盡言無隱。嘗見其欲賦一詩。或經數年。尚未脫稿。蓋矜慎之至也。於同人中獨推服徐靈洲。而靈洲亦盛稱先生。以爲不可幾及。謙也無似。屢辱指迷。數載以來。粗知趣向。會先生手編近作。割愛甚多。什不存一。輒贅數言於末簡。以志傾倒。世有鍾期。當不以鄙言爲河漢也。成都蕭味謙謹識

西神山人詩集跋

丁枲之先生。江左名士也。諱玉藻。別號西神山人。其祖父皆官粵中。有惠政。先生兩次侍從。雖家風閥閱。安葦布耽經史。而詩號專門。唐宋諸大家。皆窺其奧。尤服膺王孟韓杜諸公。故讀先生詩者。

欲於中唐推一席焉。性雅淡。落落寡合。遇工韻語士。輒神交。道光戊申。程公仰思來宰余邑。禮羅先生於幕。余適至署晤談。頃即謬許余爲詩人。相視莫逆。自此篇什贈答。獲切磋之益良多。暇時請讀生平著作。即慨然相示。誦其詩。時如高人揮麈。淡遠清超。時如壯士擐鞁。雄奇俊逸。時如步春遊女。驚鴻游龍。時如待漏朝臣。鳴琚佩玉。因情觸景。變態靡窮。幾於目不給賞。因請付梓。先生笑而未允。迨去江時。始殷殷相託。並有能傳一詩。即傳一嗣之語。蓋先生猶抱鄧攸戚也。適學博林君子謙過余。見而好之。擊節不已。借閱去。隨攜赴平遠廣文任。余亦相繼莅任青齊。時值軍務倥傯。數年奔馳。睽違異地。故歷久未還。俄而平遠匪陷。林君行裝悉煨燼。而先生詩卷獨存。嗣交省書坊寄還。又適英法兩夷入城。雖擾攘之餘。而詩仍無恙。奚啻昆池之灰。百刦不滅。眞有呵之者歟。咸豐辛酉。林君假旋。余亦奉諱歸里。復相與披閱。若於吟誦間復覩其芳型也。然先生往矣。言猶在耳。余不敢負亡友。爲壽諸棗梨。以公同好。而成先生之志。並著緣起數言於簡端。以誌弗忘。時同治五年臘月上浣羅陽譚伯筠謹跋

紀程詩稿序　沈鎣

丁玉藻字枲之。祖驤程先生。廣州守。父步青先生。番禺令。兩世有惠政於粵。枲之庶出。於兄弟七人。最幼。而穎異。讀書數行下。七歲能應口占對。爲五言律詩。其第四兄暢之。絕愛憐之。督之爲應舉文字。而枲之謂掇巍科取顯官。皆卑卑不足道。以是不肯措力。人號爲丁七癡。予與枲之及枲之第六兄練之定交。予年十六。枲之

年十三耳。枲之兩應小試。不利。時時與秦硯樵虞健子作爲古今體詩。枲之下筆即似長爪郎。秦虞不逮也。一日與人爭持。過甚。自詣其伯兄。引之歸。鐍閉一室。年餘。盡讀室中所有書。焚之。破壁而出。夜將半。敂予門。語其故。且云。既出則不能復返。意往依第三兄平之於陽春。予駭甚。明日言於暢之。予錢數緡。而枲之竟行。暢之度其必不達。資盡而反。或心死。悔其所爲。而枲之竟達。蓋徒步而往云。時乙酉十月也。不數月。即以一函寄予。並紀程詩四十七首。然無一字及暢之。且問其母之安否。予故不答置之。枲之至陽春數日。其兄適病卒。枲之經紀其喪。居無何。鬱鬱不得志。時長白怡良公方守陽春所隸郡。枲之上書數千言。公奇之。則書達枲之於運使某公及南番二令君。俾豐其修千金。粵中有大手筆者屬焉。

而采之名乃大噪。不兩年。怡良公與數公者悉遷去。當道無知采之。采之亦不肯以牘干當道。而采之窮矣。然今之谿距跐不羈。使酒罵坐。視俗人無一當其意者。俗人亦咸畏避之。時與粵中知名士往還倡和。以其所鬱結困頓。一發之於詩。詩益汪洋恣肆。音節哀壯。亦既買妾生子。資用乏絕。號寒啼飢之聲。與采之嘯歌相應答。黃香石學博吳石華儀墨農兩孝廉時資助焉。辛卯冬。墨農自京師南反。與予邂逅素心堂。言及之而道其詳云。最後吾邑侯蘭臺令東莞。延之幕。采之則已廢其兩足。成篤疾。數年卒。其族人之宦於粵者。歸其殯妾與子。留未反。所著詩古文詞數十卷。悉為人竄去。予意采之之才。必不與草本同腐。粵中人士必有愛之而為雕板以傳者。近簡塘先生有志於續梁溪詩鈔。予以所寄紀程詩一卷。亟請登錄焉。

答再姪潔安書（按此書補之公以粵匪亂離後從四川寄回迄今幾三十年矣其孫子事實一時無從采訪梓之以備異日攷證）

潔安再姪伉儷足下。前由杭州楊芝仙妹寄到二月杪來字。得悉一切。大刼之後。　再姪竟能將家譜公帳田單均未失去。並於克復縣城之後。即省視　祖塋料理田產具見　再姪孝思不匱。得育麟兒。佩望之至。　祖塋墳佃尚居舊處。俾墳墓不致遺失。此實我二代　奉直公　中憲公一生篤厚之報。更深愉悅。　祖墳園牆樹木。必需早為修補完善。此愚父子之責。茲寄去九七平銀二十兩。幸檢入。諏吉祭告。及時修整完固。墳佃二人亦酌給錢文。至囑至要。　令祖俊之兄曾置有墳地三處。想　令祖夫婦已葬一處。其餘二處若尚存。我欲買一處安葬　先慈陳太恭人並愚夫婦三柩。吾　再姪肯見讓否。可從實寄知。該價候　再姪字來。並原契寄到。即行照數匯寄。決不食言。　中憲公之妾白姨娘。故後葬於何處。亦即寄知。三姨娘歿於省寓。花去五十兩。葬於江南會地矣。家鄉城內有房屋出典。或絕賣否。我意欲置屋一所。我有兩媳一妾五男孫三女孫。需要房屋多間始夠住。典價想在一千上下。買則自需多些。北路田畝。每畝現需賣錢幾千文。望吾　再姪留心體問。專字來川定局。我行年七十三矣。精力日衰。故思鄉念切。欲奉吾　母陳太恭人嵇恭人並大兒之柩。歸葬故土。稍盡人子分所應為之事。二兒文熙。以知州銜知縣發川。加三級。請正四品　封典。恰逢
顯廟升祔禮成。　誥軸內有　覃恩字樣。

聖恩浩蕩。實夢想所不及。感深泣下。　三代神主。想已無存。故于
奉到　誥軸後。另行書主供奉。二兒於丙寅夏杪。抵儀隴縣任。雖歷三冬。然除陋規而外。矢諸皎日。不名一錢。還去舊欠萬金。去夏出嫁大兒之女。與蔭南八叔祖之女。余十九之子。孫壻余彬已游泮。二兒長女。字貴州孝廉杜衍慶者。業捐知縣。月內到川完婣在邇。又多費用。故所積甚微。其餘男女孫八人。我又有三女。婚嫁之事。皆未舉動。男女之債甚重也。大兒捐從九候選。共去銀一千兩零。大兒沒後。擬欲送與弟姪。此照尚在也。蔭南八叔祖從九發川。屢經署缺。仍妙手空空。八叔婆陳宜人已故。伊子慶蓀名茂慈。先以府經發川。歷當局差。捐升同知。今正由京回蜀。現解軍餉赴滇交收。往返需三閱月。如照章程。可保運同升銜。藍頂貂褂。雖虛體

面。亦屬可喜。我之五孫。皆二兒所出。大三四三孫。延師課讀。均不肯用心。六七兩孫。雖幼。頗聰明。或可冀望正途。此亦仰仗 祖宗德蔭。其父母隨時隨事。多積陰騭。勿稍有刻薄之行。則子孫或可免於饑寒矣。杏舲玉舲兩姪。先後回籍祭掃。 再姪可曾聚晤。杏舲姪之次子。以通判指發廣東。攜眷前往矣。鄧麗坪三兄。鄧璞人父子。相繼云亡。宦況尚好。鄧老八以知縣。鄧老二之子以縣丞。皆發四川。鄧仲和今春遣子回里接眷。想 再姪自與往還。可略知在川親友之近況矣。鄧少君回川。吾 再姪應有字託其帶來也。予企望之餘。不多贅。專此即問 賢伉儷近好。 德保壯吉。不盡依馳。

八年八月初四日歷四百卅八甲子覺生老人手付

兒子稟筆問好孫兒隨叩

大孫長生名爾珪號伯厚咸豐元年辛亥生

三孫桐生名爾堃號季仙咸豐四年甲寅生

四孫壽生名爾培號心農咸豐八年戊午生

六孫瀠生名爾均號湘湄同治六年五月生

七孫道生名爾堯號冠軒同治七年十二月生

國朝詞綜補例言

是編爲續補國朝詞綜所未及。已見王蘭泉司寇及繹如明經初二集者。概不複收。初分嘉慶以前爲補。以後爲續。嗣見黃韻甫大令刊有續編。擬將輯存各家。與之複者。悉行刪汰。因所刊本。校僕所見本。詞調同而字句每有參差。且多有佳詞。遺漏未采。故復輯補詞。遂統以補名。仍註明以備校覈。至所采詞。同。又無他詞應補。及爲僕所未見者。即不重錄。惟程嗣立洞仙歌。許桂林山花子。俱見郭頻伽靈芬館集。他無傳詞。續編祇標其姓。遺其名。又誤詞中濃華爲清華。催夢爲推夢。今爲訂正。補其名並複其詞。

綜一代人詞而薈纂之。或以人存。或以詞存。或以所詠之事存。或以調僻而存。苟無疵累。即應甄錄。以待後人簡擇。非若選家宜別宗派。擷精華。嚴於去取。庶足以昭軌式。況嘉慶以前詞。非王氏所未見。即所不取。又多係零章單闋。是以錄存較寬。道光以來。則刊鈔較多。遴取稍嚴。其僅見一二詞者。仍編入以存其名。然意近淺率。語涉纖佻。逞臆獷爲雄放。誤鄙俚爲清眞。體物而

太膚泛。言情而墮褻昵。以及漫無寄託。不合格律各詞。均不敢濫登。惟平庸之作。未能盡棄。亦取足資諷喻者方錄。

詩文而加圈點。固是陋習。第詞句長短不齊。有一二字成句。至九字者。有五七言句。以一字領起及二字讀三字讀五字讀者。又有一詞而平仄換韻叶韻及間押者。不加識別。易致訛差。是編於首見一闋。句加旁。讀加旁、。韻加旁◉。以清眉目。後闋則否。其調名同而體不同者。註明用某人體。俾資參校。至同一調而有數名。及數體。十餘體。亦有可通用不可通用。與調中第幾句第幾字。必須用平用仄用去聲者。雖前人時有出入而名家恆守規範。茲編所輯。庶不違體製云。

前人選詞。遇有白璧微瑕。輒爲點竄。俾臻完善。如蘭泉司寇所錄

彭羨門侍郎生查子枕席與誰同爲易鴛枕又李笠翁浪淘沙詞後闋竟易其半其同時如王穀原比部江賓谷明經詞校本集均多不同即韻甫大令續編所采參之他本亦間有更改（僕自揣無能爲役曾以初本就正陳叔安大令（字大令工倚聲審律尤細爲周保緒教授入室弟子承費半載力一詞一句稍有未協黏籤商推如董基誠金縷曲前結望極目暮雲亂望字宜平聲且極目即望爲易幾字又柴源百字令後結催人橋上題句嫌與前結驪背句意複爲易暗香催拍新句又吳會青玉案後闋瘦碧空蒼渺何許渺字應用去聲爲易顧如許又孫麟趾西子妝前段忍教拋故園尊俎易教爲輕以免着牙似此較善原本處不勝僂計皆大令筆也又經周季貺司馬（星詒）點勘一過抉擇精嚴背歸雅正特書於此以誌良友贊成之益

王氏詞綜至嘉慶初元止迄今已八十餘年竊念詞多單本最易散佚自經兵燹毀失尤多故於二十年前廢棄無聊即擬搜羅續補奈浮家海澨探訪無由賴林錫山祭酒（天齡）時爲編修高茶庵司馬（望曾）時爲諸生與唐蕘庵司訓（壎）咸裒所見以示初編四十餘卷無力付刊久儲篋笥光緒二年及四年洊罹水火幾遭減沒幸焚浸均止邊際尚堪揭補近日申宜軒大令（保齡）葛隱耕孝廉（兆能）余成之少尹（一祖）暨胡堉衡齋（鑑）復爲蒐輯遠道寄將遂克成此巨編補詞不計外共得一千三百餘家適劉雲樵觀察（登宸）李潤九太守（慶霖）袁芝銘司馬（學顯）及胡堉莅任海陽各以廉泉分潤藉獲鋟梓將伯之助例得附書惜林

祭酒高司馬唐司訓與陳叔安大令先後云亡李太守近亦作古書成均不及見言之不禁泫然

自來選錄詩文不及同時人作懼涉標榜也故王氏詞綜於生存各家另編二集黃氏續編則援絕妙好詞例不復區分（僕素未與當世士大夫遊又僻寄海隅於當代詞人存歿莫由諳悉曷敢臆斷爰仿黃氏例一併編列惟卷帙過繁或以前代人詞爲近人作或於王黃二家所已收複列其人或一人而誤分爲二如續編歷十餘年再三校訂尚誤以宋人張于湖百字令更易數字收入荊揩名下又所列張台柱乃星耀原名葉世倌後改名燮楊夔生初名承憲已見王氏詞綜第五卷十一卷及二集第八卷均係重複又楊稚雲乃楊韞華字而分二人女史李佩金字紉蘭長想思思見所著生香館集而訛爲蔣紉蘭作（僕以一人心目又兼衰病侵尋錯謬更所不免至各家科分仕履考證無從尤多舛漏所冀博雅君子匡所不逮教而正之幸甚

光緒九年癸未冬十一月六九殘民丁紹儀杏舲識

聽秋聲館詞話序

昔歲癸巳識鐘仲山於潭州時仲山喜爲詩余喜爲詞兩人竊日夕爲之以相角越歲仲山別去余旋以一官自效奔走南北不能如前專力久之自覺不工輟不復作逮重遊閩嶠仲山猶時時爲詩余則瞠乎後矣比遭廢棄思欲重理故業而心機窒塞竟不成句閒居無侶就見聞記憶所及或因詞及事或因事及詞拉雜書之藉以消耗歲月惜仲山觀察西蜀相隔萬里不及與之商搉然

爲此無聊筆墨，豈夙昔故人所期於余哉。積久成帙，藉晃請付手民刊。既竣，綴此以誌余愧。若謂意有所枝，信口雌黄，則余豈敢。時同治八年己巳秋九月丁紹儀識於福州寓廬

答姪潔菴書

潔庵賢姪如晤：久未通信，正切馳思。秋初接六月來書，備知一切。吾　姪因家居無事，思欲出山，愚意萬不可行。近來捐數便宜，官愈多愈不可做。此時吾　姪薄田數畝，不患饑寒，總以謹守爲佳。且既奉到世襲執照，似宜呈明以從九銜兼襲，雖現在世俸未必能領，將來總可望給。當荷國恩於世世，亦屬不無小補之事。惟愚昔年爲　尊大人呈報時，尚有暢之叔名彦和、揆之叔名汝楫、兩蒼叔名霖、履莊弟名梓然，亦均殉難，一同彙報，未知曾否同邀

恩卹。倘一時無從詢問，可託　植卿一查，後便寄知。爲望。家譜極應重刊，不知已刻否。第念家鄉兵燹以後，刊工必貴，幸愚處亦有一本，擬於明春由閩刊刻，俟後再增。如吾　姪已與　植卿校正付刊，需錢若干，務　即覆知，不敷之資，愚當寄湊，免得此間又刊，以致重複。至增買祭田，本係素志，無奈力尙不足，祇可從緩再說。尤圖里之墳糧，未識年需若干。其地甚大，毫無所用，似可撥給墳佃一二畝，係靠近河邊者，令其耕種，即將應收之租，以作完糧之費，似爲兩得。緣二房已無親人，誰爲代完重賦。吾　姪即與該墳佃商之，倘不願種，或將近河空地賣去一段，可也。愚處大小均各平安，大兒已於四月間卸署嘶瑪蘭篆，直至上月方始回省。苦於積累太重，海外兩年，依然空手一雙，竟不克稍置薄產爲娛老計。

言之悵悵。玆將歲暮，念家鄉親戚，貧苦居多，特寄回洋銀三十元，內以二元辦菜一卓致祭　嫂嫂大人，其餘照單分致。尚有餘銀，即煩吾　姪見族中極苦者酌送一二元。緣愚不能盡知耳。此間賢伉儷均佳。　姪女近好，不盡。

十一月三十日叔杏舲手致

植卿處不另作書，代爲問候，或將此信交閱亦可。

聽秋聲館詞話跋

咸豐庚申進士　胡鑑衡齋

今使珊瑚插架，盡然脂弄墨之資；翡翠盈箱，祗錯采鏤金之作。言無關於考證，義不主於闡揚，纔復譜古調以成聲，藉曼音而通志。八乂製麗，徒騁妍姿；四遠詞新，僅資談助。抑知歌風弔月，姑付諸桓笛秦簫；蕩氣迴腸，且聽彼吳歈越調。翻香山之樂府，半屬諷時

；測宋玉之賦心，豈眞好色。此外，另杏舲公詞話所由作也。公弱不好弄，長更博聞，學三代文詞，作五經鼓吹。讀蕭何之律，目一覽而無遺；答酈石之書，日百函以立就。洎捧毛生之檄，屈乃爲親；試栽潘令之花，仕不廢學。政成三月，尨吠無驚；獄折片言，鼠牙盡息。方黄强臺日上，重刊[illegible]首之碑；旋因鄂渚風回，更擊閩江之楫。時也紅羊刼換，青犢災生，綠林鳴張，黄巾豕突。傳修期才高倚馬，恆磨盾鼻以成書；陶士行奮不顧身，致隕胡奴於臨陣。迨向上洋而制刺，適逢羣寇之紛來，公則叱馭而行，橫刀而誓。渡口麾顧榮之扇，一旅成功；城頭吹越石之笳，四郊永靖。作偏隅之保障，遂獨奏此奇勳；殲醜類於行間，宜懋膺夫上賞。乃以戮揚干之僕，怒起晉侯；誅令公之兵，釁生老卒。法行自近，雖輿臺咸懾威名；時思中傷，詎

大府偏憎強項謂下吏敢於傲上恃其是而清議爲淆謂文員例不典兵坐以巧而彈章遽發此固數奇不偶良由才大難容也不見夫袞袞登場蹌蹌逐隊六貂嫺未便欲請纓半綬分將輒思投筆後來居上爭誇折衝尊俎之才耦俱無猜不少心腹干城之選公既一官甑墮三徑松孤橫被罣風未鬱者青霞之氣競歌下里寡和者白雪之音遂乃延攬煙蘿範模山水探勝景於釣龍臺畔聞聽南浦潮聲暢靈襟於眠鶴亭邊默數西窗雨點埋愁無所聊放浪於酒旗戲鼓之閒忍俊不禁長噓喟於殘月曉風之下端居多暇契古何深冀追蹤夫前賢復惓懷夫時彥心波淵淵慨思遠紹旁搜𠛱火星星掇拾零章剩句寄人往風微之感獨具遙情寓針頑砭懦之思別開生面紅鹽白紵悉供揮麈清談鐵板銅琵兼

助當筵豪興二十卷詞華薈萃便成文苑之奇觀數百年詞旨源流盡入騷壇之佳話且夫文話推原於劉勰詩話託始於鍾嶸都京乃古詩之流孫梅旁通夫衆說駢儷是才人之筆王銍博采爲美談瀏倚聲肇自靑蓮問妙解誰如白石在昔西河毛氏雖有詮評南宋楊君非無傳述靈芬別館郭頻伽才調斐然詞苑叢談徐檢討聲華籍甚然皆簡篇未富或且辨論未精惟茲彙集巨編實足範圍後學補詞綜之闕博覽詳稽正詞律之譌辨同證異網羅散佚考遺聞於唐宋元明採擷菁英蒐軼事於東西南朔詩人之辭麗以則均有指歸春秋之義婉而明可通比興哀絲豪竹中年自寫其胸懷豔語清詞大旨必原於風雅倘謂閒情撥觸實其然乎須知託興遙深是之取爾鑑少而失學慚非玉潤之儔壯不如

人忝是微雲之埒貳室湿叨夫殊遇千金復賫以遠遊幸釋褐於燕臺學製錦於粤海追隨五載同王粲之依人離別十年憶荆州之識我愧乏姜張雅致未解倚聲得聆朱厲緒言猶思按譜覯乎止矣將有感於斯文讀者誰與尚深明夫厥旨

碧霞閣制藝序

鄒仁溥 渭清

丁君子龢余總角交也少工舉業有聲庠序間爲人貌沈默而中朗然於義理遇勢要華靡之士恆相對終日不出一言及與二三知己譚文論當世事則娓娓不倦動中肯綮故所爲文亦不趨時尚一以清眞雅正爲主庚申兵燹後子和流徙滬濱余亦避氛北上十餘年間倥偬戎馬齊秦晉楚燕趙皖豫諸省輪蹄幾遍每於草檄之暇欲一通故人之音耗輒如海上神山渺不可迹泊客春

三月需次虎林子和始襆被來游假館余室朝夕𧮯談之際因得盡觀其制義覺造詣日深疇昔剪燭論文時景象猶歷歷在目前也子和所爲文甚富且多可傳之作流離顛沛中不惜靑氈之失而惟此敗簏閒物獨護持之不忍舍亦以半生心血所在耳每與予言文人結習維此難忘特恐後嗣忽之有欲覆瓿而早歎其無物者矣余聞之慨甚因以選付手民力慫恿之今春自開陽幕中寓書余曰予昔以災梨命我我非必欲以問世特思爲自存計耳今勉從子意子其作弁言以明之噫余不敏曷敢以序君之文顧嘗思文章之道情與理二者爲之也以意爲主以氣爲輔以詞采章句爲之兵衛徒事剽竊摹擬無當也文至今日風斯下矣當世盛行之文譬諸惡人百骸未備惟恃敷粉塗脂以爲外美縱有顧

而樂之者不過一時詭遇而獲究未足爲千人皆見之技子和之文不規規於風尙惟達其情而出以理且亦有合於主輔兵衛之說故雖屢躓名場而如布帛之於衣服菽粟之於飲食吾知斯世自有眞性情人相賞於釆色酸醎之外也

光緒元年端午後三日

氏族考

吾丁氏得姓相傳太公子丁公以王父謚爲子姓姓如魯展禽之於無駭與申呂同出於神農爲姜姓而氏族考所載周大夫弓崇以功佐平王中興封於宥賜姓丁氏實爲姬姓系出軒轅代遠年湮無從辨其孰是第丁氏郡望爲濟陽今屬濟南府當時爲齊地則以祖神農爲較長自漢以來代有聞人余壯歲出遊相遇名卿學士丁姓者詢其祖系言人人殊皖南則祖漢功臣復丹陽則祖唐餘杭尉仙芝丹徒則祖孫吳大將軍奉遙遙華胄或者如崇韜之拜汾陽均未可知獨無錫丁氏則系出晉陵宋太常元珍公諱寶臣後元珍公十一世孫伯通公元季避亂遷太伯鄉子敏通早夭遺腹生子仲綱熾昌繁衍先以貲雄爲南塘丁氏厥後再遷城中仕宦科名文學蟬纓遂爲望族譜自乾隆庚午族祖聞庵公自汴奉諱歸重修愼重闕疑題名南塘眞譜至今百三十年未經續修亂後舊譜亦散失殆盡僅余家存一部而已族祖俊之公欲重修纂有稿本未及刊而卒至今亦三十年矣稿存伊孫潔庵處克復以來邑中各姓俱修譜大率爲斂財計以多爲貴南鄉有省三者業訓蒙意欲鳩合邑中丁姓爲大通譜商於余余謝之遂獨爲

之期年而譜成凡二十本幷余族乾隆庚午譜所已載者亦屛入爲嘻異矣吾族自明初至今五百年至余凡十七世世爲大宗而無錫自有丁氏則自晉宋始見於記載考搜神記無錫上湖陂吏丁初曉行聞有自後呼之者迴視見一婦人青衣靑繖初懼急行至湖千婦人自投於河衣繖皆荷葉婦人則一獺也于寶撰記在南宋所記當在晉末上湖在揚名鄉今名五里湖太湖之上口今揚名開化間丁姓皆聚族居業農賈偶有業儒游庠者或初之苗裔歟余懼夫眞譜不修僞者雜亂子孫將有數典而忘其祖者作氏族考至伯通公下至吾祖歷代名諱世次先祖漱泉公有七言古體詩一首詳載之玆不贅述云

十七世裔孫培謹述

按太公金匱云武王伐紂丁侯不朝是商時已有丁姓矣

丁氏先塋記

慧於錫爲主山在城西自南而北南則梁清溪限之未至溪里許突起一[illegible]橫而圓與慧不屬曰[illegible]山吾丁氏遷錫四世祖存誠公墓兆在焉長子古直公祔昭兆餘叢塚鱗次不能一一識皆丁系也梁清溪受運河水自東來其盡處爲太湖勢尙滙瀦曰上湖俗名五里湖湖之南岸羣山聳峙自北而南如屏如障太湖界其西其最北一山名石塘是爲存誠公次子古愚公兆古愚公第三子安齋公祔於昭爲培十一世祖吾族遷南塘後明中葉古直公子孫起家科第國朝以來多業賈近以科名仕宦文學顯者皆古愚安齋兩公後也自安齋公下十世棠溪公九世承溪公八世明宇

公七世敬明公皆居長故培世爲大宗均以次祔石塘之昭兆兵燹後墓祭培周覽塚碑均無恙明宇公雖亡其碑而塚猶可識也敬明公子留庵公康熙甲午歲進士先後縣志入孝友文苑等傳是爲培六世祖兩配皆孫原配孺人葬石塘繼配孫則合兆留庵公葬碧山馬鞍山新阡別有記石塘地袤廣數十畝爲他族侵佔殆盡猶不下十餘畝周圍無土垣繚之葬者鱗次如燦山墓碑多失不能詳考惟棠溪公第三子益溪公祔於穆碑亦存子晴宇公始遷居城中益昌大別葬嵇莊之原君藝君蓉公祔地據形勝堪輿家推爲邑中名墓云

先塋續記

錫之山蜿蜒西行連峯數十里而平遠秀聳顧盼有情者以慧爲

最慧有九峯俗名九龍山其岡巒起伏奥而深繚而曲者以馬鞍塢爲最塢稍北爲石門六世祖歲進士候選訓導邑志孝友有傳留庵府君之兆東北向繼配孫孺人合葬焉下有數塚皆留庵公後族裔葬所九塢既盡山勢折而東如龍之掉尾俗名龍山稍爲五世祖郡庠生升南公之兆東南向張孺人合葬焉昭兆爲高伯祖少伯公墓又下穆兆則族叔祖母席孺人墓也循山麓西轉至慧山之陰曰蘇慶灣爲高祖國學生永叔府君之兆西向曹孺人合葬焉曾祖國學生坤一府君原配吳孺人繼配田孺人均祔於[illegible]其穆則先伯父崇貞公之兆也出山不半里過龍泉菴向東曰鄭家灣爲祖考國學生贈文林郎漱泉府君之兆西向楊孺人合葬焉其昭爲先伯母祝孺人之兆又南行過大間橋折而東曰嶂

同聯屬於慧若附庸脉東行突起一阜曰范家墩其趾面惠山燦拱其右嶂峙其左是爲先考候選縣佐贈知縣文林郎禮堂府君之兆北向毛孺人合葬焉牆外西址則五六兩女絮絮瑩瑄壙也東址稍下次孫文保之塚自留菴府君以下房族凋零歲祭皆培主之辛未修嶂山墓壬申修鄭家灣蘇慶灣墓家貧力薄不能一時修整然祖宗體魄所依報本追遠情難自已行當酌置祭產以垂永久俾我子孫世世保之謹記之如右

裔孫培謹撰

與從弟枚卿書（案此三書皆列敘譜事梓之以明此次修譜之緣起）

枚卿二弟足下揖別以來瞬經旬日敬維起居迪吉闔署凝祥定符私頌日來貴恙諒可勿藥念念吾族修譜一節計日家中舊譜可以抄竣錫地族中既約以燈節後議事想亦無不樂從

各支之稿諒已陸續送來河南廣西兩處之稿諒二弟可以代辦而省中惠卿處必須專函通知即如南屏太叔祖一支之稿亦可託其代辦閩省杏舫伯支係雲軒本房想雲軒必寫信通知矣其餘四川直省保定等處久不通音問者則亦一時不能周到此事二弟如能出資（兩 孫）勉力承辦且琢齋族長既許邀族中各支商議何慮事之不成且兵燹後往往有問其祖何名父何號而茫然不知者可勝浩歎此次如果不成恐我丁氏之譜無日重修再延數十年更採訪難矣務望吾弟乘此機會慨分鶴俸造此大德則族中叨惠非淺不特生者感激即逝者亦必欣慰於九泉也

二月初十日愚兄維墉手致

家書（自粵東寄家）

雨生大兒覽前月寄到傳單等物已送枚卿二叔閱過其時
二叔適有事一時不及商妥後我又稍有感冒因此遲遲日來我
病已愈可勿念今　二叔將修譜銀洋交來先匯寄四十元其餘
四十元隨後即寄汝年輕辦事須與族中諸長輩妥商方可舉動
切勿粗浮爲誡河南廣西兩處支稿附回閩省支稿可託芸軒寄
信通知諒不難也附回　二叔之信汝可送　族長一閱即可託
其協辦接信後速即料理勿遲譜事每有斷鶴續鳧之謬戒之我
平生景况清貧然於銀錢自問不肯有負於人吾兒能繼我志可
以深慰餘言後詳

三月二十四日手付

覆從姪雨蓀書

雨蓀賢姪如晤寄來傳單等件業已收閱得能辦成最妙今寄來
洋四十元即收入餘俟辦有成局告竣時再爲寄回但族中長輩
如
藕舫叔公等務必就商一切聽其作主萬勿師心自用致人譏議
汝
父在此甚安但光景未能寬裕我亦一身重累自顧不暇奈何此
頌　侍福　叔氏枚卿手泐
芸軒姪處均爲致意

有子曰信近於義言可復也恭近於禮遠恥辱也因不失其
親亦可宗也　（同治辛未會試）丁墉　枚卿

事有善成其終者必先致謹於始也夫始之不謹則信恭與因將
無適而可矣欲求善成其終可不審所近而防所失哉且言行交
際之大端常人忽焉修上謹焉非故爲審愼也識燭於幾先而涉
世有方奚容阿世慮周於事後而用情各當不等徇情無失言也
無失容也無失人也制防罔懈即悔吝胥捐而時措之宜在是矣
有子在聖門固幾於言坊行表而奉夫子爲依歸者也日者即生
平得力之故爲詔示來學之方因爲之揭其旨曰大事必愼之於
始而後不悔之於終則言行交際之道可不講哉而無如約信之
乖其宜也　然諾矜意氣以爲庶幾不渝耳乃形格勢禁之多窮
復致命遂志之不可則言孰可復也而無如致恭之違其度也好
繁文事縟節以爲可幸無侮耳乃傴僂磬折之方勞仍譏責譏訶
之亟及則恥辱孰遠也而無如所因之非其人也談結納訂綢繆
以爲永無相累耳乃薰蕕異器之難同竟臭味差池之不入則可
宗孰屬也且夫金石之盟以永好也冠裳之飾以鳴謙也而班荊
之雅傾蓋之歡又所期相契於百年而必無間於一日者也顧何
以無適而可者往往若是此必因循苟且莫全夫大中至正之歸
斯猝應於當幾者可否有不辨亢卑有不泯崖岸有不嚴而或激
或隨舉動多可乘之隙夫惟眞積力久素裕夫窮理知人之識斯
收效於既事者心安而理得情深而文明氣求而聲應而令聞令
望身世無可指之瑕則見其近於義也名分所存不渝終始舉要
約之無忘者一任夫或常或變而攸往皆宜其發之有至難者其
收之有甚易也而奚患言不可復哉則見其近於禮也酬酢之節

不愆儀文舉撝謙之有度者一稟乎中矩中規而率循罔斁其在我有足重者即在彼雖相輕也而奚患恥辱雖遠哉則見不失其親也邂逅相遭無慚大雅與款治之維殷者一歸於相愛相敬而佩服勿諼其步趨有恐後者即性命可相依也而奚患其不可宗哉若是者信不至固恭不至勞因不至濫先事而端其本即隨事而適其宜夫是故不失言不失容不失人而言行交際之道得也

本房加批

機圓局緊意到筆隨揣摩功深熟極之候

周鑑湖夫子榜前批

筆力清剛神味淵永通體反正開合一氣相先尤有篇如股股如句之妙此九轉丹成候也風簷辦此自當破壁飛去

孔子曰君子有三戒少之時血氣未定戒之在色及其壯也血氣方剛戒之在鬭及其老也血氣既衰戒之在得孔子曰君子有三畏畏天命畏大人畏聖人之言

同治癸酉科廣西拔貢卷 丁垣 早曾

時以天命存心者戒與畏交盡矣夫色與鬭與得畏天者所當戒也大人與聖言畏天者宜並畏也君子時以天命存心戒與畏不交盡乎且道之大原出於天而人心曰惟危道心曰惟微則必持以戒懼敬畏之衷而勿失蓋天之賦畀者至重所當隨時自警而防檢維嚴也天之敷布者常昭所當隨地自持而祇承勿替也以理遏欲無非以心存理而敬天之一念遂相引於無窮今夫君子固盡人合天盡性至命本其夙夜之戒慎且明之寅畏於以憲天則而閑天道者也然存誠莫先於閑邪敬勝能制乎欲勝孔子不嘗言君子有三戒乎負陰抱陽原有與生俱來之理由少而壯而老天與我以歲月天即範我以準繩君子惟以事天者時深懔懔爲而情非與俗相違學自與年俱進持躬接物又有隨時易犯之端由色而鬭而得偶於天君有所擾即爲天理所不行君子獨以全天者常矢兢兢爲而平時既養之有素臨事亦慮之必周君子如此非以三者皆天命所當戒不可爲血氣所使乎然而君子之以遏爲存者何一不見敬天之心哉蓋天命之寓諸形骸者本有宜守之防非可任夫踰蕩君子敢不檢束身心陶鎔氣質以葆天性之未漓而天命之本於降衷者自有當然之則非可怠於欽承君子並即紀綱懔列訓誥昭宣而懔帝天之在上則言所戒更言

所畏又可由天命而推之大人聖言矣天體物而不遺然言乎主宰則曰帝狀其高明則曰皇言天命而大人可統也露雷風雨無非教時行物生何待言言天命而聖言可賅也君子以達天者奉若而不違而在在見昭著之非虛自在在矢寅恭而罔懈故有所畏則監成憲而無隕越有所戒早安汝止而寡愆尤動爲察而靜爲存何難盡人以合天哉命流行而不息然天位尊而地位卑惟聖時憲畏天命而大人自難藐也天有經而地有義惟聖垂謨畏天命而聖言安敢輕也君子以承天者詔事而罔閑而時時謹範圍之莫外自時時深惕勵於無形其當畏者操存已底於邃密其當戒者修省更極於細微除罔念而存克念不已盡性以至命哉吾故曰以天命存心者戒與畏有交盡也

齊人伐山戎 莊公三十年

光緒癸巳鄉試同門錄 丁寶書

書人以示貶師說然也夫齊侯何以書人貶之也古師說相傳如此解者何欲自立異訓乎昔孔子作春秋文成數萬其指數千諸弟子退而異言惟子夏傳其學以授公羊高故春秋分爲五而公羊氏最尊凡諸家所未詳者公羊氏道之能得聖人作春秋之意如齊人伐山戎其一已不爲公羊之學者云齊人者齊侯也其曰人何也愛齊侯乎山戎也言不以齊侯敵乎山戎不知攘夷狄爲齊桓一生不可磨滅之事正大書特書爲天下後世勸豈有諱之反使人疑乎且如其說有不可通者二今據下年經文云齊侯來獻戎捷伐戎不書齊侯獻捷書齊侯不幸爲戎所敗將欲終諱其名矣所謂內諸夏外夷狄者如春秋敵者言戰今變戰爲伐正此

例也不得以此概齊侯書人之例此不可通者一桓二年書公及戎盟於唐莊十八年書公追戎於濟西莊二十六年書公伐戎夏又書公至自戎夫子作春秋於吾魯例得諱如其說不愛魯先君而愛他國之君乎不可通者二或又謂齊侯親伐山戎在僖十年伐楚之後此伐山戎非親往故僅書齊人然爲此說者亦未確知者葵邱之會宰孔謂管獻公曰北伐山戎南伐楚西爲此會也其先後序次甚明安得謂伐山戎在伐楚之後且伐楚會葵邱皆齊桓身親之事據此數語可見齊必親至其地何能以書齊人遂以齊之大夫當之乎然則誤解之弊奈何曰無師說也先師公羊高解此經云此齊侯也其稱人何貶曷爲貶子司馬子曰蓋以操之爲已蹙矣此固得聖人作春秋之旨今據僖三十年經文云秋晉

人秦人圍鄭是時晉文在軍春秋僅書晉人此可爲君在書人之證文三年經文云夏秦人伐晉內傳直作秦伯不書秦伯而書秦人者以秦穆有夷狄之道故以夷狄貶之貶之道不同其爲貶則同也以彼證此知齊侯書人必從公羊家說矣然公羊氏所引子司馬子者其人必受春秋於孔子故公羊氏尊之然於古籍無證不妄解以自衛其說矣

本房加批

宗公羊說亦他卷所有難得如此簡潔老當的確不移

五味六和十二食還相爲質也

光緒癸巳鄉試同門錄 丁寶書

質古本作滑知五味皆有滑甘矣夫滑堇荁之屬也五味和之得六何必改滑爲質乎且天生地成五行出爲五行散爲五味五味

皆純味無雜味自燧皇鑽火炮生爲熟取五行之純味佐理而調燮之而後純味出其中雜味出其中并形形色色之物配合而爲生人之食又因時寒煖冰燠與氣化相酬答然後人食之神明而壽智慧而巧矣解五味奈何一則云酸苦鹹辛甘一則云醯酒飴蜜薑鹽一言有味之物一言物中之味言雖不同解作五味則同和者取交祓之意所謂和者剛柔適也春多酸夏多苦秋多辛冬多鹹皆有滑甘五味變爲六故云五味六和所謂滑者奈何考諸儀禮曰鉶芼牛藿羊苦豕薇皆有滑解者云藿豆葉也苦苦荼也芼菜之烹於肉湆者也薇亦藿類也公食大夫禮滑如此士虞禮云有滑夏用葵冬用荁蓋夏秋用生葵冬春用乾荁字書云堇草也根如薺葉如細柳蒸食之甘大雅堇荼如飴可證荁亦堇類但

葉大葵卽九月作葵菹之葵。士虞禮滑又如此。滑字本意爲澤。爲美。滑故甘美。據儀禮知滑雖微賤。爲飮食不可少之物。和以五味。故謂飮食中一大端歟。所謂十二食者奈何。曰。周天三百六十五度。日每日東行一度。月每日行十三度奇。積二十九日日與月會。爲一月。積十二月一周天爲一歲。一歲十二月。十二食卽十二月之食也。今變滑爲質者。因下文相涉而誤。知其非者。古書曰味者。氣之父母也。氣字從雲。氣言無質。味爲氣之父母。必無質可知。既無質。何有還相爲質之理。食字。字書云。爲米。從白亼聲。又古書云。食謂穀也。穀米可食有質。然未有含五味而可爲食者。故古書又云食爲味。今十二食。當指謂五味六和十二月之食。若還相爲質。質字則固易爲滑。文義較順矣。

本房加批

原原本本確確鑿鑿斷制謹嚴老筆紛披如讀漢人義疏此才可與說經

譜學源流

丁福保

近世之修譜者。皆淺陋無識。奚足以言譜學。余故抄錄舊聞。董而理之。以明譜學之源流。後之來者。以覽觀焉。光緒丙午十月朔。丁福保識於無錫譯書公會。

氏族者。古史官所記也。昔周禮小史定繫世。辨昭穆。故古有世本。錄黃帝以來至春秋時諸侯卿大夫名號繼統。左邱明傳春秋。亦言天子建德。因生賜姓。胙之土。命之氏。諸侯以字爲氏。以謚爲族。其後有遠德宗殞。降爲皂隸者。則氏無所系。編爲庶姓。㡿庶之家。生而書名於閭史。綴其族。辨其親疏遠近。使無淆亂。其立宗之法。司馬氏掌之。

秦燔典籍。公侯子孫。失其本系。漢高起家齊民。命官以賢。不尚貴冑。而始尚官矣。然猶徙山東豪傑。以實京師。齊之諸田。楚之屈景。皆右姓也。司馬遷父子乃約世本。修史記。因周譜明世家。當時士大夫。尚知姓氏之所由出。

魏氏尊貴族。卑寒士。其大中正主薄。郡中正功曹。皆取著姓士族爲之。以定門冑品藻人物。晉宋因之。不尚賢而尚姓。有史選舉必稽譜籍。官有世冑。譜有世官。其時瑯琊王氏。陳郡謝氏。汝南袁氏。河南蕭氏。避永嘉之亂而南徙。皆過江之著姓也。吳縣之朱桓。廣陵之張紘。吳郡之顧雍陸績。皆東南之貴族也。王氏太原。崔氏清

河。盧氏范陽。鄭氏滎陽。皆山東之郡姓也。華陰之楊氏。京兆之韋氏杜氏。河東之薛氏裴氏。皆關中之望族也。由是賈弼王弘等之譜學出焉。

隋唐以上。官有簿狀。家有譜系。設圖譜局。置郎令史以掌之。用博通古今之儒。知撰譜事。官之遷陞。必出於簿狀。家之婚姻。必由於譜系。凡百官族姓有家狀者。則上之。官爲考定詳實。而藏之秘閣。私書有濫。則糾之以官籍。官籍不及。則稽之以私史。故其時人尚譜學。唐劉知幾史通曰。高門華冑。弈世載德。才子承家。思顯父母。由是紀其先烈。貽厥後來。若揚雄家牒。殷敬世傳。孫氏譜記。陸宗系歷。此之謂家史者也。

六朝崇尚門第。喜稱閥閱。山東人士。自矜地望。或捨其鄉里。而妄

稱名族或弟兄齊列而更以妻族相陵唐太宗惡之命高士廉等撰氏族志徵天下譜牒質諸史籍以考其眞僞辨其昭穆第其甲乙襃進忠賢貶退姦逆分爲九等以皇族爲首外戚次之崔幹爲第三凡二百九十三姓千六百五十一家此外如柳沖路敬淳韋述林寶等亦各有撰著今皆散佚惟林寶元和姓氏纂僅存新唐書宰相世系表大抵皆取之柳韋諸人則其凡略可見矣然元和姓氏纂附會舛訛不可究詰新唐書抑又甚焉

歷五季喪亂經籍道熄遑論家史及宋歐陽氏蘇氏出而譜學復著二譜之例一縱一橫廬陵用直譜古之所謂圖也眉山用橫譜古之所謂牒也其時譜與傳猶分爲二集譜以記世系傳以述先德各自爲書史家亦以譜入譜牒傳入傳記其體各不相侔如歐蘇二譜紀名字以外別無他語即古譜之例也歐蘇意主於簡以救博引繁稱之失然其弊過於簡略文獻無徵亦不足以示後禩合譜傳而爲一書其殆自前明始乎自明以來凡爲譜者皆不出縱橫二例而以傳譜合而爲一其因過於求詳而失諸繁蕪者亦往往有之

近世風俗澆薄喜攀華冑合宗聯譜爲漁利記甚至追述本系遠溯周秦僞立名字以彌其缺顚倒世次以就其列誣莫甚焉認他人之祖以爲祖附他人之族以爲族辱莫大焉况諂祭非鬼神所不歆致敬他親人斯悖德徒令有識者齒冷而已

與族再姪子秀遂初書 附議單兩紙刻入雜誌

子秀 遂初 宗英均鑒五月二十二日吾合族諸君在宗祠開大會議決各項另立議單頗極詳愼惟祠堂年久失修牆壁剝落門窗破損一種淒涼蕭瑟景象令人不耐而稔莊公墳樹木盡爲人盜去墳後之田又爲他人侵佔如欲一一整理在在皆需款項因憶伯銘押在 福保 處之房產計洋七千元每月九厘起息其屋現開大東旅社每月可得租金陸拾叁元擬將此款捐入公賬作爲常年之收入他日俞姓如來贖去公賬中可得整數七千元查俞君之房產實價値萬元外押在敝處之單契及合同等手續皆極完備茲已檢出與公賬中單契等藏在一處俟二年保管期滿當一併交與第二任之保管員也專此即頌 文綏 宗末福保謹啓

此次修譜緣 仲祜宗長旅寓滬江纂佛經研醫學潛心著述不暇兼理譜事故命 錫 等代爲部署惟關於祠墓事項均郵函示知茲奉來書慨宗祠之多年失修恨墳樹之被人僭竊因不惜捐七千銀圓之受抵房產爲基金將租息作經費整理修葺俾四百年先塋永固十五支家廟常新其於祖若宗之尊且敬也已如此又語族人遇有小學畢業乏力入中學者則酌給學費他日擴祠宇以序昭穆建義莊以撫寡孤立圖書館以惠寒畯睦婣任卹諸大端亦將次第設施焉竊維源遠者流長本深者實茂我 宗長惟此原本之是務以孝子仁人之念爲敦宗睦族之行蓋深有感於 安齋公後累代積德故其科第簪緌冠乎通族今將體歷祖之心以爲心繇世德而垂諸無窮也吾

族多明達其亦聞之而興起也夫元錫謹述

族兄仲祜捐產記

丁卓

歲乙丑。五月二十二日。族兄慕韓自北京來無錫。約吾族諸父老昆季三十餘人。會於南市橋之宗祠。羣議族中之事。若者應興。若者應革。使卓筆之於紙。以備後人之觀覽。爲族兄仲祜聞稔莊公墳之樹被竊而未補種。宗祠年久失修。有風雨飄搖之感。族中子弟。因經濟困難而失學者。不知凡幾。盡然太息者久之。因捐出命姓抵押七千銀圓之房產一所。爲闔族之公產。此產月收租金六十元。可補助吾族公款之不足。公舉佩卿叔經理其事。卓聞之而義其舉。因重有感焉。吾始遷祖伯通公在元季。自晉陵遷無錫。至今幾六百年矣。其間雖無達官顯宦。而士農工商。各安素業。故家

喬木。累世不替。入府縣志宦望行義孝友文苑等傳者。代不乏人。追溯百年前事。恍焉神往。是爲吾族最盛之時乎。迨咸豐庚申。粤寇陷邑。闔族數百口。蕩析離居。殉義死難者。趾踵相接。一片榛棘。瞻烏爰止。至今六十餘年。元氣尚未恢復。邇來歐風東漸。生活程度日益高。雖小康之家。生計亦形蕭索。況不及小康之寒士乎。今吾族公款。得仲祜七千元之補助。猶飢渴之得飲食。大旱之得霖雨也。而今而後。祖塋先祠。有修理費矣。子弟之教育。有補助金矣。天災人禍。貧而無告者。有救濟之望矣。此皆足以慰祖宗之靈。而使含笑於九原者也。仲祜不僅爲一族之仁者。亦可爲祖若宗之孝子順孫也已。余於十年前。聞仲祜捐三千元辦貧民學校。爲一邑倡。若仲祜者。可以勸吾族。可以型吾鄉。可以風斯世矣。今聞仲祜有藏書十五萬卷。其始讀文選。爲辭章之學。既而爲許鄭之學。其後因世變日亟。知辭章考據之不足以糊口也。乃改習算學。爲京師大學教授者三年。其後又習醫學。在上海刻醫書數十種。近年來又專習佛學。刻佛書三十餘種。其最大之出版品有六書。曰漢魏六朝名家集。凡四十家。曰全漢三國晉南北朝詩。凡五十六卷。曰歷朝詩話。凡八十餘家。曰佛學大辭典。凡三百餘萬言。曰正續一切經音義。凡一百十卷。曰說文解字詁林。九百九十餘卷。皆紙貴洛陽。風行海內者也。今仲祜讀書益勤奮。其學與年俱進。不爲商。不爲官。而以著書起家。硯田無惡歲。信然。仲祜積賣文之貲。尚能捐此巨款。吾知擴而大之者。必尚有其人也。願吾族人其共勵爲。卓武人。不能文辭。因激於公義。乃涉筆記之如此。

南塘丁氏六修眞譜卷次之十

詩

和慧山泉　丁寶臣

誰識澄淵萬古清潢汙擾擾漫縱橫出從山底應無極流落人間自有聲江漢豈能同浩渺塵沙雖混更分明從來旱歲爲霄澤安用茶金浪得名

和永叔新晴獨過東山　丁寶臣

芳辰百五前選勝到林泉萬樹綠初染羣花紅欲然陰巖猶貯雪暖谷自生煙婦汲溪頭水人耕草潦田日中林影直風靜鳥聲圓健令多情甚尋春最占先

翠麓亭　丁寶臣

諦看軒軒面翠微暫來登此已忘機地連佛寺樓臺古泉落山田稻蟹肥曉逕忽穿清氣入夜船多載白雲歸世人誰識紅塵外終老功名未拂衣

和丁寶臣遊甘泉寺（寺在臨江一山上與縣廨相對）　歐陽修

江上孤峯蔽綠蘿縣樓終日對嵯峨叢林已廢姜祠在事跡難尋楚語訛（寺有清泉一泓俗傳爲姜詩泉亦有姜詩祠按詩廣漢人疑泉不在此）空餘一派寒巖側澄碧泓渟涵玉色野僧豈解惜清泉蠻俗那知爲勝跡西陵老令好尋幽時共登臨向此遊欹危一徑穿林樾盤石蒼苔留客歇山深雲日變陰晴澗柏巖松度歲春谷裏花開知地暖林間鳥語作春聲依依渡口夕陽時却望層巒在翠微城頭暮鼓休催客更待橫江弄月歸

離峽州後回寄丁元珍（一作元珍判官）　歐陽修

經年遷謫厭荊蠻惟有江山興未闌醉裏人歸青草渡夢中船下武牙灘野花零落風前亂飛雨蕭條江上寒荻筍時魚方有味恨無佳客共盃盤

戲答丁元珍　歐陽修

春風疑不到天涯二月山城未見花殘雪壓枝猶有橘凍雷驚筍欲抽芽夜聞啼雁生鄉思病入新年感物華曾是洛陽花下客野芳雖晚不須嗟

夷陵歲暮書事呈丁元珍　歐陽修

蕭條雞犬亂山中時節崢嶸忽已窮遊女髻鬟風俗古野巫歌舞歲年豐平時都邑今爲陋敵國江山昔最雄荊楚先賢多勝跡不

辭攜酒問鄰翁（處士何參居縣舍西好學多知荊楚故事）

龍興寺小飲呈丁元珍　歐陽修

平日相從樂會文博梟壺馬占朋分罰籌多似昆陽矢酒令嚴於細柳軍蔽日雲霾猶靉靆欲晴花氣漸氛氳一罇萬事皆毫末蜾蠃螟蛉豈足云

至喜堂新開北軒手植楠木兩株走筆呈丁元珍　歐陽修

爲憐碧砌宜佳樹自斸蒼苔選綠叢不向芳菲趁開落直須霜雪見青蔥披條泫轉清晨露響葉蕭騷半夜風時掃濃陰北窗下一枰閑且伴衰翁

新開棋軒呈丁元珍　歐陽修

竹樹日已滋軒窗漸幽興人閑與世遠鳥語知境靜春光藹欲布。
山色寒尚映獨收萬慮心於此一枰競

送丁元珍峽州判官　歐陽修

爲客久南方西遊更異鄉江通蜀國遠。山閉楚祠荒。油幕無軍事。
清猿斷客腸惟應陪主諾。不費日飛觴

冬後三日陪丁元珍遊東山寺　歐陽修

幕府文書日已希清罇歲晏喜相攜。寒山帶郭穿松路瘦馬尋春
踏雪泥翠蘚蒼崖森古木綠蘿盤石暗深溪。爲貪賞物來猶早迎
臘梅花吐未齊

寄贈丁判官　歐陽修

西陵江口折寒梅爭勸行人把一盃。須信春風無遠近。維舟處處

有花開。

霽後看雪走筆呈元珍判官　歐陽修

江上寒山柢對門。野花巖草共嶙峋獨吟羣玉峯前景。閑憶紅蓮
幕下人
嘉景無人把酒看縣樓終日獨凭欄山城歲暮驚時節。已作春風
料峭寒

招丁元珍　王安石

默默不自得紛紛何所爲。晝攖聊取食。獵較且隨時。秋入江湖暗。
風生草樹悲黃花一杯酒。思與故人持

寄丁中允　王安石

人生九州間泛泛水中木。漂浮隨風波。邂逅得相觸。始我與夫子。
得官同一州相逢皆偶然。情歡乃綢繆。我於人事疎。而子久矣修。
磨礱以成我。德大不可讎。乖離今六年。念子未嘗休。豈不道相逢。
但得頃刻留。歡喜不滿顏。長年抱離憂。古人有所思。千里駕車牛。
如何咫尺間。而不與子游。願惜五斗米。無辜自拘囚。念彼磊落者。
心顏兩慚羞。剡山碧榛榛。剡水日夜流。山行若無蹊。水淺亦可舟。
使君子所善。來檄自可求。何時子來意。待子南山頭。

次韻答丁端州　王安石

莫嗟荒僻又離羣。且喜風謠嶺北聞。銅柱雖然蠻徼接。竹崎還是
漢家分。春書來逐衡陽雁。秋騎歸看隴首雲。相見會知南望苦。病
骸今似沈休文。

元珍以詩送綠石硯所謂玉堂新樣者　王安石

玉堂新樣世爭傳。況以蠻溪綠石鐫。嗟我長來無異物。愧君持贈
有佳篇。久埋瘴霧看猶溼。一取春波洗更鮮。還與故人袍色似。論
心於此亦同堅。

復至曹娥堰寄剡縣丁元珍　王安石

溪水渾渾來自北。千山抱水清相射。山深水急無艇子。欲從古人
安可得。故人昔日此水上。樽酒扁舟慰行役。津亭把酒坐一笑。我
喜滿顏君動色。論新講舊惜未足。落日低徊已催客。離心自醉不
復飲。秋果初寒空滿席。今年卻坐相逢處。惆悵相逢別時迹。可憐
溪水自南流。安得溪舟問消息。

送丁中允宰剡詩　陸經

塵土官曹幾處閑。今君作邑好開顏。落帆直向剡溪口。入境先登

天姥山。魚鳥半和風俗處。雲霞多雜簿書間。雪晴須去尋安道。莫作經宵興盡還。

寄丁彥誠　　元 華幼武 棲碧

旅食江城春復秋。相思情逐水東流。憐君鏗鏘多文采。愧我飄零限阻修。夜雨久懸徐孺榻。春風常倚仲宣樓。何時共對一樽酒。傾寫經年離別愁。

過金園寺次丁彥誠韻簡茂上人楊文可　　元 華幼武 棲碧

風塵久別恨悠悠。飄泊江湖一葉舟。野寺相逢烟雨暮。故園徒憶稻粱秋。關心爲問來何去。握手相看喜後憂。賴有茂師能好客。茗甌棋局且綢繆。

山居次蔡南民韻　　丁煐

靄靄轡烟鎖。茅廬傍竹邊。風微人不覺。日上我猶眠。涉世無良策。端居守薄田。一塵俱拂淨。閒裏自忘年。

村遊　　丁煐

暖風吹繡陌扶杖過橋頭。柳岸輕烟鎖。花溪月自流。燕拋雙剪去。荷長小錢浮曲折隨芳徑。春光一望收。

和顧研峯六月七日乘月訪友韻　　丁煐

雲斂奇峯月吐岩。露華渾欲溼單衫。犬依深巷吠人影。舟向平橋落布帆。得句推敲聊學島。然薪誦讀始希誠。門前腐草雖牽袂。可化爲螢且莫芟。

題丁元昭小照 諱煐元昭公　　華希閔

松風兮謖謖。泉聲兮淙淙。渺伊人兮何許。白雲深兮山中。君既謝兮。翳組寄高情兮孤桐。披松風兮烹石泉。訪園綺兮侶黃公。

雜詩　　丁王士

孤桐嶧山質。流韻抑何淸。孤根無回曲。直幹凌青冥。豈無棟梁材。實舍正始聲。方圓誰見削。宮商詎自鳴。嗟嗟漢中郎。曠世不再生。

登石州城　　丁王士

獨坐山城最上頭。暮天極望正悠悠。雲間紫氣長安道。江畔青楓故國秋。霽色雲開千里目。笛聲遙度夕陽樓。空壕寂寞歸鴉急。回首關山起百憂。

舟次龍游有懷王燮公　　丁王士

兩歇天氣淸。江水平如掌。樹色既青蒼。山光更昭朗。煙開洲渚分。日落輕霞上。獨酌苦無聊。孤吟更誰賞。對景懷遠人。長歌發浩想。

富春江即事　　丁王士

顧曲心情祇暗嗟。鬢絲消盡舊年華。無端江上當壚女。高唱揚州剪剪花。

青家驛赴會甯縣作　　丁王士

澗道四十里。迴旋如磨折。淺水蝕明沙。輕波耀晴雪。翠羽拂青屏。紅霞落華轍。閒聽驕鳥啼。瑟瑟鳴瓊屑。

曹丈集余丈心齋蔡丈應蛟連騎來餞賦贈　　丁王士

流水桃花千尺深。故人連騎送行心。匆匆莫問他年約。明日相思夢裏尋。

再授孝義敘懷　　丁王士

抱琴養微痾。僦居南城滸。瓦屋四五間。盈盈曲池環。水清魚在藻。

風㢳鳥間關。籬落墮繁紅。繚垣延遠山。醉來和月臥。吟罷看雲閒。但覺棲遲樂。都拋世網艱。殊恩猶用老。墨綬復遙頒。綆短苦汲深。顒頜彫孱顏。徒抱精衛志。難辭智叟訕。出處各有時。喧靜原一般。作息分晝夜。境遇屢往還。誠哉坡老言。得失此區寰。

山村訪彝九華隱君　丁鉉（原名景范）

水曲籬環處。雙扉寄隱蹤。山寒青到竹。雲淨瘦憐松。詠史甯忘世。攜尊爲勸農。茆檐無長物。身外一枝筇。

陳留館中作示邵南珍丁少伯　黃邛

（案少伯公諱鉉原名景范有詩刻入樂溪詩鈔）

頭顱如許語儒巾。自笑盧拈梁苑塵。千里孤懷悲素月。半生豪氣付青蘋。儲開舊卷從人懶。快對新交似我貧。老馬識途猶伏櫪。祖

鞭先着是何人。

賀襄城官署新婚兼寓勉勵意　黃邛

（福保謹按襄城公隨開菴公於河南陳留縣任是年十八歲即乾隆十三年也適迴谷先生館於陳留署中十四年二月七世祖姚秦太恭人沒迴谷先生有祭文三首）

三餘琢玉愧逡巡。敬禮才華自出塵。叢桂月宮應煥彩。穠桃仙館已逢春。噰噰噦鳳鸞調瑟。喔喔鳴雞愛儆晨。夢裏筆花成五色。文心疑董翠眉新。

瓶中蠟梅和中臺韻　黃邛

（按中臺公諱宮君蕃公之曾孫）

踏寒攜向小窗西。密護冰姿拂案低。不共春風隨越使。（越使可因千里數春風原自不曾知是無咎詩）獨餘清影伴幽棲。羞他粉面藏金屋。豈謂檀心夢紫泥。雪

茗半甌香色似。對茲應得醒塵迷。

春日懷丁三旭丹　顧敏恆（立方笠舫）

幽鳥啄階石。莓苔留篆紋。閉門掩楊柳。日夕懷夫君。昔別值初夏。今者復陽春。平皋躞煙色。淺沼濯霜文。三徑流鶯啼。緋桃明夕曛。憶昨共談讌。愛君無俗氛。甯知被飢驅。蹤迹遂以分。男兒各有志。不作鹿豕羣。愁心託微風。吹落閩山雲。（案旭丹公諱升見君蕃公支世系表詩見辟彊園遺集）

秋夕懷丁三旭丹　顧敏恆

彈鋏悲遊子。淒涼昨送君。書應幾日到。秋已半年分。歸夢閩山月。離愁震澤雲。綠窗風雨夕。宿昔共論文。

旅雁落寒聲。離人天外情。蘆除千葉下。荒徑百蟲鳴。作客長飄泊。安身仗老成。至交親共友。相望涕縱橫。

清明日從顧文子先生賈丈禮耕黃仲則沈楓墀遊白紵山　丁芳洲

天恣游人逐隊行。杏花雨不溼清明。肯因芳草牽懷抱。要使江山識姓名。側帽却宜風力軟。扶筇還羨鳥身輕。任他咳唾從空落。疋練叢花一望平。

夏五月查石愚訪予于蓮花僧舍。秋間因病來此養痾。同寓兩越月。極唱酬談讌之樂。長至前數日。將攜歸舊寓。賦此奉贈兼以留之　丁芳洲

羈魂冉冉傍天涯。夢醒惺忪日易斜。孤館燈昏人病酒。危樓風滿雪飛花。雁回絕塞難爲客。人到中年慚憶家。同寄栴檀香畔宿。誰從覺路脫三車。

芳洲以壬子七月聞繼母孫恭人之喪。越明年四月二日。始克自羊城棄累奔赴。感時物之皆變。傷人事之多艱。風雨歸舟。百端交集。成七律六章。以當哭云爾。（錄二）

丁芳洲

高堂無母尚安歸。餘恨經年萬事非。我命不辰嗟遠宦。此生無日答春暉。蠻煙渺渺迷空翠。丹旐斑斑帶夕霏。淒絕孤舟風雨夜。百端交集獨歔欷。

無計銷愁事遠行。蕭然門戶足淒清。名韁縶足憐諸弟。家事關心仗阿兄。粉籜經秋篁易老。彩雲生暈月難明。小入有母還無母。回首髫齡涕淚橫。

次兒果入都應試詩以勗之　丁芳洲

憶昔堂前笑語酣。充閭人慶得中男。繩其祖武行俱二。貽厥孫謀代已三。（先祖聞菴公至果兒四代行俱二）學到深時方識淺。味當苦後始回甘。此行欲望飛騰早。涉歷從教世事諳。

六十年前大父行。蟬聯金榜豔南塘。（予世居南塘乾隆庚子伯父蘭谷公舉于鄉癸酉伯父菊坡公丙子叔祖長孺公暨先大夫以次獲雋）千秋業藉科名重。七尺軀留姓字香。日下文章鰲頂貴。天涯骨肉雁聲長。（望之卜之兩姪俱留京應試）一言幷寄諸羣從。好草烏衣馬糞王。

五十自壽兼壽內詩四首　丁芳洲

百年烏兔劇奔馳。半擲輪蹄鬢欲絲。顧影尚餘名士氣。逢場莫憶少年時。才緣白戰愁將盡。夢到黃粱覺已遲。我本天閑軼羣馬。未甘伏櫪忽驚嘶。

南塘丁氏眞譜　卷次之十　傳家集　九

此身不是妾分明。偏拜姑嫜祇自輕。（予試禮闈二次以乾隆丁未來粵今未補缺）空有雪泥留嶺海。更無雲路問蓬瀛。秋陽春潦紛紛感。匹帛叢花渺渺情。胸臆幾人能不負。脚韡手板可憐生。

二泉九子小神仙。春草頻年夢阿連。（三弟秋渼在里）章貢水聲來枕底。伊涼風景極天邊。（大兒儒次江右四弟偶仙宰甘肅碾伯縣）幾回欲駐韶顏好。百鍊難磨傲骨圓。

疋絹胡威本清絕。肯將名姓玷前賢。（先大夫守廣州清風惠政至今人猶傳誦之）半生頭腦太冬烘。雅不從人賦惱公。差喜齊年偕飽靚。從嘲皋案說梁鴻。一房山翠添杯綠。滿縣春花照眼紅。慚愧兒曹忽有壽。酒腸騷激氣如虹。

去任永安留別諸紳士四首　丁芳洲

憶昔停橈此問津。秋香江水石公神。（俱地名）幾年風雨關清夢。他日雲山認夙因。肯以麤官嫌吏俗。每於瘠土愛民醇。閒庭絕似山陰令。盡日垂簾不染塵。

刼後餘灰尚未銷。我來妖祲又成烽。（嘉慶壬戌三邑中會匪不靖大兵勦定後予蒞任三邑山黨餘裹紅白巾夜刼古竹派墟悉擒置法）敗羣羊合搜林盡。涸轍魚還待澤濡。飲馬月臨深渡水。迎人雲起狀元峯。（深渡水狀元峯皆邑中山水名）頻年行部周村落。凌轢荅厓幾萬重。

崇墉屹屹傍雲開。似錦如花任剪裁。此日落成皆帝力。當年有警亦天災。（壬戌之役城幾陷大吏奏請增修余任版築之事三年告成）面城潘岳閑居賦。負郭陳平絕代才。版築工完文運啟。會聽臚唱日邊來。（狀元峯有林天賜刻石云預報傳臚幷系以詩云行龍到此方城完舉子忙百有餘年後定出狀元郎）

豈有河陽去後思。須行一語漫相貽。但安耕鑿皆庸福。肯讀詩書即可兒。諗我丁年官七品。耐人辛味髮千絲。滿城惜別多佳句。去

南塘丁氏眞譜　卷次之十　傳家集　十

任棻於莅任時。

催租行　丁芳洲

神江之民愚非愚。耕軍之田租不輸。不輸軍士朝無餔。上官羽檄雷電驅縣官急急徵車徒。鳴鉦揚旗走郊郭。山石确碍水折紆。沙塵鬱勃途崎嶇。暮宿野廟無板鋪。晨餐嚼砂糠粃俱。吏呈戶冊如積書。陳陳相因皆宿逋。村頭村尾張墨硃。里長報說人俱無。或竄藏兔窟縱魚。或虎負嵎螳當車。長胥捉人提壺盧。非耋聾瞽卽嫩雛。不然鰥婦衣無襦。云俟後日期當墟。當墟糴還居輿沽。魚腥蘘莧麻茅蔗。縱輸升斗爭錙銖。竟日仍無擔石儲。縣官搔首空嗟吁。患貧之患如剝膚。如此弊政不急除。愷悌君子如斯乎。我聞趙良醇。催租無吏胥。又聞陳良翰。催租無文符。更有減膳王仲舒。錢二

十萬輸民租。頻年風雨徒勤劬。催科若此吾嗤吾。吾嗤吾兮心踟躕。安得最最巨靈千萬夫。剷除頑山萬萬如平蕪。一洗壘塊胸豁如。分疆畫井勤菑畬。使民三耕成九餘。吏胥不入處士廬。文符不至山人居。輸將恐後爾我渠。含哺鼓腹歌康衢。縣官行部來于于。興仁講讓一意孚。普天率土萬古無追呼。

張海客枉贈詩四章卽次原韻奉答（錄一）　丁芳洲

沙棠舟上識君時。一揖驚看逸世姿。善慧本居無上乘。瑤華合放最高枝。才名白社騰聲早。世味黃粱入夢遲。流浪江湖豈無幸。隨身贏得一囊詩。

丁俊之以哲昆雙梧解元遺墨屬題率書二絕顧　植

奪標往事溯前塵。此日披圖墨尙新。過眼浮名如短夢。天公一例忌才人。

夙昔才華推敬禮。文名日下本無雙。零珠碎錦知何限。贏得珍藏有季江。

厓門　丁彥和

沙漠天開百戰勳。衰朝尺土竟難分。六宮痛灑蒙塵淚。一旅虛張背水軍。泥馬荒祠銷劫火。石麟廢冢臥斜曛。傷心莫問慈元殿。嗚咽回潮不可聞。（宋端宗葬永福陵楊太后與帝昺在慈元殿）

抵里二首（錄一）　丁彥和

病多未欲損枯腸。羞澀奚奴古錦囊。賸有傳家鬱林石。歸貲豪壓褰人裝。（先大父守肇慶採硯端溪以爲世寶行篋中恒以自隨）

舟行雜詩十六首（錄一）　丁彥和

海豨吹浪急潺潺。鎮日停橈未款關。夾岸魚鱗濃潑墨。水雲幻寫米顚山。（鎮江阻大風時滿之大兄爲陳範川太史課子欲訪不果太史主講寶晉書院卽朱襄陽硯山園故址也）

咫尺中冷遠似天。越甌試茗果何年。竹爐松火茆堂夜。記否同烹第二泉。（舟中與內子話舊）

繡閣丁簾媚碧漪。箬篷艇子蕩瓜皮。秦淮金粉搜吟徧。餘事猶工賭墅棊。（金陵訪植之大兄爲人邀弈不値）

余與嘉應李秋田神交二十年。始得相見于吳門臬署。時悅尊廉訪已奉內諱。君亦將返粵東。賦四章送之（錄一）

丁彥和

阿兄佐治譜。賓榻聯南州。佳音金石諧。至契膠漆投。（與三先兄交最耆）弱弟頗跳蕩。傲物多招尤。賴君客同郡。調護爲運籌。勗以讀書法。告以

持身謀。灑灑千百言。古誼何綢繆。七舍弟汖之年少恃才與時輒忤君會同客高州極意護持復兩度寓書詩勸誡讀之增益氣誼之感惜哉弟性愎。動與世俗仇。嗟彼穎慧資。嶄然異庸流。倘肯就磨琢。洵美逾琳球。官齋重話舊。觸我平生愁。

題芝仙所書靈飛經　丁彥和

之子吾宗秀。風華冠玉臺。雙清多慧業。三絕[illegible]才。朔雪澄懷抱。南雲妙剪裁。探奇恢眼界。又渡淛江來。記得都門別。於今卅載强。容顏俄老大。身世劇蒼涼。聽雨情同洽。挑鐙話轉長。春流引歸棹。寒雁儼分行。

送貽之二兄應順天秋試　丁彥和

嫩草鋪成阜。殘花綴川路。同懷輒言別。于役京華去。京華游俠窟。冠蓋競馳鶩。茫茫人海喧。佇賞陵雲賦。丈夫志千秋。豈論一朝遇。

失計唱鬱輪。成名亦爲誤。君行屢回首。上念高堂親。精力雖未衰。瘠宦悲勞薪。嫂病復經年。和緩術不神。平時尚多慮。兒如參與辰。風霜逼征裘。慰藉知何人。忍淚勸加飯。實此羈客身。

癸酉正月二十六日。彥和就婚江西。並擬應順天秋試。時家大人臥病六閱月矣。棄侍遠遊。殊難爲懷。口占誌恨　丁彥和

嗚咽不成語。霑襟淚汍瀾。憶我總角初。萱草中庭殘。雛飢幸有怙。椿蔭虬枝蟠。竿牘久憔悴。末疾來無端。昌陽正求肆。風笛關山寒。射雀敝畫屏。堦鄉暫盤桓。天廐騰龍媒。冀野空羣難。我去竟何益。苦矣八節灘。我留侍寢興。恐失高堂歡。搔首乏長策。愴惻摧心肝。

臨歧囑昆季。善視朝夕餐。行依海南日。萊綵重團圞。

南雄旅夜寄馭之平之兄二首 錄一　丁彥和

瘦骨東陽不自支。拈毫嬾賦客中詩。高堂若問春江鯉。爲道容顏勝舊時。

南昌晤誠之二兄　丁彥和

何限窮途感。飄零類轉蓬。病添家難後。才絀旅愁中。歲月蛇趨壑。行藏鷁退風。望雲兼夢草。消息問征鴻。時耀之二兄官廣西靈川縣尉世父迎養在署

寄星階弟四首 錄二　丁彥和

易作河梁別。孤懷慘不懽。池塘春夢杳。風雪夜吟寒。撅笛憑誰和。銜杯强自寬。臨歧見眞性。往句幾回看。昨歲弟有詩送別

卑竊機雲譽。新詞炫洛京。繡鞶誠末技。畫餅況虛聲。科弟關榮辱。文章判重輕。世途

多目論。努力事修名。

鍾泉以太夫人春秋已高。改官豫省。約諸同人於惠山送別。良朋星散。情見乎詞。　丁彥和

昨歲仙凫出　帝鄉。要從滇海試翺翔。宰官身弱嫌家遠。游子心終戀日長。錫類俟問頒　鳳詔。陳情今喜荷　龍光。却憐棠段虛絲繡。汴上先栽蔽芾棠。

丁暢之上舍以近稿見示題贈一首　顧翰

詩人丁野鶴。得句必飛鳴。骨比裁花豔。音如戛玉清。扶風豪士賦。曲水麗人行。不是山林調。還宜雅頌聲。

送暢之遊豫章　顧翰

我來遊京師。一歲常再三。短短襪上線。如繫隨風帆。生平親串

相見往往都中來識面可憐相見即分攜有似春鴻與秋雁去年文戰君初來荒齋臥病生青苔藥爐煙裏數晨夕幾愁駿骨埋燕臺今年君來百無事不肯豪門投一刺肓風刮地塵漲天日訪屠沽到燕市市中無人擊筑歌惟我與子同吟哦燭花幢幢照四壁酒缸灩灩生微波君書官紙作吟卷山水不辭行脚倦燕南趙北不欲留楚尾吳頭未嫌遠匡廬瀑布香鑪峯雲山窈窕煙空濛皈心不到白蓮社傾耳如聽東林鐘我今贈子千里夢黃鵠磯頭鎖相送琵琶莫上渡江船好去吹簫踏鸞鳳（君爲秦筠谷司馬之壻故戲語及之）

西泠寓樓寄艮甫伯夔洪之朗山同社諸子　顧翰

相屬一尊酒揖別茱萸筵筵上四五人一一金石堅瀨行摻霞袪情好非周旋榜人促登舟倚裝屢洄沿秋風正搖落霜氣已折綿

旅食山水鄉層樓倚湖邊高厓木森秀經秋轉紅嫣蔓挂錦虬尾石滑青蛇涎粉竹淚千个薇蕨弄碧鮮憶我同社子臭味馨蘭荃揀金汏泥沙秀質非華鉛各各鏗異聲宮羽不一絃控鶴上璇圃驂彪折珠鞭漆書平石梆瓦篆沉陌阡潭怒龍抵角舊牙各爭先蛾眉鬬尹邢姝絕皆所憐餐霞吐雲芝前身本胎仙仙仙雖殊都彙爲琅玕篇紫籙銜真靈列名快蟬聯奇編蘭煌煌合付青瑤鐫（時方謀刻樊榭山館倡和詩）當時絺交初出入相流連並坐抽翠管同遊抱花甎折紙書剡藤漬圖畫湘煙爐收艾蒳熏鼎挂榾柮煎燭跋淚飄零漏長泣幽咽屋小促膝談榻短抵足眠祇負一囊米別袂時時搴老饕思江湖夢見波淪漣水淺蝦上箔月明魚入筌枕上聞潮聲恍惚如耶舩寄語同社子貯酒桑落前便當買舟還爛醉湖中天

小除夕芙蓉湖祭詩偕章芝眉茂才艮甫伯夔洪之蘭厓竹畦兩弟同作　顧翰

寒潮一丈沙沒痕老魚跳浪冰鍔昏叢蘆作花晚蕭瑟湖天浩蕩招吟魂我澆醽醁倚篷背衆人皆醒我獨醉醉中恍惚吟魂來水帔霞裾帶幽翠憶昔少日搜荒奇刻畫造化求端倪鍛鍊窮愁作奇句江山靈怪歸詩脾錦囊賸有一編在潦倒塵沙失精彩丹黃點勘半模糊淡著墨痕濃是淚飣盤椒荔縱橫陳人言作詩詩有神但能祭詩得神助可保著作垂千春祭詩溯自唐年起歲歲祭詩成一例倘教有集皆可傳詩卷將毋塞天地筆花黯淡無光輝文章不值水一杯胸藏萬卷不能飽等身著述胡爲哉賤子作詩已十載詩到一分窮十倍行逢路鬼漫相嘲家有詩魂衆爲祟草

束紙馬一炬焚懷鉛挾槧何紛紛君不見相如滌具空買賦子雲執戟徒工文醉中爲詩託酒諷詩也甯隨五窮送兩岸聲喧爆竹風舟迴穩載詩人夢

偕丁洪之秦朗山兩茂才蘭厓竹畦兩弟登燕子磯同賦二首（譜案洪之公諱禾）　顧翰

秋氣蕭疎滿葛巾林巒深秀隔風塵幽窅野寺招山鬼古木荒祠拜水神百乳雲泉涼作雨數叢霞石豔於春記逢窈窕烟江上日暮峯如擁髻人

松門流水響涓涓六代繁華弔冷禪遊子衣裳霑翠溼僧房鐘磬出雲圓梅林香遠惟延鶴柳景青疎未斷蟬回首孤亭烟樹杪半帆斜日上江船

寓齋夜坐與伯夔感話漏盡燭跋情不能已伯夔賦感舊懷人詩十二首余亦繼作并寄諸同人錄一　顧翰

三兩貧交臭味同。哀湘激楚舊曾工。鑪鄉老去推亭長。燕子重來識社公。荷葉定如牕紙白。橘枝應憶酒鎗紅。他年得遂湖山約。更乞深杯與治聾。懷周山滿之時滿之耳疾未愈

貞女詞并敘　顧翰

貞女馬氏。字誦光。雲題學博次女。少字同里丁生。年未及笄。而丁生歿。貞女涕泣不食。父母偵其意而歸於丁。未幾卒。謹案。事迹載縣志。及劉逢祿書馬貞女事。

貞女未結褵。顏色如桃李。雖則如桃李。春華忽憔悴。堂上拜舅姑。舅姑淚已枯。房中見小姑。小姑哭烏烏。誰言妾初嫁。未嫁身已寡。

淒雨溼窗紗。冥冥若泉夜。香塵金雁盡。漆壙玉魚涼。墳上鴛鴦草。春風裙帶長。

寄暢園步月　丁玉藻

夜出滿瀾堂。微雨散林樾。簾開螢影度。展響蛩語歇。遙愛水莊花。清芬媚涼月。

鄱陽早發

榜人鳴銅鉦。棗舸侵曉發。江月皎猶在。鄱雞號未歇。蕭然此時意。軒蓋定何物。却憶芝山顛。匡廬坐超忽。董生昔高蹈。於此采薇蕨。繄我行役久。故鄉渺難越。終當返西神。陽阿夕晞髮。

別蕭二圻

蒿萊日沈冥。長嘯天地窄。吾生獨何罪。被苦饑凍逼。羊城積秋霖。

市儈方閉羅。迴風吹葛帔。漏盡靡所適。蒼茫叩君門。泥濘上邪幅。窮途見交態。慎勿呼將伯。慷慨車笠盟。翻覆何太亟。君家好兄弟。高義邁古昔。為我炊黃粱。菜甲手親擷。繩牀一止宿。累月無倦色。夫子雖少年。遇我情更劇。晨興視盥漱。夜靜拂枕席。大器固沈潛。清詩足標格。春官廢太卜。誰與掌三易。君也緯蒼牙。決疑審龜策。旁參青龍秘。辨論明且覈。由豫貫盍簪。說兌占麗澤。紛吾嬰世網。復作銅陵客。徘徊芝蘭湖。惻愴楊柳陌。相期在皓首。行誼各努力。

藤縣

秋氣日蕭索。孤花媚鐔江。長嘯命榜人。榛陰檥輕艭。威遲見蟲落。偪仄經魚矼。先公戴星地。土俗猶敦厖。從祖文輝公諱雲銘乾隆時宰藤有惠政臨風憶將秦。國士眞無雙。賜環雷陽驛。祓夢踐此邦。濁醪愁自酌。空齋二百

缸。却訪李白巖。行勝歷崆峒。失道蒼耳中。大笑驚村尨。古人不可作。寸心為誰降。歸來臥桃笙。片月窺蓬窗。惟聞赤水峽。激石聲淙淙。

甲午十二月廉州苦寒述懷

嚴冬十二月。勁草亦已摧。朔風號寒空。日夜相喧豗。棲棲遠方士。土室生塵埃。維常可為衣。無種何由栽。西家朱樓上。樺燭揚高煤。安歌倚寶瑟。美酒行金罍。醉脫貂鷫裘。繁霜變恢台。樗蒱擲百萬。大笑聲如雷。段干既踰垣。顏闔仍鑿坏。孤高不偶世。伏櫪無龍媒。漢史傳貨殖。虞帝歌阜財。嗟爾蓬蒿人。苦寒良可哀。

題黃芝仙敦仁堂遺稿

身不能控緱氏鶴。又不得上凌烟閣。窮愁著書累千卷。當有高名

動家廓。山陽死友良獨難。輟斤摧絃且深酌。問君胸中萬行淚。何處更向唐衢落。禺山日暮風蕭蕭。長林棲鵲求其曹。桂枝疏麻不堪折。獨攬蕙帶歌離騷。珠江冥冥颯飛雨。纍帆倏忽天吳驕。藥洲花塢屐齒徧。騁懷復作城南遨。李生篤行不可及。頻歲寒氈守書笈。案頭一卷芝仙詩。云是梁君之所輯。芝仙負才媕羣雅。早歲聲名軼東馬。賦成銅鼓驚百蠻。如此男兒豈人下。云何帝遺巫陽召。遺草叢殘尠知者。梁生苦心爲校讎。高誼頗覺今茲寡。我聞涕泗霑衣裳。猗嗟許郭久已亡。伊人溯洄不得見。椒欓辟芷空芬芳。歸來晏坐清夷堂。微吟一曲幽思長。白雲英英孤月涼。疎籬切切啼寒螿。

北郊行

南武城外微雨晴。叢祠天半飛雕甍。我來絕頂一登眺。衆山皆作波濤聲。居民日夜斲山骨。春風吹山青不得。道旁廢冢多貴人。流俗苦愛高官職。平南靖南用兵處。却讀豐碑長太息。那知鐵騎臨城濠。但見銅駝臥荆棘。當年靈旗指百粵。事定酬庸建藩國。 廟謨匪直榮汝身。牽制昆明安反側。趨庭不聞寢邱訓。捧土空期孟津塞。 九重優詔許歸耕。潢池弄兵誰所逼。貽謀持滿兩失道。萬里傳烽照巴僰。檻車轔轔燕市旁。使我懷古心悽惻。日落田家白板扉。馬行蹝踽循郊圻。前村瞑色且歸去。桑林葚熟汚我衣。

天分遙歌

龍門江上風淒淒。七十二折何逶迤。日南儋耳地瀕海。一水中劃分東西。駱田隨潮滿規外。時見螺笠秋翻犂。叢祠疊鼓賽蟲落。千畝林下金釵遺。嗚呼交州古都會。秦漢圖籍猶堪稽。尉陀雄才略象部。樓船十萬揚鍵旗。雒民內屬百餘載。何人倡亂詩索妻。伏波將軍老矍鑠。至今銅柱凌丹梯。永徽既設都護府。人士結綬登王畿。宋元姑息事封建。李陳代嬗史所譏。中華故物不能有。朱鳥旛出空招攜。貪夫伏戎俄噬臍。遺民莫怨黎季犛。長陵燔柴致天討。特築京觀封鯨鯢。按圖盡復古郡縣。功與漢北行師齊。再傳餘孽又乘釁。貂璫虐燄驚烝黎。東楊西楊水蒼珮。詎有遠略陳天扉。中書伴食幸無事。大郡十七淪蠻夷。朱鳶戍外阻王會。志士搤掔聽荒雞。桂林別駕今已希。誰復數典窮端倪。凶墟獨行嘂嘂笑。毒霧四合猩猩啼。西神山人大布衣。南遊覽古空嗟欷。艾山春雨一花落。白龍夭矯拏雲飛。

梁溪晚步懷練之六兄京師

遙夜不能寐。披衣行水邊。玉關新雁到。根觸一淒然。江月挂寒樹。野風鳴亂泉。低頭孤影在。伴我剌歸船。

和綿津山人城西陂泛舟作

孤艇破寒烟。波光綠可憐。沙鷗萍裏浴。水牸柳陰眠。雨滴初晴樹。雲生欲暮天。招提有佳約。相與聽新蟬。

暮抵洪都

山影撲船舷。桅燈次第燃。大江空外動。明月檣前懸。衣食無恆產。文章誤少年。浩歌誰應和。漁舨響寒烟。

西江

西江不可渡。江水接天流。落日一長望。烟波生暮愁。羇孤誰下榻。

淒斷自登舟無奈楓林外哀笳起戍樓。

人日登越秀山書梵宮壁

矯首涼天外蒼蒼越秀山。[illegible]霏開五管。花雨覆諸蠻。事去臺空在。人稀佛始閒。靈辰一登眺。惆悵未能還

遣興

遊俠黃金彈。承明紫玉珂。風花愁遠客。天地許高歌。海上仍烽燧。山中自薜蘿。已捻書籍賣。泥飲日亡何。

紅棉寺月夜同徐三灝

夜風振羣木。寒葉覆迴廊。月上樓臺迥。霜飛夜簟涼。小山明竹路。孤磬出雲房。茗宴流連久。高情倚偉長。

送秦汝燮北遊

送君無可贈。揮手漫高歌。水國氣方肅。鵬圖雲可摩。況交聞過少。長路不平多。行矣保初服。年華一擲梭。

象城春夜讀少陵先生七歌有懷子遠時客新甯作此奉柬

徐卿去我久。經歲不談詩。甘苦嗟誰共。酸鹹祇自知。短章酬小僕。橫議聽羣兒。一笑東窗下。青山對酒巵。

澄江夜泊

暨陽望不見。倚[illegible]數歸禽。夜靜月如水。維舟楓樹林。江空漁火綠。山暝竹煙深。明發那能寐。西風聞柝音。

西城樓晚眺偕顧二楨作

斜暉映長薄。野徑沒蒿萊。卻憶春寒夜。曾探雪後梅。孤懷憐無豫。復此共徘徊。日莫那能返。前峯明月來。

春日越秀山作

條風初受節。上日此登臺。磴盡滄波湧。雲消碧嶂來。歧途欺老馬。狂客耐深杯。橫海平生略。高歌亦壯哉。

送稽戊門瀚之東莞

禺山秋色遠。送爾去何之。落日雙忠廟。寒花九姓祠。家貧爲客久。身賤得名遲。余亦同茲難。紅亭酒莫辭。

題陳氏來青閣 有序

閣在東莞縣城北二里許。與張鐵橋道人如葊。簡伯葵戎部鈞基。尹淵柱太常東湖寺相望。邑人陳氏別業也。何文學仁山讀書其處。丁酉夏。余偕文學季父孝廉鯤。簡處士良過訪。留信宿而去。作詩寄文學。且訂後遊。

何郎讀書處。清迥得天機。山翠當杯落。溪雲帶鳥飛。歸僧桃竹杖。饁婦藕苗衣。不厭羈人俗。相從賦采薇。

贈別蕭昧謙三十二韻

久客輕長道。有懷難具陳。生平知己淚。爲爾一霑巾。歲歉薪如桂。途窮玉是珉。宋人愁適越。趙相悔遊秦。嚴父匡時略。先皇守土臣。冒彤同向化。強項獨殊倫。碧落星辰遠。蒼生俎豆新。祇餘任昉米。空羨陸機蓴。番禺公詩那得扁舟五湖上秋風入饌陸機蓴 乞食依慈母。歌詩廢鮮民。艱難歸故國。惆悵話前塵。白眼看孫楚。青霄誤鄒誅。無能謀半菽。何以致兼珍。五嶺重飄泊。三生益苦辛。鶺鴒原上草。蝴蝶夢中身。王粲登樓賦。郗超入幕賓。毀譽淆世議。披豁信天眞。從此遭傾險。淒然託隱淪。月斜虞苑夕。花妥漢宮春。寂寂窺籠鳥。栖栖失水鱗。竟淹

千里驚痛哭九方歅夫子西川秀高風北阮賁揚帆浮渤澥把牋
憶峨岷未絕亨衢轡終扶大雅輪陳琳攜手好（子好仲修）徐穉宿心親
（子遠灝）見義明斯勇全交訥近仁飢寒亦僅免推解一何頻顧我仍
行役臨歧且飲醑留連蕭寺外淒斷莿湖濱曉過藏書石秋新射
木神迷恩紛感激迴首復逡巡積霧開丹徼凌雲動紫宸豐城閟
雙劍早晚躍龍津

贈何耘劬孝廉鯤二首

愛惜春暉守敝廬斯人不合老耕漁頭銜自署東湖長腹稿誰窺
北闕書四海孤生頻拂濯（簡東州才士之失職者君常周卹之）一門羣從最清疎（君內行醇備家庭雍
睦撫猶子與所生等有聲庠校識者重焉）忘年交誼吾何敢親見靈光切太虛
儘笑溫岐手八乂硯田磽角是生涯偶馴野鳥插新竹閒剔小蟲

醫病花濟世有才關運會撿身無夢到紛華知君不負蒼生望早
疊征衫上計車

秋日寄朱笛生贛州

聞君昨歲客西秦復作南康入幕賓遠道秋風初落木空江細雨
正愁人親知惆悵三年別書劍羈危萬里身日莫鬱孤臺上望靈
澐縹渺定霑巾

上饒舟中送龍文學歸萬載

津橋殘柳霧濛濛握手踟躕聽曉鴻別意早懸帆影外年光欲盡
水聲中雲橫廬阜晴猶溼江近鄱陽靜亦風此去停橈建城北相
思擫笛與誰同（文學善吹笛）

饒州阻風不寐

推篷叫起一天愁彭蠡滔滔急夜流千里關山依短劍五更風雨
撼孤舟不知海若緣何事却恐饒娥擬復讎轉憶故園淸夢穩涼
蟾無語下西樓

廣州雜詩

弈世蒲鞭德化存猺人蛋戶盡銜恩至今竹馬邋民少瘴雨蠻烟
總斷魂（僖宗時先祖濟齋公守廣州先伯祖蘭谷公守高州仁宗時先君子宰番禺新會永安高要茂名諸邑皆有惠政）祖武難繩
金闕遠孫謀不墜布衣尊重來輸與遼東鶴北斗南箕感盛殘
曲江詞翰壓鄒枚後起雖言冠古才海雪畸人皆欲殺羅浮道士
信堪哀百年生晚愁何益五嶺春寒瘴不開獨客天涯宜作達長
歌直上武王臺

贈簡東州士良

太息儒冠竟誤身東湖烟水且垂綸千金誰顧燕照馬百結猶懸
子夏鶉定有文章傳弈代不應天地負斯人簪花翁去知音少碧
玉寒釵一愴神

即景

向夕微雨收江空暝烟綠叢莽一燈明知有漁人夢

雨後出郭

試泉門外雨初晴石上淸流可濯纓坐愛溪聲忘日晚涼雲如水
抱江城

書感

天涯不見客衣單造物憐才自古難五角六張慈母老西風今夜
不勝寒

歲除紀事

置酒高堂興未闌。哀絲豪竹礬交歡。日斜筵散客歸去。祗有梅花相對寒。

蒼梧酬黃逸人

裙室燈明夜未央。何須把酒憶瀟湘。與君濯足蒼梧水。坐看飛雲入大梁。

宗室弈公湘官廣東都統時嘗得番馬高大異於凡駒無錫丁枀之爲賦番馬詩云（從桐陰清話輯出）

大將鎭番禺。金鞭玉鹿盧。人間驚虎脊。天上割龍芻。異域歸忠傳。仙源積慶圖。他年紫光閣。誰爲寫神駒。（按頸聯上句見唐書藝文志下句見宋史孝宗紀眞絕對也）

讀亡友杜季英暨其師丁枀之遺詩慨然有作三首（錄一從隨山館詩）

汪瑔

（儁編輯出）

枀之於爲詩。意欲踞泰華。風格非不高。惜未窮變化。季英視其師。精銳不相下。狐白成冬裘。驪黃肅秋駕。近世派別繁。女嬌或兒嗄。二子出其間。一戰可以霸。奈何遘奇阨。靑霞入修夜。吾思小樊川。鉛淚爲一瀉。

世系歌

丁鳴玉

吾宗族望稱濟陽。宋代名臣位太常（元珍公晉陵人）。進五始遷太伯鄉。生子敏道曜早亡。南河宅塚均已荒。遺腹生子名仲綱。三世朴庵徙南塘。九里舖前墓茫茫。存誠公葬穛山傍。古愚墓在石塘岡。生子安齋始發祥。棠溪承溪俱長房。明宇敬明承義方。高祖留庵能文章。貢入成均覲國光。曾祖升南亦遊庠。父子教授重梓桑。吾祖書法

追鍾王。寸縑片楮皆琳瑯。吾父橐筆游大梁。中韓之學本老莊。公卿倒屣承筐將。南遊五秩歸北邙。余有願兮力未遑。千金建造一祠堂。百畝良田供蒸嘗。各處墳塋築圍牆。樹之松柏青且蒼。春秋祭祀陳椒漿。曾元拜跪紛冠裳。世世勿替綿書香。嗚呼此願何時償。

病懷

丁元照

寒蟲秋不死。牖下作悲吟。感極宵難寐。愁多病易深。殘燈孤枕淚。長夜百年心。欲侍雙親去。重泉何處尋。

遣愁

丁元照

木落葉聲乾。西風起暮寒。愁來天宇仄。物盡草廬寬。晚膳因貧減。衰顏怕鏡看。胸中無限事。一例上眉端。

登燕子磯

丁元照

絕磴攀蘿到上頭。小亭高處快唫眸。四圍雲樹千重擁。萬頃波濤一望收。近岸喧爭估客市。遠帆斜挂曉江秋。飄飄疑到蓬瀛去。好洗胸中無限愁。

癸亥避兵申江薛佩安歿于琴川自傷身世詩以當哭

丁元照

去年梅里別君時。君苦飢寒已不支。誰料此行成永訣。那堪回首再相思。全家未了今何着。獨力難持我早知。却愧交貧無別贈。空揮雙淚寫哀詞。

題丁子和焦桐集

榮汝楫

滄桑一爲別。相見各長嘆。貧[illegible]傲人易。江湖托跡難。有懷付詩酒。

無夢到邯鄲。安得廣陵調。爲予一再彈。

我亦流離者。鄉言毋乃同。風懷劍南集。身世杜陵翁。境迫心翻暇。時艱道固窮。那堪復言別。莽蹤悵西東。

濟北道中　丁紹儀

草枯平野淨。岐路盆紛紛。古木森如棘。遥山淡入雲。風沙旋不定。鷄犬靜無聞。何限勞人意。行行又夕曛。

嘉魚工次秋感

浩然秋水至。似共旅愁生。風雨朝如晦。波濤夜有聲。人隨孤嶼泛。泉憶故山淸。多少南歸雁。還從澤畔鳴。

哭姊

盼斷南來信。終疑事未眞。卽今申一慟。永別已三旬。天意何茫昧。人生足苦辛。嗟余頻失意。誰復詈申申。

一歲三喪接。親懷暗自傷。（大母外大母暨舅氏均先一歲棄世）歸日可堪近。又値姊身亡。失計輕分袂。承歡憶繞床。夜臺眸竟瞑。何以慰高堂。

不省彌留際。猶知念弟無。死雖依骨肉。生未識翁姑。（姊結縭兩載倘未廟見）薄命爲羇魄。傷心䏶藐孤。更悲荀奉倩。扶病卽歸途。

秋夜

搘枕人無寐。盈庭月似霜。秋深蛩語大。風靜露華涼。壯志隨年減。閑愁入夜長。何堪回首處。一雁正南翔。

風波

一雨羣芳歇。天涯人未歸。風波大江上。星月幾時輝。夢雜浮雲幻。心驚去日非。茫茫身世感。空自說忘機。

和鄒壽泉秋日登黃鶴樓書懷元韻

滿目蕭森甚。淒涼獨倚樓。高原幾脫葉。遊子易驚秋。康濟虛初願。栖遲失遠謀。竭來淸嘯處。心跡愧盟鷗。

萬壑樹聲勁。滿城涼意催。暮砧排戶發。戍角得秋哀。月冷烏應覺。天寒雁欲回。年年宦遊客。懷抱不曾開。

憶昔趨庭暇。秋來樂事多。一堂圍姊妹。五夜話星河。巧共樓頭乞。詩還月下歌。盛年留不得。吾欲怨羲和。

正爾悲無那。飛鴻送客愁。言歸尙無日。死別又經秋。（時姊亡兩年矣）有妹故鄉隔。離懷似我不。遙憐望雲淚。應向楚江流。

絕好誅茅地。二泉亭畔居。客來微雨後。人靜落花初。橘有千頭熟。齋還半甕餘。時從課兒暇。補讀未完書。

枉設山居想。誰憐素願違。昨宵星月好。送我夢魂歸。菊自開三徑。松還大幾圍。不堪舊巢燕。偏傍別家飛。

悵悵無家客。中宵自慨歎。貧憎兒女累。生恨弟兄單。仕宦人空羨。繁華夢欲闌。朝來覽明鏡。雙鬢半凋殘。

去住兩無策。浮沉到幾時。自傷生計拙。轉賴老親支。宦拙身彌懶。愁來心自知。蒼茫煙水裏。頓袖淚痕滋。

雙堞臨江峙。江流幾派通。煙波隨地幻。歌哭與誰同。興極登臨外。秋殘索莫中。憑欄試眺望。霜隼自摩空。

到家

一夜勞勞聽。朝來有雨無。驟聞鄉語熟。轉恨客途紆。急似尋巢燕。瞻同止屋烏。到門疑不叩。錯向比鄰呼。（時僦屋而居余猶未識）

阿母見先喜。歸程爲底遲。望兒常不到。教我幾回疑。可覺風塵倦。
應驚物候移。今茲朝食未。且莫話分離。

啓幔瞻吾父。期期欲語難。自增新病後。幾至半身殘。心疾今雖可。
瘍痂溼未乾。藥爐經卷畔。差喜是加餐。

弟妹欣然集。一時語笑盈。爲言歸棹穩。剛趁好風行。且喜門閭靜。
曾無車馬驚。試聽芳樹底。百囀有啼鶯。

絮絮閨中語。深宵泌泗漣。劬勞仗慈母。黽勉度殘年。仕宦慚余拙。
晨昏賴汝賢。年來向南望。休詠載馳篇。

千里一官縶。四年三度歸。親朋偶相聚。門戶半衰微。節序匆匆過。
名心漸漸非。更番遠行役。難慰是春暉。

遊寄暢園

綠樹陰初合。閒庭草漸肥。遊魚負萍戲。小鳥逐花飛。兩過泉聲靜。
風來酒力微。斯遊殊不易。我是暫時歸。

經彭澤縣

四野寒雲散。風吹淑氣和。江從大雷轉。舟向小姑過。水國魚蝦賤。
山城草木多。少焉新月上。還作扣舷歌。

新秋雜感次和鄒壽泉韻

落葉滿原野。江風入小樓。水痕千里月。蛩語一庭秋。世事正多故。
身家難自謀。去來無顧慮。輸與海天鷗。

蘆花四律次王漁洋秋柳韻

誰向蘅皐慰旅魂。朝來晴雪繞閒門。煙凝斷港飛無影。潮落空江
認有痕。搖曳暗侵蘋蓼岸。蒼茫遙接水雲村。西風到處吹應遍。漫
與楊花一例論。

蕭疏蓬鬢漸成霜。又見秋容滿練塘。春夢易闌秋擁被。客衣未絮
怕開箱。看同萍梗憑漁父。引入雲霄仰雁王。郤笑穠華零落盡。更
無人問壽安坊。

一曲琵琶淚滿衣。織縑織素事全非。蓬窗燈影新愁重。紙閣簾波
舊夢稀。幽意已同秋水冷。浮生還逐野雲飛。最憐一片光明錦。廣
被蒼生願久違。

清寒骨相少人憐。素抱於今欲化煙。倚玉襟懷空浩蕩。狎鷗心事
尚纏綿。證來蹤跡常千里。老向江湖又一年。回憶河豚初上日。空
餘鄉思渺無邊。

和趙雲九太守起鵬錫麓歸耕圖元韻　丁墉

一朝高掛惠文冠。從此身心得所安。衣錦君將歸故里。風塵我尚
滯卑官。堂開綠野情何適。飯熟黃粱夢早闌。省解人生行樂好。笠
簑端可傲躬桓。

筆爲耒耜硯爲田。擷豔熏香憶妙年。逵陸不虛鴻漸志。笙簧曾詠
鹿鳴篇。中書故事五花判。內翰文思萬斛泉。解道陽春眞有脚。（君以內閣改官來粵，攝陽春篆政，成民悅輿頌翕然）黃童白叟頌青天。

錫麓歸耕未肯遲。丹青妙有虎頭癡。（秦子儀爲繪圖）難忘傾蓋論交處。（君與余曾同供京職，共寓一館）最羨焚香薦士時。（君兩校秋闈，得士稱盛）歌美甑魚遺愛在。家傳琴鶴伴
裝宜。何當一棹相從去。第二泉邊共論詩。

卅載齊年歲月長。（君與余戊午同年）兩逢磨蝎幸無傷。（余兩罣吏議，幸均開復）滄桑小歷
三生刼。傀儡重登百戲場。樵唱漁歌神欲往。齊甘茶苦味兼嘗。梁

溪烟兩金臺雪。（余近奉檄轉餉入都）分道揚鑣我獨忙。

和金淮生游冰泉寺（見冰泉唱和集）

不盡滄桑感。卅年懷舊游。（余自壬戌秋閩道出梧江時兵燹甫經流亡未復今則昇平久矣）關山回望遠。歲序幾經秋。白象殊方貢。（越南頻年貢象必經梧郡）紅羊浩刼收。清時誰傑出。大匠正旁搜。

觴詠羣賢集。豪情薄太虛。心關民瘼切。視欲吏才疏。（君有祇愧吏才疏句）著作千秋想。瑯環一室居。和羹儲望重。未便隱樵漁。

過李福培墓感賦（刻入惠山記） 丁堉

一官南徼竟捐生。青史從今仰大名。火烈崑岡焚玉石。魂依贊序作干城。并無先軫歸元日。猶有睢陽嚼齒情。併命可憐偕弱弟。天章褒贈備哀榮。

松風謖謖捲寒波。慷慨如聞正氣歌。鐵馬金戈仍嶺嶠。薜衣蘿帶想山阿。家聲克紹西平遠。筆陣曾傳北海多。幾度驛亭同折柳。前塵回首悵如何。

自述書懷

恥將師友附公卿。異姓何曾結弟兄。九日重闈頻草檄。幾番膚牘謝登名。文章誼　錢刀賤。游俠風高道學輕。壯不如人今老矣。求榮終覺負生平。

移家誌感

社燕移巢不自由。三間老屋指東頭。家無僮僕呼兒代。室有虀鹽慰婦愁。最愛清風宜盛夏。預期明月話中秋。蘆簾紙閣尋常事。却笑蝸居未易謀。

自北莊至寶界山卽事

芒鞋竹杖一身輕。十里青山自送迎。小蝶似爲人引路。歸鴉欲與客爭程。參花野婦偏多態。乞火憐翁最有情。此是桃源風俗古。卻思城市悔生平。

白露橫江 丁承祥

一白天連水。扁舟赤壁行。四圍秋月淡。十里露華橫。繞樹鴉無跡。當頭鶴有聲。波光浮下上。練影接空明。冷自烏林逼。寒隨夏口生。涼痕環對岸。霜意透三更。星斗迎眸遠。魚龍到眼呈。良宵游此際。懷古最多情。

郊原新霽（從湖山疊影樓詩鈔錄出） 丁錫庚

一天風雨轉陰晴。喜見峯前掛曉鉦。猶憶小樓春睡覺。門前不斷賣花聲。

千山萬壑宿雲收。濃淡烟林翠欲流。聽得飛泉問何處。奚童遙指樹梢頭。

名陽古寺遠峯藏。金碧樓臺望渺茫。山意正同人意靜。數聲清磬出禪房。

炊烟吹逐暮雲飛。茅舍村村未掩扉。莫道田家無樂事。插秧人傍釣漁磯。

消夏詞

鞦遷何處落花風。暝色徐來萬象空。閒倚碧欄人意靜。滿階冷露滴梧桐。

月上天街暑氣清。羅帷乍覺薄寒生。鳴蟬在樹蛩吟砌。豈爲秋風訴不平。

薔齋即事

闌干曲曲繞簾櫳。無限心神宛轉通。隔苑有花難注目。紙窗無補易生風。酒能下口杯疑影。書到臨池字化工。漠漠濃陰天作雨。斷雲猶送夕陽紅。

再游石門白雲洞有感　丁錫庚

閒蹤歷歷誌重經。詞客黄衫感夙因。山色遠含堤柳綠。天涯都作可鄰春。

余成之自浙回里所拍浪淘沙些闋見示並囑題和　丁錫庚

碧城十二本無題。歌吹繁華夢竹西。袖裏詩篇襟上酒。人生到處是鴻泥。

贈澄江王芸階先生七絕四首

咫尺澄江帶水環。飄然身似白雲閒。灑將摩詰千秋筆。來畫梁溪九疊山。

追隨杖履挹風流。我亦頻登王粲樓。坐久渾忘城市鬧。淡烟微雨話涼秋。

拄笏看山興不羣。西神嵐翠落繽紛。臥游莫道無良友。湖上斜陽嶺上雲。

吟壇稱長即吾師。翰墨因緣慰所思。他日相離定相憶。好貽雙鯉寄新詩。

詩餘

搗練子　丁濟美

殘臈盡。暖風吹。山縣迎春錦作堆。路阻香車行不得。蓮鉤自踏麴塵來。

浪淘沙（春日）　丁如琦

青嶂擁晴沙。幾簇人家。眼前桃李鬬於霞。知費天功多少力。釀就繁華。○煙水望中賒。繞徑桑麻。武陵何必更浮槎。長晝愔愔無箇事。看放蜂衙。

解珮令（題友人漁隱圖）

蘋花千頃。桃花一棹。又開殘白蘋紅蓼。隨意風帆。任南北東西都好。計生涯此中粗了。○停橈近浦。收綸斜照。且休論得魚多少。換酒歸來。拚一覺醉眠忘曉。這襟懷儘堪娛老。

南歌子　丁瀚

細雨梅花路。輕風燕子村。半篙綠水護柴門。別是一般春色最溫存。○遠翠含餘潤。殘紅認舊痕。往時闌檻共誰捫。禁得杜鵑聲裏又黄昏。

月華清（七夕前一日雨中漫賦）

葉下空階。荷殘曲沼。愁看一徑絲雨。又早鸞梭罷織。鵲橋將具。數年年瓜菓紛陳。枉企想良緣佳遇。休訝。縱神針奇巧。嫁衣空作（去聲）。○自昔蛾眉招妒。且養拙安愚。休嗟遲暮。上得靈槎。始信銀河有路。望黄姑消息非遙。恨青鳥音書難度。情愫。冀雙星來夕。淨祛雲霧。

臨江仙 春日偶題

綠雨愔愔飄未已。遥山半被雲遮。小園堪擬庾公家。數竿君子竹。一逕美人花。○清晝垂簾無個事。茗鑪閒試新茶。眼前生趣足相誇。燕兒營夏屋。蠭使放朝衙。

高陽臺 秋夜聞笛

晚照留紅。寒煙弄碧。金飇吹滿山城。倦倚雕闌。誰家玉笛飛聲。梅花落盡人何處。便無愁也喚愁生。况涼州別調新翻。越樣淒清。○柯亭舊韻何堪問。朧關山月色。千里同明。悽恨桓伊。催教繡閣心驚。陌頭楊柳蕭疎甚。頓牽來無數離情。又長空寒雁爭飛。相和悲鳴。

踏莎行 望雨

瓦雀鳴春。窗鳩報曉。捲簾薄霧籠幽草。山家正在望甘霖。鳩啼屋角聽來好。○潤葉愁微。霑枝恨小。東風莫把濃雲掃。年光輸與柳條多。依依不覺春將老。

鵲橋仙 新秋

輕雷送雨。涼飇餞夏。一榻清虛無暑。果然茗飲勝杯香。暈水倚疎簾自羨。○巢燕將歸。林蟬乍歇。又聽搗衣砧杵。微吟欲覓和人難。只索向秋蟲細語。

南柯子　　丁　榕

花氣和煙醉。春光倩蝶傳。一庭濃綠問誰憐。只有蝶魂還欲抱花眠。○惆悵尊前景。依稀似昔年。踏青人去草痕鮮。不道零紅數點尚嫣然。

采桑子

瓊樓曉起銀屏凍。莫倚危闌。又倚危闌。雁送西風撲面寒。○聲聲碎玉鳴簷鐵。怕說心酸。早已心酸。冰雪關河去住難。

醉花陰

荳蔻湯溫初罷浴。悄倚雕闌曲。一院藕花風。朧有流螢。入幕窺簾熟。○夢隔巫雲峯六六。耐盡良宵獨。待月月生遲。小扇輕揮翠管涼斬竹。

浣溪紗

纔過清明上巳天。鶯喉漸老柳飛綿。東風吹送雨廉纖。○懊惱一春愁裏過。未曾把酒杏花前。江干閒煞木蘭船。

蘇幕遮

暮寒生。香霧重。芳草春遲。未透堦兒縫。疏影橫窗偏耐凍。新月多情。又把花枝弄。○夜方長。誰與共。枉刺鴛鴦。繡被還孤擁。聽得簫聲天外送。何日秦樓。攜手騎雙鳳。

滿庭芳

雨釀輕寒。風催小霽。一庭夜合開齊。瑣窗夢醒。恰恰乳鶯啼。最是鶯兒無賴。晶簾畔。污徧芹泥。情何限。玉笙吹罷。獨倚畫闌西。○天涯歸信杳。裙腰芳草。綠滿長堤。對蕉書半展。如見封題。向晚新螢飛度。穿珠箔。欲上還低。翻輸與。錦鴛狎水。雙宿又雙棲。

木蘭花慢 新月

柳梢光半吐。殘雨歇。小庭幽。似鏡匣微開。纔呈一線。試照瓊樓。姮娥諒多幽恨。淡眉痕曲寫遠山愁。想見金波蕩漾。潛鱗乍怯吞鉤。

○鬟梳斜傍玉搔頭。綺閣晚妝收。正雲母屏空。水晶簾捲。獨倚箜篌。清輝未能久駐。悵黃昏寂寞思悠悠。誰炷心香遙拜。背人細語無休。

洞仙歌 題友人松風蕉雨圖　丁槦

一庭空翠。撲簾旌似霧。更著蕭蕭打窗雨。正涼侵玉几。潤逼金徽。風過處時有茗煙低度。○苔痕青滿院。屋角遙岑。約略還留舊眉嫵。於此儘延緣。松吹飄來。看展盡蕉心幾許。只少箇雙鬟夜添香。好同校茶經。靜修簫譜。

浣溪紗 經古浪道　丁榮

匹馬馱來萬斛愁。莽蹤遠逐野雲浮。新聲聽到古涼州。○迎面晚山含日冷。夾車新水帶冰流。濃春煙景似深秋。

減字木蘭花 爲席靖菴題吹簫圖

流鶯漸老。人生行樂應須早。棚媚桃夭。認取春光塞上嬌。○洞簫一曲。生綃貌出人如玉。莫奏清商。且盡尊前現在觴。

眼兒媚

天山雪後凍嶙峋。寒極似無春。推窗試看。凌兢梅萼。也減精神。○拈毫欲賦硯池冰。誰繼兔園塵。拚教今夜。剸鮮行炙。醉吐車茵。

滿江紅 題潘元紹姜七姬擢擧同緝權厝志潘爲僞吳張士誠壻吳亡降明後被戮　丁楷

如此名花。雕闌護何堪摧折。奈驀地燕巢將圮。烏啼易咽。舉目烽煙雲慘淡。驚心鼙鼓山崩裂。怕投戈泛海兩難全。空悲切。○三興士。今消滅。七姬事。爭傳說。甚薄情夫壻。尚思偷活。遺恨青留墳上草。劫灰紅染行間血。更何人載酒向荒原。尋遺碣。

清平樂　丁彥和

小窗鶯語。似說春將去。雲節颷輪無覓處。但見一庭紅雨。○杜鵑何事頻催。韶年一去難追。留得餘芳數點。還憑燕子銜來。

更漏子

露初凝。風漸起。月到碧天如洗。深夜夢。少年心。沉吟誤到今。○秋將盡。愁難整。更被笛聲勾引。千重水。萬重山。征人何日還。

鳳凰臺上憶吹簫 晚霞

宿雨開晴。斜陽做暝。雲衢乍斂青虹。看非煙非霧。一片籠蔥。鳳吹悠颺何處。餘音嫋。如隔牆東。早飛盡寒江孤鶩。野戍歸鴻。○無窮詩情畫意。恍天女綃衣。吹落隨風。更瓊觴堪酌。光泛杯濃。掩映丹崖綠水。縱好手描繪難工。奈轉眼繁華夢醒。金碧都空。

附劄

亡室丁安人節烈行略

安人丁氏諱瑤貞字叔媛世居無錫南市橋之上塘系出元萬戶府諱進五後本生祖諱瀚陝西甯羌州知州祖諱升邑庠生父諱棠候補縣署福建龍溪縣知縣母畢太夫人兄名紹儀誥封朝議大夫知府銜前署福建上洋通判弟名紹廣軍功賞戴花翎欽加副將銜現署福建長福營參將女兄弟四安人其次也母疾嘗刲肱和藥以進道光元年辛巳先王父懷西公移守漳州先君與龍溪公交好聞丁女多賢為標聘焉少標二歲讀書明大義嫻內則果決如慧男子得父母歡甲午標年十九入閩就婚丙申冬

標偕安人歸安人奉上以孝御下以慈而秉性嚴正婦女有不飭不相接洽或銜之安人忍受不較待其久自悔悟而已龍溪公居廬遘疾左右無人安人亟醫祈禱經歲不懈既卒哀毀踰制畢太夫人歿於楚中聞訃號慟幾殞喪還哭如之鬱火結成痔瘍為畢生患先妣龔太安人恙喉痧安人苛癢抑搔刻不離側臨危執安人手戟二指示意曰以此累汝蓋標一弟未婚一妹未字也安人以冢婦持家事死事生一於誠敬迨標後母王太安人來歸安人奉還家政旦夕問視不以後先稍失婦道標弟妹婚嫁悉窺先君意旨未嘗吝嗇存私撫標後母弟如己同胞弟亦嚴嫂甚於所生己酉大水年饑先君為標兄弟析爨污萊卅畝僅給饘粥又值連年蝗旱標不善治生束修所入無補食用安人耐苦習勤米鹽薪水料檢錙銖遇有亟需典質釵鐶以應節省取贖如是為常標反享受清閒終年若無事辛亥標得安人兄助貲為國子生兩度秋風金陵失守去冬借試浙闈又以先君喪不得與試今春安人兄閩中書來知為標納粟得光祿寺署正銜安人曰吾望君得第甚於得子今仍以他途進命也二月賊陷長興葬我先君安人念全家宦閩先世墳塋俱在慧麓道梗不克瞻祭為憾四月朔賊合敗兵竄入邑境安人從姊鄧攜老幼來依以其不載神主而遷也讓之而優待如初初十日賊陷錫城四出焚掠隔湖火光燭天村人惶遽議徙安人不欲行標曰亂靡有定行將焉往賊所不即至者以無舟耳賊苟得舟湖濱皆非樂土若斷塞湖口聯接各山使之首尾相應不難暫保偏隅而人心已渙奈何安人曰舟中豈能持

久而危險更有甚焉吾意決矣必不如彼忍辱偷生也呼僕婦尤媼進曰負若工值任若取之去留若自擇焉可也媼曰安樂共而憂患離吾不為也誓死不去有懷二心明神殛之垂涕而散十七日賊揚帆而來標恃膽與抗幾罹首禍翼朝麕至彼此倉皇出奔安人顧謂標曰各自為生毋牽連也遂偕女伴共匿密室賊竟搜及安人見勢不良委棄一切袖刀出媼從之與標遇亟共伏山谷草間初夏草生未茂另覓茂草不得賊突入標就荒冢以避頃之聞安人罵賊聲甚厲欲前則又賊阻神魂迷惘不知所為迂迴追之及祖祠見安人披髮履水坐而淚促標速行曰毋為賊得標曰毋畏俟我回家一視即來同汝歸慎勿輕生也安人曰諾比至家闃然而安人則已殉節於邵家池矣標痛極亦投於池媼力持不

死。就水負安人屍出。取一扉置之。易去溼衣。覆以錦被。哭守至暮。有族翁過。懇相助舁回。衣衾含襲。皆標自爲。明午得棺。草草入殮。卽日權厝於先塋昭次。嗚呼傷哉。安人罵賊後。卽引刀自刺。媼止之。賊怒。脅行至池。見從娣鄧溺死。安人曰。得死所矣。遇某姑曰。而女擄矣。何不殺之。且而兒女多。何不留子去女。以一死繼之。賊怒甚。舉刃背擊安人肩。安人奮迅投池。媼援之。如是者三。再後賊又遙脫。媼防加謹。安人曰。汝勿害我。我何人。豈爲賊汚者。但我死主人恐不獨生。非汝誰救。汝服事主人。亦須如我在日。我在九原自當佑汝也。言訖卽沉於深淵。媼又下。力竭不勝復援。安人遂逝。嗚呼傷哉。時咸豐十年庚申四月十八日申時也。生於嘉慶二十三年戊寅二月二十三日子時。年四十有三。是日標諸母行凡在舟

者。僅以身免。他舟覆溺無算。二十日賊又至。六嬸母程孺人紿賊。脫叔父於難。投池死之。更有孕婦王。聞夫趙擄。走入蘆渚死。賊刳剔腸胃。槀葬後山。附掇及之。以見全節之未可多得云。七月朔。賊驟至。焚殺淫掠更慘。標家遂無絲縷存矣。此時孑然一身。煢煢孤立。既憂家難。又困飢寒。眞有求死不得之苦。嗚呼。由今以觀安人之死。未始不爲前知者。標與安人偕隨二十五年。平居賓敬。遇事箴規。夫婦也勝於益友。今欲如安人者。一言以泄胸中憤悶。亦不可得。而謂標又何聊賴於世哉。還憶曩年標病。安人不食不寢。常致積勞同病。今秋標癯瘠纏綿。委頓欲絕。無有過而問焉者矣。媼爲祈代。安人見形夢寐。而痊夫以媼之愚忠難矣。是非安人之賢有以感孚。使之中心悅服。亦曷克臻此哉。安人揚哲頎頎。博唇秀目。髭髮長可委地。摘蘭蕙插之。旬日猶鮮。精女紅。雖尋常衣履。裁製新奇。不同俗豔。繡字尤妙。轉折次第筆法。毫忽無差。而姿媚較勝墨書。自奉甚約。修祀維虔。脫肉作魚。造次必以正。縱盛暑寒。不假人手。他人效之。亦未有如安人之甘旨者。暇率僕婦藝蔬。紫茄白莧。瓜果闌牆。盆盎栽花。四時不絕。所居之室。罄欬無聞。奩鏡縹緗。燦然羅列。夜輒篝鐙誦唐宋人詩。遂亦能詩。兼能繪事。惜不多作。作亦不存。玆得絕詩九首。數色花鳥二幀。刼後餘灰。覽之彌增辛楚。近喜閱明李殉難事。逢人道說。聽者厭聞。不知安人意有所託。[illegible]居恆每謂標曰。我病不宜男。君亦羸弱。我在君可無虞。萬有不齊。何堪設想。小家女。無可入吾夫婦目。其尤者力所難爲。假我數年。終當爲君成之。苟延後嗣足矣。否則亦免君垂暮淒涼也。因

以相對欷歔。凡玆情景。猶在目前。轉瞬滄桑。杳如天上。嗚呼哀何可言。自安人亡後。室中蚤晚常聞異香。寅夜有光。圓轉類火。聚散不一。今夏。牕外榴開繁豔。具有啼慘之狀。入秋。梨實落而復敷榮。白花紅葉。帶雨悽然。咸以安人靈爽爲言。嗚呼。誠形明著。理固然耶。其不然耶。當此喪亂未平。身游沸鼎。同穴之期。逆知不遠。而後死之責。至今百不盡一。在安人縱能諒標之貧。不以薄情見責。標撫膺自問。一旦轉塡溝壑。非特安人之大節終湮。他日地下相逢。其將何辭以對。爰不揣無文。詳次梗概。以俟司牧采風。冀邀

天子表閭盛典。伏乞

當代立言君子。錫之銘誄詩詞。寵光泉壤。感且不朽。

歲次咸豐庚申季冬月在制髮僧周建標抆淚謹述

孝烈丁安人傳

蕭穆

安人姓丁氏。諱瑹貞。字叔媛。世居江蘇無錫南市橋之上塘。係出元萬戶府諱進五之裔。祖諱升。邑庠生。本生祖諱瀚。陝西甯羌州知州。父諱棠。福建候補知縣。署龍溪縣知縣。母畢太夫人。生二子四女。安人其次也。幼讀書明大義。嫻內則。得父母歡。道光甲午。安人年十七。適同里光祿寺署正周建標。周氏亦無錫大族。建標之祖諱鎬。官福建漳州府知府。父諱某。有學行。知名於時。安人適周氏。舅姑均在堂。姑爲龔太夫人。本有賢淑之稱。安人奉舅姑以孝。御僕婦以慈。婦姑尤相得。姑遘喉痧疾。安人日夕侍養不離側。臨終執安人手。不能言。戟二指示意。若曰。以此累汝。蓋一少子未婚。一女未嫁也。安人以冢婦持家事。死事生。一出於誠。舅續娶王太夫人。安人旦夕問視。不以先後稍失婦道。建標之弟妹婚嫁。安人佐舅姑。豐約均盡禮。後姑生一子。安人愛同胞弟。道光己酉大水。年饑。舅姑爲三子析爨。建標得薄由若干畝。連年旱蝗。束修所入。恆不足自給。安人耐苦習勤。節縮有法。建標恆得從容怡情文史。咸豐間。粵西盜起。蔓延大江南北。庚申四月朔。賊竄無錫境。安人有從娣鄧氏。攜老幼來依。以其不祧神主偕遷也。讓之。仍優待如禮。初十日。賊陷無錫縣城。四出焚掠。火光燭天。村人惶懼。議徙。建標與安人籌之。卒不得一安全之策。安人曰。吾意決矣。必不如彼忍辱偷生也。乃呼僕婦尤嫗進曰。負若工值。任若取之。去留自便可也。嫗曰。安樂共而患難離。吾不忍爲也。後數日。建標同安人尤嫗各自逃避。乍合乍離。每相遇。安人必顧曰。各自爲生。無牽連也。

一日安人遇賊於荒冢。罵之甚厲。將引刀自剄。尤嫗止之。賊怒。脅行至邵家池。見從娣鄧已死池中。安人曰。得所矣。遇某姑曰。而女擄矣。何不殺之。且而兒女多。何不留子去女。以一死繼之。賊怒甚。舉刃背擊安人肩。安人奮迅投池中。尤嫗援之。如是者三。賊遙睨之。尤嫗防益謹。安人曰。汝勿害我。我何人。豈爲賊汚者。但我死。主人恐不獨生。非汝誰救。汝服事主人。亦須如我。我在九泉。自當默佑也。言訖。即躍入深淵。尤嫗又下援。力竭不勝。安人遂沒。時咸豐十年庚申四月十八日。年四十有三。先是。建標過祖祠。見安人披髮履水。坐而淚下。促速行。建標曰。俟我回家一視。即偕汝歸。慎勿輕生也。安人曰。諾。比至家。闃然返。而安人已死矣。建標痛極。亦投池。尤嫗力持之。仍就水負安人屍出。次日午。乃得棺。草草成殮。即日權厝於先塋昭次。尤嫗之夫曰查阿敖。無錫南鄉北碼頭人。年三十三。夫死。族人逼嫁。不從。傭工守節。始終在周氏。臨難不去。事死事生。卒賴其力。例得附書。

論曰。昔歸震川先生嘗自恨足跡不出里閈。不得天下之奇節偉行而書之。今觀其集中所作陶節婦韋節婦王烈婦等傳。着墨無多。閱數百年讀之。猶髣髴當時節烈情事。儼如目覩。余讀周君所作丁安人節烈行略。述安人孝於父母。歸周氏。上事舅姑。極盡婦道。與周君倡隨二十五年。無間言。卒遭寇難。罵賊投池。叙述首尾至二千餘言。歷歷如繪。使震川先生得而書之。又當在所作陶韋王節烈等傳之上。惜某尙非其人也。爰節錄安人行誼及殉節始末。他日爲上諸太史氏。

書丁安人傳後

丁安人。諱瑤貞。余祖姑也。適犢山周氏。咸豐十年。殉粤匪難。數年前。余家修輯宗譜。從聽秋聲館詞話錄出祖姑所作小詞二首。刻入譜内之傳家集。然欲求其遺事。已不可得矣。今年二月。得新陽趙丈靜涵書。知藏有余祖姑丈周準之所撰丁安人節烈述略一篇。余七月間。至滬習醫。受業於趙丈。趙丈遂以節烈述略及蕭敬夫先生所撰之家傳授余曰。此節烈述略。藏之已四十年。其間書籍之散佚者。不勝枚舉。而此稿則頗愛惜之。已丑冬。曾攜此稿隨薛星使至海外。擬丐星使爲之傳。而未果。至今歲。始知丁安人即吾子之祖姑。遂丐桐城蕭君敬夫傳之。其節烈述略。敘次美備。余已錄副。他日預備江蘇文徵之選。其原文及蕭君所爲之傳。吾子其藏之勿失。福保展讀之下。既喜祖姑之節烈。得彰於五十年之後。復悲周氏無後人。恐不能將此文登諸周氏家乘。余小子他日如能重修宗譜。此文當敬謹刊入。以誌不朽。光緒辛丑七月九日丁福保謹記於滬江客次。

十六字令　丁瑤貞

（節錄聽秋聲館詞話云。粤匪之陷吾邑也。余妹瑤貞方居鄉。不十日。賊至。懼被辱。囑妹婿周準之奉母遠避。自投屋後邵家池死。準之名建標。犢山觀察鎬之孫。妹名叔媛。幼知書能詩。妹於兄弟中最柔懦。不意見危授命。勇決如此。）

聽窗外。如何月有聲。寒無寐。風雪正三更。

桂殿秋　冬月有懷兄妹

魚信斷。雁行疎。蠟梅香裏歲將徂。停針自起推窗望。寒照亭亭恰午餘。

代棣香致暢之書　丁善儀　芝仙

頃讀手函。具紉慈注。并承多儀頒賜。已徵厚意殷肫。且以甥壻四旬初度。又荷玩珍稠疊。吉語紛披。銘泐葵衷。難宣楮管。藉稔舅氏大人。壽躋泰豫。福祉萃豐。稍息文翰之勞。獲安寢興之素。家庭聚順。杖履優游。仰跂德輝。曷勝健羨。甥女定期赴閩。擬由溫州取道而行。跋涉舟輿。更多勞頓。維念依侍兩年。諸蒙慈愛。兩女并承訓迪。備沐提撕。今忽一旦遠違。瞻依何日。每思道範。能不依依。尚希時錫誨言。如親謦欬。是爲切禱。楚卿諸凡嫻淑。回寓調理肝疾。亦覺稍痊。此去朝夕相依。一切飲食寒暄。自當加意珍衛。望勿罣懷。專此復謝。敬請台安。

贈潤卿妹

茜衫翠袖影伶俜。巧掠飛蟬薄鬢青。良夜似年秋似水。笑攜團扇撲流螢。

題嫂氏馬遺照（福保謹案事迹載縣志及劉禮部逢祿所記馬貞女事）

我痛雁行斷。嫂傷鸞影沈。奔喪歸吾家。血淚盈衣襟。但得死同穴。奚必生同衾。清操潔比瑜。烈行堅如金。含悲赴九原。柏舟遂素心。

金錯刀（辛卯七夕濮又昭妹招諸女伴作乞巧會小病未往賦詞奉柬）

雲影淡。露華涼。蟲聲如雨夜初長。尋盟有約邀新月。乞巧無緣灶晚香。陳細盒。奠瓊漿。一鐙搖夢費思量。遙知笑語情方愜。都向天孫問七襄。

憶王孫

梧桐分綠上雕欄。幕卷簾垂夜未闌。玉骨珊珊慣耐寒。掩青鸞。絕代蛾眉稱意難。

曾王姑芝仙步珍公諱寶洲女。善詩詞。工楷法。嫻繪事。有三絕稱。所臨靈飛經。見者謂長洲曹墨琴夫人。不得擅美於前。著有雙桂軒尺牘。適江西秀水縣知縣楊炳棣香其女也。適無錫秦穀貽。　光緒丙申六月十二日福保謹誌

服制圖

譜之修也。隆一本也。將與族人彰明軌物。守祖訓而懷法制。共吉凶以同憂樂而已。清律所載服制圖與禮經表裏。萬世不易。敬謹刊入。以便遵守。

喪服總圖

斬衰　三年
用至麤麻布爲之不縫下邊

齊衰　五月　杖期　不杖期　三月
用稍麤麻布爲之縫下邊

大功　九月
用麤熟布爲之

小功　五月
用稍麤熟布爲之

緦麻　三月
用稍細熟布爲之

大宗一小宗四。有繼禰之小宗。同父兄弟宗之。有繼祖之小宗。同堂兄弟宗之。有繼曾祖之小宗。再從兄弟宗之。有繼高祖之小宗。三從兄弟宗之。至於四從則親屬盡絕。所謂五世則遷者也。是謂小宗。

本宗九族

凡嫡孫父卒爲祖父母承重服斬衰三年。若爲曾高祖父母承重服亦同。

高祖　齊衰				
曾祖　齊衰	曾伯叔祖父母　緦麻			
祖父　齊衰	伯叔祖父母　小功	從伯叔祖父母　緦麻		
父　斬衰	伯叔父母　期年	堂伯叔父母　大功	從伯叔父母　小功	
己	兄弟　期年；兄弟妻　小功	堂兄弟　大功；堂兄弟妻　緦麻	再從兄弟　小功；妻無服	三從兄弟　緦麻；妻無服
長子　期年；長子婦　期年	姪　期年；姪婦　大功	堂姪　小功；堂姪婦　緦麻	再從姪　緦麻；妻無服	
嫡孫　期年；嫡孫婦　大功	姪孫　小功；姪孫婦　緦麻	堂姪孫　緦麻；堂姪孫婦　無服		
曾孫　緦麻	曾姪孫　緦麻；曾姪孫婦　無服			
元孫　緦麻				

凡男爲人後者爲本生親屬孝服皆降一等。本生父母亦降服不杖期。父母報服同。

五服之圖

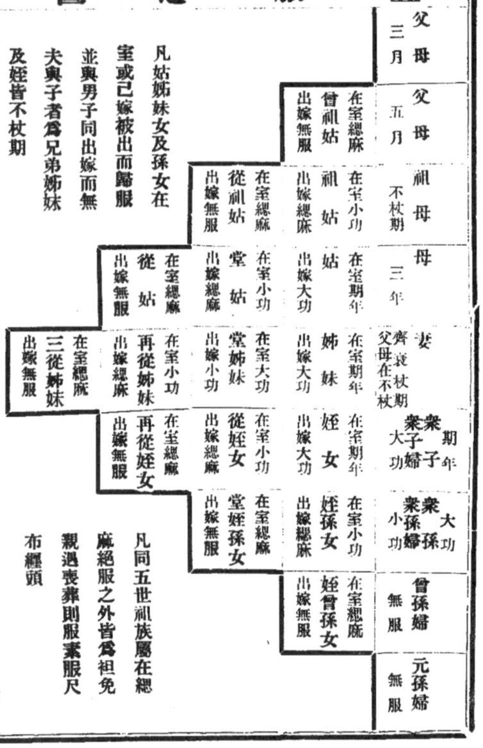

南塘丁氏眞譜 雜識 服制圖 二

外親母黨妻黨服圖

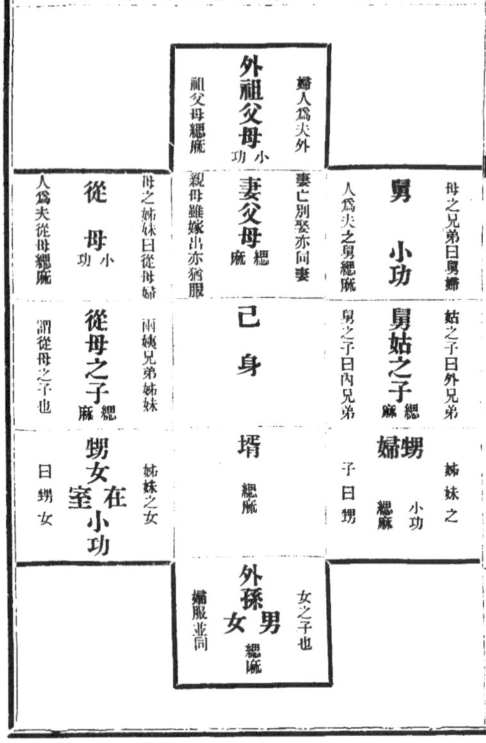

三父八母服圖

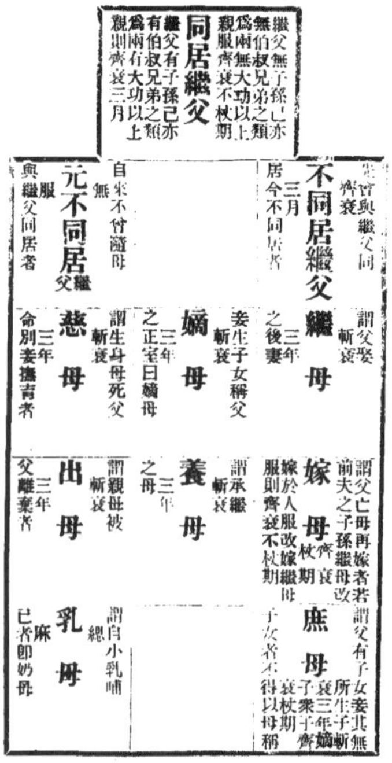

南塘丁氏眞譜 雜識 服制圖 三

妻爲夫黨服圖

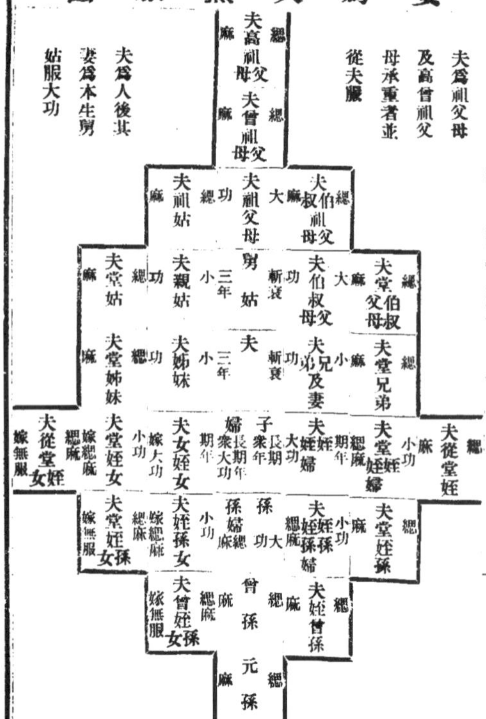

妾爲家長族服之圖

- 家長父母 期年
- 正妻 期年
- 家長 斬衰三年
- 爲其子 期年
- 家長長子 期年
- 家長衆子 期年

出嫁女爲本宗降服之圖

- 高祖父母 齊衰三月
- 曾祖父母 齊衰五月
- 祖父母 期年
- 祖兄弟 緦麻
- 祖姊妹 在室緦麻 出嫁無服
- 父母 期年
- 伯叔父母 大功
- 父堂兄弟 緦麻
- 父姊妹 在室大功 出嫁小功
- 父堂姊妹 在室緦麻 出嫁無服
- 己身
- 兄弟 大功
- 堂兄弟 小功
- 姊妹 在室大功 出嫁小功
- 堂姊妹 在室小功 出嫁緦麻
- 兄弟子 大功
- 兄弟女 在室大功 出嫁小功
- 堂姪 緦麻
- 堂姪女 在室緦麻 出嫁無服

十二世丹九公墳圖

丁山癸向

馬家墩

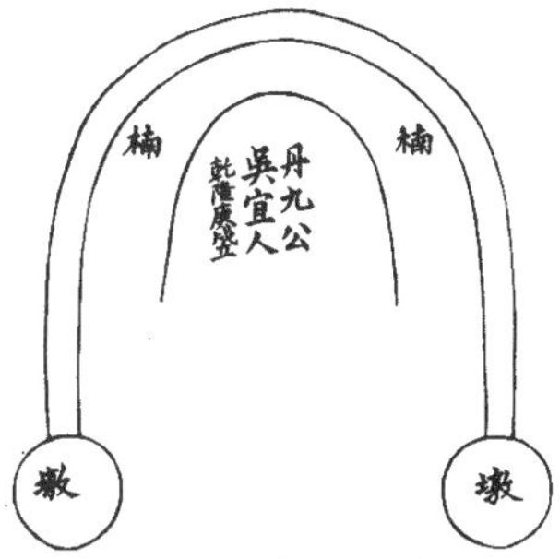

墳佃三周巷周阿發壻仁泉

十三世雲彩公墳圖

石門下
進深布尺一丈九尺濶一丈七尺

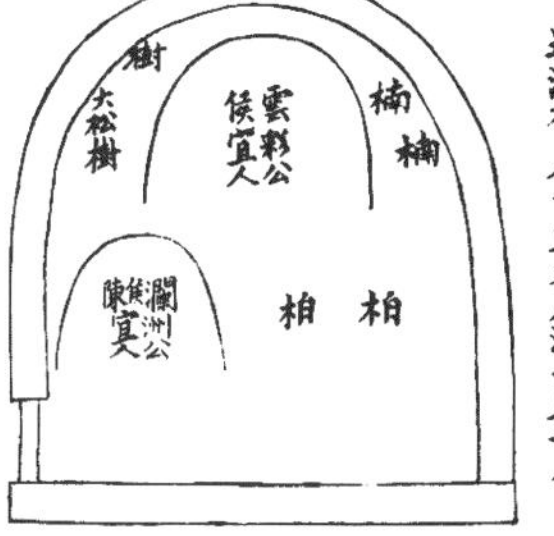

石門大路中
墳佃吳阿仁子阿菊住莊前巷

十五世藕舫公墳圖

辛山乙向兼酉卯三分

舜柯山西山灣黃澗溝
進深布尺二丈七尺濶一丈九尺

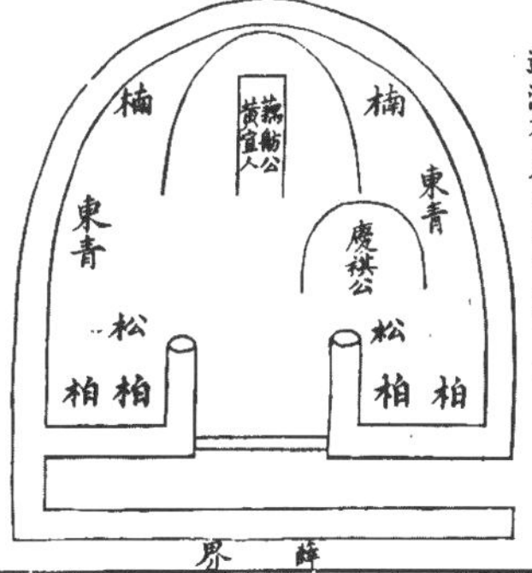

虞界
墳佃朱濟卿子松泉壽寶

十五世廣田公墳圖

舜柯山五龍埄第三條
進深布尺一丈八尺濶二丈三尺

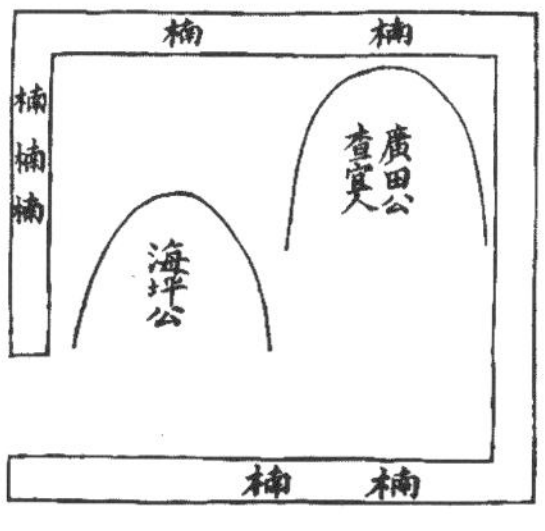

秦氏牌樓北下面
墳佃陸金川孫阿毛住陸巷上

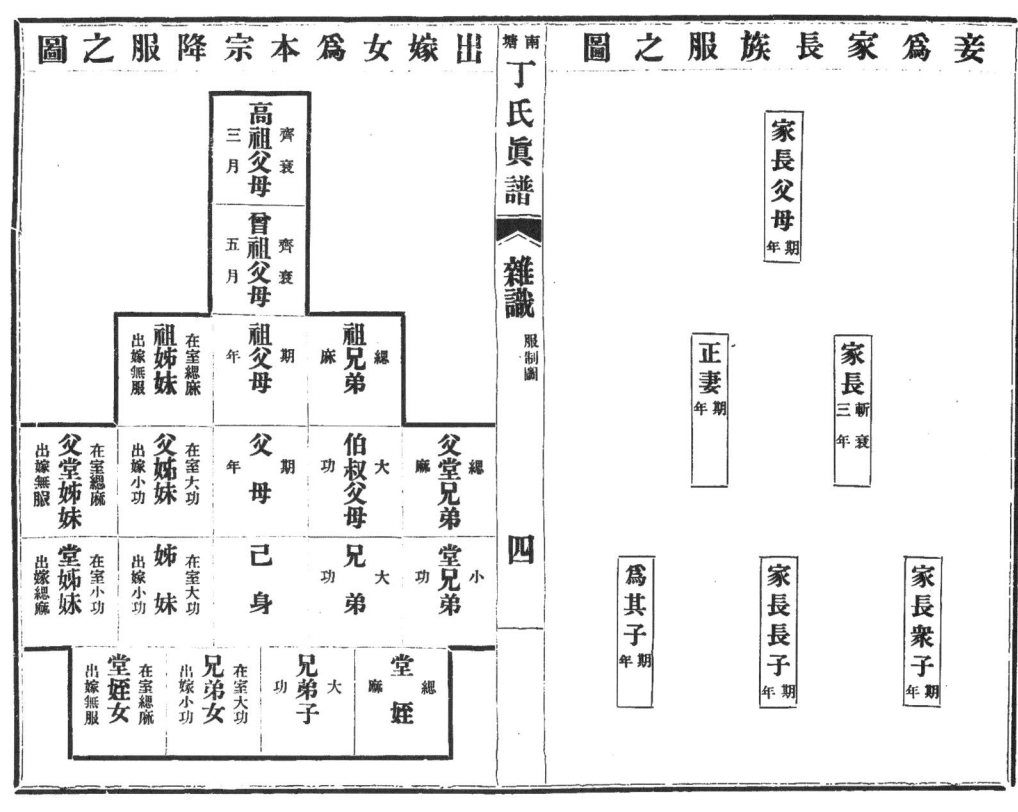

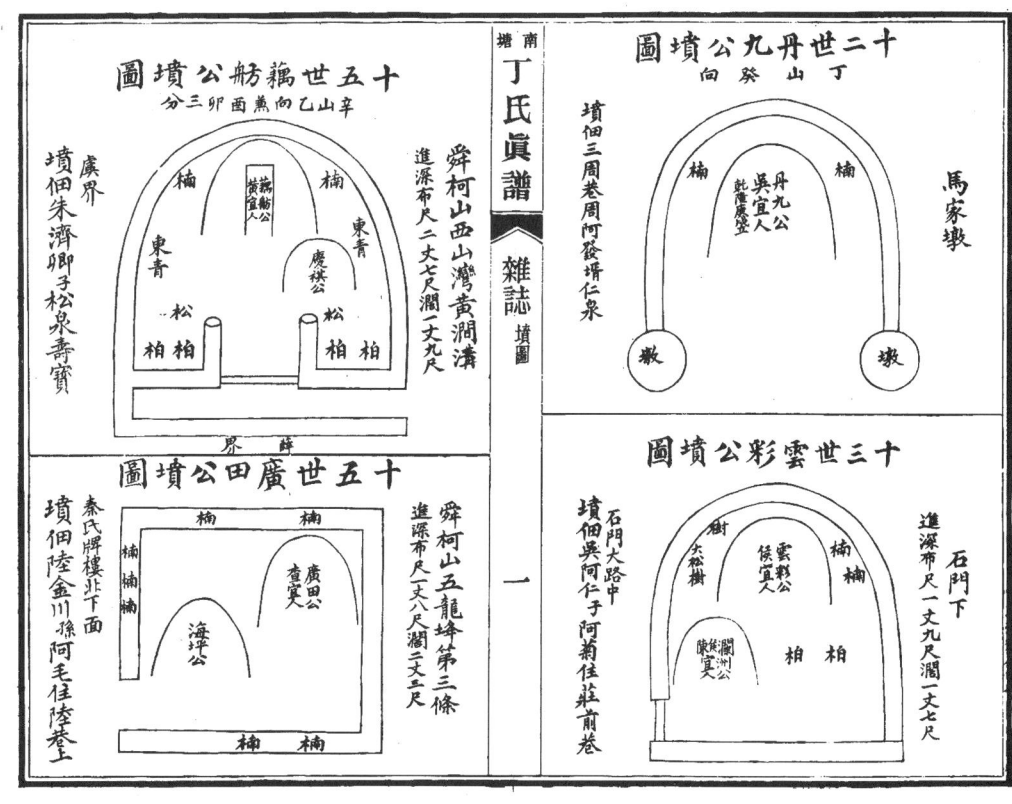

南塘丁氏眞譜 卷 雜誌 墳圖 二

十五世琢齋公墳圖

庚山甲向兼酉卯三分

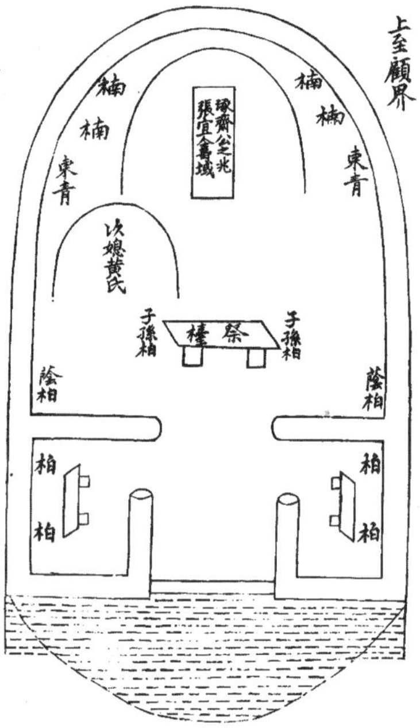

舜柯山朱巷上土名背後山壹字念貳捌圖

進深布尺五丈三尺 濶布尺三丈三尺

上至顧界 北至黃界 南至章界

墳佃朱濟卿子松泉壽寶

十五世菊坪公墳圖

辛山乙向兼酉卯

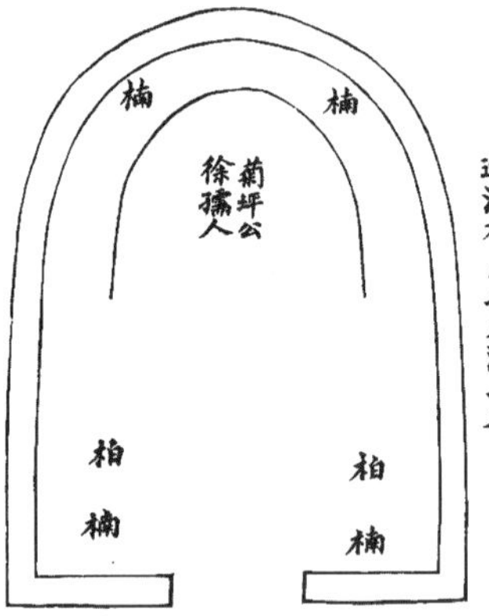

舜柯山五龍埒第三條

進深布尺二丈濶二丈

秦氏牌樓北上西

墳佃陸金川孫阿毛住西山陸巷上

南塘丁氏眞譜 雜識 祠基圖 一

無錫南市橋丁氏

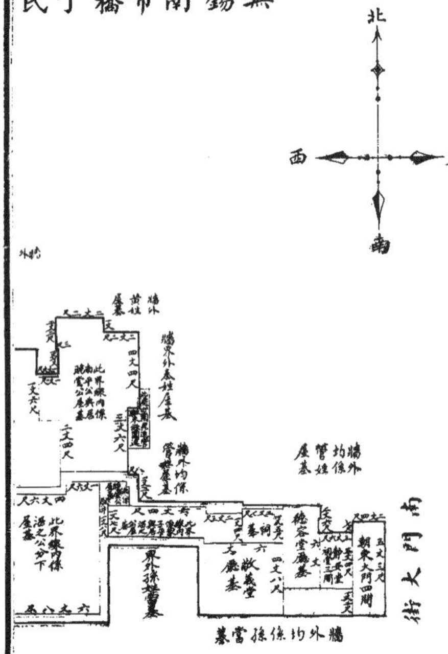

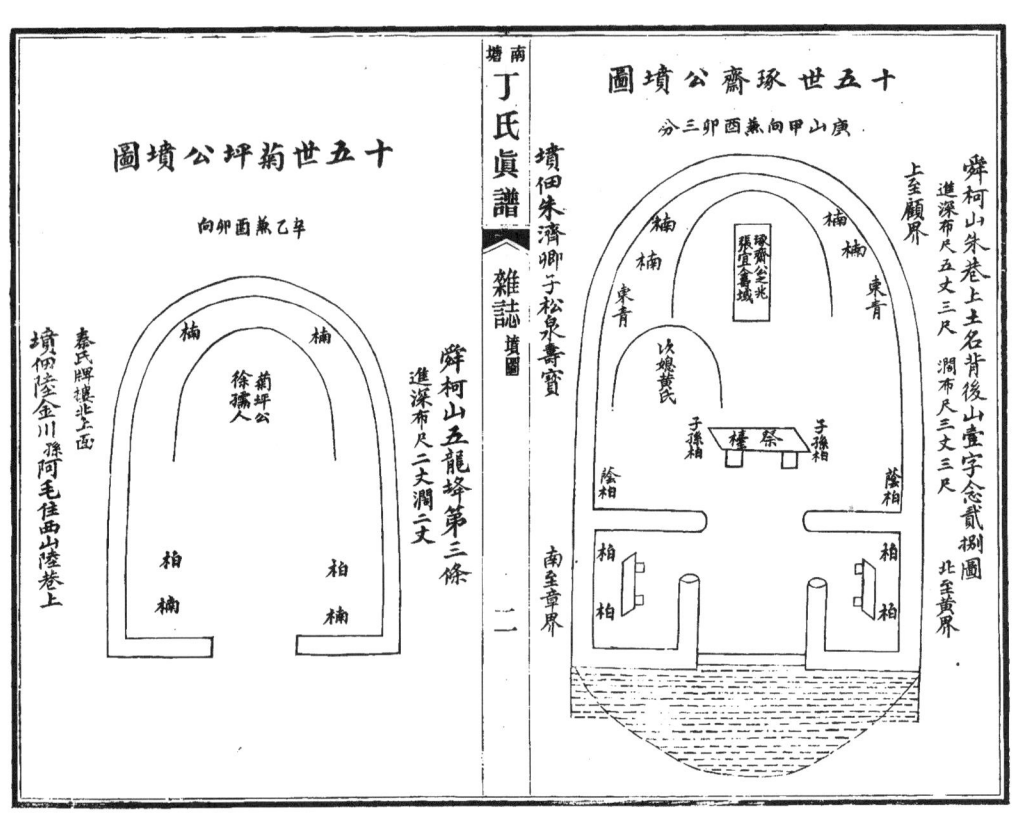

祠基及宅基詳圖

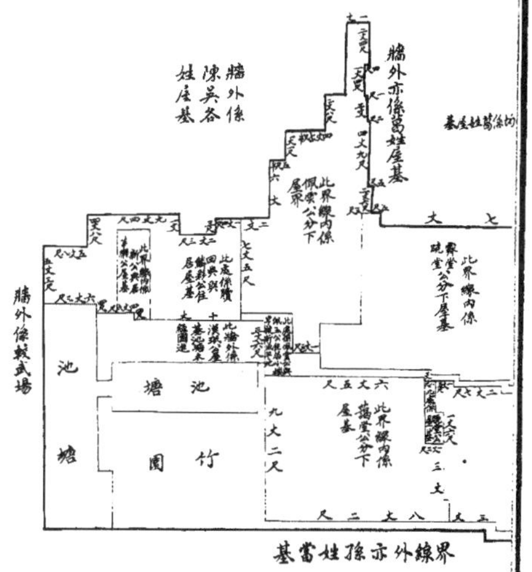

督辦江蘇忠義總局　爲

札知事據家屬稟稱竊家主浙江海鹽縣典史丁文炳請卹

一案曾否奉准

部復稟請查案給發飭知並請行知原籍無錫縣知照等情

到局據此查該故員浙江海鹽縣典史丁文炳業經本局彙

案詳辦已奉

吏部議復將該故員照四品官以下陣亡例議給雲騎尉世

職襲次完時給予恩騎尉世襲罔替於同治五年七月初二

日奉

旨依議欽此轉行到局當經轉飭遵辦在案據稟前情除批示飭

知外合並札知札到該縣卽便遵照毋違此札

同治十三年七月十九日札

計開

浙江海鹽縣典史丁文炳

該員等前因賊匪竄擾江蘇省屬督團勦賊力竭陣亡或禦

賊不屈被戕據劄　奏請照陣亡例議卹奉

旨均著交部分列旌卹等因欽此除照例旌邺之監生佾生並殉

難婦女應得旌卹均移咨禮兵工各部照例辦理外應請將

該故員海鹽縣典史丁文炳照四品官以下陣亡例議給雲

騎尉世職襲次完時給予恩騎尉世襲罔替於同治五年七

月初二日具　奏本日奉

旨依議欽此

督辦江蘇忠義總局　爲

諭知事案准

藩司衙門咨奉

護撫部院郭　札開同治五年八月二十七日准

吏部咨驗封司案呈所有本部具奏前事一案相應抄錄原

奏知照該撫轉飭故員家屬遵照辦理可也等因到院抄粘

札司移行遵照等因到司奉此抄粘咨局查照轉行遵辦等

因到局准此合就抄粘諭知諭到該家屬卽便遵照辦理毋

違特諭

計抄粘

右諭家屬丁升准此

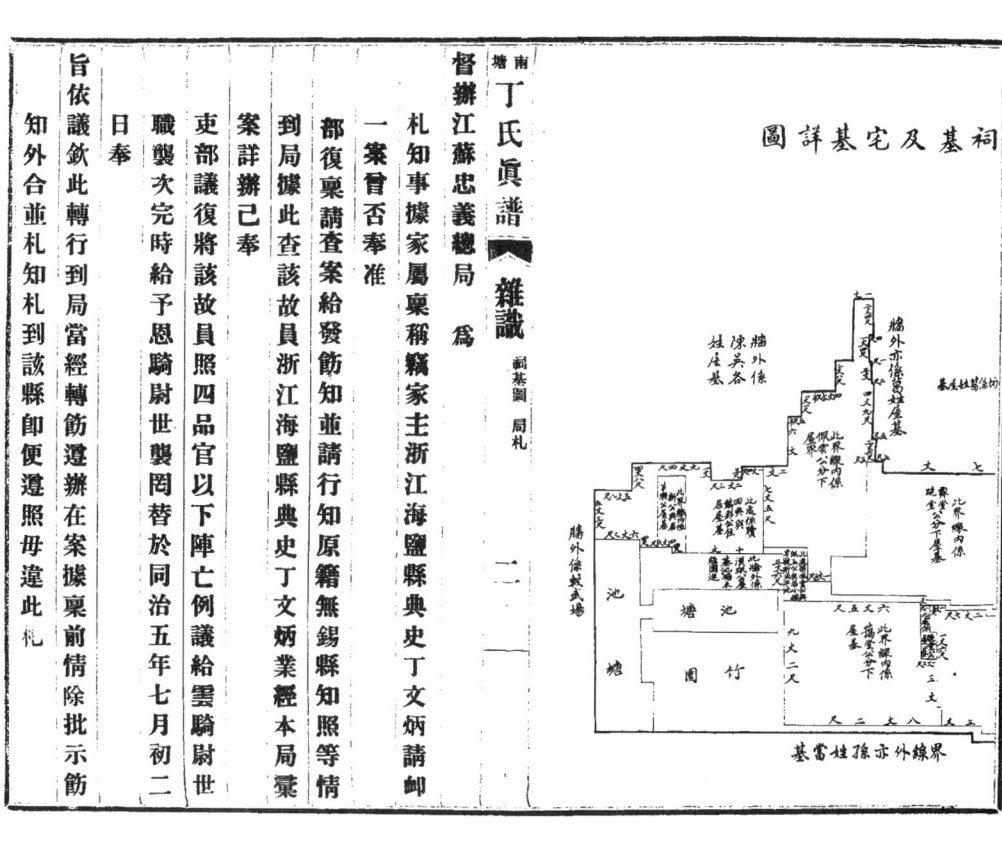

同治十三年七月十九日諭
特授金匱縣正堂加五級紀錄五次張　爲越次紊葬懇恩押遷
等事據生員丁鏞監生丁曷原任藤縣知縣丁雲銘廣東候補從
九丁旭監生丁鎭監生丁泰現任高要縣巡檢丁震現任萬載縣
知縣丁瀛州現署茂名縣知縣丁芳洲戊申科副榜丁桂洲直隸
候補通判丁寶洲現署靈州知州丁閬洲現任蘭陽縣縣丞丁善
洲職員丁玉候選從九丁蓬洲候選知縣丁瀚監生丁蘭洲職員
丁旭林生員丁榕等呈稱竊生等向有祖墳坐落嵇莊外字四百
六十四號其主穴爲生等九世祖九世祖生二子長房葬於昭次
房葬於穆因主穴爲兩房公共之祖是以應完銀糧兩房各完一
半其穆向自主穴以下止葬二代其昭自主穴以下已葬五代是

長房之附葬於主穴者較之次房已多葬三代子孫繁衍安得盡
葬祖墳所以生等祖父先於乾隆十四年間因昭向有紊亂之事
聚集合族立有公同會議筆據毋許再行葬棺嗣緣會議之後生
等祖父或出仕他方或幕遊異地遂至族姪丁崑源之柩葬於祖
父之上越次亂倫莫此爲甚屢向崑源之子丁朝宗責其何以顚
倒墳墓據云其父崑源身故時其年甚幼其家赤貧無力買地營
葬俱是胞叔崙源作主暫將崑源之柩停於祖墓朝宗之意蓋欲
委咎於崙源立身於事外也切思崑源故時朝宗幼小家果赤貧
倘不足責迨年既長成豈不知暫停爲權宜之計家有恆業豈無
買地營葬之貲乃朝宗母故時年已三十並不通知合族幷將母
棺乘夜抬至其父崐源暫停之所卽於平地堆冢今又二十餘年

任憑合族再四理論置之不應幷云墳糧各完一半我長房子孫
越葬似與次房無涉豈知祖宗墳糧自應子孫分辦墳墓豈容均
分似此堅執糊塗毫無改葬之意幷朝宗同祖弟丁小元亦欲以
父廣源之柩相率效尤切思崐源兄弟更多紊葬既開其端安能
復禁其後今生等若再隱忍勢必紊葬接踵而來祖宗邱墓無異
荒郊亂冢情理實所不安爲此繪圖呈電押令丁朝宗將伊父丁
崐源及母朱氏之柩遷葬賜示曉諭禁止毋許再行葬棺等情並
呈墳圖議據前來據此除飭差協族長地總理諭丁朝宗遷葬外
合行出示曉諭爲此示諭丁氏各後裔知悉嗣後殯葬棺柩各宜
另行覓地毋許仍在祖塋越次紊亂如敢故違紊葬者該族長卽
行稟　縣以憑提究各宜凜遵毋違特示　六月十三日奉　縣

堂斷諭令丁宗棟卽丁朝宗懇求合族念其年久通情免遷其崙
源玉田小沅增福不得再將棺木厝葬祖塋各具遵依甘結在案
除遵　縣斷結案外另立合同議單以昭永禁
嘉　慶　八　年　三　月　二　十　一　日　示
無錫縣知事公署第一五三號
爲佈告事案據公民丁祖庚丁錦丁寶書丁福保丁卓等呈稱竊
錦等有先塋一區坐落石新橋五三二圖外字四百六十三號四
百六十四號四百六十八號計二十六畝九分一厘八毫有契爲
憑該鄉民風刁惡附墓田民日加侵佔以致墓地日削所植墓木
屢種屢偷日久不能成抱錦等服官外省歷有年所此次回籍祭
掃目擊情形惻爲傷之我縣長仁厚賢明政尙錫類請飭該區糧

書照契丈量追還被佔田地以符原數被竊各樹留有樹根可查
並請嚴飭該圖地保查究竊賊送案究辦一面賜給告示永禁佔
盜勒石墓旁以維將來等情據此除批示並令該區糧書照契丈
量暨諭飭該圖地保查緝賊賊務獲解究外合亟佈告各界人民
一體知悉須知侵佔他人地畝盜伐墳樹刑律各有專條自此次
佈告之後倘再故違法紀一經告發或被查明定卽提案嚴懲不
貸其各懍遵毋違切切此佈
中華民國十四年七月十五日
丁氏稔莊祖塋合族公議永禁碑
稔莊爲我丁氏祖塋百有餘年矣子孫衆多保無紊葬亂倫之慮
他族偪處能無敗壞風水之虞爲此鳩集宗族公議勒石垂示後

昆以昭永禁所有議規開列於後
一稔莊主穴以下昭向已葬五代共有七穴業經紊葬穆向止葬
二代共有五穴並未紊葬紊葬者理應公同議遷現在合族具呈
已蒙金匱　張明府出示諭禁在案嗣後凡我子孫不但不許埋
棺亦不許暫停權厝如有不遵公議者以不孝論合族出之
一稔莊墳共十九畝七分有零西籬外向有九尺餘地自乾隆五
十一年墳鄰王道卿將己地隱匿轉指九尺餘地盜賣與華鴻安
營葬親墳逐至華氏所葬墳冢坍佔餘地三尺彼此涉訟十餘年
經　上憲檄委武進　唐明府無錫　姚明府親臨丈勘王姓之
盜賣華冢之坍佔始得水落石出當經由縣繪圖詳府轉司蒙
藩憲　鈞批丁姓坟冢既據逐細丈明有絀無盈華姓坟地亦丈
虧七分三厘而王道卿地適盈七分八厘王道卿之盜賣以致華
坟侵佔丁坟事屬顯然該府議將王道卿基地內劃還華鴻安甚
屬平允華姓所葬坟冢因其泥土坍佔丁氏地界約有三尺已據
丁姓念係坟鄰通情免其去泥華鴻安親冢不致剷削應如所請
仍照籬外九尺之數立石釘界以杜後訟十餘年互爭之案從此
完結而華姓復因親冢難以結籬央中錢鳳威楊建杓等願將蘭
字號等田三十石永爲丁氏祭產勸我丁氏於九尺餘地除存靠
籬四尺讓出五尺彼此互換我丁氏念華姓欲全親墓之意允其
互換但田龍不宜用石工自互換後祇許華姓結籬種樹不得築
羅城墓門致彼此有礙風水亦不得於所換五尺內再行葬棺當
經中人立合同議單開列條款彼此具詞呈　縣立案但恐歷年

漸久我子孫未能盡悉原委嗣後每年春秋祭掃時籬外周圍看
視務期彼此恪遵公案不致再啟訟端以昭世守
嘉慶八年五月　日
錻　宁　瀛洲　永清
釗　思銘　來源　瀚
畧　思鎬　泰　友文
十三世裔孫　鏞　旭　十四世裔孫　渭　憲等同立
雲銘　鑌　逢源　寶洲
龍錦　爾昌　正源　玉
麟錦　耀庭　芳洲　繩祖
立通族禁止盜葬議據族長藕舫等稔莊祖墳坐落金匱五三二

圖晴宇公主穴君蕃公祔爲我族發祥之地已經二百餘年乾隆
二十九年合族稟請前金憲張出示禁止後人子孫永遠不得私
行盜葬有礙風水業經勒石立案彰彰可考並於祖墳外另購餘
地一塊名爲小墳俾貧者得安窀穸法至美也乃亂後族中子仁
竟將父母葬入祖塋內近又於春祭時合族上墳查得族中湘卿
自汴回家亦將其父母招魂棺木附葬於公墳餘地之內此事實
屬有違例禁日後同族效尤伊於胡底本因照例理應押遷以禁
後人盜葬惟業已安葬再行遷動情有可憫子仁後嗣邀同合族
向族長再三說勸酌議罰捐洋四十元湘卿在餘地祔葬罰捐洋
二十八元存公以裕祭費免其遷移其洋當即交付族長收存札
籬種樹同族念其孝思誠懇曲意勉尤惟此係格外敦睦矜全之
意以後雖捐數多至數倍不得援以爲例誠恐愚頑無知之徒或
以爲將墓寶錢或希圖日後照例爲此邀同合族重申禁令不得
私行盜葬并不得暫時權厝如有故違通族押令遷移不得通情
勿謂前後兩歧也立此合族禁止盜葬祖塋議據爲照
光緒十年　月　日
立公同議單老六房裔派十四世孫元吉寅亮振揚壽山十五世
孫宗相廷椿棟臣松林十六世孫始然燦宸朝芳浩然煥章等承
五世祖古愚公六世祖安齋公七世祖蒙溪公八世祖紹周公遺
下南上塘鎖塘庵北首上下岸門面兩間世爲老六房之祭産上
岸一間通同公走下岸一間自康熙五十一年冬被鄰族天章失
火焚毀此屋十一世祖文侯公獨力起造用去銀錢拾伍兩舊議
可證當時文侯公在內開張紗行生理每年租銀值辦石塘山
祖塋春秋祭掃并輪銀米等費相傳其後以來並無異議至十四
世裔孫寅亮振揚壽山不愿管理爲此邀同族長文元景陽等合
族同集裕德堂秉公議理所有議款開於後
一議上下岸門面兩間文侯公裔孫既已不愿管理按老六房支
派照舊議從公三面妥商任其照分均沾自後門面另行召租所
得租錢給於該房輪年值辦祖塋祭掃及完銀米之費各宜誠敬
一議前於乾隆四十三年間書立議單六紙有墳上枯松售價餘
銀五兩存與金若公處全完坟上稅銀一項理應伊子振揚娗壽
山交出付還老四房老六房各半充公自後坟上銀米老四房完
山田四畝五分老六房完山田九畝仍遵雍正七年老議

一議祖塋稅銀屢遇推收自今與老四房分完之後議於元吉居
長合當此任務宜按徵完納不得有誤倘再有失共攻議罰凡我
子孫允宜率由舊章以明世守
此上議規俱遵老議從公日後各遵成議恐後無憑立此一樣
六紙第一元吉執第二朝芳執第三廷椿執第四松林執第五振揚執第六棟臣執各執一紙以便稽
核爲照
又議通同合族面議文侯公所造費銀十五兩六分當交與寅亮
振揚壽山收訖自後上下岸門面兩間仍與振揚壽山照舊開張
生理議立租契每年出租錢若干千文付與輪値者以作　祖塋
祭掃稅銀歲修等費倘有短少增補宜任不宜諉此係三面從公
妥議并照

嘉慶八年七月　日立議單元吉　宗相　始然　煥章
寅亮　廷椿　燦宸
振揚　楝臣　朝芳
壽山　松林　浩然
族長文元　景陽　襄雲　佩玉　嵛源
步蟾　佩雲　臨川　宗海　雲川
寶山　代筆王殿南

立合族同議

族長丕承仝姪電紫觀瀾等因稔莊石塘高埠壟燦山四處祖墓向有蘭谷公置買祭田一百二十畝以作春秋祭掃之費其子步珍捐官將田賣去以作捐資至嘉慶二十三年寄回錢六百千文

存典生息週年一分起利爲春秋祭掃之費今步珍因罷官萬分窘迫特寄族長通知合族又欲提用存典之項步珍不能仰承父志責以不孝不肖無從置辯但從前所置祭田既已聽其賣去今所存錢六百千文亦不値扣留况君蕃公以後向有四房公田五十八畝有零議將此項租息永爲四處祖墓祭掃之費以及完納官銀粮米四房子孫分年輪値大房僅存嘉樂一人多年遠出又未成家勢不能承値今將二三四房分年値祭各款開列於後

一議公田花戶丁稔公石塘高埠壟燦山花戶丁總記稔莊花戶丁祭塋四處坟粮及公田官銀糧米另簿開列交與値祭之人照數完納

一議此項公田於道光二年九月間寄存秦氏莊收租每收米一石議明八五扣算交還丁處其米卽託秦處照市糶賣合錢支用

一議每年春秋兩次祭掃之費酌議每次支錢十六千文有盈無絀

一議公田糧單及歷年官銀糧米串票亦遞交與承辦祭掃之人收管所有粮數已開單呈明兩縣飭房註册永遠不得盜賣還戶

一議從前歷年餘息算結足錢二百千文現存孫處典內週年一分起息嗣後租息如有盈餘仍存孫典生息以備收成荒歉之用所有孫處存票現存電紫處利摺存觀瀾處以後二房值年存票交二房收執照此遞交週而復始倘因公動用二三四房

尊長合同赴典支取如有一房不到不得支取分文

丙申二月三日恭謁家廟見二房鈞皋公七世孫九皋處有此議據余以蘭谷公祭田事詢諸族中故老已無有知其事者據議中道光二年又查電紫公沒於道光四年知此議立於道光三四年間無疑蓋迄今已七十餘年矣議中列名諸公恐閱者不能知其詳故註明於後光緒丙申二月福保謹識

丕承公諱慶鈞四房約齋公孫
電紫公諱震二房鈞皋公曾孫
觀瀾公諱有源三房鴻洲公曾孫
步珍公諱寶洲約齋公曾孫

稔莊祀塋辦糧細數
外字四百六十三號　高田陸畝三分一毫　丁祭塋
外字四百六十四號　高田十九畝二厘三毫　丁祭塋
外字四百六十八號　平田五分八厘九毫五絲　丁祭塋
共高平田二十五畝九分一厘三毫五絲
君蕃公支公田細數
成字八百九十一號　平田一畝九分一厘八毫　丁公祭
成字一千一百五十號　平田三畝七分七厘六毫　丁公祭
餘字一千零九十四號　平田三畝五分五厘九毫　丁公記
藏字一百九十八號　平田二分七厘八毫　丁公祭
藏字一百九十九號　平田一畝　丁公祭

藏字四百七十九號　平田一畝五分二厘　丁公祭
藏字一千六百六十七號　平田二畝六厘四毫　丁公祭
藏字一千六百六十八號　平田一畝四厘二毫二絲　丁公祭
藏字一千六百八十九號　平田一畝三分三厘七毫　丁公祭
藏字一千七百號　平田一畝九分五厘　丁公祭
唱字九十二號　高田二畝二厘九毫　丁公祭
唱字二百十二號　高田一畝七分六厘四毫　丁公祭
唱字二百十三號　高田一畝四分五厘六毫　丁公祭
唱字二百二十六號　高田一畝五釐四毫　丁公祭
唱字二百五十三號　高田一畝三釐四毫　丁公祭
唱字六百九十三號　高田一畝五分六釐四毫　丁公祭

唱字七百三十七號　高田九分五厘一毫　丁公祭
唱字九百二十號　高田二畝五分八厘四毫　丁公祭
唱字一千九十五號　高田九分三厘三毫　丁公祭
唱字一千一百七十八號　高田一畝四分三釐三毫　丁公祭
唱字一千四百十五號　高田三分六厘　丁公祭
唱字一千四百十六號　高田三分六釐　丁公祭
唱字一千六百八十一號　高田七分六厘　丁公祭
訓字十四號　平田五畝一厘七毫　丁公祭
訓字一千四百二十三號　平田四分二毫　丁公祭
訓字一千四百六十四號　高田二畝八厘五毫　丁公祭
訓字一千四百八十六號　高田二畝八分二厘三毫　丁公祭

訓字一千八百二十三號　高田一畝五分　丁公祭
之字四百五十三號　平田三分　丁公祭
之字七百十七號　平田二畝四分五厘三毫　丁公祭
盛字四百號　平田二畝二分五毫　丁公祭
息字七百七十四號　平田一畝六分八厘九毫　丁公祭
息字七百七十五號　平田一畝六分　丁公祭
蘭字一百七十五號　平田一分　丁公祭
蘭字三百十六號　平田二畝九分八厘三毫　丁公祭
蘭字三百二十八號　平田一畝一分九厘九毫　丁公祭
月字一千五十五號　平田二畝九分七厘四毫　丁公祭
共高平田六十二畝五厘六毫二絲　計原租五十八石七斗五升　去荒租四石

嘉韓遵父遺命補還公田細數

巨字一百四十二號　平田一畝一分二厘　租一石一斗　丁公記
巨字一百六十三號　平田五分一厘五毫　租五斗七升五合　丁公記
巨字一百六十三號　埄田一厘五毫　租併入前同號內　丁公記
巨字一百九十五號　平田九分一毫　租一石　丁公記
巨字四百八十九號　平田四分九厘　租八斗　丁公記
巨字四百八十九號　平田三分　租併入前同號內　丁公記
巨字一千八百九十二號　平田二畝九分三厘八毫　租三石　丁公記
巨字二千零五十號　平田二畝六分二厘五毫　租三石　丁公記
巨字二千一百九十二號　平田六分六厘二毫一絲　租八斗　丁公記
巨字二千三百零二號　平田一畝四分八厘二毫　租一石九斗　丁公記

闕字七十七號　平田一畝一分六厘六毫五絲　租一石　丁公記
闕字八百五十六號　平田九分一釐四毫　租一石　丁公記
闕字八百六十七號　平田九分一釐四毫　租一石　丁公記
柰字三百十號　平田九分八厘五毫　租一石　丁公記
柰字三百九十二號　平田一畝二分一厘　租一石五斗　丁公記
柰字四百號　平田五分　租五斗　丁公記
柰字一千五百三十六號　平田一畝一分二厘七毫　租一石二斗　丁公記
柰字一千五百三十六號　溝田一分八厘六毫　租併入前同號內　丁公記
柰字一千七百八十號　平田八分五厘五毫　租一石　丁公記
號字三百五十六號　平田一畝二分二厘六毫　租一石三斗　丁公記

共平田二十一畝零八釐一毫六絲　計原租二十二石七斗七升五合

中華民國十四年五月二十二日在祠堂議決各項如左

（一）丁氏公款及單據公舉族中資產在五千元以上者保管之

（二）辦理公事歸族人執行之

（三）保管員每屆二人（正副各一）任期二年

（四）執行員（正副各一）每屆二人任期四年

（五）總監督一人族長任之其餘族人概負監督之責

（六）正執行員年薪十六元副執行員年薪十四元其餘皆爲名譽職

（七）以後每屆職員於春祭日在宗祠交替

（八）族人捐款有滿三千元者得保舉族中子弟一人入中學肄業其學費每年以一百三十元爲限

（九）本族子弟由公款肄業者將來得以自立應將酌還所塡公款並須量力捐助以廣造就

（十）在春祭日凡執行員應將本年經手出入款項以及辦理經過事務當衆報告清楚以完手續

（十一）上公墳日期每年淸明日爲第一天儻遇風雨另行通知

錫鏞　錫鈞

祖蔭　圻　國培　均　堉　祖尉

汝鏞　寶華　士清　寶鈺　渭銘　寶書　福保　錦　士雄　祖庚　遜鈞　永鑑

志源　鴻　懋泉　懋士　懋林　懋基　忱　志京

元釗　元錫　茂安

中華民國十四年五月二十二日在宗祠公舉第一屆職員如左

正保管員　福保

副保管員　祖庚

正執行員　均

副執行員　寶鈺

錫鏞　錫鈞

祖蔭　圻　國培　均　堉　祖慰

汝鏞　寶華　士清　寶鈺　渭銘　寶書　福保　錦　士雄　祖庚　遜鈞　永鑑

志源　鴻　懋泉　懋士　懋林　懋基　忱　志京

元釗　元錫　茂安

六修眞譜跋

歲甲子春祭畢　杏初荷笙仲祜慕韓諸族長捐貲會議第六次修譜任錫與釗以編纂事固辭不獲爰隨　諸族長後訪輯而校刊之按吾族眞譜雖經屢次續修而體例之精嚴稽錄之詳盡當以光緒甲午五修爲最今此之修悉仍其舊稍事增帙斯可矣惟統觀世系圖線懸而未續者逐次加多而丁數不甚繁衍竊疑遷錫祖伯通公五世孫以年字行輩十五人卽有二三絕支而此十餘支宗派歷三百餘年之久繩繩繼繼迭爲盛衰其子姓當不在少數縱其間滄桑遇變兵革罹殃死絕逃亡不知凡幾然吾錫他族之同此遭際者數百年來戶口之增幾乎什百倍蓰何至我南塘丁氏而獨異追一採訪爲始悉吾族遷鄉各支譜系之脫修已數次矣顧譜以眞名固不容非我族類插支以亂宗亦詎忍一本裔孫數典而忘祖由是分支別派沿流溯源有祠則證其粟主東亭鎮丁太常祠元珍公主位日隅公伯通公左右配享係眞愚公裔孫弈華字濟美獨資捐建芸石公以親屬名義呈縣立案並輯入縣志惟舊譜僅修至十三世文元公止今始續修他如西暘橋支亦有家祠可證無祠則稽其墓碑訪悉南溪公後時熙公遷芙蓉山丁華巷遂世居焉詣其墓見有青石碑刻字諱均屬相符故特繼續輯修要皆核與舊譜相符者按丁昌橋做花基北碼頭等處來稿卽南溪公支可桓公諱榮宗安齋公支彤千公諱彭年徙居其地詳載舊譜但徙居以後迄未接修此次照稿修入餘多類此不贅述采而輯之似與　龍南公序語萃已渙之人心延將湮之祖德無甚悖謬亦所以副諸族長敬宗收族之至意也倘訪輯之尚多遺漏校刊之不免粗疏則糾謬繩愆以匡不逮是所望於後之復修眞譜者

民國十三年十二月上浣　二十世裔孫元錫元釗百拜謹跋

萬柳溪邊舊話

（元）尤玘撰

《萬柳溪邊舊話》一卷，(元)尤玘撰。一九三六年遂初堂《尤氏宗譜》鉛印本。

尤玘，字君玉，晚號知非子。早年隱居，元末朝廷徵而爲官，官至户部尚書兩浙都轉鹽運使。致仕後居長洲西禧。西禧有覺林寺，乃尤氏家廟。尤玘於西禧萬柳溪上建屋數十間，聚族而居。每天與族人講述尤氏家族史，成《萬柳溪邊舊話》三卷，稿本藏於覺林寺。長洲爲蘇州地界，尤玘後人尤居敬遷居無錫東門外，洪武二十九年(一三九六)尤居敬到覺林寺祭祖，於寺中得此稿，然已蟲蛀鼠嚙，僅存一卷，即今天所能見者，遂於明代初年刊刻成書。是書所記從尤叔保遷錫始，爲一部家族人物傳記，也記有先祖一些事迹。從北宋尤輝始中進士後，歷任高官，住長洲西禧。後又有南宋尤袤中進士後爲宋高宗等皇帝重臣。《舊話》一書保存了尤氏從北宋至元末的家族重要人物的傳記，不少内容不見於正史及方志。是尤氏家族家傳形式的一部譜系，其中有關尤袤的史料文獻價值較高。尤氏後人在此書啓發下，明中期又有《萬柳溪邊近話》之作，記述了元末至明中期尤氏族中之名人，有不少尤氏族人的傳記及事迹賴此而存。至清順治十八年(一六六一)，尤氏族人第三次編家傳，是爲《續萬柳溪邊近話》。是書所記尤氏族人已明顯不如前二話之著名及有成就，《續話》作後再未有續。是書間或亦有記載錯誤，可與譜牒對看。

本書據一九三六年《尤氏宗譜》本影印。

(徐志鈞)

尤氏萬柳溪邊舊話序

錫之山川以秀麗稱於天下其人敦敏而文有讓皇季子之遺化功業文章聲施後世者代不乏人也而獨於聖賢爲己之學則上自洙泗下迄濂洛未之或聞焉越龜山先生載道而南講學東林喻玉泉先生實承厥緒傳之文簡公尤先生而教益宏今十峯公諱瑮文簡公十二世孫也成化癸卯登賢書與予同應會闈出溪邊舊話閱以示予曰此伯祖守元公所撰寶受而讀之咸斌斌不世出之儁傑自文簡公開其源宜其蔚興如是予惟陳良楚產也而北方之學者莫先子游吳人也而南方之精華以著彼皆長於蠻陬遠於上國一旦以聖賢爲師獨立於風塵之表誠所謂君子豪傑人也至於宋有文簡公尤先生出而錫爲望族非復吳楚之僻陋矣今吾邑家絃戶誦科甲蟬聯敦程朱而悅周孔非公倡之而誰耶故文簡公祠達於郡縣不列諸鄉賢而獨爲龜山先生配錫之家以閥閱著稱其先有鄉賢而子孫赫赫貴顯者奚啻數十必咸推尤氏爲舊族誠見聖賢爲己之學非功業文章士可並論也按尤氏在唐爲汴之光州固始人周明季後食邑於沈後蘭溪令尤公諱和以鄉音教諭於錫以其留閩之譜來參所出同如代有聞人覩錫與蘇亦同慶澤之流當益廣且遠於是乎徵學師尤公在邑適御史聞人公銓奉旨即東林之故址創龜山書院祀文簡公及喻玉泉先生以風學者釋菜日尤氏子弟瞻拜駿奔恍若諸賢復生笑語唯諾於一堂之上精神流通上下貫注將必有勃然興起以從事於文簡公之教於無窮今觀溪邊舊話所載共推爲舊族也奚疑嘉靖間十峯公掛冠歸適予辭政在家徵言於予義不容辭也是爲序嘉靖歲次壬午賜進士及第禮部尚書僉都御史奉勅巡撫貴州右副都御史前總督漕運浙江按察使右布政改湖廣左布政按察副使江西提學知許州事戶部員外郎郎中世通家弟邵寶撰

四庫全書總目卷一六十

萬柳溪邊舊話一卷　元尤玘撰玘字君玉號知非子自稱尤袤之後不知其世次舊本題爲宋人今此書後跋稱玘爲大司徒則嘗官戶部尚書又末條稱終慕公不肯仕元則當爲元人而卷目題門人張雨填諱則又句曲外史之師應在元中葉以後也書中所記皆尤氏先世事末有玘曾孫實跋稱弘治二十九年於祠屋中求得舊本簡斷墨闇不可讀者逾半命門人許靈鈔其完者而恨全帙之不可得是此書已非完本矣元陳世隆載入藝圃搜奇所載之文與此本並同斷無明人所鈔壞爛之本適與元人所見一字不異者此亦足證藝圃搜奇必非元人書也

萬柳溪邊舊話先司徒守元公所以詒世德之清芬者也書凡三卷庋鵝湖西禧里覺林寺左之先祠中洪武丙子公玄孫斐菴公實登鄉舉祭告公墓詣祠取讀壞爛逾半摘而鈔之僅得一卷綴之南昌越百餘載西邨公魯以嘉靖中重刊於家塾迴溪公琪帥粵復刻於嶽臺皆用斐菴公本蓋是書至洪武中始殘缺不完而賸一卷者在洪武以前則固完善三卷也清四庫總目謂元陳世隆載入藝圃搜奇所載之文與此本同斷無明人所鈔壞爛之本適與元人所見一字不異者足證藝圃搜奇非元人書洵爲有見梱生也晚於斐菴公西邨公迴溪公之刻本均未獲一覩寓目僅於藝圃搜奇之第十三册中及知不足齋叢書之第十集中常州先哲遺書中三見舊話之刻本而知不足齋本附有鮑氏廷博朱氏文藻校勘語較最精審此次重刊遂用知不足齋本而以諸本及道光祠本參校讎未知視斐菴公節鈔本奚若亦庶幾無大差忒矣四庫總目謂司徒公自稱尤袤之後不知其世次此失之不考耳按譜司徒公爲文簡公六世孫蓋尤氏自叔保公以北宋開禧二年遷錫而後雖分大成叔保長子字有終贈少師大公叔保次子字無己贈少保爲兩大派然大公公之玄孫正平公樂無出以文簡公孫寺丞公燿爲後寺丞公之玄孫實爲司徒公故文簡公乃司徒公之本生六世祖也考斐菴公所撰迴溪里社祠記內敘余元兄務樸先生方輯先高祖大司徒守元府君事行將入都上之修國史大臣行李倥偬乃以屬余則司徒公事實曾由其玄孫務樸公文上之元史館惟因當時掌史局者急於成書早已草率了事故

未及追補今錄楊鐵崖所爲墓誌銘於卷首俾讀其書者不致有不知其人之憾云歲在乙亥仲夏之月叔保公三十世孫桐感識識

楊維楨元戶部尙書魏郡尤公墓誌銘

有元至正甲申春三月既望前戶部尙書魏郡公知非尤先生卒於里居憂國也初泰定丁卯公致仕歸至是幾二十年矣疾亟召其子義等謂曰元事去矣我死愼勿乞謚贈得楊廉夫作銘倪元鎭書之光泉壤矣予等往會哭義以斯言告遂抆淚書其梗概尤姬姓沈氏周文王後也曾祖諱帶宋太常太祝贈太師金紫光祿大夫禮部尙書文簡公曾孫也王父志隱德弗仕父交與弟秀俱以儒鳴値宋亡返農服大振於貲貲甲其郡邑後以公貴贈志中憲大夫同僉樞密院事魏郡伯交亞中大夫僉太常禮儀院事魏郡侯祖妣封郡君妣封郡夫人皆司馬氏公名玘字君玉以寶祐甲寅八月十日生資絕警悟讀書滿三遍則終身記其要領家故饒書藏卷帙餘三萬悉公所讀之足不越閾者十餘年凡天文地理國家典故刑名錢穀靡不精究然不欲用爲藝文又自以世宋臣不欲爲當代

用輒縱酒自逃號守元子年四十有三廉訪司以廉幹薦忽幡然曰淵明有言覺今是而昨非夫晉魏分裂宋將易祚斯時不歸非也今天下一家抱道隱居斯非耳吾其行哉因更號知非子至都値世祖晏駕不獲召見就辟御史臺書吏歷戶部令史陞中書椽咸以通達時務見信任累考及格授戶部主事出納鉤校具有成績遷都事樞密院改戶部郎中出僉山東廉訪司事改河南所至旬巡一郡周則更始率三日視事七日燕遊尋除江西行省左右司郎中入爲諸路寶鈔司提舉治不煩瑣而細務畢察後代者終日勞勤弗及也歲餘改尙書戶部侍郎遷中書左司郎中泰定元年陞戶部尙書奏對稱旨推封二代俄以正奉大夫行戶部尙書兩浙都運鹽使鹺務利病素所諳悉待下吏煦煦若家人而明不可欺人亦不忍欺朝夕延見接數語略綜大綱即謝去閫戶或徘徊湖山間然課入輒爲諸道最居三年致仕歸公之出也諸子悉壯有才而不求仕進用益拓其家公歸頗以貲自雄食客百人將別去視所挾藝能高下餽粟帛咸盈所意望然最善余及余友倪元鎭張伯雨爲忘年交於三人獨不致斗尺餽也蓋公識度宏遠矣公於詩不求工然

信口落筆時亦有險峻語顧性不耐學終不詣雅馴四人或同處必合樂暢飲酒酣分韻賦詩爲樂公詠必最先成而品亦劣余等謂公勸公學公飲不顧也方居大都時與元明善虞伯生歐陽原功游諸公俗吏待公公居自如及廉訪山東嘗多日上泰山値大雪徧齊魯訢然樂之留宿日觀鷄初鳴起視曉日出東海屣履狂走叫撼道士扉索飲飲斗許作長歌五百語如春江怒濤噴薄不能止既出峽從容逶迤徐趨而之海擲筆長嘯升輿諸觀者目之爲謫仙明善繼至見所題始嘖嘖嘆延譽二都公卿間翕然張之然公終不竟於學或投贈以詩輒不答答之亦不精工久之寂然終不名於時公方休於里會盜起江淮謀國者以淫縱導上時事益去日鬱鬱不樂以疾卒於戲若公者固可銘也公配莊氏先公三十年卒追封魏郡夫人子男三人長義次與之次珍孫男數人曰國祥者余弟子也有文而最賢予既敍其概因爲之銘以示元鎭請書之以掩諸幽銘曰思深哉淑乎湫乎林居而國是謀此陽而柔陰用益譸惟是之爲憂汝賈未能售汝播未訖收斯後其休兮

萬柳溪邊舊話

知非子尤玘君玉撰　門人張雨書諱　族裔桐幹丞重校勘

始遷祖贈待制公（諱叔保）自晉江避難入吳往來吳中諸郡未有定處嘗同王樞密康靖公游浮玉山宿壯繆侯祠中以卜居求夢夜夢侯手賜錫器器中書一成字覺以告康靖康靖曰器者皿也皿上著一成字盛字也（一本盛上有是字下無也字）錫者常之西南有錫山神明賜公錫器意者俾公居（盛劉無居字）無錫而子孫盛乎始祖遂領神意定居錫之許舍山中（朱文藻曰毗陵志許舍在無錫縣西南六十里開化鄉二十七都）命子孫世世奉壯繆侯香火

待制公徒手入吳以正直名世搢紳多厚遇之性最穎善書尤長方丈扁額字間以繪畫自娛求者必厚償然後落筆故晚年頗雄於財園亭池館爲一時絕勝

許舍山中祖基乃買江氏敝居而新之者也東偏楠（一本楠下有木字）廳三間壯偉高敞玉蝶梅四十二樹環遶之待制公善書書環玉堂三字於梁間後文獻公（諱輝朱文藻曰通志無輝名毗陵志有之）於紹聖元年畢漸榜登第四十二歲而入玉堂四十二樹之兆也（原注事詳居嘉志中文獻公生宋神宗熙甯七年八月朔日）

待制公嘗游福勝禪寺少飲即醉午睡一竹榻既覺有長眉老僧坐其傍告公曰吾居鳳凰山禪定百年傳先師相氣之法見先生左鼻氣如松右鼻氣如雲此身後淸貴永永留名子孫貴盛罕有其比但不及親見之耳相與結納而別後果如老僧之言今公不遷之祠扁雲松堂蓋自定也

許舍山多許氏（朱文藻曰毗陵志云許舍山在縣西南二十五里峯崖盤旋結爲深谷宋蔣侍制諧許幽隱德之施侍郎垌尤禮部袤書卜居焉又曰前云許舍在縣西南六十里此云山在西南二十五里殆山近而鄉遠也卜居不始於袤志特舉其最著耳）有修吾先生精於禮樂文獻公師事之先生即選爲長壻愛同諸子公後與修吾長子少卿公德之同年舉進士又與德之相繼拜司封郎中人以爲奇

許舍山深多虎童男女晝亦不敢出戶待制公憂之乃命蒼頭拾楝子數十斛預作大繩以楝子置繩股中埋於山之四圍不四五年楝樹長大如城圍山中人號爲楝城相與出貲造四門於四方曉開夜閉虎遂不敢逾城而入山中人德公世世尸祝之焉

關侯祠凡三易後定築於青楓巖下祠後潭水淸澈可愛另立一方亭對潭扁曰雲留亭題兩邊柱曰山光悅鳥性潭影空人心皆待制公手筆待制公奉關侯不異祖先朔望必拜餘日隔三五日必來灑掃虔揖培灌竹木故竹木比他山麓更森蔚可愛春秋多游人亦有進關侯香者待制公晚年畏寒慎於出戶已經一月不入祠一日微雪中肩輿而來以爽拂侯像之塵侯兩顴若有汗者待制公以爲灑掃之役誤以水及像乃手拭之既乾稍久復有心甚疑之不覺淚下遂歸便臥疾一月而終正除夜也（原注上事閱譜載之更詳）

待制公生二子皆洪夫人出也長有終公（諱大成）年二十四而娶范貞節娶二年而舉子陽秋公（諱申）范貞節年十九而有終公歿（盛劉作殀）貞節水漿不入口哭泣二日懷陽秋公付少姑徐氏曰姑無子以我子爲子可也徐將問故貞節持夫故佩劍自刎死有司如例給粟養陽秋公而表其墓（原注少姑待制公妾）

有終公母弟無己公（諱大公）生有俠氣鄰右許氏婦與人私同謀殺夫里宰白（劉本作發）其事有司不明置里宰罪公捐數十金爲贖之一夕瞷知許婦與私夫同處於樓公素有勇力

乃持刀躍入樓破其戶斬二人以出出而遇一僧持燈夜歸者雅識公公懼變服逃於蕩東西僧里子文獻公借蘇州籍薦名淮漕不第復歸里中明年州薦始登進士

陽秋公與從弟文獻公同年月生公長十日耳以母范貞節死於劍戒家人不得殺牲人殺者亦不食人稱爲淸素道人終其身不忍服紵綺等衣從弟官日尊得推恩歲以公名進公不應布素食淡自如年三十而生子贍少師公（諱時亨）遂與鄒夫人別居公一生未嘗近二婦也鄒夫人年百有四歲而卒

贍少師公字逢盛號雲耕奉父母有曾參之譽承祖父高貲喜任達傾財結客多樂與賢豪貴人游里有蕭氏者先世皇冑富冠一郡放利行勢則有之未嘗爲盜也富爲衆怨一邑之人共指湖中爲盜一家六十餘人考掠成獄待死時文獻公官尊矣知其寃而不與白公乃傾家產爲蕭白之遂以勞瘁卒年四十有五室耿夫人一慟亦卒公與耿夫人同年同月生只不同日耳而卒則無不同人咸異之

文獻公二姊皆適葛氏兄弟也二子各生四男皆有文章盛名江左稱葛氏八譽勝仲次

仲同登何昌言榜進士後文獻公一科耳師仲正仲繼之亦一時衣冠之盛而其後舉者亦十餘人咸得外家之教

文獻公年二十一歲登哲宗紹聖元年進士以薦試學官高等除教授凡三轉至禮部員外郎權國子司業遷司封郎進太常卿兼諭德累除國子祭酒中書舍人給事中久之拜兵部尙書尋知樞密院事除觀文殿大學士知建康府加少保致仕年八十五薨贈少師諡文獻

文獻公有鈔寫義子平眞自孩時即茹素便利可喜侍公頤指當意公甚愛之眞年十九公出重貲取沙頭王氏女爲(祠本爲下有之字)妻明年八月十五子時王氏產一女從左脅下出舉家往視之無不驚愕其脅開縫三月餘始沒倘有丹線一大條久之可驗所產女名曰佛奴慧悟異常面貌端麗方五歲舉動如成人至秋漸不食形體日小一日八月十五子時其母丹線忽開女便躍入母腹(祠本腹下有母字)即痛死公命以僧家法焚之築一(盛刻無一字)小塔於赤石嶺葬焉平眞日夜思念妻女不兩月亦死

文獻公末年蹔遷居東帶河上世祠猶在許舍山(盛刻作上)一日守第人聞祠堂中哭聲甚高明日開戶視之神主前大銅鑪(祠本作鑪)裂爲八塊人以爲不祥至八月廿八日文獻公無疾而薨(一本無而字)

工部侍郎九龍公(諱著)字少蒙文獻公長子生而右手六指四歲時尙未能言秋日從母張太夫人往東門迴溪莊塗遇老僧忽前抱公曰六指禪師其生於此乎又落富貴劫矣公曰別來安善相對而泣自此能言其敏慧非人所能及公爲姑蘇王寺丞壻多游胥臺虎丘之間二十八以蘇籍登第甫耆懸車徙於鵝湖西僖(祠本作禧下同)里更號西僖居士再修覺林寺時時謝事而游處焉一日在寺忽見老僧復來而公卒於寺左先祠中

工侍公紹興二年第二名進士(宋文獻曰是年張九成榜通志有著名毗陵志無之)有文名嘗主管吏部架閣文字除太學錄兼實錄檢討官擢博士改宗正簿累官兵部郎官由禮部郎中爲太子詹事兼祕書監權工部侍郎以疾致仕

工侍公致仕後徙居鵝湖既創大第復築名園以其餘力改造覺林寺寺傍(盛刻作旁)創文獻公祠堂五楹自爲之記鑿石(盛刻作古)樹祠中記曰覺林在吾西僖吾家爲檀越者百年大觀初先文獻公致政歸寺適傾圮廓而新之予時爲童子嘗從先公游寺中寺中僧輒坐先公銜杯賦詩留連忘返者恆數日比余既冠假寺以讀僧之坐我酒我者視昔逾密予若將終身樂焉後釋褐官行在所時偷簿書暇過西湖之上流憩諸刹怳然覺林舊境也然心之悶沈(祠本作閒究)萬萬矣已念吾大人投紱而歸歸未數年而先公棄世既葬僧淵來謁請以其旁院五楹奉先公香火即先公嘗坐而飲者余感其意復出金置(盛刻作買)田三頃畀之俾爲醮(盛刻作燕)燭費時時展拜先像留與僧觴詠翩翩然少年佳思一旦復也恨先公坐臨其上不能觴詠如舊日耳間語淵曰吾再世有德於寺僧爾寺僧亦奉我先公香火如孫子此誠左右手不可背也願鑴石壁間示我後人無替先公之志俾寺之或毀而不能新也僧或散之四方而不能使復也爾寺僧亦虔祠事世相守無相忘嗟乎(盛刻作呼)一切有爲咸如夢幻夢而覺焉安知覺林之爲色耶空耶余之貪癡乃諄諄於世守淵當戒(祠本作警)我曰檀越何久不起矣然余以先公之故不能忘情也聊爲之銘銘曰茫茫苦海有此覺林釋我吏事來聽梵音不同者道有契者心心之感矣言念昔今在昔先公策杖茲尋今也何之肖像余(祠本作子)臨華燈明滅青篆浮沈庭賓啼烏簾迓遙岑既瞻既拜亦詠亦斟爾膺我酢滌此塵襟笑同遠社知結牙琴願言永(祠本作承)世講議(祠本作誼)彌深我銘未俊(盛刻及別本均作示後)式也如金

國子公(諱時泰)資稟神異一目十行嘗舉博學宏詞除國子監主簿不赴志樂幽寂多從高僧道士游嘗得王八百井中儲丹如璧如月盡食之徧游名山更名道元號浩光道人歷數(祠本有十字)年不返人以爲死矣至乾道中年已百餘歲乃一旦還家童顏黑髮無異少年子孫皆亡獨兩曾孫在侍奉又二十年無疾化去化五日聞棺中呼人名速開之惟有(盛刻無有字)一履一玉冠耳公乃工侍公從弟也(原注邑志有傳)

閻僧普明喜爲人相葬地文簡公(諱袤)父雲耕翁卒普明徧(祠本作爲)相吳塘山之陽而葬之文簡公廬於墓者三年其始葬方十日月夜見萬燈滿湖叱聲震地文簡公懼與二三僮僕棲隱喬松之下空中問(盛刻作聞)曰此地發福三百年彼人子有何德而畀之速令發去

又聞空中高聲應曰尤時亨累世積德奚又純孝之子也空中又曰世德純孝可當此地矣其善護之此紹興十四年秋事也文簡公服闋即登上第祖孫皆尚書至不肖玘凡六世而金紫未絕也（原注邑志辟桐業無錫金匱縣志贈少師尤時亨墓在吳塘山時亨字雲耕尚書袤父袤書廬墓三年國朝雍正以來漸爲士人所徙并繚僧菴於墓前幾無餘地光緒二年尤氏之裔文瀾等訟之知縣廖綸履勘復其地稅三之一立碑表之面菴未撤也明年菴火知縣裴大中斷以菴之基歸尤并故地文之得一畝七分九釐尤氏別賸一釐以畀僧爲）

文簡公生靖康丁未資質絕人五歲能爲詩句文獻公曰此天上麒麟（一作騏驎）吾不如也十歲親授以經蔣偕施坰以神童薦於有司年十五以詞賦爲諸士冠毗陵自置郡以來未有舉進士第一人者文簡公二十二歲名冠南宮廷擬狀元因不呈卷秦檜易以王佐時文獻公尚在（施廷博曰紹興十八年同年小錄第三甲第三十七名尤袤字延之小名鑑郎小字季長年二十二二月十四日生外氏耿永感下第百九兄弟四人二舉發唐氏曾祖大成故不仕祖申故不仕父時亨故不仕本貫常州無錫縣開化鄉白石里父爲戶）

文簡公與朱文公同榜俱有文名召除將作監簿虞允文以史事過三館問孰可爲祕書丞者（盛刻作旨）共以文簡名對亟授之張先生栻曰尤君眞祕書也及張說入西府公率（盛刻作事）三館上書悟說補外守台州聲名同前守趙汝愚上得其善政又得其東湖四詩嘉之遂除淮東提舉

太上崩文簡公定號高宗洪邁請易世祖公率顏師魯奏太上親爲徽宗子子爲祖父爲宗失昭穆之序在天之靈不安邁論遂屈卒如公議

孝宗嘗與文簡公論人才曰如卿之（盛刻無之字）才識近世罕有語宰執曰尤袤甚好前此無一人言何也擢直學士院公薦陸游不許內禪制冊海內士服其博雅

文簡公造就門生最盛即江南已有十（祠本作千）人郡邑後進無不游公之門如郡邑士胡寶慶鎧李祭酒肅簡公祥蔣狀元文忠公重珍（朱文藻曰毗陵志祥謚肅簡又重珍謚忠文及孜郭嘉五先生祠堂記則與此同據）（朱史祥謚肅簡重珍謚忠文）丁寶謨常任皆公陶鑄而成者也

韓侂胄以應辦賞直轉橫行文簡公奏侂胄四年間已轉二十七年合轉之官又欲超授四階是朝廷官爵專徇侂胄非磨礪之具也詔遂不行

上以疾不省壽皇文簡公上封事千言駕即日過重華宮都下懽呼

中宮謁家廟官吏推賞者一百七十二人文簡口奏其濫乞大裁節上嘉納汰其半擢公禮部尚書兼侍讀陳源姜特立召用人情驚駭公上封事極言二人之惡不聽時公年七十遂引年歸又八年薨宋史言年七十終於位誤也（原注文集可考朱文藻曰宋史時上已屬疾國事多舛袤積憂成疾請告不報疾篤乞致仕又不報遂卒年七十遺奏大略勸上以孝事兩宮以勤康庶政察邪佞護善類又口占遺書別政府明年轉正奉大夫致仕贈金紫光祿大夫既云疾篤且有遺奏遺書而又云明年轉正奉大夫致仕史文倒舛謬已甚不徒終於位一誤已也）

文簡公始任揚州泰興令改江陰學官召爲將作監簿大宗正丞進祕書丞兼國史院編修官實錄院檢討遷著作郎兼太子侍讀出知台州府除淮東提舉改江東召直祕閣遷江西漕兼知台州府（朱文藻曰史作隆興府此誤）召爲敷文閣改江東提刑召爲吏部郎官太子侍讀（朱文藻曰史作侍講）累遷樞密院正兼左諭德進太常少卿權禮部侍郎兼同修國史侍講又兼直學士院中書舍人與祠起知婺州改太平州召爲煥章閣待制除給事中兼侍讀擢禮部尚書（朱文藻曰據史除給事中兼侍講擢禮部尚書兼侍讀）以奉政大夫致仕贈太師金紫光祿大夫

文簡公致政歸不居許舍山專居東帶河大第數步即出西關渡梁溪（朱文藻曰毗陵志云梁溪在無錫縣西門外數十步源出慧山其袤三十里吳地記云古溪極陋梁大同中重浚故名）因造圃梁溪之上後有高崗眺望（祠本有溪上有嶽書閣傍有小泉大旱不竭溪內植五色荷花）沿溪左種梅右種海棠各數百樹公有瑠鷗鳩詞二首一詠落梅一詠海棠落梅詞云梁溪西畔小橋東落葉紛紛水映空五夜客愁花片裏一年春事角聲中歌殘玉樹人何在舞破香山曲未終却憶孤山醉歸路馬蹄香雪襯東風（施廷博曰瀛奎律髓梁溪作清溪落葉作落月盛刻香山作山香醉歸作歸醉）海棠詞云兩行芳蕊傍溪陰一笑嫣然抵萬金火齊照林光灼灼彤霞射水影沈沈曉妝無力胭脂重春醉方酣酒暈深定自格高難著句不應工部總無心（祠本有西溪尙花蕩至今泉尙存焉案盛刻火齊照林作烈火照臨彤霞作彤霞春醉作夜醉 原注文簡公有詩文集五十卷）（朱文藻曰史遂初小稿六十卷內外制三十卷文獻通考云梁溪集五十卷朱文藻曰毗陵志云墓在孔山桐業無錫金匱縣志尙書尤袤墓在西孔山綸葬兔燼六十餘畝圖朝康熙時爲人盜葬後裔侗控巡撫丈定陞科三十六畝墓右有泉道光時掘地得遂初泉古碑築欄圍之道光八年清釐又撥殯擴丁串區移坵盜葬於十六年經署常州府督押遷復舊更正糧冊今仍辦賓字三千五百七十三號山糧三十六畝花戶尤謚壹）

臨海公（諱翌）工侍公子也娶久不育一日游飲鵝湖中狂風驟發睹一失風覆舟心甚憐惜懸重賞命漁人往拯之乃常熟州倅汪受任滿攜家入京者貲囊皆失幸一家十一口

俱獲生全受甚德公出其長女以獻時女年二十有二矣亦有姿色（祠本亦有姿色作貞靜足嘉）公厚實其行業而傾之又二年而生正平公（諱梁）汪倅女所產也

正平公好潔雖畜妻妾而不喜近一日間數盥洗手面不茹葷不飲酒稍聞婦女髮油氣嘔吐不已或云終身未嘗行人道好焚異香日狎一馴鹿所至隨之書室中潔不容一塵公必來自仙位中者乎享年八十八卒無子女以太常博士公（諱槩）次子寺丞公（諱燿）爲嗣卽玘之高祖也

兵部侍郎五湖公（諱棐）初生時全體刺百花鳥雀十歲時隱隱尚存資極慧倦於誦讀以父蔭入仕仕二十年至兵部侍郎享高年令終（祠棐無錫金匱縣志侍郎尤棐墓在許舍山袤子焴之父）

兵侍公性愛蟹秋風蟹肥日把酒持螯（祠本作蟹）與客笑傲山陰術士袁大韜者其術動帝皇孝宗時時召前席賜賚不可勝計大韜挾人主之寵往來三公九卿間而與兵侍公最昵一日訪公里第値公在華藏寺遂操扁舟權（祠本作棹）湖而來公方與客飲雲海亭上漁人網得八大蟹其內有二大幾一觔非復平日所見公甚喜捐錢數百文賞之而大韜適至喜而劇飲大韜曰某近遇（盛刻作智）一異術能知人食料兵侍公曰今得八蟹一主六客孰兼食者大韜默坐屈指數十迴算之面漸赤大叫曰異事異事七人俱不得食蟹衆皆大笑大韜復默算者久之謂兵侍公曰公五（祠本作三）年以內未得食蟹公亦大笑未幾客有朱朗卿與弟遂卿者偕去酒方數行催庖人治蟹甚急忽遂卿奔來曰吾兄催蟹啓釜觀（祠本作覩）之睛一落足甚巨取而嘗之頃刻眩倒衆共奔視朗卿死矣二三客迎醫治木各司其事至暮遂不能救大韜手取諸蟹傾於湖濱偶遺一二落足於岸左一犬食之立斃而湖濱大小魚之死者不可以數計湖中漁舟百十皆仰尤氏爲衣食者乃召進蟹人問之曰得於湖岸大垂楊下公命僕夫持鍤掘之得赤首巨蛇數十蟹之大者以久淹（祠本作殘）毒氣也兵侍公甚憐朗卿厚葬之而恤其子弟厚賜大韜數十金終身戒不食蟹

兵侍公夫人性嚴卞（祠本作毅）常苦目疾時發時止發則往往不食海內有名眼藥俱用過不能愈莊定公夫人甚孝其姑姑亦大愛之夏日姑目疾大發最劇幾欲自投池（盛刻作地）水

中莊定公夫人慟哭禱天刺（盛刻作劉）臂血調藥以進姑目卽愈歷數十年至大故未嘗復發（原注事詳夫人墓誌）

自文獻公首出登第工侍公繼之文簡博士迪功莊定科名接武莊定公嘗築圃臨安之西湖花木不繁而蕭（盛刻作瀟）灑宋度宗游湖上幸其堂御筆題楹間曰五世三登宰輔弈朝累掌絲綸蓋實錄也朝紳榮之

許舍山中井水多鹹苦人飲澗水夏日常患腹疾兵侍公夫人曾夢神人與一鐵柱恍惚如金色泉水湧出柱下頃刻數尺因此驚覺以告兵侍公久之歸甯還家肩輿中見山間一柱宛如夢中所睹問女使不見也命僕夫以松樁識之歸告兵侍公召匠鑿之不十尺而泉水湧出甘淡不異二泉鄉人作地溝分注數十井不竭矣（祠本作與）丞相名之曰二泉而爲之銘銘曰拔劍刺山水爲之湧折腰拜井泉出隨踵精誠所格無有弗應豈以地盡而誠不勝山深井少飲澗痞孕夢神授符濬之泉瑩色清味冽慧泉可爽分注百井汲飲有遺匪世行德神明曷授澤沛萬家來福適厚泉名二二我豈溢美勒此銘詞千禩毋毀

博士公（諱槩）字與平文簡公次子淳熙二年進士（朱文藻曰毗陵志槩登詹騤榜進士）累官建康府推官擢左朝奉郎太常博士因性閑雅不樂仕官占（盛刻作沾）仕籍十餘年半在告未（祠本作假）壯懸車多方外之游毋兄兵侍公極富貴聲色之樂公不一與（祠本作寓）目自築室於萬竹中晏坐焚香泊如也未耆而歿人共惜之所撰有綠雲寮詩草人比之韋蘇州子二長祕閣公爚次衛尉寺丞燿

迪功公（諱森）字與茂苦志力學甯宗慶元五年年三十九矣始登進士高第（朱文藻曰毗陵志森登曾從龍榜進士）補揚州文學擢迪功郎監潭州南岳廟父知寶慶府致仕在家時年七十獨公一子遂乞歸養承懽竭力事寶慶公者十五年親終服除公亦老矣不復仕宦兄弟中獨公最貧徒富圖書古玩亦享高壽

莊定公（諱焴）年十九登甯宗嘉定元年鄭自誠榜進士（朱文藻曰毗陵志焴由迪功郎登進士）文簡公登紹興戊辰科嘉定元年亦戊辰科也初授山陽法曹郎（一本作卿）令山陽倅海陵參東淮制幕入

爲軍器監簿遷太府丞檢討（朱文藻曰毗陵志作檢詳盛刻亦作檢詳）編修擢司農少卿總餉淮西除理卿出爲福建帥改沿江制副召爲祕書監繼大父爲侍講兼直院出知太平州州亦大父舊治也召進侍讀修史（朱文藻曰一作召修史進侍讀盛刻從之）權工部尚書繼大父爲禮部尚書丁父兵侍公憂服除召拜內翰端明殿大學士提舉祕書省提綱史事封毗陵郡侯凡（一本凡字缺）十年致仕時甫六十有一優游於家者二十四年而後終（朱文藻曰毗陵志公卒年八十三今依此是八十四矣）公少達老榮（一本榮字缺）久歷於世其事行甚多門人趙探花逢甫君發感公教育之恩著尢端明日歷十一卷其文淳其事奇鏤板至今盛行於天下故不復贅（桐案無錫金匱縣志端明學士尤焴墓在東孔山）

文簡莊定二公繼文獻公任三事祿入益厚晉江宗人歲歲來覲皆厚賚以遺之莊定公晚年捐積俸買田十二頃於晉江以贍族之貧者（原注事詳晉江人張明誠贍田記亦載閩譜一本田作日盛刻記下有事字）

刺史公（諱棟）號率齋學最早十歲通五經十五已閱萬卷矣善爲古文累舉不第至度宗景定三年始登方山京榜進士令山陽不樂吏事告歸薦補州教授召爲祕書正字不能

佞權要出爲廣德刺史致仕家貧享大臺清福二子燾照皆仕不顯而博學有名當是時江南郡邑金石文章皆其父子之筆至今名（盛刻作石）碑布滿諸處本邑中更多刺史公年少於莊定而叔行也

祕閣公（諱燾）弱冠時讀書於九龍山第五曲愛其中喬松數十株即其中結精舍舍後築小閣山林清景咸備一日松下忽涌（盛刻作湧）大水横流數日不止公下視之有一眼即命山人穿之深五尺而水泱泱清澈汲以煑茗與二泉無異也遂以石甃之自號松泉生（一本作主）公後致仕家居亦常居此精舍松益老泉益清公甚樂之（原注事詳蔣綱梅松泉精舍記）公既老有囗（一本作微）疾亦養疾精舍中一日汲泉忽臭味達於戶內公甚震驚及夕而泉竭不半年公亡矣

朝廷每大慶必推恩於大臣文獻文簡祖孫各經推恩數次往往力辭然中亦有不能辭者文獻公以上四代莊定公以下五代無一人不沐朝澤列冠裳（一本作沐恩無朝澤以下五字）

寺丞公（諱燿）太常博士公仲子字仲微生世祿家而好藝文既長益習經術其業遂爲江南士子心服久不登第及門受經諸生歲以百數公選其最貧者給食（一本作粟）次貧者給毫楮士心益向公既嗣爲正平公子更（嗣本更下有字字）宗英年四十始以大父蔭出仕仕至衛尉寺丞即（一本即作郎）拂衣歸教諸生如故年六十三卒紹定癸巳也生子將作公（諱帶）字公垂資稟最高少與父門下諸名生切磋十年讀書萬卷性喜爲詩有復初齋詩稿十二卷行世以伯父莊定公蔭授太常寺大（一本大作太）祝擢將作監主簿以詩忤（一本忤作悟）達者去官生子一即玘之大父也以玘推恩追封中憲大夫同簽（一本簽作僉）樞密院事中憲公（諱志）字尚之配郡君司馬氏生九子不育者七獨先君亞中公（諱交）與叔氏穎父（諱秀）存先君以玘推恩累進亞中大夫僉太常禮儀院事配先母魏郡夫人司馬氏生玘穎父公生從兄良器仕爲提刑點檢子即天澤也天澤與君（朱文藻曰君字不知何指鮑廷博曰君字上或脫先字諸本並同仍之俟考桐案本君字上有先字）同撰尤譜（一本尤作家）

終慕公（諱山）字元鎭度（一本度作理）宗景定中有名太學素謹原（一作厚）緘默有志操晚年堅方謝之節有勸之仕者輒以醇酒醉之私謂家人曰吾家三百年科第十世冠裳宋恩渥矣

吾何忍失身二姓乎願肥遁（盛刻作遯）終身耳公與予仕隱雖異跡公眞淳厚君子也

跋

先曾祖大司徒守元公（諱玘）致仕還架數十木屋於萬柳溪上日聚親族談先世事著溪邊舊話三卷（不肖實）少侍父味菜翁（諱居敬）翁時述其話洪武（盛刻作治）二十九年丙子科（實）幸登鄉書第四名伯兄務樸公（諱文）詔徵孝廉具牢醴率（實）祭告司徒公墓大會族人於覺林寺祠屋中求所謂舊話已簡斷蠹闕不可讀者逾半命門人許靈就燈下鈔其完者以歸恨全帙之不得又數年（實）佐南昌攝郡篆捐俸刊木傳之子孫曾孫男（實）拜跋

君子之澤五世先文獻公甫三世而文簡公光大之元孫莊定公繼其位源益深流益遠文簡公（一本作六）傳我大司徒公中起名位壽富貴（一本貴作貫）一世嘗著舊話三卷曾從祖（一本無祖字）南昌公刻之踰百年而板朽從子都給事中魯重梓家塾予（瑛男）帥廣又刻之憲臺一歲二板俱行傳之可久矣（朱文藻曰尤瑛嘉靖甲辰科秦鳴雷榜進士）嘉靖壬子大司徒公七世孫禮部員外郎（晉）識時年七十有四

萬柳溪邊舊話宋尢司徒玘所著完書三卷其後殘缺遂併省不分明洪武中曾孫實板行之嘉靖中八世孫魯重刻於家塾瑛帥粵中又刻之憲臺凡三刻矣嘉靖去今二百二十餘年而刊本無存藏書家大率傳鈔流布耳卷中注語當是初刻時所增其訛謬之處想皆仍刻本所誤無從得善本校正矣吾友鮑子以文出舊本屬予勘定予取靜寄東軒所藏互校兩本誤處多同知其傳寫源出一本也復據成化中孫偉德增修毗陵志改正數處孫志本之明初謝應芳謝志本之宋咸淳中史能之凡例稱修志時惟咸淳洪武兩本可攷則其所采宋事大都史本之舊可據也獨所謂萬柳溪者徧攷不知其處以意會之當即梁溪尢氏自晉江遷許舍代有顯人而名位最著者莫如文簡故凡國史圖經載之獨詳然宋史稱光宗屬疾國事多舛文簡積憂成疾請告不報疾篤乞致仕又不報遂卒有遺奏有遺書別政府而下文乂有明年轉正奉大夫致仕之語史文錯雜謬誤顯然不觀此書安知公係引年歸後八年而卒耶公所著詩文五十卷史傳作遂初稿六十卷內外制三十卷今世散佚不傳無所攷正即博士公之綠

雲寮詩草趙達甫之尢端明日歷將作公之復初齋詩稿非惟不見其書且不知其名好古之士能無欿然至若環玉之堂棟樹之城關壯繆顴汗之奇福勝寺雲松之夢洪夫人之貞有終公之俠佛奴之生銅鑪之裂六指之異道元之仙文簡廬墓之祥正平好潔之癖兵侍公之體刺花鳥袁大韶之異術占蟹奇聞軼事皆足補史志之缺漏則此書之裨（一本作俾）益見聞匪淺矣司徒事蹟不詳觀其末條述終慕公語吾家三百年科第十世冠裳宋恩渥矣吾何忍失身二姓乎知司徒生宋末造眼見滄桑其作此書題曰舊話亦此志也卷中凡改正及互異處並詳注於下所采諸書遺文足資是書考證者附之采輯未備猶有憾乾隆甲午四月浴佛日武林東青居士朱文藻書（乾隆甲辰季夏重校一過知不足齋記）（乾隆壬寅正月二十九日校寫畢計八千一百八十九字陳世彭記）

右萬柳溪邊舊話一卷元尢玘撰玘字君玉字守玄無錫人自號知非子據其曾孫實跋知玘曾官大司徒無事迹可考舊本題爲宋人四庫提要改稱元人按話中末條云終慕公元鎭理宗景定中有名太學素謹厚緘默有志操晚年堅方謝之節有勸之仕

者輒以醇酒醉之私謂家人曰吾家三百年科第十世冠裳宋恩渥矣吾何忍失身二姓乎願肥遁終身耳公與予仕隱雖異迹公眞淳厚君子也按宋當景定時國勢已岌岌不支又云仕隱異迹是元鎭爲宋之遺老君玉則元之貴仕也其爲元之司徒無疑話中所記皆尢氏先世事實原本三卷洪武丙子曾孫實板行之嘉靖中八世孫魯重刻於家塾瑛又刻之粵中凡三刻而印本罕見提要誤洪武爲弘治按嘉靖壬子禮部晉跋云曾從祖南昌公刻之踰百年而板朽弘治至嘉靖不及百年其爲洪武無疑尢文簡所箸遂初稿六十卷內外制三十卷均散佚博士之綠雲寮詩草趙達甫之尢端明日曆將作之復初齋詩稿非惟不見其書且不知其名惟藉此書以傳他若環玉之堂棟樹之城關壯繆顴汗之奇福勝寺雲松之夢洪夫人之貞有終公之俠佛奴之生銅鑪之裂六指之異道元之仙文簡廬墓之祥正平好潔之癖兵侍公之體刺花鳥袁大韶之異術占蟹奇聞軼事皆足補史志之缺漏則此書之裨益匪淺矣光緒丁酉正月中旬有九日武進盛宣懷跋

按我尢氏本周後也自周畊季封於沈遂爲姓後因避嫌去水爲尢其間赫赫煌煌入對內殿者幾何出鎭外藩者幾何嘉言懿行各有全書即如待制公自閩遷錫而後子孫散處蘇常分徙陝浙代多傳人人多傳書不勝紀載是編我祖尚書守元公特錄近支行略一二所謂舊話也然舊話之湮沒不傳者已十去其七今復板朽安得不增修續刻以俟後之作者二十二世孫龍起識（案龍起字淵路清順治間人著續萬柳溪邊近話）

案祠本臨海公一則之前尚有一則云文簡公字延之弱冠入太學魁監省紹興十八年進士嘗從喻樗遊得楊龜山之學初宰太興金人犯境士庶望風而遁文簡公獨堅守不去尋以薦除奉常高宗廟號未定公引經援古悉有根據平生博極羣書洞貫古今形貌瞼人而丰度端凝晚益嗜書不倦所藏三萬卷自號遂初居士光宗嘗書遂初二字賜之所箸有遂初小稿六十卷梁溪集五十卷全唐詩話老子音訓周禮辨義內外制三十卷此一則鮑刻盛刻均無之謹附錄於後又夾註有歐陽東鳳晉陵先賢傳文簡公論吳澄文簡公小像贊摘錄邵寶道南書院記以非守元公原書所有移入尢氏宗譜桐感誠識

萬柳溪邊近話

（明）尤鎵 撰

《萬柳溪邊近話》一卷，（明）尤鍄撰。一九三六年遂初堂《尤氏宗譜》鉛印本。

尤玘，字君玉，晚號知非子。早年隱居，元末朝廷徵而爲官，官至户部尚書兩浙都轉鹽運使。致仕後居長洲西禧。西禧有覺林寺，乃尤氏家廟。尤玘於西禧萬柳溪上建屋數十間，聚族而居。每天與族人講述尤氏家族史，成《萬柳溪邊舊話》三卷，稿本藏於覺林寺。長洲爲蘇州地界，尤玘後人尤居敬還居無錫東門外，洪武二十九年（一三九六）尤居敬到覺林寺祭祖，於寺中得此稿，然已蟲蛀鼠嚙，僅存一卷，即今天所能見者，遂於明代初年刊刻成書。是書所記從尤叔保遷錫始，爲一部家族人物傳記，也記有先祖一些事迹。從北宋尤輝始中進士後，歷任高官，住長洲西禧。後又有南宋尤袤中進士後爲宋高宗等皇帝重臣。《舊話》一書保存了尤氏從北宋至元末的家族重要人物的傳記，不少内容不見於正史及方志。尤氏後人在此書啓發下，明中期遂有《萬柳溪邊近話》之作，記述了元末至明中期尤氏族中之名人，有不少尤氏族人的傳記及事迹賴此而存。

本書據一九三六年《尤氏宗譜》本影印。

（徐志鈞）

萬柳溪邊近話序

繼萬柳溪邊舊話而述尤氏祖德者爲萬柳溪邊近話舊話爲元司徒守元公所作述叔保公以下凡十世之軼事惟原書完善者祇三之一餘壞爛不堪卒讀故僅得四十六則近話則司徒公九世孫擴元公所作記守元公以來凡十世之舊聞然全書亦僅三十五則蓋謹嚴之至載筆不得不慎重也舊話訖守元公之大父暨其先君叔氏而殿之以終慕公近話訖擴元公之先君浮玉公昆季而殿之以雲門南華二公其體例亦相同也厥後西堂公作述祖德詩亦始叔保而終南華集舊近兩話之大成也清順治中圖褒族祖邇諸公（龍起）曾承樹莘公（雲煥）邇延公（允祺）之囑而增修之（桐）謂增修盛舉也顧所修各條須有以自別於原書遠之若補史記之加褚少孫曰近之如佩文韻府之標以增字庶一目瞭然若羼雜混合令讀者猝不能辨其孰爲原書孰爲增補非所以知人論世也茲刻仍以截至南華公止爲近話餘則別題之曰續萬柳溪邊近話以存廬山眞面舊話有陳刻鮑刻盛刻可以參校近話則除祠本以外殆無他本魯魚亥豕觸目皆是因係孤本姑暫仍之先是司徒守元公生三子曰義曰與曰珍義之後住無錫尤圖裏與之後徙陝西及廣東之雷州珍之後居長洲西禧里珍生士誼士誼生仲清仲清生靖靖生昌昌生祝祝生詔詔生珮珮生鋕鋕字元美號理溪與（桐）第二十世祖雲門公同輩行因所爲近話自謂可與守元公之舊話並傳故又號擴元云乙亥季夏叔保公三十世孫桐感誠識

萬柳溪邊近話

擴元生尤鋕元美撰　門人文質增補　族裔桐幹丞重刊

大司徒守元公（諱玘）晚更號知非子文簡公六世孫豐頤廣額長身美髯（原注有像存）稟異質融通經史不欲昂首鳴元東山四十載然經綸之才終爲廟堂所迫起家中書椽仕終戶部尙書兩浙都轉運鹽使清忠亮直偉績宏猷載楊維楨撰墓志（寶祐甲寅八月十日生至元甲申三月望日卒）子三（長義次與次珍）

大司徒從弟知元公（諱祀）以門資補敦武校尉善盈庫副使長行省郎中彬齋公（諱原）庶子休齋公（諱良）字心之失愛嫡母姚事之甚謹刲股愈姚疾舉泰定五年江浙鄉試第一洪武初以劉基薦召對稱旨除閤門使上嗟其敬謹數賜飲膳擢祠祭員外應詔陳言其崇正道寬刑戮愼征夷減力役皆規切時政上嘉納之賜侔一人俄進太常寺少卿卒御撰文祭之給舟賻鈔特恩也事詳陳遇撰墓志彬齋子（均辟）孫（燦）休齋子（中舍昭辟）孫（處仁案無錫金匱縣志太常卿尤良墓在章山）

大司徒公三子咸有才略長和齋公（諱轍）字桑甫高準修髯（原註今存三像）風裁峻如沉鷙多謀注六韜略除兩淮運司丞不赴擒震澤大盜王罕六憲使禿堅不花敍爲護民巡檢又承制授義兵千戶皆不拜張士誠素知吾尤膏澤累世及民民多歸向心切忌之與公結納薦於朝敕授浙東宣慰管平江萬戶府事公懼不敢辭竟以憂卒子二長草亭公（諱國祥）字瑞卿質敏學博舉通經不就游中原訪豪傑交中山王而不識眞主命也夫歸補處州路總管府判官父卒詔權父職張氏強驅用之公亦有膂力善騎射平營之戰馬革裹尸矣子二（彥良居敬）

味桑公（諱居敬）字惟一罹張氏黨禍棄西禧鉅萬貲潛跡迴溪上奉詔闢蕪田廿頃開池獲金捐食饑民民德而尊之稱其地爲尤圖溪有渡稱尤村渡說者曰范蠡之智梁鴻之清錫人慕之跡其所止曰梁溪曰蠡瀆公遷居無幾乃卒之地從其氏非有大造於厥土厥土人奚慕焉含淳毓穌善浹慶衍子孫以理學忠節起者彬彬王學士達志墓（生至正癸未孟夏四日卒永樂癸未季冬九日）子三棐（鳳陽夏揮使攜爲子今世其官）文（詔徵孝廉名載縣志）實（丙子舉人名載府志）

退菴公（諱安禮）字文度父楚藩幕賓字從道沉厚明哲著元史緝要公隨父在楚友楊尚書翥楊文貞公士奇於布衣時舉於鄉教諭崇安超擢武庫郎出參貴藩歸家無儋石泊如也郡守朝京文貞公當國首簡公不能對歸始候見公敝衣陋室授經守道百金郤之生平講學辨認理欲甚眞（蘇州志有公父子傳）子（諱忠）國子生孫（淳）舉人

十初公（諱文）字文達一號務樸私謚恭靖先生篤癖洙泗景行程朱以復性至命爲究竟以持敬凝靜爲工夫徵孝廉事親純孝母不欲其仕固辭朝聘母嗜魚日釣溪鮮剔骨以進父母物廬墓不御酒肉者六年每誦讀必端拱正坐立必首俯燕居無惰容飲食無七箸聲接人色莊氣和不爲喧笑諸語年逾八十猶日探理性之書作字端楷如少壯遇恩詔受七品服（何狀元潛志墓）徵書有志懷堯舜行合閔曾煌煌帝語公名千載矣（生洪武戊申仲冬十四卒天順己卯季冬初二）五子（誠謙謹說爲）陳布衣晟序公語錄云議論切實學術純正天理人欲發明無遺得濂洛關閩玄珠非漢儒訓詁可並薛文清公瑄贊公像云紹與之際道幾晦而再宏倡者程楊洎乎先公維公生於百載之下而心契乎文簡之尚風謹獨以爲己

作敬以省躬事母有陳情之孝訓子成清白之忠家倫內備而無憾於俯仰朝聘再至而堅謝乎宏通德既盛而不假於用才有餘而不以濟功入其里也恍乎三代之俗升其堂也儼然弦歌之逢若公者眞蕭山遺範濂洛儒宗歟

斐菴公（諱實）字實達洪武丙子春秋魁永樂丙戌副考楊洗馬溥取公首卷主考王侍講達公妻之伯父也避嫌抑之乃特疏薦公洞曉時務授南昌府同知尋攝府事察幽隱飭廉墮捕奸豪修城池多善政（詳南昌專祠記）曾征銅羅障寇專司戎餉染瘴卒贈中憲大夫（生洪武己酉季夏二日卒永樂庚寅仲冬盡日）門人盛泰銘墓門人劉完菴珏贊像云秀目碩耳方頤紫髯筆布雲霞胸溢詩書更精麟經南服首魁協守大郡民母士師勞瘁殉國始博金緋像飾如此公豈能知公所知者上有二母下無一兒故其容臞瘠而含悲

得菴公（諱孟能）休齋曾孫年十六以儒士應試公弱時祖中書公（諱昭祥）爲聘富室華氏女華遭寇貧又瞽公文名鵲起有貴人欲壻之父擇齋公（諱處仁）意欲改聘公曰女字十年而瞽是兒宜得瞽妻也卒娶之久不第求脫學籍以學訓衛歸養子（晏）孫（廣）一庶犉贊（爲鎮）

菊軒公（諱謙）字士謙七歲詠竹有虛心高節語季父南昌公奇之長通三經累試應天不第棄去居家孝友講學三吳名士從講者百人陸昶錢福呂原朱希周王僎陸釴皆從公參質疑義造就弟子倪敬吳遜楊琛陳賓談經談綱陳周繆昌多顯於時周文襄公舉任武進訓導力辭教弟（誥）猶子（俐）皆登科倪文僖公志墓（生永樂甲申臘月一日卒成化己丑二月七日）子二悌悅

菊軒公雖遺榮超物然不忘用世之志觀所撰梅花書屋上梁文可見門前五柳獨高隱逸之蹤堂下三槐羨注功名之想笑古人未能合轍一行一藏到今日自有圓機不夷不惠梅花別墅主人尤謙氏浮沉田里來往江湖五車書不解驕人七寸管儘堪豪我當年題柱歎結駟以無媒邇歲擔簦舉敝貂而有淚飯已破硯奚益也雕蟲工如不好何且索枯腸小尋歇脚賣三五篇碑志博幾貫金錢講一兩卷春秋收數張寶鈔巧經營全憑三寸舌苦積累欲安七尺軀于是負郭兩頃膏腴迴抱一溪形勝小堂初構莘杜子之浣花荒境纔除學郭生而種樹既不是武陵源青山綠水并絕漁郎又不是元

都觀紫陌紅塵偏迎朝士一邱一壑無志雄飛住此一生且圃且農甘心蠖屈可稱半隱信是清閒境眞成安樂窩寫數行鼙悅之詞申一時棟梁之頌拋梁東三唱天雞曙色紅有意忘機伴鷗鳥何心望雨作蛟龍拋梁西秋色參差菊滿籬亭外短航來問字堦前長石坐題詩拋梁南檢點園林事事堪十畝梅花皆結子一園芳草是宜男拋梁北草聖花神共朝夕醒覺青州從事家醉歸錦里先生宅拋梁上彷彿紅光高萬丈經史填平柳子心文章洗盡葫蘆樣拋梁下一曲溪流繞田舍清波釣得白魚肥綠野畊餘黃犢暇伏願上梁之後門無俗客案著新書藝竹澆花領不盡眼前清景吟風詠月暫相忘身外浮名種兩頃田俻三餐飯烝嘗無乏四時中儘可免若敖氏之餒婚嫁有儲十年後并可畢向子平之債老夫婦如賓如友槩孟齊稱小兒曹學古學今譚遷接武

靜菴公（諱譯）字正言惇尚行履以風節自持舉景泰庚午入國學祭酒劉鉉重之疏薦爲國子助教以父十初公老辭歸後除遂安令殖善鋤強平刑清賦潔己如冰愛民如子民

亦愛戴之毀尼寺材修學宮尼配鰥卒六年政成擢永昌府同知會分巡使者疏公發倉賑全活萬民而龍歸矣子輔弼

牧雲公諱讓字叔誠高雅好古園亭絕勝善吟詠著廣趣園詩草有游惠山詩載邑志背郭山無十里睒上方樓閣鎖煙霞徑連野色迷芳草泉帶寒香泛落花齋鉢暫收雲外菌竹罏聊試雨前茶道人知我耽詩癖共倚長松到日斜

吏部公諱淨字公厚父諱忠查祖卽退菴公以蘇籍與族叔四勿璥同舉癸酉試嗣考趙侯取獄禮魁主考彭時緣出內監降至念九公厚初令鉛山改永平所至善驅民害永平淨慧院歲一僧焚身公疑而率兵往覘有僧縛置積薪命解縛下之僧泣曰乞食濟上道人飲食我挾之而來抵院醉以醇醪醒而身在薪上口塞不能叫呼他不知也公鞫訊得其奸以此術誘人財久矣卽正其罪公摘發奸伏多類此以廉峻直執罷其官子樾貴封吏部郎王文恪公爲吏部公厚公著墓碣云尤之先自汴扈宋來家於蘇三傳爲良器仕宋提刑司檢點曾祖諱義臯爲湖廣布政司經歷考忠君以景泰癸酉占南畿鄉試會試名在乙榜授浙

之平陽縣學教諭以憂去改任濟之霑化考最擢知廣信之鉛山又以憂去改知廣平之永平五十有七移病不治事當道不許再疏於朝乃得可歸吳閉門自守莫或睹其面年七十有八得疾則却藥不御盥櫛賦詩而逝實宏治己未七月日也以庚申正月日葬吳縣薦福山之原載震澤先生集按諱公雎名寄字從道不名號皋

尊樂公諱一廣號博齋爲諸生英縱殊絕從王文成公講學有聲工詩善書孝養盡志居喪不食酒肉不入內室監司屢表其孝嘗拾遺金還之子鍪孫泮號思琴贈文林郎再贈承德郎案譜公名廣無一字

聽泉公諱悅字公悅十初公孫亢爽明達博通經史善書畫法黃山谷輕財重義赴人之急甚於己倡建泰伯廟助修郡邑儒學皆百金好與名卿大人游三出粟佐軍儲受七品散官贈承德郎生正統甲子仲冬四日卒正德丁卯季冬望日王文恪公鑒贊像云遇公俎豆冠紳偉然聽其詩不刑山林之天遇公山林琴鶴蕭然聽其論以爲廟廊之寶其諸具廟廊之材僅沾一命而老於山林間者耶史寫其貌不能寫其言氣則沉元骨則峻硃腹則便便背盎

而隆顴故能享五福之全邵文莊公寶志墓六子臨晉平孝節洋臨號東野娶長洲巨室宋別駕忱女宋氏已生子㴑以傲姑出繼華生琛禮部纂文生珣四子十孫琛三子五孫

雪蓬公諱煥曾祖諱燦祖諱塤父觀瀾公諱健觀瀾精岐黃書能生死人又嘗神卻饋故車馬常滿戶又善詩雪蓬其長子也字文卿受餼於庠試南都見搜檢太嚴恥之歸遂辭廩與吳宗伯甯菴爲詩友與邵宗伯二泉爲講學友一時多方正之譽二泉銘墓子三堂基坦

東皐公諱鑾由恩貢官至浙江經歷稟性溫恭爲人耿介經綸素裕抱負非凡驛路載澄清之治江城垂惠澤之思故實達上聞屢寵國恩德政下敷致深民慕凡有利於民者知無不爲爲無不力如治績聲稱具載去思碑記浙之人民至今猶歌頌不絕云後之子孫日盛家業益隆皆公德之徵也

篔菴公諱德字宗陽蘇籍登正德戊辰進士歷驗封郎進文選郎中考功署焚巡風者當戍公請於冢宰曰令甲任滿改官有罪得免樹歷俸九載行有遷除請獨當之遂上疏引過詔勿罪請致仕不允擢太僕少卿而公歸矣子紹熊孫至道皆贈憲使公介特自守而圓

融混物人不知其操精悍有爲而悃愊蘊藉人不知其才博文多識不事表見人不知其學其諸古所謂爲己而不爲人者歟初文獻公創書堂於許舍山上梁日龍見故榜曰逢辰後文簡公表莊定公禎太常公良相繼戊辰高第此辰驗也宗陽春舉適際戊辰咸謂必同兩先公顯矣乃一歸不復起繼公而逢辰者西鄗公魯嘉靖壬辰迴溪公璞嘉靖甲辰宗陽曾孫大方伯雲谷公錫類萬曆庚辰龍見之祥久而猶驗後人惟尖汀名懋敬者居近逢辰堂文恪公王鏊贈錢菴公詩吳中世德繼延之喜見春風入穀時莫怪崔公多自詫美莊三百在於斯

友梧公諱輔字顯忠習春秋初冠廩食嘗夢王耐軒贈詩有龍袞親裁第一人句共期遠大九試九落充貢廷試上躬御文華校第批公卷第一夢徵於此分教登封卒於位

友梧公夫人成氏定陶教諭繪之女公游學靖江夫人從焉成化丁未五月江水夜溢家人倉皇升屋夫人整衣欲上問爾等衣耶衆謝倉卒不暇夫人曰安有男女裸而可與俱生耶我則獨留死耳衆號哭以請不應明晨水退坐死榻上事詳邑誌

十峯公諱鵠字遂良鄉舉時猶未娶會試舟覆流十里獲拯令楚雄近督府調江川勘論于

匡宣撫使刁怕落刀絕其飲食者三日公詞色不撓乃聽撫起服補崇陽疏陳邊務事
涉逆瑾瑾令客殺之客隱梁間見公食菜作當赤脚義發躍去公乘夜出都瑾計除公
名瑾誅即家補蒼梧公嘗結交吳公廷舉於囊首吏部時蚤暮躬進食飲廷舉戍雁門
護之往吳公起副使公令其邑親如骨肉吳公言兵使朱志榮郡守曹琚相倚爲姦利
公揭其言於巡臺巡臺惛其抗上市廉排之幾死賴吳力救罷歸茨居草食三十年不
怨吳公巡撫江南籍豪強沒產積鉅萬饋公千金遺書譙之吳公式廬引過執手勞苦
涕淚俱下菜羹麥飯淹留盡日既登輿大聲曰愈見愈奇難得難得邑志有傳三子乾廩生
革秦府引禮舍人隨醫院冠帶
居素公諱基初號崐山介直方嚴好面斥人過受餼廿年且貢矣會以嚴語規暢侯華侯怒
駕浮詞於學使蕭子雝罷其貢後學使盧堯文察冤復之長子魯舉進士遂不仕受封
給事中次子從吾公訥字懋行守己甚嚴卒於正貢之歲季子茂先字叔野按居素公墓在西大池坐
落遭花山游來塢在字二百六十五號山糧十九畝八分

封祠部大夫諱肸字子明學博行高少好游名勝晚禁足著述養遂德完湛文莊公贈詩夙飴
志聞道仰止惟喬嶽行行景逾邁見日以卓秋寒賦閒居妙契自興樂鳳雖振蜚鳴天衢渺何邈庭鵠映門弧奉懸在羅幌願言分遲期驚章寵方洸公產薄而
守己介卜侯大有伯子受業門生李侯思悅伯子盡治人相繼令邑未嘗爲人居間榜於門
曰一毫不與俗事一字戒入公門二十年不變訓子孫非讀即耕明法貿遷咸損心術
勿爲也所著有句吳聞見錄行世年八十五伯即參藩公次暐廩生燦暘字疑誤
心泉公諱鏊貌古而行方髯長尺許好博羣書奉尊樂公庭訓勉勵後昆家素封以多子中
落復傾貲營葬議渡一方門屋盡廢壽八十二子沂號二峯剛直好義孫可化
琴泉公諱鑒質行與殖產俱高又多藝術書畫皆入能品嘗遇異人傳以古琴祕調時擕於
黃公澗別墅對流泉彈而樂之因號琴泉散人性好潔圖書竹木無不淸華好事者多
從之遊子泮〇邑志藝術有傳墓在龍山稍鯉魚形身子體字無號山糧廿一畝
古崖公諱琢字汝修父慕泉公諱萃食廩三十年迤受學職時公亦食廩矣久不第邇貢抗顏
慶元新昌南康者二十年所至立章程議節文士習爲變公性剛氣桀不能下人故不

離靑氈以老
西郇公諱晉字懋宗襟度閎曠神情爽朗壬辰高第拜行人使大梁擢給事中忠謇讜論不
憚權貴察上意向上疏辨異端愼賞罰諫燒丹劾方士乘轎奪俸半年奉敕督理川貴
軍儲秋毫無汚進長工科世廟南狩承天以公容貌宏麗首選扈從日三顧問所奏多
施行時有邊帥失幸璫意徵至公破疑脫誤首明無辜赦之帥進千金及寶鼎玉帶悉郤
之尋擢大京兆久之推陞浙江巡撫旨未下報父病劇乞養不俟命奔歸嘗漭先世尤
濱公遇事振發不顧利害剛嚴忠亮望重中朝特居鄉簡傲產厚貲隆故鄉曲鮮猝然
實正大偉人也公與族子存周請仙乩寫同宗一百八再問寫詩先易〻乙西公以詩中六十三戊子存周以易中四十五共一百八數子紹芳次
紹呂皆諸生
鶴湖公諱賓初名茂先字叔野幼聰穎每試爲諸生冠古今名書包藏胸臆著作甚富傳頌
京師一時名公鉅卿咸尊禮之隆慶辛未游太學吏部考最第一就祿京師選授京衛
參軍以佐膳皇城得沾金幣之賜敕授徵仕郎遷燿州州佐不樂任請歸搜奇石爲山

栽異花爲園蓄古今石刻書畫寶玩等物喜作蠅頭小楷以自適遍遊名勝結納才士
遇客呼酒即席賦詩暢如也嘗自言曰孟博之志未成李杜之名安倣濁酒一杯彈琴
一曲志願畢矣躬耕惠山復文簡公遂初堂於山下其爲人性燥戇直絕無婀阿態多
不合於時優遊物外嘯傲烟霞以老家蓄二鶴嘗扁舟放鶴於芙蓉湖上品泉聽松徜
徉盡興而返人咸稱之曰鶴湖山人云按歸熙甫先生有遂初堂記即公所復之遂初堂
迴溪公諱璞字汝白父月潭翁朝得退菴公像夕生公正德辛未仲冬九日文章廉操類退菴而官位
不異少卿篮菴公考績還過錫覩公童齒高岸風儀卓犖曰吾祖像至而生祥有徵矣
解綺金半臂爲贈公有籠羅宇宙之志鄉試名冠畿闈魁春榜隸儀曹三疏諫建醮兩
請定儲宮郤蜀藩饋辭駙馬贄皆千金名犖起揭且不次忤嚴嵩補嶺東兵使公素雄
武計擒稱王寇李廣目進三品服俸後先戡定寇穴五十八捐俸倡築十七城擢參江
西仍進服俸一級卒於途乙卯七月廿八公歿爲神威靈煜赫民稱尤太師軍稱尤恩主凌尚
書雲翼奉旨率三軍征大帽吳一作誤入鐵峒公忽現雲中萬軍呼爺轉敗爲功凌爲同

年覩公貌如平生爲之感泣崇囡十七城舊廟諱諸廟記廣人靳禱朝禮如關武安湛文莊
公謂公雄才潔履厚行定力衆稱信史所著有迴溪集郡邑志皆有傳○有開利教寺鵠載邑志千載右軍墨觀鵝池
尚留寓經人已去弔古我重遊斷碣棲朗鴨殘碑礪角牛不勝今昔慨無復敢登樓子鏜字伯聲博學孝友有聲鄉序薦錄大典
就兩國學試輒冠五舉不第除佐邛州朝拜命而夕辭歸家貧賣文以給覘榮華如浮
雲子之詩品超操潔學博詞宏乙卯廷元王太史撰邛州傳云邛州君者梁溪人恢奇
多聞隸學博士無所知名去游集賢門家大人試集賢諸生奬異之置上舍六館皆驚
於是名士石黃梅汝重吳武進子道趙常熟汝師輩咸願與君交驩是後徵文學集賢
推上君京兆善食遺之至五遺不得一奮其氣上書乞養母察情效權十五年不替家
大人召管國政過謂君曰得時者昌失時者殃以伯聲才由竈上蚤除足以馳鶩處卑
賤位而計不爲非士之情也君僂謝曰鏜幸有老母且夕毫耕得甘毳以養親老毋在
鏜不敢避賤一時郡國稱孝焉母以天年終居戚毀深形狀不可識君子哀之當毋且
堋顧謂君曰兒匿子舍困筋骨久令兒壹睹公車令顏色死且不恨君泣曰諸服除念

顧言詣公車對佹得避世金馬間適主爵奏其書於佐邛牧非其好也棄之歸歸而勵
節樂志不穀監門之養知交閔其蓬戶爲飭雲鴻館蕭然居中修學著書以自隱無名
爲務先是母好西極先生言君亦鄉之晚益習誦戶外內一切事任之子之濤友人臨
睨率皆投謁于榻而去君少即賭大體推產敦讓長游公卿間往往微言解紛然義不
苟合賄賂不受故人來爲督察監司示意欲爲治產業不聽竟不以飢餓縶束五斗此
其胸次有大過人者耿恭簡公謂君文華淸省有沈約陰鏗之風君固恭簡所選士名
臣參知先生瑛子也薦紳以此益附云太史衡日虞君于壘星卿數數稱述君予受命
籍之君起孤童服習婦翁文懿公訓學無所不闚一試奪千人幟再試名士以爲弗如
何其雄也業同人異自以爲弗如者無不冠佩依馮出日之光而君年六十老矣孟子
曰命也然家大人推轂君者豈僅僅經術已哉凜凜孝廉可以鼓化又能薄世俗之希
羨古所稱彬彬質有其文者乎予讀尤先生所撰紅箱集停鈞書酒志護鯖編洋洋哉
其言也既見其書復慕高節故爲立傳以傳使君名布揚後世者星卿力也相案此文爲王世貞

元美所作所稱家大人謂王錫爵也文中訛字甚多當取弇山堂集校正之
鑫湖公諱金字南重禮部儒士公顯公子也七歲失怙母周孺人矢志冰霜撫孤守節有司
以貞節聞於朝奉旨旌表壽九十有四公藉以成立稟資英敏幼通五經諸史長雄於
財富冠一邑嘉靖間邑侯王公諱其勤倡築錫城有六十丈餘錢糧不接艱於告竣鑫
湖公慨然捐貲助修完固未幾倭蠻入寇錫民閉城得以保全咸感公之德勒石於東
南隅新志遺失不載慷慨豁達遠近慕義生五子孫共十五今億言君佐憲吾爾揚皆其重孫也
迴塘公諱璠字汝華十四遊黌序博學宏通凡通鑑性理諸書無不手輯成編因性嗜古不
工時藝累試未售爲人慷慨有友告急必傾筒以濟不與同室知也并不問其償敦氣
誼重然諾有古人之風焉子二長諱舫次諱紆
還初公諱舫字道宏天性溫厚孝友行篤襟度冲融望之如春風霽月志甘淡泊不事家人
生產晚年家業衰落恬淡自如不以爲慮也子二長之憲次之憲
南麓公諱可佩字鳴珂吳縣庠生父早卒備歷家艱自幼才略超羣凡遇疑危之事片言立

決如財出非義者毫不敢取高風亮節峻若冰壺子三雲翔雲翩雲翻皆邑庠生
瞻迴公諱鈿才名冠多士飲酣賦詩寄傲山水間從遊者多雋有感時事借忠愍公楊椒山
名作王勃然變乎色題一起天澤冠履之辨迄今士子傳誦不衰遇旱邑侯禱於崇安
寺求對聯方沉醉吏人磨墨濡筆強起立刻揮就今羽士猶抄錄以應禱
慕椿公諱霆洞曉生財樹業蓮花溪上產甲其里奉父鄰溪翁諱孟智母陳最孝性好客豪傑
過從百金爲壽延師教孫及孫壻陸繳繳登進士子二德耀德煥
先君浮玉公諱珮事親婉篤與弟養中諱渙若水諱瑛有志功名並隸上庠若水每歎曰司徒三
子伯仲子孫科甲接踵獨季後諱季珍六世困縫掖心切悲之旦暮劬書嘔血死壻爲華
孝廉勤祖
雲門公諱可儀幼聰穎多技能弱冠蜚聲黌序才高氣峻錄科居領案之次將赴闈邑侯送
至北塘與領案者決勝負及榜發彼入轂而公不售遂鬱鬱成疾而終生平伉爽好義
力捍諸艱已載譜中小傳子近明號瞻雲孫承猷號務直

南華公諱昌際字原學吳縣籍登科官至刑部主事貌偉氣雄有佐世才器初佩萊陽篆事
關民者知無不爲爲無不力淸釐田革小丁拒礦使備海寇聲著朝野召祭宛平値旱
捐俸賓廉以倡義奏請倉粟以廣惠擢比部郎子國學生諱明盛見義勇爲有父風

跋

先師重倫好學旣遘劉賁之阨復罹叔向之悲將易簀出此編命賓塡諱意若有屬冉
冉廿年賓亦老矣因爲增補潤色而刻之聊償目劍之誼云門人文賓百拜識
閱是編覺我宗我祖儼然如在有以功名顯則忠直抗疏保國澤民有以文學著則維
持綱紀撰史明經有以武略見則勇決多謀戡亂致治間有樂道忘世翩翩欲仙者逸
民之流也或有敦倫睦族母儀閫範者孝友之徽貞節之操也奇修異行足駭聽聞一
展卷不勝目炫心移低徊留之不去云二十二世孫龍起百拜識

述祖詩小序

長洲尤侗展成撰　　族裔桐感誠重刊

吾夫子嘗曰某殷人也而離騷經亦云帝高陽之苗裔兮朕皇考曰伯庸蓋古聖賢人祭
所自出如此吾尤氏自閩遷吳六百餘載夾處姑蘇毗陵之間傳二十五世矣家譜之作
昉于太常同父公繼修者蒼梧十峯公京兆西郇公大參迴溪公比部南華公至方伯雲
谷公欲修未逐今族人允祺刻于錫者備矣獨蘇譜合焉而未詳自司徒守元公著萬柳
谿邊舊話擴元公廣爲近話後亦未有續者小子侗伏處菰蘆每念先人嘉言懿行昭灼
若此後世子孫日熕德業日微旣不克紹承遺烈且泯滅是懼用敢採摭家傳擇其文行
最著者四十二人附見列女四人次爲歌詩幷注本事以志不忘俟諸百世有所考焉其
他名在中下者槪從闕文語曰君子疾歿世而名不稱亦以風也昔謝靈運作述祖德詩
祇敍太傅車騎之功而不及諸謝吾家世德庶幾邁之然而文詞不及古人遠矣
康熙九年歲次庚戌秋八月既望二十二世孫侗拜撰

述祖詩　甲子本原註云圖言古風二十五章有小傳

若稽吾宗聃季受氏越唐光啓爰居閩始卜遷于泉嫌名去水世有聞人載在閩史五傳
入吳系爲別子　尤之先周文王第十子聃季食采于沈爲氏閩人避王審知諱去水爲尤　別子爲祖待制肇封少年避難徙
步江東西儒作室白石考宮漢壽告夢天誘其衷縱橫翰墨以貲自雄三致千金比陶朱
公右氣如雲左氣如松棟城虎伏玉堂花穠乃分二子繼別爲宗　始遷祖贈待制公諱叔保宋天禧間自晉江至長洲居西轄里新夢闕侯闕手賜錫器中書咸字占者曰器者皿也皿加成爲盛公其居錫而盛乎遂遷許舍白石里爲人正直以書賚名世晚年總雄于財闤亭池館爲一時勝會游福勝寺午睡覺有老僧坐其旁告公曰吾居鳳凰山禪定百年傳相氣之法見公左鼻氣如松右鼻氣如雲子孫貴不可言今將額名雲松堂蓋自定也許舍山深多虎公命蒼頭拾棟子百斛置繩股中埋于四圍不數年樹長如城虎不敢入山中人總號棟城云堂有玉蝶梅四十二株公書環玉堂顏于楹聞後文獻四十二歲而入玉堂此其兆也　在錫有
終在蘇無已有終早世亦既抱子烈哉少婦伏劍而死無已游俠義形閭里殪二淫人荊
卿一匕惟烈惟俠其後大起　贈少師有終公諱大成早夭夫人范氏年十九哭泣三日抱孤兒付徐少姑曰姑無子以我子爲子可也言已持夫故佩劍自刎死有司給粟養孤表其墓曰貞烈贈少保無已公諱大爲有勇任俠鄰右許氏婦與人私謀殺夫里宰發其事官曲聽入里宰罪公憤之一夕持刀登樓斬二人首以出逕歸西廨里
堂堂文獻駿發吳趨弱冠登朝翺翔亨衢端委東閣運籌西樞帝賜上尊命繪尤圖
溯公仕籍大觀元符不洛不朔无咎无譽榮華壽考元老規模　文獻公號淮諱元更名輝年二十一登宋紹聖元年

進士仕至兵部尙書知樞密院事假文殿大學士少保贈少師壽八十五上賜壽觴給御進覽題曰尤倫

司空繼序壺聲玉局勘破本來遄返

初服天龍一指九龍用六投老覺林悟成一宿亦有道人舍丹辟穀令威歸來尸解何速

仙佛一家邈焉高躅

工部侍郎九龍公諱著宋紹興二年進士生而右手六指四歲向未能言忽遇老僧抱公曰六指禪師其生于此乎又落富貴劫矣公曰別來平善相對而泣自此能言甫耆引疾致仕詣覺林寺老焉一日見老僧復來而逝從弟太學生諱時泰舉博學宏詞除國子監主簿不赴嘗得王八百井中儲丹食之遍游名山號浩光道人一旦還家年已百歲顏如嬰兒子孫俱亡獨兩曾孫在侍率又二十年無疾化去五日聞棺中呼人名啓視惟一玉冠一履而已

孝哉陽秋歿身布素聞殺色變以母之故孝乎惟孝子孫孺慕雲耕養志結客景附排難殉身同穴泉路哀

哀蓼莪吳塘廬墓世德格天風雨靈護

贈少師陽秋公諱申以母死于劍戒家人不得言敎布衣食淡人稱爲淸素道人三十生子遂與鄰夫人別居鄰年百有四歲子贈少師雲耕公諱時亨有曾參之行傾財好客爲里人靄氏辨寃獄以勞瘁死歌夫人一慟而亡公與夫人生同年月死同日亦一異也子文簡公卜葬吳塘廬墓三年始塋十日月夜見萬燈滿湖吒聲震地公儼隱喬松之下聞空中語曰此地發罷三百年彼人子何德而昇之速令發去又聞空中應曰尤時亨累世積德深又純孝子也空中又曰世德純孝可當此地矣共善饒之紹興十四年秋事也

文簡挺出應召神童讀書萬卷褒首南宮讙與頡頏有二文公昌言議禮易祖爲宗過宮封事移孝作忠排秦攘韓羣蠱畢攻早賦遂初御墨如虹闡揚理學發矇鼓響龜山玉泉吾道南東儒林尸祝千載欽風

文簡公延之諱表五歲能詩十歲以神童薦十二歲禮部試第一廷擬狀元以不呈卷秦檜易之登紹興十八年進士與朱文公同榜楊文公同官館中有尤楊之目太上與公定號高宗洪邁請易世祖公執奏太上親爲徽宗子子爲祖父爲宗失昭穆之序遂論黜風光宗以疾不省壽皇公上封事千言翁卽日遞重華宮韓侂胄以廟辯超授四階公論罷之又奏汰中宮謁廟濫賞官吏百七十二人號說入西府公率三館上書作旨補外陳源姜特立召用公抗疏極言二人之惡不聽遂乞歸自號遂初居士光宗書遂初二字賜之公從喩玉泉游得楊龜山之學今東林書院七先生竝祀云仕至煥章閣待制禮部尙書少師贈太師所著有遂初稿梁溪集

五湖公子方外司馬百花滿身二泉盈野太常清齋性躭幽雅晏坐竹林綠雲瀟灑刺史五經衙官屈賈棄二千石賣文吳下迪功薄宦省親乞假白首邱園圖書陶寫處士潔癖顚迂流亞焚香騎鹿一塵不惹五老雖殊並稱達者

兵部侍郎五湖公諱棐生而全體刺百花烏雀性豪華以蔭仕二十年藝解色樂許舍山中井水鹹苦人飲澗水多患腹疾公夫人高氏夢神人與一鐵柱恍惚如金色泉水湧出桂下數尺驚覺久之歸開輿中見山間一柱如夢間女使不見也命僕以松楂識之召匠鑿不十尺面水湧出甘淡不異二泉鄉人作地溝分注數十井不竭輿丞相有二泉銘太常寺博士輿平公諱驍宋淳熙二年進士人稱爲眞書樹子以其肯文飭也少無宦情在仕籍十年半在告甫壯縣車簇室萬竹中晏坐焚香泊如也所著有綠雲寮草廣德太守率濟公諱楩十歲通五經十五已開萬卷矣登宋景定三年進士以騶書正字出守不樂吏事告歸二子照高懸能文一時江南金石文章皆其父子之筆迪功郎與茂公諱森宋慶元五年進士鑑潭州南岳廟父寶慶太守諱袞致仕公遂乞歸養親意仕進家貧以圖書古玩娛老焉處士正平公諱梁性好潔雖畜妻妾而不喜近一日數盥洗不飲酒茹葷好薰與香狎一馴鹿所至隨之人謂公從仙位中來云

莊定翩翩少飮香名繩其祖武小同康成繼典秩宗進參宰衡弼予俾侯

尤氏宗譜　卷七　述祖詩　十三　遂初堂

爲國梁楹五世三公一人所榮優游綠野洛社耆英散金贍族重繭歸誠室有孝婦姑目再明天壽不格接踵簪纓

莊定公木石諱焴年十九登宋嘉定元年進士與文簡公同戊辰科仕至禮部尙書端明殿大學士封毗陵郡侯告老林下者二十四年築園西湖花木秀野度宗嘗幸其第題柱間曰五世三登宰輔奕朝累掌絲綸縉紳榮之晉江宗人每歲來覲贈遺甚厚置田十二頃以贍貧者事詳門人趙探花端明日曆夫人吳氏姑孝姑兵侍夫人患目疾每發劇幾欲投水吳夫人慟哭籲天刺臂血調藥以進姑目遂愈

衛尉文人匪重世胄薄榮慕古河汾教授將作嗣美吟詩解綬三世莫京司徒特秀髯之超羣革言三就貂蟬上公勳名輻輳晚號知非豈其思舊萬柳谿邊話深堂構嘆絕哲弟高蹈巖岫陳東謝翔風節先後君子表微宜志史右

衛尉寺丞宗英公諱壢世家好文諸生受經歲以百數公擇其貧者給食次者給薨楮門人登親市仕卽拂衣歸教授如故子將作監主簿公垂公諱帶博極羣書以詩悟達者去官所著有復初齋稿三傳至司徒守元公諱圮長身美髯才略過人元初辟爲中書掾仕至戶部尙書封魏郡公非其志也晚年更號知非子從弟太學生終嘉公諱山守節高尙有勸之仕者慨以醇酒酔之私謂家人曰吾家三百年科第十世冠裳宋恩渥矣吾何忍失身二姓乎司徒退居萬柳谿上日聚親族談先世事著舊話三卷以太學終焉卽公猶心愧之矣

少卿篤行爲母忘身楚材晉用遭際眞人達視所舉薦由文成履虎不咥存歿交旌

太常寺少卿休齋公諱良失愛嫡母事之甚謹刲股愈疾省試第一舉元致和元年進士不仕明洪武初以劉基薦召封稱旨除閤門使數賜飲膳履有建白上嘉納之賜伻一人進少卿卒御撰文祭之給舟賻鈔特恩也

萬戶談兵羈縻僞國總管賈勇裹尸馬革出也非時風雲失色味菜甕齏耕田自力惠及饑人式飮式食尤圖尤渡徧爲爾德蠡濱梁溪古今同則

萬戶和齋公諱義沉鷙多謀通六韜三略擒湖盜王年六憲使悉監不花敍爲老民巡檢又承制授義兵千戶皆不拜張士誠據吳與公結納薦于朝授浙江宣慰管平江萬戶府事公懼不敢辭豈以愛卒子草亭公諱國群博學舉通經不就補處州路總管府判官紹權父誡張氏強驅用之竭力善騎射平營之戰死焉公嘗游中原訪豪傑交中山王而不識眞主命也夫子味菜公諱居敬避張氏黨禍棄西禧鉅萬資潛跡遁溪事沼闢田廿頃開池甕金捐賑饑民民德之稱其地曰尤圖溪名渡曰尤郎渡

少參端愨克孝則友不邇狎邪彼婦出走患難相扶緩急時有嫁卿阿鶩不愧死友辭尊居卑掛冠聾聵東里當國呑嗟良守五馬造門篲擁老叟甯安湫隘邉恤衿肘學爲人師俎豆不朽

參議退菴公諱安禮性篤孝與弟文節友愛生平講學辨認理欲甚眞書行爲卷遊退一妹獻笑公面避去同舍生試之引至妓家公望見卽走有友陳文學當戍泣贈公吾必不生還妻少且更嫁矣如弱息何公曰子第往我在無慮也未幾友死公贍其妻得守節娶其女爲子婦女有疾或難之公曰吾豈食言于亡友耶卒娶之公中建文己卯榜數諭崇安滿考諸生詣闕請留命增秩遷任湖廣兵部郎中飭陝右驛傳用尙書楊嘉薦召拜僕酒辭改授中丞又辭乃除貴州參論條上利弊二十事上嘉納行之旣而謝病歸貴甚絕不詣人人亦罕見其面太守兄鏸八親楊文貞士奇間公起居況無以應楊曰公爲廉吏不識尤文度耶及歸坊之得一老絡絲卷中布衣芒屩猥塘蕭然況見所居陰隔欲割官地益之不可遺以金亦不受今尊祠有司祭春秋

恭靖明道醇乎醕儒辭祿將母垂釣溪魚彼何人斯捧檄絕裾齋莊中正禮樂詩書復性至命濂洛玄珠文淸剩夫服膺非誣中憲優學報政洪都以死勤事賢哉大夫

尤氏宗譜　卷七　述祖詩　十四　遂初堂

恭靖先生十初公諱文究心理學以復性至命爲究竟持敬凝靜爲工夫讀端莊言笑不荷徽孝廉以養親因辭毋嗜魚日釣溪鮮以進膳凡六年不御酒肉年踰八十講學不倦詔
授七品服徽聲有志懷堯舜行合閔曾之語薛文清讚像陳剩夫序其語錄門人私謚文靖同知妻苞公諱實沙武內子魁春秋永樂丙戌擬會元主考王侍講迍公內成也避嫌去之
乃特疏薦公授南昌府同知時攝府事多善政會征銅羅障寇轉餉染瘧卒贈中憲大夫 菊軒述作是父是一絳帳傳經聞者興起水
昌治行龔黃媲美矯節開倉更追汲史 訓導菊軒公諱讓居家孝友嗣恭靖講學門下弟子數百人周文襄舉任武進訓導不就同知靜菴
公諱爵景泰庚午舉人薦爲國子助教以父老辭歸除遂安令潔己愛民毀尼寺材修學宮尼配祭卒升永昌府同知以擅發粟賑飢而罷 永年善政發奸摘
伏救死積薪殲厥羣禿選部通才揚清激濁代吏受過長者論篤介特自守圓融混俗精
悍有爲蘊藉悃愊博文多識不事表暴待詔數言知我太僕 知縣公厚公諱淳景泰癸酉舉人令永年淨慧院鐵一僧
焚身公疑俾兵往視有僧縛僞積薪命解縛之僧泣曰乞食濟上道人挾我來辭以醇醪醒而身在薪上口寒不能叫呼公鞫得其奸伏法焚寺子少卿猛菴公諱樾正德戊辰進士
任文選司郎中考功咎焚巡風雅當戌公言于冢宰曰今甲任滿當改官者公罪例得免某請獨當之遂上疏引過詔勿罪擢太僕寺少卿而公歸矣文待詔徵明狀云公介特自守而
圓融渾物人不知其操精悍有爲而悃愊蘊藉人不知才博文多識而不事表暴人不知其學數言殆知公者其 廣文吉夢龍哀親裁伯姬殉節
止水堪哀健令強項抗服干崖氣凌貂珥義感覺槐納館棘寺投劾烏臺故人麥飯不敢
言財名同筆公古之直哉 教諭友梧公諱輔初冠處食夢王府邀贈詩有雁旋親裁第一人之句及廷試上躬御文華殿校第批公卷第一分數登封璽

尤氏宗譜 卷七 述祖詩 廿五 逢初堂

人成民從公游學靖江江水夜溢家人倉皇升屋瑤人鑿衣欲上問爾等衣耶衆謝不暇瑤人曰安有男女裸而可苟活耶我獨留死耳衆哭請不應明晨水退坐死楊上知縣十峯公
諱弼成化癸卯舉人令楚雄迕府調江川勘諭干崖官撫使刁怕洛絕公飲食者三日斃色不撓乃聽撫補崇陽疏陳時務軍沙劉瑞珊令客刺之洛隱梁間公食桒伴當赤脚賤發
雖去瑞鮮補若梧公售交吳廷舉于鑿首吏部時躬進飲食譏住雁門吳起鋤使公令其邑爲言兵使朱志桀太守曹郡和倘爲盜公揭之直指情其亢上排之幾死賴吳力救免歸奕
居草食三十年無怨言與公巡撫江南精豪強產千命偵公遣審誰之與式廬引過執手勞苦滌涙俱下桒羹麥飯者留覓日旣登狹大聲曰愈奇愈奇難得難得 京兆
蹇諤靑蒲致諫屈從威儀至尊稱善雪罪雲中揮金不盼跡類簡傲性實剛健鶴湖山人
逋仙再見樂志園林移情藝苑第五之名驃騎不羨 順天府丞西郵公諱得嘉靖壬辰進士擢給事中諫燒丹勸力士世廟南
巡以公容貌宏麗首選屈鶻日三廳閣有邊帥失律擢憲逮至公破首明無辜獲釋帥進千金及寶綳王帑悉却之逮穿兆措升浙江巡撫旨未下聞父病遽奔歸公性剛嚴遇事奮發
不勝料害故居鄉得館傲名然實正大偉人也弟叔野公諱賓著作甚富公卿翁然稱之入太學吏部尉第一授京衛經歷佐滕縣城賜金幣遷耀州佐不樂就歸歸聚奇石栽異花竅
金石書畫結客游山賦詩飲酒家畜二鶴嘗扁舟放鶴于芙蓉湖上人稱爲鶴湖山人 卓爾參政名冠南畿建儲止醮風生小儀牢
籠宇宙鼠視分宜提兵嶺外蛾賊戈庵五十八穴我陵我池築城十七屹壯籓籬餘威赫
濯殁作靈祇雲中躍馬角奔六師邛州博雅名父佳兒雲鴻小隱紅箱出奇 參政邇溪公諱瑛生之日
適少參公遺像賞齒高岸太僕公奇之曰吾祖像至而生髯有微矣解綺金半臂爲臍中嘉靖癸卯解元甲辰進士爲禮部郎三疏諫隆兩請定儲却蜀藩饋辭騎馬贄皆千金上既

其名且不次擢忤嚴嵩補嶺東兵使公素雄武計擒僞王李廣曰平寇穴五十八築十七城進三品服俸公沒爲神民稱尤太師軍稱尤恩主凌尙書雲翼率兵攻大帽嶺入鐵嶺公忽
現雲中萬軍呼舘傳敗爲功凌爲同年觀公貌如平生爲之威泣廟祀十七城廣人祈禱如閩侯瑪所著有迺溪集子邛州判饒湖公諱鏜博學有名薦餘大典除邛州不就築雲鴻館
著有自娛有紅箱集傳約書酒志譏銷錄王緱山爲立傳 迴山碩德易名貞孝洵美英姿下筆敏妙子弟從游琴詩寄
傲擴元餘而不忘家教有才無命三君是悼 文學迴山公諱瑋宿學德行門人私謚貞孝先生子文學洵美公諱鈿才名甚盛從游者
多逸屢試不第寄興山水時酒間嘗感時事借楊椒山名作王物然變乎色文至今傳爾文學擴元公諱鑠著萬柳溪遺近話無子門人文賢刻之 小秋循吏宛平
萊陽保障弭寇賚糜救荒不拜三公白首爲郎顯允方伯仗節清剛布公鎖闥矢直封疆
上交不納下交不攘擒苗馘播武耀鬼方帝曰咨岳銘功太常投釋告歸終老桂盦 刑部主事
南峯公諱際昌隆慶庚午舉人令萊陽濟田革小丁拒礦使備海寇覺宛平歲旱奏發倉粟捐俸賚糜有循吏名雲南布政璽谷公諱錫類萬歷庚辰進士分校北湖江陵相以少宰
司空子爲託謝絕之守廣定吏進湊餘萬金却不受巡撫徽取常例持不予彼劾部叢直之調襄陽而巡撫幷罷一縣令儲大計殿餽二合于公公坐瑩臯發函得金爵貯庫參黜焉擢
貴州副使値楊應龍叛署監軍實無一兵公計借土苗勦撫互用卒平播賊晉璽南方伯鼓功推巡撫而公不能事權貴中格七十致仕居鄉有富人子以千金請托者公曰吾如節婦
垂老失守可乎其介行如此 吾祖肯堂上梁龍見榜曰逢辰七葉累驗後進冢家衰門中斷我生不辰
滋之永歎 初文獻公諱書堂下許舍山上梁口龍見故榜曰逢辰後文簡公袁莊定公靖太常公良太僕公樾相繼戊辰高第府丞公魯壬辰參政公瑛甲辰布政公錫

尤氏宗譜 卷七 述祖詩 廿六 逢初堂

類庚辰猶驗 嗟予王考至德天全賢良文學孝弟力田家傳一經日讀百篇才綜鉅細達經
權再贊荒政茂宰推賢清議格物鄉約敷宣大夫式廬饋乞賓筵車馬冠帶貴及九泉匪
爵是榮維德之傳吾聞君子善必稱先先烈備矣家乘昭然後有作者胡不式爲小子作
歌以俟如椽 文學清宇公諱挺秀性孝友母夫人臥病經年侍湯藥顧天啓代兄佻藹啟業負通公代爲價且割產讓之卜地卽以瘞焉博學尤精易以教子及孫老
不釋卷戊申吳中歲饑長令郝公承幣聘公主賑民沽實惠卒事餘百金歸縣縣以歸公公不受乃沂學田以贍貧士衆今成章雅重公公知無不言言不及私惟本區水鄉苦征輸公
請諸令得列十八水區區人賴之辛未大水公復助孫令謨上請綢十之五生平重然諾解紛排難里人多賢成焉請明鄉約舉爲鄉祭酒太守陳公洪謐舉鄉飲禮膚公爲上賓年八
十二卒詔給七品冠帶

家譜之作始于贈魏郡侯交繼修者蒼梧知縣弼順天府丞魯江西參政瑛文學瑋刑部主事際昌俱有傳今翰林院檢討裔孫侗百拜補述玉峯門人徐元文百拜塡諱

桐謹案西堂公述祖詩有前後兩刻本一爲康熙庚戌刻本一爲康熙甲子刻本家祠之本係庚戌本卽桐所據以重印者也西堂全集內之本爲甲子本以甲子本視庚戌本非但詩句頗有增改卽註中之小傳亦較加詳茲將其不同之處列後

甲子本有述祖詩世系云　一世　贈待制公　二世　贈少師有終公　貞烈夫人范氏附見　贈少保無已公　三世　贈少師陽秋公　少師文獻鵜津公　四世　贈少師雲耕公　贈夫人耿氏附見　工部侍郎九龍公　國子監主簿浩光公　五世　太師文簡遂初公　六世　兵部侍郎五湖公　太常寺博士與平公　處士正平公　廣德州守率齋公　迪功郎與茂公　七世　大學士莊定木石公　夫人吳氏附見　衛尉寺丞宗英公　八世　將作監主簿公垂公　九世　魏郡伯泊明公　十世　魏郡侯同父公　十一世　魏郡公守玄公　太學終慕公　十二世　太常寺少卿休齋公　平江萬戶和齋公　十三世　處州總管草亭公　十四世　處士味菜公　貴州參議退菴公　十五世　恭靖先生十初公　南昌同知裴菴公　十六世　武進訓導菊軒公　永昌同知靜菴公　永年知縣公厚公　山人松風公　十七世　登封教諭友梧公　孺人成氏附見　蒼梧知縣十峯公　太僕寺少卿篁菴公　徵君公泰公　承事郎聽泉公　十八世　封禮部員外郎月潭公　十九世　順天府丞西村公　耀州同知叔野公　江西參政迴溪公　貞孝先生迴山公　二十世　邛州判官鏡湖公　文學洵美公　文學擴玄公　刑部主事南華公　雲南布政雲谷公　文學冠帶淸宇公　廿一世　贈檢討遠公公

尤氏宗譜　卷七　述祖詩　十七　遂初堂

甲子本所增改者如左方

文獻公小傳 登宋紹聖元年進士之下有大觀初由翰林學士兵部尚書拜門下侍郎參知政事上心向用羣奸側目會公薦門生余深自代遂指公爲黨公力丐閑以少保觀文殿大學士致仕越六日深覺代公云公歸杜門卻軌謝門生故吏戒不得見徜徉湖上二十年一段又題曰尤圖之下有贈少師三字 文簡公小傳 書遂初二字賜之之下有家居無事日取古人書手錄家人女孫莫不識字建萬卷藏書樓工詩與楊廷秀陸務觀范致能號中興四詩將 衛尉公詩 吟詩解經 之下增 再世隱居既耕還讀沖夷在前敬獨在後爾伯爾侯誠不以富 凡六句又勳名幅嶸之下有 簿書揮翟翰壘馳騄 二句又 陳東謝翺風節先後 改爲 皐羽所南風節並茂 又著有復初齋稿之下有子魏郡伯泊明公諱志有隱操賜號沖夷處士贈同僉樞密院事子魏郡侯同父公諱交博學能文工書法學者稱敬獨先生贈僉太常禮儀院事一段又晚年更號知非子下有公致歷中外多司饋穀鈎校出納人病其繁而公雅好豪飲踰石不亂率七日宴遊三日觀事事無大小畢辦後代者賤稱石傳髮弗及也平生不屑藝文然操筆立就嘗登泰山值大雪雉初鳴觀日出澹狂嘗不自禁飲酒無算題長歌五百語元明善諸公亟稱之所箸有歸閒堂稿一段衛尉公詩之後有 休齋公詩云少卿純孝加以忠貞不

汚僞命受福王明達覼所舉薦由文成恭謹忠直天子所評生也寵錫歿而猶旌天風御燭大江揚靈 有小傳云太常休齋公諱良失愛嫡母事之甚謹刲股愈疾年二十舉元泰定戊辰省試第一卽署不仕文督墓成問之曰臚舉以免役耳吾世宋臣豈可失節乎至正初徵修遼金二史以佯狂免入山力學著周易徵旨洙泗鈎玄等書又作塞盧藏天賦日亡歌從父司徒見之曰才子也時方上家公製宋冠裳以獻司徒笑而受之明洪武初以劉基薦召對稱旨授閣門使直起居注屢有建白上嘉納之語宋濂曰尤良忠直臣也數賜飲膳給俘二人服役進太常寺少卿遣祀北嶽賜紅紗燈二提[illegible]見神像舉手夜夢召之還京卒上嘆悼賜殮銀五十兩親製文擬御前燭祭之江上焚賚有天風颶入雲際上喜謂其子曰此爾父之靈也祭文末云更覼江神徵風平波蓬枕無恙還歸山阿子中書邦禎立石記焉 萬戶公小傳 注六韜三略之下有江淮兵起保障鄉里有功十字又闕池獲金之下有三十勞函掩之後遺藏旱乃出以賑飢民十六字

少參公詩之克孝則友 句改爲 天倫敦厚 四字 恭靖公小傳 言笑不苟下作永樂中詔遣行人徵孝廉以養親固辭遂義胡潑周忱等凡八薦終不出同時應徵者十三人文節擢方岳服金紫過謁公公角巾布袍晏如也母嗜魚日釣鑑鮮歸以進徐有貞題其居曰還魚室廬墓六年不御酒肉年踰八十講學不倦長秦中韶授七品服所著錄自考錄一梅軒日記薛文清陳騰夫皆稱述焉又榮祿卒之下有慕府上其功五字 菊軒公詩 改爲 菊軒

述作詩書執禮絳帳傳經聞者興起遂安治行質父媲美矯節開倉更追汲史牧雲淸狂頹放山水至性過人步兵之比奇哉阿咸稱小孝子伏闕鳴寃名動帝里 小傳任武進訓導之下有不就 所著有枕肱吟傍觀漫稿十二字又尼配縣卒之下作俗溺女公令畜之所生女皆曰吾尤公生也升永昌府同知公先在遂安巡道李金部卒驟檣擒盜諾法金衛之乘其去任指

尤氏宗譜　卷七　述祖詩　十八　遂初堂

擅發粟賑飢陷之獄從子泰上書得白又山人松風公諱殿以奇童薦誤書親則字開周十八爽父哀毀嘔血姿婦甫爾月三年不入內寢亦不御酒肉爨制舉自號牧雲子結茅竹林榜曰淸風每蓬首帶大竹笠多披裘夏被簑曳杖行吟又登籙舫置書賚器玩號米船漁父日釣一鮮食儗則鳴琴賦詩或寫山水花鳥書法在山谷南宮閒狂草尤勝郡守王某饋上餘東帛求書畫公揮之水守大怒命猛隸呼之乃遁洞庭黃門李嶽屏騎從訪之三宿而去爲作傳徵君公泰公諱泰年十九父賊醉墮江中病劇公封股以進遂愈吳下稱小孝子季父諤被誣下獄公詣身入都歷其寃親友皆白衣冠送之李金遣還者追捕走間道得免事既白不敢歸以詞翰爲諸公卿上客公府嘗延聘致冠帶東帛不受號樂隱以見志焉

廣文公小傳 令楚雄之下有撫會長孟聯獻象物八字廣文公詩之後有 承事公詩云承事本富自同卜式舫齋嘯咏鹿幾六一儀部長者好行其德讓產還金終無德色冥冥惜惜順天之則 有小傳云承事郎聽泉公諱悅家富好義正德中三捐千石助軍與詔拜七品散官以運糧船造舫齋集古書名畫彝器其中日與文人唱和有泉上集子封禮部員外郎月潭公諱晉性孝友析產得新居推與伯兄養寡妹撫孤甥少師過憤齋師沒三哭之喪葬盡禮師母沒亦如之嘗游金陵舟子誤持他客贏頤命返棹悉歸所遺監發屋取賚遄者補葺之公謝曰此人困飢寒假以貸米非盜也里人過澀高大其門方伯入人言將歸以築城防子公公曲解得釋澀閒往謝公佯驚曰吾不知也其陰行善多此類年八十五臨沒囑曰天冥冥乎神懵懵乎離其所之離其所之著句吳閒見錄母弟顯泉公節醉竹翁澤亦以德藝稱于時 迴山公小傳 迴山公諱璿之下有桑邁不羈晚更精于理學著經史子纂天文輿地歷年圖若干卷門人沈自部等議曰先生于觀篇于族睦孝也外祖經內親重貞也一段 小秋公詩之不拜三公 句改爲 平亭法律 又 擒苗 改 驅苗 小傳內播賊改播難 王考詩 之維德傳下增之 顯考是述文采高騫成均都講卒老韋編急病讓

夷道達經權澤及枯骨施徧飛鮮小圓寄興杖履雲烟閒方學圃醉或逃禪酺爵弗御章

服常懸山林經濟烟火神仙小傳云贈翰林院檢討遠公公諱瀹篇行高材七試不遇著述自娛鄉邑利病必以告當事多採行之賦役田立義塚掘貲貧者輒徙券尤好二氏結放生社家有赤園種魚蓄竹篺吟其下嘗扁舟往來西山虎丘中著竹枝詞鄉飲兩舉大賓不赴以例永平府推官貤封終不冠蓋角巾布袍望之如神仙人年八十一無疾而逝康熙二十二年又以例翰林院檢討贈如其官崇祀鄉賢

後有西堂公跋云右述祖詩作于庚戌越三載吾父棄世又十年贈官檢討侗請假南歸纂纘行述以殿其後復搜譜中遺佚共得四十九人通爲一卷云甲子孟冬侗又識

跋

述祖詩以庚戌本爲初稿甲子本爲定本後世家紘戶誦之西堂全集其中之述祖詩皆甲子本也庚戌本則因其爲未定草也知者蓋寡今重印庚戌本以存舊仍別錄甲子本所增補者於右以成完璧公曆一千九百三十五年秋族裔桐感誠識

續萬柳溪邊近話

（清）尤龍起 撰

《續萬柳溪邊近話》一卷，（清）尤龍起撰。一九三六年遂初堂《尤氏宗譜》鉛印本。

尤玘，字君玉，晚號知非子。早年隱居，元末朝廷徵而爲官，官至户部尚書兩浙都轉鹽運使。致仕後居長洲西禧。西禧有覺林寺，乃尤氏家廟。尤玘於西禧萬柳溪上建屋數十間，聚族而居。每天與族人講述尤氏家族史，成《萬柳溪邊舊話》三卷，稿本藏於覺林寺。長洲爲蘇州地界，尤玘後人尤居敬遷居無錫東門外，洪武二十九年（一三九六）尤居敬到覺林寺祭祖，於寺中得此稿，然已蟲蛀鼠嚙，僅存一卷，即今天所能見者，遂於明代初年刊刻成書。是書所記從尤叔保遷錫始，爲一部家族人物傳記，也記有先祖一些事迹。尤氏後人在此書啟發下，明中期又有《萬柳溪邊近話》之作，記述了元末至明中期尤氏族中之名人。至清順治十八年（一六六一），尤氏族人第三次編家傳，是爲《續萬柳溪邊近話》。是書所記尤氏族人已明顯不如前二話之著名及有成就，《續話》作後再未有續。是書間或亦有記載錯誤，可與譜牒對看。

本書據一九三六年《尤氏宗譜》本影印。

（徐志鈞）

秦序

萬柳溪邊二話者爲吾邑尤氏家乘詳其氏族源流世裔先後官爵里居及夫奇節顯名諸實事與族譜並垂傳之奕世者也尤之先迴溪先生與余曾叔祖方伯洪州公同登嘉靖癸卯賢書暨服官又同除江西藩臬時稱爲兩家盛事繼江甯司李升菴公乙未又與余同捷南宮世講年誼於玆累代順治辛丑其裔孫樹莘公爾延公倡修是集涵英公捐貲鳩刻爰屬邇諸公秉筆續修凡賢才品行或爲前所闕略者補之復述後之可比美前徽者附刻成編正以繼守元公之舊話擴元公之近話也告成適余量移關中便道歸省尤子徵一言序其端余惟尤氏本周裔其宗支之分處天下者不可勝紀自宋神宗熙甯時待制公由晉江避難入吳得神夢遂卜築於吾邑之許舍其子孫之蕃衍簪纓之貴盛則有譜牒可按籍而稽其功名事業文章道德之顯懿或載於國史或詳於邑誌或散見於碑銘傳記之中余不暇述其最著者則如宋禮部尚書遂初公諱袤謚文簡承龜山遺緒日與喻玉泉諸名公講學於惠山遂初書院洪武初蒙國恩建祠於其左迄今尊賢堂

及鄉賢祠世崇俎豆焉事詳國史縣誌暨物略中昔人有云莫爲之先雖美弗彰莫爲之後雖盛弗傳余既慕尤氏上有開創之祖啓其先更幸下有神明之裔嗣厥後其修是編而壽之梓也令後之人一展卷時思若者爲孝若者爲忠若者顯而爲功施竹帛若者隱而爲坊表一方其賢者仰而跂不肖亦俯而生愧俾祖功宗德爭光日月不至滅沒於荒碑斷碣與露草同萎也何必非觀光揚烈之用心哉詩曰高山仰止景行行止夫人讀書懷古至忠臣孝子諸篇未嘗不愛慕留連激發向往於其際此自六經以下與夫諸史百家以至稗乘野史靡不皆然甚矣載籍之人能助人以激發之端而感人以忠孝之性也矧是篇誌高曾懿矱其嘉言淑行尤爲激發之深者而可無紹衣之思哉余聞待制公精於書法嗣是而工書者累見今邇諸亦善書尤工於隸篆亦後先踵美之一端乎余故於尤子之請樂爲之序以志永永賜進士及第中憲大夫奉勅整飭榆林兵備道陝西布政使司右參政前分巡杭嚴兵備道浙江按察司副使分守海北南道廣東布政使司右參議儒林郎翰林院編修國史加一級戊戌特簡會闈同考試官年通家後學秦鉽撰

不肖隱居西山自課子耕讀外不復問塵囂事適爾延姪輯譜告竣復以谿邊二話執卷相商言此書凡我氏之忠貞節孝文才品行咸備焉今版籍廢失若不繼譜授梓將高曾懿行湮沒不傳凡我有心能無恫乎況近來各房節操文行亦復彬彬不少槪見集附編末幷以垂戒後昆相傳世美誠盛典也余曰然此固賢子孫事也爰囑之樹莘弟弟曰是余之責也夫是余之責也夫奈館於鵝湖不便參訂因轉命之邇諸姪姪爲之慨然曰是刻與譜並垂一展卷間覺高曾之懿行歷歷在目前也烏可不修修之令後之子若孫見之如見高曾之懿行一如見高曾云爾寧非盛典第姪分卑才拙僭筆修續不共嗤爲妄且迂哉余曰非妄也非迂也家有記猶邑有志國有史昔守元公始撰舊話擴元公繼輯近話原欲世世子孫景行維則期後之有志者纂修不絕云今特中衰以上繼祖考下續孫傳邇諸姪復作而對曰伯與兄既樂施剞劂姪雖不才何敢多讓焉前恐嗤爲妄且迂者今將仰伯與兄觀厥成矣余曰藉有姪爲之參集庶幾先人手澤不至徒勞於前同族家珍無復罔聞於後噫今幸已刊集成編也夫而後得垂戒後昆矣得相傳世美矣更

得俾後之有志者纂續不絕矣向邇諸姪所謂令後之子若孫見之如見高曾之懿行一如見高曾云爾不信然乎余因弁一言用垂不朽時順治歲次辛丑二十一世孫愼言百拜序

族祖擴元公既踵守元公之萬柳溪邊舊話而有萬柳溪邊近話之作順治辛丑圖裒族祖邇諸公（龍起）復承城中族祖樹莘公（雲煥）邇延公（允祺）之囑而增修之方是時距近話成書甫百載弱而所成續近話居然得三十八則之多搜訪亦云勤矣惟文辭簡要往往於一人之生平僅以類乎考語之數言括之此守元擴元兩公所不經見之筆墨也蓋舊話近話所述皆古人之前言往行而邇諸公所記者則生存之人不在少數即如展成公（侗）是時亦纔四十有四耳而樹莘公（雲煥）邇延公（允祺）固皆秦序所云倡修是書者涵英公（愼言）則秦序所云捐貲鳩刻者宗一公（希曾）宗闓公（希閔）宗華公（希赤）則皆涵英公之子然書中皆有其小傳按譜除涵英公卒於康熙壬寅適在是書鐫刻期間外宗一公之卒在康熙己未宗闓公之卒在康熙乙卯宗華公之卒在康熙丁巳則當順治辛丑此書

屬草之時固皆健在也以倡修是書暨捐刻是書之人而一一爲立小傳其不能放筆爲直幹也固宜至邇諸公龍起自爲小傳依太史公自序班孟堅敘傳之例自不必與普通篇法從同矧已有門人鄒皋爲之作記乃仍自稱曰邇諸公於體裁未免不合且生稱名死稱諱一定之理也既於當時生存之人概加以諱字乃併自己亦稱諱龍起失檢甚矣原刻混合攟元邇諸兩公所作爲一編顏曰二話而於首頁署二十一世孫愼言雲煥二十二世孫允祺希曾龍起重修字樣時代起訖既不分明而於書中所謂先君浮玉公者亦令閱者猝不辨爲何人之先君今析之令各還厥本眞既獨力捐印舊話近話各千册仍於二話中劃出邇諸公所重修之一部份名之曰續近話印入家乘貽厥後人乙亥六月叔保公三十世孫桐感誠識

續萬柳溪邊近話

無錫尤龍起邇諸撰　族裔桐幹丞校刊

九磊公諱鳳文邑庠生博學宏才弱冠入泮文名盛著於世而醫卜星相諸書無不窺究但志高氣壯不避權顯而卒坐事不獲顯名當時子超宗字躍予慷慨仗義篤於倫誼子升公諱可化更名際亨號仲華幼失怙奉母李孺人盡孝賴舅氏貢元諱先春撫育教誨十五能文章善楷書赴兄南華宛平任因援例授吏部選不樂任專以耕讀訓子壽六十九子煥䨇

存素公諱仲穠字初德鶴湖公仲子也丰格超邁神情瀟灑潛心書史談文以自娛夫人俞氏大參正齋公孫女節操貞靜稟資慧悟歸尤門中饋井井存素公先謝世家四壁立夫人柏舟矢志躬操親作惟藉十指力以給女紅精絕至今堆紗刺繡者自夫人始由進貢而世人咸效之敬奉翁姑也以婦而兼子成就一孤也以母而兼父世所稱女中丈夫者古莫踰是子二士翔士翀

景溪公諱鑒德生平朴直敦厚臨財義不苟取能賑濟貧乏凡親族鄰友無不被澤別置田一頃莊屋一所於東郭外與喻玉泉子孫洽比而居世爲姻好亦以不忘文簡公與喻玉泉道學相傳之誼也年五十春忽治酌宴會親友欣然道故爲竟日歡席終將親友有所負於公者俱不計償而盡還其契或爲公所負者悉清理之以贖其券人咸異之不數日遂至東郭外莊內無疾考終焉子正儒號雪菴

武西公諱廉縱聰穎絕倫初食貧事親盡力無以爲養習雕蟲技奉甘旨由是技益精名益著爲四方所忻慕壽九十有三與邑中縉紳壽高者集蟠桃會宴樂終日會散即踴躍而歸數里如數武也子二長俠次侃胸藏韜略天巧過人成一代之名儒孫二輅泉

雲卿公諱士翔稟性沉靜博學洪通文名盛著數進院不售遂絕跡名場作世外想撫育幼姪如同己子後皈依雲棲大師參禪得悟嘗數日不飲食死葬佛塔

體仁公諱禮爲荆溪從事過荒歲施濟貧民子商隱諱皓工於山水孫存隱諱述體度謙和醫術冠邑如彥超諱拔彥越諱蕃彥起諱英是其重孫也皆彬雅聰穎亦襲醫行世

冲如公（諱循德）邑庠生鄉飲介授儒官性好恬淡有九子長允之（諱文允）季宏聲（諱文衍）皆邑庠生端方厚重動靜足式允之子倘宜（諱參）宏聲子峙寀（諱鼎）皆襲祖術名重當時

時純公（諱盛明）慷慨仗義狂放不羈有目空宇宙之概罄家貲開河捕蝗濟貧扶弱惠普錫邑爲事詳墓誌河工碑記嘗築室於章山自題其額曰莊樵死所後果無疾考終於此爲子二長震伯（諱起求）邑庠生舉武孝廉膽識過人善騎射官至遊擊次身滋（諱德潤）胸懷灑落爲文奇古長於法律海內巨卿爭禮幕下震伯子（允延）身滋子（允迪○公所開河有顧高碑在承賢橋）

全卿公（諱存周）敦厚溫和勤勞稼穡子承企（諱清之）至性抗爽不事經營子三長迪吉（諱永泰）次順吉（諱永康）咸厚重端嚴言語必謹季行吉（諱永昌）敦倫睦族惟以耕讀課子子二

鳳山公（諱正體）生二子長湛源（諱澄之）次灕源（諱潤之）咸有德望湛源公子四長百昌（諱逵吉）襟度慷慨器量恢宏交遊盡天下傑士子爾望（諱炫）溫厚醞藉情深孝友子三（士瑩 士璽 士駿）

上卿公（諱士猶）資稟聰異幼嗜讀書每試有聲譽著龍城書院府取領案以功名爲不屑就飄飄有出塵之概皈依雲棲大師日持華提神咒恍然得悟忽一日焚香沐浴瞑目端坐結準提印氣絕焉子（允鐄）字爾延

鯤溟公（諱直）資甚敏捷藉兄上卿公講學庸一部遂徹羣書好讀易精於爻自幼以必遊庠方娶室自矢果獲首名入泮治家以儉教子以義不同流俗亦不立異以鳴高惟養靜終其身焉子二（元本 元標）

時熙公（諱雲翔）敦倫重義纂輯宗譜爲文渾厚不尚浮詞以母周孺人卒欲甃祖塋因叔之限於地不得與父同穴終身抱痛其行誼略載譜中子一（簡孫）以楷書名世

復新公（諱合資）性端重寡言笑交友以禮敦倫以和洵恢恢乎樂易長者也好靜坐雖處城市若以山林自居子一（左達）孫六

子尤公（諱是拔）蘇籍庠生氣高志傲爲人耿介博讀羣書吳邑共推爲學究數上公車不售杜門設教一時之名公碩彥皆公陶鑄而成年踰稀齡功名之志不衰

繼山公（諱啓泰）狀貌魁梧存心仁厚家素饒資喜施捨奉佛遇親友以肝膽相待後爲商卽置大第寓居杭州同里失火燒延里許火勢甚烈至公屋遶簷不入見金身大佛踞坐

屋脊火竟越飛鄰右復燒百餘家獨公之簷霤棟宇兀然如故人異之以爲好施信佛報云家資盡爲濟人裝佛費盡夫婦同歸佛塔老僧見白鶴一羣從東來遶佛塔哀唳久之而去

涵英公（諱愷言）文簡公後名祿公曾孫也祖居開化名祿公徙居西高山六堡邨至東皋公（諱譽）由恩貢官至溫州經歷迨涵英公已數世矣公性仁孝母陳孺人暮年疾篤焚香祝天矢以身代遂割股以湯進孺人復享年十有二屢蒙憲獎兩舉鄉飲生平手不釋卷喜吟詠常優游西山捐資鑿泉題名降福以供山僧遊客之汲卽溪邊二話舊刻寢廢公不惜剞劂之資復鳩聚之可謂善繼述者矣壬寅新正集燕親友笑語從容較平時略不加異至晚沐浴高臥遂不復醒元配薛孺人以雞鳴相夫子閫德母儀與公之孝行並著人多以梁孟擬之孺人齒少公一歲公以六十九而終甫越歲孺人亦以六十九而終偕老齊眉聞者莫不稱異人塟於濮巷之新阡

樹莘公（諱雲煥）博齋公五世元孫一經自勵白首益堅六試文宗數奇不售退而以訓子爲事纂輯宗譜修整兩塋與二三兄弟叔姪共敦一本奉親無餘力臨事不苟館於望族彬彬多雋聖猷莫公以詩贈云（理學宗先哲文章煥六經數奇留雪案心踰繫江英留文搏鵬翮庭前起鳳翎烟沒供嘯傲何用寄簪纓）自號爲謹飭子壽終六十四歲子二（福旋 履旋）

雪菴公（諱正儒）字君掄大司徒公仲房孫也志高性直情厚心慈加人惠而不計恩受人冤而不圖報好飲酒遇客必盡醉言歡喜臨書偶閒卽縱筆游戲一時名公匾額扇聯皆求其筆嘗遨遊燕楚吳越諸地凡古跡勝境咸過而弔之爲人輕財重義狷介寡合所著有燕邸俚語一集自臨名帖數卷不輕示人終日把盞對書或問其生平則曰書酒之外無他求子（龍起）字爾諧

道南公（諱佛）磊落不羈優游名教喜詩喜酒亦狂亦釋超然塵外雖蓬樞蓽戶家無斗筲恬如也設教授徒桃李踰百性最孝見世之有以妻悍而傷父母之懷者心竊悲之終身不娶事親扇枕溫衾斑斕象舞依依膝下老彌篤也邑之人嘖嘖共稱爲孝云

伯登公（諱之瀛）別號栩菴雅好經史苦志詩書事親以敬待弟以誠教子以義方與人以侃

直營繕一切喪葬及婚嫁延師等事殫生平心力爲之不留餘憾凡遇朔望雖盛暑嚴寒必整潔衣冠躬謁祖先祠廟歲時祭獻必自爲檢點至老不輟壽逾古稀子(柱)宇石臣食廩廿年棘闈數試荷累世積德克昌厥胤焉

淳源公(諱之瀠)官授鴻臚寺序班爲人志深氣傲大有才略處世能權變喜與高人結納其處親族隣友善善惡惡不屑狥情子三(銓臣 輔臣 濟臣)皆謹飭自守

宏甫公(諱之泓)號靜怡爲人古樸端雅澹薄寡營儀楧道範師表四方身居陋巷油然自得一切世務紛華之事皆不入其意中子(植)字公培沉靜厚重志樂幽閒

循南公(諱起澄)稟性溫和治家勤儉交友必肝膽相爭能救人患難周人緩急一種春風和煦之氣攸往咸利爲嚴於訓子子二(德言 德音)俱雍容有度英敏足嘉

時佺公(諱雲翔)邑庠生體度端恭性情和藹親其眉宇如挹芝蘭爲文淳正其處世有剛柔吐茹之抄用子四(芬臣 芳臣 子聚 子式)皆彬彬秀雅諳於世務

爾延公(諱允麒)給諫西邨公弟耀州倅鶴湖公仲房孫也幼失怙恃讀伯遺書以醫道行世全活甚衆爲人疏財仗義慷慨有丈夫概遇貧思濟見富不趨閭里有不平獄獄爲之排解邑之縉紳咸尊禮之花甲咸作詩文以贈有祖墳及文簡公祿塋爲強有力者盜賣獨挺身出訟不避權豪權豪懼罪卒還尤氏倡修家乘及溪邊二話年六十餘同儒人王氏預爲棺槨刊詩於其首有司空圖賦詩飲酒優游生壙之風焉子二長(通吉)字薇逸通達多能慷慨仗義亦精醫行世次(旋吉)

務直公(諱承獻)性直氣豪言無不信行無不果初年家業衰落棄詩書而經營隆隆蔚起因耿介不諧於俗生平處貧知恥少有知足至老而思親之念不衰知非有蘧瑗之風立教有石碏之正治家以儉交友以禮有古成人之風焉子二(龍會)邑庠生彬彬雋雅次(龍見)(一作允鉉)穎秀能文

升菴公(諱師錫)大方伯雲谷公之姪孫也遷居浙江桐鄉縣登乙未榜進士工部觀政拜江寧司李方赴任丁母憂杜門習禮三年不闚戶外事其端方正直之概可知矣服滿補建甯府推官叔(是拔)嫡叔(俊郁)俱庠生弟(倜)永平推官(惲章)戊子舉人嫡弟(載錫)庠生

子四(泓 渶 滿 沆)

雪菴公有三子幼(還雲)慷直不羈臨事勇往其設心積慮有異於人者長公純(諱天錫)體度靜雅穎秀異常始就塾即喜丹青隨所見縱筆潑墨無不神肖人咸奇之摹倣名畫莫辨假眞諸畫家咸稱爲不可及少長而山水人物草蟲靡不精工年二十偶一日獨坐書樓見白鼠時現心喜之甚舉筆圖其形粘之壁以爲玩後白鼠見此圖逡巡不前繼而徘徊戲躍如是者數日忽啣圖而去不復至再欲圖之不肖遂鬱鬱成疾至臨終復一現若爲哀切之聲者久之因未娶卒故不登家譜如修溪邊二話邇諸者其次子也

石臣公(諱柱)邑庠生少年食餼稟性沉靜體度端雅淡於世事一言一動無不可師凡聲色貨利嬉遊非義之事絕不與聞爲文醇雅典秀勤於誦讀書夜靡間至如造就後學無不盡心陶鑄故及門多雋望族爭禮爲師資焉子二長(榮曾)秀穎好學幼善屬文次(耀曾)

展成公(諱倜)文才卓犖胸懷灑落舉筆千言繫馬可待大第在蘇州城內屋宇精潔書藏萬卷奇花異卉古畫名香日將名人文集選刻行世名重當時生平好義任俠放達不羈交遊盡天下名士有輕世傲物之志焉初任永平司李治民和藹而遇事激發抗直不撓興利剔弊權豪斂跡而德政盛著

邇諸公(諱龍起)幼聰穎未就塾即喜誦讀爲文奇偉試必前列詩詞騷雅咸工又精於眞草篆隸一時士君子爭搆其隻字即岐黃法律諸書無不諳習仗義樂施好交義俠奈數奇未遇杜門著述羣弟子益進爲人坦直溫雅貌端氣雄指甲長尺許有吞吐世概年二十餘猶偃蹇儒生嘗自題聯於讀書齋中曰(傲骨奚曾隨俗換 雄心豈欲鬬天儕)其志約可見矣每遊名勝必題詠言情所著有邇諸集四書備講尙書說要遂初堂雜錄更有手訂眞草篆隸諸帖云子(天拔)十四月生過期歲即能成誦次子(聖拔)

邇諸公六歲時獨遊南禪寺倚橋欄見兵船爭渡橋傾墮水若有神助從水面浮行登岸從旁觀者咸驚異焉順治間揚州許某家廳屋鬼耗請術士治之不效邇諸宦遊揚州假寓其室遂寂然主人默異之將告歸終不明言其故求詩并書布滿四壁越四年春修理牆屋詩稿遺失作耗如初特自至錫求篆書刊匾於其間得永甯無患後復有數

士渡江來執禮甚恭求書匾額備言如是由是揚之士宦爭求其書焉門人鄒皋記
宗一公諱希曾邑庠生博古好學爲文淳正每試必拔前茅秉性溫和治家勤儉處親族鄰友無不恂恂盡禮喜蓄書籍善藏圖畫子文敏
宗閶公諱希閔體度古樸語言誠實勤勞稼穡家業益隆一切非禮非義之事槪不與聞喜樸素不樂塵囂有皇古淳厚之風焉子文樸文漢文煥文覲
宗華公諱希閔涵英公第三子也性情豪暢胸懷爽直交友以義敦族以禮生平有鋤強扶弱之槪能繼父孝昔涵英公刲股療親今宗華亦割股以愈母疾孝子之子復爲孝子咸謂天之報施如是其不爽云嚴於訓子三文治自幼敏捷始就塾即能應對尊客
雲從公諱時龍稟性溫厚爲人醇雅處親友宗族無不恂恂盡禮雖居廛市超然有塵外之致焉生平喜與文人交往見貧士有困苦者必曲全周濟以成其志維持登第者累累有人矣卒不以恩自居其度量有過人者子文孫

錫山王氏宗譜

（清）王忠蔭 修
竇 鎮 纂

《錫山王氏宗譜》二卷，（清）王忠蔭修，實鎮纂，清宣統三年（一九一一）敬修堂木活字本。

王忠蔭（一八四七—？），字藎承，庠生。歷任刑部奉天司主事、直隸同知、河間府河工同知。

實鎮（一八四七—一九二八），原名維鎮，字叔英，號拙翁，别署九峰淡士，增貢生。歷署江寧江浦縣教諭、訓導。著有《小緑天庵文稿詩詞草》、《師竹廬隨筆》等。

錫山王氏起源於太原王氏系姓始祖太子晋，乃春秋晚期周靈王的長子，姓姬，名晋，字子喬，人稱太子晋。以爵爲姓，後世又稱王子晋。始祖彦融，字炎弼，號金淵，南宋初自江西德安縣遷居江蘇金壇縣西塔山。始遷祖宗社，字臣爵，號三溪，明崇禎年間自西塔山遷居無錫。此宗譜爲一支譜，記事「自遷錫始祖起至余孫及侄曾孫輩分支」（王忠蔭序），第六世開始再分泰定橋和寺後門二支脉。本譜始修於清咸豐九年（一八五九），此爲二修本，世系載至第十二世「世」字輩。首載實鎮、王忠蔭序，譜例。卷一以傳、行狀、事略、墓誌銘的形式記載了第一世至第十世的相關人物。卷二湖北省專祠圖、無錫縣專祠圖、無錫縣專祠禀、單契、世系、世表、泰定橋支世表、寺後門支世表、附表。正文後附王鏡蓉、王鏡寰跋。

王恩綬（王忠蔭父）、王昆侖（王忠蔭孫）等名人皆出此族。

本書據清宣統三年本影印卷一、卷二部分。

（錢建中）

公諱晉出封太原以爵爲姓西漢時由太原遷居瑯琊晉
時逸少公諱羲之爲會稽内史因家於會稽其後又世居
湖廣至仁夫公諱重榮始遷江西九江府德安縣及宋愼
脩公諱謂作令金壇見茅峯秀麗有卜居之志未果遺言
後昆歷八傳金淵公諱彥融扈蹕南渡遥承祖志遂偕昆
弟七人留處於金壇西塔山歷三傳而生正肅公諱遂從
祀聖廟明崇禎間三溪公諱宗祉由西塔山遷無錫縣城
中爲遷錫始祖迄今計之已二百八九十年矣嘉慶辛酉
道光庚寅金壇族人兩次脩譜均送稿脩入自時厥後不

聞賡續苟不早爲纂輯其間必有燕毛失序昭穆不明而
生卒年月墳墓地址男婚女嫁難以復考者此支譜所以
不容緩也爰爲編輯世表其遷錫以前祇載本宗不臚旁
派自遷錫後則按支詳註字號配葬子女之屬但三溪公
以季子元白公嗣與長兄後以冢孫承雲公嗣與次兄後
是皆一脉相傳之裔而元白公支世居錫邑墓俱在錫不
能復歸金壇尤不容闕佚者因另編出嗣附表以明世系
黽勉襄事未知當否謹誌數語質之先生幸裁是焉

宣統三年歲次辛亥夏六月甥寶鎮頓首拜撰

修支譜序

余家王氏宗譜失修已久咸豐八九年先胞伯紫綸公會
匯嘉慶辛酉道光庚寅舊譜逐一補誌但吾家上溯明季
遷錫始祖三溪公至今又閱二百餘年族中支派繁衍所
有長幼尊卑及子姓兄弟之昭穆墳墓地址幾無可查考
若續修宗譜必遠赴金壇大會宗族實力有未逮且余久
離鄉井宦遊幾及三十年使數典而忘其祖恥孰甚焉然
歷思戚友中深知余家三世及相傳次第者莫如外甥寶
叔英廣文叔英從事修譜閱歷多年夙稱嫻習遂寄書函

懇並請其襄辦叔英回書報可爰自遷錫始祖起至余孫
及姪曾孫輩分支別派悉爲記載非敢言家乘名曰支譜
庶因流溯源不失尊祖敬宗之意云爾時

宣統三年五月既望九世裔孫忠蔭謹敘於直隸柏鄉縣
署

譜例

一家乘書法與國史同但國史兼書善惡譜則隱惡揚善共體不同然其間所書有詳有略各爲之例覩者以例求之則法戒自見

一三溪公以上譜系從簡專載本宗不臚旁派其下則按支詳註字號生卒配葬子女之屬

一譜中世系必須從長房挨次而下如長子爲大宗其子孫雖幼於次子之子孫亦必列於次子子孫之前庶大宗小宗之分開卷瞭然也

一斯譜之作風化攸關凡譜中有齒德兼優者務尊敬之有文學著名者必向慕之有上達而能顯親揚名立朝建功盡節者則表其忠孝之丰裁有隱居而能抱道自貞安貧而能樂天自適者則尚其清高之風節修身行己有一節可取者必表之謹循婦道有一美足稱者必揚之惟身居下流爲大不肖之事玷辱吾宗者譜削其名

一恩榮必載者尊國典也仕宦政績一一備書者表先烈也文章德行人微必錄者式賢德也貞烈之女節義之婦可法可傳者必特書之表婦道以振風化也

一承祧國之大典故必於生父下註明嗣某某後承祧下註明以某某子爲嗣使不蒙混如領異姓之子冒亂宗支宗法並無此例故我族斷不收錄

一凡出繼異姓實爲忘本必於其人名下註明繼某姓其後人不登於譜若子孫有情愿歸宗者例得書

一側室無所出非年老而有功有勞者不登於譜

三溪公傳 第一世

公諱宗祉字臣爵號三溪正肅公之嫡裔也父見山公世守塔山東社生三子公行居三幼負聰慧博極羣書慷慨有大志於明末時以毘陵管少宗伯兼攝銓部特舉公爲儒士科應召中翰鼎革不起用徙居常州梁谿公之生平光明磊落俯視一切謁選之後高卧烟霞泉石間於其壯也京洛風塵與夫三山五嶺履綦無所不到俠氣聲聞冀北義膽遍及江南雖文章事業卒以不顯然亦概可想見矣公娶曹氏生三子長灝早遊庠次灝同寓居於錫城之北瀕則嗣公伯兄宗祐號華宇公歲時歸里孝思爲不泯也而公之仲兄諱宗祜光宇公則生一子灝亦長爲九龍山下人矣允持獲附宗子之列且與長君灝號噩書素締金石交稔悉公之行實公殆爲清之隱君子乎且知食報於噩書輩正未有艾也是爲傳

雲虬李光燦拜撰

曹孺人傳 第一世

乙亥夏六月過表兄王漢祥家見其曝晒家中書畫及祖先遺像表兄一一爲余指示因得瞻其遷錫祖三溪公及公配孺人曹氏者表兄並出公傳以示予曰此公之梗概也惜孺人未有傳然嘗習聞祖考稱述孺人婦道徽音懿行可師可法者不一而足悲其久而湮没子盍爲我誌之余曰燦嘗讀漢書列女傳有曹庶叔妻者才德臻至號爲大家世爲女宗孺人豈其苗裔耶何閫範之卓卓如斯也顧曹氏雖族望金沙而其世係余弗深考未識支派果是否姑以勿論置之要以三溪公之生平文行意氣如傳所云云宜其大顯於時而卒韜晦自甘遁其光而不曜論者施之理自宜别有遂其志者已蓋天之待隱君子不予以富貴功名而輒於家人婦子間償其門內之樂則孺人之能賢也不亦宜乎爰識之於像額

同邑李光燦拜書

族叔念修公傳 第三世

公諱祉德字念修吳縣邑庠生璽書公諱灝次子禮部儒士中書科中書臣爵公諱宗祉孫余之族叔也公自幼和厚多恕年十七因家道中落棄詩書習賈業雖産不及中人而常以濟人利物爲心嘗夜自外歸見偷兒入厨下勸以改行爲善再三撫慰之并與以錢一千俾作小經紀其人涕泣去公亦未嘗告人也越數年有手提筐籃盛粉糰而來拜者公已忘其人熟視之問爲誰其人曰某即某年月日在公厨下蒙公贈錢稍可度日是公實生我也敢不拜又嘗早起開窗見對河堤下蜯中有珠適有負擔過者使拾取即與以銀一塊謂見者有分奈何獨享其利晚歲戒殺放生下至螻蟻之細亦不輕踐焉嘗見田螺畜於盆將以作羹公惻然憫之曰物雖至微亦命也何可以一己之口腹傷殘數十物命乎晚歲遂長齋茹素以終公生於康熙癸丑十月十九日卒於雍正癸丑四月初三日享年六十一歲原配高孺人繼配楊孺人俱先公卒子二長慶曾次耀曾

族姪澍拜撰

印川公傳 第六世

君名濬字印川系出宋敷文閣學士金紫光祿大夫彦融後世居金壇傳十九世禮部儒士宗祉由金壇遷無錫又五傳家錦生子三君其長也性孝友敏於讀書應事慷慨有幹略以父設肆業常作賈客於外君持家務兼理賈肆暇則事吟誦矻矻內外不少休爲詩文英爽有奇氣一時文士酬唱皆誦之然志凡傲恒欲與古人抗作者雖多稱譽終不自滿以故脱稿不匝月輒棄之留者不及十之一後并燬於火遂無有存者當是時鄒宗伯小山先生主東林講席君肄業焉爲先生所稱賞指君謂弟子曰此志士也而面有戚容恐不永年不數年父貿易路遇盜刃脅之狂駭得心疾忿恚不時君多方調護委曲將順遍求療治不獲效怨慕號泣戚戚無所容而父病日甚忽不知所往君遍問里黨無與遇者或言居恒慕西湖之游得毋之浙君即昏夜啟行時值月晦燭盡迷黑大風而至顛蹶號呼隨電光行且奔且哭或日一食或竟不食凡三晝夜得抵錢唐遍求之不得父所在逾十數日有鄉人自蘇至浙言遇其父於吳門及返蘇得之抱持大慟防護俱歸趨事益

愼偶獨處必涕泣曰有子而父若是何以子爲遂鬱鬱以死其後父病漸瘥知君之苦悲痛無已鄒小山吳斧仙爲君作哀辭同時以詩哭之者不下數百人君生於乾隆七年壬戌九月初一日卒於乾隆二十九年甲申七月初七日年二十三聘虞氏聞君訃奔喪守志半年而死與君合葬於九龍山朱家隝以仲弟浩之長子鼎汾爲嗣子鼎汾旣爲嗣母請旌乞余爲君作家傳鼎汾之子應奎從余游知之詳誼不敢辭諾之者三年矣今金壇將修譜牒乃敘君之大略以垂家乘云

宗愚姪王芝林拜撰

虞太恭人傳 第六世

貞婦姓虞氏無錫人祖名景陽雍正壬子科舉人揀選知縣倡修其始遷祖薇山先生祠給胙春秋官祭父名幼泉篤學治行修其家乘有文名母錢氏貞婦性端靜幼從父學五經四子書成誦即明大義長嫺女紅中饋勤儉溫恭父母愛之篤欲得名門婿年十六許字同邑王家錦長子濬王氏遷自金壇甲族也越三年貞婦年十九嫁有期矣濬以疾死貞婦聞訃卽撤簪珥日夜泣食不下咽數日竟至絶粒父母多方勸諭貞婦私於其母以奔喪請號泣曰願娘勸從兒志否則兒必不生矣當是時氣奄奄殆將斃父母痛其危又素知其性之堅也不得已許之乃告王氏遂迎以歸貞婦成婦禮於殯所服斬衰始進食敬事舅姑如父母於舅姑之所婉婉承歡退則惟哭泣遂猝疾逾半載母病歸甯時貞婦疾已深以侍母加勞竟死於母家王氏取其柩與濬合葬焉貞婦生於乾隆十一年丙寅閏三月十七日卒於乾隆三十年乙酉五月二十五日年二十以叔浩之長子鼎汾爲嗣至嘉慶十七年鼎汾請於當路聞於朝得旌表焉題名綽楔曰儒童王濬之妻貞節虞氏

嗚呼貞婦不朽矣濬得貞婦不得志於及身乃永傳其名
矣

宗愚姪王芝林拜撰

震川公暨配李太恭人傳 第六世

公諱浩字震川父鳳章公母錢孺人公性和易與人交不欵曲凡親友被其容接者如坐春風中而至誠足以感人所謂愛人者人恒愛之也公一生心事無不可對人言者昔高孝廉尃春先生嘗言公之和氣本於天眞不假修飾而自有春日載陽氣象伯兄印川公嫂虞恭人皆早卒擇子之長而賢者俟之季弟晴川公亦無子以茂才春苑公爲之子時春苑公未弱冠文譽已隆隆起是年府試後遭嗣母病危議者欲以公次子惟梅公嗣伊季父而以春苑

公歸本房公執不可曰兄弟叔姪不可異視也吾幼子久爲吾弟撫育而忽易之將何以對吾弟公之居心如此豈近世士大夫所可與頡頏者比察院試春苑公遊於庠人無識不識咸服公之誠正不私公產不及中人而性好施與有以緩急告者無不量力與之故雖限於力而所施不廣人多感激涕零嘗有以非禮犯者公絕不與校所與肩挑貿易絕不佔絲毫便宜凡小民之作小經紀者必何公在市肆中因公聲音宏亮聞其聲而知其人可多得幾錢也公歿後親友所贈輓聯云福慧有餘留子孫永保府城

無少誽物我俱忘又云和氣總天眞白髮無慚鄉黨同稱仁厚英姿多後起青箱克振兒孫皆奮詩書又有云一生心事俱可告人皆實錄也公記誦絶人凡通鑑綱目及先儒語錄等書一見輒能背誦晚歲尤好讀書燈下常手執一編與孫輩日講指畫無倦容見者咸慕公天倫之樂嘖嘖稱羨云公生於乾隆甲子六月初六日卒於嘉慶庚午六月十六日享年六十七歲配李太恭人國學生諱承洛女例贈朝議大夫邑庠生諱樹屏胞妹恭人于歸時太姑雷太孺人猶健在翁鳳章公姑錢孺人皆孝養不怠雷太

孺人嘗謂人曰孫媳善事我非常人可比太恭人恭儉仁愛而有禮嘗見鄰人貧窘借以扁方一枚如期不歸亦不責於五穀及字紙尤珍惜異常年逾九十視聽不衰每日飯米必親自揀穀謂惟恐他人不似我盡心也年九十三精神猶健至十二月得微疾十八日晨起猶誦佛號下聲倚枕而逝及其殮也肢體甚輕有過於尋常之屍體者所謂其生也有自來其逝也有所爲歟恭人生於乾隆丁卯九月初九日卒於道光己亥十二月十八日享年九十三歲

姻再姪趙彭淵頓首拜撰

先考芝巖府君行狀 第七世

府君姓王氏諱鼎汾字芝巖號漢祥幼穎悟過人年十一四子書五經及左氏傳俱卒業十二歲作時文專心研究夏夜常篝燈讀書雖盛暑不倦因家有布舖在北城門口公嗣父印川公早卒本生父震川公獨力難支公遂棄儒習賈佐理店務暇則懸腕作書書法秀勁得歐陽率更筆意公兄弟三人次鼎臣三鼎標年二十一娶吾母趙太夫人歲壬子生應奎因己未習舉子業并不與小試也望弟及子之心甚殷季弟鼎標初應察院試公先一日至寓中

親送入場弟十九歲入泮先是予家自三溪公遷錫後以禮部儒士考取中書科中書第二世璽書公諱灝年僅十四進吳縣學以後四代習賈潛德弗耀至季父鼎標始入金匱縣學奎七八歲時公手書先正格言及朱子四時讀書樂爲日講指畫粘於壁上戊午仲弟憲昌生甲子季弟恩綬生歲辛未丁本生父震川公憂公例應降服而痛嗣父母早卒公不及見謂吾於嗣父母未服三年喪今又格於例而降服是終其身無三年之喪也將何以爲人何以爲子遂服斬衰三時是年歲案奎補博士弟子員先是虞

太夫人殁後虞氏與吾家久不通往來公常愧親族中貧乏者多無力賙濟自謂抱慚清夜後季子恩綬十二歲應縣府及築院試十八歲縣試冠其曹姑母適范殁十餘年矣櫬厝於先塋而弗克葬公竭力助之舅父翊廷公方恨未得抱孫有祖壟在錫山葬師謂其下有蟻穴須改葬公素信此葬師之言遂謀之舅氏并代爲移挪及啟其兆棺之一角已爲螻蟻蝕矣至遷葬後葬師謂二十年後必開榜不數年次孫福培生年二十即舉孝廉後作從化縣令殉難卹贈知府銜應奎兄弟相繼食餼恩綬赴紫陽書院

甄別拔取正課第二爲林文忠公所器重使至署中與諸同人會課文忠公親定甲乙以大器望之乃終吾父之世竟未邀一第至己酉始以恩貢應順天試中三十四名距吾父之卒已六年矣後以知縣揀發湖北遂率次子燮與二僕往時城門已閉乃縋城而上謁見陶撫軍恩培撫軍大加歎賞謂不意當世猶有斯人吾當另覓一差使使汝暫避寇氛而吾弟急請守城遂於二月十七日與子燮及二僕皆以身殉嗚呼吾弟之忠隱成吾父志也吾父喜讀史每見忠臣孝子傳心向往之未嘗不垂涕想見其爲人

嗣母虞太夫人守節特請於當事具題於朝入貞孝祠春秋祭祀必誠必敬公事之暇每以濟人利物爲心嘗手鈔經驗良方四册凡親友案頭所有必鈔錄之名曰壽世奇方又嘗購得醫宗金鑑四十本時時觀玩凡散等藥必購求置磁瓶內如紅靈丹犀黃散等無力多買亦必稍稍藏之有來乞者不少吝年六十八歲四月得中風之疾右手足不能動延本邑名醫黃樂亭治之閱四五月能行動是時本生母李太夫人在堂早晚必至寢室融融洩洩色養爲歡公年六十九太夫人猶健在也應奎兄弟欲爲公舉

七十觴公弗許杜少京先生作七十承歡序以贈比之老萊子斑衣戲綵而言老萊當日未必子孫眾多故自爲戲綵以娛親今先生子三人猶子三人孫十人曾孫四人或將黃蠟作鳳凰或圍十二棋子效斑衣之戲者不下十餘人先生侍太夫人之側原以博太夫人歡非先生之自爲稱慶也先生其聽予言俾伊兒弟得侑一觴亦盛世之美談天倫之樂事也是年十二月杪太夫人以微疾終年九十三矣公年屆七十猶哭泣哀號如中路嬰兒之失其母焉後逾年公以痛母之故亦卒年七十有一易簀之日遺

命以喪服殮於此見公之不愧爲孝子而能善事其親矣
配趙太夫人先公卒子三人長應奎辛亥科恩貢生就職
直隸州州判覃恩誥封奉直大夫次憲昌候選州吏目三
恩貤己酉順天舉人左翼宗學教習揀選湖北知縣殉難
後郵贈知府銜給雲騎尉世職孫十一人長育英覃恩誥
贈奉直大夫次育芬乙卯順天舉人戸部廣東司主事次
亶翔國學生候補典史入繼憲昌後次襄陛浙江候補主
簿次燮宛平縣生員國史館謄錄候補典史從父殉難湖
北卹贈主簿銜給雲騎尉世職次庭楨乙卯順天乙榜舉

人以湖北知縣用同知銜襲雲騎尉次育芳金匱邑庠生
入繼憲昌後次賡陛國學生次禮坊紀庸光洽俱幼曾孫
鏡瑩入繼育英後鏡熙鏡煜俱幼鏡熤襲雲騎尉女三人
孫女六人曾孫女七人

男應奎敬述

芝巖公傳 第七世

公姓王氏諱鼎汾字漢祥號芝巖先世自金壇遷無錫曾
祖諱慶曾祖諱家錦字鳳章鳳章公生三子長印川公早
卒無子季晴川公亦無子次震川公諱浩生子三人公其
長也奉鳳章公命以公爲印川公後以震川公次子鼎臣
爲本房後以三子鼎標爲晴川公後鼎臣亦無子以公次
子憲昌嗣焉公性孝友事本生父母能竭盡心力得其歡
心家本設肆貿易一家取給焉公以一身經理其事而以
專心讀書勉其弟後鼎標果以弱冠蜚聲黌序蓋公力也

丁震川公艱例應降服公獨與弟鼎標持三年喪有請其
說者公曰先王制禮情不足者不敢不至情有餘者不敢
不及此其所當然也然要必有其所以然焉出繼子爲本
生降服以其爲嗣父母服三年故耳余出繼時方在襁褓
而嗣父母之服已闋未嘗持三年喪今於所生而不持三
年喪是終其身未嘗有三年之喪也天下豈有爲人子而
終其身無三年之喪者乎以人情論於心既有所不安以
禮意論於意亦有所未協余惟揆之於情與理之間而求
其所安焉耳聞者韙之後本生母李太孺人年登大耋五

代一堂公年已七十孺慕不衰嘗率其子弟孫曾承歡一室祁嘗製七十承歡序以贈里黨莫不稱盛事焉洎丁李太孺人艱有憐公之老而勸其易服者公力持前說人不能奪比葬公以哀毀得疾艱於步履而盡哀盡禮未嘗稍衰卒以思慕纂切疾日益篤越年餘而卒卒之日遺命以喪服斂其克盡孝道如此公生於乾隆三十六年十月初一日卒於道光二十一年閏三月初七日享年七十一歲例授登仕郎候選縣佐配趙孺人贈登仕郎太初公女先公卒子三人長應奎金邑庠生妻袁氏國學生丕顯公女

次憲昌候選吏目出嗣惟梅公後妻秦氏太學生用阜公女次恩綬錫邑庠生妻楊氏國學生毅章公女女三人一適華驥超副貢生蘭皐公子一適施蘭森候選縣佐曾望公子一適臨安縣學生錢芬太學生蔭軒公子孫八人孫女六人曾孫女二人

論曰上有百行孝居其首公之於親也生盡其養死盡其哀祭盡其誠可謂孝矣若夫友愛兄弟教養子孫和睦宗族勤儉以律己謙退以持躬嘉言懿行善不勝舉自公視之要皆其餘事也夫　世愚姪杜紹祁頓首拜譔

書芝巖王公家傳後　第七世

儀禮有云爲人後者爲其父母報曰何以期也不貳斬也先王制禮於喪服尤細自三年之喪下逮期功以下莫不備志其節而明其所以然之故將以範天下而俾協於情與理之至順也獨爲人後者以不貳斬之故而微其辭焉曰報而已矣推其意或恐過傷仁人孝子之心而故略之以寬其例未可知也記曰將由夫患邪淫之人與則朝死而夕忘之其君子與雖三年如駒之過隙夫人子之於父母苟非大逆不道至頑若梟獍之人於其歿也必哀思慨

慕於無窮不幸涉倫常之變至不得持其服中人以上未有不念及焉而愀然自悲者也然則有仁人孝子處此思隨時變通之以稍變其意雖過於禮而亦先王之所不禁夫使爲人後而既爲之服則傳所謂不貳斬也使所後之父母尚存而以三年之衰絰侍其側則非特禮之所不載而亦情之所不安此固無可如何者也然則爲人後者或所後之父母歿時有故而未爲之後及既爲之後而遭父母之喪所謂變通之以稍盡其意殆在於此以此同無礙於不貳斬之說也王君紫隣出杜進士所爲其考芝巖先

生家傳示余先生出嗣後仍服本生三年喪曰吾未服嗣父母服今而不持三年服是終吾身無三年喪也此固仁人孝子之過要亦無礙於禮而可以諷夫薄俗者矣邑先輩劉言潔先生嘗著降服子論觀先生事可補言潔所未備竊以所見跋之

道光庚戌長至前三日同邑錢勖跋

先妣趙太夫人行狀 第七世

先妣趙太夫人敕封登仕郎太初公女幼有至性事父母以孝聞十餘歲時有僕婦遘重瘧不省人事惟太夫人至身匿床側而其病頓覺清爽年二十三于歸明年生應奎奎自幼多疾五歲染痺瘧症兩月始愈太夫人心力交瘁七歲延堂舅趙載之先生訓學奎與叔春苑公二人又走附三人先生自膳太夫人因素無恒産無力延師慼然不安遂稟命舅姑撤環瑱以佐供給太夫人年三十七得虛怯之症幾於不起時男女已五人惟恐不及終事舅姑以

弱息爲累也惟姑李太夫人來强爲歡笑背後常涕泣時有戚屬某姓之婦言自能視鬼據云前生有女亡爲祟須送至廟中歲時祭之尙可無恙并令寺僧爲之誦經每月送錢一千太夫人謂應奎曰使我冤而能解也何待禱禳使我冤而不解也禳之何益吾惟以理斷之聽其自然而已遂令奎携錢一千與之并焚其所設位而太夫人竟得無恙應奎十七歲時已定於洛社賈家從高舅春師學而馮林香師仍館吾家吾父恐城中多荒廢準令宿食鄉間可以歸一所謂父母愛子之心無所不至不顧力之不足

也明年仍在鄉林香師有宿食而無館太夫人願躬自執爨供給先生與宿食適持刀切肉與吾父言及束修如不足願典去手飾以補之不覺誤傷其手至老猶有疤痕半寸許常舉以示子孫使知自勉此亦待先生忠誠之明驗也堂叔定甫公諱鼎和新娶婦亦趙氏與吾母爲族姊妹行半年而寡姑先兒背舅已年老所用僕婦甚頑梗自恃在王氏十餘年欺主婦年輕言多不遜時常詬誶太夫人接叔母至吾家俾遠僕婦後十年舅年益老僕婦亦他去乃送之歸其母家鳩錢爲請旌於朝入新貞節祠春秋祭

祀奎年十九親課季弟恩綬兼以自課太夫人恐小學生分心親自績麻以防其惰是年夏先大父震川公棄養一切喪葬事宜佐理吾父不遺餘力先數月奎腹中時常作脹後痛先大父驟然中風不及有遺言漸成痺脹脹之症醫藥罔效太夫人恐厥疾弗瘳憂形於色延教師善運氣者治之氣漸平而善飯三月始痊明年春太夫人以積勞成疾舊病復發每太陽初起卽惡心煩寃以至心無着落一有響聲或偶一動念則汗出不止奎於縣試告竣後卽往毘陵府試雖招覆而未去每日黎明作文半篇或賦四

段然後出外求醫四月初往澄江考古學溟常盈枕應察院試題爲大哉達巷章次充仲子之操則蚓詩荷露烹茶得煎字明日辰刻歸太夫人漸有起色隨卽鈔兩文一紙送專春師評閱師許以不出五名及三鼓報到果第五名也入場覆試後發古學案八縣中共取十六人奎名次列金匱第一自後應江南試者五備薦兩次滿薦一次而未售太夫人强解慰之而心常不樂歲辛巳冬三弟恩綬縣試第一壬午入泮秋闈應試從三叔父春苑公同往金陵表弟李仲謙初次進場卽中式吾弟滿薦以額溢見遺自

後歷乙酉戊子吾弟亦三次鄉試奎已第八場而未邀一第猶憶甲子以前曾至雷尊殿求得吾母終身籤云鳳鸞同跨彩雲間種玉還須夙世緣更喜麟兒自天降無勞苦苦叩神前秋九月三弟恩綬生子方以籤語爲發祥之讖有厚望焉不意終吾母之世未得一時之榮顯直至己酉秋吾弟始舉順天孝廉以教習分發湖北與子燮同殉節時乙卯春二月也是歲之秋孫育芬偕楨同榜中正副二人今育芬留京候補戶部主事庭楨在湖北加同知銜以知縣用吾父吾母僅得身後之榮未享生前之福可慨也

夫道光庚寅母年六十二精力益衰夏四月得濕溫似瘧之疾延醫診視猶云六脉和平可以無事不意日漸衰憊延至六月初一日竟爾長逝歿之前一日猶諄諄以不克終事李太夫人爲憾又指子婦而言曰汝曹皆善事我吾與汝曹同處亦頗得天倫之樂今不能久延矣遂卒同邑薛叉洲太守贈輓聯云宜本宗宜外戚宜家人試聽同聲哀慼爲孝婦爲令妻爲賢母永垂没世名稱此實錄也嗚呼哀哉嗚呼痛哉奎所怦怦於心而痛母之未享遐齡者三十年於兹矣而今尚何言哉

男應奎敬述

趙太夫人傳第七世

吾母周孺人歿思述略以表之求當今作者爲之傳而蘭匡出矣逡巡未果若芝巖先生配趙孺人歿已十年吾友紫綸屢乞余爲傳未有以應也思吾母則思孺人歲暮無事讀紫綸所爲述略未終篇肅然起立致敬坐定三四覆讀作而歎曰王氏與矣賢哉母吾父竹香先生與孺人翁震川先生交好旬月必會故知孺人賢然未詳也孺人趙氏父太初翁母諸氏時王趙同居姑李太孺人習見之聘爲婦生三子長應奎次憲昌次恩綬伯季皆廩生郎紫綸

樂山兄弟有聲蘇紫陽書院者也其少也母督之嚴待先生忠且敬或無館諸子已別就師孺人商之芝巖先生必曲就之外招徒而身供爨手致劊無怨族某貧延助經紀女戚無依者欽其節接之於家共散給錢米者無算舊傭遭訟須四十千乃解如數與之性孝而習勤家無坐食者入其室雍雍和順雖稚子知禮讓嗚呼賢矣溫公云凡議昏當先察婿與婦之性行及家法若何至哉言乎若孺人可法矣詩宜其家易閑有家皆以屬之女子蓋家之齊必自閨門始夏醴如以爲如素絲然示之儉導之正厲之勤

抑之謙卑孫順是故家室和平夭折不作而後嗣長也豈不然乎吾祖母王孺人素稱吾母周孺人知書達禮而勤儉和讓以稱孺人何愧焉震川先生市廛被鄰火皆灰以逆來順受解慰而非理巫祆皆不之惑是可傳矣生乾隆三十四年己丑十月二十二日卒道光十年庚寅六月一日年六十二

世愚姪鄒導源頓首拜撰

誥封中憲大夫直隸州州判恩貢生紫綸公傳第八世

外王父諱應奎字紫綸一字紫鄰王姓系出周靈王太子子喬公後代有聞人晉右軍逸少公以書名冠古今尤卓卓七世祖三溪公由金壇徙無錫縣城中遂占籍焉曾祖鳳章公祖印川公本生祖震川公皆不仕父芝巖公候選縣佐芝巖公生三子外王父其長也幼端謹若成人自植於學十一歲時六經四子書已成誦稍長益刻苦勤劬不舍晝夜於書無所不窺默識二十四史大事能撮舉其要領而於古昔聖賢檢身制行之道尤兢兢無敢偭越於禮法一言動若有監史之者事親以孝能視聽於無形聲朓爲孺子慕遇父母有疾輒憂忘寢食進藥必先嘗調護不離寢席瘉而後有喜色待諸弟妹一以友愛與季弟武愍公誼尤篤授以讀循循然迨學成則同以道德仁義相切劘所期許而屬望之者甚大後武愍公奉命赴楚蕪形於色則又勸之曰萬一有警不可不死亦不可輕死乃未久而驚聞殉節武昌痛哭累月枕席常濕其兄弟之情摯如此年二十山左劉文恭公視學江蘇補弟子員旋食廩餼文行噪一時負笈從遊者日盛咸豐辛亥以恩貢就

職直隸州州判性本淡靜不求仕進與人樂易取友必端
即偶遇非同志者亦渾渾不露圭角故凡識與不識皆敬
而愛之曰君子君子每屆春秋丁祭執事文廟必齋戒沐
浴備致誠敬生平以教授爲事遊其門者必教以忠信篤
敬不沾沾於制舉之文即論文藝亦必貫穿經史百子培
根竢實乃爲成材如朱君厚基侯君楨泰君琪姚君熙載
輩或以科第顯或以政績傳或以詩古文著名於世誠非
無原之學也子能世其業次子景韓舅氏淹貫羣籍文譽
飈馳並工山水花鳥中式咸豐乙卯順天舉人官戶部主

事季子達三舅氏博學能文縣學生其庭訓又可見鎮彝
勺之年侯步高業師久患目疾曾及門者半識性道高深
未能有所領會嘗聞其詔弟子曰做人宜從根本上著力
又一日呼某徒進之曰士人爲學須率循程朱之道方可
言學其緒論類如此明年春粵寇南下人家紛避先妣不
忍離親挈鎮等從外王父遷寨門不數月寇又擾鄉避而
至陳墅至戴巷因復得親炙秋間隨先妣往鴻山與先叔
父同居閱時而徙江溪橋又閱時而徙老西莊偵知外王
父在曹墓塘相距七八里步往省視獲一見是役欲見不

得矣由今思之外王父內行純摯好學自修非篤實君子
而能如是歟以視世之高論炎炎舐鏁古今而言行不相
顧者其度量相越何如也生乾隆壬子九月二十四日卒
同治壬戌八月二十九日壽七十有一配外王母袁太恭
人克勤儉有決斷治家井整秩然肅然後外王父二十年
沒壽九十孫顯屏中表以今年夏選授蘇州府學訓導未
及到任卒恐此後更無人知其平生行誼爰就夙聞於諸
先輩所稱述者謹敘大略以誌景仰不忘云爾

光緒二十八年歲次壬寅秋七月外孫竇鎮敬撰

贈朝議大夫知府銜揀發知縣王公衣冠墓誌銘 第八世

有纍然服喪踵吾門者覩其謁則故人無錫王君次子庭楨也延以入手狀拜稽顙泣而言曰先大夫死難庭楨由京師匍匐三千里入楚覓遺骸不得就殉難地招魂具衣冠奉之歸將以咸豐七年冬十二月十有八日葬於九龍山馬鞍塢之原以先仲兄燮附於昭惟念知先大夫能爲文肖先大夫生平者無逾先生敢請銘且語且泣余亦泣曰余尙忍銘君哉余始識君林文忠師節署越十餘年而余奉先恭人諱南歸命燮從余游閒爲余言先人期望

綦切時乖運蹇連擯十二試年且老度無以慰先人地下輒嗚咽無何余服闋君願偕行赴北闈余方爲子擇師年時一輩經師人師莫君若欣然許諾於是與君共晨夕者兩年余尋丁外艱去君先已舉京兆教習 宗學留都又三年而君之官湖北道出吳門相見且曰余之得寸進者君力也未幾而君訃至追憶前語殆難爲懷余尙忍銘君哉雖然於義不宜辭按狀君諱恩綬字樂山號佩綸先世自金壇遷無錫給諫盧舟先生澍君族祖也曾祖家錦祖濬本生祖浩父鼎汾候選縣佐祖父皆 贈朝議大夫母

趙恭人君幼慧年十有一隸試籍道光元年韓縣令履寵拔第一游庠尋食餼肄業吾吳紫陽書院見賞於林文忠師招入署讀書師嘗謂余曰樂山古君子也二十五年充恩貢二十九年舉順天鄉試考取教習補左翼 宗學襆被學中三年訓諸生如家塾時惠邸奉 命稽查歎曰此職人皆視爲具文實做教習二字者王某一人而已咸豐四年秋奉 旨以知縣用頭之湖北請揀發時選人以被兵之省爲畏途多謁假不往吏部爲之限假不得逾再君固新至得謁假吏以爲言笑拒之竟入選至武昌方被

圍不得入益陽胡文忠公以藩司督兵城外留君營中君不可率次子燮及家人丁貴吳福壽縋城入巡撫陶文節公歎曰今世乃有此人復令君就胡公營君又不可遂與武昌守多公山等五人誓死守明日而城陷晨熹聞文節公縊於黃鶴樓君率公子燮兩家人往賊大至與巷戰殺賊數人皆死之時五年春二月十七日也君生於嘉慶九年秋九月二十六日年五十有二次年冬官軍復武昌督撫上其狀 詔與公子燮俱優郵 賜祭葬雲騎尉世職祀昭忠祠翰林院立傳 贈君知府銜燮主簿銜娶楊恭

人國學生綬章公女子七亶翔繼兄後爕原名爕和字理
齋號理堂寄籍宛平入學三應京兆試再薦一取謄錄
實錄館議敘候選從九品隨侍之楚君之縋城也誡勿從
爕涕泣不可遂及於難性孝友家事一身任之不以累㕛
兄諸弟族黨服其才而廉謹則本於家敎君名其子必以
一點一畫字蓋吳諺謂方爲一點一畫云庭楨乙卯科副
榜世襲雲騎尉賡陛紀庸立坊旌忠女一適庠生糜其相
孫鏡熙鏡煜世襲雲騎尉孫女三君喜讀宋儒書以躬行
實踐爲本一言笑不苟不取非義財性好施家中落猶節

嗇以拯人急工書畫詩文多散佚秋捷之日館余邸竟夕
泣有聲曰痛先人不及見也在　宗學拜歲時衣米之
賜輒感激涕零慚無報稱或哂之而君實出於至誠有舟
人兄弟三壯不娶君曰有三子而令絕祀大變也捐修羊
助之君之軼事多類此君之死也胡文忠聞跌足曰吾不
能留此好官吾過也與督部官公請䘏會疏有履險蹈危
毫無趨避㕛忠子孝足振頹風之語庭楨奔喪至奇賞之
曰王君有子矣　奏留楚營待之甚厚君夙以忠義自矢
賊之犯天津也　京師戒嚴君方居　宗學鄉人招移外

城不從嘗與李公福培書曰大丈夫遇此時勢與其老死
牖下不如埋骨沙場又與伯兄書曰死生有命我能往寇
亦能往聞警遷避非計也赴楚伯兄送之從容言有警勿
徒死君曰誠然必手刃數人而死人以爲讖然則君之志
在必死久矣或者謂傳曰大夫死衆又曰謀人之軍師敗
則死之又曰城存與存城亡與亡於君皆不合君之死得
無在可以死可以無死之列耶余曰不然孟子之言蓋謂
臨難時擇於二者如曾子居武城晏子入崔氏之類與君
所遇異其後城之既陷無所謂可以不死其先城之未陷

逆料其陷而不入趨避孰大於是君不爲也時當謁撫部
則謁時當入城則入城陷賊至又時當死則死曷嘗於死
不死有絲毫計較審顧之心耶軍興以來死節之臣萬數
或倉卒死或窮蹙死或輾轉遲迴死其死同即其忠同其
有當死而死不待再計決者君子尤重之而君更出乎其
上嗚呼至矣

銘曰㕛死國子死㕛人畏途君樂土此馭去餘勇賈衣冠
墓九神塢忠魂招何處所黃鶴樓屹千古

咸豐七年冬十一月吳縣馮桂芬謹譔

江蘇昭忠錄本傳 第八世

王恩綬字佩綸一字樂山無錫人由 恩貢生中式己酉順天舉人考補左翼 宗學教習期滿以知縣用五年揀發湖北二月十六日抵鄂州城方被圍門閉不得入時方伯胡文忠公治兵郭外留其隨營治事已張幕矣恩綬不可曰爲楚吏義當入楚城率子燮縋而入丁吳二僕從之謁撫軍陶文節公武昌守多恭節公皆驚歎曰旦夕死地人患不得出君獨患不得入世乃有此義烈男子旣而慰藉之曰君無守土責尙可出就胡營恩綬涕泣不從遂登陴拒守是時共事者五人相約以死守明日城破陶撫軍殉節貞鶴樓恩綬走哭之旋與多郡守揮兵格鬭死之子燮及二僕從死是月十七日也事聞 贈知府銜從祀本籍及死事地方府城昭忠祠旣又 奏請建專祠 報可以子燮及僕丁貴吳福壽皆附祀燮宛平籍生員充 實錄館謄錄議敘從九品 贈主簿銜祀昭忠祠

同治八年春二月鎮洋葉裕仁撰

贈朝議大夫知府銜揀發湖北委用知縣王君傳 第八世

王君諱恩綬字樂山號佩綸江蘇無錫人弱冠游庠序有聲嘗肄業紫陽書院爲林文忠公所賞招入院讀書久而歎爲君子道光己酉舉順天鄉試教習左翼 宗學訓諸生如家子弟咸豐甲寅以知縣揀發湖北時選人畏被兵省地多謁假不往君慨然赴選至武昌値賊圍城胡文忠公時以布政使駐軍城外固留君君不可率子燮及僕丁貴吳福壽縋城入巡撫陶文節公詫爲烈士復令出就軍卒不可與武昌知府多山等五人誓死守已而城陷巷戰皆死之乙卯春二月也明年武昌復文忠上其狀 特贈知府銜郵賞有加而歎爲眞忠臣云君子七人燮居次議敘從九品以從難 贈主簿銜又次庭楨今官湖北江夏縣兼襲雲騎尉

論曰觀庭楨所輯忠孝錄君雖死可以不朽乃生平所蓄不一施而遽死此可爲天下治道惜者然湖北士民感君甚至議特祠祀君余與巡撫郭公柏蔭旣跪於 朝得請矣三代之直不猶存乎纘先緒而副輿望抑又難焉詩曰無忝爾所生庭楨其益勉之

同治九年春二月合肥李鴻章撰

湖北江夏縣志本傳第九世

贈知府銜揀發湖北委用知縣王公恩綬字樂山江蘇無錫人咸豐五年以知縣揀發湖北二月十六日入武昌省城十七日城陷死之事聞　朝廷贈卹如例後十五年邑人復請建專祠志不忘也先是公以教習報滿名在銓部湖北請員之日兵事方亟人多規避而公獨應選而行既及楚境烽火逼近人皆勸止而公獨慷慨弗顧既達胡文忠公營文忠時以布政使駐兵金口距省城六十里公入謁即辭去文忠告以城不可保宜留營公不可曰奉　命

發往湖北是湖北官也中道而止如君命何且城中有巡撫在巡撫因不得人故請員既得請矣復無一人往何以對巡撫若謂城危在旦夕不與巡撫同患難可也而視省城如秦越可乎文忠不能答公至城下不得入乃緣城堞開懸縋以上時巡撫陶文節公與武昌府多恭節公方登陴見之詫曰城中官去且盡矣其不去者僅吾二人耳子曷爲乎來哉對曰奉　命來聽差委耳公在此某安敢不在此聲情激烈陶公爲之流涕相傳時與多公同志誓死者五人公其一也公平生以志節自勵爲文章不苟合時趨嘗受知於林文忠公務爲有用之學久困場屋晚乃入太學舉京兆試充　宗學教習日與生徒講習無一日廢官稽查王大臣歎曰能不負其職者王教習一人而已揀發湖北人以爲危公曰此人臣致身之始也致身於今日與致身於異時無二義也身且不有何問安危公之授命於鄂城實素志之不可奪久矣豈倉卒臨險犯難者比哉公次子燮亦從死公先命之歸不忍去有公之死忠宜乎有子之死孝也燮贈主簿銜二僕丁貴吳福壽從公奔走數千里至死不貳非公盛德感人能至是乎信尤足罕異也

贊曰惜乎公之官卑而來遲也使當日有尺寸柄能率一軍必不忍聽城之亡即力不足援城亦必決一戰以挽賊藉公之氣激厲人心使懦者知恥愚者不貳城何能亡乃求僅一日而正氣猶充塞於城邑之間令人感思不置公誠君子人與君子人也

同治九年春三月江夏彭崧毓謹譔

先妣楊太夫人事略 第八世

嗚呼吾母楊太夫人歿十有五年矣庭楨行能微薄風塵奔走昔人所稱顯親揚名者百無一當緊惟先武愍公大節懔然旣邀
朝廷旌卹之典復得海內達人長者紀述歌頌以垂於無窮而吾母淑德清操所以佐成先公之令名及貽教於庭楨兄弟者久就湮沒未獲表見庭楨明發感念抱疚滋深用特追維慈範粗陳大略以附先公紀載之後幷以俟當代立言之君子有所採擇而並傳於久遠焉太夫人姓楊氏考諱錫祺妣氏薛家世儒素幼失怙

恃事重慈龔孺人恪盡孝道稍長佐烹調習鍼黹婉順勤謹能得諸尊長歡年二十歸先武愍公時曾祖母李太夫人先大父芝巖公先大母趙太夫人俱在堂虔修婦職凡意承志飲饌烹飪裳服浣滌太夫人皆躬親不假人手必精必潔歷數十年如一日於姒娣姑嫂之間尤雍睦敦篤內外無間言迨曾祖母先大父母棄養哀痛泣血一秉喪禮佐先公營殯葬事誠信交至宗黨稱之先是家道粗豐至此中落先公赴試入都太夫人主持家計黽勉有無勞苦甚至於春秋時祀以及親好慶弔饋問之禮凡所以支

持門戶者未嘗稍缺而教誨庭楨兄弟尤不少姑息日間操作不輟晚則縫紝補綴兼課諸子夜讀一燈闃坐宵分方輟先公以是無內顧憂用能久留京師砥礪操行焉乙卯歲先公赴官湖北繞道湖南太夫人攜弟姪輩偕行抵長沙而鄂事方危急在湘親故皆勸先公緩行先公不可太夫人黯然於心而未嘗見於辭色蓋諗知先公之忠勇奮發旣非恆情所能挽留更不欲以家庭依戀之情增先公之返顧躊躇也及先公殉節武昌仲兄同與於難太夫人驚聞噩耗痛不欲生絕而復甦者數次轉念庭楨兄弟

尚未成立又身棲異地若竟相殉而歿更無以竟先公未酬之志乃忍痛銜悲率一家稚弱間關旋里踰越險阻備而得達而家計愈艱迫時庭楨奔喪赴鄂中丞胡文忠公憫留差委稍得薪水聊以贍家不敷甚鉅太夫人料量節縮惡食敝衣猶諄諄寄諭庭楨令勉求樹立弗以貧故墮操守事營求致辜憲意而忝乃父然數年之中太夫人支撐家事心力乃交瘁矣歲庚申粵寇陷蘇常太夫人避寓鄉間旋至江北顛沛流離悲憤鬱結遂以疾卒於泰州寓所臨危尚面訓諸弟立身行己務各向上兆貽泉下人恫

嗚呼痛哉庭 楨遠羇鄂中湯藥未親含歛未視及星奔回
籍經營喪葬而寇氛方熾不克成禮今日寸階幸進祿糈
稍豐而吾母艱苦半生竟未能盡一日之養撫今思昔尚
何言哉太夫人性柔寬和未嘗有疾言遽色舉動悉遵禮
法雖造次不違尤好施當家食稍給時親戚以緩急告無
不盡力周濟及至自顧不暇仍輾轉稱貸以拯人之急曰
吾雖貧尚有可以告貸者彼則并無可貸乃不得已而求
於我也於惜字惜穀彌盡心力見隻字雖垢汚中必取出
而善藏之盛暑時粥飯經宿變味必與子婦輩共食每日

食米恒親自揀穀謂恐他人不似我盡心也年過五旬猶
不衣裘子婦屢勸勿聽嘗舉祖宗儉樸積福事爲訓曰吾
終身不妄費一錢不妄棄一物非好爲節嗇也人貴知足
且留餘物可以恤困乏留餘福可以遺子孫敢有所暴殄
乎生庭 楨昆弟七人悉自乳哺劬勞尤甚自讀書以至
出入言動苟未當嚴爲繩斥或謂諸子尚幼稚可以姑寬
者太夫人曰人孰不知愛其所生顧愛而不教其成人者
鮮矣吾雖愛於心而不必見於面也古不云乎少成若天
性習慣成自然教子者當於幼稚時慎之若俟其長則性

定而難移矣及庭 楨兄弟各長大出外酬接又爲擇朋游
別賢否以免濫交之累教子婦極整肅而憐恤備至凡家
事常以身先之馭婢僕寬嚴交濟各盡其用是以家務雖
甚繁劇而事無弗舉焉太夫人生於嘉慶十年五月二十
七日卯時卒於咸豐十年十月十四日酉時享年五十有
六 誥封恭人 晉贈夫人子七亶翔湖北補用從九品
出爲伯父洪洲公嗣先卒燮附生辛亥科挑取謄錄議敘
從九品隨先公殉難 卹贈主簿銜雲騎尉世職庭楨乙
卯科副榜考取謄錄湖北沔陽州知州兼襲雲騎尉盡先

升用知府加三品銜花翎賡陛候選縣丞加五品銜藍翎
紀庸業儒早卒立坊候選通判加鹽提舉銜藍翎志廉附
貢生分部主事女一適翰林院孔目銜藍翎候選訓導糜
其相孫九鏡熙附貢生鏡煜附生兼襲雲騎尉鏡燾鏡蓉
鏡涵鏡寰均業儒鏡仁鏡河鏡衡均幼孫女九曾孫女一
同治十三年冬十二月男庭楨謹述

楊太夫人傳第八世

王氏有賢母曰楊太夫人　贈朝議大夫謚武愍公之配吾邑侯子泉太守之母也武愍公殉湖北省城之難　邮贈知府故姑封恭人太守以勞績晉三品銜加級請封得二品　誥命故稱太夫人太守敬述母德請爲之傳以附於家乘此孝子之心也弖不文然重違太守意弗敢辭謹按狀太夫人姓楊氏考諱錫祺妣氏薛江蘇無錫縣人與王氏同邑里年二十歸武愍公時堂上有重慈能曲體舅姑之意以事之舅姑皆稱曰孝蓋太夫人幼失怙恃事祖

母一如事父母之道其天性然也武愍公疊遭大故喪葬之禮皆太夫人盡心助之及上公車留京師無內顧憂亦惟太夫人之力公奉命之官毅然率仲子行而太夫人不似恒情效兒女態一阻壯往氣則其被刑于之化而與公同德者殆亦有素矣公既殉節於武昌太夫人教養諸孤無墮舊業逮太夫人歿而太守已蜚聲騰實矣古之賢母多言慈而太夫人教尙嚴嚴正所以成其愛也今太守撫字吾邑而政無姑息君子懷其德小人畏其威非太夫人之教不及此嗚呼賢矣生卒年月子孫某某詳家乘彭崧毓曰有武愍公之忠而後有吾邑侯之孝有太夫人之賢而後有吾邑侯之貴天之報施豈偶然哉

同治十三年冬十二月江夏彭崧毓謹譔

叔畦公傳第八世

自古忠臣孝子而外其有高節可稱述者莫如隱逸高人易稱幽人貞吉是必廉潔正直韜晦終身矜高蹈而胸懷坦然儒林文苑名宦而外其有絕技可表揚者莫如書畫名流書居六藝之一畫亦游藝之餘事怡情毫素天趣盎然出於其間吾邑倪瓚華坡輩均隱居工畫吾甚慕之代遠年湮不及見矣今就隱於畫者思其次則惟告石道人叔畦先生乎先生姓王氏諱元昭一諱召字叔畦別號告石道人余外祖紫綸公之從弟又爲余從叔祖春壽公之

錫山王氏宗譜　卷一　叔畦公傳　坒　敬修堂

壻婚媾稠疊因得知其詳父春苑公諱鼎標諸生擅長人物士女筆致古雅無甜俗氣樹石亦秀潤爲禎雲鶴先生入室弟子與余祖俊三公最友善時相過從凡所作兩頭畫幅俱俊三公代爲署欵先生承家學幼即悟寫眞訣壹意研求人物畫法筆意冷雋如其人中年後摹倣山水各家於西廬麓臺尤所服膺晚年藝益進蒼勁秀逸兼擅其勝畫室小如斗潔無纖塵家人尠至焉曩爲余繪山水册十幀并曾丐其拋棄殘墨數紙暇時展玩超然有致近聞東洋人欲以善價購其畫非有目共賞乎性靜默寡營求

有衛公叔不言不笑不取之風雖與契友至戚晤敘僅數語竟日對坐默然所謂相對忘言者非耶喜遊玩山水而不喜借朋侶常孑身尋重巖絕壑吟嘯於古樹修篁間有時饑著必擇僻靜少人處日晡時閒步出北門至興記茶室坐於一隅寂無聲人欲之領而已嘿如故北里人背稱之曰冷王先生其冷也即其僻也其僻也即其高也生道光辛巳卒光緒戊戌壽七十有八噫吁嘻畢生以畫爲樂而不營富貴不憂貧賤其無懷葛天之遺民歟其宗陽明主靜之學歟抑慕禪家清淨幽寂之風歟皆非也而先生

錫山王氏宗譜　卷一　叔畦公傳　坒　敬修堂

別有會心也自得至樂也高尚士之流亞非斯人其誰與歸

光緒三十年甲辰春三月寶鎮頓首拜撰

顯考子泉府君行述 第九世

府君姓王氏諱庭楨字子泉又字幹臣先世自金壇遷無
錫二袞公後也曾祖印川公諱濬本生曾祖震川公諱浩
均　贈朝議大夫曾祖妣氏虞　詔旌貞孝　贈太恭人
本生曾祖妣氏李　贈太恭人祖芝巖公諱鼎汾候選縣
佐　贈光祿大夫祖妣氏趙　贈一品太夫人考樂山公
諱恩綬道光己酉科舉人知府銜湖北揀發知縣咸豐五
年殉難　予謚武愍　賜祭葬入祀鄉賢祠昭忠祠奉
旨殉難地方暨本籍建立專祠　國史館立傳雲騎尉世

職　卹贈朝議大夫　晉贈光祿大夫妣氏楊奉　旨建
坊給匾　贈恭人　晉贈一品太夫人府君幼負至性志
嚮遠大年十四隨侍先大父武愍公入都境窘甚傭書
以給衣食武愍公舉京兆試教習宗學府君先意承旨織
悉必備晨拂茵席暮自外歸則市殽果以怡親蓋服勤左
右者三年有奇府君每謂生平得接先人謦欬之時甚少
唯在都數年稍伸色養念之輒悽愴流涕者即此時也府
君天資明敏學業早成咸豐四年武愍公以知縣揀發湖
北府君留京兆試是年考取謄錄旋中式副貢就職直隸

州州判受知者李子龢中丞也一見決爲遠到相契在文
字之外無何楮寇氛惡喪亂迭經府君投筆從戎宦轍幾
遍楚境子龢先生固不僅以翰林才目府君也武愍公既
殉武昌之難府君星夜奔喪痛不欲生誓必殺賊前楚撫
胡文忠公方痛惜武愍公曰王君無子何以勸善及見府
君驩甚謂英年堪勝鉅任留營辦理文案旋於克復九江
案內保升知縣留楚補用並加同知銜呈請兼襲雲騎尉
閻文介公時總辦湖北糧臺尤爲賞契招致襄辦故後文
介公輓府君有甘苦昔同嘗語謂此也府君自念上承

國恩優卹復感大吏知遇鉅細諸務實力殫心而故園南
望終以母老遠隔爲恨遂泣陳大府閒道省親先是大母
楊太夫人避難泰州未幾病篤迨府君備歷險阻幸而得
達則大母已前卒以未及含殮哀毀骨立權殯於泰之西
村復之楚迂道過豫豫撫嚴渭春中丞留辦軍務糧臺同
治元年奏帶到楚於剿山東教匪案內奏保　賞戴花翎
二年服闋先妣李夫人來歸就省請咨赴部引　見三年
署蘄州知州時年未及三十也視事數月髮逆竄入楚境
直逼黃州鄰縣紛紛失守州城岌岌府君練團堵禦晝夜

登陴數月不懈無如彼衆我寡一夕數驚時制府官文恭
公駐兵於黃求援未至府君謂寅僚曰援卽不至王某以
死守之賊果憑陵孤城由閒道闌入軍堡府君率鋭卒堵
擊挫其鋒賊少卻而大股踵至府君曰事急矣不可示以
弱募敢死士馳促援兵而自整隊出城以待賊既覰視我
軍不爲備又不虞援兵猝至兩路夾擊大破之乘勝逐北
收復旁邑捷至大營文恭公據以入奏得　旨嘉獎每與
人語輒歸功大帥未嘗自伐每念武愍公爲國捐生遺軀
未得楊太夫人又不逮祿養涕淚滂滂下唯有一心做好

官以對先人故接署三年以實心行實政設鑼置櫃以達
民情破姦燭隱以除吏蠹而培植士風激勵節孝尤爲汲
汲此先妣常語不孝等者也嗣調襄陽請假回籍葬親謚
哀盡禮是秋赴襄陽任時遣軍駐襄樊進援秦豫飛芻挽
粟士飽馬騰左文襄公入關道出襄陽資糧屝屨所需立
辦襄俗素悍好訟善鬬號稱難治辦結京控刁痞案數十
起豪猾歛迹天旱籌賑全活甚多文襄公目擊政猷深爲
嘉許並爲武愍公作傳以表忠孝之門克家之子冬捻逆
逼樊城府君謁道府同見鮑武襄公商進剿之策府君建

議寇氛已迫馬步隊徐徐過渡必爲所乘須趕搭浮橋多
座庶我軍利於前進卽於除夕親往河側察看情形僱客
船多艘連環搭結繫於木樁鋪以沙土塡以草把與木筏
相須爲用甫浹爽事竣馳謁武襄請出師我軍既過浮橋
氣勢百倍至豐樂河接仗竟得大捷綢繆未雨府君與有
勞焉調漢陽理煩治劇政擇其大者行之於隄工吏務尤
爲加意厥後兩任江夏署荆門牧沔陽保加三品銜疊蒙
前制軍[李官]前中丞儷今傳相李保舉人材臚列政績先後
疏陳於大計卓異併案引　見奉　旨以知府用今　上

初元兼署督篆翁玉甫中丞奏補施南府知府府君諗知
邊郡僻遠且多不靖溉然以綏治爲己任故役施人送別
詩中有公之來此殆前緣人皆苦之公不然句又闔文介
諫詞比於昔之寇施州者有以也故任江夏則有振救水
災叛築金口嶲麥灣李家橋張公渡筷子街等隄訪辦私
鑄積案修火政滅典息諸舉任荆門則有修復龍泉書院
創建長林白鹿内方龍蟠鳳岡漢上六書院善堂六所義
塾八所修荆襄車路築沙洋護隄減浮征與桑蠶諸舉任
沔陽則有築吳家改口深河潭楊林關紫貝淵排湖等隄

補橋梁寬徭賦諸舉而政行化洽克展設施則尤在任施
七載初境內哥弟會匪結連川湘兩省羽黨互爲聲勢俟
釁而動偵知從政者新輒私相號召各挾僞憑號布約期
欲圖不軌燄熾甚民心洶懼府君甫受事先數日密訪得
其出沒之處不動聲色會營掩捕獲巨魁置之法出示宥
其脅從匪黨即時解散燎原之勢不經旬而撲滅一郡肅
然制府入奏以弭變迅速得　旨優獎又協助黔捐加三
級以道員在任候選接辦保甲實力稽查復代制府閱操
蒐簡軍實以壯聲威邊圉孔固府君謂鉏其梗頑易培其

元氣難表率各屬勿事煩苛朝夕進其秀良勖以爲善之
道莫先學術志學之要莫先器識郡雖僻在山陬苟爭自
濯磨人才之盛何遽不逮他處見府學文廟傾圮已甚捐
廉倡修宏其規制新設學生歌生添置祭器樂器視率庠
士恭習禮儀耆民觀者咸歎前此未覩斯盛又將城鄉書
院加意整飭勤課試優獎勵留院者資以膏火遠聘名師
藉爲模楷刊文之佳者曰南郡書院課藝六邑士風丕變
復以距省遼遠籌添賓興等費俾蓬衡寒畯咸得赴試觀
光設義學建善堂查舉忠孝表雙烈墓民相勵以節行就

問月亭舊蹟築景李堂及游觀數處與郡人士流連觴詠
竹宦其勞苦湮鬱之氣此轉移風化之大要也郡境僻處
萬山不通舟楫稍遇歲歉運米艱難邊民有待斃之慮府
君憂之倡捐鉅貲勸諭紳富分往鄰境採買平糶創設永
豐倉積儲米穀用備不虞壬午大旱飢而不害東鄉崔家
壩一帶居民聚處山椒天時久晴即患缺水溝澗濁潦飲
輒生疾府君涉山逾嶺親度泉源引水成渠民皆歡抃即
以王公渠名之並勒碑以紀其事郡屬六邑例食川鹽運
道艱阻商賈居奇民間常有淡食之慮府君裁革陋規暢

開引路呈明川督丁飭商行運民食有資丁文誠公深爲
忻慰手書褒嘉有鹽務首貴引地無滯玆能不分畛域辦
理迅速不僅施人食德川省實嘉賴之等語當府君將莅
施任也謁辭制府李公公爲言施屬路險峻曩奉命入蜀
過此益歎行路之難府君謂平易道路牧民者責也道經
宜昌即約宜郡太守長楊巴東令分治之皆以工鉅費繁
有難色至郡以試辦語紳者亦莫敢先發府君謂事無大
小求其徵實功無廣狹期於有成此舉非躬自任之不可
迺首捐廉俸愷勸士民選派員紳鑿幽縋險分段培修崖

者塡之突者平之或因地勢或採羣謀時屛騶從立懸巖胥役夫輦山石具畚挶均其勞逸以爲諸官紳率更推之所屬各邑又商之鄰郡州縣遂節興工而受事者始皆畏難繼乃安之恥不人若後二年民益踴躍工益堅緻三年之間千百里崎嶇險路均化坦途府君按屬驗收務使工加實而費不濫復捐廉集款生息以備歲修手書紀文勒之石此修路一事尤府君精力所萃者也餘如廣育嬰堂設義渡二處改造大舟添置水龍路燈諸可便民者靡不盡力爲之政績去思等碑鑿鑿可據比調武昌在任不久

愛民勤政不懈益虔嚴江防整關務通查戶口以清敎匪餘孽遠運粢秧以興民間本富籌增勺廷書院經費並課生童擬立遷善局章程藉撫流惰而以勸建樊口石閘擬闢淮山磯駁岸縴路爲最鉅刱彭剛直公今江督張香帥皆有樊口閘壩議諷任事者嗣又經言官奏請施行大吏集謀議覆府君親乘小舟由龍塘溝直抵磨刀磯登磯四望察度形勢復博訪周諮深知私築土壩之害繪圖籌欵妥議詳辦淮山屬金口自巴歸三峽而下長江千里以此磯爲最險凡泝流而上者無縴路可援觸石覆溺難僂指

數府君詳詢該處紳董首爲籌畫酌提商捐三之一築駁岸開縴路俾舟可挨行縴可平拉至今履險如夷生平矜愼獄訟爲縣官時聽斷明允爲衆推服每遇疑難反覆推求時有平反自施南調補武昌無日不以此爲心十年因承審鄖西獄至部議降級調用時方膺卓異擬領咨北上寅僚士庶莫不惜之府君處之泰然語人曰彭澤委心任去留實澹而腴吾常味玆言嗣大府廉其事屬因公代人受過傾資爲捐復原官得　旨俞允因銓選需時請假修墓遂挈眷南還先是府君在楚建武愍公專祠復臨修吳

文節祠創構江蘇會館三處相爲維繫以期久遠又在本籍建專祠皆苦心經營籌置田產備官祭歲修之費俾子孫永守抵里後擴其軒宇壘石濬池並增治先塋度地儲料爲先大母樹坊建家祠時方盛夏感受暑毒右股覺有氣下墜累日不愈隨發一癰潰後猝難收功溼熱蘊結復攻竄數處蓋壯年曾患是以祛毒補托得痊玆不加劇而延染日久竟以不治則氣虛之徵也病中指北樓顧不孝曰此先人舊居址也今安在耶淚隨聲下迭更數醫百方敷治藥物無靈而猶日詢工務庀家政計慮周密昔人所

謂用心熟者一息尚在處事斷不肯麤疏類如此易簀之日忽言丁文誠公來訪索衣冠甚亟泊然而逝遺命五年一省楚祠宅內宜守祖訓毋許營齋禮懺嗚呼府君未嘗頃刻忘先人也痛哉府君家法嚴整服膺高忠憲公曾文正公家訓師其意見諸行事一門肅肅每値武愍公殉難之期及楊太夫人忌日輒慘然不樂致齋哀慕不見賓客府君誕日未嘗舉觴或勸之則曰吾親尚不及享我何樂焉往往泣下刊武愍公遺文編忠孝錄遍徵傳誌題詠闡楊先德以楊太夫人遺命捐廉助賑直北旱災得　旨建

坊給匾庚申之亂故鄉重罹兵燹一家骨肉轉徙他方食指百數一身任之弟姪族戚讀書婚嫁力爲摒擋及出仕後遠近親故赴楚求援無不設法位置里門之姻黨朋友以緩急告者無不竭力以應其求至於經紀故舊之喪賻恤孤嫠之困見義必赴未嘗稍諉而自奉至薄依然寒素家風在官事神臨民一秉眞誠修葺城隍祠宇躬親致敬蘄州遇旱朝夕步禱雲覆壇一周而雨施南祈雨龍洞洞有澄潭每日子午泛潮聲聞十里府君步禱龍神祠午潮適過方擬齋宿潮忽再至是晚大雨歲卒有秋歷任每遇

歉歲見民乏食輒爲悲涕籌所以安集之或開倉施粥或以工代賑至忘寢饋沔陽澤國歲有流民盡力撫卹駐工築隄屢蹈險阨每聞風雨交作則終夜不寐嘗述林文忠公所稱晝見陰霾之狀自省愆尤夜聞淅瀝之聲難安枕席數語至今思之宛然在耳沔人感焉爲立生祠今新之曰王公祠災患疾疫求禱者踵相接舊僚于役至此有見之者府君氣體素强然更事既多氣血暗耗冇以省思慮遠煩冗勸者曰我樂此不爲疲也故凡服官居鄉尊祖睦族承先啟後諸大端皆可世世法守嗚呼府君以一人之

身所爭者皆百年之事奚怪齒髮早墮半百而衰乎平居喜讀史及歷代政書古今名臣奏議能勘破其筋節處而於楚省利弊尤爲洞悉條教公牘多有可刊書出入顏歐秀拔之中不失之險陗擘窠大字尤見腕力行草似米寶陽求者紛至必饜其意而去畫山水獨得武愍公之傳不拘拘於一家不爲枯瘦險怪之筆工此者歎爲氣韻不可及不肯苟作晚年一縑一素人爭寶之今書畫遺蹟歷任皆有存者施南尤夥郡人追思舊德其爲手書碑碣則深簪覆蓋之其爲匾聯屏軸則護惜鉤摹之此邇年施人緬

述者也十四年施屬士子赴鄉舉者以府君遺澤在人不忍聽其湮沒公呈大府轉奏將事蹟宣付史館入祀名宦事格不行復由闔郡紳耆列狀懇請大旨謂前守下車以來無日不以振興教化培養黎元爲務百廢具興難以枚舉而平治川楚山路一事尤爲利關數省功可千秋非僅爲一郡之計郡人奉之如嚴師愛之如父母及聞病歿原籍雖在婦孺罔不賓涕伏查漢陽府知府鍾謙鈞揚州府知府阿金壽皆奏准列於循吏前守在本郡之久與善政之多較之二公尤覺彰彰耳目請將前守歷任江漢荆襄

及守施南各政績先行奏請宣付史館仍擬查照新章俟三十年後再公請入祀名宦以慰闔郡士庶之心而副川楚兩省商民之望兩院批據禀情詞懇切惟年例未符題奏均未允當俟屆時一併核辦諸紳耆又呈懇施守爲據情轉詳而兩院批司行查之文亦至由是紳耆補賫事實清册出具切實甘結由縣而府而道而司由司詳覆王前守政績昭著遺愛在民應否援照已故黄安縣知縣江世玉天門縣紳士胡岳名宦鄉賢成案先行立案俟屆合例之年再行具題督院裕撫院奎學院張批如詳立案仰布

政司轉飭府縣遵照諸紳又以古來馨香之典較竹帛尤重故垂芳史册者甚多廟食千秋者無幾邇來名宦得請綦難子孫官至京卿祖父即不得題請入祠事蹟或有未符亦必干部駁詰前守興利除弊造福一方永宜焜燿史册昭示來兹今雖政績載入府志官紳册結到省已成鐵案特恐滄桑易變後人聞見或歧不若紳等親沐仁風指證確實再懇照光緒九年禮部奏定章程將事册先行咨部送交史館備查庶日後更無絲毫歧異雍隔以報循良而彰公道續呈一禀亦奉批准在案嗚呼施人一心誠服

志在必成如此府君九京之靈其亦可稍慰爾已不孝等追憶補録鑢述梗概但期語語摭實不敢蹈虛譽其親即自謗其親之誚唯當代立言君子採覽焉府君生於道光十六年丙申七月初三日申時卒於光緒十二年丙戌八月二十七日申時享年五十有一配先妣李夫人生不孝等二人鏡蓉增貢生郎中銜分部主事兼襲雲騎尉妻楊氏鏡寰附生五品銜候選國子監典簿妻朱氏女二長適澄江陳氏次適毘陵馮氏孫汝翥汝駿

男鏡寰蓉謹述

題妣李夫人行述 第九世

先妣姓李氏外王父謚剛烈公次女恭順性成幼侍外王
母胡太淑人左右不頃刻離甫十歲佐外王母中饋事奉
重闈甘旨能得歡心長工鍼指習紡績暇乃涉覽書册至
古列女事必整襟誦之咸豐元年外王父赴粵之從化縣
任舅氏隨行家中乏人作書稟外王母命先妣爲之敘述
家務條理井井外王父愛其詳盡輒喜動顏色先妣用是
益求文義勤作楷字每至深宵不寢甲寅秋外王父在粵
殉節先妣於哀毁之中調護外王母暨姨母等動合禮法

外王父平日之訓居喪不得延浮屠至是常述於外王母
前得以屏絕僧尼勿令唪經禮懺庚申粵寇犯蘇常邑城
失守舉家避居於鄉凡所止處賊輒弗近蹈險復安者屢
村媼謂其中必有厚福者在爭依傍之年二十九來歸府
君時戎馬倥偬府君部署家務仍奉檄從征先妣灼知江
北可恃錫鄉終屬險峩力勸舅氏奉外王母徙避戚黨咸
服其先見既而府君承先大父武愍公蔭筮仕楚北始署
蘄州視事數月寇氛壓境先妣平日以兩家忠藎之後每
聞府君語及時事輒曰大義當赴幸勿爲家牽累至是府

君率團登陴竭力防堵復密約援兵出奇制勝頑賊遠遁
四境晏然繼調襄陽歷任江漢皆煩疲之地瘡痍之餘府
君殫心諸政日不暇給先妣亦家法嚴整不以瑣務紛念
素性嗜讀每謂讀一二篇書取其有益身心大是樂事故
自不孝等暨諸從兄弟皆嘗深更課讀女兄弟諸姪女姪
孫女輩亦授以閨箴女訓講其義理聽其背誦不以爲煩
深悉寒儒窘況謂士貴敦品然因境迫而改操者居多故
佐府君莅歷各任遇培植士林之舉必從容進言書院義
塾諸瓶舉多所贊助他如新學宮興禮樂設善堂以濟急

儲倉穀以備荒必手錄其規制或值府君因疾在假書札
要牘之件皆代爲之府君由杭購桑秧數萬株至楚散布
民間先妣身爲之率刊桑蠶提要照法講求民俗化之時
書院諸生爲植桑詞多頌德焉性仁慈好施與值歉歲府
君多方賑撫尤困者日發錢米先妣節縮日用以助之有
里嫗隨赴施病殁不遠數千里歸其櫬刻施藥歌訣廣育
嬰章程孤寡廢疾者時有賙恤並爲之計長久每值去任
老弱走送皆以失所依歸爲恨赴施任時所經之地鳥道
蠶叢跬步皆險因念施郡爲川楚咽喉各省商賈避三峽

之冝者多取徑於此或灌莽迷路或雨雪載塗稍一傾跌
下墜坑谷亟宜平治以利行人見府君公暇輒以爲言府
君曰工鉅費繁此大難事姑試爲之捐廉首倡紳富亦稍
稍應承修者始皆畏難久乃安之著有成效期年之後推
辦益廣講求益精紳民益用命府君心力瘁而由楚達川
諸路皆平如砥矣各省來往商民莫不稱便即輶車使節
亦皆願出其途功垂久遠實先妣一惻惻之念啟其端一
果決之志佐其成也府君喜賓客族戚僚友來鄂者酬應
供給署恒滿先妣綜理各務無懟容而體素羸弱肝疾時

作施郡在萬山中侵受瘴溼之氣積爲痰喘時發時愈醫
者謂飲證已深除根非易矣顧性素勤非甚不適未嘗燕
息所歷各任皆與世從母同母情誼篤摯世母陶歿撫諸從
兄如己出兩從姊之嫁豐其奩贈世母錢苦節四十載卒
時敬禮倍至纖屑必周歿後殯儀葬費務從其厚見者歎
之追痛先大母楊太夫人平生好善未及施行戚黨月助
歲時善舉悉如府君舊規更有除道成梁散粟給櫬諸舉
親串中婚嫁喪葬時有告貸絕無歧視一力慨助無恡容
無德色下至傭媼竈婢遍其緩急先妣恒損服膳之費以

期有益於人濟困扶危孳孳不倦而一生行誼尤以迎母
奉養爲最著初外王父殉節粵省窵遠音問隔絕舅氏千
里間關故園重返先妣之思外王母未嘗片刻忘也迨府
君任襄陽始克奉迎至署朝省暮定無一日懈旋調漢陽
外王母有疾憂形於色一夕數十起虔奉湯藥煎嘗必親
疾得瘳嗣任江夏荆門皆迎事如初季舅自粵來楚先妣
命不孝等入塾受書舅氏見外王母起居安適先妣待人
務厚而自奉儉約仍如未服官日輒歎爲暗合古禮爲白
同治丙寅訖癸酉迎養先後八年事無大小必躬親之外

王母頤悅壽康凡外王母之戚困窮當周者必時有饋遺
旣而伯舅總辦漢上釐局乃移居就養甲戌秋在楚寓病
甚先妣歸省與舅氏更迭晝夜侍疾者月餘歿後哀毀盡
禮殯葬諸費身任其半厥後視舅氏姨氏休戚與共一如
外王母存時三十年如一日光緒丙戌歸里甫半載卒遭
府君之變先妣一慟瀕絕顧憐不孝等孤露迺忍淚節哀
躬自督理家政恭儉仁愛而舉動必規於禮內外整肅米
鹽零雜必親自檢點日用出入手自簿記神明強識子婦
輩兆及初府君返里爲不孝晉娶婦至是不孝寰畢婚兩

妹遣嫁先妣心力交瘁舊病時作每歎曰兒女願了吾可息肩矣惟汝父勤政一生未有彰顯之者尙爲缺憾耳越明年施人援案公呈請祀府君名宦楚撫批司行查府縣詳覆取造事實册結先行立案政績咨送史館俟屆合例之年補題入祀事頗扞格難行施人累次呈請紆迴曲折以期必濟彙寄底稿至錫先妣覽之色喜顧不孝等曰汝父爲人得此地方公論庶乎不至湮没矣府君手置祠田先妣續捐三百畝爲家祠祭產命不孝手訂規條呈縣立案以垂永久平時矜恤農佃以貧乏告者輒貸其租借給

籽種夏施藥飲冬施棉衣壬辰大雨雪施粥以賑凍餒莊佃逋欠者悉蠲之咸感惠不置先是宛平陳太史崧佺師宰吾邑聞而起敬時述於人擬書匾額旌於堂先妣知之曰吾不欲無實而居其名也命不孝辭之嗣吳公子偕莅任故與武愍公爲年世交久聞先妣行誼語不孝曰一人有德舉室春温君家必昌大也及閱續捐祠田呈以至行出於巾幗深爲嘉許會商金邑侯王公少谷批准在案先妣又以第宅湫隘距舊居數武別營新宅挈不孝等徙居之向同炊爨者悉令隨往潔一室奉府君像家法刊列廳

壁精神陡健百廢具舉躬自操作不欲假手臧獲朔望時祭饈糈豐潔率不孝等虔拜祖先大小像兩宅分藏合祀以爲世法灑埽階除曝府君遺書手自翻檢遇事指陳往訓謂吾家兩世忠清汝輩宜及少壯習勞苦讀有用書曉當世事以期無忝祖父又侍膳之頃從容嘗言吾生平得力一忍字如某事某事他人當之必不能耐者吾皆耐之省幾許是非留多少餘地固由素性使然亦居家之道宜爾也不孝等謹誌之不敢忘中元祀先猶手滌供具分餘餕卑幼疾痛親至撫問步履安穩不須扶掖不孝等方幸

慈體健適舊疾可以漸除詎八月初旬遽患痰氣壅結壯熱不退米飲少納不孝方試省闈聞電星夜馳歸敬視湯揚沸不可仰先妣諭之曰吾夙矢善願普飢雖經助賑順直水災方殷寒節旋臨急應縮資寄賑立飭不孝寄千金至滬交善堂彙解曰吾輩幸處樂土彼災民不知何以度日也屢服攻痰猛劑卒不見應加以喘欬嘔逆元氣大損九月朔略進飲食能少睡不孝等猶竊冀病當轉豈知猝於是晚加劇顧天罔應竟以初二日巳刻棄不孝等而長逝矣嗚呼痛哉先妣平生惡衣麤食未嘗妄費一錢一帛

或饋輕煖甘脆之品則撤以賜老幼撫不孝等劬勞備至
女二長適江陰陳氏壻卒先妣傷之留侍左右次適郡城
馮氏壻官於杭亦得以時歸甯每翦燈團聚一室敏述先
世軼行或記憶兒時事以娛親慈懷頗慰季舅時來候問
必爲設醴脯歡談終日姨氏歸西漳唐早卒無子周恤靡
間撫其繼室之子如己甥焉待人寬厚無疾言遽色雖在
卑賤必命坐與欵曲婢嫗微過亦不苛求聞耗之日遠近
奔哭皆失聲省試時猶手諭數四慮事詳密字畫完整絕
無衰徵性整潔雖彌留之際不改常度問疾者輒答云無

所苦神志湛然始終不露迷惘之象遺命勿作佛事侍側
者咸歎爲生有自來歿有所歸焉先妣生於道光十五年
乙未正月二十七日巳時終於光緒十九年癸巳九月初
二日巳時享年五十有九距府君之歿八年嗚呼痛哉不
孝等追憶崖略謹就廬次濡淚和墨並府君行狀合訂以
質當代立言君子倘蒙錫之銘誄礱石深刻寵賁泉壤世
世子孫感且不朽

男鏡龢謹述

慎臣公傳 第九世

際中國貧弱之秋而能爭存於世界者其惟實業家乎實
業之義農與商相需爲用農以生之商以行之務求諸己
勿恃乎人而後固有之權利不爲他人盲也前此大實業
家吾未暇僂數若吾叔氏慎臣公其亦具農學商學之根
柢者歟公諱忠祜字慎臣幼遭喪亂在陳墅鎮設肆逐什
一之利已能操奇計贏迨先公筮仕楚省公因幼時失學
涕求讀顧以齒加長志不得遂乃襄理銀漕諸務悉心鉤
稽於酌劑盈虛量入爲出之道尤致意焉暇則購古文辭

篝燈研究有疑義必就正於人孜孜不怠旣而先公擢守
施南公願旋里務農兼理商業嘗語人曰吾年十三習賈
肆主陳雲川先生郎許以銀錢可託是一知己試差辦供
應任小園先生奬以帳目清晰居心眞實是一知己報銷
馬草銀兩魏午莊先生稱以辦事精詳操守廉潔是亦一
知己自隨吾兄歷任繁劇佐理後路糧臺得有官階宜可
一試顧棄之來歸何耶實緣吾家中落思助吾兄一臂有
以振起之況吾半生艱苦亦備嘗矣避地寨門殯母泰州
魂驚心悸由清江至汴陸行十五日自肩行李菜虀療飢

左軍駐樊城五閱月供給馬料柴草累年病濕解運建祠木植遇風舟幾覆汗透重綿刼後餘生理宜歸隱且理財之道大非易易有限者財無盡者用無術品節之其源立涸故爲吾兄留意田舍予亦薄有所營俾子孫盡力其中以供衣食於願斯足聞者韙其言始營典業繼營儲業息倍蓰置市屋數所負郭田千餘畝與佃人共坐而食促膝而談講求種植施放耕牛曰將欲取之必固與之不貪其利利來自然噫此何等學識倘使公値今日競尚實業時代必有所表見惜乎其壽之止於此也公平時持論每以

國喻家津津樂道具有至理遇鏡蓉特厚有重大事叔氏言之鏡蓉行之水乳無間嘗戲語曰吾身後爾必爲我作傳也嗚呼豈知又十三年乃克爲之耶公旣歿鏡蓉手輓長聯曰未受書而嗜書言言周孔字字唐虞回思數十年來服膺勿失故能力趨正路表率宗祊冥漠中得釋苦心垂暮終稱有子視兄事如己事處處關懷步步踏實置田一千餘畝升合不留於以風示同根永延世澤家祠內特崇配饗後之食報無窮公一生實錄盡此九十四字中虛詞溢美蓋無取焉

姪鏡蓉謹撰

幼芬三姪女家傳 第十世

伏念先兄慎臣公與余同懷長兩歲先嫂糜氏來歸後産四胎均女先兄以年逾五旬尚無嗣續遂納婢談氏爲妾未得子時長次四諸姪女均先後出閣斯時幼芬三姪女已萌有侍奉雙親終身不字之志繼幸談氏生一子名鏡氏字皞如兄及嫂氏喜甚幼芬姪女尤愛護之乃甫及三年嫂氏先病故談氏亦相繼逝世於是三姪女以侍奉嚴親撫養弱弟爲己任不字之念益堅料量家事復皆有條有理先兄實倚賴之又五年先兄老而多病自知不久於

世嘗呼幼芬姪女至病榻前諭之曰汝母故後一切家務悉賴汝支持兼之汝弟旣喪嫡母復失生母數年之間尤賴汝保護省余心力不少今汝弟年甫八歲童穉無知此後維持門戶保全遺産須汝爲阿姊者左右其間始可望其成立此余之願而未便必之於汝者乃汝早能仰體親心矢志不字我即日辭世亦瞑目矣且語且泣幼芬敬聽痛不能仰嗣先兄即於是年卒嗚呼自先兄見背之日起至今已閱十三寒暑幸幼芬姪女隨機應變終獲保守平時代母職撫弱弟在家飲食寒暖出外入校讀書事事留

心時時在念心力交瘁疾病纏身不自顧惜是則先兄生前一切田產仍能保而勿失者皆矽芬三姪女一人之力也茲當修輯支譜之時例得縷述表彰垂諸家乘庶望鏡民姪受室後親理家務勿忘乃姊之保護維持歷年一片苦心也

宣統三年五月望日胞叔忠㢘謹誌

湖北省專祠圖

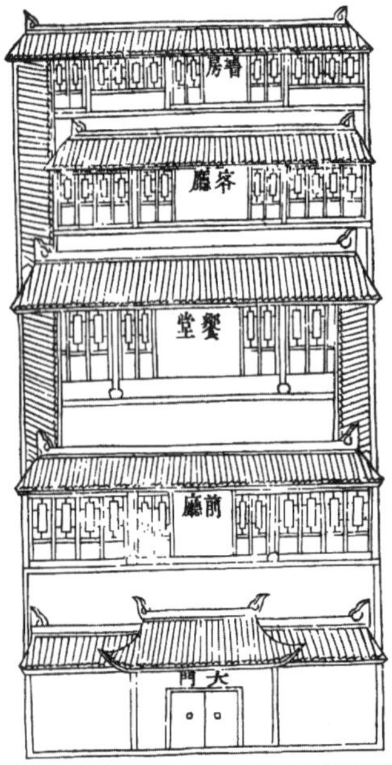

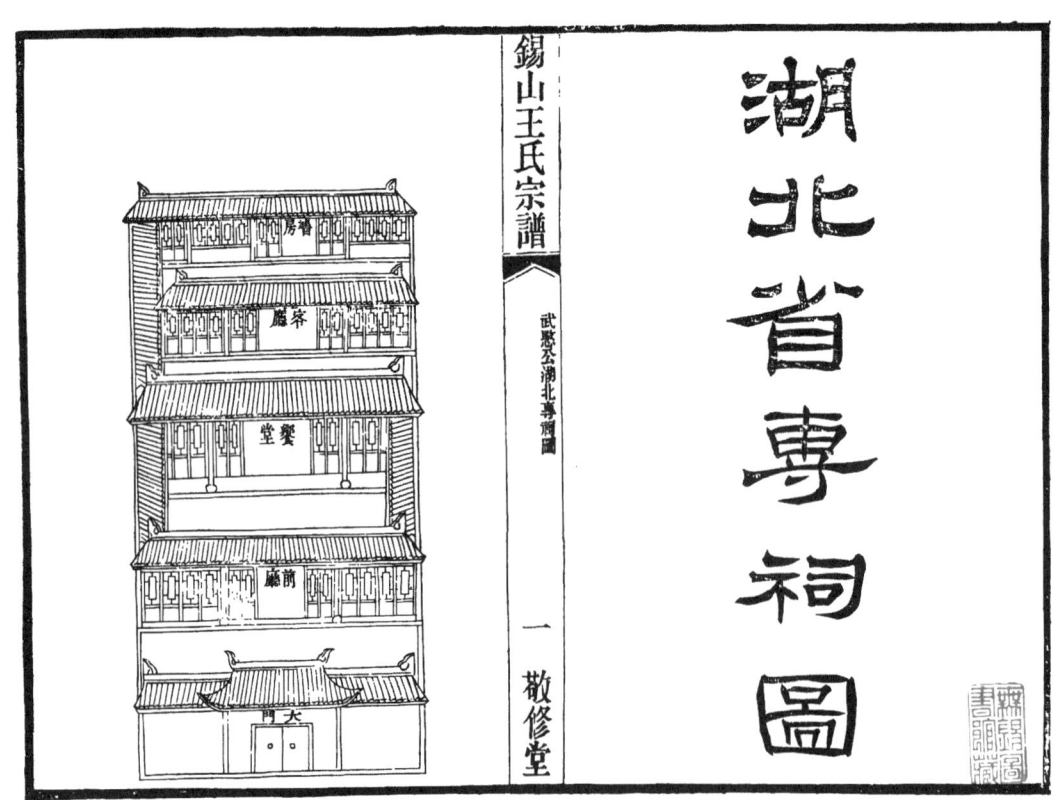

湖北江夏縣爲詳覆事同治十三年十一月二十六日奉
憲台札奉　各憲札准　工部咨查古昔陵寢先賢祠墓
有無拆毀之處並現在有無添建專祠無論官建民建一
併繪具圖說造具規模式樣尺寸清册報部以憑查辦等
因奉此遵即飭查古昔陵寢先賢祠墓有無拆毀除俟覆
到再行造報外一面帶同工匠親詣添建昭忠表忠賢良
節義官胡公曾公羅李李三公王公等祠丈量間數尺寸
繪具圖說造具規模式樣清册詳賫　憲台俯賜查核轉
詳咨送實爲公便

計開

一王公祠坐落通茂與舖計長二十一丈七尺五寸寬三丈五尺大門三間寬三丈五尺深一丈六尺前廳三間寬三丈五尺深三丈饗堂三間寬三丈五尺深三丈九尺客廳三間寬二丈九尺深三丈書房四間寬三丈五尺深一丈一尺五寸各廳均有迴廊內祀邺贈知府銜揀發湖北委用知縣謚武愍王公恩綬附祀邺贈主簿銜議敘從九品王燮義僕丁貴吳福壽

武昌府方批册圖已詳請轉詳咨送仰即知照此繳

無錫縣專祠圖

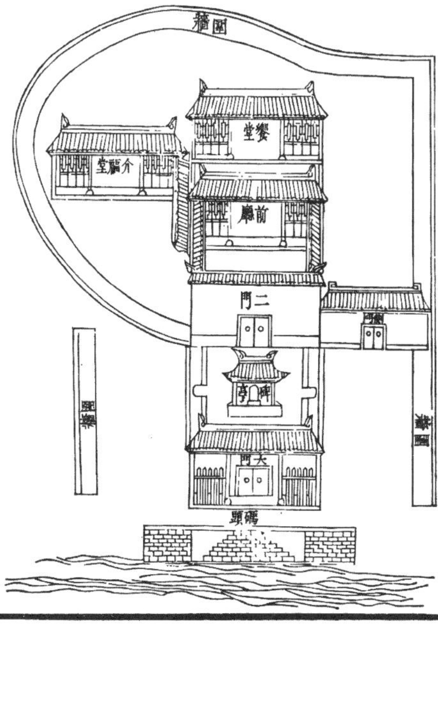

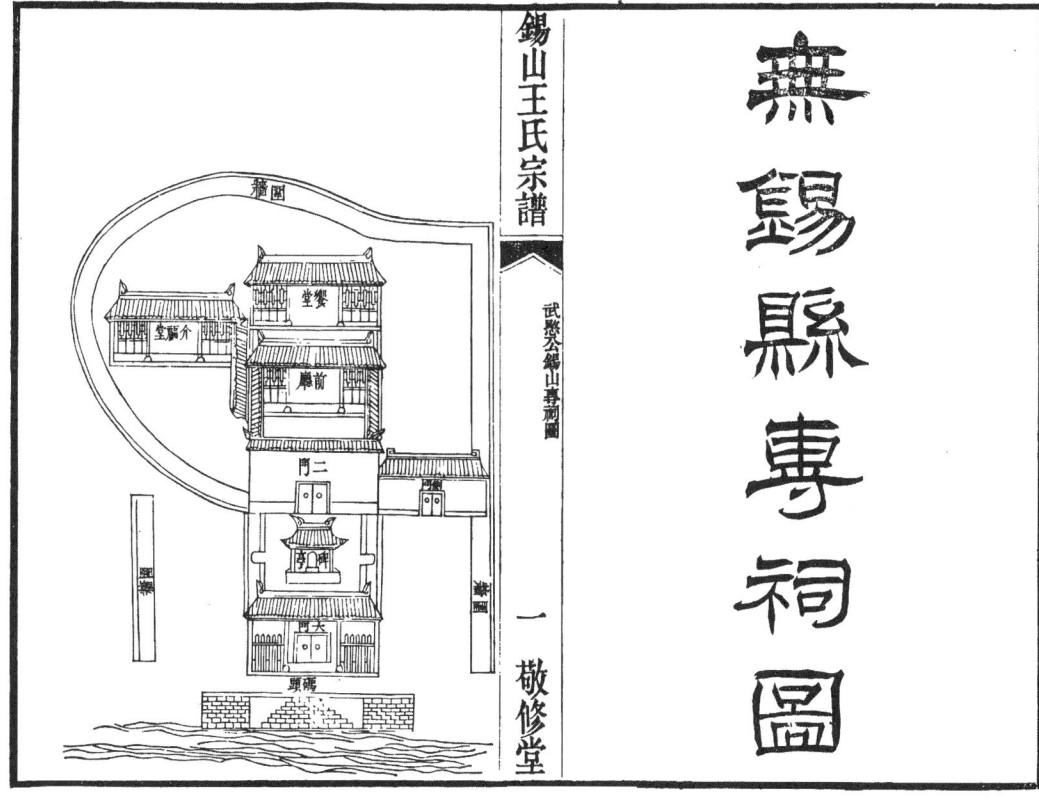

敬稟者竊庭 楨接准無錫縣照會內開案於同治六
年二月二十二日奉本府札奉江蘇忠義局札准藩
司咨奉
前護撫部院郭札開同治五年十月二十六日准
禮部咨祠祭司案呈同治五年八月十九日內閣抄
出十三日奉
上諭御史汪朝棨奏揀發湖北委用知縣王恩綬前在武
昌省城內陣亡業經奉
旨優卹惟該故員並無守土之責履險蹈危毫無趨避其
子燮及家人丁貴吳福壽同時巷戰殉難父忠子孝
足振頹風援案懇請建立專祠等語着照所請准於
江蘇無錫縣本籍自行建立王恩綬專祠伊子王燮
及家人丁貴吳福壽一併附祀以彰忠節該部知道
欽此欽遵抄出到部相應移咨江蘇巡撫遵照辦理
可也等因札司移忠義局札府轉行到縣照會遵照
辦理等因遵查 禮部定章凡建立專祠無論官建
民捐入祀之後即將姓名報部以便稽查等因故父
專祠經庭 楨於同治九年查有無錫縣西門外惠麓

念二一六圖奉 前撫部院丁封禁之上映山下映山
寶珠堂尼菴房屋基地三所堪以改建專祠當經備
價承買稟由無錫縣詳奉批准並給照執業各在案
庭 楨現將前買基地建造專祠坐西南朝東北計長
二十二丈寬二十三丈饗堂三間寬四丈深三丈前
廳三間寬四丈深三丈二尺介福堂三間寬三丈八
尺深三丈五尺二門三間寬四丈深一丈
上諭碑亭一座大門三間寬四丈深二丈五尺側門三間
寬三丈二尺深二丈一尺各廳均有走廊門旁左右
巷路沿河石岸碼頭定於同治十三年二月十五日
恭迎神位入祀所有專祠姓名係
予謚武愍卹贈知府銜前揀發湖北委用知縣王恩綬附
祀姓名係卹贈主簿銜議敘從九品王燮義僕丁貴
吳福壽理合稟乞
咨報 禮部立案再汪御史原奏內聲明春秋遣官
致祭嗣後春秋二季應由
錫金兩縣尊輪流主祭 兩學師輪流分獻並懇
藩憲查照歷年成案札飭錫金兩縣在學租內撥給

祭品銀兩庭柤捐田三百畝房屋三所以爲時祭歲
修經費糧單印契均已註明緣由請
錫金兩縣尊加蓋印信以免盜賣盜典等弊實爲公便
單契
宙字號田單二十六張計十六畝八分四厘二毫
洪字號田單四張計十五畝五分三厘九毫二絲
荒字號田單三張計五畝三分五厘四毫
月字號田單六張計八畝七分三厘四毫
昃字號田單一張計一畝五厘八毫

張字號田單二十二張計三十一畝一分八厘八毫
冬字號田單四張計六畝六分九厘五毫
藏字號田單三張計四畝五分三厘二毫
閏字號田單三十五張計五十三畝七分四厘九毫
餘字號田單十五張計二十畝二分八厘
成字號田單二十三張計二十五畝八分七厘二毫
雲字號田單十三張計二十二畝二分一厘九毫一絲
夜字號田單二十張計二十一畝九分四厘三毫
訓字號田單四張計十七畝一分九厘一毫

諸字號田單一張計一畝五分七厘九毫
次字號田單四張計七畝四厘
弗字號田單二張計三畝六分三厘六毫
離字號田單五張計八畝一分五厘九毫
義字號田單二十一張計二十五畝五分五厘四毫
廉字號田單四張計六畝二分二厘五毫
以上二十字號共田單二百十六張計三百畝三分
八厘九毫三絲
守字八號糧單一張平田六厘坐落北門内東北一圖

打鐵橋北首坐東朝西樓房上下四間正契價銀四百
兩
黃字二百四十七號糧單一張平田九厘五毫坐落北
穴城内天四圖坐西朝東門面一大間内屋二間礄頭
一所披屋坑厠俱全正契價銀三百兩
黃字六百四十二號糧單一張基糧六厘坐落北門外
天四圖蓮蓉橋堍灣巷内坐東朝西平屋門面二間正
契價銀一百八十兩

族姓孔繁譜牒斯繫緊古已尚晚近尤著永叔世表君謨派別辭兼襃美義取顯榮惟吾遐祖伊始卜居艮常之山芧峯之麓有明末造廼徙梁谿流風遞嬗倏三百年其閒名德或以隱晦或以孝稱或以節見幽光久鬱廼誕奇英吾祖忠臣吾父循吏祖立之型父纘厥緒爰餘耡後資父一身非父一身宗族疇依祖盧頹圮疇實葺之祠坊殊榮疇實樹之子姓婚媾疇實主之弟侄遊頖疇實誨之高年龍鍾緡錢奉給幼齡孤露卵翼成立墓田垂遠俎豆烝嘗功德在族軼後空前藐茲小子撫今追昔肩荷夏難舊章

敦墜不忘數典新譜告成事述傳表釐爲二編尚有吾父宦蹟圖册別版刋行不入玆刻忠孝有錄宦蹟有詩庶幾闡揚兩世增輝於戲吾族今爲著姓家乘既修家聲當勉懍遵家訓莫壞家規凡我族人敬而聽之

裔孫鏡蓉寰謹識

吾族此次修輯支譜八閱月而蕆事不收丁捐係忠麐與姪鏡蓉鏡寰出資忠麐出洋二十三元鏡蓉出洋十五元鏡寰出洋十五元計刋工排盤刷印紙張裝訂及一切用欵共付洋五十三元正

宣統辛亥夏　忠麐誌

錫山邵氏宗譜

（清）邵文燾等 纂修

《錫山邵氏宗譜》三卷首一卷，（清）邵文燾等纂修，清光緒二十四年（一八九八）超然堂木活字本。

邵文燾，字海嶠，號瀛仙，别號耐菴，邵涵初孫。同治間投效李鴻章麾下，曾校刊《慧山記》、《慧山記續編》等。

錫山邵氏，其先本周召康公，食邑於召，故曰召公，召之旁加邑謂之邵。後世因功封錫山，世代居之。秦時被滅，邵氏經多次輾轉，定居范陽。祖雍，字堯夫，出遊，卒葬河南，謚康節，邵氏遂居河南。祖勰，雍孫，原名淳，字君協，南宋初隨高宗南渡，官常州刺史，遂家焉，是爲毗陵始遷祖。勰次子福二居錫邑之新橋，爲遷錫始祖。明正德、嘉靖間，清道光、同治間邵氏皆有修譜，此爲光緒續修本。是譜載誥命、像贊、祠堂記、墓碑記、列傳、行狀、詩文、序、各宗派及各支世系表等。

邵寶、邵涵初等名人皆出此族。

邵寶（一四六〇——一五二七），勰第十一世孫，字國賢，别字泉齋，號二泉，學者稱『二泉先生』。成化二十年（一四八四）進士，累官江西提學副使，修白鹿書院學舍。正德中，遷右副都御使，總督漕運，因忤劉瑾解職還鄉。瑾誅，升户部侍郎，拜南京禮部尚書，懇辭歸里。在聽松庵旁建尚德書院，後被火毁，又建二泉書院。嘉靖初起復前職，復辭。卒贈太子少保，謚文莊。《明史》有傳。平生博綜群籍，學宗程朱理學，詩文宗李東陽，典重和雅，清和澹泊，尤能抒寫性靈，書法工行、草，飛動雄健，氣宇軒昂，深得顔真卿神韻。著有《容春堂集》等。

本書據清光緒二十四年本影印第一至七册、第八册部分、第十二册部分。

（陳小青）

光緒戊戌四月

青門世澤

重修於慧山二泉書院

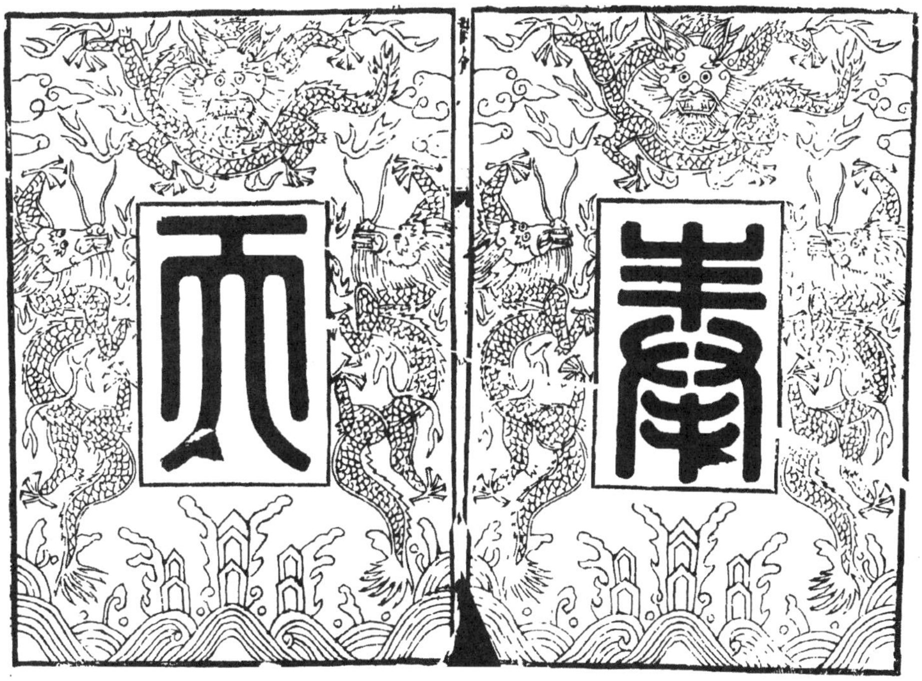

宋　先賢康節邵子度宗朝詔從祀

孔子廟廷世襲五經博士

誥　敕

奉

天承運

皇帝詔曰王者體國凡宮室門闈高下廣狹之制皆有法式掌於有司大匠之職實總營造厥任甚重必惟其人爾邵雍賁識詳明材術膚敏簡自帝心擢貳監事夫國有六職百工居一焉矧乎曲藝巧者精之往若予工使盡其巧而依於法是爲稱哉爾有

褒寵

上命

嘉祐四年十一月　十一日

之寶

大清光緒二十二年歲在丙申六月二十日吉時恭錄

錫山邵氏重修宗譜序

繄古宗家譜也而有宗法有世家宗法以係緒大宗小宗之統世家以敘述先世文獻之實自唐經五季之亂亡者廣而後譜學興譜也者所以維持宗法世家者也昔張九齡作通譜陸忠宣公作譜史眉山蘇氏廬陵歐陽氏每爲人準的譜牒程子有言曰管攝天下人心收宗族厚風俗莫要於譜牒魏公誡子孫曰家有譜而不修謂之不孝故凡通才達德莫不於此留心焉蘇老泉言之家不可無譜既不可不修顧不嘗

歲々閲邵氏系出黄帝至周太保奭
以同姓夾輔有功分封於邵以邑爲氏
武王既克商封公元子於燕以其次子
留周代爲召公召穆公虎其後也燕
之才二傳至王喜爲秦所滅其裔召
伯春仕漢爲河南尹授詩三經明帝

序二

嘉其恩誼詔加邑曰邵以優之由秦
漢迄晉唐世居范陽其後徙河南者爲
先儒康節先生諱雍徙常郡者爲
雍孫常州路刺史諱勰々生子五號其
派曰禱一禱二禱三禱四禱五徙居錫者
禱々派也禱々生子三長亨六爲牧支

嬰祖次亨七爲再溪里支嬰祖三亨八爲
崇寧里支嬰祖支派日繁閭人世推不
有志録何以上溯淵源下通脉絡邑使南
國歌思東漢漁隱范陽世澤與夫派邑
初徙常州再遷錫山村處皆世以推知
本宗考證代年稽子々言鮑公之誠

序三

之謂何邵氏之有譜舊矣經粵匪之亂流
亡散佚人文皆以失考克復後吾妹婿海
鳴首理其事蒐遺訂散支派秩然舊
例家譜三十年一修今猶踰已後屆期
而户丁益息需費加重又值歲歉
艱勤倍嘗竭蹶以持於成四年年中重

盤宗祠再修族譜年力既衰心神亦
告瘁已兹海鷗年逾八十親肩是任
足以興後起而勵世風為無忝於程子
之言既公且誠在事經理同族蔭軒
等亦有力焉故樂為之序
光緒二十四年歲次戊戌孟夏之月

序四

誥授資政大夫
晉授榮祿大夫
賞戴花翎布政使銜
欽命山西按察司使山西河東兵備道
前直隸通永河務兵備道湖北荊
宜施兵備道戶部陝西司員外
郎前署催所行走姻愚兄楊宗濂
頓首拜撰
敕授修職郎翰林院孔目加二級世
愚姪王元鑄頓首拜書

序五

謹藏勤脩
子孫永保

凡例

嘗思　朝廷有律例鄉黨有禁約宗族宜恪守者惟家規
也如不預立規條以訓子孫則無知者何所遵循也今慧
麓祠廟貌重新理宜整頓家規使子孫永守勿替惟吾
子孫世世向善永保祖規仰體遺意實爲欣望議以數條
開明於左

一敬祖宗人之有祖宗猶水之有源木之有本也凡遇朔
望當沐浴滌洗焚香誠拜毋得疎忽每逢慧山春秋
官祭之期各具衣冠與祭悉聽主祭後裔分派執事以

申報本之意祭畢之後各飲福酒長幼序次從容謙讓
毋得喧嘩以失禮節

一封墳墓竊思祖宗墳墓魂魄之所在也青松茂柏猶一
家之門戶當設法栽培以護英靈每年祭掃春於清明
前秋於冬至前兩期及時享奠以盡子孫誠敬之意

一戒子孫古云五刑之屬三千罪莫大於不孝惟父母鞠
育之恩昊天罔極雖終身孝養尚不能報於萬一子孫
倘有不順者送祠議過逐出祠外以遵祖風再姑媳亦
宜孝順適有相違不尊經房長教訓以和家道

一戒不悌周禮以八刑糾萬民其三曰不悌之刑蓋兄弟
同胞手足故詩云此令兄弟綽綽有裕又云兄及弟矣
式相好矣毋相猶矣理當兄友弟恭即族中昆仲推祖
宗一脈視之原無分別亦宜相親相愛以篤一本之誼
所謂豈無他人不如我同姓也倘有倚勢凌傲者經族
長到祠訓誨以篤手足之情

一戒奸邪如見人之美色設計以圖所慾殊不思身已近
於殺矣詩云萬惡淫爲首陰騭云奸人妻子報在兒孫
而一入此途則功名富貴盡付東流貪一時之歡樂貽

日後之慘報惟吾子孫切切勉之以全名節如有不遵
此規者削譜逐出毋得留情

一戒失節良祖宗數百年來清白相傳從來未有此等事
子孫雖愚未必不肯如此然不可不戒以說利害

一戒賭博賭之爲害甚大一着此魔父母妻子俱所不顧
雖有家私不數年而消亡甚至忘寢忘食受饑受冷不
數年而自疲故幼而廢時失事長則敗家喪身此乃一
定之理皆由游蕩失業終日茶坊酒肆致染此習以至
衣食不給饑寒交迫其勢必爲然人有一技之能何患

衣食不周乎昔因少而貪樂長而失業致有此病也今城市鄉黨處處嚴禁況律有事條治法最重爲子孫者理當自變切切戒之

一戒酗酒詩云厥父母慶自洗腆致用酒詩云我有旨酒以燕樂嘉賓之心古之人或祭祀或養親或娛賓方用酒飲而不致於醉醉而不至於亂則不爲酒困矣衛武公年雖耄而作詩自戒也若耽於麯蘖勢必伐德失儀非語爭論無所不爲及至醒後追思則悔之晚矣此等宜切戒之

一戒爭訟訟之興也皆由氣不能忍氣之不忍由於理之不直彼此各執一見不肯認曲以致相爭成訟然而一入公門耗費錢財傾家蕩產俗云贏了官司輸了錢甚至結成世讎遺害子孫易曰訟則終凶良有以也望吾子孫惜有用之錢財不必負一時之閑氣甯爲無用之輩勿做逞強之徒古人有云一勤天下無難事百忍胸中有泰和誠哉是言也凡事以忍耐爲主則處世之道有三一曰和平二曰謙讓三曰忠厚胸中有此六字雖廣游四海可無慮也嗣後族中倘遇欺凌不公之事務請族長等剖白定奪毋得負氣爭訟輕易經官遂致勞命傷財有違家約以抗規論

一戒拳勇凡人之處世過於懦弱固不能行但專恃勇力則又不可往往有無賴之輩恃其膂力過人不論事之曲直便即拳勇交加逞其血氣之剛且息一時之忿適或殞人性命豈能免於　國法乎乃事後追悔已無及矣常言出手揮拳形同市猾顯吾後人毋恃己之勇力以罹不測之禍愼之勉之

一戒倫常爲人根本先從倫常做起故長幼序次男女有

內外之別也近鄉里甚有以兄嫂弟媳佔爲妻室者此等鄉里皆因居住僻地無人整頓遂致積習相沿有傷風俗此則非維風化攸關抑且難逃　國法身罹不測之禍生死在於頃刻朱子云倫常乖舛立見消亡誠哉確論常言夫婦白頭偕老乃此禽獸行爲豈有長久之理耶吾邵氏遠近數十支雖屬務農幸無此類但鄉刪往往有之故作此以戒之

譜規

一修譜由前而遞傳之一世至數十世者一本散爲萬殊也由後而逆遡之數十世而追至一世者萬殊歸於一本也其間瓜瓞蔓延固宜一貫參互搜剔尤要分別俾後之子孫知某爲某房之祖宗即知某爲某公之子孫觀圖按籍一見瞭然庶無遺憾

一吾宗之譜自福二公之子亨六亨七亨八分爲錫邑三大支其間顯達者各修支譜若丹陽宜興浙江姑蘇常熟支派不能備載今以三大支彙合一譜一綫相承截

然不紊以備子孫查核焉

一世系以考源流自上至下每五世爲一圖起一世至五世俱用墨線相聯其兄弟橫列以次而左亦以墨線維之如一人生幾子瞭然在目矣以五世揭起至十世又爲一圖十一世至十五世又一圖推之無窮雖百世亦然

一世表用橫線作五格名曰五代圖仿照歐氏例表內七空一格以載字號生卒妻室男女墳墓人之自始至終一目瞭然長房一支錄盡後以及次房但以分之支派爲昭穆不以齒之長幼爲先後支庶可明尊卑可別

一夫婦人之大倫必書配某氏爲某處某人之女可使子孫追識舊姻雖無出必書娶再醮之婦則書室若被出改嫁及傷倫敗化有玷名節者其夫名下則闕而不書於子名下書生母某氏蓋子無絕母之義也

一妾無子不書以其非正配也若有懿德則亦書之有子亦於子名下書側室某氏出蓋子不可以不知母也次室三室而各以所生之子附其後焉昭嫡庶也

一無嗣必有應繼之子姪如一從再從又屬單傳無出嗣

之理必由親及疏挨次立繼以綿血食總不離四小宗之子姓其應繼者則於嗣父名下註明繼某人幾子爲嗣生父名下亦註明幾子繼某人爲嗣世表本名下書嗣子若兄以弟接伯叔祖以姪孫爲嗣者名分紊亂不准承嗣

一異姓雖不可以承祧然本宗既無昭穆相當又係血抱及長而養老送終相爲依倚者存而不削庶生死兩安亦所謂律設大法禮順人情也

一徙居地名必書防失散也或寄養舅氏或贅入外家或

因子姓繁多住房窄狹不得已而徙他鄉不數傳而忘其祖所自出遂致本族親分不相往來漠如秦越故世表必書郡邑里居之所則世世得有所考

一本宗出繼他姓爲嗣或隨母適他姓者或遷徙者追本其所自出俱係祖宗一脈當於其父名下書明出繼某處某姓遷居某郡某縣所以備日後歸宗使後世知本族某公子孫不致有騎墻之惑

一族有出家爲僧道者是背父母之恩斬祖宗之脈棄人倫逆天理譜不得書然或有父母因兒女繁多家計窘

迫不得已而出此者存其名於世系而不錄入世表表輕絕之無係於宗祧也

一族有辱身賤行及爲不法者削其名號若伊子孫能改前行得錄之蓋不以父之惡而廢其子之善所以示懲勸也

一凡節孝忠烈誠所難得者倘有美勿彰何以勸後故族中幸有其人必表而誌之以垂久遠如本人無力請旌者或近房或通族出資代辦以表揚其德俾免湮沒不彰也

一祖宗墳塋先靈之所憑依雖一草一木子孫理宜謹守故無論舊墓新阡必註明坐落山向庶不爲強暴所侵以致湮沒

一命名多犯祖諱更有相同皆因子孫居不一方無譜稽考除已往勿論外現在者悉令改正今擬定金木水火土每世以一字爲行不拘上下添一字勿犯祖諱俱已更正吾族宜共遵之

一春秋祭祀務必及時子孫凡已冠者必使之與祭庶得共展孝思且以觀禮勿得喧嘩失儀以卑犯上及侍長凌幼有傷族誼

一宗譜爲傳家之要故古人云三世不修譜比之不孝必藏之勿失庶幾展玩之間而祖宗之派系如在目前也後之有志於是者幸勉之

訓辭

竊惟 先人遺訓傳之子孫令各恪守家規共展彝訓曰凡我子孫俱務行善以無辱祖宗無虧名行須孝父母敬尊長教子弟力耕讀時祭祀和鄉里毋胥戕也毋胥訟也毋犯國法也毋薄子孫也毋大故勿黜妻也毋爲隸卒以

毋先也毋爲僧道左術以賤姓也毋虐細民也毋酗酒賭博也毋鬭爭也毋學歌舞以蕩俗也無相攘竊姦僞以賊身也有一於此者不齒於族爲子孫者愼之勉之

同治十有二年冬十一月五牧分居州巷支二十世小宗孫文燾謹識

錫山邵氏祠堂圖

祠堂圖

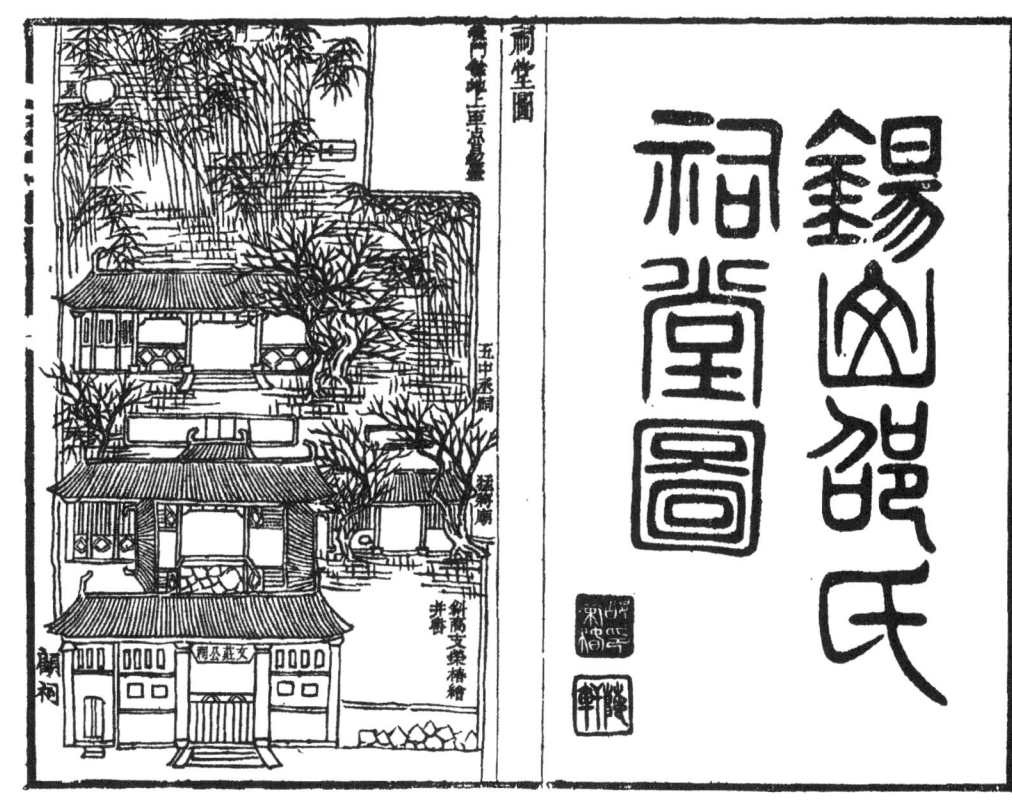

重建邵文莊公祠堂記

文莊公祠在惠山寺左即二泉書院也公諱寶明太子少保禮部尚書謚文莊沒後贅婿秦汶嗣子煦肖像其中門人華郎中雲莫僉事同聞於　朝列祀萬歷間按察使蔡獻臣修之天啟間知縣劉五緯修之　國朝順治中督學使者張能鱗儆縣修之乾隆間知縣吳鉞重修邑紳顧觀察光旭偕公七世姪孫綸錦同修公八世姪孫涵初復修之惟歷年已久木料朽腐墻垣坍卸雖屢經歲修並未翻造勢難一律堅固伏念文莊生平事實具載明史儒林列

傳其居鄉講學東林實開顧端文高忠憲諸賢之先聲今名山俎豆寶貴荒涼凡屬鄉黨士林咸盼聿新以申仰止甲午秋祭後祠裔海嶠逸雲吉人藝軒等邀同闔族籌資撤舊重建議定每丁每年捐錢三百六十文正以三年爲度一面庀材鳩工先將大門改建樓房四楹二造廳屋四楹三造享堂四楹及前後軒兩廊等處並修旁祠樓屋供奉先賢康節邵子神位爲追遠祠其餘週圍墻垣一律駁築完固工程浩大需費甚鉅刻下祠宇聊以告竣其楄扇裝摺鋪地漆油等項俟有修譜丁捐餘款以蕆厥事是役

也海嶠總理內事逸雲藝軒督理各支捐項吉人慷慨相助又賴同族眾擎共舉得以祠宇重新以申報本追遠之意余嘗入其祠而登其堂肅衣冠而拜之如見公當日之儀型也夫至於祠墓基槪仍歸東林書院辦納理合註明以示來者是爲記

光緒二十四年四月

賜進士出身

誥授通議大夫

晉授通奉大夫

欽加三品銜道員用前浙江杭州府知府戶部員外郎邑

後學林祖述頓首拜撰

敕授修職郎翰林院孔目加一級邑後學王元鑄頓首拜

書

明尚書族祖文莊公諭塋在娘娘堂桃花塢前至路後至
祖塚兩墳右至秦方伯墓左至澗界前澗二十三步後澗
二十一步羌字無號山陸七畝存案勒石
無錫縣甄侯禁碑一道在祠中此次清理之後務宜勤加
保守如有仍前影射同姓盗賣侵佔踞擾作踐
先賢祠墓者首提看守之佃丁祠丁嚴加究治外其知情
盗者按律治罪該地總糧書串盗容隱察出究懲各宜凛
遵須至碑者

現在情形繪圖斜橋支族裔㷋椿敬繪

周太保召康公諱奭之像

贊

卄棠聽政佐周朝八百餘年分陝勳
封啟燕疆四十餘世忠存少主冠列
王侯德媲元公衣垂黼黻仁哉億兆
之思茂矣後昆之裕

邵氏宗譜 卷首 像贊 二 超然堂

召穆公諱虎之像

贊

中興聖佐 敵愾元戎 奠淮夷兮
永清王室 錫圭瓚兮 加之土田
易水之祀 賴以益繁 江漢之歌
于今爲烈

邵氏宗譜 卷首 像贊 三 超然堂

燕易王之像

贊

廿傳侯爵 至是乃王
東周既降 代興北方
諸姬已矣 燕澤彌長
康公餘烈 食報蒼蒼

燕昭王之像

贊

維我昭王 築宮禮士
羣賢爭趨 報齊雪恥
連晉合秦 威振卽莒
燕業中興 甘棠遺祉

秦東陵侯之像

贊

楚漢逐鹿 玉石不分
棄侯高隱 種瓜東門
緜緜瓜瓞 五色可馨
斯風邈矣 仰彼清芬

宋潁州團練推官贈秘書省著作郎謚康節諱雍堯夫公之像

紫陽朱子題贊

天挺人豪　英邁蓋世
駕風鞭霆　歷覽無際
手探月窟　足躡天根
閒中今古　靜裏乾坤

宋利路轉運副使贈秘書閣修撰子文公諱伯溫之像

司馬溫公題贊

英姿卓犖偉質風華藏以萬卷讀以
五車爲文燿采逸氣蒸霞鍾山川之
奇瑞開簪紱之休嘉既名昭於青史
吾于公乎何誇

宋常州路刺史君協公諱翹之像

韓蘄王世忠題贊

政出甘棠之派心傳皇極之精風清常郡德沛蒼生撫字謝東山之霖雨揮豪孔北海之樽情巍冠博帶中吳要輔之奇英

宋隱士伍孜支始遷祖亭六公之像

王中書紱贊

有經濟才無傲情氣既歌詠之揚挖亦規矩之准繩漱石枕流求志於羲皇之上吟風弄月怡情於山水之間

宋隱士冉涇里支始遷祖亭七公之像

王中書紱贊

枕經籍史　闇然日章
才抱經濟　未肯弛張
隱居自樂　山水徜徉
高尚不仕　嘯傲侯王

宋隱士崇寧里支始遷祖亭八公之像

贊曰

清姿俊秀　飽學成均
卜居兹土　垂裕後昆

賜進士第姪夢接敬題

元薦舉人材不就科貢出澗靜虛公諱偉之像

贊曰

志承世德　黽勉詞章　氣瀰渺以凌漢

心凜凜而懷霜　宦情忽倦　寄跡于鄉

數還茲里兮　瓜瓞流芳

賜進士第南直隸提學御史年家眷晚生盧陵彭勗

拜題

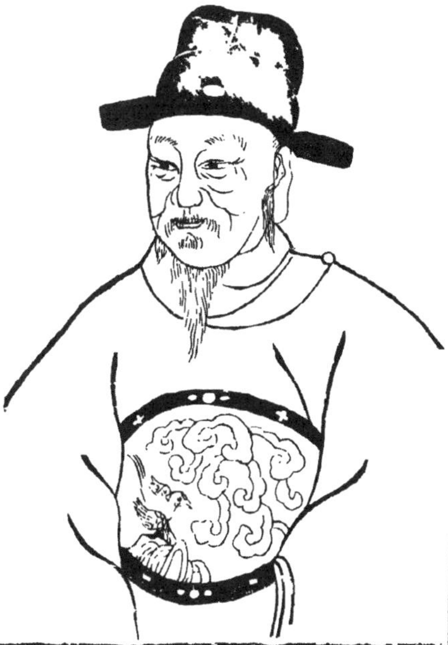

宋咸淳乙丑進士醒庵公諱夢接之像

文天祥題贊

欣列南邦之進士兮早捷旋爲宋室

之孤臣兮屏跡經世圖說發所未發

兮先達康節全節完名能所難能兮

後裔夢接

元薦舉人材不就廩於學宮源若公諱思仁之像

贊曰

偉乎其容　温乎其貌
文章經國　是則是傚
威武奮揚　犯而不較

賜進士第南直隸提學御史門下晚學生安福張鰲
山頓首補題

元隱士明洪武初詔舉不就縣學增廣生源守公諱思毅
之像

曰

其貌清奇　不尋常也
其器深廣　難測量也
家傳易學　謙益之流光也
怡怡和悅　孝友之遺芳也

予告戶部左侍郎族孫寶補題

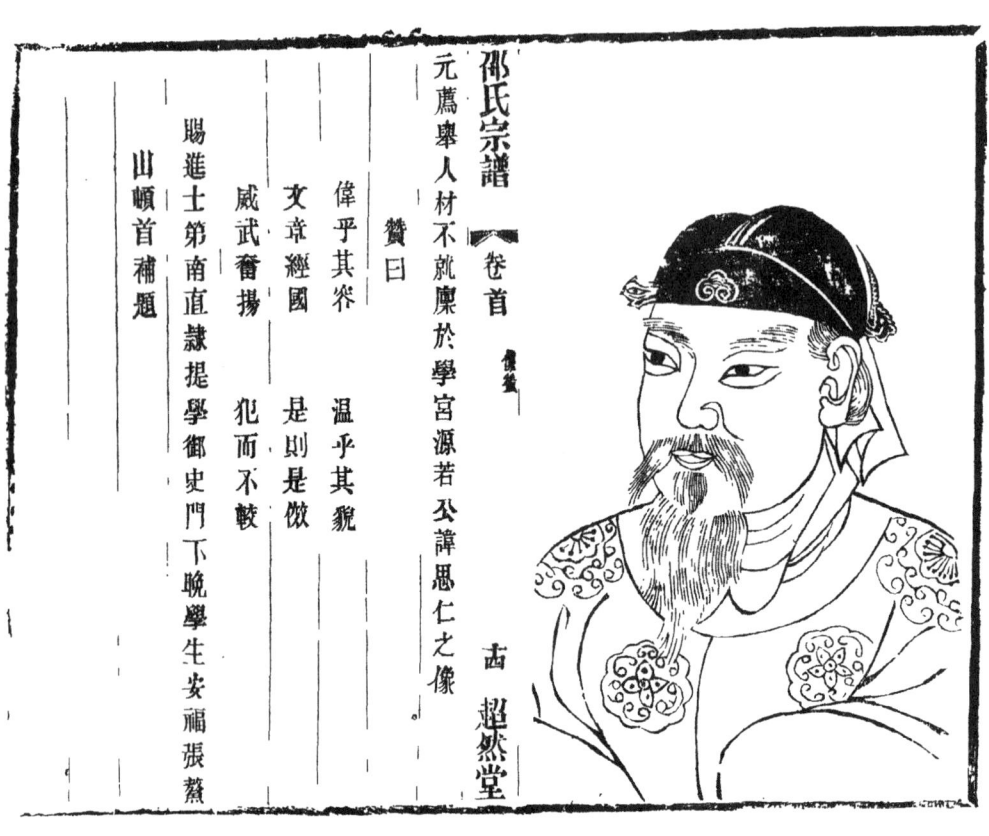

邵氏宗譜〈卷首　像贊

明舉賢良試職知州仲容公諱之像

雲林倪瓚題贊

有元明哲　遯世全身
求志待時　以佐明興
寄之民社　助理太平
勳著旂裳　血食蒼生

六　超然堂

邵氏宗譜〈卷首　像贊

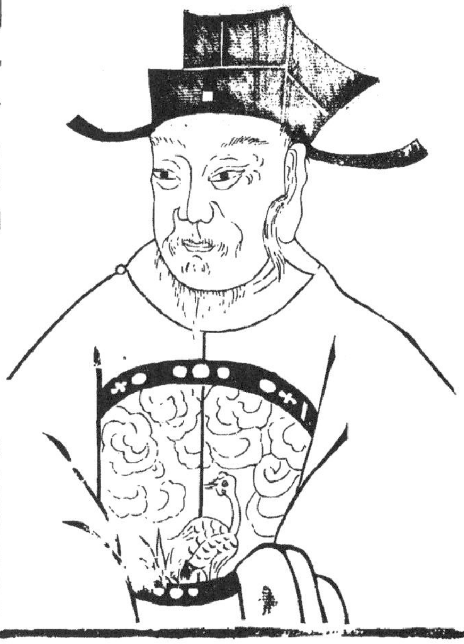

明誥贈通議大夫都察院右副都御史三益公諱鎬之像

讚曰

錫山之陽曰召伯氏十圍之木風乎千里曷鑿冉溼有杞有梓曷疏南塘有湜有沚山川之閟翕然欲啟德契慶符乃生君子眾以泰競我執其禮不出戶庭譽乃大起司徒嗣之為天下士光昭於祖緒則有始天書日烜永熙來裔慧山峩峩以畢公志

朝議大夫國子監祭酒經筵講官南京翰林院侍讀學士趙郡石瑤拜題

七　超然堂

邵氏宗譜 卷首 像贊 大 超然堂

明歲貢生選授儒學遷山公諱重仁之像

裔孫璿拜贊

瞻公之德　仰公之福
因德獲福　宜其開族
文名詩禮　學冠羣英
瓜瓞緜緜　以繼安樂

邵氏宗譜 卷首 像贊 尭 超然堂

明誥贈通議大夫都察院右副都御史純和公諱溥之像

贊曰

維繡嶺蓄礴礴邵有親卜幽宅衣冠之藏同體魂魄氣無不之也古有作作之今者子宗伯崇右敦孝歐陽子是若繡嶺之封瀧岡之託之孝之譽　皇恩有渥億百斯世顯親冥漠

嘉議大夫南京太常寺卿前翰林院檢討修　國史經筵官西蜀劉瑞拜題

明誥封太淑人晉二品命婦服色純和公配過太淑人之像

王文恪公鏊贊曰

噫昔邵宗天降之割緜緜宗祀千鈞一髮維太淑人不震不奪教育遺孤再高門閥維皇嘉之進有封號犀首錦纛五花之誥爰命爾子八座是參典朕三禮保釐於南

明資善大夫南京禮部尚書贈太子少保謚文莊諱寶國賢之像

自題

㓜孤而怠厥修于我乎有怍晚病而省厥愆于我乎有覺易曰無咎者善補過也吾爲我謌之庶心逸而日樂也

邵氏宗譜　卷首　像贊　超然堂

明誥封淑人晉封恭人文莊公配顧夫人之像

惟文襄公尊贊

秀鍾舊族德媲名流旣恪謹以持身亦懿
德之成性自姑克孝奉養以膳羞相祀克
恭馨香以蘋藻六姻共布賢聲雞鳴警旦
三命特加　恩詔象服是宜詩言友之易
占坤順可知內助之賢足稟當官之節

邵氏宗譜　卷首　像贊　超然堂

明邑庠生　誥贈通奉大夫山東右布政使繼川公諱士弘遺像

邵封翁繼川老年伯像贊并序

自先大父則已與翁爲文字交乙卯賢書有譽蒦
附方伯公驥尾始謁見翁如登清廟睹商彝周鼎
令人浮氣頓盡翁亦爲孺子可教遂締兒女姻歲
己丑登方伯堂拜翁像自顧髮齒鬚眉衣帶冠履
無一不改其舊而翁一段醇誠靜篤之光溢於楮
墨外者儼然如昨也感慨久之

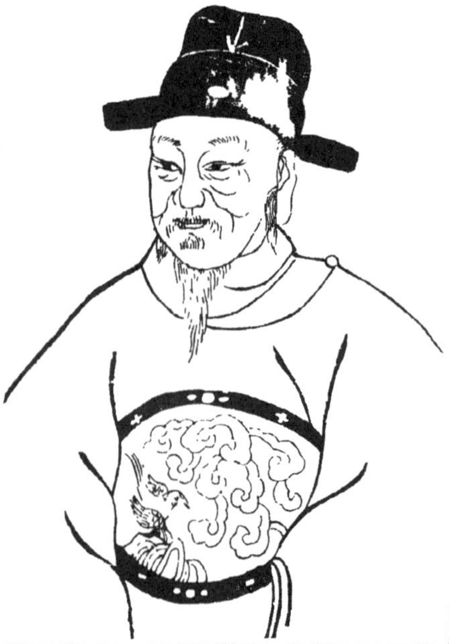

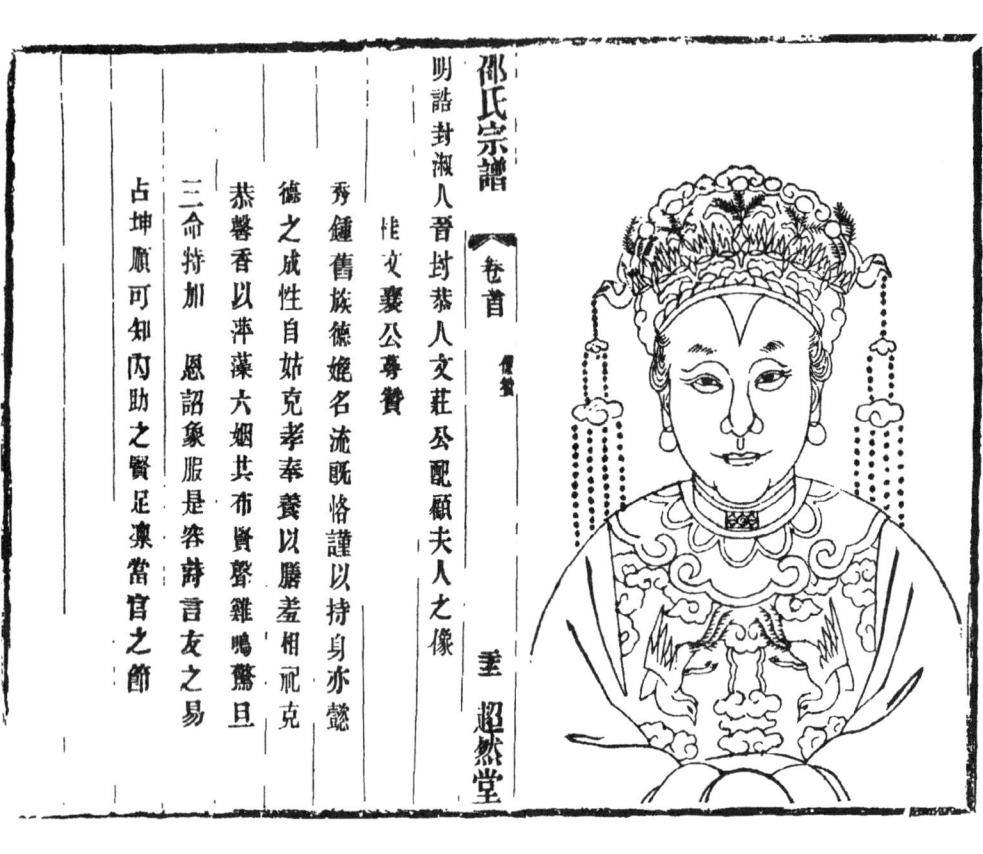

贊曰

凜凜大德翼翼小心目無雜視足無徑行身無惰容口無疾聲執謙則膚童稚如上客居敬則處暗室如大廷根深實茂積久光騰水不能溺盜不能侵神欽其行鬼避其文帝嘉乃德鄉奉爲賓天人既已協應翕無敢乎閟蘭九龍噴秀閥閱如雲而敦龐深厚之氣至今獨萃於崇寧里之德門百代而下瞻拜翁像見衣冠之盛人物之偉猶當徬徨景仰追思乎三百載之厚化深仁

賜進士第

誥授光祿大夫太子少保　寻告禮部尚書年家眷姪張

有譽頓首拜題并書

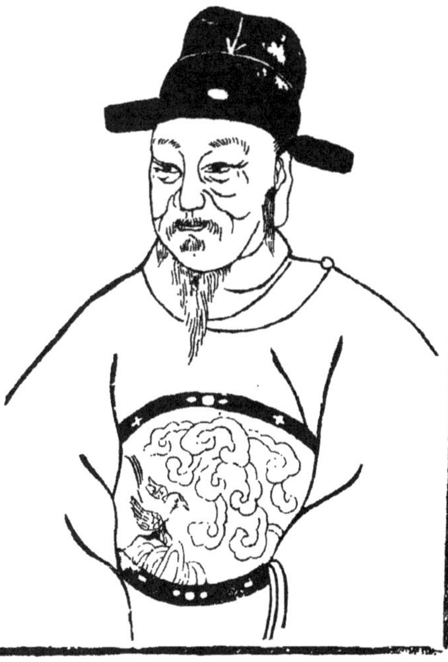

明山東右布政使署左司事支一品服俸有齋公諱名世之像

贊曰

歷佐朝綱　屢邀寵章
宦遊四海　志凜冰霜
士民感德　俎豆馨香
歸田厚澤　五世同堂

賜進士出身督師兵部尚書三邊總督同年愚弟傅宗龍頓首拜題

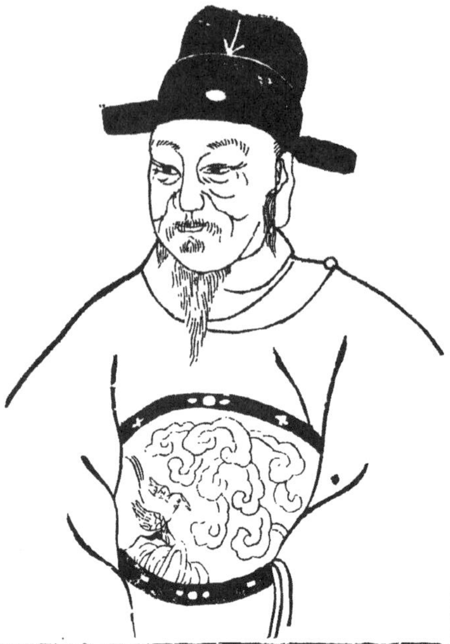

明進士欽取給事中福建浦城縣知縣崇祀名宦祠陽湖

公諱德之像　同年弟李春芳贊

噫吁嚱此果誰氏之像也與肅乎其貌淵乎其神才高而潤學富而清所寶者名節所重者君親唁忠懇於鬻獄觸權佞於垂紳上以黼黻乎　皇猷下以膏澤乎生民噫吁嚱若斯人者亦何以形容之哉殆所謂汪汪乎頃澄不清而淆不濁者與還像之以陽湖之靈又何必假粉墨以寫其具

國朝拔貢生江南道監察御史世襲輕車都尉賞給三品

封典諭賜祭葬璣亭公諱璿之像

尹文端公繼善題贊

公舉拔萃令守芮城晉擢侍御德政風清榮蔭世襲敬蒇功成言事罷職塞外留名千秋華表仰沐聖明謀貽燕翼克振家聲

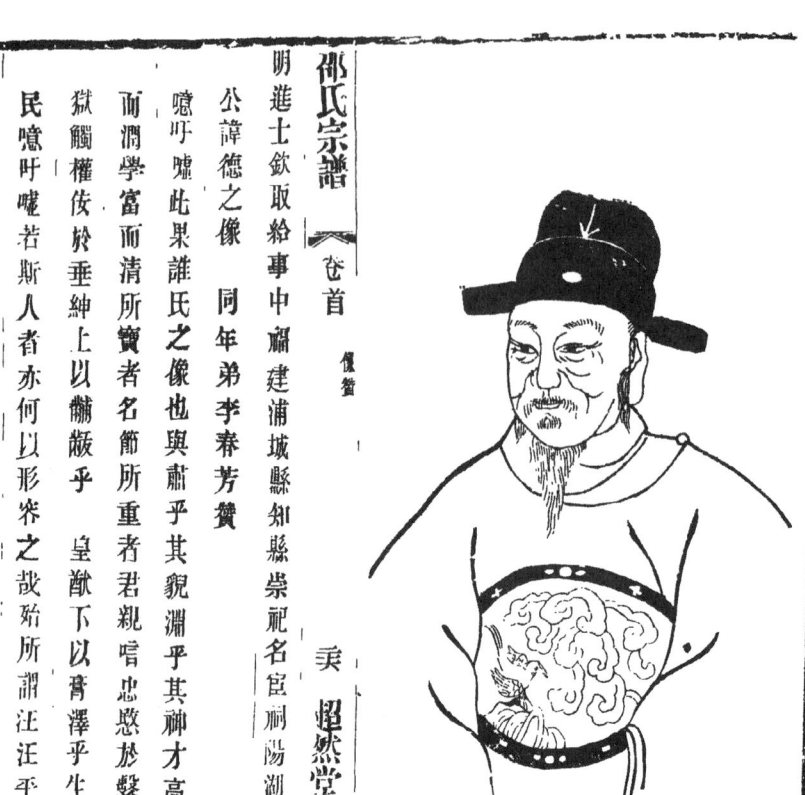

國朝誥封宜人晉封恭人璣亭公配沈恭人之像

贊曰

儒修之儷諫議差強矢同心而鬻且占協德

以含章惟詠篤於帷中恒勵當官之節乃吟

行於塞外嘗懷在友之常

敕授儒林郎南河揚糧同知補江蘇高郵州知州世

愚姪王游頓首拜題

國朝邑庠生邑志文苑有傳煕圃公諱曾訓遺像

贊曰

妙筆驚人　出入漢秦

文章經國　葛天遺民

欽賜博學鴻詞翰林院庶吉士

敕授文林郎

晉授奉直大夫江西德清縣知縣年家眷弟楊度汪頓首

拜題

敕授儒林郎湖南醴陵縣知縣隨帶加一級丙子順天舉人巽咸公諱元龍之像

贊曰

上宣帝德　下達民情

琴堂惠政　十奇仁聲

留甘棠於醴邑　撫遺愛於羣生

賜進士出身

敕授文林郎南河彰德府內黃縣知縣同年愚弟王翼拜

題

皇清敕授修職郎候選訓導歲貢生南池公諱之鵬遺像

贊曰

其貌神清　其文入彀

銀鈎鐵畫　父子齊名

賜進士出身

誥授光祿大夫　予告工部右侍郎年家眷弟張泰開拜

題

國朝郡庠生重千公諱鈞之像

贊曰

詩書夙好品立名成有聲庠序舉以經明世有
清德黼黻冠城貽謀燕翼克荷家聲

敕授徵仕郎兩浙東江場鹽大使前浙江按察使照磨世
愚姪王槩頓首拜題

國朝貤贈奉直大夫九品藍翎布政使經歷自歆公諱振之像

贊曰

鸞翔鶴峙玉節金和胸有列宿口如懸
河其文不多其人不磨偶展斯像想見
其花晨月夕與老夫聯袂而行歌

賜進士出身
誥授中議大夫
晉授通議大夫廣東等處都轉鹽運使司鹽運使加
三級通家眷弟秦鑚頓首拜題

邰氏宗譜　卷首　像贊　廿二　超然堂

皇清國學生　貤贈江蘇阜寧縣訓導晉贈直隸南和
縣知縣五品花翎邑志孝友有傳香谷公諱綸錦之
像

吏部左侍郎姻愚姪侯桐題贊

二泉族孫九峯逸叟志雋本源傳垂
孝友掘地得銘補天應手墓復丙辰
祠成己酉誠格冥中寵邀身後片石
寫眞名山不朽

邰氏宗譜　卷首　像贊　廿三　超然堂

皇清拔貢生特授直隸南和縣知縣前阜寧縣訓導晉贈
五品花翎鄉飲大賓配享文莊公祠邑志藝術有傳吟
泉公諱涵初之像　自題

白髮者誰淸癯者儀倚杖十年近將古稀吾行吾素兮
爲儒者爲隱君爲鄉耆

杜堂祁題贊

臺之前涓涓滴露今爲泉臺之側左右雲階高百尺泉
之南松壇峻屹依巖巒嶺之北遠望海天營石屋石屋
成三景并瓣香心觀海情肯堂肯構惟　先生慈源洞

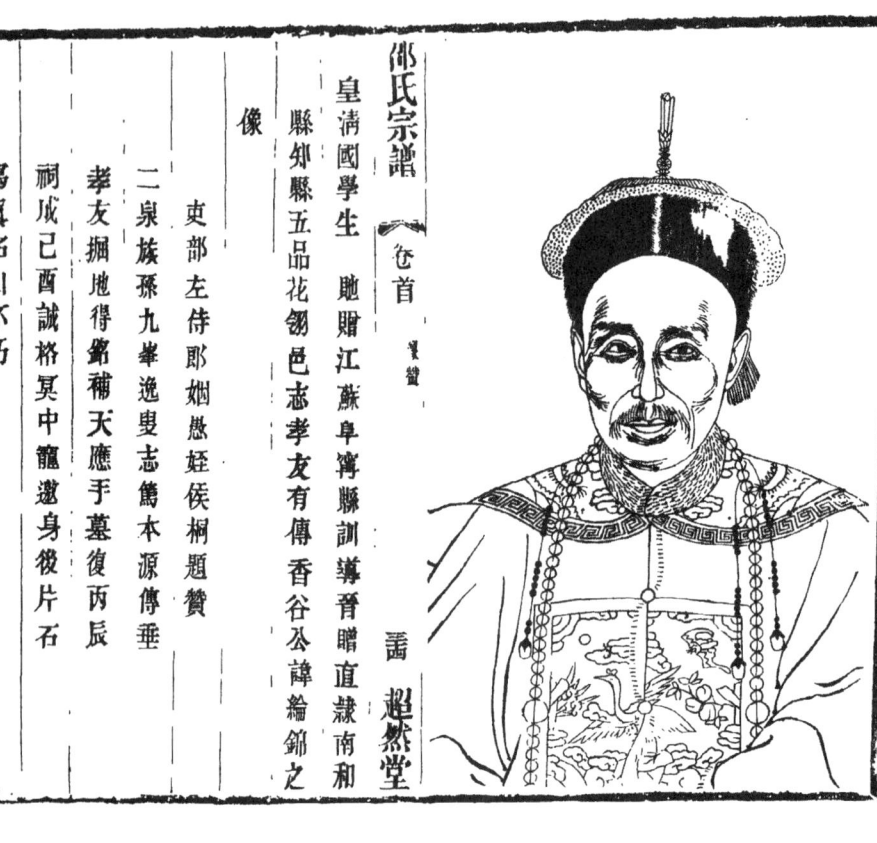

□圖書陶淵明

楊延俊題

昔有松壇兮依聽松之古庵雙龍夭矯垂胡髯石牀卧聽松聲寒二泉山人愛觀物赤松黄石同盤桓今建松壇兮依點易之高臺研朱滴露泉聲來雲階雨路逼巖隈蓉湖爲鏡泉爲杯虬松百尺列壇下 吟翁杖履時徘徊歲寒到此得三友壇右竹林壇左梅

周錫瓚敬題

便便兮經笥少而拔萃循循兮教思壯而明試存存乎道義晚而篤志儼乎其儀粹乎其意欽交則仲翔受命解組則淵明把臂易曰不事王侯高尚其事 先生其神智者乎 先生其居易者乎

皇清誥贈奉政大夫五品銜瑞和公諱雲鵬之像

贊曰

小心翼翼 遇事詳明

睦姻任恤 鄉里稱聲

兄友弟恭 教子可成

名臣後裔 世德風清

敕授修職郎候選訓導 恩進士世愚弟王煥寅頓首拜題

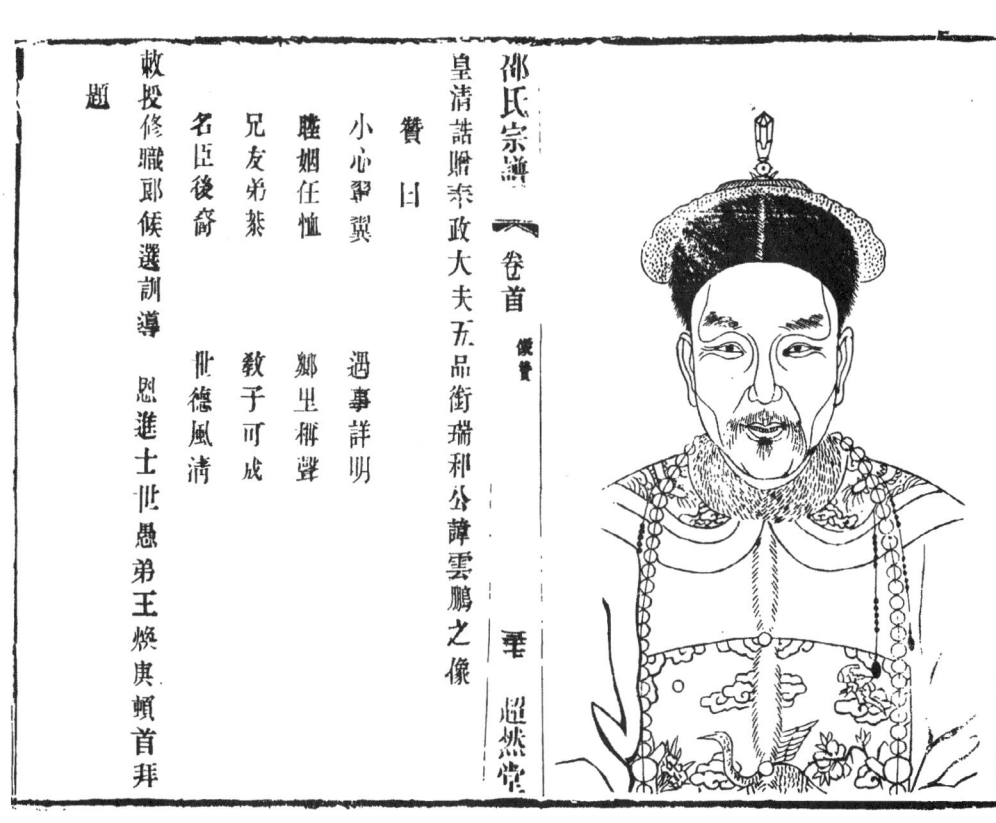

皇清誥贈奉直大夫五品藍翎布政使經歷綿卿公諱向皐之像

贊曰

方伯後裔　克繼書香

詩書夙好　行表於鄉

有子孝友　有孫名揚

得天之眷　恩榮一堂

敕授修職郎翰林院孔目加二級世再姪王元鑄頓首拜題

皇清誥贈奉政大夫晉贈朝議大夫夏卿公諱麐森之像

贊曰

英年妙品　處事詳明

門高閥閱　世德風清

子生兩歲　德配撫成

龍章寵錫　千載留名

敕授修職郎翰林院孔目加二級世再姪王元鑄頓首拜題

邵氏宗譜　卷首　像贊　甲　超然堂

皇清國學生　貤封奉政大夫景文公諱永昌之像

贊曰

貌無疾色　口無疾聲

存心忠厚　返樸還醇

友於其弟　教子能文

龍章寵錫　德萃名門

敕授修職郎翰林院孔目加二級世愚姪王元鑄頓首拜

題

領譜編號

余此次輯譜共訂二百部不用字句編號以數目記之易於分辨每部訂三十六冊中分三卷無錫福二公支故編卷一卷二卷三以五牧爲首丹溪爲次崇安里居末則以亭六亭七亭八三大支編次也至誥命傳序像讚統歸卷首以便一望而知此次修譜以延陵遷居無錫三大支爲重江陰福一公派常郡伯温公派但以附修故擬之於末從此編排卷數以分支派惟吾族人勿以視編次失例蓋有深意存焉耳

邵氏宗譜　卷首　領譜編號　一　超然堂

江南延陵三大支邵氏宗譜此一部編

第　　號給與　　支第　　世名　　收執子孫永保

大清光緒二十有四年歲次戊戌四月　　日穀旦

無錫州巷本支主修支裔海嶠氏手給

錫山邵氏宗譜

目錄

第一冊

奉天敕命　楊廉訪序

凡例　家規

祠堂圖　祠堂記

墳圖　像讚

領譜編號　目錄

第二冊

康節公　誥命

文莊公都察院右副都御史贈祖父母　誥命

文莊公都察院右副都御史贈父封母　誥命

文莊公都察院右副都御史進階封妻　誥命

文莊公總督漕運　敕命

文莊公貴州巡撫　敕命

文莊公許州知州述職　敕命

文莊公許州知州贈父封母　誥命

文莊公許州知州　誥命

文莊公許州知州再考進階封妻　誥命

晉贈太夫人二品命婦服色　恩詔

文莊公贈太子少保　誥命

文莊公卒　旨祭葬文

文莊公恭書誥命下方

文莊公丹涇支譜叙　陽湖公五牧支譜引

履泉公譜後跋　吟泉公家譜叙

文燕癸酉重修宗譜引　附載建祠引

譜小序　陳康伯譜序

汪徵譜序　謝鍔譜序

陽湖公小傳　姜志禮譜牒序

公緒公宗派引　秦松齡宗譜序

玉脊公宗譜序　周清原宗譜序

華允誠斜橋支譜序　士弘公譜叙

第三冊

得姓祖傳　封燕世次

郡望祖傳　壽春祖傳

加邑祖傳　公濟公諫村譜辨

邵氏宗譜　卷首　目錄　三　超然堂

邵氏宗譜　卷首　目錄　四　超然堂

邵氏宗譜　卷首　目錄　五　超然堂

邵氏宗譜　卷首　目錄　六　超然堂

邵氏宗譜　卷首　目錄　九　超然堂

邵氏宗譜　卷首　目錄　十　超然堂

以上共訂三十六册全

都察院右副都御史　覃恩贈祖父母　誥命二道
奉
天承運
皇帝制曰孝莫大于報本子孫懷追遠之情禮莫重于報
功朝廷舉推恩之典矧我名臣之績足徵慶澤之長
褒寵所加幽明罔間爾邵鎬乃都察院右副都御史
寶之祖父英邁不羣直誠無僞少能篤學長善持家
溥仁惠以濟人曾無德色敦禮讓以睦族卓有賢聲
乃眷聞孫爲時儒彥逢辰致位著勳業于三朝錫類

推崇賁休光于九地茲惟教孝亦以勸忠是特贈爲
通議大夫都察院右副都御史潛德既遠而彌彰式
宏佑啟國典方隆而未已尚克歆承
制曰家道亨昌積善非繇于一日祖風光顯推恩必遡
于重闈蓋天道可信而報施之無差斯禮制通行而
存没之均被亦惟有德始稱厥名爾楊氏乃都察院
右副都御史邵寶之祖母望族遺風善人良配儉勤
兼至慈孝夙全守一節以弗諼化行孤勝歷多艱而
愈勵慶積賢孫振憲度于行臺風聲丕著荷綸音于

卹典寵渥惟新理所宜然朕奚容恡茲特贈爲淑人
遺範具存庶流傳于有永懿靈不昧尚歆享于無窮
制誥
正德六年十二月　十二日
之寶
都察院右副都御史　覃恩贈父封母　誥命二道
奉
天承運
皇帝制曰生育劬勞人子思父母之難報褒封光顯朝廷

念臣職之能修此倫理所當崇實風教所由繫典章
具在存没攸同爾贈奉直大夫河南開封府許州知
州邵溥乃都察院右副都御史寶之父性蘊純和行
敦孝友年方逾冠志已超羣才猷未待其設施精爽
早歸于冥漠學有賢子爲時名臣雖過庭之訓弗逮
于生存而作善之祥遂徵于身後蓋自其先世積累
之久故發于今日繼述之餘郡寮已被乎褒崇憲府
再申乎追卹名因爵顯恩豈徒施茲特加贈爲通議
大夫都察院右副都御史養違五鼎報德之願雖乖

光賁九原推錫之章愈厚爾靈不昧朕命其歆

制曰朕丕纂基圖思隆孝治恭上
兩宮之徽號肆覃百辟之殊恩矧予風紀之臣上有貞節之母首預異渥特倍常倫爾封太宜人過氏乃都察院右副都御史邵寶之母儉樸無華賢明有則禮嚴閨闈義重族姻當盛年之多迍慨良人之早逝備殫勞勤久涉艱難茹蘗飲冰恪秉居孀之志斷機和丸實勤教子之方願茲國器之成茂著忠賢之績養隆三釜壽幾八旬始封荷五品之褒再命被九列之寵

渙揚綸綍增賁庭幃茲特加封爲太淑人身膺五福知天道之足徵恩出兩朝見母儀之能備尙其祗奉益履壽康

制誥

正德六年　十二月　十二日

之寶

都察院右副都御史　覃恩進階封妻　誥命一道

奉

天承運

皇帝制曰都臺職峻風高獨坐之班漕運務殷式專總督之寄事權既重簡用惟艱必碩望之素孚斯委任之不負爾咨已試特畀殊恩咨爾都察院右副都御史邵寶學貫羣經才周庶務純誠夙禀至孝天成繇賢科首擢州符晉郎曹久裨國計臬府懋修平學政藩司不屍乎方圻忠勤罔間於崇卑風績竦聞于中外朕心簡在朝議僉諧肆升都憲之隆特領督漕之任乃能殫心體國正己率人夙夜在公憂勞奉職節制淮南之境恩威如見乎李紳經營都下之儲志慮實

希乎韓滉方勳庸之肇建屬慶賚之宏敷可無寵名以示褒勸茲特進爾階通議大夫錫之誥命於戲恩逾常格益宏圖報之規官在明揚宜有超登之寵尙其自勵朕不爾忘欽哉

初任河南許州知州

二任戶部四川清吏司員外郎

三任本部廣西清吏司署郎中事員外郎

四任本司郎中

五任江西按察司副使提學

六任浙江按察司按察使
七任浙江布政司右布政使
八任湖廣布政司左布政使
九任都察院右副都御史總督漕運
十任復除前職巡撫貴州

制曰夫婦有齊體之義道貴相成朝廷有錫命之榮禮宜從厚况乃忠賢之配克殫輔佐之勞風化是關褒章可後都察院右副都御史邵寶妻封宜人顧氏恪謹持身懿柔成性秀鍾舊族德媲名流相祀虔恭毋務潔蠲于薦奠事姑孝敬豈徒奉腆于膳羞賢聲久播于六姻褒寵早膺乎一命晉夫階之峻陟宜國典之再申茲特加封爾為淑人錫之誥命於戲絲綸赫奕允為中閫之表儀冠帔光華益耀內庭之朝謁

制 誥

正德六年十二月 十二日

之 寶

總督漕運敕一道

皇帝敕諭都察院右副都御史邵寶今特命爾總督漕運與總兵官平江伯陳熊參將署都指揮同知祁椿同理其事務在同心規畫禁革奸弊運糧官軍有犯自指揮以下輕則量情懲治重則拏送巡按巡河御史及問刑官處問理照例發落都指揮有犯具奏拏問若刁潑軍旗乘機誣告對證涉虛者治以重罪自通州至揚州一帶水利有當蓄洩者嚴督該管官司并巡河御史管河管洪郎中等官設法用工築塞疏濬以便糧運凡有利於漕運有便於軍民者悉聽爾便宜處置爾為朝廷憲臣受茲簡任須殫心竭慮輸忠效勞凡百舉措務合時宜俾運糧無誤軍民安妥盜賊屏息地方寧靖斯稱委任如或乖方誤事責有所歸爾其欽承朕命毋怠故諭

敕 命

正德四年二月 初四日

之 寶

貴州巡撫敕一道

皇帝敕諭都察院右副都御史邵寶今特命爾巡撫貴州等處地方修理城池操練軍馬撫安軍民提督稅糧

屯田等項仍兼理軍務倘遇歲荒民饑設法賑濟所
屬官吏有能奉公舉職者量加獎勸其貪酷不才者
從公黜罰若軍職土官及文職五品以上有犯具奏
拏問其餘就便拏送所司究理凡地方軍民利有當
興害有當除者聽爾便宜處置與該鎮守等官會同
者須從長計議而行平溪清浪鎮遠偏橋四衛與貴
州地方接界者凡遇調撥官軍軍民詞訟俱聽管理
其會計錢糧一應事情仍聽湖廣巡撫官管轄果係
彼此有關即與會案處置爾爲風憲大臣受茲委任

務體朝廷恤軍愛民之意持廉秉公正己率下俾地
方寧靖人民安妥毋或行事乖方自取罪愆爾其懋
之愼之故諭

勅命

正德五年十月 二十一日

之寶

許州知州逃職領 敕一道

皇帝勅諭天下朝覲官員

朕惟
祖宗受
天命爲民牧而以天下生民付于朕朕受
祖宗命一人不能獨理而以天下生民付爾司府州縣之
官俾代朕分治茲當三年朝覲之期爾兩京畿十三
藩服若布政司若按察司若府州縣若運鹽牧馬諸
司各述所職來朝其間固有恪勤官守克稱任用者
矣然疲老不勝任貪殘爲民害者往往有之已令所
司愼加簡斥而廷臣猶交章奏劾必欲置爾等于理
朕念人才難得特用寬宥俾各歸舊任以圖後功爾

等宜省愆思過盡心效力緒續往政之善釐正前事
之失而又推求當務之急而次第行之惜民之力而
不輕勞惜民之財而無浪費惜民之命而不輕肆殘
虐心心爲乎國念念在乎民事事關乎心務使人人
各得其所則爾等受朝廷之命爲無負而朕於
祖宗付托之命亦不忝矣顧不偉歟雖然爾等職任有大
小地方有廣狹政務有繁簡皆能服膺朕言以爲官
箴而行之毋斁則功業不患其不立名位不患其不
從苟食焉而怠其事又從而盜若貨器戕其人民不

有人禍必有天殃尙相與儆戒之哉故諭
敬 天 勤
宏治六年二月 初三日
命 之 寶
許州知州 贈父封母 誥命二道
奉
天承運
皇帝制曰朕惟爵祿所以馭賢能褒封所以勸忠孝此國
家之彝典也爾邵溥乃河南開封府許州知州寶之

父悃愊無華質直好義克成其子效用于時雖祿養
之已違而推恩之可及玆特贈爾爲奉直大夫河南
開封府許州知州尙其欽承永賁幽宅
制曰孝子愛親之心必遂其顯揚故國家推恩之典恒
必及之所以體其心而重天倫也爾過氏乃河南開
封府許州知州邵寶之母嫠居守節訓子能官旣膺
祿養之榮宜錫褒嘉之典玆特封爲太宜人服此榮
恩益綿壽祉
制 誥

正德六年十二月 十二日
之 寶
許州知州 誥命一道
奉
天承運
皇帝制曰知州古刺史之職所以布德施令利安生民必
得勤愼之士乃克稱焉爾河南開封府許州知州邵
寶登名進士擢任今官撫字克勤用旌乃績玆特進
階奉直大夫錫之誥命以爲爾榮爾尙益端乃心勵

乃行務使政理民安以副朕愛養元元之意欽哉
制 誥
宏治六年六月 初一日
之 寶
許州知州再考 進階封妻 誥命一道
奉
天承運
皇帝制曰風化實始于閨門褒榮必齊乎伉儷此朝廷之
異數所以勸羣臣者也爾河南開封府許州知州邵

寶妻顧氏幽閑素秉柔順自持克相其夫居官弗懈
玆特封爲宜人祗服茂恩永宜家室
制　誥
宏治六年六月　初一日
之　寶
世宗皇帝登極恩詔內一款
嘉靖元年四月二十五日欽奉
詔書節該內一款兩京文職官員父母見存先已受封其
子官職遷轉者許與子同後不爲例欽此

太淑人過氏先因其子南京禮部尚書任都察院右
副都御史受前封今進正二品太夫人服色
嘉靖元年五月初一日無錫縣知縣暢華等奉行
贈太子少保　誥命一道
奉
天承運
皇帝制曰國家優禮大臣式崇古道故懋功與德必官賞
之愈隆而哀死以生亦褒榮之盡兼玆惟令典匪獨
私恩故南京禮部尚書邵寶學兼體用才贍經綸甲

第馳聲郡符茂績入官郎署用贊計乎國儲出秉文
麾式敦嚴乎楷範歷司藩臬總計運漕中沮權奸尋
蒙特召任撫綏乎退域比進佐于司徒邦賦攸司載
明出納陳情請疏孝養彌隆宗伯之遷輒下使於問
里存問之典頒上諭于所司方切簡庸胡遽長逝玆
特贈爲太子少保謚文莊於戲禮以恩伸爰懋生前
之績德階寵著益裨身後之榮爾
靈有知命詞
歆服

制　誥
嘉靖七年五月　十四日
之　寶
諭祭文
維
嘉靖七年歲次戊子七月庚午朔越十日己卯
皇帝遣常州府知府張
諭祭於致仕南京禮部尚書贈太子少保謚文莊邵
寶曰惟卿學究本源才周經濟蚤登甲第首綰郡符

入列郎曹而才猷茂著出持文柄而軌範克端歷憲
臺而擢長鉅籓總漕務而兼巡內甸踐更既久勲績
益隆比進佐于地曹實僉諧于物議度支經國縉紳
許其樸忠上疏陳情鄉黨稱其純孝屢騰公薦超陟
春卿雖一日之養志不博乎三公而八秩之親階喜
登乎二品終制方將柄用卧病遽爾淪亡雖學古之
文可傳金石而用行於世未展經綸老成凋謝士類
悼傷易名文莊贈秩宮保式頒塋祭之典用備始終
之恩爾靈有知尚其歆服

附恭書誥命下方

國朝推
恩之典所以體孝而旌賢勸功也一品上及曾祖二品三
品及祖四品至七品及於父母雖耆令攸存皆惟其
人乃稱不然則歉不然則負有人心者宜於此焉自
邺之 臣寶 肅劣初以成化甲辰進士承乏許州知州
越八年凡舉於撫按者十有一章始擢員外郎視古
循良邈不可望乃被
誥贈我先臣溥爲許州知州封臣母過氏爲太宜人拜
命來在部在臬在籓又越十有六年承乏都臺之佐總漕
中邦方勉圖報稱未及數月丙忤宄璫久稽薦罰卒
遣致仕家居璫誅後起廢巡撫貴州尋遷戶部侍郎
又以
詔恩贈我祖考臣鎬爲右副都御史祖妣楊氏爲淑人
先臣加贈如祖而臣母加封太淑人於是臣以母病
請終養既蒙
皇上俞允會上
三宮尊號進臣母太夫人服色顧臣之否德罔庸何以當

此仰惟
祖宗典法之隆
孝廟恩禮之厚
毅皇帝覃布之勤
皇上眷顧之隆臣以病子侍衰母既缺寸補復荷
曲成履地戴天措躬無所孔子曰君使臣以禮臣事君
以忠忠則未効而叨冒
上施至於再三雖深愧懼如報稱何茲營太淑人壽藏成
謹以再蒙

誥詞刻之豐碑樹於神道與茲山永綿無極臣不佞敢
拜手稽首識於下方云

舊叙

文莊公冉涇支譜叙

冉涇遷自新橋遠矣吾祖自冉涇始志所知也冉涇曰容
春府君自容春至寶凡八世族之衆散處者若干人五牧
冉涇斜橋爲耆寶於南塘繼高之宗也幼也孤莫知攸敘
嘗得從伯祖廷珪手畫圖系焉因稍輯錄以備觀覽及登
第入官出入內外嘗以自隨再質於知譜者凡若干年而
後成編繼而獲復冉涇故居爲今第即容春軒遺址闢爲
精舍又若干年　賜告侍養歸自戶部乃作四代家廟如
典而容春府君則歲修冬至之祀肇祀之歲羣宗咸會
譜於是始刻惟君子之論宗法尚矣大宗之分非小宗之
所敢與也然在我有不敢諉者居可復也祀可舉也刻茲
譜之修其敢弗率義起而志從之其亦吾分爾哉寶不肖
年且暮矣而道不加修嗣猶未能承也族猶未能贍也蓋
爲是愧且懼者久矣故於譜也慼謹書之首簡
正德乙亥秋九月朏八世繼高小宗子通議大夫戶部左
侍郎寶書

按云八世者自容春公始也若從君協公始則已十

一世奐又接廷珪諱鎮

陽湖公五牧支譜引

邵本康公姬姓食邑於召故曰召公召之旁加邑焉故曰邵伯公爲三公自陝以西召公主之甚得兆民和巡行鄉邑有棠樹決獄政事其下自侯伯士庶各得其所無失職者召公去而人民思之懷棠樹不忍伐爲之歌甘棠召公封於北燕以元子就封而次子留周室代爲召公至周宣王時召穆公虎以平淮夷功賚圭瓚秬鬯錫山土田而國加大爲之歌江漢自召公封燕九世至惠侯惠侯傳三十

世至王喜爲秦所滅燕以弱小國崎嶇强大間社稷血食者八九百年於姬姓獨後亡說者以爲召公之烈其後東陵侯召平秦滅種瓜東門瓜五色世稱邵平瓜云而信臣則以南陽太守顯民稱召父庶幾有甘棠之風焉晉唐以來世居范陽迨康節公雍葺親洛陽遂居河南高宗南渡孫諱勰者（又名諧字君協）自河南均州之新城扈駕南遷爲浙之新昌令後刺常遂家焉因爲延陵召氏有子五人曰福一福二福三福四福五福一居江陰福三居宜興福四居浙之餘姚福五居常熟福二之子曰亭六亭七亭八亭六居

武進生夢接（宋度宗咸淳元年乙丑進士）夢接生谷祚谷祚兩傳而至道元公諱全居錫之五牧三傳而全之孫錡徙西門亭七後裔居錫之冉涇亭八後裔居邑之斜橋而五牧一支在

皇明則自道元始因爲叙次使後世子孫知奕葉以來世有明德無忝前人云爾

嘉靖二十八年己酉桂月十一世小宗孫知長興縣事德

謹述

天啟癸亥年履泉公譜後跋

譜系之輯肇自文莊伯祖暨陽湖伯歷若干年不加輯矣

世遠跡疎支派湮沒况東遷西移即近派多不相識不肖顯宗深有愧焉奔走考訂六載有奇彙成一帙按邵之先山宋新昌令諱勰自河南新城扈高宗駕南渡擢刺常州因居延陵此邵之所自來也勰生福一福二福二生亭六亭七亭八亭六後裔居錫之五牧亭七生容春公諱均瑞居冉涇一傳而谷祥子洪徙南塘谷禎子仲周徙水閘橋三傳而仲周孫九齡徙九里涇亭八後裔居邑之斜橋而南塘一支則自容春公之孫諱洪始其後族滋繁衍且遷徙靡定難於敘次故自君協公而下以福二一派分爲三支又

散渙無統因各以一世爲始雖若分列而實則聯屬也但其間亦有遠居散處者考究無從姑俟詳覈未敢輕入以混亂宗支今以所知編次如左

天啟三年歲次癸亥臘月穀旦十三世小宗孫顯宗謹述

吟泉公重刻邵氏家譜叙

涵初愍不肖生年十五而孤　先贈公晴江府君生平肆力於根本之地　先八世伯祖文莊公祠宇傾頹論塋湮廢　府君竭卜數年之力修祠復墓舊觀以還修　覲山公以下三處祖塋立碑補誌植樹繚垣舉貧族久停之殯

硯田餬口家無餘儲而於宗族大事獨任不辭傾囊弗惜蓋誠篤之性賦於天也繼欲重刊　文莊公年譜刻　易亭公文稿甫擬鳩工遽得肝疾年方逾艾賚志以終涵初每憶幼時侍於膝下　府君授以家傳舊譜命觀之曰吾邵宗譜纂於春城春城者名辰燦斜橋支後裔也乾隆辛亥歛鄉人貲私刻五牧冉涇二支之譜混亂錯雜而爲之而彼斜橋一支轉不列於譜中嗚呼五牧冉涇二支何與乃公事而顧見利忘義之至於斯也　府君每言及此必爲悵然者久之今　府君見背二十有八年涵初年逾強仕無以承　先志兼鐸黃浦官冷事閒遂因舊譜編成十卷釐爲八圖祇修本支之可考者三圖其餘五圖則自天啟癸亥以後未經修葺至今二百一十二年之久茫茫不足徵矣若不急付剞劂以昭示將來則自有宋　君協公以下二十餘傳之子姓勢必至真譌混淆將可以傳信於我後之人而　府君之志亦不能慰於冥漠中也

道光甲午春正月十八世小宗孫教諭管阜寧縣訓導涵初謹述

癸酉年重修延陵邵氏會統宗譜引

吾家邵氏本康公姬姓食邑於召故曰召公召之旁加邑焉是謂邵姓晉唐以來世居范陽逮宋先儒康節邵子諱雍塋親洛陽遂居河南高宗南渡其孫君協公諱諰原名渲自河南均州之新城扈駕南遷爲浙之新昌令後擢常州路刺史因家焉有子五八曰福一居江陰子二名壽一壽二稱望族有譜福二居錫邑之新橋子三亨六亨七亨八即爲延陵三大支福三居宜興今爲永定邵氏後有半江公譜福四居浙之餘姚至今科第顯宦不絕亦有譜福五名公翰宋進士以通直郎爲常熟令遂家於此亦有居

蘇州者簪纓綿盛後定確公有譜亭六子醒庵公諱夢接
宋咸淳乙丑進士兩傳而至道元公諱全居邑之五牧遂
元公孫諱錡者始徙西門後爲州巷支有　國朝康熙乙
丑科拔貢授山西芮城知縣行取工部都水司主事簡江
南道監察御史歷掌京畿等道管登聞鼓院事世襲輕車
都尉璣亭公諱璿爲道元公之八世孫也讀書相傳已十
有三代于茲矣明嘉靖丁未聯捷進士福建浦城縣知縣
　欽取給事中崇祀名宦祠陽湖公諱德者附亦輯譜爲
道元公之五世孫也亨七子容春公諱均瑞徙居邑之冉

涇里其傳至八世明正德朝太子少保南京禮部尚書
勅建惠山專祠給　格致祭諡文莊公諱寶公沒後以諱
煦爲嗣煦卒諱勲嗣之至五傳而絕明應生澂夫公諱澄
者公之嗣元孫因圖修公祠而至楚游沒於中途此公之
後遂不久焉記載省郡邑志云乃前有鄉族之修譜者冒
稱的裔鄉愚無知假手於譜師以致紊亂宗支爲之可歎
亨八居邑之斜橋其傳至十三世有明天啟壬戌進士累
擢山東右布政使軍功加一品服俸宦績載入明史有齋
公諱名世自公而起曾九代遊庠其中科宦亦綿綿也此

凡畧叙淵源之始今各處宗支不及悉載焉惟吾邵氏之
輯譜者自明迄今冉涇支文莊公五牧支陽湖公天啟間
履泉公諱顯宗及　國朝斜橋支後裔某並道光甲午係
吾祖父道光乙酉科拔貢元　廷試二等授江蘇阜甯縣
訓導陞直隸南和縣吟泉公諱涵初先後均各纂修三
大支譜各歸宗派彙成一帙乾隆間冉涇支雲鵬刻譜已
多舛錯以後相習成風甚至有目不識丁者亦出而纂修
大統文肅因邀同族繼欲重修爲之更正適在舉行値洪
中一變遂中止焉茲族人亟圖修輯於余有不可緩者咸

相告曰吾邵氏代有聞人素遺宗族圖考世傳乎澤前有
訛本先人尚以未辨爲憾況今年久失修兼遭亂離一誤
豈容再誤爲子孫者理宜圖之所謂溯本追源此譜之則
不可緩修者也上足以慰諸先靈下可傳信於後啟之人
耳文肅雖有出山之念而族人委諸大事理應獨任其勞
義不容辭云茲先作譜引備　覽

附載建祠引

慧山聽松街文莊公祠創建於明公沒後奉　敕建專祠
官斯土者偕邑士大夫以公之二泉書院改爲之明季時

公之門人後學諸君子屢經增葺旋修旋廢因無的裔保
守祠屋劄去過半轉輾相售或改民房或作僧寮爲邑紳
士復之時州巷支裔吾之六世祖　誥贈江南道監察御
史晉襲輕車都尉天一公諱永源當道者請公經理此祠
得以復如前式祠後惟吾支世世相傳永歸主祭中間叠
次歲修皆獨任其事未假族人之力焉乾隆間天一公曾
孫　勅贈淮安訓導邑志孝友有傳香谷公諱綸錫是吾
之曾祖也追復慧山繡嶺公之諭塋捐置墓田並增祠屋
意圖經營而有志未逮詳載邑志及顧觀察光旭爲之記

碑於祠中道光間吾祖吟泉公歸田林下仰承先志才興
土木則規模宏敞爲之煥然一新增勝於從前者倍之又
追復論塋餘地統修公墓周圍有七畝之廣修飾點易臺
十五景益以新增八景爲二十三景臨川叠石濬泉築有
兩年之久費出鉅款而吾祖一生心血盡在于此庚申後
祠內牆壁皆無遂於甲子年起漸修漸增至今尚未告竣
款無所出惟吾獨力難支頗躊躇焉追遣祠者祀康節公
君協公及以下名房支祖附祀吟泉公於東室以追溯一
本之源使爲子孫者彰彰可考理亦宜之特此附記以告
來者
同治十二年歲在癸酉正月吉日小宗孫花翎知州銜分
發補用縣丞世襲雲騎尉文燾謹識

譜小序

古者國有史內外史職之周禮內史掌書王命外史掌四方之志是也邑有志家有乘小史職之周禮小史掌邦國之志奠系世辨昭穆是也其用大小不同總之不離史者近是故作者必有例焉十二本紀十表八書三十世家七十列傳遷之例也十二紀八表十志七十傳固之例也例以著義則事有經矣義以達辭則文行遠矣譜雖微非史之一體乎哉夫君子立言必有所由來述例義第一

夫邵氏之有譜舊矣祖康節而宗景湝太一公舊譜本

也斷自始遷實祖景湝默齋公所修本也禮稱別子爲祖繼別爲宗後世譜牒家乃以始遷一方者倣別子默齋泥其說而祖景湝似已舛按康節生伯温伯温生溥溥卽景淳公則景淳實嫡孫非別子也別子不得禰其父而嫡孫不敢不祖其祖別子不父其禰故得爲始祖嫡孫當祖其祖乃弁髦其祖而自爲始祖安乎否乎吾譜謹按太一公舊本仍祖康節公而著代則自始遷云

蘇洵曰今天下之人惟天子之子與始爲大夫者得爲大宗其餘則否獨小宗之法猶可施於天下故爲族譜其法皆從小宗然歐蘇譜率五代而遷又令凡嫡子得各自爲譜乃知不通於今矣吾譜之作合二十世通譜之每五世譜爲一圖則仍小宗遺意云

蘇氏之爲族譜也其言曰自吾父以至吾高祖仕不仕娶某氏享年幾某日卒皆書而他不書詳吾之所自出也噫何示不廣也人之欲詳其親而不沒親也與我同我詳之而人畧之其誰曰非私也吾譜之作推而至於族人凡生卒可考悉書之至吾所自出者皆曰諱某而

他直書名從蘇例也

聞之長老曰我邵氏散處者有三宗焉戍滇南者曰信曰同則洪武間始也籍北京錦衣衛者曰忠則正德間始也遷宜興永定者曰豹一公則元時始也蓋各自爲宗矣是其初也皆一人之身也乃喜不慶憂不弔老死不相往來者於今數百年逖哉邈乎蓋傷之也故吾譜之作必謹書其始遷之人其繼世則不書何也曰遷之以後予則安能知焉

夫無子而後他姓非禮也鄫以莒人之子爲後春秋書

曰莒人滅鄫蓋重誅其亂宗也

夫殤子不書例也殤而竟殖其嗣則書憫無後也妾不書例也妾而生子則書以著代也書女而及其夫書妻而及其父皆牽連得書何也厚姻戚也婦改適則廟絕不書亦例也

上古簡撮稱名而無字周之靡文乃有字焉有字而不以稱又爲號焉是文之敝也濫已沿而至於市民販夫莫不號焉謚濫已君子羞之矣吾譜直書名書字而號不概書其猶行古之道也夫

邵氏譜序

粵稽邵氏之先出自周召公奭後加邑爲邵則自三代以來其爲名世也遠矣秦漢之時散而復合合而復渙其間四布而不可紀唐太宗勅修天下譜牒退新門進舊望左膏粱右寒微合一百九十三姓千六百五十一家邵氏亦與首稱焉自皇宋南渡子姓扈蹕散處四方有居於臨安者有徙紹興慶元者有徙建康毗陵者有徙歙與揚州者有徙姑蘇雲間者有徙江右南昌及撫州九江者有徙福建建寧泉州及廣東崖州南雄者綿綿繩繩衆莫與競今

丞相公顗大學士公亢德業煥赫爲時名宦尤稱極盛而又有譜牒以貽後人世臣喬木端在斯矣嗟夫古稱名世有二人品與家世而已俯仰今昔不可得兼而邵氏子姓則並有之此其所以爲名世也此邵氏之譜所由作也爰率筆而序之

宋紹興三十二年觀文殿學士潁川陳康伯撰

邵氏譜序

予嘗仰觀乾象北辰爲中天之樞而三垣九曜旋繞歸向譬猶至尊而無敢不拱焉俯察地理坤維爲華夏之鎮而

四嶽八表通峯接巘譬猶至親而無敢不本焉此尊親一理而忠孝一道委之者謂之迅遺之者謂之棄慢之者謂之褻無將之戒莫大於不忠五刑之屬莫大於不孝爲人臣所當鞠躬盡瘁爲人後所當愼終追遠而不可一毫或忽者也今閱邵氏譜牒上遡姓源之始下逮繼世之宗明昭穆以尙祖也系所生以尙嫡也叙長幼以尙齒也列象贊以尙思也非大忠大孝者而能之乎噫世之去祖未遠而問其自憒然者愧於邵氏多矣

宋乾道八年春正月翰林學士兼知樞密院使歙州汪徹

題

邵氏譜序

聖人制禮莫重於宗族宗族之辨莫詳於譜書譜書之傳莫大於宗法有百世不遷之宗有五世則遷之宗祖遷於上而宗易於下祖宗之傳序人道之本也古者系出支錄小史之官所以定世次之承辨昭穆之別俾後世子孫知其宗族所由來親疏所由別聯疏以爲親敦本以睦族莫善於譜矣後世譜牒不修宗法不講數世而下相視如塗人尚能篤親親之道而追崇其祖也哉此邵氏譜牒所由

輯也邵氏出自博陵召公奭之後由周而來歷千百年今丞相顛大學士亢惓惓然統其宗析其族而輯譜以貽後人心甚盛也然余聞之譜牒之作所以考古而徵前信今而傳後也非其裔而强承之不智得其宗而故棄之不仁邵氏之譜以陳尚書執中公爲始祖其他詎莫考者槩闕如焉亦惟是宗其宗而弗冒他人之宗祖其祖而無舍自出之祖也斯免不仁不智之譏矣爰書之序

宋紹熙五年春王正月監察御史工部尚書謝鍔撰

陽湖公小傳

陽湖公諱德登嘉靖丁未進士初授長興縣辛亥起服授福建浦城縣其在長興時德政覃敷恩及禽獸不可殫述特錄其逸事則德政之全可知蓋縣治中有遇一猛虎者騰躍而來不料騰于大樹之上兩大枝夾其腰項遂力無所施其人與之言曰我若救汝汝還傷我否虎即顛頭以示不傷之意其人即鋸其旁枝虎遂一躍而下且顛頭而去須臾間即將山中野獸數枚以爲酬謝禮更可異者又負一女子以爲之配其人即問其女曰汝爲何人女答曰乃宦家之女也其人即欲送還女曰汝即送還必以爲與

汝有私矣不如遂成夫婦同往歸甯明言虎事則吾命可保卒聽其言遂成翁婿鄉人駭異因作亭其上名曰義虎亭且詳記其事勒之于石至今尚存可考而知也此特其逸事耳然德政之入乎人心及乎禽獸于此可想見其全矣其在浦城應不異是故特記此以誌不朽云

賜進士第江西布政司使年家眷弟同邑秦梁拜撰

邵氏譜牒

夫家之有譜牒蓋爲世遠代與支脈繁衍甚有蔓延而莫之考上無以綿宗公之遺澤下無以聯祀屬之餘裔日疏

一日將祝族類爲塗人說非增彙圖帙不知究竟何似邵之先世舊矣邵之流族繁矣邵之宗譜逸矣履泉君雅務追遠之義推廣二泉翁之德慨然輯而新之亦盛舉矣無論奔走伏臘之勞歲時考訂之苦家貧力弱不避流言不惜重費搜其根而析其枝本本源源鮮有紊亂千載而下如在一堂目斯譜者靡不艷心悅服志禮不斐重嘉其志敢贅一言於左

賜進士出身

嘉議大夫翰林院衛提督四夷館太常寺少卿前尙寶司

正卿愚甥姜志禮頓首拜撰

重修延陵宗派引

邵氏共有數十餘支吾祖自召康公始封于北燕郎今之燕京是也其時元子就封次子留周代爲召公厥後召穆公虎輔佐中興更錫山土田而國于周是又一支矣東陵侯召平種瓜長安則家於長安者不少亦一支也而信臣則以南陽太守顯晉唐以後則世居范陽是爲范陽派迨宋儒康節公葬親洛陽遂徙河南又爲一派南渡後有諱緦者爲浙之新昌令後刺常州遂居延陵又爲延陵派矣有子五人曰福一福二福三福四福五福一徙江陰福三居宜興福四居浙江福五居常熟福二則徙無錫是一派而分爲三派矣生子三人長子亭六次子亭七三子亭八亭六遷居五牧子諱夢接登進士生谷祐是爲五牧支派亭七又分居冉涇生谷祥谷禎又爲南塘水閣橋派亭八居邑之斜橋此南遷以來之大宗也小宗居于五牧之西社則自道元公諱全者始道元又有三派承事郎諱洪洪子諱昱爲義官孫諱一經曾孫三長諱源號陽湖登進士歷任長興浦城知縣行取戸科給事中次諱復邑庠

生三諱衎玄孫七長諱伯良次諱秉爇俱庠生又次諱秉謙諱淵諱英諱對揚諱世揚而冉涇南塘四派與五牧道元三派俱係福二公之後至十一世有文莊公諱寶者得感山靈爵居極品然散處城中徙居鄉里蓋二十餘派若錫之九里涇又青暘泰伯新安後洪三鄉渡俱八文蔚起返而數之誰非水源木本之親然世遠年邁幾混而無別獨張皐庄楊家圩與五牧西社合修一譜非敢有所遺也蓋取其近而可稽無有一人之不登于譜耳至世系之綿長子孫之蕃衍則又待後人之修輯焉五牧支十八世孫

掄謹識

附錄舊序

邵氏宗譜序

古帝王馭世臨民不獨生養之而且教化之始則因生賜姓以表其源續則分族命氏以疏其委而天下共由之固將以仁孝治天下俾斯民知尊祖敬宗而相勸於親親也顧後世宗法廢而禮教衰蚩蚩之氓羣昧所生而近世士大夫家尙有祠堂家譜二法稍延先王遺意所重憂者氏族之學亦久不講其爲譜非亂則非誣不有君子孰從而正之邑先正邵文莊公二泉先生道德文章開來繼往誠

在史乘名滿寰區有非末學所能贊頌者余不敏幸附世講私企典刑嘗竊見許州時手輯譜稿斷自七世祖容春府君爲始而以南塘與冉涇址當漆沮何謹嚴之至也然自東陵以下西都而上未嘗不皇然念之曾見卷首原譜一帙中夷考當年若同邑陽湖公西澗公吳郡則北虞公宜興則半江公亦時相倡和留西堂之什文莊於一脈源流殆非恝然忘者且郡邑先賢湮沒者衆獨文莊去今幾二百祀而山間書院榱題無恙泉石增馨遠近學者每過而矜式焉而宗人子弟莫不欣欣然願習禮於其側卽如

方伯有齋公文章理學克紹前謨謂非承先啟後有黙孚焉者乎惟是此譜自公元孫徽夫先生繕修後無踵事者奚以聯合本支而觀法烈祖也壬申秋仲裔孫瀛丹衣夫兄弟適招族孫輩當秋丁釋菜同集山祠言及而心傷之爰相與遵公譜法復繼祖澈夫先生之志遡本追遠以康節公爲首派收拾爲編不期月而告成以示余并請爲序余一展閱間則提綱挈目審義歸同合之而不失誣分之而不入亂竟欲合歐蘇二法而有之竊謂此一役也文莊之教爲不亡而世澤孔長從此益可卜矣嗟乎帝王傳統

不無廢興功臣子孫原有仕止獨聖賢之後與天同歷耳孔門四氏有宋五儒誠可爲前賢今以邵氏視之亦何慚後人試即斯譜以推則是公奭之後必有召虎康節之後宜生伯溫繼自今相與講明仁孝之道追復先王親睦之風由與一家以興天下者未必不以此爲肇始吾能不爲之睪然以思躍然以起也詩曰貽厥孫謀文莊有焉又曰念斯乇祖諸邵有焉是爲序

康熙三十有一年歲次壬申正月中浣同邑中表後學秦松齡留仙氏頓首拜撰

重修宗譜序

從來家乘之作所以誌先代之攸始續後代之無窮世系分明尊卑秩序雖則遲之數百年後瓜瓞綿延析居分散不可亂而有所考也今家乘之流弊不一一在援勢望而藉其顯赫聲名雖漫無可稽之別族以之混入宗支可鄙孰甚一在昵富厚而利其貲財酒食雖從未相識之流裔以之謬相稱謂何賤如之若夫贅壻之非同宗養子之非正緒與夫螟蛉遊聘之各自有家竟以列諸家乘何異風馬牛之不相及乎余謂譜之當修應取歐蘇之法止據所

知以爲始祖因以序昭穆明彖介辨嫡庶上承下繼世序昭然而譜法于是乎在矣若夫廣羅冒合以至奴隸之輩亦濫附以誇世族之繁且盛固君子之所不取也吾宗之式微甚矣然向以詩書世澤恪守祖規爲雖寒素而不失爲踽踽涼涼之士雖貧困而猶願爲不屑不潔之人所謂傲骨猶存者是也茲欲舉吾宗之舊本而續修之惟冀世系尊卑務必期於不可亂而有可考焉爾

康熙歲次壬申季冬十六世小宗孫錫璠謹述

邵氏宗譜序

譜之爲義亦大矣哉不大於聲宦名家圖功稽績傚人之耳目大於清本尋源考眞辨僞識親疏別名分也夫本源不清眞僞莫辨遂有非族之同姓賄竊舊譜冒列前行殊可憾也惟賴家乘一覩眞僞親疎名分之辨犀照洞然譜之爲義亦大矣哉甲戌仲冬邵子衣天集譜告成請序於余余卯世誼難辭勉爲呵凍畧述數言夫邵氏之淵源其來舊矣始自召公奭造周分封燕地世職侯疆後秦漢間名臣世宦碩彦奇英莫可贅述迨宋儒康節公道宗孔孟學冠古今洵稱王佐之才望重清閒之譽至孫勰公爲毘

陵刺史風清常郡澤被蘭陵及文莊二泉先生東林先達理學名臣歷任戶曹命膺宗伯願爲眞士夫無爲假道學著日格子十三篇定性書凡七則久矣學海文淵誠哉道航聖讀家聲冠冕世胄簪纓原不待余之備述先以震爍寰區矣獨衣天性秉純孝志繼斯文念家乘之荒疎思族中之散渙爰是任勞任怨冒暑衝寒不辭佈告之艱喜有樂成之慶當得同心好義者靑暘則有茂生新安則有九培張皐庄則有明尉三鄉渡則有于莊子孝泰伯則有鳳德仲芳冉涇則有藎臣后洪則有君達君逑也賴此數人之嘘拂瀟洒之亟公今幸告成閱之家廟本源從是而清眞僞從是而辨親疎名分從是而別則凡賄集舊譜僞列前行者烏得而逼其用也哉譜之爲義亦大矣哉

己未

召試特賜翰林院左春坊左諭德丁卯山東正考官浙江提督學院經局司洗馬通政司使太常寺正卿毘陵周

清原撰

附錄斜橋支舊譜序

譜學之不講久矣近時鄉村里巷中戶花尊而家桐木往

往詳遠畧近遷卑就高欲播休光反形醜拙則是非無譜之患而有譜之患也然則譜可無作乎先王制禮教天下以孝弟之道由中正之塗無太過亦無不及制祖廟親盡則遷而祧主則藏別室爲之四年一祫也制喪服止於九族刹至緦麻而袒免尚餘二代也後儒維得此意爲之節文是故不祀遠祖而冬至必祀始祖旣嚴辨宗姓異同不稍假易尤競競於尊祖收族之道由此言之譜也者一家之禮籍不可廢也亦在謹之而已矣邑邵氏出康節先生之後建炎間有諱勰者自河南扈宋蹕遷江南由新出令

判常郡有子五福一福二福三福四福五分五支析居餘姚無錫宜興常熟四邑其居錫者福二也又分三支亭七居冉涇傳十一世而至文莊公二泉先生有譜而斷自容春公亭六居五牧傳十二世至大命陽湖先生有譜而斷自道元公亭八居斜橋傳十三世至方伯有齋年先生有譜而斷自靜虛公各自爲編不相攙和蓋其謹如此然讀文莊手敘明言族衆之散處者若干人五牧冉涇斜橋爲著陽湖有齋追敘適符則由分求合之意未始不存於其間今三支子孫式好往來百年來如一日念派分則徑雜

於以防僞者之竄入其勢綦難於是相與取譜合訂之源委如前世次用昳益能講於譜學而謹之者也崇禎壬午刻將竣有齋請序於余余與有齋素相厚善同舉進士第義不敢辭竊謂讀譜者茍思所以分而合合而分之故也則得其要領而於惇叙萃渙亦瞭然矣是序

賜進士第奉政大夫吏部文選司郎中前承德郎工部都水清吏司主事華允誠拜撰

洪荒開闢邈矣禹奏平成錫之土以立國錫之姓以立宗而姓氏昉此矣自夏及商吾邵無所考至周召公奭以姬姓懿親食邑於召爲三公主陝以西邊行南國召公既沒元子就封於燕次子留畿內代爲召公宣王時召公虎承王命平淮賜山川土田而國益大後世於召之傍加邑爲邵此吾邵得氏之所自來也漢唐以來世居范陽至宋初有諱令進者以軍功事宋太祖始居衛漳之間三傳至康節先生諱雍從父居共城晚居河南巍然爲一代大儒葬親伊闕因家焉此吾宗之所自始也高宗南渡後康節之孫以扈蹕南從有諱䆗者遂家於常再傳而居崇甯橋之七圖（今稱斜橋也）元末有靜虛公諱偉鄉貢出身隱居不

仕元以人才薦亦不赴入國朝有司以邵爲世儒得占儒籍二子長諱思仁次諱思毅俱入邑庠此吾崇甯橋邵氏之所自起也溯流至源循本及枝不可歷歷而考耶惟是吾祖父以來樓宇屢遭回祿譜牒書籍盡燬靜虛公以前世次名號不可復詳士弘年已八十謹據少壯記憶及誌傳可考者手爲纂集斷自靜虛公始惟冀後嗣子孫遠稽世系仰慕前修無負垂裕之意云爾

萬歷四十八年荷月朔旦裔孫士弘百拜謹序

振年十四 先君子捐館舍侍我 母史孺人育於毘

陵郡城舅氏時　母舅文學度熙公暨封翁青佩公彙輯史氏宗譜振誦讀之餘時時繙閲信乎別支合族木本水源如指紋螺其書殆不可廢也厥後館於外家諸表弟姪皆從遊維時我邵氏譜之修與不修蓋亦未暇深考歲丙子屢躓場屋家計愈艱　孺人命不肖振供果亭秦使君任川中課讀諸子兼習幕務以爲餬口資暇時每竊自歎年近三十而我邵氏之世系昭穆懵然不知是將何以爲人耶壬午自蜀歸遍搜　先人舊稿而得　七世祖繼川公所輯家譜取而讀之蓋秩如也

顧自繼川公迄今又百有餘載我邵氏式微已甚而我六世祖方伯有齋公以後子孫相繼已歷八傳亟宜續纂以紹前人之舊業以備後嗣之叅稽爰布告宗支服屬各將本房名號生卒配塟子嗣録以付予其遲久之至者振即親詣各祠按木主録出分别編次彙成草本仍集　先人誌銘傳贊與槩朝　誥敕列於簡端藏諸行篋以示無忘甲午夏振重遊嶺表乙未寓居羊城因以續譜稿本更加校閲適佘壇子君（名光華號惺介壇邑諸生與予爲莫逆交蓋道德信義人也）見之頗爲許可并慫恿付梓爰自四月鳩工至六月上浣刻成因伏念予　先君子所志焉未逮者今得於數千里外克蔵厥事幸矣但以振不肖不能早自樹立博取顯榮以光宗黨而僅區區譜牒之修遂足慰先靈于地下恧彌甚焉異日者凡我宗族子姓奮興有人而於別支合族木本水源之意永無廢墜即以是書爲承　先啟後之書又振之所厚望也幸宗人鑒之

乾隆四十年六月十四世孫振頓首敬跋於羊城旅舍

案自歆公十四世者係自靜虛公爲始也

得姓溯原　宋元豐甲子潞安陳披裔孫青述

得姓祖傳

周太保召康公姬姓諱奭其先黄帝之後周文王之族子也相文王典治南國作邑於豐分岐之召地爲公采邑因采爲氏曰召公奭武王既克商分封諸侯乃封公北燕輔佐成康保乂周治及甘棠之化備載詩書史記不具述後元子就封次子留周室代爲召公宣王時召穆公虎其裔也燕四十二傳至王喜爲秦所滅於姬姓之國獨後亡

封燕世次

周成王封召康公元子於燕伯爵傳至惠侯已九世前無考

僖侯　頃侯　哀侯

鄭侯　宣侯　穆侯

桓侯　莊公　襄公

桓公　宣公　昭公

武公　文公　懿公

惠公　悼公　共公

平公　簡公　獻公

孝公　成公　湣公

僖公　桓公　文公

易王　王噲　昭王平

惠王　武成王　孝王

王喜

凡四十二君共九百零一年爲秦所滅燕太子丹

以後世次

太子丹有子曰臻臻子匡匡子賁賁子二長曰平字仕衡仕秦封東陵侯次曰歐字仕貴以中涓從高祖起沛累功封廣武侯功臣位次第二十八卒謚嚴侯

涵初按秦史二十五年滅燕自王喜至東陵侯未及二十年豈有五世之理康節公孫公濟公諱博作諫村譜辨辨正之今姑存此以俟參考諫村譜辨見後

郡望祖傳

秦東陵侯諱平字仕衡居九江仕秦封東陵侯今廣陵有東陵亭即侯所封之地也秦始皇所爲無道侯謝職耕故里隱長安城東爲布衣家貧學圃種瓜瓜美有五色之奇世謂東陵瓜云從侯始也漢興累辟不起呂后邪蕭何計

誅諱信高祖聞之益封何五千戶置衛諸公卿皆賀侯獨
弔語在史記蕭何世家中齊王襄聞侯賢乃親執玉帛聘
侯侯起代曹參爲齊王相齊國以理大稱賢輔呂后崩諸
呂聚兵以滅大臣欲爲亂朱虛侯劉章以呂祿女爲婦知
其謀乃陰使人告其兄齊王令發兵西誅諸呂因立齊王
王乃與舅駟鈞中尉魏勃陰謀發兵侯聞之諫勿發王弗
聽欲謀殺侯侯乃奪兵入衛王宮以禁王不得發魏勃紿
侯曰王欲發兵非有漢虎符驗也而相君圍王禁之固善
請爲君將兵衛衛王侯信之勃既將以兵圍相府欲先殺

侯而後發兵侯曰嗟乎道家有言當斷不斷反受其亂遂
自殺文帝即位思侯忠節追封東陵侯謚節傳其子奴爲
東陵侯食邑一千四百一十戶十年四月癸丑改封黎湯
侯卒謚項侯孫遺後元五年壬午嗣三十五年卒曾孫延
元朔五年嗣食一千八百戶嗣十九年元封六年坐不出
馬給軍賜死削爵元孫伯興舉茂才官至諫議大夫伯興
生信臣

附

壽春祖傳

漢南陽府君諱信臣字翁卿始居壽春以明經甲科爲郎
出補穀陽長舉高第遷上蔡長其治視民如子所居見稱
述超陞零陵太守病歸復徵爲諫議大夫遷南陽太守其
治如上蔡府君爲人勤力有方畧好爲民興利務在富之
躬勸耕桑出入阡陌止舍離鄉亭鮮有安居時行視郡中
水泉開通溝瀆起水門堤閼凡數十處以廣溉灌歲歲增
加多至三萬頃民得其利畜積有餘乃爲民作均水約束
刻石立于田畔以防分爭禁止婚喪奢靡務出于儉約郡
縣吏家子弟好遊敖不以田作爲事輒斥罷之甚者按其

不法以好視惡其化大行郡中莫不耕稼力田百姓歸之
戶口增倍盜賊獄訟衰止吏民親愛之號曰召父刺史奏
府君爲百姓興利郡以殷富賜黃金四十斤遷河南太守
治行當爲第一復增秩賜金元帝竟寧元年徵爲少府位
列九卿奏諸上林諸離宮館稀幸御者勿復繕治供帳又
奏省樂府黃門倡優諸戲及宮館兵弩什器減過大半太
官園種冬生葱韭菜茹覆以屋廡晝夜蘊火待溫氣乃生
府君以爲皆不時之物有傷于人不宜以奉供養及他非
法食物悉奏罷省費歲數十萬府君年老累辭不獲乃卒

于官元始四年詔書祀百辟卿士有益于民者蜀郡以文翁九江以府君應詔歲時郡二千石率官屬行禮奉祠府君之塚而南陽亦爲立祠墓在南陽縣東北七十里故向城西北清水石偃上配夫人袁氏子三曰武莊芝芝歷官上黨太守進大中大夫子安仕光武皇帝初授太子舍人陞汝南太守生子二曰倫曰馴

加邑祖傳

漢河南府君諱馴字伯春南陽府君之曾孫也少習韓詩以志義聞德行高潔時人爲之語曰德行恂恂召伯春漢

明帝永平三年詔辟司徒府從事遷騎都尉奏彈不避權貴直聲動京師章帝卽位進左中郎將拜河南尹入授諸王經帝嘉其義學恩寵甚崇自東陵侯歷河南尹世有封邑乃詔加邑于召曰邵以榮之致仕歸後徵至京師代任隗爲光祿勳卒於官娶夫人馬氏子二曰岫崑岫仕至大中大夫岫子大將軍青州刺史烋烋子續續子驃騎將軍祥祥子關內侯夔夔子元遷元遷子太子舍人登登子征北司馬遵遵子紀（乩字子緯居壽春晉畢明辯拔西安令以孝聞徵爲太子諭德拜齊郡太守劉石之亂乃起兵勳王永嘉末隨元帝渡江寓居丹陽進武陵太守賜爵關內侯卒葬餘杭是爲南宗之祖右邈原係

從諫村譜錄出諫村譜者宋元豐七年甲子諫村支後裔諱青所述尚有丹陽祖子關內侯紀傳始新祖晉新安郡始新令出傳唐敕封烏龍感應孚惠王仁祚傳不備錄蓋邵有南北二宗康節公出北宗諫村休甯等支出南宗南宗之祖始于右關內侯紀故于加邑祖傳內錄至關內侯知而止後卽繼以康節公孫公濟公諫村譜辨）

公濟公諫村譜辨

司馬遷作燕世家言自召康公九世至惠侯三十四世至燕王喜爲秦所滅喜生丹丹生臻臻生匡匡生賁賁生平凡五十世考自召公迄平歷年九百豈有五十世此諸侯襲位之數也秦廿五年滅燕喜亡至東陵侯僅十餘年能有五世者乎舊譜註孚惠王二十五世至評事招公按唐

初及五季歷年三百五十亦無二十五世之理皆傳之謬也不可據自惠侯而上至召公奭十六世宣王美召虎之功召公維翰召公是似孔穎達以召公爲召公奭世本書云召虎者召公奭十六世孫也乃于燕世家十六世係首桓侯也非召虎蓋召公奭之後襲封燕矣而邵氏之邑于召者尙盛也齊有召忽死公子糾之難不詳其所出秦既滅燕召氏衰有召騷者與張耳同事趙王武臣爲左右相有東陵侯之弟召歐者高帝時以騎將定燕趙封廣武侯予係世襲其爵秦漢時可見者如此而曲江姓源乃云柰

有召不疑亦不見于史不知姓源傳于何書漢有召安爲汝南太守後漢郭躬傳汝南太守召夔非召安也吳有會稽邵疇字溫伯以死助會稽太守郭誕之究事魏有邵悌晉有邵榮與北齊有邵洪哲與兄伯川皆以節義聞唐有司門郎中邵師德刑部郎中邵知新殿中侍御史邵炅殿中彈糾御史邵瓊之吏部侍郎邵悅戶部尚書邵真長白山人邵正一或出平原或出汝南或出雁門蓋自兩漢而下無顯者迄我宋有出潤之丹陽者出蜀之郫者涿之良鄉者山川人士俱生也艮伊川丈人獨以使契丹爲屏景

德大盟之後聞道歸遷上谷共遷河南者甚盛嘉祐熙甯中康節公三詔不起著書曰皇極經世天下謂之安樂先生云邵氏在姬姓中甚盛秦漢以來史失其詳古有燕書今不傳唐藝文志有召信臣家傳十卷亦不見于世不勝恨哉

宋宣和五年春王正月裔孫博公濟拜書

附休甯支裔孫芳孫字伯華姓原宗系考敘

譜始於燕召康公原得姓也必欲世世而綴之則康公以下八葉雖史遷亦未由考夫國有故府而猶若無徵他尚何詰厥後自亡燕至東陵侯平僅十餘年也而系已五世自烏龍孚惠王至評事公招止三百五十年也而系已二十五世如宋宣和間博公濟之所指摘鑿鑿乎精且核矣第博出北宗而康節先生孫也猶於始新譜致不滿是必兩宗互相通譜故博爲書以訂之耳然博譜自祖四門博士延年傳九世而得康節先生雍又再傳而爲溥博二公與南宗隔絕已適迨宋中葉康節先生族孫名子規者來家湻安傳于應豹累官湻安縣男固知湻安之邵亦有南北二宗余懼後人迷其本始

故遡康公以明得姓中分晉關内侯紀以別南宗迄於諫村之三大支以識遷祖之所從始而節去複辭獨存故實用詔後來作姓原宗系考

考不錄

皇明洪武元年龍集戊申春三月朔旦裔孫芳孫拜手敬書

書傳姓遡原後

涵刻案南宗諫村譜以晉關内侯紀爲祖以別北宗則南北宗於西晉時已分矣明初休甯支裔芳孫伯華謂公濟公自祖四門博士延年此必及見北宗譜本而云然惜乎公濟公之譜今不可得而見也

諫村考

涵初案諫村舊譜及休寧譜俱云世居睦州清溪縣之諫村按舊唐書睦州本隋遂安郡萬歲通天二年移州治建德縣　清溪漢歙縣地屬丹陽郡後分置新安縣隋改爲雉山文明元年復爲新安開元十二年改爲還淳永貞元年避憲宗名改爲清溪舊爲睦州治所移建德　歙州隋新安郡漢爲歙縣屬丹陽郡隋於縣置新安郡武德改爲歙州　休寧吳分歙縣置休陽縣後改爲海陽晉武改爲海寧隋改爲休寧

康節公世系

邵古字天叟世爲燕人出自召公祖諱令進歷事太祖以軍校尉歸老范陽（在保定府定興縣）已而徙中山還衡漳父諱德新讀書爲儒早卒子雍字堯夫謚康節次子睦舉進士雍幼從父徙居共城（即定興郝縣）　人隱蘇門山下（在河南衛輝縣離城七八里有[illegible]存）結廬百泉之上其數學係共令李之才所授晚遷於洛（在河南洛陽縣其嫡裔世襲五經博士輝縣奉祀者亦有嫡孫居住）熙寧十年卒咸淳元年詔從祀孔子廟庭明崇禎間設奉祀生員一名邵承祖典其祀世

世相繼共二十七代正裔有述祖承祖繼祖接統述祖之子養敬養大養志養豫述祖之孫應祥起祥歷代典祀康熙　年奉　旨世襲五經博士康熙四十二年癸未勳適館于衛郡蘇佳嗣署內因閱府乘偶錄之以備後之覽者

邵氏本源

鼻祖諱令進後周時以軍職佐宋藝祖定天下第功授將軍家衡漳冢子世其官次子諱德新隱德弗耀家范陽生子古號伊川丈人以明經教鄉里娶李氏生子雍娶楊氏

生子睢迨天聖中避地遊共城登蘇門山曰爾雍乎爾知
孫登之爲人乎吾所向也遂隱山下終其身葬伊闕神陰
原
雍字堯夫始念親葬所號伊川後名所居曰安樂窩自號
安樂先生又號無名公元佑中賜謚康節公事父母及繼
母至孝而友于其弟布袍蔬食躬樵爨以養父母平居屢
空怡然有所甚樂少自雄其才慷慨有大志於書無所不
讀諸子百家皆究其本源闢廬于百源山中獨處其間堅
苦刻勵寒不爐暑不扇夜不設榻口不再食王勝常乘月

訪之見其燈下正襟危坐覃思於學李之才授以河圖洛
書伏羲八卦及六十四卦圖象由是探賾索隱妙悟神契
多所自得著書十萬餘言名皇極經世書觀物內外篇漁
樵問答擊壤集傳於世卒年六十七配王氏生子二伯溫
仲良葬父兆之側

敬後錄
康節先生曰所貴乎世族者以其祖宗德業之盛子孫生
聚之衆也然盛而弗傳猶弗盛也衆而弗親猶弗衆也烏
得以爲世族也哉欲傳與親惟修譜系譜系既修則文獻

足徵盛乃可傳名分有序衆乃可親我祖肇蹟晉陽衍澤
關西拓業蒲城分宗洛下祖宗既盛子孫益衆雖有譜書
以載其美而所以世濟之者則在後之人耳凡我子孫宗
譜必二十年一修六十年三修庶無遺亡之失
墳墓者祖宗體魄所安孝子慈孫所思世守而不忘者然
歲月云邁時勢不常一失查理下同荒塚至於世遠人亡
時移物換或有墾爲田地掘爲溝渠者可勝惜哉凡我子
孫於祖宗墳墓記以碑石刻其上曰某祖之墓則世代雖
遠碑石猶存平毀之患於茲可免

宋史道學傳
邵雍字堯夫其先范陽人父古徙衡漳又徙共城雍年三
十遊河南葬其親伊水上遂爲河南人雍少時自雄其才
慷慨欲樹功名於書無所不讀始爲學卽堅苦刻厲寒不
爐暑不扇夜不就席者數年已而歎曰昔人尚友千古而
吾獨未及四方於是踰河汾涉淮漢周流齊魯宋鄭之墟
久之幡然來歸曰道在是矣遂不復出北海李之才攝共
城令聞雍好學嘗造其廬謂曰子亦聞物理性命之學乎
雍對曰幸受教乃事之才授河圖洛書伏羲八卦六十四

卦圖像之才之傳遠有端緒而雍探賾索隱妙悟神契洞徹蘊奧汪洋浩博多其所自得者及其學益老德益邵玩心高明以觀夫天地之運化陰陽之消長遠而古今世變微而走飛草木之性情深造曲暢庶幾所謂不惑而非依倣象類億則屢中者遂衍伏羲先天之旨著書十餘萬言行於世然世之知其道者鮮矣初至洛蓬蓽環堵不庇風雨躬樵爨以養父母雖平居屢空而怡然有所甚樂人莫能窺也及執親喪哀毀盡禮富弼司馬光吕公著諸賢退居洛中雅敬雍恒相從遊爲市園宅雍歲時耕稼僅給衣

食名其居曰安樂窩因自號安樂先生旦則焚香燕坐晡時酌酒三四甌微醺即止常不及醉興至輒哦詩自詠春秋時出遊城中風雨常不出出則乘小車一人挽之惟意所適士大夫家識其車音爭相迎候童孺廝隸皆驩相謂曰吾家先生至也不復稱其姓字或留信宿乃去好事者別作屋如雍所居以候其至名曰行窩司馬光兄事雍而二人純德尤鄉里所慕嚮父子昆弟每相飭曰毋爲不善恐司馬端明邵先生知之士之道洛者有不之公府必之雍雍德氣粹然望而知其賢然不事表襮不設防畛羣居

燕笑終日不爲甚異與人言樂道其善而隱其惡有就問學則答之未嘗强以語人人無貴賤少長一接以誠故賢者悅其德不賢者服其化一時洛中人才特盛而忠厚之風聞天下熙寧時行新法吏牽迫不可爲或投劾去雍門生故友居州縣者皆貽書訪問雍曰此賢者所當盡力之時新法固嚴能寬一分則民受一分賜矣投劾何益耶嘉祐時詔求遺逸留守王拱辰以雍應詔授將作監主簿熙寧初復舉逸士中丞吕誨等薦之補潁州團練推官皆固辭乃受命竟稱疾不之官熙寧十年卒年六十七贈秘書

省著作郎元祐中賜謚康節雍高明英邁迥出千古而坦夷渾厚不見圭角是以清而不激和而不流人與交久益尊信之河南程顥初侍其父識雍論議終日退而歎曰堯夫內聖外王之學也知慮絕人遇事能前知程頤嘗曰其心虛明自能知之當時學者因雍超詣之識務高其所爲至謂其有玩世之意又因其前知謂於凡物聲氣之所感觸輒以其動而推其變焉於是摭世事之已然者皆以雍言先之雍蓋未必然也雍疾亟頤就之訣雍曰前面路經須寬路窄則自無著身處况能使人行也司馬光張載程

顥長夕侯之將終其議喪塟事於外庭雍皆能聞衆人所言召子伯溫謂曰諸君欲葬我近城池當從先塋耳既葬顥爲銘其墓稱雍之道純一不雜就其所至可謂安且成矣所著書曰皇極經世觀物內外篇漁樵問對詩曰伊川擊壤集

附格言

曰上品之人不教而善中品之人教而後善下品之人教亦不善不教而善非聖而何教而後善非賢而何教亦不善非愚而何是知善也者吉之謂也不善也者凶之謂也

吉也者目不觀非禮之色耳不聽非禮之聲口不道非禮之言足不踐非禮之地人非善不交物非義不取親賢如就芝蘭避惡如畏蛇蠍或曰不謂之吉人則吾不信也凶也者語言詭譎動止陰險好利飾非貪淫樂禍疾良善如讐隙犯刑憲如飲食小則隕身滅性大則覆宗絕嗣或曰不謂之凶人則吾不信也傳有之曰吉人爲善惟日不足凶人爲不善亦惟日不足汝等欲爲吉人乎欲爲凶人乎

宋史儒林傳

邵伯溫字子文洛陽人康節處士雍之子也雍名重一時如司馬光韓維呂公著程頤兄弟皆交其門伯溫入聞父教出則事司馬光等而光等亦屈名位輩行與伯溫爲再世交故所聞日博而尤熟當世之務光入相嘗欲薦伯溫未果而薨後以河南尹與部使者薦特授大名府助教調潞州長子縣尉初蔡確之相也神宗崩哲宗立邢恕自襄州移河陽詣確謀造定策事及司馬光子康詣闕恕召康詣河陽伯溫謂康曰公休除喪未見君不宜枉道先見朋友康曰已諾之伯溫曰恕傾巧或以事要公休從若從之必爲異日之悔康竟往恕果勸康作書稱確以爲他日全

身保家計康恕同年登科第又出光門下遂作書如恕言恕蓋以康爲光子言確有定策功世必見信既而梁燾以諫議大夫召恕亦要燾至河陽連日夜論確功不休且以康書爲證燾不悅會吳處厚奏確詩謗朝政燾與劉世安共請誅確且論恕罪亦命康分析康始悔之康卒子植幼宣仁后憫之呂大防謂康素以伯溫可託請以伯溫爲西京教授以教植伯溫既至官則誨植曰溫公之孫大諫之子賢愚在天下可畏也植聞之力學不懈卒有立紹聖初章惇爲相惇嘗事康節欲用伯溫伯溫不往會法當赴吏

部銓程頤謂伯溫曰吾危子之行也伯溫曰豈不欲見先公於地下耶至則先就部擬官而後見宰相惇論及康節之學曰嗟乎吾於先生不能卒業也伯溫曰先君先天之學論天地萬物未有不盡者其信也則人之仇怨反覆者可忘矣時惇方興黨獄故以是動之惇竦然獨薦之於朝而伯溫願補郡縣吏惇不悅遂得監永興軍鑄錢監時元祐諸賢方南遷士鮮訪之者伯溫見范祖禹於咸平見范純仁於潁昌或爲之恐不顧也會西邊用兵復夏人故地從軍者得累數階伯溫當行輒推同列秩滿惇猶在相位

伯溫義不至京師從外臺辟環慶路帥幕實避惇也徽宗即位以日食求言伯溫上書累數千言大要欲復祖宗制度辨宣仁誣謗解元祐黨錮分君子小人戒勞民用兵語極懇至宣仁太后之謗伯溫既辨之又著書名辨誣後崇寧大觀間以元符上書人分邪正等伯溫在邪等中以此書也出監華州西嶽廟久之知陝州靈寶縣徙芮城縣丁母憂服除主管永興軍耀州三白渠公事童貫爲宣撫使士大夫爭出其門伯溫鬧其來出他州避之除知果州請罷歲輸瀘南諸州綾絹絲綿數十萬以寬民力除知興元府遂甯州汾州皆不赴擢提點成都路刑獄賊史斌破武休入漢利窺劍門伯溫與成都帥臣盧法原合謀守劍門賊竟不能入蜀人德之除利路轉運副使提舉太平觀紹興四年卒年七十八初邵雍嘗曰世行亂蜀安可避居及宣和末伯溫載家使蜀故免於難伯溫嘗論元祐紹聖之政曰公卿大夫當知國體以蔡確姦邪投之死地何足惜然嘗爲宰相當以宰相待之范忠宣有文正餘風知國體者也故欲薄確之罪言既不用退而行確詞命然後求去君子長者仁人用心也確死南荒豈獨有傷國體哉劉摯

梁燾王巖叟劉安世忠直有餘然疾惡已甚不知國體以貽後日縉紳之禍不能無過也趙鼎少從伯溫遊及當相乞行追錄始贈秘閣修撰嘗表伯溫之墓曰以學行起元祐以名節居紹聖以言廢於崇甯世以此三語盡伯溫出處云著書有河南集聞見錄皇極系述辨誣辨惑皇極經世叙觀物內外篇解近百卷三子溥博傳

堯夫先生墓誌銘　程顥

熙甯丁巳孟秋癸丑堯夫先生疾終於家洛之人弔哭者相屬於途其後親戚舊友又聚謀其所以葬先生之子泣

以告曰昔先人有言誌於墓者必屬吾友伯淳噫先生知
我者以是命我何可辭謹按邵本姬姓系出召公故世爲
燕人曾祖諱令進以軍職從事藝祖始家衡漳祖諱德新
父諱古皆隱德不仕母李氏其繼楊氏先生幼從父徙共
城晚徙河南葬其父於伊川遂爲河南人先生生於祥符
辛亥至是蓋六十七年矣雍先生之名而堯夫其字也娶
王氏伯溫仲良其二子也先生嘉祐初舉遺逸授將作監
主簿後又爲潁川團練推官辭疾不赴先生始學于百原
堅苦刻勵冬不爐夏不扇夜不就席者數年衛人賢之先

生嘆曰昔之人尚友千古而吾未嘗及四方遽可已乎於
是走吳適楚過齊魯客梁晉久之而歸曰道在是矣蓋始
有定居之意先生少時自雄其才慷慨有大志既力學慕
高遠謂先王之事爲可必致及其學益老德益邵玩心高
明觀天地之運化陰陽之消長以達乎萬物之變然後顏
然其順浩然其歸在洛幾三十年始至蓬蓽環堵不蔽風
雨躬爨以養其父母居之裕如講學於家未嘗强以語人
而就問者日衆鄉里化之遠近尊之士人之適洛有不之
公府而必之先生之廬者先生德氣粹然望之可知其賢

然不事表襮不設防畛正而不諒通而不汚淸明坦夷洞
徹中外接人無貴賤親疎之間羣居燕飲笑語終日不取
甚異於人顧吾所樂何如也病畏寒暑常以春秋時行遊
城中士大夫家聽其車音倒屣迎致雖兒童奴隸皆知懽
喜尊奉其與人言必依于孝弟忠信樂道人之善而未嘗
及其惡故賢者悅其德不賢者服其化所以厚風俗成人
材者先生之功多矣昔七十子學於仲尼其傳可見者惟
曾子所以告子思而子思所以授孟子者耳其餘門人各
以其所近爲學雖同尊聖人所因而入者則衆矣况後此

千餘歲師道不立學者莫知其所從來獨先生之學爲有
傳也先生得之於李之才之才得之於穆伯長推其流源
遠有端緒今穆李之言及其行事概可見矣而先生淳一
不雜汪洋浩大乃其所自得者多矣然而名其學者豈所
謂門戶之衆各有所因而入者與語成德者皆難其居若
先生之道就所至而論之則可謂安且成矣先生有書六
十二卷命曰皇極經世古律詩二千篇題曰擊壤集先生
之葬附於先塋實其終之年孟冬丁酉也銘曰嗚呼先生
志豪力雄濶步長趨凌高厲空探幽索隱曲暢旁通在古

或難先生從容有問有覲以飫以豐天不憖遺哲人之凶
鳴皐在南伊流在東有寗一宮先生所終

無名公傳（邵康節公傳）

無名公生於冀方長於冀方老於豫方終於豫方年十歲求學於里人遂盡里人之情已之滓十去其一二矣年二十求學於鄉人遂盡鄉人之情已之滓十去其三四矣年三十求學於國人遂盡國人之情已之滓十去其五六矣年四十求學於古人遂盡古人之情已之滓十去其七八矣年五十求學於天地遂盡天地之情已之滓無得而去矣始則里人疑其僻問於鄉人鄉人曰斯人善與人羣安得謂之僻既而鄉人疑其泛問於國人國人曰斯人不妄與人交安得謂之泛既而國人疑其陋問於四方之人四方之人曰斯人不能器安得謂之陋既而四方之人又疑之質之於古今之人古今之人始終無可與同者又問之於天地天地不對當是之時四方之人迷亂不復得之因號爲無名公夫無名公者不可得而名也凡物有形則可器可器斯可名然則斯人無體乎曰有體有體而無迹者也斯人無用乎曰有用有用而無心者也夫有迹有心者斯可得而知也無心無迹者雖鬼神不可得而知不可得而名况於人乎故其詩曰思慮未起鬼神莫知不由乎我更由乎誰能造萬物者天地也能造天地者太極也太極者其可得而名乎可得而知乎故强名之曰太極太極者其無名之謂乎故嘗自爲之贊曰借爾面貌假爾形骸弄丸餘暇（丸謂太極）閒往閒來人告之以修福對曰未嘗爲不善人告之以禳災對曰未嘗妄祭故其詩曰禍如許免人須諂福若待求天可量又曰中孚起信寧須禱無妄生災未易禳性喜飲酒嘗命之曰太和湯所飲不多微醺而罷不喜過醉故其詩曰性喜飲酒飲喜微酡飲未微酡口先吟哦吟哦不足無可奈何所遂及浩歌浩歌不足無可奈何所寢之室謂之安樂窩不求過美惟求冬煖夏涼遇有睡思則就枕故其詩曰墻高于肩室大于斗布被煖餘藜羹飽後氣吐胸中充塞宇宙其與人交雖賤必洽終身無甘壞未嘗作皺眉事故人皆得其懽心見貴人未嘗曲奉見不諂人未嘗急去見善人未知之也未嘗急合故其詩曰風月情懷江湖性氣色斯舉矣翔而後至無賤無貧無富無貴無將無迎無拘無忌聞人之謗未嘗怒聞人之譽未

嘗喜聞人言人之惡未嘗知和聞人言人之善則就而和之又從而喜之故其詩曰樂見善人樂聞善事樂道善言樂行善意聞人之惡如負芒刺聞人之善如佩蘭蕙家貧未嘗求於人人饋之雖寡必受故其詩曰窘未嘗憂飲不至醉收天下春歸之肝肺朝廷授之官雖不强免亦不强起晚有二子教之以仁義授之以六經舉世尚虛談未嘗掛一言舉世尚奇事未嘗立異行故其詩曰不佞禪伯不諛方士不出戶庭直游天地家素業儒口未嘗不道儒言身未嘗不行儒行故其詩曰心無妄思足無妄走人無妄

交物無妄愛炎炎論之甘處其陋綽綽言之無出其右羲軒之書未嘗去手堯舜之談未嘗離口當中和天同樂易友吟自在詩飲歡喜酒百年升平不爲不偶七十康強不爲不壽此其無名公之行乎

康節先生傳

邵雍字堯夫河南人爲學堅苦刻厲冬不爐夏不扇夜不就席者數年已而嘆曰昔人尚友於古而吾獨未及四方於是踰河汾涉淮漢周流齊魯宋鄭之墟久之幡然來歸曰道在是矣遂不復出初至洛蓬華環堵不蔽風雨躬樵爨以事父母雖平居屢空而怡然有所甚樂人莫能窺也富弼司馬光吕公著諸賢退居洛中雅敬雍恒相從遊爲市園宅雍歲時耕稼僅給衣食名其居曰安樂窩因自號安樂先生旦則焚香燕坐夕則酌酒數杯微醺即止興至

吟詩自怡嘗以春秋時出遊乘小車惟意所適士大夫家識其車音爭相迎致雖童孺奴隸皆懽愛尊奉過主人喜客則留三五宿或經月乃去好事者別作屋如雍所居以候其至名曰行窩司馬光兄事雍二人純德爲鄉里所向慕父子昆弟每相飭曰毋爲不善恐司馬端明邵先生知之士之道洛者必之雍雍德氣粹然望之知其賢者與人言樂道其善而隱其惡有就問學則答之未嘗强以語人人無貴賤少長一接以誠故賢者悅其德不賢者服其化與富弼早相知富弼入相謂門下士田棐曰爲我問邵堯

夫可出當以官職起之否則命爲先生處士雍謝曰若進豈能禁吏責既閒安更用名爲㢡因明堂祫享赦詔天下舉遺逸王拱辰尹洛以雍應詔除試將作監主簿不起熙寧二年呂誨吳克薦雍除潁州團練推官辭不許既受命即引疾於是始爲隱者之服烏帽緇褐見卿相不易也司馬光依禮記作深衣雍曰某爲今人但當服今人之服富弼得請歸洛養疾築第與雍天津隱居相邇曰自此可時相招矣雍曰公相招未必來不召或自至弼謝客常令二蒼頭掖之以行一日與雍論天下事喜甚不覺獨步下堂

雍戲曰忘却拄杖矣熙寧十年夏感微疾謂司馬光曰雍欲觀化一巡程頤曰先生至此他人無以爲力願自主張雍曰無可主張者七月四日五更卒年六十七贈秘書省著作郎程顥誌其墓曰昔七十子學於仲尼其傳可見者惟曾子所以告子思子思所以授孟子者耳其餘門人各以其材之所宜爲學雖同尊聖人所因而入者門戶則衆矣況後此千餘歲師道不立學者莫知其從來獨先生之學爲有傳也語成德者昔難其居若先生之道就所至而論之可謂安且成矣元祐中韓維請謚於朝賜謚康節歐

陽棐嘗謂人曰棐昔入洛先生正叅大政臨行告棐曰洛中有邵堯夫吾獨不識之棐至洛見先生先生爲棐道其立身本末甚詳出門揖送曰足下無忘鄙野之人於異日棐伏念先生未嘗辱教一言雖欲不忘亦何事耶後二十年棐爲博士當作謚議乃恍然周省先生當時之言落筆若先生之自序無待其家所上文字也謝良佐云堯夫直是偏霸手段如富公身都將相嚴重有威他將作小兒樣看程顥曰堯夫欲傳數於某一日因監試無事以其說推算之皆合出謂堯夫曰先生之數只是加一倍法堯夫驚

拊其背曰大哥怎恁地聰明雍疾革頤問從此永訣更有見告乎雍舉兩手示之曰面前路徑須令寬路窄則自無著身處況能使人行也一人云有新報雍問有甚事曰某事雍曰我將爲收却幽州也治平間雍與客散步天津橋上聞杜鵑聲慘然不樂客問其故雍曰洛陽舊無杜鵑今始有之不二年上用南士爲相多引南人專務變更天下自此多事矣客曰何以知之雍曰天下將治地氣自北而南將亂自南而北今南方地氣至矣禽鳥飛類得氣之先者也春秋書六鷁退飛鸜鵒來巢氣使之也自此南方草

木皆可移痺瘠之病北人皆苦之矣熙甯三年初行新法天下騷然門生故舊仕宦四方者皆欲投劾而去雍曰正賢者所當盡力之時新法固嚴能寬一分則民受一分之賜投劾而去何益雍與商州趙守有舊時章惇作商州令一日守請雍與惇會惇縱横議論初不知雍因語及洛中牡丹守曰先生洛人也知花爲甚雍乃曰洛人見根撥而別花之高下者爲上見枝葉而知者次之見蓓蕾而後知者下也惇默然惇欲從雍傳數學雍謂須寧澹無爲乃可伯溫云邢和叔君欲從先君學數先君畧爲開其端倪和

叔接引古人不已先君曰姑置是此先天學未有許多言語故和叔留別詩有云圯下多慚呼孺子牀前時得拜龐公先君云觀君自比諸葛亮顧我殊非黃石公謝良佐云堯夫之數邢七要學堯夫不肯曰徒長奸雄程頤初識雍論議終日退而嘆曰堯夫内聖外王之學也雍遇事能前知程頤曰其心虛明自能知之當時學者因雍超詣之識務高雍所爲謂雍有玩世之意又因雍之前知謂雍於凡物聲氣之所感觸輙以其動而推其變焉於是摭世事之已然者皆以爲雍先言之亦未必然也雍病革温公二程

共議喪塟事於外庭雍知其言謂子伯溫曰諸君欲葬我近城地當從先塋爾伯溫字子文調長子尉蔡確罷相邢恕移河陽南詣確謀造定策事及司馬康欲詣闕恕召之伯溫謂康曰公休未見君不宜枉道先見朋友康曰已諾之矣伯溫曰恕傾巧或以事要公休若從之必爲異日之悔康竟往恕果勸康作書稱確以爲他日全身保家之計康恕同年登科恕又出光門下康遂作書如恕言恕蓋以康光之子言確有定策功世必信之既而梁燾劉安世請誅確論恕罪命康分折康始悔之康卒子植幼宣仁后憫

之吕大防言康素謂伯溫可托請以伯溫爲西京教授以教植伯溫誨植曰溫公之孫大諫之子賢愚在天下可畏也植力學不懈卒至有立紹聖初章惇爲相惇嘗事康節偶與伯溫論及康節之學曰嗟乎吾於先生不能卒業也伯溫曰先君先天之學論天地萬物之理盡矣苟其信也則人之仇怨可忘矣時惇方興黨獄故伯溫以此楓之徽宗即位伯溫上書辨宣仁誣謗乞解元祐黨錮及戒勞民用兵語極懇至擢提點成都路刑獄紹興四年卒年七十八雍嘗謂伯溫曰世亂蜀安可以避地伯溫官成都載家

入蜀故免於難嘗曰公卿大夫當知國體以蔡確奸邪投之死地亦何足惜范忠宣知國體者也故欲薄確之罪言既不用退而行確詞命然後求去仁人長者之用心也劉摯梁燾王巖叟劉安世疾惡已甚卒貽後日縉紳之禍趙鼎少從伯溫遊表伯溫墓曰以學行起元祐以名節居紹聖以直言廢崇寧世以三語盡伯溫出處云

邵伯溫述皇極經世書論

皇極經世書凡十二卷其一之二則總元會運世之數易所謂天地之數也三之四以會經運列世數與歲甲子下紀帝堯至於五代歷年表以見天下離合治亂之迹以天時而驗人事者也五之六以運經世列世數與歲甲子下紀自帝堯至於五代書傳所載興廢治亂得失邪正之迹以人事而驗天時者也自七之十則以陰陽剛柔之數窮律呂聲音之數以律呂聲音之數窮動植飛走之數易所謂萬物之數也其十一之十二則論皇極經世之所以爲書窮日月星辰飛走動植之數以盡天地萬物之理述皇帝王霸之事以明大中至正之道陰陽之消長古今之治亂皎然可見矣故書謂之皇極經世篇謂之觀物焉

邵伯溫六十四卦方圓圖說

先君曰上世聖人皆有易作用不同其道一也今之易經文王之易也故謂之曰周易伏羲之易無文字言語獨有卦畫次字而已孔子於繫辭實述之矣圓者爲天方者爲地天地之理皆在是矣

邵伯溫經世一消長之數圖說

日爲元元之數一月爲會會之數十二星爲運運之數三百六十辰爲世世之數四千三百二十則是一元統十二會三百六十運四千三百二十世一世三十年則一十二萬九千六百年是爲一元之數一元在大化之中猶一年也經世但著一元之數舉一隅而已引而伸之則窮天地之數可知矣唐堯起於月之巳星之癸一百八十辰之二千一百五十七推而上之堯得天地之中數也

邵伯溫經世四象體用之數圖說 萬物之數

至大之謂皇至中之謂極至正之謂經至變之謂世大中

至正應變無方之謂道以道明道道非可明以物明道道斯見矣物者道之形體也生於道而道之所成也道變而爲物物化而爲道由是知道亦物也物亦道也孰知其辨哉故善觀道者必以物善觀物者必以道謂得道而忘物則可矣必欲違物而求道不亦妄乎有物之大莫若天地然則天地安從生道生天地而太極者道之全體也太極生兩儀兩儀形之判也兩儀生四象四象生而後天地之道備焉道生一一爲太極一生二二爲兩儀二生四四爲四象四生八八爲八卦八生六十四六十四具而後天地

萬物之道備焉天地萬物莫不以一爲本原於一而衍之以爲萬窮天下之數復歸於一一者何也天地之心也造化之原也備天地兼萬物而合德於太極者其惟人乎日用而不知者百姓也反身而誠之者孔子也因性而由之者聖人也故聖人以天地爲一體萬物爲一身善救而不棄曲成而不遺以成能其中焉天有至粹地有至精人類得之則爲明德飛類得之則爲鸞鳳走類得之則爲麒麟介類得之則爲龜龍草類得之則爲芝蘭木類得之則爲松柏石類得之則爲金玉萬物莫不以類而有得者焉是

故致治之世則賢人衆多龜龍遊於沼鳳鳥翔於庭天降甘露地出醴泉百穀用成庶草蕃蕪順氣之應也衰辭之世則反此逆氣之應也大哉時之與事乎時者天也事者人也時動而事起天運而人從猶形行而影會聲發而響應與時行而不留天運而不停違之則害逆之則凶故聖人與天並行而不逆與時俱逝而不違時不能違天物不能違時聖人不能違物惟不能違物故天亦不能違聖人是以先天而天弗違後天而奉天時天之時由人之事乎人之事由天之時乎故天有是時則人有是事人有是事

則天有是時興事而應時者其惟人乎有其時而無其人
則時不足以應有其人而無其時則事不足以與有其人
而無其時則有之矣有其時而無其人蓋未之有也故消
息盈虛者天之時也治亂興廢者人之事也有消息盈虛
而後有春秋夏冬有治亂興廢而後有皇帝王霸唐虞者
其中天而興乎堯舜者其應運而生乎何天時人事之相
驗與先之者則未之或至後之者則無以尚之其猶夏之
將至日之向中乎故聖人刪書斷自唐虞時之盛也修經
始於周平道之衰也故聖人懼之以二百四十二年之事

繫之以萬世之法法者何也君臣父子夫婦人道之大倫
也春秋有天道焉有地道焉有人道焉王者舉而用之則
帝王之功豈難致哉

先儒紀述邵子各論贊

程子曰邵堯夫先生始學於百源堅苦刻厲冬不爐夏不
扇夜不枕席者數年衛人賢之先生嘆曰昔人向友於古
而吾未嘗及四方遽可已乎於是走吳適楚過齊魯客梁
晉久而歸曰道其在是矣蓋始有定居之志先生少時自
雄其才慷慨有大志既學力慕高遠謂先王之事爲必可

致及其學益老德益邵玩心高明觀天地之運化陰陽之
消長以達乎萬物之變然後頹然其順浩然其歸在洛幾
三十年始至蓬華環堵不庇風雨躬爨以養其父母居之
裕如講學於家未嘗強以語人而就問者日衆鄉里化之
遠近尊之士之過洛者有不之公府而必之先生之廬先
生德器粹然望之可知其賢然不事表襮不設防畛正而
不諒通而不汚清明坦夷洞徹中外接人無貴賤親疏之
間羣居燕飲笑語終日不敢甚異於人顧吾所樂何如耳
病畏寒暑常以春秋時行遊城中士大夫家聽其車音倒

履迎致雖兒童奴隸皆知歡欣尊奉其與人言必依於孝
弟忠信樂道人善未嘗及其惡故賢者悅其德不賢者服
其化所以厚風俗成人材者先生之功多矣又曰先生之
學得之於李之才之才得之於穆伯長推其源流遠有端
緒今穆李之言及其行事概可見矣而先生純一不雜汪
洋浩大乃其所自得者多矣謂周純明曰吾從堯夫先生
遊聽其議論振古之豪傑也惜其無所用於世周曰所言
何如曰內聖外王之道也○堯夫襟懷放曠如空中樓閣
四通八達也○堯夫詩雪月風花未品題他把這些事便

與堯舜三代一般○堯夫詩云梧桐月向懷中照楊柳風來面上吹眞風流人豪也

上蔡謝氏曰昔富彥國問堯夫云一從甚處起邵曰一起於乾富曰一起於震兩說都是震得後天謂發生乾得先天謂探本也○堯夫精易之數事物之成敗終始人之禍福修短算得來無毫髮差錯如指此屋便知起於何時至某年月日而壞無有不准然二程不貴其術堯夫一日問伊川曰今歲雷霆甚處起伊川曰起處起堯夫嘆服

和靖尹氏曰康節本是經世之學今人但知其明易數知未來事卻小了他學問如陳叔易贊曰先先之學志在經綸最爲盡之

呂氏家塾記曰邵堯夫先生居洛四十年安貧樂道自云未嘗皺眉所居寢息處爲安樂窩自號安樂先生又爲甕牖讀書燕居其下旦則焚香獨坐晡則飲酒三四甌微醺便止不使至醉也中州府縣以吏法不餽餉寓賓乃爲薄粥以待之好事者或載酒以濟其乏嘗有詩曰莫道山翁拙於用也能康濟自家身喜吟詩作大字書然遇興則爲之不牽强也大寒暑則不出每出乘小車用一人挽之爲詩以自詠曰林間高閣望已久花外小車猶未來隨意所之適主人喜客則留三五宿又之一家亦如之或經月忘返雖性高潔而接人無賢不肖貴賤皆歡然如親常自言若至大病自不能支其遇小疾得有客對話不自覺疾之去體也

張氏嵲曰先生少受學於北海李之才挺之又游河汾之曲以至淮海之濱涉於濟汶達於梁宋苟有達者必訪以道無常師焉乃退居其城廬於百源之上大覃思於易經夜不設寢日不再食三年而學以大成大各王豫天悅搏

達之士尤昌於易聞先生之篤志變而欲教之既與之語三日得所未聞始大驚服卒舍其學而學焉年三十餘來游於洛以爲洛邑天下之中可以觀四方之士乃定居焉四方之學人與大夫之過洛者莫不慕其風而造其廬

歐陽氏棐曰康節邵先生嘗以爲學者之患在於好惡先成乎心而挾其私智以求於道則蔽於所好而不得其真故求之至於四方萬里之遠天地陰陽屈伸消長之變無所不可而必折衷於聖人朱子曰康節本是要出來有爲底人然又不肯深犯手做凡事直待可做處方試爲之纔

覺難便拽身退正張子房之流　康節學於李挺之請曰願先生微開其端毋竟其說此意極好學者須是自理會出來便好　程邵之學固不同然二程所以推尊康節者至矣蓋以其信道不惑不雜異端班於溫公橫渠之間則亦未可以其道不同而遽貶之也　又曰康節之學挾摘窈微與佛老之言豈無一二相似而卓然自信無所汚染此其所見必有端的處比之溫公欲護名教而不言者又有間矣　問近日學者有厭拘檢樂舒放惡精詳喜簡便者皆欲慕邵堯夫之爲人曰邵子這道理豈易及哉他腹

裏有這箇學能包括宇宙終始古今如何不做得大放得下合人却恃箇甚麼敢如此因誦其詩云日月星辰高照耀皇王帝伯大鋪舒可謂人豪矣　康節之學其骨髓在皇極經世其花草便是詩　康節嘗說老子得易之體孟子得易之用體用自分作兩截　堯夫詩雪月風花未品題此言事物皆有造化　康節詩施爲欲似千鈞弩磨礪當如百鍊金問千鈞弩如何曰不妄發　贊先生像曰天挺人豪英邁蓋世駕風鞭霆歷覽無際手探月窟足躡天根閑中今古靜裏乾坤

西山蔡氏曰康節之學雖作用不同而其實則伏羲所畫之卦也明道所謂加一倍法也其書以日月星辰水火土石盡天地之體用以暑寒晝夜風雨露雷盡天地之變化以性情形體走飛草木盡萬物之感應以元會運世年月日時盡天地之終始以皇帝王霸易書詩春秋盡聖賢之事業自秦漢以來一人而已耳

西山蔡氏論經世天地四象圖曰動者爲天天有陰陽陰陽之中又各有陰陽故有太陽太陰少陽少陰太陽爲日太陰爲月少陽爲星少陰爲辰是爲天地之四象日爲暑

月爲寒星爲晝辰爲夜四者天之所以變也暑變物之性寒變物之情晝變物之形夜變物之體萬物之所以感於天之變也靜者爲地地有剛柔剛柔之中又有剛柔故有太剛太柔少剛少柔太柔爲水太剛爲火少柔爲土少剛爲石是爲地之四象水爲雨火爲風土爲露石爲雷四者地之所以化也雨化物之走風化物之飛露化物之草雷化物之木萬物之所以應於地之化也暑變走飛草木之性寒變走飛草木之情晝變走飛草木之形夜變走飛草木之體雨化性情形體之走風化性形情體之飛露化性

情形體之草雷化性情形體之水天地變化參伍錯綜而生萬物也萬物之感於天之變性者善目情者善耳形者善鼻體者善口萬物之應於地之化飛者善色走者善聲木者善氣草者善味蓋其所感應有不同故其所善亦有異至於人則得天地之全暑晝寒夜無不變雨風露雷無不化性情形體無不感走飛草木無不應目善萬物之色耳善萬物之聲鼻善萬物之氣口善萬物之味蓋天地萬物皆陰陽剛柔之分人則兼備乎陰陽剛柔故靈於萬物而能與天地參也人而能與天地參故天地之變有元會

運世而人事之變亦有皇帝王霸元會運世有春夏秋冬為生長收藏皇帝王霸有易書詩春秋為道德功力是故元會運世春夏秋冬生長收藏各相因而為十六皇帝王霸易書詩春秋道德功力亦各相因而為十六十六者四象相因之數也凡天地之變化萬物之感應古今之因革損益皆不出乎十六十六而天地之道畢矣故物之巨細人之聖愚亦以一十百千四者相因而為十六千千之物為細物千千之民為至愚一一之物為巨物一一之民為聖人蓋人者萬物之最靈聖人者又人倫之至也自天地

觀萬物則萬物為萬物自太極觀天地則天地亦物也人而盡太極之道則能範圍天地曲成萬物而造化在我矣故其說曰一動一靜天地之至妙與一動一靜之間天地人之至妙與一動一靜之間者非動非靜而主乎動靜所謂太極也又曰思慮未起鬼神莫知不由乎我更由乎誰所謂範圍天地曲成萬物造化在我者也蓋超乎形器非數之所能及矣雖然是亦數也伊川先生曰數學至康節方及理康節之數先生未之學至其本源則亦不出乎先生之說矣〇又曰皇極一元之運始於日甲月子星甲辰

子者豈特歷數之用而已哉一陽初動萬物未生是聖人所以見天地之心又以範圍天地曲成萬物者也

皇極本末雜錄

易緯孔子曰易始於太極太極分而為二故生天地天地有春夏秋冬之節故生四時四時各有陰陽剛柔之故分生八卦八卦歲三百六十日而天氣周八卦用事各四五十日也

管子曰道之在天者日也其在人者心也日氣曰暘月氣曰寒星氣曰風辰氣曰陰明一者皇察道者帝通德者王

諜得兵勝者伯
管輅曰貴人有事其應在天則日月星辰也兵動民憂其
應在物則山林鳥獸也
曹植曰上形太極混元之氣下列將來未萌之事傳元曰
嘉太極之開元肇天地之定位樂雷風之相薄悅山澤之
通氣間水火之中適不相射而爲貴
楊泉曰極南爲太陽極北爲太陰日月五星行太陰則無
光行太陽則能照
于寶易傳曰乾之時當堯之世

袁宏三國名臣序贊曰火德既微運纏太過　已上皆與
邵合

欽定四庫全書總目卷三十　左觿一卷 通行本
明邵寶撰寶字國賢號二泉無錫人成化甲辰進士官
至南京禮部尚書謚文莊事蹟具載明史儒林傳是編
乃其讀左所記雜論書法及注解然寥寥無多蓋隨意
標識於傳文之上亦其簡端錄之類也其中精確者數
條顧炎武左傳補注已採之所遺者其糟粕矣
欽定四庫全書總目卷一百七十一　容春堂前集二十
卷後集十四卷續集十八卷別集九卷 浙江汪汝瑮藏本
明邵寶撰寶舉鄉試出李東陽之門故其詩文矩度皆

宗法東陽東陽於其詩文亦極推獎當寶以侍郎予告
歸東陽作信難一篇以贈稱其集出入經史蒐羅傳記
該括情事摹寫景物以極其所欲言而無冗字長語辛
苦不怡之色欲進於古人且以歐陽修之知蘇軾爲比
其心之相契如此然東陽所見祇有前集其後集續集
別集則寶後所續編東陽弗及覩也今統觀四集其文
篇幅少狹而高簡有法要無愧於醇正之目明史儒林
傳稱其學以洛閩爲的嘗曰吾願爲眞士夫不願爲假
道學其文典重和雅以李東陽爲宗而原本經術粹然

一出於正殆非虛美其詩清和澹泊尤能抒寫性靈顧
元慶夷白齋詩話極稱其乞歸終養上疏不允一篇謂
其感動激發最爲海內傳誦蓋其真摯不可及云
欽定四庫全書簡明目錄卷十八　容春堂全集二十卷
後集十四卷續集十八卷別集九卷
明邵寶撰明史儒林傳稱其學以洛閩爲的嘗曰願爲
真士夫不願爲假道學其文以李東陽爲宗而原本經
術粹然一出於正今觀所作氣象較東陽爲狹而文格
簡嚴詩境雅澹實不失其師傳

明史儒林傳
邵寶字國賢無錫人年十九學於江浦莊昶成化二十年
舉進士授許州知州月朔會諸生於學宮講明義利公私
之辨正潁考叔祠墓改魏文帝廟以祠漢愍帝不稱獻而
稱愍從昭烈所謚也巫言龍骨出地中爲禍福寶取骨毀
於庭杖巫而遣之躬課農桑倣朱子社倉立積散法行計
口澆田法以備凶荒宏治七年入爲戶部員外郎歷郎中
遷江西提學副使釋菜周元公祠修白鹿書院學舍處學
者其教以致知力行爲本江西俗好陰陽家言有數十年

不塟父母者寶下令士不葬親者不得與試於是相率舉
葬以千計寧王宸濠索詩文峻却之後宸濠敗有司校勘
獨無寶跡遷浙江按察使再遷右布政使與鎮守太監勘
處州銀礦寶曰費多獲少勞民傷財慮生他變卒奏寢其
事進湖廣布政使正德四年擢右副都御史總督漕運劉
瑾擅政寶至京絕不與通瑾怒漕帥平江伯陳熊欲使寶
劾之遣校尉數輩要寶左順門危言恐之曰行逮汝張綵
曹元自內出語寶曰君第劾平江無後患矣寶曰平江功
臣後督漕未久無大過不知所劾二人默然出越三日給

事中劾熊并及寶勒致仕去瑾誅起巡撫貴州尋遷戶部
右侍郎進左侍郎命兼左僉都御史處置糧運及會勘通
州城濠歸奏稱旨尋疏請終養歸御史唐鳳儀葉忠請用
之留都便養乃拜南京禮部尚書再疏辭免世宗即位起
前官復以母老懇辭許之命有司以禮存問久之卒贈太
子少保謚文莊寶三歲而孤事母過氏至孝甫十歲母疾
爲文告天願減己算延母年及終養歸得疾左手不仁猶
朝夕侍親側不懈學以洛閩爲的嘗曰吾願爲真士夫不
願爲假道學舉南畿受知於李東陽爲詩文典重和雅以

東陽爲宗至於原本經術粹然一出於正則其所自得也博綜羣籍有得則書之簡取程子今日格一物明日格一物之義名之曰日格子所著學史簡端二錄巡撫吳廷舉上於朝外定性書說漕政舉要諸集若干卷學者稱二泉先生其門人同邑王問字子裕以學行稱嘉靖十七年成進士授戶部主事監徐州倉減羨耗十二三以父老乞便養改南京職方遷車駕郎中廣東僉事行未半道乞養歸父卒遂不復仕築室湖上讀書三十年不履城市數被薦不起工詩文書畫清修雅尚士大夫皆嚮之卒年八十門

人私謚曰文靜先生子鑑字汝明嘉靖末年進士累官吏部稽勳郎中念父老謝病歸奉養不離父側歿久之進尚寶卿改南京鴻臚卿引年乞休進太僕卿致仕鑑亦善畫有言勝其父者遂終身不復作

無錫縣志儒林傳

邵寶字國賢父溥卒時寶始三歲依母過氏幼即善屬文舉成化庚子鄉試甲辰登進士知許州治先禮讓人爲戶部員外郎遷郎中擢江西提學副使以身爲教士習丕變宸濠凡索題詠皆卻之宸濠敗有司勘理書札獨無片紙

入混其先見累陞右副都御史總督漕運劉瑾怒平江伯陳熊欲論殺之饋寶千金玉帶俾勘熊寶拒不納瑾怒勒令致仕熊得減死瑾誅起巡撫貴州陞戶部侍郎以侍老乞終養屢疏既得請歸久之用大臣言詔薦爲南京禮部尚書以母疾辭世宗即位復申前命辭益力前後七疏情辭懇切許之寶性度端雅言動可師聲色貨利嬉遊無所之事絕口不言其爲詩文典重醇雅所著有容春勿藥諸集定性書說漕政舉要學史簡端錄平生好學不事生產卒之日薄田七百畝訃聞贈太子少保謚文莊諭祭營葬

寶無子以族子煦爲嗣卒又嗣勳亦卒人皆惜之以上康熙志

邵寶字國賢年十九從江浦莊昶學成化二十年進士授許州知州月朔會諸生於學宮講明義利公私之辨改魏文帝廟祀漢獻帝易獻曰愍從昭烈所謚也巫言龍骨出地中爲禍福寶取骨毀於庭杖巫而遣之躬課農桑推行朱子社倉法入爲戶部員外郎遷郎中擢江西提學副使釋菜周元公祠修白鹿洞書院學舍處學者其教以致知力行爲本江西俗好陰陽家言父母死或數十年不葬寶

著令不甚親者不得與試其俗遂革宸濠每請爲詩文輒
峻郤之濠敗有司校勘書札寶獨無一字歷遷浙江右布
政使與鎮守太監勘處州銀礦寶曰費多獲少勞民傷財
卒奏寢其事正德四年拜右副都御史總督漕運嘗議事
至京師會劉瑾惡漕帥平江伯陳熊欲論殺之一日刼寶
於左順門將逮之尚書張綵曹元自內出謂公第劾平江
則事釋矣寶曰平江功臣後督漕未久無大過不知所劾
越三日給事中劾熊并及寶勒致仕去瑾誅起寶巡撫貴
州累進戶部左侍郎命兼左僉都御史處置糧運以母老

乞歸乃拜南京禮部尚書以便養再疏辭免嘉靖初起前
官復以母老懇辭許之命有司以禮存問比終母喪未幾
卒贈太子少保謚文莊寶生三歲而孤事母過氏至孝甫
十歲母病爲文告天願減己算延母壽及終養歸得疾左
手不仁猶朝夕侍親側不懈學以洛閩爲宗嘗曰願爲真
士夫不願爲假道學文章典重碑版遍天下博綜羣籍有
得則書之簡取程子今日格一物明日格一物之義名之
日日格子嘗築二泉書院於惠山之麓世稱二泉先生以上
嘉慶志

江南通志卷一百三十八名賢傳

邵寶字國賢無錫人成化甲辰進士知許州有善政月朔
會諸生講明義利之辨歷江西提學副使教學者以致知
力行爲本宸濠索題詠峻郤之後以副都御史總督漕運
忤劉瑾致仕瑾誅起巡撫貴州累擢南京禮部尚書乞終
養歸卒謚文莊學以洛閩爲宗詩文典重和雅原本經術
粹然一出于正有容春堂集定性書簡端錄漕政舉要學
者稱二泉先生

常州府志人物傳

邵寶字國賢無錫人成化進士初知許州時境內有蝗寶
王而蝗去農時躬巡阡陌課民播種民愛之如慈母歷陞
副使提學江西以身爲教士習不變宸濠索題詠皆却之
後濠敗有司勘理書札獨無片紙以副都御史總督漕運
逆瑾用事怒平江伯陳熊欲論殺之饋寶千金玉帶俾劾
熊寶拒不納瑾怒李東陽力解猶勒致仕瑾誅起巡撫貴
州陞戶部侍郎以母老乞終養久之陞南京禮部尚書嘉
靖初復申前命以母病辭詔予終養一日晨起謁先聖及
家廟既退端坐而逝學者稱二泉先生所著有定性書說

簡端錄諡文莊

無錫縣志列女

贈副都御史邵溥妻過文莊寶母也年二十二而溥卒寶甫三歲族人欲奪之矢不二及析產金帛珠玉無所取獨取先世遺書千餘卷曰將與兒讀之寶入太學乃鬻產暨諸服飾以給之俾卒業遂成大儒通籍後迎養官舍後以病不能往乞終養五上疏乃許嘉靖初命有司以禮存問初寶除副都御史制辭有曰翊寻風紀之臣上有貞節之母寶具狀請王文恪公鏊爲貞節碑文 本嘉慶志

節錄文敘

江蘇巡撫吳惠清公 諱 廷舉以簡端錄學史二書進

呈疏畧

臣竊睹南京禮部尚書邵寶學臻純懿行詣中和疏屢乞身大孝已聞於 先帝病難供職精誠將格於 聖君臣於巡撫之暇每求文獻之徵而寶也寤寐聖賢沈酣墳典發明聖賢經傳之微則有簡端一錄剖析君臣言行之大旨又著學史一編索隱探賾或發先儒未發之言微顯闡幽或明前古未明之奧云云

江蘇巡撫陳公 諱 鳳梧請郵典疏畧

好學不倦老而愈篤其形之文辭而見之述著皆以本先儒之議論足以發經傳之微言若學史簡端錄二書先是撫臣進呈已經乙夜之 睿覽其容春堂前後集并漕政舉要在鱅定性書說史畧諸篇見藏於家足爲後學之指南

皇明名臣言行錄

公初爲許州有惠政以古行古文知名提學江西與諸生講求聖賢諸儒要旨考校文藝甄別精當至今學者猶稱

之爲少司徒母老疏乞歸養以孝聞暇則潛思著書開拓
今古粹然自出機軸名重海內擢正禮部不就終於家所
著有簡端錄日格子諸書行於世

皇明通紀載一條

邵寶常州無錫人初知許州以古文古行知名諭諸生義
利公私之辨及忠孝大節聞者感動尤急民事躬課農桑
倣朱文公社倉立積散法行計口澆田法爲備荒計提學
江西敦尚道義以身爲教遠近向慕累遷都憲總督漕運
劉瑾擅政寶無所通瑾銜之刺骨人以危言撼之不爲動

乃捍旨勒令致仕寶性度端雅臨事猶講學未嘗疾言遽
色嘗曰願爲真士夫不願爲假道學於聲色貨利嬉戲絕
口不言惟潛心著書開拓古今粹然自出機軸名重海內
後瑾誅起爲禮部侍郎以母老乞終養嘉靖初復起爲禮
部尚書辭不就卒謚文莊

浦瑾撰容春堂文集敘畧

公之文其謹重精純蓋得諸宋其雄渾森嚴蓋得諸唐其
爾雅深厚蓋得諸漢其近古蓋得諸先秦至其諸篇每曰
君子云云者則左氏蓋爾也而公乃自附焉

張澄撰行狀畧

公性度端雅貞介夙成臨事猶講學然未嘗疾言遽色人
或數百語不能終公以數言即竟之嘗曰願爲眞士夫不
願爲假道學於聲色貨利嬉戲事絕口不言惟賢人君子
前輩舊德則敬之久而弗衰一時儒碩並以天下士稱之

吾學編一則

公名寶字國賢無錫人成化二十年進士初知許州愛民
訓士宏治七年除戶部爲員外郎遷郎中凡歲秒會計出
納及勾校京邊儲蓄鹽屯皆公區條具疏陞按察副使提

學江西鼓勵名節敷寬善誘累官臬藩長吏政總大端而
己正德四年陞副都御史總漕巡撫江北公有清譽在江
淮不事改革赫赫漕大小將校皆嚴憚不敢苛贖未幾事
忤逆瑾瑾又惡平江伯平江伯漕帥也事連公瑾益怒禍
且不測長沙力解得致仕瑾誅起公巡撫貴州陞戶部侍
郎公故熟知戶部程法見財用竭耗心憂之七年請養母
歸十四年陞南京禮部尚書辭嘉靖初再辭特詔予終養
母服闋請致仕不允卒贈太子少保謚文莊公資性純懿
問學該洽孝親睦族獎誨後進應務之才細巨皆適所著

學史簡端錄二書巡撫吳廷舉上於朝

大學士錢公諱士升經史全書叙畧

余從溧陽顧先生遊先生數稱鄉先哲邵文莊公已讀高景逸先生所為年譜具知公立朝居鄉與其所著書心嚮往之比得比部曹君州守王君所刻公經史全書作而歎曰甚矣先生之深於學也接道南之的派開東林之正傳其在茲乎

州守王公諱永積經史全書叙畧

邑先正邵文莊先生勳德冠宇內顧嘗有言曰願為真上

夫不願為假道學斯言也士林奉以為格言而後世談道學者必宗之所實謂辭名得者非耶節吾觀先生之學一本乎誠其服官大節卓然可傳者有三視學江右絕宸濠不與通及濠敗有司勘理書札獨無片紙一也逆瑾屬劾勳臣平江伯拒不從甘心免歸而平江亦得減死二也嘉靖初大禮議起而及門桂孚實輩被寵柄用爰申宗伯之命又降詔存問太毋於家冀邀先生為助耳設強顏一起同劾將順取宰相何有而卒七疏堅辭三也蓋真無愧為真士夫者

廣東學政高公諱世泰重刊經史全書叙畧

先儒之應補祀　聖廡者吾鄉蓋有人而首推而必曰文莊邵先生余於己卯東粵試士錄已公言播之是冬歸春曹從少宗伯顧公瑞屏疏請通列入告以俟會議而寢蓋非今日山澤之言亦愈久愈定之論也

無錫縣志著述門

明

容春堂全集共六十一卷

簡端錄十二卷

學史十三卷　又名日格子

左觽一卷

慧山記三卷　見　欽定四庫全書

許州志三卷　已上皆文莊公著

杜詩集註　邵寳　過棟

關雎餘意　名媛邵迎恩文莊公仲女

邵文莊公年譜　高攀龍

二泉書院志　邵澄

二泉書院續志　邵人棟

先文莊公慧山記敘

慧山記若干卷山之僧圓顯所輯既較之於潘子繼芳復參之於莫君如山余不敏因加潤色以成成而顯請梓傳焉先是住山覺性字海中者爲之未就而發顯其徒之弟子也有意於是二十年矣夫慧之爲山非有高大可稱然負奇含秀徵諸載籍至以產錫占治亂其所係大矣乃若其泉自陸子品爲第二後張又新輩屢評不易彼所謂第一者顧有抑焉而文饒之嗜子瞻之稱皆於此而不於彼則山其可知也記之作夫豈容已哉邑之有志猶古列國

之有史山之故必與載焉而水經山志又古野史之流有不可得而廢者顯也將有見於是歟今夫山與天地俱生而事之所傳乃自六朝以下晉魏希矣漢以上無聞焉此無他遺而失之也顯爲此懼而汲汲是圖繼自今其失也其將免夫雖然吾嘗觀於野史必其事之覈也詞之直也論之公也而後與國史俱傳不然則否後之視今其猶今之視昔乎昔之著書者嘗欲藏之名山顯也何以爲我圖之是記也始筆於今年夏五月越四月脫稾蓋予既歸休適病足謝客而茲山以世墓所在舟輿數往來故克以暇爲之顯字知微知詩且好事大夫士多與之遊云

正德五年秋八月既望

嘉議大夫都察院右副都御史總督漕運致仕冉涇邵寶識

文莊公慧山集序

予既輯慧山記玉林君復以古今詩文未錄爲言於是取諸邑志及山僧所藏爲是集時以總督倉場被召北上遂攜至京師偶會都水都君玄敬因屬校次如左而高憲副僉唯方爲郎中遂有入梓之志梓成請序惟山川有形而

無言然其清奇秀麗雄偉峭拔跬步異狀者既振古不易而日月雲霞陰晴明晦照耀掩映者則與時偕新焉君子得於觀者發而爲言指殊體異隨其所役各盡其力託之卷帙勒之碑板而山之情見矣由是海內之人聞茲山而未至者亦得覽焉而知其槩由是觀之言雖出於人人而言非山川不能自出然則非山川之自言之也一間耳知合眾作於一而觀之可以得人情可以得物議詢以得世變卽其所言而所謂志與史者於是乎在可有記而無集哉詩多故錄自永樂以上餘則玉林與前住山圓顯子錄

之文少於詩不啻數倍故無弗錄也

覆譜稿

吳郡晚生文徵明頓首上覆

司徒相公二泉先生尊丈向蒙　委勘世譜病嬾相仍遂坐逋慢數勤　使人無任惶悚譜出明公手訂無復遺恨區區淺末何能替益其門顧雅意勤渠不敢虛辱妄意更定一二　華族自容春府君而下甫一傳而分而谷祥之子徙南塘谷禎之子徙水圖橋又再傳而其孫徙九里涇其後族屬衍大遷徙益眾難

爲類列故自谷祥而下分爲二宗又恐散漫無統各以一世起之雖若分列而實則聯屬也又按蘇譜惟詳其所自出而歐氏譜例亦謂畧其疏遠而詳其親近　貴族承傳雖久而顯聞當世者惟　明公耳譜又爲公作故首列世系圖著譜之所自作也若名人篇翰系是文獻所徵不可厥闕漫然系之又似繁冗愚意欲畧加銓擇汰其無名及不與本宗關涉者其餘存者如具去標目以諸墨爲副而首列之次以墓文爲金石以裨詩文爲紀詠但依次編寫不必卷分不知明公以爲何如道遠不能　面承可否輒以稿草呈似閱畢仍望發至富潔本奉覲也再承　厚禮無緣引郤登領之餘不勝感愧不宜

徵明頓首上覆

先文莊公終養第七疏

奏爲仰承恩命俯切母私陳情懇乞終養以圖後效事正德十六年七月初一日准本部咨准南京吏部咨准吏部咨先該臣奏欽奉聖旨卿才行老成特兹簡任先朝已有成命不允所辭着上緊到任管事吏部知道欽此欽遵備咨到臣臣叩頭伏讀之餘不勝感激之至不勝惶恐之至不勝憂懼之至恭惟皇上聖德龍飛代天理物總攬乾綱聰明四達旬月之間庶政一新海內風動乃者起廢振瑕猥及臣實閭里懽呼士夫贊慶皆謂千載難逢之嘉會臣

之感激孰大於此臣以諸生進身歷官中外三十餘年祿班序少壯之時尚不如人今年逾六十衰病侵凌其何以充任使從諸大夫後乎臣之惶愧孰大於此臣於此時分當歸躍奔走勉策駑鈍少竭涓埃之報顧臣三歲而孤臣母過氏撫養臣至今日臣母六十衰病七十加病時逆瑾初敗起臣於休致由副都御史再遷戶部左侍郎臣念無弟無子養無所託臣於正德六七等年是以有終養之請比蒙先朝念臣累疏懇切准令照例侍養臣歸之八年南京禮部尚書員缺吏部查照前廵按監察御史唐鳳儀

葉忠請上便養薦章會官推舉起臣前職時臣母年八十病體如舊臣是以陳情辭免再申終養之請去年正月臣母加患中風病症卧起便旋不離牀蓐今年二月側聞吏部題奉先帝有終養之命方切欣幸近於四月中旬前病加重勺糜藥不能入口屢絕屢甦舉家號泣罔不自意數日之後畧進食飲幸存殘喘即今氣息奄奄朝不保暮臣方寸迷亂欲舍而獨行則既難於訣別若奉以偕往則又難于動移况臣先於侍養還家之明年輒病中風雖幸苟全而左髀右足外攣中滯拜起艱難禮先謁陵以病足

必不能堪五里之步趨禮重進表以病髀必不能堪十里之騎導他如此類尚多強而行之倘臨事隕越得罪滋大再惟邦禮攸司實關神人上下夙夜寅清臣方有愧於斯而內危病母外怯病軀二念交縈實有不能單心從事仰裨新政之萬一者臣之憂懼孰大於此若慮目瀆宸嚴不於此時再申情悃是臣不誠於君上也臣誠至愚何以自處伏望皇上鑒臣感激思奮之深衷察臣惶愧圖報之誠意矜臣憂臣不能自處之苦情特賜收回成命別授賢能容臣照舊侍養終母餘年臣若未死或承乏一官犬馬之

力不敢不勉報劉日短臣不敢言然聖明在上體物不遺臣亦何忍不言以負吾親哉惟皇上哀矜而曲成之則生死肉骨皆天地之賜也臣不勝激切披瀝之至爲此具本令義男邵壽親賫謹具奏聞伏候勅旨

墓祠碑記

容春公墓

容春公名均瑞元人隱居不仕與高士倪雲林爲友墓在無錫張山灣又名章山在字號予谷祥谷禎附塋　文莊有親筆碑文中間書冉涇邵氏先塋六字旁刻自我七世祖容春公之葬張山也於今幾二百年矣云云又云章山慧山之支峯也其勢南出至是而旋焉墓當旋處名眠犬地狀如眠犬出於自然故名

文莊公章山掃墓歸途有作　墓碑記

山南山北掃寒煙舊塚新碑二百年紅葉似花霜醉後青山如黛雨妝前數峯影出竿頭日十里光沉鏡裡天最喜無風溪路穩沙鷗來往候歸船

慧山記墓門

元

隱士邵諱均瑞墓在張山

文莊公書刻張山先塋碣後

自我七世祖容春府君葬於張山於今幾二百年矣天順以前我曾祖存一府君實任守視之責府君沒時某生甫

三歲又數年始聞於諸祖諸父一造而識焉比爲諸生舉鄉試歲乃一省及登進士歷官中外曠不省者十餘年舊木伐於族人殆盡至領臬藩歸謁而傷之乃補植如故嗚呼容春之澤遠矣冉涇之第既失而復張山之墓亦既荒而修某雖不肖不敢不勉然已晚矣上視府君之志得無重愧乎歲己卯冬立石墓下以表神道追念先德泣然流涕於是乎書張山慧山之支峯也其勢南出至是而旋焉墓當旋處葬者凡六人爲容春府君其妣錢氏爲六世祖谷祥府君其妣張氏爲六世叔祖谷禎府君爲五世祖仲

容府君蓋鄭太常雍言撰慧山阡記云

此墓因公無的裔保守今已湮沒無考前　先曾祖香谷公屢訪不得至今年代遠隔更無查考矣惜哉

同治十二年癸酉七月望日　文燾附啟

文莊公論塋　丁山癸向兼未丑

無錫縣志二條

繡嶺亭在慧山第一峯下本名冽山宋光祿滕中元以花卉縈若錦繡故名明初僧普真即其地植松萬株剙精舍改顏聽松中有凝雲澹泊等軒秦夔爲建松風閣雙古松大圍三人小二人移大雄殿前石床置其下庵燬於火邵文莊因割菴基葬太夫人建千金累址亭即爲論塋地

聽松菴在慧山寺左桃花塢下明洪武七年僧普真即繡嶺亭故地爲菴而植萬松其中因以爲名有秋濤軒王舍人紱畫廬山景於其壁又秋聲小閣以藏竹茶爐皆爲時名迹菴火于成化中邑人武昌守秦夔重建增置松風閣後亦廢入邵文莊公論塋今竹爐及詩卷移藏大雄殿旁竹爐菴中

附丙辰年復墓記述

涵初謹按　文莊公論塋因無的裔保守疊被盜賣盜葬乾隆年間　先府君搜訪論塋祗存石翁仲及光亭貞吉石坊其上有過太夫人貞節斷碑橫地四面皆侵削殆盡而　公塚穴湮沒無迹詰之奸佃李元發則堅不承認　先府君自庚戌迄乙卯件來山中不避寒暑披荊剔蕪揣度地勢每至必徬徨竟日然終不得　公塚計無所出乃禱於乩仙仙降乩云自光亭貞吉坊起量進九尺五寸掘地有劉太常譔墓志此　封翁暨過

太夫人兆也自左石坊柱腳起量進四尺五寸掘地有桂文襄譔墓志則　公兆存焉　先府君遂於嘉慶元年丙辰二月二十五日集邑士大夫請於當路掘地得志尺寸悉符咸相驚詫爲神因念　公之德澤孔長遺隴不宜湮廢抑亦　先府君數年來苦心孤詣之果能復墓也遂即封塚祭墓築墻立墓碑一道界碑一道重豎　過太夫人貞節碑一道呈請無錫縣甄侯飭胥地總糧書丈明四址糧歸東林書院公田辦納繪圖存案其盜葬年久者從寬免遷出示勒石禁止嗣後毋許盜

賣盜葬永遠保守秦少司寇名瀛有重修邵文莊公墓記三年戊午碑之光亭貞吉坊柱後

慧山記墓門

明

贈都憲邵諱溥衣冠暨配節母過太淑人墓在繡嶺桃花隖子文莊公諱寶祔

論塋前濶二十三步後濶二十一步左右進深各七十五步羨字無號山糧七畝存案勒石

重修邵文莊公墓記

文莊邵公既沒之二百七十年墓寢廢其七世族孫綸錦重修公墓既藏事其友竇廷棟寓書於杭屬余爲文記其事而鑱諸石有明一代講學之盛首稱吾邑東林而公生弘治正德間創書院實開顧高之先然跡公爲人中剛磊和不爲曉曉之行方武宗朝逆瑾用事士大夫多不安於位其共者且爲椽人所辱公嘗以不肯劾平江伯陳熊忤瑾意投劾歸里瑾誅起用復以乞養歸再被召竟不出點易著書優遊容春堂中粹然稱巨儒而世亦無更有嫉忌中之者公嘗有言願爲真士夫如公進退無愧殆真真士

夫矣公少孤家貧贈公之葬不具禮其後公貴母過太淑人營壽藏於慧山之繡嶺太淑人沒距贈公葬時已閱五十九稔欲遷葬贈公不可乃葬太淑人於繡嶺而公之沒也實附焉桂文襄譔誌其墓綸錦嘗求公墓不得既掘地得桂文襄誌銘始識公所葬處吾邑先賢冢墓其子孫既衰類多湮沒不可考今公之墓得綸錦而廢者復修厥功爲甚鉅公又有祠在慧山所謂尚德書院也顧兵備光旭嘗葺而新之與此事皆可書重修歲月爲嘉慶元年丙辰二月余以二年十一月既望爲之記

嘉慶二年丁巳十一月既望　後學秦瀛拜譔

復墓謹述二首并序

七世族祖文莊公邱壠湮廢自庚戌迄乙卯蒐訪無迹乃禱於神得顧端文公降乩云自光亭貞吉坊韭進九尺五寸掘地有劉太常誌是贈公衣冠暨太夫人兆穴自左坊柱鄰量進四尺五寸掘地有桂文襄誌是二泉先生兆穴遂擇於嘉慶元年丙辰二月二十五日集邑士大夫請於當路掘地得誌尺寸悉符論塋始復謹述祖德兼志神佑

其一　七世族孫綸錦著

懷恍尋遺蹟桃花澗水東空山多古冢何處是幽宮薤泣三霄露松淒半嶺風無言問翁仲徙倚夕陽紅

其二

銘讀桂文襄神謀豈渺茫六年情始慰七世澤逾長龍護瀧岡表魂招繡嶺坊一抔重掩土奠酒未荒唐

重修邵文莊公祠墓記

道光二十有二年昌道無錫拜邵文莊公墓下宰木深蔚豐碑屹然造其祠新者陾登舊者黝堊昌肅然歎大賢之德靈長及數百年猶未艾也瞻禮竟其八世族孫大令涵初屬爲記之接公以道學倡東南達尊碩望爲東林諸君子先聲明社雖屋氣節挺然爲公後起公沒無子嗣子照壻秦汶守其兆而以公所建二泉書院爲祠我　朝乾隆中祠墓並廢涵初之父贈公綸錦樹封其域顧觀察光旭秦少司寇瀛並記其事今涵初於祠右偏建閣以祀公之高曾祖考左偏築室顏以公書超然堂舊額爲族人飲福之所體魄既安神靈亦妥嗚呼盛德必百世祀所謂百世者非必子復生子而孫復生孫也公之言曰願爲眞士夫

不願爲假道學此公之所以學業冠天人勳施於四方名儒名臣一以貫之也一抔之土一畝之宮百世後令人企慕於無窮雖無嗣何害彼門下之傳述者秩祀之有司肅拜者合族之來助祭者孰非嗣哉今夫蚩蚩者氓非生於空桑也然子名其母率至并名而忘之甚有明知其祖而舍祖祖人鬼既不歆人亦竊笑公之願爲真士夫而勒於真似續迄今三百餘年所守之祠其像眞所復之墓其穴眞則族裔猶眞裔也嗚呼公之明德遠矣祠地八畝八分有奇上至點易臺而止墓地七畝在繡嶺桃花塢年代遷

貿他姓塚其旁先後告於有司免其久徙其近存若干塚
勒之石並載明於續修邑志皆綸鉊父子之功是可記也
道光二十有一年十月　後學澄江季芝昌拜譔

無錫縣甄侯禁碑一道

爲保守先賢祠墓等事據東林後裔秦豫鈞等具呈前來
內稱　先賢明尙書邵文莊公專祠在慧山寺左論塋在
繡嶺亭南按公年譜公無後嗣世守乏人幸蒙邑侯暨賢
士大夫屢加修葺載邑志可考繼經邑侯吳公重修祠像
又復三十餘年甚至祠屋盜賣墓址侵削乾隆五十四年

東林山長顧觀察捐貲集分經營修造俾得祠宇重新呈
明在案其祠墓錢糧被慧山故總邵右曾等影射同姓冒
收盜賣散失頗多尙未歸整若不及早淸釐則從前故址
固無望其恢復卽現在餘基亦難必其保全生等公同酌
議文莊公爲理學名臣配享東林書院道南祠今請將祠
墓錢糧歸入東林書院公出辦納恩飭糧總將論塋四址
祠內基地逐一丈明繪圖存案並飭祠丁不許容留外人
踞擾損傷墻垣切結墳佃不得墾削甘詞勒碑保守等情
據此查　先賢祠塋理宜加謹保護乃該墳佃等輒因世

守乏人膽敢任意侵削殊屬不法所查出該墳丁李元發
甫經盜賣與王咏觀天君堂未葬各地押令折讓吊契塗
銷墳佃李元發從寬枷責飭取嗣後小心看管切結附卷
並飭糧書區總將祠基墓址逐一丈明繪圖存案將糧撥
歸東林書院公田辦納外合行勒石永禁爲此仰該地總
糧書祠丁墳丁一應人等永遠遵照所有　先賢邵文莊
公祠並　論塋墓地此次淸釐之後務宜勤加保護如有
仍前影射同姓盜賣侵佔踞擾作踐　先賢祠墓者首提
看守之墳佃祠丁嚴加究治外其知情盜賣者按律一體

治罪該地總糧書串盜容隱察出究懲各宜凜遵須至碑
者

計現在步口糧數情形繪圖存案

祠

前濶十五步四尺後濶十一步有零左深三十七步右
深三十八步　遐字一千一百五十四號平田七厘一
千四百十九號平田五分一千六百零四號山四分五
厘一千五百五十四號山四畝二分一厘三毫一千五
百七十八號山九分一千六百零五號山七分五厘一

千六百零六號山一畝九分七厘八毫

以上各號并點易臺一帶山粮在內

墓

前濶二十三步後濶二十步左右進深各七十五步

羌字號山粮五畝八分

嘉慶元年三月二十四日立經承工房徐增元辦

無錫縣韓侯禁碑一道

爲據稟示禁事照得　先賢邵文莊公諭塋坐落慧山繡嶺因無後裔世守乏人被墳佃李阿福將墳旁餘地盜賣各姓佔葬據紳士秦寶仁等控縣訊明將李阿福枷責盜賣各棺悉押移遷弔契塗銷並飭總糧赴墳丈明四址上濶二十步下濶二十三步左右各闊七十五步釘立界石自沿濶以東至秦墳數見久葬難遷之穴共計一百五十大塚繪圖稟覆隨飭另召看管據地總另召墳佃陳大發接管並據蔣觀寶等先後遷葬結覆在案茲據秦寶仁等公求給示勒石永守等情具稟前來合行給示勒石永禁爲此示仰該地居民人等及墳佃知悉自此次清釐之後各宜永遠遵照毋許再在邵墳界內盜賣盜葬以及砍樹

作踐覇樵等情倘敢故違或被告發或經查出定即按名拘提照律治罪斷勿姑容該墳佃亦宜勤加保護勿再仍前串盜隱容自干嚴譴凜遵毋忽須至碑者

嘉慶二十五年八月十三日示

五世守僧廬碑記

永樂初我高伯祖伯完暨我高祖叔安二君府卜塟我五世祖知州仲容府君配馬宜人於慧山聽松菴之北原也庵僧普真及其徒懷祖實以地歸之既葬遂屬之守高祖而下曁穆叙葬至於今凡四世百三十餘年矣乃今卜我先妣太淑人之兆於菴益邇僧宗煡慧燈慧文歸地且守如先人故事惟昔以士今以大夫式廓益增歲時益殷乃以賻布之餘買田十畝歸之申勸褒事三人者於性海爲七傳繼之者圓金方益圓璺其徒也田爲直白金三十兩契皆有副與正自今至世世我後人無敢言取僧亦無敢言鬻其胥顧茲碑

右文莊公文記數篇俾後之人知墓之所由始也

涵初謹聞　先府君庭訓知復墓時神道碑久已遺失無考過太夫人貞節碑被奸佃曳倒碑已中斷沒蔓草

中　先府君鑿碑心作孔灌鐵於中續樹焉時邱隴已
平無可蹤跡禱於乩仙掘地得志遂封塚修墓事詳復
墓記中
涵初敬述

先塋碑銘

三益公神道碑

誥贈通議大夫都察院右副都御史三益邵府君神道碑
銘
朝議大夫國子監祭酒經筵講官南京翰林院侍讀學士
趙郡石瑤撰
登仕佐郎江西臨江府照磨前禮部鑄印局副使同邑陸
寬篆額
南京禮部聽用儒士同邑王輝書丹

無錫邵氏自宋南渡居縣南新橋元處士君瑞徙冉涇國初有試職知州仲容公徙南塘仲容之子曰伯完叔安叔安一傳而至存一再傳而至三益三傳而至贈都御史惟淵四傳而至戸部左侍郎國賢於是邵氏中興焉三益公諱鎬字廷廣父即存一處士也母闞韭朱氏公幼警敏父母鍾愛之不忍遣學於外乃延王蓬室先生爲塾師公每晨興存一公亦與親授以書史存一既以學行望於鄉里又數從周正言士衡王舍人孟端遊用是公器識頓異比長娶於大街楊公汝明楊公豪蓋一鄉長兩稅久能軒輊

一時公每接見必加敬禮不敢以甥畜間少愆於儀即勃
然辭去其英氣如此性孝友內外無間言與朋友交情歟
周至有所濟於人未嘗有德色雅好賓客半醉輒口占詩
歌擊節歎咏人以爲有乃祖君瑞之風焉君瑞即元處士
徙冉涇藥容春軒嘗從吳興趙仲穆錢塘范致大雲林倪
元鎮問書畫者也尤謹內外之辨姻黨女婦若禮當見者
一揖成禮退問其何服不知其莊重亦非人所可及年四
十四以疾卒於正寢葬慧山聽松先塋後五十三年爲正
德壬申以孫寶貴贈通議大夫都察院右副都御史配郎

楊氏贈淑人子男二長溥郎惟淵先贈許州知州晉贈通
議大夫都察院右副都御史娶過氏先封太宜人晉封太
淑人次庶子淵娶朱氏繼方氏嗚呼道始於微達於著成
於變化猶繭絲之於匹帛跬步之於千里其實一也觀三
益公之立志守禮迥乎絕羣使天假之年其所至豈可量
哉昔周之季學柳下惠者多矣而孔子獨善魯男子之弗
納非善其弗納也善其由弗納而上則富貴不能淫矣非
禮勿動矣將天下之可欲皆無足以動其中而擾焉有不
大成者乎公雖蚤世弗究其志而公之孫遂以文學志行

名海內爲時碩儒非賢者固莫有以啟之哉銘曰
錫山之陽曰召伯氏十圍之木風乎千里曷鑿冉涇有杞
有梓曷疏南塘有湜有沚山川之閟窈然欲啟德契慶符
乃生君子衆以泰競我執其禮不出戶庭譽乃大起司徒
嗣之爲天下士光昭于祖終則有始天書日煩永照來裔
慧山峩峩以畢公志

純和公合葬銘

誥贈通議大夫都察院右副都御史純和邵府君合葬墓
誌銘

嘉議大夫南京太常寺卿前翰林院檢討修 國史經筵
官西蜀劉瑞撰文
翰林院編修文林郎同修 國史兼經筵官門下生永新
尹襄書丹
文林郎河南道監察御史致仕前提督南畿學政門下生
安城張鰲山篆蓋

贈通議大夫都察院右副都御史純和邵府君卒於天順
壬午旋於天順甲申葬北原矣越嘉靖壬午府君之配太
淑人過氏卒先是太淑人營壽藏於繡嶺嘗命予尙書寶

曰汝他日還汝父合於吾吾願畢矣及尚書公舉事羣誅
曰不可基者藏也欲其不見也安斯善善斯久先府君之
窆五十九祀矣當是時公僅三歲耳其立未可知也一旦
起科第歷仕　四朝正位大宗伯文學孝誼重海內府君
用是受　天子之錫命至再未已顯執大焉不謂之安乎
故曰卜其宅兆而安厝之安矣又何以遷爲尚書公流涕
曰予之言是也止乃製都御史服并衾棺告於府君迎致
之繡嶺葬右窆焉達太淑人之志也繼自今神道之門暨
碣皆主以府君題之尚書公謙門生瑞曰宜有銘瑞聞而

歎曰事不可遂時不可止變也變而不悖禮古之人有用
之者矣尚書公誠孝矣乎按狀府君諱溥惟淵其字邵之
先有存一者爲府君大父學春秋於周正言士衡子史淹
貫稱鄉先生存一傳三益贈右副都御史即府君父也母
楊氏贈淑人府君生而孝友謙慎從里師誦孝經小學論
孟諸書通大義以父祖在有所行未敢自遂觀其志者知
爲端人也年二十三卒卒之二十二年尚書公舉進士知
許州受　命贈府君如其官階奉直大夫又六十年尚書
公遷都察院加贈通議大夫右副都御史太淑人過系出

朱宗室徐王郡馬孟玉後自府君之卒矢無他適抱遺孤
形影子子獨取先世遺書教之嚴甚不假以辭色尚書公
夙敏悟自是愈奮勵古人自期終顯厥教晚歲太淑人病
棄官就養疏數上而後得　請以奉養太淑人享有榮祿
而安其孝士大夫咸高之始封太宜人進今封太淑人享
年八十有二葬之辰癸未十月十日也銘曰
維繡嶺蓄磅礴邵有親卜幽宅衣冠之藏同體魄魂氣無
不之也古有作作之今者子宗伯崇右敦孝歐陽子是若
繡嶺之封瀧岡之託之孝之譽　皇命有滙億百斯世顯

親冥漠

邵尚書母太淑人過氏貞節碑銘

凡忠貞之節有二當國家多艱捐軀蹈難臣之忠也任匡
弼之寄擁殖委裘社稷危而復安忠之大也以身殉死婦
之貞也礪冰霜之操拊綏襁褓宗祧絕而復續貞之大也
故曰死易立孤難南京禮部尚書無錫邵公母太淑人過
氏朱宗室徐王郡馬孟玉之裔適贈通議大夫右副都御
史純利府君尚書生三歲而大夫蚤世太淑人方盛年族
人欲奪之節太淑人毅然自持誓不復貳及家人析產金

帛珠玉無所取獨取先存一府君手校遺書千餘卷曰將與吾兒讀之且育且誨備履艱辛遂見尚書起科第知方州歷戶曹郎按察副使按察使布政使御史中丞督漕鎮淮安皆至官食其祿及尚書以守正忤逆閹斥旋收貴州有戶部亞卿之召太淑人時年七十一矣病不復能之官尚書因乞終養於家不許再疏三疏至五疏始許之家居八年進今官又固辭不報今上即祚起之復辭疏前後凡七上有云臣無兄無弟無子以代養兩世一身更相爲命聞者悲之雖朝廷不能奪也遣有司以禮存問時太淑人

八十有一矣君子曰太淑人至貞也守三歲之孤位登八座爲時名臣邵宗以光尚書純孝也不以八座之貴易一日之養屢抗明詔必得所請語云死者復生生者不愧太淑人有焉聞以善養不聞以祿養尚書有焉而國家以孝治天下曲成臣子之節何其至也初尚書爲中丞詔褒之曰朕予風紀之臣上有貞節之母及是又被恩典作而言曰兩朝希世之恩臣寶何德以承之乃立貞節之碑以表太淑人之操以揚天子之休命于無疆鏊嘗執筆隸太史因屬之銘銘曰

聖有謨訓託孤寄命忠貞不渝家國斯競噫嘻邵宗天降之割綿綿宗祀千鈞一髮維太淑人不震不奪教育遺孤再高門閭維皇嘉之進有封號犀首錦纛五花之誥爰命爾子八座是參典朕三禮保釐於南於赫渙汗臣敢言私臣有苦心天其鑒茲維皇之仁曲成不遺至誠動天乃允厥辭母子相保鶴髮蒙茸一堂之上洩洩融融菽水之歡孰與三公孝莫與衷忠莫與尚孰克成之綸音在上百爾有位尚是則象

嘉靖元年壬午春二月既望　震澤王鏊頓首拜撰

附

過太淑人行狀

先母封太淑人過氏無錫黃藻里人宋宗室徐王郡馬孟玉十一世孫其先自宋以來隱德相承至於我外祖時明翁娶於周涇周氏而生吾母於女行爲季年十九歸我先考贈奉直大夫許州知州加通議大夫都察院右副都御史純和府君諱溥字惟淵實生三年先考病卒蓋吾邵之先宋以上譜逸無徵元季我七世祖容春府君高不仕之義與倪處士鎮爲文字交國初五世祖仲容府君始以人

材起試職知州以卒高祖叔安府君從學周正言士衡而與王中書孟端爲友能自愛益以貧踐履士望歸之至我曾祖存一府君博洽經史終身由禮隱然山澤之儒寶猶及見焉其卒也與吾先考同時於是門衰祚薄母鞠寶惟謹既除喪二年又遭我祖母楊淑人之喪以寶襄事諸父有利吾產者百方震懮將奪之節當其肆暴母至攜寶匿曾伯祖母王安人所然不爲變既而析產爭取金帛珠玉母獨取存一手校先世遺書千餘卷昌言曰吾家婦也此書當與吾兒讀之襲而皮之狀頂然以愛故尙未令就外

傅寶九歲始延里師俾授句讀繼遣從經師受學尋遊邑庠中應天鄉試試春官不利卒業太學凡數年間母鬻舊產暨諸服飾供給殆盡寶二十五得進士授許州知州迎母就養封太宜人歷陞戶部員外郎遷郎中江西提學按察副使浙江按察使右布政使湖廣左布政使都察院右副都御史總督漕運母自四十六至七十凡二十五年皆就養時寶以逆瑾屬劾平江伯不從矯詔勒致仕家居越數月起巡撫貴州勉奉母以行至長沙有戶部侍郎之召而還於是母年七十一病衰不能就養再請終養未許寶

至京師數月又請至再許省視抵家三月又請乃許侍養於是以詔進今號又八年寶進南京禮部尙書疏辭逾年未報母得中風疾往往而劇吏部以請得先帝命旨今上登極上疏辭詔趣起蒞事再上疏懇辭許之且命有司以禮存問於是母年八十有一矣寶入致命母病不能起猶加命服於身爲叩頭狀寶惟吾母貞心保孤壯老安節始一日例以受封不敢請旌先是封太淑人之詔有矧子風紀之臣上有貞節之母之語至是繼被殊典於誥有光嘗請於今致政少傅震澤王公作貞節碑樹之壽藏之左是

歲冬十一月病復劇十二月二日遂終內寢嗚呼哀哉寶億少時每夜讀書母必手女紅以相之常謂讀書在勤然須節勞無致成疾秀才家書尙多非力莫能讀也故戒勤之意率逾於警惰其迎養在官凡政事若罔聞知曰婦無外事況官事乎朝夕定省惟以愼勤戒之而已在許州奉詔毀淫祠寺觀有爲請于母者母曰此朝廷事吾兒不敢廢吾敢阻遏乎寶禱雨齋戒母率家衆亦素食至旬日不怠曰吾在官敢獨肉乎寶以一年俸米還前官之母棺價不足又假諸同官寶重於告母曰此義事也兒爲之但當

節用而已壽日不納女賓曰此謁階也雖舊有之吾不敢踵在江西長埒來迎婦同官謂廨近察院戒減用樂母命徹樂不用寶視學外郡母在廨日惟買一肉一菜外無一人出入賓歸憲使周文化以告且歎曰何太夫人之淸慎也寶以問母母曰憲臺之法吾固當爲兒守之在淮鎮寶以忤璫聽逮京師母聞之憂惶馳驚疾病幾殆比退休歸病郎日愈大喜無怨既得告而有召命人或謂母曰太夫人盍行乎母曰吾老矣兒亦多病非做官時也夷然而罷及初病命啟諸篋笥檢舊衣分諸女孫或意母養于官久

必有珍奇重貨及啟皆無之雖寶亦歎吾母之廉也存問禮至鄰媼謂母曰母何物報上母曰天之恩豈物所能報哉惟有叩頭而已媼曰母在牀其何能叩母曰吾兒代我叩矣嗚呼言猶在耳色猶在目今而後不可繼矣嗚呼哀哉母生正統辛酉閏十一月癸未享年八十有二子男一人即不肖寶娶顧氏累封淑人女一人殤孫男三人曰德孫曰佛真俱殤曰一元母命爲寶後者也女孫三人長適義官華珉次適邑庠生吳汝憲次贅邑庠生秦汶壽藏在惠山繡嶺之原去先考墓數百步而近卜以今年癸未冬十月十日丙午啟而葬焉距先考塟五十九年矣念惟體魄久安不敢議遷爰製衣衾棺而合之寶不天先考背棄太蚤惟母之恩寶兼父道寶不孝無能爲養仰荷聖明錫之晚福又弗克承藉以登上壽歸地號天無所逮及惟襄事有期所以埋銘樹表於壙墓之上者不假大君子單章片辭以爲不朽之地則寶不孝之罪其終何以逭諸用是抆淚爲狀仰于於下執事惟少矜其志焉而亟賜之也寶不勝哀苦祈望之至伏紙悲咽不知所云

男寶頓首百拜謹狀

論塋碑銘

文莊公墓表

明故資善大夫南京禮部尚書贈太子少保謚文莊二泉

邵公墓表

嘉靖丁亥春二月二十四日二泉邵公以疾卒於冉涇之
尙書里第三月下旬鳳梧行部至無錫旣弔祭哭之哀邑
之士大夫屬吏僉曰公焉　朝廷六卿文學德業卓然名
世茲者不祿於法宜贈卹典幸馳疏以　請鳳梧雖之乃
上言無錫有致仕大臣是爲南京禮部尚書邵寶成化甲
辰登進士第筮仕河南之許州政教並修士民化服其治
行卓異部使者屢薦之在許凡六七年始陞戶部員外郎
遷郎中時大司徒推闢一部章奏經制邦用綜其出納惟
明惟允而贊襄居多焉以譽望簡知　孝宗皇帝擢江西
按察司副使奉　勑督學至則崇尙正學作興眞才與白
鹿洞暨修濂溪書院一時士風翕然致知力行之教至今
稱之數載陟浙江按察使執法不屈民以無冤正德初連
轉浙江右布政使湖廣左布政使方逆瑾肆虐湖南民不
勝其擾獨能濟之以寬蠲逋賑貸民咸受其賜尋擢都察

院右副都御史總督漕運未幾以議事入　京事有不合
者忤逆瑾意遂勒令致仕旣而瑾伏誅特起巡撫貴州未
至遷戶部左右侍郎凡三奉　璽書提督太倉國儲處置
裏河糧運會勘通州城池咸盡乃心力遂請給　誥命封
乃祖考暨妻室三世因念母太淑人過氏老病在堂請假
省視比至家疏乞終養　允之　武宗末年以廷臣會
推起南京禮部尚書上疏懇辭恭遇今　聖天子登極
溫旨褒答促其赴任又疏乞終養　上答曰卿才行老成
新政之初特茲起用旣累乞終養孝誠懇切勉從所請令
有司以禮存問待親終召用頃之太淑人棄養葬祭一如
禮不狥流俗旣釋服引疾乞休復荷　綸音有文學優長
才行素著之襃且令善加調攝俟有闕起用家居無事惟
日以著述爲務比者不幸終於正寢享年六十有八仰稽
　聖朝令制凡三品以上大臣考終者例有祭塟其勲德
著聞者加以贈謚所以勸臣工而勵士風也卽尙書臣寶
德性之純懿學問之淵深歷事　累朝勲著中外其居官
則展經濟之才而忠於國其居家則盡侍養之誠而孝於
親加以好學不倦老而愈篤其形之文辭而見諸著述皆

本之先儒之議論足以發經傳之微言若學史簡端錄二
書先是撫臣進呈已經乙夜之　睿覽其容春堂前後集
并漕政舉要左觿史畧諸篇見藏於家足爲後學之指南
矧才行老成之褒文學優長之譽旣受知於　宸衷復屢
承乎温旨如臣寶者信爲一代名臣伏惟　聖明念君
臣始終之義察臣寶學行之隆　特贈以祭葬贈謚徒臣
節有光而在位知勸矣鳳梧待罪撫任輒敢以聞　制曰
可其遣官諭祭令有司爲營葬域贈太子少保賜謚文莊
恩至渥也於是鳳梧以謝事西歸公之嗣子勲暨婿太學

生秦汶懇以公墓表請方治裝匆匆未暇問也獨惟念鳳
梧以宏治丙辰會試禮部公實分校尙書有門下一日之
進及公左轄湖南鳳梧備員典學道義切磨敍相親厚公
之家居詩文音問往來不絕嘉靖丙戌之春鳳梧以巡撫
始至謁公於堂得以瞻望丰采而公已有微疾矣孰謂別
甫一歲而公遽不起哉則於勲汶之請詎有不可得而辭
者輒述鳳梧疏公履歷之概荷　聖天子褒䘏之隆以
表諸墓道使天下後世有以考見公之遠者大者若夫世
系生卒之詳自有諸公之碑誌在茲可得而畧云

賜進士出身
誥授資善大夫都察院右副都御史奉　勅總理糧儲兼
巡撫應天等府致仕南京吏部右侍郎門生盧陵陳鳳
梧撰文

文莊公墓誌銘

贈太子少保南京禮部尙書謚文莊二泉先生邵公墓誌
銘
榮祿大夫太子太保吏部尙書兼翰林院學士門生桂蕚
撰文

資政大夫太子少保南京吏部尙書姑蘇吳一鵬書丹
嘉議大夫吏部右侍郎姑蘇徐縉篆蓋
嘉靖丁亥二月辛未二泉先生卒又明年己丑正月二十
二日卜葬於慧山繡嶺之陽前期予煦走書京師謂蕚嘗
受業先生門委志諸墓嗚呼蕚尙忍志先生墓耶宏治間
先生視學江右蕚在諸生中先生見所試文喜己而見予
兄子樸文則又喜子樸自結髮言行事一以古人爲師用
無知者而先生乃與之論議亹亹嘗謂蕚曰子之兄天下
士也而吾兄與人書亦曰蕚爲二泉公所知二泉學古之

道不能趨時偃仰而卒有所立者也遂有所持而本志矢
以不變嗚呼子樸不遇於時而先生獨知焉子樸於人少
許可而於先生獨歎服焉然則子樸不悲其不遇而先生
之於斯文蓋將有所付矣嗚呼豈謂子樸以嘉靖元年卒
逾五年而先生又卒天降割於斯文若是酷耶則不忘不
能抒吾之哀又何以鳴吾兄弟幽明之感於先生者以告
世世耶謹按狀先生諱寶字國賢邵氏世家常之無錫曾
大父諱式大父諱鎬贈嘉議大夫右副都御史父諱溥加
贈如大父官母過氏封太淑人先生成化甲辰進士授許

州刺史丁巳陞戶部員外郎旋遷郎中庚申提學江西凡
六年陞浙江按察使歷左布政使未幾巡撫貴州總督漕
運陞戶部右侍郎尋陞左侍郎兼左僉都御史陞南京禮
部尚書累引疾致仕不可遂乞終養辛巳 今上登極起
先生將大用之先生懇辭焉先生家居一日晨起謁
先聖及家廟既退端居瞑目不言而逝訃聞 天子
遣官營葬諭祭焉有司述其行謂先生忠孝具奏稱 旨
贈太子少保 賜謚文莊先是先生以母太夫人老自
爲藩臬時屢奏乞終養格於例爲侍郎再乞歸養俱不報

壬申 許歸省 賜寶鏹四千緡以行抵家又疏終養始
報可得疾尋愈年近六十朝夕侍親側承歡婉愉太夫人
安其養年八十餘壽終內寢先生養親之暇深居簡出日
親書史以著作爲事求請者踵接於門碑板流播徧泗方
今上嗣極大臣言官交薦先生乃有南京禮部尚書之
命先生疏懇辭 上褒以溫旨不奪其志且令有司以禮
存問侍養終用之比終太夫人之喪 天子且召用先生
而先生病不可起矣曾大父諱式母朱氏大父諱鎬父諱
溥俱累贈嘉議大夫都察院右副都御史大母楊氏累贈

淑人母過氏累封太淑人進太夫人服配顧氏累封淑人
生子男二曰德孫佛真俱蚤卒今以族弟之子煦爲嗣聘
國子生華公麟祥女生女二一義官華珉邑庠生吳汝憲國
子生秦汶其壻也甃以卒之又明年己丑正月二十二日
先生居鄉厚倫睦族好爲義舉里人薰其善良顧自先生
歿之皆常行不及書文辭典重刊落華藻一歸於純厚詩
歌出入李杜間樂府有漢魏遺意所著學史簡端二錄爲
都憲吳公獻臣錄 進他如定性書說漕政舉要容春堂
勿藥諸集各若干卷藏於家其厄於火者莫得而詳也公

生天順庚辰九月三日卒於嘉靖丁亥二月辛未壽六十有八鄉大夫士共經紀其喪中外縉紳交口惜之尊與兄子僕俱被先生獎識以天下士亟稱於人是先生之知音也爲撰墓誌銘以表諸神道銘曰

明體適用惟公之學崇本抑末惟公之教勤以傳事惟公之忠親以養終惟公之孝教以學成忠孝一道胡闕兵嗣不食其報惟所自立千古有耀知已作銘碑諸神道

文莊公神道碑

明故資善大夫南京禮部尚書贈太子少保諡文莊邵公

神道碑

特進光祿大夫左柱國少師兼太子太保吏部尚書華蓋殿大學士知制誥兼經筵講官石淙楊一清撰

錫山有鉅公家食爲名士仕爲名臣要其終爲名儒曰邵公諱寶字國賢者予友西涯李文正公之門人也予以西涯故獲好於公久乃益親晚年予謝政公歸侍養鎮常郡相比歲時通問訊不絕然求其踪跡不及見去年嘉靖丁亥予在朝忽得守臣報則公亡矣公世居無錫近慧山慧山傳稱天下第二泉也因號泉齋又曰二泉學者稱爲二泉先生文正公成化庚子主考南畿得公歸以詫於予曰吾得天下士舉甲辰進士出知河南許州能以禮讓爲國所舉動多風化中事作新廟學諭諸生義利公私之辨及忠孝大節聞者感動皆知慎其所自立次教之讀書爲文鉅則許之文風蔚然改觀正潁考叔祠墓改魏文帝廟以祠漢愍帝祠范忠宣公於襄城裴晉公於郾城毀龍骨杖妖巫尤急民事躬課農桑倣朱文公社倉立積散法行計口澆田法爲備荒計釐正糧籍民至於今稱便徵爲戶部員外郎尚書委閱章奏進郎中太原周文端公華容劉忠

宣公甚器重之　孝廟臨御諸公奏抑恩倖杜請求釐正度支多公言是用章奏多出公筆以薦爲江西提學副使至則以身爲教先器識而後文藝黜浮崇雅士類洊修興濂溪書院白於巡撫林公待用撤取濂溪族孫守祠改建白鹿洞書院清學田定課程遠近向慕遷浙江按察使慮獄因成豪惡殺人之獄出可矜疑者若干人正德丁卯遷浙江右布政使進湖廣左布政使己巳擢都察院右副都御史總督漕運時劉瑾用事公一無所通瑾銜之數令人以危言撼之公不爲動乃勤令致仕去庚午瑾誅起巡撫

貴州尋陞戶部右侍郎進左侍郎　命兼左僉都御史督
處糧運及會勘通州城濠等使直讜聞於　朝廷孝友聞
於鄉里化人有道傳後有書擬　贈太子少保謚文莊
天子曰可享年六十有八配顧淑人生子一德孫佛真俱
天嗣子一郎煦聘太學生華麟祥女生女三長適華珉次
吳汝憲次秦汝先生制行之純文章之富功業之隆昭昭
在人耳目固有國史爲之紀述乃爲之銘曰
嗟乎泉翁有本者如是流澤無窮嗟乎泉翁爲天下第一
流人而今已矣予將安從

碑陰記

嘉靖丁亥二月南京禮部尚書錫山二泉邵公寶卒巡撫
都御史盧陝陳公鳳梧以訃　聞
今上特遣官營葬　贈太子少保　賜謚文莊且　諭祭
焉憲嘗伏讀
制辭其畧曰學究本源才周經濟首及體用之全褒美至
矣末復曰學古之文金石可傳用世之才經綸未究又歎
其賢而惜其沒也宸章炳耀何若是丕休哉蓋公夙以古
學化行舉進士知許州能以禮義導民有古循吏風入歷

戶曹郎典章奏杜姦倖多所褒益出副江西憲視學以身
爲教崇雅黜浮士風漸變復古進長浙憲明恕益著遷方
伯尋遷湖藩至擢中丞督漕運於淮弗依權閹致仕去人
稱其節閹敗起巡撫貴州繼陟地官亞卿懇乞養母歸定
省暇益事學著書上下交薦進今官不起　上登極召公
復如前進入稱其孝回翔中外垂三十年侍養家居復逾
一紀德日充業日宏文章日富古稱三不朽者殆兼有之
可謂一代之名儒間世之偉人矣故忠誠上徹簡在　帝
心榮褒始終有若此者嗚呼由是仰窺　上遇臣以禮而

公光膺　休命亦一時之異數哉竊觀今世大臣歿而荷
祭葬者蓋鮮況　錫命之隆乎間有之亦修舉故事云爾
況褒悼如此至乎自非碩德重望疇克臻斯然則公欽承
異數自有本非倖至而冒寵渥也九原有知其亦感慰也
夫公從子勲暨子壻秦汝相與勒石立墓道以侈　國恩
請憲記之碑陰而併及公大節嗣之者尚思所以繼美而
罔哉
嘉靖六年丁亥十二月二十二日立
賜進士出身

勅授徵仕郎禮科右給事中致仕武進後學毛憲頓首拜

撰

書院記載

無錫縣志一條 錄舊志

二泉書院在慧山寺右正德中邵文莊公寶建又名尙德書院蓋寶購地於僧而多竹會考宋李忠定居錫之故惜其久未有祠遂築室於竹中而祀之又謂竹有君子之德故觀物者尙焉因以爲名祠右有澗跨以橋曰野橋其上爽樹松柏有徑曰雲階其上爲亭曰海天亭亭之左爲超然堂左曰吟松个右曰詠竹个寶嘗爲許州州故有尙書臺而未見後夢至焉吟松詠竹皆是地也及起尙書請告

作點易臺既成而恍然如其夢之所見因悉仍夢中之名堂之後爲二泉精舍又名泉齋齋後琢石爲臺其石一圓象太極二橢而爲兩儀倍之爲四象八角而成卦形名之曰點易臺有泉出於石中名滴露臺左爲兩卸亭刻忠定像於石右爲瘞卷邱以藏江西視學試卷萬餘從曲徑數十步而上爲望闕巖歲時一至拜祝焉寶無子沒後遂不能守按察使蔡獻臣出貲收而葺之後亦尋廢

重修二泉書院記　顧憲成

吾邑文莊邵先生建書院於惠山之麓先生沒屬嗣子陛

生煦贅壻浙江東陽少尹秦汶其守因肖像其中歲時膳禮焉煦没嗣勳勳没不復能守汶子太學榛谿併其半之三榛没屬季子煋得盡併而專守之久而變故百出幾厭涎口伯子茂才秋請以身任址竟不廢觀察盧臺蔡公過而喟然興嗟謀諸邑侯林公新之遂捐賤金百餘兩檄馬丞督其事并葺其家祠家祠責成邵氏而書院獨責之秦向故有外守也茂才君慨然起曰是實在我若之何其獨勤當路乃躬爲經理佐以家貲百金自丁未秋七月始至戊申春三月訖事規制備具頓還舊觀因語余曰秋也不

敢忘文莊敢忘蔡公子其爲我記之余憶往高存之輯先生年譜有問先生何以無後未及對今請申其說竊以爲先生之所爲後與世人之所爲後不同何者世人之所爲後有待而先生之所爲後無待也古稱三不朽太上立德其次立功又其次立言先生誠心質行表裏皭如貧賤不爲移富貴不爲淫威武不爲屈能立德矣由釋褐以至懸車所在惠澤洽焉教化行焉風紀肅焉典刑樹焉上獲下信闔而彌章能立功矣簡端錄寤寐聖賢闡性命之精蘊日格子折衷千古定是非之權衡能立言矣至於今流風

餘韻宛然如在兒童走卒無不知有先生也者是先生之所爲不朽即先生之所爲後也余少時聞某省有某督學行部至某縣閱諸生籍見呂姓者甚多於其入謁命之曰孰是呂蒙正之後列左孰是呂惠卿之後列右一時俱趨左無右者督學歎曰蒙正有後惠卿無後斯言良可味然而爲斯言者猶有待也先生則無待也茂才君又從容言先生嘗於中建李丞相忠定公祠尸祝而俎豆之以志向德之思今亦并加重葺庶幾先生欣然惠顧時時降陟其間即忠定不孤耳予不覺爽然心開作曰信矣先生之於

忠定也其猶蔡公之於先生也而今而往爲忠定者無窮則爲先生者亦無窮矣故曰先生之所爲後與世人之所爲後不同也君以爲何如茂才君曰而今而知後之時義大也請質諸蔡公當有以復蔡公名獻臣同安人其爲政也敦尙風教林侯名宰漳浦人能與公同心以有爲者也法得附書

無錫縣志一條

保安敎寺在城南五里景雲鄉始建於梁大同初在宋重建於紹興賜額於乾道爲禪院元廢明洪武二十八年重

修改教寺嘉靖中僧廣才等拓而新之有天王大雄殘跡諸殿有禪堂七佛閣其地甚僻多修篁古木山門流水泓然可以忘暑邵文莊公嘗作東林書院於其後

城南東林書院記　王守仁

東林書院者宋楊龜山先生講學之所也龜山沒其地化爲僧區而其學亦遂淪入於佛老訓詁詞章者且四百年成化間今少司徒泉齋邵先生以舉子復聚徒講學於其間先生既仕而址復荒屬於邑之華氏華氏先生之門人也以先生之故仍讓其地爲書院用昭先生之跡而復龜

山之舊先生則自述其興廢而以記屬之某當是時遼陽高君文豸方來令茲邑聞其事謂表明賢人君子之蹟以風勵士習此吾有司之責而顧以勤諸生則謂之何爰筆其所未備而亦遣人來請嗚呼物之興廢厥有成數矣而亦存乎其人夫龜山沒使有若先生者相繼講明其間則龜山之學邑之人將必有傳者豈遂淪入於佛老詞章而莫之知當時從龜山遊不無人矣使有若華氏者相繼修葺之縱其學未能大明其間必有溯流窮源者亦何至淪沒廢置之久又使其時有司若高君者以風勵士習爲己任書院必不至於頹圯又何至化爲浮屠之室而蕩爲草莽之墟乎是三者皆宜書之以訓後若夫龜山之學得之程氏上接孔孟而下啟羅李晦庵統緒相承斷無可疑顧世猶疑其晚流於佛此其趨向毫釐之不容於無辨先生必嘗講之精矣先生樂易謙虛德器溶然不見喜怒人之悅而從之若百谷之趨大川論者以爲有龜山之風非有得於其學宜莫能之然而世之宗先生者或以其文翰之工或以其學術之邃或以其政事之良先生之心其殆未以是足也從先生遊者其以予言而求先生之心以先

生之心而求龜山之學信乎書院之復不爲虛矣書院在錫伯瀆之上東望梅村二十里而遙周太伯之所從逃也方華氏之讓地爲院鄉之人與其同門之士爭相趨事若恥於後太伯之遺風尚有存焉特世無若先生者以倡之耳是亦不可以無書

無錫縣志三條

其一

點易臺在二泉書院明正德間邵文莊公寶築壘石爲臺其高數尺中圓石一象太極二隋石象兩儀四隋石象四

象築以八角則成八卦形見素林公刻太極於石上其前曾爲堂祀李忠定公名尚德書院祠右爲湍㵎橋焉爲野橋由橋而上夾道松柏迤邐三百步許爲雲階雲階而上爲靜清深處搆亭東北向爲海天亭亭左爲超然堂堂左吟松个右詠竹个堂後爲二泉精舍亦名泉齋齋之後爲點易臺臺成有泉出石壁爲滴露泉臺左爲兩知亭刻李文正公像石右爲瘞卷邱瘞祝學江西時卷西上紆逕數百步有平石題曰望闕巖凡十五景今惟點易臺存

其二

遜名泉在邵文莊公尚德書院前正德五年浚

其三

滴露泉在尚德書院點易臺之下文莊將築臺詩有安得泉聲一道來之語忽有涓流出於石罅乃引而名之

承賢橋記　高攀龍

錫城中有箭河九逼者一而已無論形家言凡河渠疏則靈氣鬯如人身血脈然然則湮塞所從來久民居蹂之不可問惟在冉涇里者計丈百有三十而逼者且百有十是爲文莊公邵二泉先生故里先生亟欲疏之尼於里人不

果特爲陰渠石甃之以通於所謂弦河者蓋先生之寄趣遠欲二泉震澤之派沿洄旋匝於吾前以爲快也先生既歿垂百年太學尤君時純居先生里中慨然念曰是先賢之志也夫吾不可以不承乃捐其樓居二十有一楹鑿爲河河成而橋之請名於余余曰惟是二泉先生之志謂之承賢可矣太學君曰橋之至於河也其地爲河者若干爲陸者若干具有籍子其志之庶可永也余曰噫事其有可知者乎夫以二泉先生之賢也又貴重也曾不能以尋丈之地得之里人而其志遂尼何也語曰其父析薪其子弗克負荷郎以父兄之命其子弟有弗克承焉今先生之歿垂百年嘗年一念渺乎若逝水之無跡而君忽承之又何也皆事之不可知者也則繇此而之陵谷之變又焉可知乎雖然其可知者固在也夫以先生之賢也而君承之雖其甘爲不賢者而復湮之果其甘爲不賢者是人之最賤也世之所共惡也或擊之矣是可知也是役也邑侯同生許公實主之故莫或有尼太學君之義而卒告成事侯名令典海寧人

錫山景物畧記邵二泉先生冉涇尚書第

王永積 崇禎

邑中第宅櫛比臚列何可枚舉然而後人不守轉瞬而易主者亦何可枚舉惟尚書第獨存焉第在冉涇橋西爲邵文莊公故宅公增葺之分十二景立巨屏泥金作仲尼居曾子侍像曰曾侍堂堂右皮藏書萬卷李文正公書額曰容春精舍堂後朝夕於斯喬太宰宇篆額曰燕居亭旁構一齋祀祖存一公小像李文正作銘曰存一齋南爲嘉樹亭齋前以石子壘八卦像曰八角臺臺西置九畹每畹滋蘭九本曰蘭畹曾侍堂右鑿小池種荷曰思濂沼池上架

石梁曰光霽橋橋旁植竹曰靜深徑堂前有石二取其形似一曰圭一曰晃又有石一如屏來自西蜀種菖蒲其上曰雪浪菖蒲石爲地無幾取名繁多公居其中得趣處常在言外公歿莫華兩門人肖像祀之萬歷中按察蔡獻臣邑侯劉五緯次第修之

謹按永積本邑明末人此記甚詳今節錄其畧

二泉精舍祠李忠定公記　江西汪偉 弋陽人

戶部侍郎無錫邵公嘗作尚德書院於慧山叢竹間以祠宋丞相李忠定公邵公自爲記曰竹有君子之德凡觀物者尚之云爾又曰公自其祖由邵武來居生長宦學於斯況嘗廬墓茲山義起之禮顧當後舉哉此吾堂之所以作也清戎侍御徐君子謙過之語其縣令張侯玩曰斯舉也風化繫焉顧出於一人之私爲民師帥者寧忍恝然即且邵公雖貴無留貲地隘制庳視力所及未稱也其改圖之惠山之勝在泉必於泉之間乎令曰諾此玩之責也乃亟相度得地於慧山寺左適與泉相縈帶周旋始茲山之遺勝歟於是建屋若干楹前三間以奉忠定像主後五間取少師西涯李公所篆二泉精舍四大字揭諸楣盡邵公舊

以泉名其齋士夫君子因以二泉稱之西涯公嘗爲之說謂其即泉以求夫道也四大字實爲邵公作邵公有慕於忠定而有司之意又欲後進取範於邵公皆美意也工匠月落成縣以聞於提學侍御安福張君君曰此吾意也雖然室成而無文猶未成也其亟圖之於是張侯遣邑庠生莫止陳壽致書幣於予曰願紀其役邵公暨徐君偕以書來曰其必無辭辭不獲乃爲之言曰化民之道有出於教詔政刑之外者此類是也而可後乎哉顧以忠定之賢而邑中之祠始創於邵公而大成於今日豈事之顯晦固自

有時歟何其久宜舉而莫之舉也忠定先幾之智衛國之節南渡諸賢莫之或先邵公當平世而節概志行實相頡頏於數百載之上然忠定竟沮於讒其素所蘊蓄徒見於言論語議之間邵公中遭閹甚畧與忠定同而闡是繼定再起公而顯用之公進行其志退以所學淑諸其徒又不識忠定當時進退之際何如也邵公取善之詳雖泉石草木無遺焉而況於古之人哉雖千百世之上四海之遠無遺焉而況間世之英近在桑梓者哉宜邵公之汲汲於是也使觀於是者不徒感發其忠君許國之氣而取善尙友

之意廣矣其於風化豈小補哉徐侍御名盈貴谿人縣令張玩暨丞于資咸先後始終以成茲役法當牽連得書俾後有考也

重修錫山二泉書院記　張能鱗

書院之設非古也三代盛時海內之教皆由學校天子有太學諸侯有國學以及黨庠術序閭巷之間莫不有學其主學校之教者即國之卿大夫其入而受教者即元子適子與凡民之俊秀道德一風俗同六德六行六藝非其道莫與教也小學在公宮南之左國學在郊非其地莫與建也歷秦漢唐宋先王之意既失而學校之制浸衰於是唐李渤有白鹿書院之設而宋諸儒者因之以是名山水澗輒有書院是亦學校之變風也然自書院既設而嘗世之君相往往助田賜額而書院中一時教育之人才其功每過於學校於是書院因以不廢而先賢過化之地雖一草一木莫不可敬以至廢而屢復絕而更興非以其地以是爲先賢精神之所存也錫之有二泉書院其來久矣予視學三吳未嘗過問一日讀陸子道威詩集見所謂二泉書院者在慧山之麓余曰嗟乎是所謂文莊邵先生者乎陸

子曰然何其頹廢榛莽若斯之極也陸子曰公無後人其嗣澄賢而早沒弱息不足以振也予曰嗟乎願爲真士夫不願爲假道學此公之言也充公之言君相爲真君相士民爲真士民幾何而不爲三代也而崩壞衰落一至於此固一方人心風俗之所關不可以不復且吾聞公嘗視學江西矣公能修白鹿書院建宋儒祠以興古學而余不能余實愧焉亟分俸餘檄縣官爲新其祠以七月之朔過謁呼澄之子與之奉祀俾世其守是役也董其役者爲吉訓導天助任其勞者爲諸生顧宏烈施揚晉楊惟植而助義

率先則高學憲彙旃孫孝廉彥章也工將成請記於予予惟修建之所以必重夫記者爲其功力之鉅不可以不書而治化所關不可以不誌也余聞書院之來中遭頽圮御史祁公太守陳公兩廣總制張公合而助者五百金而院不能成今余不及三百金耳堂雖立檻戸弗能飭也周垣之繚弗能遍也且書院之復以爲道耳而匆匆余行弗克偕二三子考德問業一日於斯何以記雖然天下嘗爲之事固非一人之心之力之所成也文莊不與祁張諸公謀而祁張諸公爲之繼祁張諸公不與余謀而余又爲之繼

則安知後來者不與余謀而又爲余之繼更起而益昌大之乎又不可以無記也

先祖吟泉公撰二泉精舍新堂記

邑志之傳譌有二以二泉書院爲又名尙德書院一譌也以二泉精舍爲又名泉齋二譌也按容春堂集正德五年庚午建尙德書院於桃花塢聽松庵左築忠定祠十一年丙子建二泉書院於慧山寺左移忠定祠作十五景十三年戊寅以里第爲冉涇書院當時長沙李文正公以公之號爲二泉也爲書匾額曰二泉精舍公旣榜之里第又榜於慧山講堂更鐫其字於後嶺之匡石是冉涇二泉兩書院俱以二泉精舍名又考冉涇里第藏書處曰泉齋二泉書院景中超然堂之後軒當滴露泉亦曰泉齋俱榜以文正公書不以精舍名也今二泉書院十五景皆廢涵初次第修復或易址而仍其名或易景而仍其意又益以新增名景爲二十三景有以一堂而占三景者在有原齋之南擧匡石上書而榜於中室曰二泉精舍其左曰易情軒爲涵初讀易處右室曰拜石山房郎咸豐癸丑所建拜石亭而改其領角以爲室也甲寅乙卯涵初所錄圖像碑記皆

嵌於壁昔文莊之營十五景也超然堂之左个曰吟松右个曰詠竹後軒曰泉齋一堂也而分占四景今之一堂三景實祖其意爲文正公西涯李先生文莊之師也文莊石刻文正遺像嵌於兩知亭壁已在十五景中而又珍重文正手書至以兩書院俱懸其額且更深鐫其字於匡石師弟之情惓惓如此茲以方丈之室仍其名而又榜其書倘亦先文莊所深許乎丙辰四月新堂成分顏三景而仍以精舍統之爰記今昔取名之不同而實同庶使訪古者知其原委而不沿邑志之譌已

書院勝蹟

君子堂在先文莊公祠享堂前二泉書院舊有講堂五楹文莊公門生徐御史盈建李文正公篆書二泉精舍榜之萬歷中有張姓爲陰陽官者爲開府立生祠竟將此堂墉去（公無的裔贊塔秦汝之孫秋命聽松巷僧文悉典守講堂張姓倚顯宦勢墉去）國朝乾隆己酉顧觀察光旭先贈公（諱綸錫）同建君子堂所以補書院講堂也

談修惠山古今考

二泉書院在惠山寺左與貞升坊相對正德五年邵文莊

公建內有李忠定公祠有超然堂堂塑公像有點易臺滴露泉有講堂一所命僧守之超然堂歲久傾圮公塑像移置李公祠中公德學聞望誠可名世而遺像乃以無嗣附之別祠惜哉幸公第在冉涇里其門人僉事莫公同郎中華公雲告於監司郎公第建祠肖像祀焉賢哉莫華二公可謂得韓門弟子之義者矣講堂向爲僧守先年有張姓爲陰陽官者梟獍之尤也狹雄貲投一顯宦爲門客百𠂢可以中顯宦之欲者靡不攘臂而爭先焉顯宦深德之力爲覆庇俾得橫行邑里卒以無禍復希旨計立一開府生祠領出本縣無碍官銀四十兩獻之顯宦至戚竟撤邵公講堂而去夫邵公超然堂圮遺像禮應移之講堂講堂撤而俾附於李公祠中其視莫華二公高誼能反而思之否耶

君子堂記

顧光旭

歲己酉光旭新邵二泉夫子祠其族孫綸錫董其事以成祀夫子於超然堂之上其明年復築君子堂於超然堂之前客曰吾聞邵文莊公之名尙德書院也以竹茲堂其謂是歟余曰而不見夫二泉夫子乎夫子少孤竭力事母夫

人過篤老無間純孝也既入官敭歷中外無時不以君爲心無事不以民爲念純臣也學龜山而未得爲龜山徒也乃於登龜山之門者玉泉喻先生未登龜山之門而登玉泉之門者遂初尤先生未登龜山玉泉之門而登遂初之門者小山李先生寶齋蔣先生朝夕禮之如弟子於是築東林精舍以居學者淵源之自嚮往之誠景前修而廸來哲純儒也君子哉其學不移不淫不屈浩然塞於天地之間官江西拒宸濠濠敗搜舉朝往來之迹夫子獨無一字總督漕運逆瑾將構乎江伯於難以死生動夫子卒不肯

出一語倖免待罪里居汲引多方門庭肅然不相標榜不復作長安書就家拜官前後疏辭者七信乎夫子之獲上信友夫子之誠身也迄今讀容春堂全集而夫子之心夫子之學與其所以教者可得而聞也其他著述彰矣左編補杜氏之遺僃端學史二編示讀書鏡古之式漕政錄治河署社倉積散法皆經世良規帝王宮家天下之書足令當朝議禮者膽戰心製毀魏文帝廟以祀漢愍帝崇奉正統撰定性書說直探本原辭饋志取與嚴於一介讀禮說生死不忘其親自文靖載道南來諸賢代興而集諸賢之

成者夫子也夫子之舉於鄉也出李文正公西涯先生之門西涯一見有國士之目比諸昌黎之於張文昌柳子厚廬陵之於眉山自今觀之文昌子厚子瞻皆文章政事才夫子振茫茫之墜緒其功在斯道絕續之交此文成王公所深歎爲德器溶然不見喜怒人之悅而從之者若百谷之趨大川論者以爲有龜山之風也豈虛語哉前之君子堂子祀之於一堂後之君子亦將登是堂而慨想乎百世之上知君子之所以爲君子固非徒逐聲影以求之也客懞然曰謹聞教遂書以爲記

二泉書院十五景中有超然堂左室曰吟松右室曰詠竹後軒曰泉齋一堂四景公沒後堂塑公像歲久堂圮他姓冢其址道光癸卯涵初重建於君子堂之右一堂四景如原制以公書超然堂額榜之

超然堂記

超然堂者二泉邵子之所作也邵子初爲許州許有尚書臺在臨潁之野其規模風景邵子嘗聞諸故老而未之見也弘治甲寅一夕夢至焉其堂曰超然而吟松詠竹二齋列於左右逍遥容與久而後寤具以告客客紀之以詩蓋

至於今正德庚辰二十有八年矣於是邵子既辭尚書之召侍養之暇作點易之臺於惠山之麓既成而登恍然如夢中所見故爲堂於臺前榜之如夢或謂許之臺名尚書蓋以漢馬融氏嘗講經於是故也今臺焉乃適邵子之起爲是官也名若是協耶額之堂上或曰不然邵子爲親而請告其起也當正德己卯庚辰之歲將上下方震凌撞擊而邵子獨優游泉石之間超然云者其在是乎邵子聞而謝焉既乃喟然曰吾聞古之人有晚年進德者疇昔之夢殆是謂矣不然則所謂伸於萬物之上者非學何以至此

今吾雖老固不敢自棄也若夫二人者所云或失則淺或
失則荒於吾志乎何有乃爲之歌曰我昔夢矣超然倏冉
冉兮卅年吾臺斯兮斯屋將暇我兮葦編若登邱兮望海
何慨廓兮吾天又歌曰天高高兮萬物在下叶孰能靜觀
兮精思何若久矣吾衰吾過吾補孰夢非眞兮孰今非古
二人者聞之若相謂曰邵子其超於夢矣邵子復起而謝
焉遂書爲記

先祖吟泉公平重建超然堂記

先文莊之夢見超然堂也以弘治甲寅至正德庚辰作點

易臺於惠山之麓臺成而登恍如夢中所見故爲堂於臺
前榜之如夢記焉而系之以歌曰孰夢非眞兮孰今非古
坐客聞之曰邵子其超於夢矣三百年來堂廢而冢其址
者纍纍然乃卜新址於湍澗之前作堂三楹左个曰吟松
右个曰詠竹後軒曰泉齋一如原制特下如故址五十步
而右仍以公書舊額榜之文莊之夢其幻乎堂則眞矣故
曰孰夢非真文莊之額其古乎今又堂矣故曰孰今非古
夢乎眞乎今乎古乎今不更超於夢乎甲寅之夢庚辰之
記其皆前知者乎壬寅七月新堂既成而泉齋適當湍澗

乃渠焉以達乎堂之前乃廊焉以翼乎堂之右廊三楹皆
丈室也顏之曰有原齋觀成之日燕客於堂而歌之歌曰
始泉流兮汪汪泉終極兮接海天之茫茫昔建亭兮遠望
兮則廢兮俯乎房亭之左兮有堂榜超然兮符乎夢鄉孰
真非夢兮今哀草而白楊孰夢非眞兮又文疏而畫梁皆
有泉齋兮當滴露之瀼瀼今當湍澗兮池一方公陟降而
吟詠兮左松右竹仍蒼蒼堂在中兮齋在旁公登堂兮我
廊念茲泉之有原兮歌孺子之滄浪原遠兮流長海際天
兮天有光客起而和曰公昔夢兮超然泉有原兮齋有泉

今復堂兮澗之前我烏知其歲年余聞而使反之遂書爲
記

附記二泉精舍新堂摹刻李文正公篆書舊額咸豐丙
辰涵初建 先祖有記已載前條二泉書院

二泉書院十五景中有海天亭兩知亭

文莊公海天亭記

亭於惠山之麓舄以爲海天名山有泉發自巖竇匯而爲
池七池相注東入於谿北東百里入於江又東百餘里入
於海海泉之所歸也吾嘗觀泉於池徘徊鑑影濯吾纓而

樂之因思其所歸焉登高而東北望曰海其在是吾泉至是極乎望而不見則仰天以歎嘯詠而歸山之麓於是乎亭亭成之明日予與客登焉語之以其故復韻而歌之歌曰茲山兮我泉始流兮涓涓東行兮何極指滄海兮爲淵逝晝夜兮不舍又焉知兮歲年吾窮源兮思委方在此兮忽彼望大海兮未見見雲天兮輿唱天冥冥兮雲深深登茲亭兮勞我心客有和者曰泉流兮山中日流兮日東彼東海兮伊邇吾含此兮焉從源之委兮朝復宗子不聞兮古人曰有本兮如是孰進之見兮未見其止海際天兮天

有光達在彼兮近吾汪知子者謂子之有望不知子者謂子爲荒海匯然兮天一方予聞而使反之飲泉而退遂書爲記

拜石亭在先文莊公祠內咸豐壬子移文莊公書點易臺銘四面碑於祠癸丑三月涵初築亭覆之有記丙辰四月建二泉精舍新堂改亭爲新堂之右室而仍其名焉

詹事桂芬書額

先祖吟泉公拜石亭記

點易臺者族祖　文莊公二泉書院十五景之一也院後稍偏西北而上數十步石甃爲壁而臺焉石壁中嵌滴露泉三字小碑其碑前即壘石爲太極兩儀四象八卦處今惟太極石存石壁上廣可七丈建新松壇壁後循厓而上爲石臺　公有記云邵子作點易臺基既定矣偶行於其厓之上有石突出其高數尺廣半之其西有如級者可升其上有如榻者可坐其右有如几者可倚可枕右之前有如案者謂可攤書書可伸紙飲可置蔬一盂酒一壺其東若北皆嶄焉壁立有嚴巖之象蓋記石臺也其可倚可枕之處　公書點易臺三字刻於石上又一巨石卧於石臺

之左偏刻山水之間四大字更左而益上爲望闕巖此三石皆天成也石壁下太極石左三丈餘有四面碑其面巽處刻點易臺三大字三面刻臺銘并敘皆　公書乾隆甲寅碑僕於地　先嚴公重竪焉咸豐壬子三月碑再僕涵初念三百餘年古碑不宜再置山野爲風雨剝蝕樵牧摧撼因遣十數人舁置於祠築亭覆之其臺下則橅　公書點易臺原字碑於故址而碑字面艮所以便人山訪古者一覽而易見也癸丑三月碑亭落成顏曰拜石亭左曰易情軒爲涵初讀易處爰記於石諸亭壁

二泉精舍新堂之左室曰易情軒

先祖吟泉公題四時合序圖

當年邵子從其城圖像方圓見易情誰以義文判先後我從對待悟流行晉卿觀象思皇古虞成吞交玩魄明一日天周過一度四時成序驗生生卦位干支各一周山分廿四妄推求左旋不息天行健右轉無形日度留躔别中西虞法古建殊丑子夏時優候占七十還餘二坤暑乾寒六府修

先文莊公祠有百世其祟之閣涵初建

二泉書院滴露泉南曰泉齋超然堂之後軒也後廢 國朝道光癸卯重建超然堂於端澗之東其後軒仍曰泉齋涵初有記

二泉書院內曰有原齋 國朝道光癸卯涵初建太倉李汝嶠記

點易臺在二泉書院明正德十一年先文莊公築先成者爲八角臺在滴露泉之北壘石爲之中一圓石象太極旁兩壇石象兩儀外四壇石象四象臺有八角則象卦位也見素子林俊登而贊之刻於太極石上今太極石尙存又有石臺在滴露泉之南厓上巨石也文莊公石記云邵子作點易臺基既定矣偶行於其厓之上有石突出其高數尺廣半之其西有如級者可升其上有如榻者可坐其右有如几者可倚可枕右之前有如案者詔可攤書書可伸紙飲可置蔬一盂酒一壺其東若北皆嶄焉壁立有巖巖之象

松壇在尙德書院明正德五年先文莊公築壇有雙古松大圍三人小圍二人移牆東聽松石床置其下隆慶間廢 國朝咸豐甲寅涵初移建松壇於二泉書院點易

石臺之下滴露泉石壁之上壇有研朱石有重摹聽松篆石壇後有巨石篆刻松壇二字

海天石屋在白石塢厓上二泉書院十五景中忠定祠兩知亭海天亭三景皆廢咸豐乙卯涵初建石屋以補之中刻李忠定公像補忠定祠之景刻李文正公先存一刻文莊公三像補兩知亭之景顏曰海天補海天亭之景此以一景補三景也當新月巖望闕巖之下點易石臺登巖道松壇雲階滴露泉之上書院中新舊各景二十有三石屋踞厓而建目窮千里風景絕佳

滴露泉在二泉書院點易臺石壁中流出先文莊點易臺成有安得泉分一道來之句忽有涓流出石壁間乃鑿渠九曲而引之淵然成池後廢　國朝咸豐甲寅涵初浚石壁下甃六角池深四五尺有泉自石縫中出瀅然一淵冬春不竭石壁中涓流亦復至

文莊公泉記

臺之始卜也邵子作詩志焉有安得泉分一道來之句既而臺之右石壁下忽傳有泉出焉始涓涓流纔鑿渠而引之則源源如注淵然成池邵子喜名之曰滴露

遜名泉在尚德書院前今廢道光癸卯涵初補題遜名泉在二泉書院

點易石臺在二泉書院厓上其西面刻點易臺三大字旁有二泉山人四字欵又撰石記

文莊公點易臺石記

邵子作點易臺基既定矣偶行其厓上有石突出其高數尺廣半之其西其如級者可升其上有如榻者可坐其右有如几者可倚可枕右之前有如案者踊可攤書書可伸紙飲可置蔬一盂酒一壺其東若北皆嶄焉壁立有巖巖之象或坐而東北望則武進之横山江陰之定山邑東野之膠山陡山芙蓉山鴻山函山嶂山石室諸山歷歷可指近瞰蓉湖如沼在圃通波枉渚錯雜互帶而奇松一株適當其前觀者以爲此眞臺也邵子喜遂以所書點易臺三字刻於石上

望闕巖在點易石臺後文莊公望闕巖詩題注云直海天亭西上紆徑數百步有巖焉頂有平石可西北望其時至焉則人扶以拜祝曰萬壽無疆因作石香鑪象刻其上

登巖道中刻字石文莊公望闕巖詩題注云登巖道中有數黄石矗立徑側余大書刻之曰山水之間曰風塵之表曰青壁丹厓人間天上今三石具存涵初重甃登巖道以表誌之

滴露泉刻字石在點易臺南嵌石壁中刻文莊公八分書滴露泉三字下有茶几石左曰逢源右曰鑑水涵初篆刻其上

太極石在點易臺舊有兩儀四象諸石今惟太極石存上有林俊贊今盡磨滅涵初篆刻太極石補之

二泉精舍刻字石在點易石臺後厓石甚巉刻李文正公篆書二泉精舍四字旁有西涯二字然此精舍額也先文莊既榜於冉涇里第復榜於二泉書院又刻於厓上巨石師弟之情珍重惓念有如此者

新月巖在望闕巖上

南厓刻石在點易石臺東

松壇刻石在新松壇後

研朱石在新松壇壇在滴露泉上點易石臺下

摹聽松篆石一在新松壇一在二泉書院

先祖吟泉公摹聽松篆書石詠二泉書院

補築吟松个庭前手種松虛堂來霽月片石秀孤峯筆仿陽冰虎雲從老子龍壯夫吾不學晚翠變嚴冬

附載

卧雲石在黃公澗旁先文莊公擘窠大書卧雲二字刻於石面石之大亞於聽松石床而厚則倍之每大雨後遊人觀瀑必至石上

先文莊公墨蹟書孝子祠四詠華嵒刻嵌祠壁

過太淑人貞節四面碑在聽松菴左震澤王文恪公鏊撰文陸寬篆額王鏊書石嘉慶丙辰重立於太淑人主穴之後

李文正公東陽寄題第二泉歌林見素俊喬希大宇先文莊公俱有和韻詩石刻置泉上今無存

五賢遺像丹陽杜言符畫李文正公東陽小楷像贊甫田林俊長洲文徵明皆有跋乾隆間邑令吳越有跋碑在二泉書院五賢者諸葛武侯陸忠宣公司馬溫公范文正公韓魏公

海天亭記松壇銘臺床行十賢堂詩點易臺銘四面碑皆

文莊公書尙有諸名人書翰各碑俱在二泉書院咸豐丙辰涵初刻易情軒帖嵌入二泉精舍新堂

點易臺山中刻字石今存者石臺上有點易臺三大字石壁中有滴露泉三字登巖道中有數黃石壘立徑側大書刻之曰山水之間曰風塵之表曰青壁丹崖八間天上皆先文莊書最上有巨石刻李文正公篆書二泉精舍四字旁有西涯二字然今在海天石屋之右

周文襄公頌刻石先文莊公撰并書

先文莊公溫硯爐有二範銅爲之一在二泉書院一在冉

涇里第其銘爲陽文篆書欵曰二泉邵某著桂坡安國製鑪高三寸二分中空三寸下有四足如琴柱高八分鑪面四寸九分濶八寸二分右半方孔爲硯堂長四寸八分濶三寸六分四周有牆高四分附牆有當四周皆濶四分而空其中所以通火氣而實硯也硯堂有蓋爲乾隆乙亥石川方氏補製左有圓孔徑三寸五分以出納火其上可置茶壺硯之左壺之右其中爲墨洗堂長一寸八分濶一寸二分深〻分相傳文莊沒後書院之鑪歸聽松庵僧典守與性海竹鑪盛舜臣新製竹鑪王

舍人紱畫竹鑪圖及前後諸名人唱和詩卷爲庵中名蹟嗣僧不能謹守竹茶鑪復失溫硯鑪亦失轉輾相售乾隆丙寅歸於邗江方氏邑人鄒方鍔記云邗江方士庶年既老恐先賢舊物久將失傳以丙戌夏呈之儀徵縣公用官書移至無錫歸聽松山房典守聽松故邵氏香火院也一時歌詠成帙里第之鑪嗣孫失守轉輾相售乾隆間歸顧觀察光旭嘉慶間歸薛太守玉堂今鬻於江陰陳氏惟聽松山房一鑪失而復存庚申兵燹又失土人獲之轉輾相售今鬻於西鄉錢覺初家

先文莊公溫硯鑪銘

暑有發冰寒有蘊火既濟且和調劑在我彼鼎我硯制殊義同汝革汝從惟金在鎔功在斯文而不自有左右置諸歲寒良友

文肅謹按溫硯鑪當時有諸名人詩今不備錄於同治丁卯有西鄉人持鄒尚書一桂所書溫硯鑪圖尺幅二册又王封翁一峯所書唱和詩共一卷以來歸吾邵氏文肅即出資取回重行裝飾囑名人題詠今藏於家

點易臺前古松四株叢生於超然堂故基之下高皆丈五六丈自阜埠墩放舟至山則窗中已望見之樹下爲眞武殿僧盜葬處咸豐丙辰冬一松死今三松尚存

高山景行坊在寺前街左先文莊公建公沒旋廢今聽松坊即其地

談修慧山古今考

寺前街左末舊有高山景行坊李西涯公東陽書匾文莊公每入二泉書院必從此坊由重街而進坊廢已久匾爲有力者移置家園中

貞升坊在二泉書院前先文莊公建今廢

談修慧山古今考

唐張祜題慧山詩小洞穿斜竹重階夾細莎今周文襄祠前小橋下卽小洞故處數年前邑有顯者乘軒過此爲樹杪所掠因毁古蹟而卑焉以便往來迄今遊人靡不指名而訕笑之余因葺而復舊嵌碑洞口曰小洞穿斜竹重階夾細莎唐張祜題詩處重階者相傳古人置重階爲男女別途其一爲聽松通衢其一在今鳳谷行窩中築垣向在焉先年邵文莊建貞升坊在重階末卽二泉書院前取易

爻貞吉升階之義以識遺蹟意亦遠矣今行窩易主毁重階垣去貞升坊以泯其蹟頓令男女別途美意澌滅無存惜哉且小洞與重階相因小洞之遺蹟不泯則重階之遺蹟終不泯洞口有溝覆溝以石加土與洞口平宛若無洞也者余因識之以俟後之好古者興慨

案前明萬歷丁酉談思永嵌碑以誌古蹟今碑在白衣菴門右壁間二百餘年來所謂小洞重階者泯然無蹟矣當時佔重階者布政梁甃小洞又撤貞升坊者中丞燿見談修載唐太守裔修橋樹石引　又王穉登寄暢園記亦云栖元堂後石壁倚牆立牆外唐張祜題詩處茫然千古滄耶桑耶漫不可考矣

光亭貞吉坊在桃花隖過太夫人墓前先文莊公建

二泉書院十五景跨澗者曰野橋先文莊公詩云亂泉衝徑來徒杠接石砌今對橋在文莊公祠享堂前

邵澄字澈夫高才生文莊公嗣元孫撰二泉書院志

談修慧山古今考

胡御史時忠愼三先生自訂年譜崇禎十三年庚辰署江西驛傳道時無錫邵澈夫澄以寒儒圖修二泉書院因遊

粵中謁制府湛虛張公鏡心張公嘉其志贈五百金澈夫多置粵物是年十月歸舟過南昌病卒一僕亦卒余聞而往唁檢其裝一一登簿且鈐以官印遣僕護送還家又詮次其始末爲之刻入冷香齋存後文宗西山張公能鱗助修二泉書院成余謂二張公後先媲美有詩紀事見書院續志中　今考二泉書院正續兩志世無傳本二張公助修書院卽見張公能鱗重修書院記中

附茶田

無錫縣志一條

邵文莊有茶田十八畝見邵澄二泉書院志及釋志廸惠山志田在二泉書院右偏引泉灌漑水旱無虞令惠山寺僧承佃歲收租息以供夏月施茶之費文莊没後寺僧爭佃護雲關地藏殿上彌陀下彌陀真武殿輪年耕種但貧山僧口腹暑月行人不復沾施茶之惠矣

重葺邵文莊公二泉書院追復茶田記

文莊公元孫澄（献夫）謹撰

斜橋支姪名世（有齋）敬書

永樂初僧人普真建聽松庵於桃花隝下自有庵以來庵僧即爲吾邵守墓至我　高祖文莊公建守墓僧廬五楹於菴左嘉靖癸未置田十畝爲守墓僧工食碑於僧廬

公之建二泉書院也置茶田二十畝令惠山寺僧承佃以歲租供夏月施茶分十之三爲守院僧工食歷年既久田爲僧鬻天啟三年癸亥邑侯劉公葺書院修　公像又清釐茶田墓田以現存遐字號平田一十八畝追補爲茶田寺僧承佃輸租施茶如舊另設門子一名守祠佃丁一戶守墓皆由縣給發工食立案垂久劉公名五緯萬縣人四年甲子二月乙酉朔元孫澄謹記

追復茶田細號

遐字

一千號　平田二畝五釐七毫

一千零一號　二畝四分二厘一毫

一千零六號　二分零八毫

一千零十三號　八分二厘八毫

一千零十四號　一畝七分七厘一毫

一千零十五號　一畝七分一厘八毫

一千零十六號　一畝四分零九毫

一千零十七號　一畝四分二厘

一千零十八號　一畝二分零七毫

一千零十九號　二畝三分二厘五毫

一千零二十一號　二畝二分七厘一毫

總共十一號計平田十七畝九分零二毫

按此田自庚申兵燹後現爲白衣菴山僧名三喜者獨佔此田以資口腹不但無施茶之惠幾被山僧私鬻經文肅禁止俟此譜務告成當邀族人具呈清釐以垂久遠之計故特附記以備後人查考

同治十二年歲次癸酉八月朔

裔孫文肅謹誌

文莊公專祠

無錫縣志一條

邵文莊公祠在慧山寺左卽二泉書院舊址初祠在冉涇里第寶無子没後有欲吞其宅者門人莫僉事同華郎中雲設像其中以祀萬歷間按察蔡獻臣知縣劉五緯重修之後廢

國朝順治中督學僉事張能鱗重葺二泉書院乃移其像祀於超然堂後知縣吳鉞重修祠像

涵初按縣志載尙德書院祀李忠定公右爲湍澗橋由

橋而上三百步許爲雲階雲階而上爲静清深處構亭東北爲海天亭亭左爲超然堂又文莊公超然堂記畧云作點易臺於慧山之麓爲堂於臺前然則超然堂本在海天亭左點易臺前也厥後十五景中惟點易臺存其餘皆廢凡諸碑板悉移甃於尙德書院堂壁而超然堂匾額亦移置於尙德書院之堂卽文莊公祀李忠定公處也順治中僉事張公重葺二泉書院時李忠定公已另有祠故移公像祀於堂蓋今之超然堂也

乾隆己酉邑紳顧觀察諱光旭重修祠宇庚戌更築君子

堂於今超然堂之前族孫（諱綸錦）董其事以成
涵初又按乾隆五十四年顧晴沙先生偕　先府君清
釐祠宇其時祠內從屋十餘間久被邵長九之祖父邵
右曾盜賣與其戚顧姓即祠丁顧阿寅之祖父居住內
有四間又被顧姓轉賣於嚴姓居住常郎經官備價押
贖嚴姓領價遷移顧姓領價之後自愿立寫看管收作
祠丁具結存案邵長九自稱雲鵬之後未與深究今長
九亦無後

先文莊公祠在惠山寺左即二泉書院祀明太子少保禮
部尚書（諱寶）（明史儒林有傳）公沒後贅壻秦汶嗣子煦肖像其
中（見顧端文公重修二泉書院記　新濤邑志載公沒後有欲吞其宅者門人莫同華虞毀像其中以祀此）
（課引冉涇里第之非）萬歷間按察使蔡獻臣修天啟間知縣劉五
緯重修設門子一名工食銀由縣支給（書院中李忠定祠亦有門子一）
（名後裁）國朝順治中督學使者張能鱗重修乾隆己卯
知縣吳鉞重修己酉邑紳顧光旭偕先贈公（諱綸錦）（邑志）
（孝友有傳）同修道光丁亥奉憲以先贈公祔癸卯涵初始修
復十五景迄咸豐丙辰益以新增各景爲二十三景

重修邵文莊公祠堂記　顧光旭（晴沙）

邵文莊公祠舊在冉涇故第門人莫僉事同華郎中雲設
像其中祀焉萬歷間蔡觀察獻臣修其家祠并葺二泉書
院顧端文爲之記　國朝順治中張學使能鱗重葺二泉
書院乃移像於超然堂公祠之在慧山始此乾隆間知縣
吳鉞復修之二泉書院者本公休退時所謂尙德書院嘗
祀朱丞相李忠定公於堂與子弟諸生以時釋菜尸祝而
俎豆之蔡觀察并而葺之其猶公之志也自李裔移忠定
像別爲專祠今又百餘年矣夫世有古今事有興廢其歷
久而不敝閱世而常存者亦曰道而已矣粤自文靖載道
南來吻尤既往小山實齋綿綿延延不絕如綫公出而紹
龜山之令緒傳忠定之遺休繼往開來毅然以道自任忠
以體國孝以教家是必先有敝躧軒冕土苴金玉之心而
後天風海濤研朱滴露點易其中無入而不自得也於戲
此其意殆未易求諸三代以後矣惟顧高兩先生知之切
而私淑之久也故道南之脈於茲未墜然則公之仔肩於
大道有造於後進實吾邑守先待後之一人韓子謂孟子
之功不在禹下公之功豈在孟子下乎今滴露泉點易臺
海天亭諸勝鞠爲茂草而訪其故墟尋其遺跡山中之人

徃往指某處爲臺某處爲榭也此即公之至今存也惟公之靈在帝左右而神所憑依當有陟降於斯而浩然長嘯者此則超然堂之一再新斯爲後死者之責必無可諉也光旭一再過之愁焉如擣爰告同人集分五百緡鳩工庀材經始於己酉六月十三日閱兩月落成蓋公之德彰矣昔者泰伯至德而無嫡嗣至於公天亦若勤之者伸於彼而詘於此歟抑有數存焉天亦無如何耶光旭猶有感焉公之言曰願爲眞士夫不願爲假道學何謂假道學語曰無爲小人儒此公孫宏張禹孔光之流揚雄馬融之輩所

謂竊儒以終身而流於無忌憚者也若是者公深疾之孟子曰五伯假之也謂假仁義也然假仁義者猶見諸實事假道學者但竊其虛名故公尤疾之而不願人之爲之也光旭於道茫乎其未有見因公之言而推公之意得毋謂是乎然則所謂眞士夫者非居天下之廣居行天下之大道得志與民由之不得志獨行其道者也祠成將與諸同人以時獻享登降於公之庭敢以是說質諸公而告來者

乾隆己酉重陽前一日

記永錫齋

永錫齋者道光癸卯族孫涵初建祀宋天叟公諱古康節公諱雍子文公諱伯溫子文公曾孫宋常州路刺史始遷無錫祖君協公諱勰原名湋

記文莊公四代家廟

廟故在冉涇里第文莊沒後有欲吞其宅者門人莫同華雲肖公像於堂爲祠祀之並保家廟再傳而嗣裔失守遷居慧山祠中又四傳而乏嗣道光癸卯涵初補建四代崇祀之閣顏曰百世其崇之用文莊公家廟碑銘中句也

文莊公冉涇邵氏家廟碑銘并敘

惟皇明正德十年秋九月丙戌朏冉涇邵氏新作家廟成作者元孫戸部左侍郎某自高祖至於某皆適於禮爲小宗某不肖徼福於祖嘗歷官内外二品三品遵國典以廟稱禮也廟之制爲屋四楹間遵今制上中虛其中前陳几數席設鼎炬東西各爲二室顯高祖叔安處士府君東室顯曾祖存一處士府君西室顯祖考皇贈通議大夫都察院右副都御史三盜府君東東室顯考皇贈奉直大夫許州知州加通議大夫都察院右副都御史純和府君西西室蓋稽古昭穆之義四時遷主於中室前高祖

南向曾祖東向祖西向考東向遞下而南各一位祭畢還
主若朔望謁若出入告若有事告於中室前若忌祭則各
於其室東西爲二夾室東藏遺書衣服西藏祭器外爲門
中庭爲閣尊　命誥於上凡所受　勅副及　賜書皆在
焉惟兹麗牲之石敢刻兹銘銘曰
維冉涇水東南其流維我邵宗宅哉維休維高及曾生於
斯亦斯焉遊越後百年元孫某有祿既遷乃復維祖維考
朝有命服乃作新宮爲族小宗維禮義是從有子有孫
百世其崇之

記二十三景
二泉書院舊有十五景忠定祠湍澗野橋雲階靜清深處
海天亭超然堂吟松个詠竹个泉齋點易臺滴露泉兩知
亭瘞卷邱望闕巖也三百年來惟湍澗野橋點易臺滴露
泉望闕巖五景尚有遺蹟忠定祠兩知亭海天亭三景全
廢雲階靜清深處瘞卷邱度地而補超然堂之一堂四景
易址而建統計修葺者五景重復者七景新增者十一景
今祠中有永錫齋百世其崇之閣湍澗野橋靜清深處超
然堂吟松个詠竹个泉齋遯名泉有原齋二泉精舍新堂
拜石亭易情軒凡十四景山中以點易石臺太極石合爲
一景滴露泉六角池合爲一景左右雲階爲一景松壇瘞
卷邱望闕巖登巖道新月巖爲五景海天石屋補三舊景
而爲一景凡九景合之成二十三景
右載　先祖吟泉公修祠事蹟以示子孫俾知先祖
之獨力經營也自遭庚申兵燹祠屋雖存而大門享
堂幾及坍塌并匾額裝摺一概無存文肅自滬營回
里一見及此爲之神傷因以解囊逐漸增補自乙卯
起至辛未止七次修理其費千餘金得以重復舊觀

故爲附記以告吾之子孫云後啟有人倘能廓充規
模者則幸甚焉
同治癸酉春王正月　文肅謹啟
文莊公專祠官祭祝文兩篇
文莊公專祠每年春秋有司致祭每祭給
帑銀一兩一錢零在無錫縣儒學給發
官祭祝文
惟年　月　日無錫縣知縣某金匱縣知縣某致祭
於

明太子少保南京禮部尚書文莊邵公之靈曰惟
公一代真儒四朝元老先聖羽翼後學師表惟公之德
竭忠盡孝惟公之功州民祠廟惟公之言闢邪衛道
古三不朽公其備之茲當仲春秋謹修祀典
公其鑒之尚
饗

公祭祝文

暑四川按察使司後學顧光旭拜稿

惟年　月　日後學某族孫某等謹以清酌庶羞之
奠致祭於
明太子太保南京禮部尚書謚文莊二泉邵先生之靈曰
惟
先生孝養教家忠誠體國接楊龜山之令緒傳李忠定
之遺休開講於顧端文高忠憲未起之先不爲假道
學表章於喻玉泉尤文簡既往之後願作眞士夫茲
當仲春秋之辰敢致敬於
墓所并瞻拜於
祠下惟

先生鑒之尚
饗

按此公祭文前顧觀察響泉先生偕邑紳士公捐田
畝每年春秋致祭祠墓擇日永以爲例至此公祭田
數畝現寄存城内王宗疇家經管每祭後裔同往贍
拜毋得疎忽此白

癸酉七月朔　州巷支族孫文肅敬啟

附同邑諸縉紳先生修祠公啟

敬啟者吾邑
先賢邵文莊公天下之名賢也忠誠體國孝養教家開
講於顧高未起之先不爲假道學表章於喻尤既往
之後願作眞士夫接龜山之令緒傳忠定之遺休而
先生之流澤長矣今考
文莊公祠自明正德間華補庵先生與諸同門卽二泉
書院而奉
木主於超然堂中後塑
公像於祠歷今三百年門檣坐塌從屋皆爲他姓佔住
惟超然堂巋然魯靈也然亦岌岌乎有不可終日之

勢今與
公族孫晴江太學共修斯祠凡我同人目覩
先賢俎豆之區委之榛棘其游
盛世冠裳之會應溯淵源誼難膜視義在衆擎單到請書
台分於左以便不日鳩工作新圖永吾輩沐浴湔洗
尙望
惠臨瞻拜此啟
乾隆庚戌二月後學顧光旭王一峯王千仞嵇玫泰
鈞嵇承袞華果嵇承棟賈季超嵇承濬等公啟

附載修祠緣起
先祖吟泉公諱涵初記畧
先曾祖香谷公乾隆五十四年清釐　文莊公祠宇事
蹟
案乾隆五十四年顧晴沙先生諱光旭借　先府君
香谷公清釐祠宇其時祠內從屋十餘間久被邵長
九之祖父邵右曾盜賣與其戚顧姓即祠丁顧阿寅
之祖父居住內有四間又被顧姓轉賣於嚴姓居住
當即經官備價押贖嚴姓領價遷移顧姓領價之後

自愿立寫看管改作祠丁永遠小心看守具給存案
其看管當歸先　府君收存邵長九自稱雲鵬之後
未與深究今長九亦無後
又按今查舊譜雲鵬係住居祠內而長九之冒稱後
裔實難分辨則當時之後人蕭條一至於此深爲可
歎
癸酉夏中文燾附白

後洪支議建分祠記

夫水源木本人所共知如欲茂盛必培其根本必溯其來源故凡後系必追祀始祖建祠而奉之所謂孝子不匱永錫爾類此祠之所由設也我延陵邵氏系出康節邵子之孫諱勰者爲常州刺史遂家於錫傳至十三世有明理學名臣少保文莊公奉勅建專祠於惠麓有司春秋致祭故凡錫邑各支半出冉涇一派後子孫繁衍散處不一即如我後洪一支自德明公由南塘卜居於此數傳之後分而爲南邵萬埠趙舍鴻邱墩寺後等支每逢春秋仲祭勢

難遠赴惠麓咸仰瞻拜爲子孫者于心何安於是遂族之先輩共議倡捐建分祠於本里詢謀僉同用肇厥事遂卜基已字八百九十九號面南背北建正門四楹正廳三楹東旁夾室主祀文莊公崇 國典也祀康節公君協公以溯其源也分附有功於祠者以次配享崇德報功也祠建於嘉慶癸酉越一年落成有議其淺狹而圖改作者智曰不然夫祠廟之設所以肅瞻觀以妥先靈豈求華麗哉昔臧孫刻桷丹楹聖人尚且譏之今我祠有堂有室而馨香俎豆願子孫世世保之雖淺狹何傷乎議者以爲然謹述原委遂書爲記祠成族之有力者捐田三十餘畝以供歲時祭費焉是舉之倡始出力者肇昌得鳴國珍諸公也則南邵萬埠趙舍方溯寺後鴻邱墩皆卓巷有助焉例得附書

咸豐二年歲次壬子正月中浣

二十四世裔孫文智謹記

後洪重建文莊公分祠記

竊惟建祠者昭穆之所序也祭祀者仁孝之所彰也我宋康節公明文莊公爲一代名賢蒙 恩給 帑致祭此國家崇德報功之鉅典也我冉涇派傳至十三世德明公始遷開化之後洪是爲一支子孫繁衍聚族而居者幾百家凡春秋仲祭勢難遠赴慧麓咸仰瞻拜遂於本處建分祠以便朔望虔誠拜謁而本支之齒德兼尊及捐貲出力者例得祔祀亦遵 朝廷之典禮也本祠建於嘉慶辛未後於道光辛丑宗支同捐大加修葺如是則牆宇煥然廟

貌肅然亦序秩然規矩井然較之從前其制益備矣是役也其費二百五十緡零並勒於石以貽後之子孫云而型昌廣福國珍元鎮等賢勞彰著例得附書至捐田數十畝以資歲時祭費故附記焉

同治十二年歲次癸酉十月

五牧遷居州巷支小宗族孫文肅敬記

律賦雲璈集叙

邵生吟泉余門下士也以能賦擅名今秋持所選律賦雲璈問敘於余告余曰生於律賦初無所知而嗜好存焉年來自課課徒每手錄近賢名搆以觀時尚爲塾中課本分考卷房書館課爲三册坊人因請付梓所見既尠集又隘非敢云選也余於簿書之暇檢閱數四喜其所登不一格其幽雅鬆逸則集蓉裳而紉蘭佩也其宏富巨麗則開織室而張錦機也其輕圓秀潤則凝秋水而靄春雲也其駿發踔厲則穿天心而出月脅也美哉洋洋乎賦家之能事

盡矣抑更有說焉文心雕龍云賦者鋪也謂鋪采摛文體物寫志云爾而律賦則當以律爲準良以徒矜典博而有博士賣驢之譏徒矜豪放則有遊騎無歸之病唐李谿有言曰常患近年文字詞賦皆數句之後未見賦題此言律賦之不可無律也觀是編莫不有法度不僅以駢儷爲工蓋擇之精矣生以已所嗜好公諸同好吾知其不脛而至千里也爰樂而爲之叙

賜進士出身

敕授文林郎例晉奉直大夫知州銜知無錫縣事歷充江

南文武鄉試五科同考官關中韓履寵敘於思補堂

裕經堂詩賦稿序

夫採琪花於弋壁寸璣亦發奇光搜瓊蕋於崑崙片玉自含龍采九變大咸之奏元音兼彙乎絃匏千尋古木之柯生意不遺乎枝節自采修要道擅鴻材非特大器不囿於方隅即餘事且超乎凡近矧乃揚風抗雅則黼黻爲文抽秘騁妍而宮商叶律斯固詞壇之圭臬藝苑之笙簧也裕經堂詩賦者吟泉邵先生所作也先生蛇珠握采龍燭銜華長卿之賦大人飄飄羽化陽冰之工小篆作作芒生遂充拔萃之科得與廣文之選教施黃浦望重青門淄澠善

別澠詢食雁之賓阿堵不言獨取瘦羊之肇嗣膺茂薦出宰南秄先生未執公儀避拔手版官早思之爛熟侯竟挽而不來清泉未忍出山臣門回應如水陶潛之辭彭澤不少閒情孫綽之賦遂初自言知足於是履道巖阿怡神家衖九龍山畔節杖頻來五瀉湖頭孤蓬獨往命儔嘯侶挈榼提壺香山結社兼約劉真輞水從游頻邀裴廸偶逢熟客爲賦都盧尋橦願著襴衫閒看盤鈴傀儡時俗呼爲漫臾後進稱爲達人而乃智周世澤念在宗祊數椽增葺依然安樂之窩四尺崇封永守尚書之墓譔蘇洵之族譜肅

孟詵之家儀天根月窟千秋擊壤之篇山色泉聲百卷朵
春之集斯尤述德情深誦芬神往者已然且閒更習勤老
而勵學窮經有素㸃易尤精洩苞符之妙緒三爻暗吞祛
正始之空譚九事立解爰本義畫旁通箕疇太乙九宮之
數闡劉瑜之圖太歲六合之方原馬遷之記寅犢卯眘之
注詳叔重之所未詳坎戊離己之形發仲翔之所未發析
歲差以準里差核中法以糾西法莫不地員成說時訓名
篇人第訶梓愼之語有徵裨竈之言多中不知其求天有
故大猷𣇄經此則百二十國之寶書皆爲鱗爪八十一家

之奇字尙屬皮毛豹霧藏身驪珠採頷儕人難索知我其
誰今使先生蜚聲鳳掖翔步螭坳濡畫日之毫投凌雲之
簡雖得爲書思對命之君子未必成通天地人之鉅儒又
使竟紆墨綬便握銅符拮据於供帳之煩鞅掌於簿書之
末縱令王宛陵更多家具謝宣城不廢謳吟正恐君䇿廉
里之祠朿廧陊剝子厚地南之隴松栢摧傷試以彼而易
此不今是而昨非耶今者彰往察來之秘刊刻於棗梨服
疇食德之言流傳於桑梓綴學之士更請以少日篇章重
加剞劂先生方且謂技同射鵠工等雕蟲然而光範宰相
之書自昔已推北斗刑賞忠厚之論至今仍誦東坡不揣
疏蕪敬成喤引比張鎰之交陸贄請爲忘年如元宴之序
太冲惟有稱善而已

咸豐丁巳春正月望後三日汪埜求頓首拜撰

裕經堂試帖敘

吾邑近時以能詩訓後進者曰吟泉邵先生先生於
書無所不闚十歲能吟詩後應拔萃科秉鐸黄浦服
政
天子擢爲令其得官也以詩鳴故於應制一體功力尤深

前既刻百首試帖士林珍之茲復舉其著鑪之暇牘
吟者若干首刻以問世 湘 讀而趣其端曰 自功令
以八韻取士求名者窮日夜以求合一强韻之工一
對偶之巧登金門上玉堂赫赫然稱鉅公矣而於各
體詩茫不知義例所在於是釣奇之士或反摹杜仿
韓以自衒裁梨禍棗勦襲其覆而八韻詩稍有繆盩
羈卯之通聲律者敢指摘焉是今日之刻各體詩易
而刻八韻詩難也如作畫然畫山水易畫人物難何
也山水無定象人物有定形也今之刻各體詩者其

諸畫山水歟刻八韻詩者其諸畫人物歟得先生所編以程式學者八韻之定則於是乎在是爲序

道光二十二年歲次壬寅嘉平月姻愚姪薛湘拜撰

裕經堂律賦序

吟泉先生夙以古學爲時望歲乙酉受知於學使少宰辛公累試冠其曹得選萃科出先生門下者皆文辭淹雅接踵繼起先生秉鐸黃浦刊試帖百首示多士多士式之今梓其律賦屬煜爲敘煜齒少於先生十餘年弱冠時即聞先侍郎亟稱焉而未識也洎先生官淮壖又不獲見旋擢

大令入覲旋里爲太夫人稱八十觴奉養怡愉無出山意煜遂得親昕夕賞奇析疑輒蒙推許今歲續修邑乘自春徂冬幸同硯席先生折節與煜爲行輩交論斷體例斟酌文字蹤跡之密無過是焉先生學有根柢靡不淹貫茲僅以對偶聲律之文出而問世且其中半係試言益見先生之虛衷爲不可及也

道光庚子孟冬月下澣同邑秦昌煜拜敘

註釋裕經堂試帖百首序

蓋聞百篇之試始於有唐百篇之吟捷於李白成由片刻傳可千秋尙已至是梅花百詠才高王逵紅兒百比名重羅虬詩限一題筆生五色稽之在昔各擅其長行之於今誰嗣其響若乃見獵而每思較矢得魚而未敢忘筌聳肩則輒賦五言叉手而旋成八韻篇雖止百煞費推敲用可當千都成模範是亦堪以問世而非涉於阿私也吾鄉鄒吟泉先生博陵望族康節真傳秀毓龍山繼二泉之家學經開馬帳挹四座之春風遊於其門屢有冠軍之選拔乎其萃實膺司鐸之銓解舍數椽家徒四壁和靖之性手不

彈棋鄖原之情口不沾酒每當花晨寂坐月夕遲眠屏塵拂之清譚織龍梭之錦字積成佳什冠以試言箋劈芸窗八千字奇搜玉合毫抽藝苑一百首句擲金聲百寶莊嚴座稱才子百花爛漫術妙神仙原知百尺樓中元龍獨臥恰使百官座上威鳳先瞻是蓋合百味之珍羞彙百家之要語青門一帙圓穿百琲之珍珠黃浦六年富擁百城之書卷將令讀是編者如貝百朋之錫我如香百和之薰人如長城屹百堵之雄如大海納百川之滙倘或鼎嘗一臠如水百影而可悟化身行當紙貴三都如金百鍊而已成

繞指苟非技可穿於百步力可舉夫百鈞者曷克臻此余也廿年作客愧諷詠之久荒君乎片刻有閒倘吟哦之不輟誠以彈丸脫手握管摅情偶亦爲不平之鳴時而作餘勇之賈若雲中伸爪拏攫成雲若海內揚鬐盤旋出海允宜施諸梨棗爲後學之津梁抑當貢以琳瑯作名家之珍襲已特是一花一葉必有其根三問三對恐難其選數典而或忘其祖飲水而不知其源則寡聞等誚於愚蒙初學莫窺其根柢是以龍潛大壑須探頷下之珠蟬噪高枝宜究脅間之孔題中註腳發厥所由何異詞頭標之使出所

慮者詩人腋集千狐末學才慚寸豹兼以百端交集偎文案之塵封百事無成慨官齋之匏繫詎比百工之居肆業有專精未徵百氏之遺編語多疎漏暇而作百回之讀庶幾好比眞龍懸而爲百慮之鍼或恐音訛雖蜆註成萬字笑真如百衲撫收紙盈數張願同作百年奇特自知謭陋不參月旦之評論幾費蒐羅竊附風流之壇坫

道光甲午春王月同邑秦樹頓首拜書

學易反隅堪輿指原二書總叙

賜進士及第　經筵講官總督倉場戶部侍郎澄江季芝昌譔

通天地人之謂儒天道曰堪地道曰輿而能盡性以贊化育者方可以人而參乎天地溯自河圖象天洛書象地而數以出焉此天道地道之元胎而於龍馬神龜洩其祕爲聖人則也庖犧畫卦始以象告對待與流行異位而孔子繫易則兼闡之又恐數學之無傳也遂繫易而闡河圖別書而存洪範於是乎象數之蘊咸備此則堪輿之肇端也

自孔子沒而微言絕言象數者始失於僞學之讖緯漸流爲硯吏之荒唐而章句之儒則言空理含眞蘊致令後儒昧乎象數於是乎技術者流咸假象數爲文飾蓋由道不在儒故術者出而簧鼓之此賢士大夫之咎也同郡錫山吟泉邵君與昌交最久道光庚子昌奉

命視學兩浙時謦欬於幕同覽甌越山水君爲康節邵子之裔文莊二泉先生之支胄高士易亭先生之曾孫詣謀善易而又枕經葄史泛覽乎諸子百家著學易反隅堪輿指原二書薈萃古今獨出斷制此豈訂詁辭章之學所可

同年而語者乎君舉乙酉選萃科司訓黃浦秩滿膺薦除
令南和乞
假旋里合梓二書而屬叙焉君素儒雅好讀書少年以詞
賦擅名有褉經堂詩賦行世洎爲儒官專務經學而不囿
於古尚書禮記左氏傳咸有心僻發前人所未發凡涵於
象數堪輿者則錯見於指原中君年五十讀禮家居叅造
化而究其原窮高遠而求其故閱六載而此二書成同條
進貫其理互資相足相成又相爲用也君之精心全力盡
萃於此君多餘藝工大小篆直追籀斯每自矜惜鐵筆印

文入秦出漢然久已善刀而藏矣今者舍民社之寄而弗
膺乃寄情山水卒業丹鉛修葺文莊二泉書院復十五景
又新增松壇易情軒等處凡八景優游杖履怡然固窮若
有以自足者豈不以展其才則澤溥於一時不若此二書
之傳功可濟於千百世故不屑以彼易此歟況以君年力
未衰他時霖雨出山爲蒼生福者正未有艾即或烟霞肆
志而於學業中精益求精則傳家之學仲翔不能獨衔其
世澤探原之論景純不能獨擅其殫洽儒林文苑之選非
斯人其誰與歸孟子曰誦其詩讀其書不知其人可乎余
故敘及君之行誼以告讀是編者
道光二十有八年歲在戊申九月既望作於都中倉塲署
內

總叙三

吟泉先生著學易反隅三卷堪輿指原八卷既卒業掊受
而讀之曰昔叔孫穆子之論不朽也立言次於立功人以
爲言之不逮功矣抑知言之所以不朽者以其有益於世
也古來立功之士不必以言見惟儒者博通載籍以闡道
爲己任雖單詞片義有功在天下後世者矣而況擇之精

而語之詳也言之有益於世者莫如易而言易最難泥乎
易以言易其失也仍離乎易以言易其失也鑿仍與鑿均
之無益之言耳漢之言易者莫精於仲翔宋之言易者莫
神於康節先生系出堯夫其累世治易又將於虞氏既闡
微言而紹絕業矣復以易與堪輿相表裏訓以易道不明
則堪輿之弊遂不可究詰也故爲之精思博采旁推交通
蓋實有窮源竟委之苦心焉古有言易而不言堪輿者未
有知堪輿而不知易者也顧或且疑之疑先生喜闢前人
之言以自成一家言也殊不知勦說雷同昔人所戒非今

是古君子勿爲先生析理精故無不剖之解論事審故無
不經之辭時約而言之簡而無弗包也時而詳言之繁而
無弗當也貫百家而該萬象非惟羲禹箕文之功臣抑亦
漢宋諸儒之諍友已先生於學無不窺才畧足以用世而
乃雖進易退知幾其神蓋學易而深有得者也所言特其
緒餘堪輿又其緒餘耳學者潛心而玩索之將古今塵封
之名理昭若發蒙其有益於身心日用豈淺鮮哉讀先生
之書而知言與功固一以貫之矣至於窮象數之原探河
洛之奧參天地之化知鬼神之情將與仲翔比烈乎將與

康節繼武乎則先生已詳言之而讀者當自得之無俟培
之贅述已
咸豐龍飛元年歲在辛亥五月中澣之吉同邑丁培頓首
拜敘

重刻堪輿指原叙

指原切用二書各原叙論之詳矣　先生自道光甲午侍
養家居至丙午出山旋以乞病解組先後賦閒二十餘年
所著尙有學易反隅慧山續記裕經堂詩賦及各記載若
干種箋註則有邵文莊公慧山記錫金遊庠錄修輯則有
無錫金匱縣續志錫山邵氏宗譜選定則有律賦雲璈七
言排律正葩集皆刊刻行世咸豐庚申粤匪來寇書帖書
畫書版及未刻各稿悉寄甯鄉石塘橋壬戌三月皆爲賊
焚　先生在西漳旅寓聞信卽先取指原切用二書删繁

就簡銷納切用於指原中指原舊分八卷卷署一編編列
一卦爲八集今則有增有改有交易變易重疊八集爲十
二編辭益醕法益密體例益精兼論陽宅列於卷五日月
神秘要而用益詳備　先生時年七十又一矣彼難多艱
遂患痔漏病中删改是書不能謄正脫稿則屬文孫海嶠
手鈔焉方重訂時卽命皐爲序皐念身列門牆五十年恒
隨杖履　先生晚年爲宿儒爲隱君爲鄉祭酒優游林泉
修復文莊公二泉書院點易臺十五景又新增八景工甫
竣而粤匪至各景未燬而　先生所著各書則如文莊之

黠易既成而雷電下取其秘不傳豈天機洩漏均爲造物之所忌耶　先生則勵志於兵燹蹂躪之秋東遷西竄養痾而筆削自怡待重梓矣謹述原委

同治元年壬戌七月壬午朔受業秦臯頓首拜書

堪輿指原總序

歲丁亥涵初以就職廣文將得選諸於術者邑庠余姓楚我先贈公祔於高祖贈御史天一公之塋越明年戊子春吾母太安人就養黃浦學署不數年而五子踵喪然後知贈公之葬誤於俗術之手此郭景純所謂穴吉葬凶者也

天不絕我贈公後矛遺一孫吾抱以待吾母太安人膝下甲午冬以秩滿膺薦

擢爲令例得分發以太安人春秋高家居侍養辛丑正月太安人年八十五無疾壽終將卜新塋移我先贈公而合兆焉遍延術家言人人殊而覺其無當於理廼遍觀術家書始知俗術之無不鄙俚妖妄每思乾文言天地合德日月合明四時合序鬼神合吉凶之理而證以流行卦氣遂悟道之大原出於天於是乎卦位之學求之羲文周孔洛書之學求之禹箕干支之學溯自大撓而下迨許叔重日躔星次之學求之堯典而參以月令及歷代史志天文時訓地形之學求之淮南歲星次舍之學求之董叔萇子梓慎裨竈師曠其太歲六合之學兼求之龍門子長孤虛王相之學求之史記及淮南抱樸虞氏易消息月卦之學求之乾鑿度通卦驗虞仲翔鄭康成此皆造化之眞原也至九宮生克之眞詮則因得銅官隱君易簡川法而澈悟焉並補卦氣中飛統領其元運年月日時五行生比之用故不揣愚陋首編問禮其下則辨羅經釋于支闡九宮稽七政辨鬼神論卜兆闢姦術而附以葬經自辛丑迄丙午六

閱寒暑七易稿而書成丙午季秋需次銓曹除令南和乞假修墓旋里行將執掌簿書無暇研求斯道矣爰付剞劂以問當世

道光二十七年丁未二月上澣松壇逸叟吟翁叙於二泉書院之翠竹碧梧深處

書堪輿指原前叙

自來講漢學者恪遵經傳謹守訓詁即有所駁正亦必各有其原本依據而不爲惝怳無根之說可謂謹嚴之至矣而有時或失之附會穿鑿講宋學者空所依傍獨憑心得

郎有所紹承亦必各盡其才力聰明而不蹈勦襲雷同之習可謂超悟之至矣而有時或失之武斷臆解是二者皆說經之弊也然說經之弊不過多備一說多參一解雖議如聚訟其本經之旨仍聽人研究而自得之故其貽誤尚小若夫天文地理八卦九宮王相孤虛元會時運人所用以造葬諏吉者而亦參以附會穿鑿武斷臆解則其貽誤大矣近世堪輿家言非不多所援引而不求其所以然之故亦非不有所會悟而皆索之無何有之鄉故其言皆附會穿鑿武斷臆解　邵吟泉大令作堪輿指原一書於其

說多所駁正而於天文地理八卦九宮王相孤虛元會時運一一探索其所以然而後明言其所當然其立說也詳其據理也確可謂好學深思懷濟世之心有救世之具者矣顧其書刊行已久而俗術惡其害己也羣起而譖之遂使無識者不敢尊信其法蓋儒書之不見信於世俗也久矣昔唐呂才之叙葬書也皆原本經傳以天子七月諸侯五月爲不擇年月之證以魯定公之兩不克塟鄭簡公之平旦而堋爲不擇日時之證以葬於北方北首爲不擇山向之證而人莫之信者蓋求福之心勝以爲舍是數者而

不用則將何以求福矣此所以明知其言之出於經傳而莫之顧也豈知古者大事皆以卜筮旬之內曰近某日旬之外曰遠某日今龜卜之法舉世鮮知而筮法則繫辭言之朱子正蒙闡之而人亦莫之信者非其心之果不信也求福之心勝則喜吉而惡凶好諛而惡直故以大事委諸術者則所言皆有吉而無凶所聞者有諛而無直雖難必其應驗而忘懷徼倖希冀之念則固聞而心喜之矣若以大事聽之卜筮則吉凶不能相假恐遇不吉之占觸犯忌諱是以深畏而不敢用亦深惡而不肯用也夫人生之窮

通天壽人事之吉凶禍福家世之升降盛衰蓋有天焉非人之所能爲也而或者執人定勝天之說謂扶助補救亦可挽回於一二是說也理實有之而仍不外乎經傳書曰惠廸吉從逆凶易曰積善餘慶不善餘殃皆扶助補救之正理也而世之人更莫之信者求福之心勝而造福之念尠將欲憑術附者會穿鑿武斷臆解之書扶助而補救之謂即可以消餘殃而轉爲餘慶則惑之甚者也　大令慨舉世之迷而不悟也乃悉取經傳之精華爲扶助補救之正法天將使惠廸之輩尊信是書而從逆之徒執迷俗術

此天理之所當然亦人事之所必然者也讀堪輿指原竟
因書其後即以質之　大令爲何如
賜進士出身
誥授奉政大夫福建淡水同知愚弟杜紹祁拜書

書堪輿指原後叙

立本少時熟聞吾邑能以詩古文詞訓後進者首稱吟泉
邵先生先生少從曾叔祖翔雲先生遊與先大父爲行輩
交先大父盛稱先生經學精粹而特以詞章擅名於時蓋
耳食者多也歲已酉先君子由崑山諭任奉諱旋里即命

立本受學於先生之門先生所著學易反隅適梓成授立
本易義兼及詞章越明年先君子棄養立本竊於苫次讀
先生所著堪輿指原悉心參考先生又善誘之今年秋立
本營兩代窀穸於柯山則獲先生之益良多先生之書原
本經史旁及子集窮搜博考上闡羲禹箕文之奥旨於先
儒訓詁之外獨出心解而一本於乾之健行坤之時行爲
乘王之宗旨書分八集散爲萬殊合爲一貫立本不敏竊
於先生之書枕葄者三年矣自漢以後言堪輿者若而家
濫觴方技皆偽學耳先生則羽翼經傳卓然儒林世徒以
詩古文詞爲先生重者幾欲屈先生爲文苑豈知言哉彼
技術者流爲機變之巧惑世誣民以餬其口先生則嬉笑
怒罵攻其隱而發其覆舉二千餘年沉痼之習一旦湔洗
而空之楊曾廖賴之徒俱爲先生撥弄有北使天下後世
之爲人子者得所指南則是書之爲功鉅矣是書也當作
經解讀作史志讀作格致日鈔讀絶不類青烏家言
咸豐元年辛亥九月受業孫立本謹識於野園之古雙薇
館

堪輿切用歳

通天地人謂之儒此上達之事非下學所能幾也屏東束
髮習舉子業遊於　師門　師精經學以屏東猶應童子
試未遑躐等　師即以漢魏六朝唐宋詩賦爲餘課越三
年受知於學使姚文僖公補弟子員嗣後專以經學勵屏
東益當吾　師未筮仕時教授鄉里從遊者如楊君文威
鉞邵君石泉濂竇君蓮峯紀勳迭以古學冠闔郡軍其列
前茅者指不勝屈然吾　師之所諄諄訓廸者在經學而
旁及詩古文辭特門弟子但得其緒餘耳道光戊子吾
師秉鐸黃浦越六年甲午薦擢爲令吾　師侍養家居無

意仕進著學易反隅三卷洎辛丑正月吾 師奉諱闔門著堪輿指原八卷悉本經學而各指其真原又擯斥術家妖忘之說至丙午出山除令南和旋即乞病優游林泉刊刻二書盛行於世今十數年來每見吾 師古法選吉造福無涯欲學其回天奪命之機樞而無自咸求秘要歲癸丑吾 師又撰證事編三卷闡易範表裏之用合序編二卷言乾坤摩盪之神而總名切用理精辭簡如邵子先天之學著書十餘萬言然而世之能知其道者鮮矣書成因跋於卷尾

咸豐四年甲寅閏七月中浣六日受業陶屏東頓首謹書於雙桂軒之影閣

重復湛峴山李太師墓記 汪士侃 寫圖

今

天子御宇之元年三月

上諭宋丞相謚忠定李綱立朝守正風節凜然生平讜論忠言具詳奏牘實能扶危安傾明體達用以天下爲己任允宜特予表章敦崇風教李綱着從祀

文廟西廡列於先儒胡安國之次謹案忠定閩之邵武人祖賡徙居無錫父夔累官集賢修撰母吳氏贈令人建中靖國元年正月令人吳氏卒以其年三

月葬於無錫縣開原鄉湛峴山迄宣和三年閏五月修撰疾終於家歲八月合葬於吳令人之穴見楊龜山先生所作墓志龜山集爲

欽定四庫全書所收當不誣也嘗考公梁谿集中有送季言弟還錫山省先塋詩又無錫縣志載宋贈太師李夔墓在湛峴山山在嶂嶼之北去錫山十餘里即忠定廬墓處蓋公後雖歸閩而公父之墓依然在湛峴山也

國朝雍正七年三月

上諭修理古昔陵寢祠墓各直省遵奉辦理每年歲終將
防護無虞之處咨報工部彙齊奏
聞無錫一縣得防護之墓有五修撰之墓與焉士佩宦
屯田司時嘗親見其案惟年代曠遠墓祭乏主而
山居之世爲監守者據爲己有滅其碑碣而盜葬
之道光二十九年歲歉山居民秦有容率其族竊
賣其地於邑人諸立齋立齋察知爲李氏古墓則
減價售於忠定族裔李燦山居恐李墓之復則盜
葬者不得安於是聚其族而圖反覆遂相率成訟

一時讞者忘乎每年報部之結妄以北宋之墓爲
臆度且斥縣志爲不足憑盜葬者竟駸乎得志矣
賴邵吟泉大令出而任其事率邑士爭之官斡旋
至一年有餘值邑侯吳雨亭先生蒞任始得察其
情而斷其實而修撰之墓乃得復其真夫保墓之
責苟非子孫即在學者
國家澤及先民凡前代邱封藉得永留勿替矧兹
皇上勵賢彙化祀典如詳將見鄉薦寶敦聞者興起仰
俾生居墨地猶思瞻拜而生仰止之心又何論系

梓之邦得被流風餘韻者乎大令爲文莊族孫文
莊親炙忠定之祠大令力復修撰之墓何古今事
之相符如是耶士佩嘗纂道南諸儒每慨想其後
來不知何若近於丁未鄒氏訪得鄒經畬墓戊申
邑人重碣喻玉泉墓輒爲欣喜累日今大令重克
復修撰李公墓此真適合素心者能無稱道哉抑
錫邑流風慧山近地嘗有坎瘞未久即見發掘者
大令此舉非特好民有所懲即有司循例報部之
案亦不致徒成具文云

李邵祭田記　汪士佩 寫圖
余嘗讀明　邵文莊公容春堂集有尙德書院祠
李忠定公記膠山重建李忠定公祠碑及所製迎
神送神曲凡有關於李忠定記事者累見於容春
前後集中蓋忠定之學問經濟實有弭亂之具而
文莊之私淑景仰慨慕其人雖時世復不相及而
其精神氣脈隱隱相通固有如此也嘗考忠定閩
之邵武人自其祖賡始居無錫父夔累官集賢修
撰母吳令人宣和間合塟於無錫開原鄉湛峴山

蓋忠定之襲葬於懷安其季弟綸尙守墓於無錫
公有詩送季言弟還錫山省先壟者卽此是也
國朝雍正七年
上諭凡係古昔陵寢祠墓令各直省有司每年歲終將防
護無虞之處詳報工部無錫防護之墓有五修撰
之墓與焉惟是歷世既久祭掃者缺如而山佃之
世爲監守者遂侵占而盜葬焉道光二十九年山
佃秦氏之族竊賣其地於邑人忠定族裔李燦出
錢得之山佃知地之仍屬於李氏而恐盜葬者之

不能安於是士也乃羣起而成訟墓幾幾乎不保
矣時文莊八世族孫吟泉大令率邑士爭之官訟
至一年有餘值邑侯吳雨亭先生莅任乃得直夫
墳墓之失由於祭掃之廢嘉慶間顧響泉觀察嘗
爲文莊置祭田若干畝迄大令又率其族人重置
祭田三十畝大令以爲文莊祭費已有餘而以先
時所捐之田爲倡益以己捐及陶屏東王文灼孫
立本若干畝以供兼饗修撰公墓之所需古人之
明德遠矣手澤遺編尙有足重況骨肉歸復之地

耶世人區區於翰墨所留或有珍而貴之者獨於
古人窀穸之墟則一任其刻削消磨而不以爲意
是豈有心世道者之所爲耶而大令特能於艱難
疑似中不爲異議所惑卒保古墓於四代之前七
百餘年之久使既失者因而復得其視文莊之奉
祠忠定蓋有同情矣竊謂事之舉廢視乎人考文
莊膠山祠碑有陸丞思捐田及七畝安國所割田
十有三畝今其田不知所在則此日所置之田其
能歷久不渝而歲時有以奠李邵二公之靈者斯

又後人之責矣夫

錫山游庠錄叙

吾邑文人自副貢生以上皆得載名邑志列諸明倫堂後人可覽而稽其有終老於學中歷久遂無可考學者病焉夫科名之得失至無定矣主司憑一日之短長以決取舍而其所取者未必盡爲所長所舍者未必盡爲所短至於以短見黜雖欲自鳴其長而無憑此古人所以歎立名爲難得之遇然身前之名已不可得追乎身後之名而并此區區者亦付之湮没而失傳是則老師宿儒所爲慼然傷心而稽古者亦無由查以考證夫固後起者之責也邵吟

泉大令以道光乙酉拔貢授阜寧訓導卓薦調選授直隸南和知縣其爲訓導也凡可以表章文獻之事無不爲之及授南和則未到任而引疾歸此其用意有非尋常意計所能測者今吟泉愍學籍之失傳乃取家藏本較訂之鋟板行世徵序於侃於是侃入學六十有一年矣廻思六十一年之前與諸君子揖讓於明倫之堂俯仰猶如昨日及兹披同案人姓名其見存者惟侃與孫戳宜大令而已而其後此之甲寅丙辰兩案中則反無有存者感歲月之不居屢名稱之易沒乃慨然而爲之叙云

咸豐四年歲次甲寅秋八月之吉

賜進士出身

誥授奉政大夫工部屯田司員外郎前四川雙流縣知縣

汪士侃拜書

錫山遊庠錄叙

遊庠錄起萬歷壬寅至本年咸豐乙卯共二百五十有四年　本朝自雍正四年始析無錫東境添置金匱縣剖分學額故未析已前爲錫山遊庠錄既析之後爲錫金遊庠錄分前後編吾邑人文淵藪代有名賢洪武初年始定考

取儒童之制有司以氏族之業儒者分占儒籍吾邵與焉五百年來坐享承平未有若吾邑之遭逢極盛者也然考家藏舊本僅始於萬歷壬寅而亦不無舛脫欲再求之嘉隆之世則遍索於徵文考獻之家而已不可得矣若仍束之高閣任其散佚消磨則螢窗雪案辛苦畢生僅青一衿而懷才不遇者遂并其姓名而湮沒無徵是可慨已爰以藏本質諸汪工部寫園先生迄加考證先生欣然以儒林文苑忠節孝友宦望行義耆碩隱逸著述方技貢舉甲科官階世職以及七代已上遊庠者咸爲詳註於案中夫庠

序之英爲士子進身之始列名學籍旣没而典胥即去其名涵初作校官時每披籍而致感焉今以是本付諸梓人非特存二百年庠彥之名且使後此者積年增葺則因而傳者無窮矣方今數十年中同里同學誰不知名及至久而論定又可撫編歷數曰若者賢若者才若者宜爲之慰若者宜爲之惜則是編也更可爲有志者奮興之一助若夫卓越非常之士出而爲邦家之光者固不徒爲閭里之榮無藉此微名爲也然更足爲吾鄉學校中生色已

咸豐五年歲次乙卯七月既望

敕授文林郎　例晉奉直大夫　特加陞銜直隸南和縣知縣前江蘇阜寧縣訓導淮安府教授道光乙酉科拔貢邵涵初拜書

明萬歷壬寅前無錫遊庠錄考

邑乘有選舉志應辟召舉鄉會試以及副拔恩歲貢均有名若僅列於庠未經選舉者不與邵吟泉先生爲刊遊庠錄按歲科次第登其名志所遺錄所備也惟明萬歷壬寅前無考謀於昌將蒐輯以存其畧夫文亡獻闕聖人猶歎其無徵昌烏呼徵之哉無已請言其可知者據邑志無錫學刱建於宋嘉祐三年知縣張詵講堂後有先生之室東西兩序有諸生之舍業儒蓋百人見章望之記王仁輔則稱興學以來邑士之盛蓋宋代設科取士士之由科目進者知錢顗陳敏尤袤蔣孝李祥蔣重珍陳炤名賢輩出大率庠中人也元則如尤夏陸以道陳顯曾陳汝霖張籌明則如盛容邵寶秦金顧可久華察張選黃正色安如山王問談愷秦梁秦禾周子義秦燿孫繼皐顧憲成侯先春顧允成高攀龍爲名臣爲名儒亦大率庠中人也貢必升自學校自洪武年始姚樞李定陳禮以次擢用積官至通顯

秦淮苗凋均祀名宦又無一非庠中人也此其可知者也雖然是固以選舉而登之志矣而他則何徵吟泉先生曰學宫中碑刻林立有諸生名是一徵也因往摩挲得碑之可徵者三一陷明倫堂壁爲明永樂二十二年甲辰碑石皴裂撰人名無存所載邑士名則有周恭甫等六十有二人一在學門左右隆慶六年壬申王問碑則有俞岳等二百有幾人萬歷十六年戊子孫繼皐碑又有張三才等二百餘人昌又曰是則然矣而吾邑右族家乘甚詳亦一徵也余秦姓也能言秦自明迄嘉隆則有秦錫等若而人其

已登選舉志者不贅爲庠士亦無疑也叅之邑志可以存其畧矣諸同志或別有釆錄另帙補入茲就所見古碑徵之以備考云

賜進士出身

誥授奉直大夫　記名御史刑部員外郎前翰林院庶吉士秦賡彤原名甌昌拜書

重錄慧山正續兩記首序

吳中舊有慧山記一書爲錫山邵吟泉先生辭官歸隱時所刻時在咸豐丁巳兵戈帶甲之聲已逼近兵中先生於此時綴集舊聞思以存其名勝於倘可有徵之日其旨亦遠矣哉然而書成而亂及版亦旋燬於兵而慧山之景物與其名勝所最著有夷爲邱墟者焉則固幸其書之存之者如木泯也今越丙寅江南底定二年海嶠刺史爲先生賢孫思以光裕先生之業重刊是書時爲今

上御極之五年有倡以廉俸襄事而序之者爲邑侯郭愚谿大令而許大令柳仙實司叅校柳仙余通家士也海嶠又介之而請序於余柳仙之言曰惠山昭忠祠今已遵旨書例補入祠廟一門夫子與宮保所撰碑文竝悉載入俾後人飲二泉之水思勝蹟復起之有源也海嶠思此記得與邑乘竝傳必更得當代偉人爲之弁言乃足益爲其祖鄭重前人手澤之意而彰著之蓋是書之所資始肪於明正德五年庚午邵文莊公之所採輯也迄今蓋已三百五十有六年矣余不敏何敢當過情之譽顧思以一介書生仰荷

聖天子之知遇在將士先得其與剪除穢惡使吳中山川
景物既就淪沒者一朝舉振而出之濯而新之則於此記
中因革變易之間誠非不相關涉之人矣則誠不可以無
言慧山之有昭忠祠也祀淮湘將士死事於東征者即惠
山寺既燬之舊址奉
敕而新之而又一再廓其規模者也而捐金議請實自余
始余曩者嘗爲過客登覽斯寺矣心在尋幽探勝之間身
歷琳宮紺宇之內胸中所有者一邱一壑一泉一石倚闌
憑檻怡情焉而已洎乎斯祠之落成也與賓客復來觀焉

登高眺遠具區泰望皆襲而近諸襟袖之間胸中所有者
撫時感事意氣奮發賓客莫不欷歔憑弔有艱難共濟之
意焉其地同而所感之情有不同者如此余知余之情如
此而此邦人士與天下過客之情亦必皆有感慨奮發如
此者矣而將來之覽斯記者讀其書論其世考其廢與因
易之由亦必有與余同其如此者矣則是書之所繫重又
較昔有不僅同者蓋可知矣余之從事於茲城也以孤軍
嘗險由浦西入四大克捷轉戰而前將士亦困又苦戰金
陵援賊僞忠逆六十萬衆凡九十日卒大破之踏營百里

向曙而盡如是乃得寒蘇城八偽王之膽振規取上游之
勢惠山爲是役駐軍之處當賊常宜兩歸路之衝又苦戰
二十餘日乃得克復堅城生擒賊僞潮逆轘之於市是役
也爲平吳第一苦戰自余而下皆有死志其先賊夾城外
五洞橋爲兩營百戰終不可薄乃與將士期入銜枚囊土
夜赴余所在而壘之遲明壘成蓋即賊營下也而壘已高
於賊營乃倒火傾桶而焚之賊無不死於煙焰漲起中者
乃得奪橋而薄城其後官保來觀其壘猶有鴒原急難之
淚也自是而後破竹之勢至於嘉常旁略宜溧皆此戰爲

之嚆矢也而慰我死事者之忠魂所以宜千秋俎豆常在
慧山之麓今柳仙欲歸余以將士血戰之功謂讀此記而
飲水思源者惟余而海嶠刺史又欲以偉人屬余此豈書
生爲將長揖歸田者之所願有而古之名將所以遺後人
議論之有憾者又多爲此余獨何樂存此見於名山著述
中也而慧山祠之得入斯記也俾淮湘將士得以與風雅
其有千古是則所以使余江湖湮水之身結想常在戎馬
縱橫之境也歟夫是書之不爲尋常風雅如此余於是書
中之關鍵又誠非不相關涉如此則余之所以爲是書言

者不得以尋常幽居勝賞揄揚品定為泛應固如此也爰於其請而書其廢興之大者與將士用命之並有繫於今日者以付之蓋曰慧山寺廢而惠山祠起矣惠山祠起而於是乎惠山記有重修矣治亂相倚也盛衰相傾也後之覽者庶幾勉之於未廢之先而持之於百廢俱舉之後也夫三百五十餘年以來而海嶠即生當其時在世事絕續之間不墜前緒是即天之所以愛邵氏手澤也夫爰書之以質愚谿柳仙兩大令是為序

大清同治五年歲在丙寅仲秋下浣之吉

誥授中憲大夫 晉授資政大夫 賞穿黃馬褂 賞戴花翎二品銜前甘肅甘涼兵備道合肥愚弟李鶴章季荃氏拜撰

重刊慧山正續兩編序

邵文莊公慧山記四卷吟泉先生為之注並增輯嘉靖以後為續記三卷於咸豐己未旣梓行矣越一年而金陵師潰邑城淪陷板燬於火先生避亂鄉居攜印本自隨朝夕考證益臻盡善甲子城復慧山地當孔道蹂躪尤烈前兩記所載名勝半為瓦礫今昔異觀亟須重訂而先生於甲子秋遽歸道山文孫海嶠刺史有志繩武以先生手訂本見示囑為逐條釐正擬將重梓余與先生相從最久前此兩編之成屢荷商榷誼不獲辭爰積兩月之力悉心校正凡各門中變革情形及昔有而今無昔無而今有者一一補載俾足信今傳後書成以呈邑侯愚溪郭公公念名山文獻不可無徵而先賢記載不容或泯慨然捐清俸以助剞劂而是編乃仍復舊觀夫古人著述之顯晦天也晦而顯顯而不使之終晦則人也文莊公著慧山記並詩文兩集三百餘年未梓邑志亦失載藏書家存者寥寥吟泉先

生求之數年僅而得之而詩文久佚乃博採旁搜略者注之疑者釋之未備者補之刊僅一年而又阨於兵火向使求之不遽得得之不遽梓梨棗未登而滄桑已遇邑中縹緗萬卷悉為灰燼是書亦付之浩劫他日有心人有慨想於無窮者今得賢子孫為之纘述更有司助其流傳而茲山之奇勢異態泉石清幽烟雲吞吐與夫忠臣孝子高人逸士之流風餘韻不與陵谷同其變遷未始非山靈之所默佑而益以見先賢之遺澤長也余自維譾陋獲與斯役慨舊雨之凋零快新編之重出俯仰今昔感慨係之爰為

之序以告來者

同治丁卯冬十月後學丁培謹序

重錄慧山記序

江左自泰伯分封聿開衣冠文武之邦宇宙靈秀所鍾山水有之名者指不勝僂庚申之刼梵宮法苑盡燬於火而山高水長無不依然在也惠山第二泉者錫邑之勝地當浙閩水程之通衢名公鉅卿舟楫往來莫不登臨而遊覽焉自唐處士陸鴻漸品天下名泉中拚爲上惠泉次之遂爲千古定評至今藉藉稱第二泉不衰同治乙丑予忝纂

茲土斯時干戈初定惠山寺廢爲邱墟制府李宮保就寺基建昭忠祠祀湘淮陣亡將士鳩工庀材揆度經營予登山眺望撫今弔古慨嘆流連欲問其事而故老皆無存者古人傳留芳躅種樹釣遊之處磨滅而不彰滄桑之感愈覺怦怦於心矣既知前明邵文莊公有惠山記吟泉先生增續兩編咸豐丁巳開雕行世今舊板已爲賊所燬幸書卷未盡湮沒其文孫海嶠刺史將重付棗梨因囑序於予今夫莫爲之先雖美不彰莫爲之後雖盛弗傳邵氏之有功於惠山也豈淺鮮哉先哲精於稽古博極羣書故能網羅散佚遠紹旁搜數百年之事蹟瞭然心目一樹一石之求歷纖介無遺自明迄今又能補綴其所不逮後先輝映璧合珠聯可與此山同垂不朽嗟乎盛衰相繼也成毀相循也此由天之所定人固不能測之山之有惠山寺演禪林之宗派也乃晨鐘暮鼓一變而爲干戈擾攘破瓦頹垣一變而爲俎豆馨香冥冥中黙爲位置蓋欲去故取新以表彊埸之勛烈乎今以祠廟一門補入記中此吟泉先生所意計不到者淮湘忠魂依傍名山峯巒爲之增色池沼爲之生芳登斯堂者莫不肅然起敬鞠躬堦墀豈僅登高

舒嘯臨風觴詠已耶爰贅而爲之序

同治六年歲次丁卯冬十月

欽加運同銜升用直隸州知無錫縣事固始吳政祥拜序

慧山續記叙

自劉宋司徒右長史湛挺築草堂於慧山與南平王劉鑠及齊竟陵王友江淹以詩章唱酬刻石於山中於是乎天下之好遊者莫不知有慧山自唐處士陸羽定天下水品以慧山石泉爲第二劉伯芻張又新輩屢評不易李文饒蘇文忠皆嗜之於是乎天下之品泉者莫不知有惠泉唐

宋以來題詠益多至明初則山僧至迪始作惠山志而不傳正德初僧圓顯輯慧山記邵文莊刪定潤色釐爲四卷而梓傳焉玉林潘公又以詩文未錄爲言文莊復選刊文二十一首詩百七十首曰惠山集版藏桃花隖聽松庵庵故邵氏香火院也隆慶間版燬於火印本絕少萬歷間尤處士茂先刊惠山續集八卷王世貞爲之敘亦無傳本崇禎間文莊嗣元孫澄撰二泉書院志澄子大棟撰續志今又不傳惟談修慧山古今考及華淑慧山名勝志尚有前明印本爲邑中黃氏秘藏余曾得見二書皆本於文莊慧

邵氏宗譜　卷　慧山記敘　八　超然堂

山記而各有新增古今考又兼錄惠山集詩文而有增選者也余戚好吟泉先生文莊八世族孫也咸豐丁巳得惠山記原本每條分附歷朝名翰隱合記與集而一之并各附志近事而重刊焉又編續記四卷記正德庚午至今三百餘年事蹟考獻徵文燦然大備遂成合璧屬余敘之夫有明一代惠山之志多矣今所刊正續兩編何適成爲邵氏一家言也豈文莊之流澤孔長得先生之繼起則祠墓之修古蹟之復文章之紹述皆有待於先生耶先生少年以詞章名世洎秉鐸黃浦潛心經學得文莊日格子之心傳道光丙午授南和令未下車引疾歸大葺文莊祠墓及點易臺名蹟又以冉涇尚德兩書院既湮之蹟重建於二泉書院中故既修舊景十五又益新增各景爲二十三讀書其中刊刻所著學易反隅堪輿指原等書凡若干種優游忘老無出山意何私淑若斯之深也文莊宦望氣節照人耳目而學宗洛閩明史獨立於儒林著作全收於四庫惠山記特文莊之緒餘耳而續記非亦先生之緒餘乎然以九峯二泉之勝蹟日增近代之名賢高人生遊沒葬於茲山者知人論世品定爲難苟非若文莊記敘所云事

邵氏宗譜　卷　慧山記敘　九　超然堂

之覈詞之直論之公如國史者不足以表人文而慰山靈也續記之采擇論斷亦如國史之謹嚴而後先輝映成一家言以垂千古斯固繼述之善要亦霛秀所鍾鬱積旣久而復發其菁華也是編成則郡邑之修志乘者寓公遊客之訪故實者海內之聞茲山而未至者皆可覽焉

咸豐已未秋八月既望

誥授奉直大夫同知銜雲南河西縣知縣咸豐乙卯科重鹿鳴同邑孫應穀拜叙時年九十有一

惠山記續編敘

邑先賢邵文莊公於前明正德五年輯惠山記四卷備載慧山泉石峯隝池澗寺觀祠廟物產山居古蹟勝覽邱墓土産而以襍考終焉越數年又輯慧山集載古今詩文若干卷公皆自序而梓之版藏桃花隝聽松庵庵故邵氏香火院也隆慶間庵燬於火版付焚如萬歷丁酉邑文苑談修思永輯慧山古今考所載往事悉本慧山記其書既成夜夢神人告之以尚有闕典晨起而叩之山僧迺得惠山集詩文并載而卒業焉今距文莊之沒三百四十餘年非特文非所輯不易覯卽談思永所輯亦不易覯載籍所傳

收藏匪易則稽古良難己歲丁巳文莊八世族孫大令吟泉大兄重刻惠山記附載古今詩文合記與集而一之又作續編補正德以後三百餘年名蹟之代興者詩文之繼起者夫以惠山之秀二泉之清湛長史李文肅之幽居勝賞陸鴻漸蘇文忠之品定揄揚邵文莊之純忠純孝純儒山居侍養記載成編者梓而復傳續而益備謂非山靈之厚幸歟吟泉博學嗜古湛深易理得文莊之正傳著學易反隅一書刊布行世辭官歸隱修葺文莊祠墓文莊故有尙德二泉兩書院尙德書院昔在公墓二泉書院今爲公祠舊有十五景吟泉修其廢復其舊增其新足成二十三景亦山中之佳話也余以戚好知之最深茲惠山記續編成謹爲之叙

咸豐戊午冬十月既望

賜進士出身

誥授資政大夫吏部左侍郎 國史館副總裁 賜紫禁城騎馬致仕姻愚弟侯桐頓首拜撰

重錄惠山記續編序

自江淮以東折而稍南以達於蘇杭其間多平原曠野無

名山大川嶔崎浩渺之觀獨惠山脉於天目西接銅官南瞰具區其泉經陸羽品題爲天下第二以故靈淑所鍾由漢迄今代有聞人又其地當孔道名卿大夫冠蓋經臨往往流連而不能去物望所留芳蹤所係苟非有輯而記之者將境過情遷有歷久而不知其故者矣況值滄桑之變易乎咸豐癸亥今制府官保李公統師海上廓清江左余忝篆錫山又明年量移梁谿錫金固同城也公餘之暇間至惠山泉追尋名勝而頹垣廢址滿目蒼涼欲訪遺蹟而故老無可詢者蓋兵燹之摧殘甚矣既得邵吟泉先生所

刋明文莊公惠山記並㫖續記兩編綱舉目張數百年興廢盛衰之跡犂然在目且搜考古今詩文分門附注而山之精神益顯夫山水之志實與邑志相輔而行非宰是邦斯親爲涉歷見之博覈之精論之公不能傳世而行遠若先生者可爲兼之矣庚申之變版燬於火余蒞任時曾晤先生思欲藉以贊襄而先生遽歸道山每與文孫海嶠刺史言之太息因亟勸付梓且捐俸以助之俾後之人登臨憑弔景仰前徽曰某水某邱某之所鈎遊也某物某名某之所留貽也從此山川人物輝映東南雖地隔千里時歷

百年覩是編而可想見矣夫修廢墜存文獻以備他日邑志之徵者固有司之事也遂書以爲之序

賞戴花翎運同銜升用直隸州知金匱縣事合肥郭映奎拜序

惠山記續編後序

天地動靜之理形於山水山水清淑之氣鍾於人材人材之生必足備一世之用顧材既見用於世則不免以世務攖其心而於山水之趣反未得其深者故方其始也曰從事於學凡游目騁懷之事有所未遑洎夫歷中朝則興地之名山大川往往爲轍跡之所至獨於父母之邦鈎遊所在或廹於事勢有至老而不能安其土者矣吾邑邵文莊公明武宗時以戶部侍郎乞養歸築二泉書院於惠山閉門翫易後世宗之今公八世族孫吟泉先生舉拔萃科任阜寧訓導擢卓薦授南和縣令引疾歸里時公專祠在二泉書院所遺勝蹟漸湮先生次第興復之公與先生皆精於易又皆未老而致仕其出處去就之深意非他人所能與知獨歎其難進易退安夫土風且於樂水樂山之趣又何先後之同揆也山舊有記爲公同時僧圓顯所輯公

與筆削之世尠刋本先生註而重刋焉復著續編補載正德以來三百餘年之事於是山之志益備夫山水之志始於唐李冲遠南嶽小錄若李歸一王屋山記杜光庭青城山記多方士浮誕之言惟宋陳聖俞廬山記最爲精核世稱聖俞與劉渙窮兩日之力徧遊廬山所記皆所目睹以視公與先生數十年寢饋食息於此間者其所得固有淺深矣文莊原序謂可以得人情可以察物議可以觀世變讀是編者尚於是乎取之

咸豐七年丁巳秋八月後學汪望求謹序

慧山記跋後

紹寀十數歲時侍於先祖奉政公案頭見邵文莊公惠山記一册假自文莊公族裔文學辰耀者文學紿言文莊公手蹟因細閱之實非真蹟蓋即文學所自録者其原序中成而題請傳焉句內亦無梓字且所録二十餘頁中脫落譌誤處極多知非善本後聞同里丁氏有家藏本即往借觀其所録多於文學者三之一然舛誤何多亦非善本也嘗手録一册以俟參考後爲友人借觀遂致遺失迄今猶憶念之頃文莊公族孫吟泉大令於汪工部家得所藏善

本其四卷曰慧山記刻而傳之加以附考附載附志數篇言並作續編四卷補正德以後三百餘年之事於是慧山記一書不特復還舊觀且益加詳備焉吟泉博學好古於書無所不窺而於文莊公家傳易學尤精心研究所著學易反隅堪輿指原二書獨有心得多發前人所未發蓋真能得文莊公之傳而心知其意者也書既刻成展讀數過因憶曩時手録欲求善本而無從詎概然於先賢名翰莫爲之後則弗傳故不禁撫是編而稱快也遂書以跋於後

賜進士出身

誥授奉政大夫福建臺灣府淡水軍民同知軍功隨帶加三級前鳳山仙遊等縣知縣後學杜紹祁頓首拜書

崇寧里斜橋支

明增廣生午川邵君墓誌銘

賜進士第文林郎貴州道監察御史前行人司行人通家

眷晚生嚴一鵬頓首拜撰

余休沐里中二文學邵伯能仲修者一日斬然衰絰手君
父狀泣而請曰余不肖不能比數於他人子無以榮吾父
斬不朽吾父者惟達人先生哀憐而借之華袞庶不泯沒
其生平以為吾父榮而不肖孤與有榮施焉實鐫五內矣
余謝不妻辭者載而伯仲之固請者載余嘆曰爾伯仲之
惓惓於余者得毋余稔乃翁概耶噫余諸生時與伯仲以
文字交請質乃翁因主壇盟以故知君君今已矣緬思故
誼蒿君狀而悲焉余奚敢辭君邵姓諱子才字希成復字
懋難午川其別號也邵之先有靜虛君者以儒起家生思
毅洪武初薦舉為縣學生思毅生惟善惟善生昇昇生鑑
鑑生芸芸號左江縣學生即君父也配周孺人生子二君
居長生而頴異五齡就外傳日億數百言髫年能文文聲
隆隆起左江君每撫其頭顱而嘆曰吾邵阨於儒者世數
矣是兒宜大吾門墻者會督學午山馮公試而奇之遂以

儒士應南畿試下第歸益折節讀書隨左江君肄業於崇
安禪悅德慶松風諸閣五經子史涉歷殆遍家故儒而貧
圭篳蔬布晏如也每嘆曰范希文齏粥非吾師乎其淬礪
刻苦每如此里閈大姓如黃如秦者爭延禮而率子弟賓
師之君不自多也時從方山薛公仲山王公遊二先生嘖
嘖以老友稱焉然終北面二先生而居弟子列其貶損受
善又如此者以故學日飽文日富五試棘闈而五不第豈
非坐奇哉君天性孝友且慷慨好義重然諾赴人緩急然
畫足而趨擇地而蹈斤斤繩墨不越尺寸乃弟巽川君同
遊學校間君出則訓若弟入則率之以怡左江君所受館
穀罄出之以佐公家之急一錢尺帛不入私囊左江君暨
配周孺人相繼謝世君哀毀骨立竭力襄事如禮時以旌
喪蓋梓里焉巽川君橫罹特亂傾貲什之姪其貲竊無賴
時時河瀾之君配李孺人賢而克相君君白首相敬如賓
終其身無忤色閭左某戍海禦倭幾瀕死矣殫身為救得
不發某婢暴卒婢父固豪奴也禍且破其家君婉解之賴
不傾滅君之陰樹德而未食其報者類如此晚年杜門埽
軌坐臥一室左右圖書而樂之里人罕識其面居恒食無

二豆坐有寒氈寒儉以自處而不忍輕耗造物之寶以愧世之靡靡者亦天性然也素斥佛事每曰彼優婆夷持佛號妄施耳於佛何有以故巫覡諸色無得窺左足而厠其門可謂嚴且正矣君生平儉約澹素不造業緣一念正直可通冥漠亦恒理也君二子彬彬文雅諸孫亦繩繩繼起以世其家於積善之報益徵云君生於正德丁丑卒於萬歷癸巳享年七十有七子二長士弘邑庠生娶吳氏繼娶鄒氏次士敬娶戚氏女二長適郁次適黃孫男三爾渠士弘出爾功爾業士敬出孫女三長適陳次許王餘幼萬歷

癸巳歲月在丑日在酉二子於龍山馬鞍隖祖塋之次實爲君阡焉銘曰

生而儒豈其章縫潑而神豈旒琮博雅聲籍厚積冥詒昌
彼後裔考此幽封高陵鬱鬱賢喆之宮

明故文學敕封承德郎南京兵部車駕淸吏司主事繼川

邵公墓誌銘

有宋康節邵先生後裔從南渡家於錫勝國時有靜虛公偉貢於鄉公長子思仁國朝舉文學有司給軒蓋餼學官次子思毅爲儒學增廣生生昌國公惟善皆讀書談道高尚不仕昌國生涵春公昇涵春生一虛公鑑則皆棄儒服賈一虛生左江公芸左江生午川公子才則又棄賈而爲儒午川娶李氏生三子長繼川公諱士弘爲邑庠生以子兵部公貴封如其官年八十有三而卒兵部公以壬戌舉

進士與不佞同年相厚善也將以戊辰八月初四日葬公於姚灣之原而手具事狀屬余銘余不佞每觀人家世有能讀書樂善亹亹相繼者積必昌昌必遠不似驟貴家一發易萎考其先德亦不醲麗腴茂厚施薄報恒留不盡以還造物其衷懷沉鬱若常有不自得者未滿而防溢處高而履謙爲善而不近名以是陰爲造物所佑隲福澤綿延壽其躬利其後人若司左券以今觀於繼川邵公吾言蓋益信云公六齡而就外傅十二齡而能文有甯馨譽勤學攻苦足不踰閾寒燈夜讀儲一甌飯沸湯潑之漏下幾盡

時聞鬼嘯或悲鳥聲乃撲燈就寢衣不解帶以爲恆未弱冠則已遍經史諸子十萬餘言以文質薛方山王仲山先生咸爲稱許而郡守施公拔置龍城書院與一時名士相頡頏諸名士皆爲遜席也乃五試學使者三十而始隸博士爲弟子員始進既矣比遊膠庠試輒高等一時聲稱籍甚顧就京兆輒弗利乙酉試竣與蓮峯周公俱膾炙人口乃周公發解而公復報罷則先有夢徵焉公乃默感於定命之不可逃乃猶浮沉四十餘年而始自免居恆佗傺蓋無一日不躉躉也比長公入仕版膺寵命貴重矣然出不

乘輿食不兼味衣不襲綵褰約猶故也端坐一室手繙目披矻矻然窮年猶故也門戶鎖鑰啟閉必親先奴輿而後婢寢猶故也終公生平無一日稍自侈豫爲愉快公至性孝友所以事二親者靡不備至修脯所入悉供甘旨步履扶掖厠牏浣濯必躬親之親歿孺慕至老不衰忌日必哭簡及手澤必哭春秋祭掃却舟車率子弟徒行至墓必哭與二弟友愛無間二弟俱前逝公痛之終身女兄適郁氏者先富後貧公撫之振之亦終其身閨門肅穆與元配吳碩人及今鄒安人相莊白首素無狎邪履常赴燕集一妹佐酒公色赧不已托疾先走而親黨中有兄弟鬩墻者叔姪操戈者諭以至情皆和好如故至於邮死助喪推賢旌善惟力是視或昌言於有司人咸謂公雖不過然所施爲亦概可見矣公卽偃蹇然弗肯一聽就利勢雖素同硯席者通籍貴顯輒逡巡自遠居平蕭然汙邪數畝饘粥不給恒晏如也中歲無子太常陳公授以白衣大士經因皈心內典課持有常更習養生家言晨夕坐起咸有恒度詩不甚工觸景寫懷詠歌不廢則又公於性靈中所爲陶然自得者焉公素强無疾甲子之夏手纂家譜精神頓削時長

公方官金陵見公手書模糊爲之心動請急歸省侍子舍供孝養甫一載而公卒卒之日次子適采芹公第語之曰做上等人無致墮落語不及私識者尤以徵公養云公嘗一爲鄉飲介再爲大賓督學使者旌其廬曰碩儒懋德匕論以爲允而少年時假館村塾地素多祟公爲祛鬼文粘壁祟不復現塾舟相迎辭以詰朝舟空返猝遇風濤覆沒一日自塾歸省他友假臥師榻夜半盜入以爲師也縛而榜笞之以覓主人公獲免於難蓋所謂醋醴肫茂孚於人俾於天而佑隲於造物者此亦其驗也歟沒身韜約意常

歆然年登耄耋寵譽方來又所券爲綿延之福澤者哉公生於嘉靖癸卯二月四日卒於天啟乙丑十二月十三日娶吳孺人繼配鄒封安人子三長即兵部公名世壬戌進士授南京兵部車駕司主事晉員外郎娶姚贈安人繼娶范封安人次名成邑庠生娶薛次爾康殤女一適黃甲元孫男三儒顯聘鮑儒榮聘唐儒炳聘嚴爲少司寇孫女两殤今聘張俱名世出孫女三一字堵廷棻者名世出一字焦隆祚一未字者名成出詳具狀中余不佞雖未識公而忝爲公年家子兵部公且踵門以請其敢辭銘

銘曰上德不德冲靖而質爲鄉邦式以啟後賢曰儉曰謙曰不敢先噫噫其得全佑命自天

賜進士及第翰林院侍讀前修撰 國史官雁門文震孟撰

賜進士出身奉直大夫知福建福寧州事前知山西澤州事年眷姪秦堈頓首拜書丹

賜進士出身承德郎工部都水清吏司主事年眷姪華允誠頓首拜篆蓋

明山東右布政使邵公暨配范恭人墓誌銘

康熙丁未明山東右布政使無錫邵公卒於家越三年庚戌孤儒炳疏其行事來請誌其墓噫此余年友也安忍不銘公登天啟壬戌進士授南京兵部主事進員外郎丁父憂服闋補北京兵部員外郎時邊疆有警兵曹多被譴責公在官辦事治大司馬以爲才遷雲南布政使參議兼僉事提督學政滇士固陋公弗鄙夷其俗諄諄教以禮法而拔其雋者久之士皆知自奮于學滇僻處西南絕徼士大夫不樂仕宦其地兩司官遷去代者不至往往空其曹公

兼攝五篆嘗攝按察使篆而臨安屬有僧私隣人妻固濟獒商人而誣鄰人以罪府縣當以其人當大辟獄上公訊得其實遂當僧死而釋其鄰人方訊時廷中彷彿現一兇字吏卒皆震怖及事得白益相驚以爲神昆池水填閼漂沒田舍公相視經年濬子河以注山潦塞兩宗等灘以杜沙磧於是水不爲災濱海之田賴以灌溉收益多滇民爲立祠肖像祀焉遷廣東兵備副使福建兵備參政閩人習海道多竊市外國擅其利禁之則聚而爲盜會有以訐告武弁者撫按欲竟其獄弁素得士心眾且譁公知事難猝

禁急之變將不測力爭得釋粵人閩人皆曰公於我有德
而粵人立祠肖像如滇人陞山東按察使治獄多平反民
以不寃會東省被圍公登陴誓死守城得以完叙功晉本
省右布政使署左司事加二級支一品服俸先是郡司理
某貪暴不職公具揭巡撫都御史劾罷之後其人賄緣用
邊材起廢不二載遂來爲巡撫人謂公且得罪然某銜公
甚日夜思所以報而公廉飭卒無以中也明自設撫按兩
司官權益輕奉行文書若郵傳然雖賢者不能有所自見
或強項之士稍自展布往往遭掣肘或齟齬獲戾以去居

是官者拱手受成事待遷轉而已以余所見明季時大畧
如此公固不爲崖異而所至必有所施設可紀述雖始終
在藩臬未足發舒其才而已能建立如此是爲難也性謹
愼清廉不可干以私在兵曹時同舍郎或來告曰雲南當
遣學使而吾兩人資叙適當外遷盍請告以避之公曰東
西南北惟上所使而何避焉故事學使者科歲試畢當得
代公居滇六年更科歲試三始得量移無幾微見顏色鄭
芝龍竊穴閩海以賂啗文武大吏輒把其陰事覊持之令
所善以御南帶進公公郤之固進公竟不受其人慚椎其

帶而去然憚公廉竟公任無敢肆公居官其絕奔競杜苞
苴多此類生平孝友事母尤謹雖老左右奉養不令子弟
代以田產讓其弟而迎養其女兄弟之無子者塾師貧不
能娶故人子爲怨家所搆公爲經紀營救故自通籍至歸
老鄉人無不以公爲長者蓋公居家內行淳備又能如此
公諱名世字襄興曾祖諱芸祖子才父士弘以公貴累贈
雲南布政使參議母鄒太恭人公得年八十配姚恭人繼
配范恭人子三人姚出女二人一姚出一側出范常熟巨
室來歸時公已貴恭人被服儉約如寒素鄒太恭人年高

不欲之官恭人家居侍養鄒太恭人安之忘其子之不在
側也撫前子如己子尤婦德所難者儒炳今塟公與范恭
人於龍山之馬鞍塢姚恭人始葬大池亦遷祔焉銘曰
公山中朝捧檄窮荒驅車叱馭戮力無方閩廣之交百貨
所湊處脂自潤公斥不受惟公之才所居有迹如錐處囊
其末立出既隧其秩復永其年章服煌煌華髮鬒鬒龍山
之下其卜壘食勤此幽詞以光隧石
嘉議大夫兵部右侍郎前太僕寺寺丞大理寺右寺正吏
部文選考功稽勳司員外郎文選考功稽勳驗封司主

事庚午行取行人司行人由壬戌科進士出身年忝弟
李元鼎頓首拜譔
前進士第中憲大夫兵部職方清吏司員外郎年家眷姻
弟吳其馴頓首拜書丹
前賜進士出身中憲大夫福建泉州府知府南京戶部貴
州清吏司郎中員外主事年家愚姪鄒式金頓首拜篆
蓋

邵孝廉元配姚孺人墓誌銘

往余以庶常居長安則聞友人景懷姚公得一快婿云比歸里以問景懷景懷曰此方蕘買子及君家季言之也兩子奇邵子文言壻無佳于邵子者吾故以女婦也無何而邵子名籍籍起乙卯薦應天稱孝廉余心喜喜縣官得士而又喜余友得壻而果佳也丙辰景懷卒余心傷今年春孝廉以孺人訃告自爲狀涕泣來請銘曰公知父世好也其勿辭余亦弗忍辭也按狀孺人姚氏景懷公季女也母唐氏孺人生而慈和貞靜父母絕憐愛之丁未冬歸于邵邵家世儒而繼川公以敦行聞里中與景懷公相臭味交懽也孺人入門稟父母訓以事舅姑克敬克勤有其德事

無鉅細惟姑命舅姑以爲賢孝廉銳志學問而體任不攻苦孺人虞其媮也爲莊語勉之或至泣下間爲父言劘切之孝廉業日進戊申補邑諸生試有司輒舉等已舉鄉薦文名震遠邇孝廉曰此吾婦玉成之力爲多蓋孝廉當下帷不問家計而孺人拮据操作閒以內織袵浣濯一履一衣悉出十指而怡然安之孝廉得寬于讀以無內謫也逮孝廉雋矣孺人荊布如昨操作如昨比子女日盛勤悴有加焉孝廉風以何自苦姑亦以爲言孺人曰吾分耳孺人於疏糲素也聚酒醴肉間爲具以奉繼川公或羞賓客有餘以餔兒輩甘醲鮮入口者孺人即稱孝廉婦乎于享佚而適養求一日於一歲未有矣性至孝其從省父母歸涕洟不怡者累日甲寅哭母唐毀幾滅景懷公晚年病中于目時迎致焉一觴一豆務歡其心其卒也哭之甚于母念其兄之鮮連枝也注意甚比寢疾盼伺勞苦若不能去心者姊適丁而夭撫其二孤同已子其于骨肉間篤摯類此孺人之適孝廉凡十有一年其任身之日居多精血爲削寒熱之疾中于身矣服勤不休一息氣上逆竟不起孝廉曰吾婦之始疾也不謂其卒然死也吾心未有既也迨今

日吾始信吾婦之死也吾嘗再病而再不死則以侍湯藥劑飲食吾婦無弗旣心也而吾今何以爲心也噫嘻何言之惻惻有餘恫也以視北地結腸之作寧有異耶孺人生萬曆戊子三月初五日卒戊午三月二十六日年僅三十有一耳子男三長儒顯聘鮑氏庠彥嘉甫公女江西寧都令觀如公孫女次儒榮聘唐氏太學心浣公女庠彥浣如公孫女次儒炳求嚴氏殤太學與德公女大京兆雲岑公孫女女一字堵廷棻余壻諸生源伊子增彥頤冲公孫大方伯太冲公曾孫

周生曰世稱女德輒推本以爲通女誡諸書大義至跡其事實乃不盡然徒虛語耳孝廉言孺人宅心和而持身嚴名山勝刹不隨俗拈香佞佛則閨門之訓也諧琴瑟者十年誼兼友生有如賓風焉至所陳規無以利傷行無以厚藏墮業海川以贊孝廉潔清自砥之節見遠而言高何懿爍也即不言曉文義于大旨不悖矣異時孝廉勳名顯于

世

譽命所賁孺人與有榮施茲券之矣以立婦鵠曷忝焉是宜銘

銘曰鳳兮何歸兮鳳所思雛聯翩兮行天飛思者揚厥輝飛者埀厥儀百年之後視銘詩

賜同進士出身左春坊左贊善兼翰林院　國史檢討直

記注　起居編纂章奏通家眷生周炳謨頓首拜譔

賜進士出身刑部浙江清吏司主事前觀吏部政年眷生

瞿士達頓首拜書丹篆蓋

嗚呼吾婦以萬曆戊午年三月二十六日謝世卽以四月二十四日于九龍山馬鞍塢祖塋之下築舍權厝焉荏苒居諸倏忽三十四年矣余壬戌第後驅馳四方無

暇卜葬自甲申里居始圖了此大事至辛卯夏乃得吉壤於李家灣卽以是年十二月辛丑十一甲寅日辛未時命男儒顯等扶吾婦柩安厝焉諸孫暨諸女孫孰非吾婦一脉而不及一見也痛可言哉謹增列於左

吾婦子男三長儒顯邑諸生娶鮑氏庠彥封翁嘉甫公女次儒榮邑諸生娶唐氏太學心浣公女次儒炳邑諸生求嚴氏殤娶張氏宮保何書靜涵公女女一適丁亥進士堵廷棻庠彥贈翁洛生公子孫男十八儒顯出者二緒蕃聘侯氏庠彥資卿公女緒茂聘胡氏庠彥邇光

公女儒榮出者四緒長聘高氏庠彥咸脩公女緒恒聘吳氏廩彥永臨公女緒遠聘鄒氏庠彥晉達公女緒久聘吳氏永譽公女儒炳出者四緒廣聘鄒氏庠彥行達公女緒永聘嚴氏天若公女緒麥聘張氏庠彥羔倩公女緒京未聘孫女十四人儒顯出者二長適庠生黃緒康庠彥彥音公子次字倪懷永中翰宇和公子儒榮出者五長字張阜孫丁亥進士仲喁公子次字吳錫艮廩彥憲揚公子次字張嘉瓚庠彥公升公子餘未字儒炳出者七長字吳庠生秦循訥庠彥以霑公子四字高崗

庠彥太始公子五字倪永譽太學念劬公子壻殤六字成人耶表弟孝廉二鴻公子餘未字

姜公宸英撰邵君仲木合壟墓誌銘

君諱儒榮字仲木別號懼叟無錫人君沒後余嘗讀君之遺文而歎後之學者自科舉制興而古文之道衰其患莫甚于今之所謂八股義者驅天下之聰明才智以從事於無用之章句終身濡沒而不得出故其間之能以文章自見者必少年早達之士而老生宿儒或不暇以爲即爲而不能工與雖工而不及俟其成因以湮沒無聞於世如君比者何限也尋來無錫從君仲子紹棠得君文稿三十餘篇覩其所爲顧太學子方傳及陳太守墓碑私謂漢太史

公之法不傳于今久矣顧獨於今得之其間所指亦用兵方略與民之生逢亂世而困於盜賊徵歛忠憤哀激有味乎其言之不獨其言之奇以則也惜當世無知君才者而君儕輩間亦未有商摧古今以斯文相砥鑯者故君不得以功名自見即所作文字旋亦散失不自愛惜以是益落魄放棄其文亦不甚名於時以終按狀邵氏宋康節先生後元末有科貢士諱偉者居無錫是爲十世祖明太祖定江南戶籍無錫獨虞邵二氏得占儒籍故其家世業儒八傳爲贈參議諱士弘士弘生壬戌進士山東右布政使諱

名世郎君父也君少時承藉家世貴盛吐納風流文采彌
穠所交盡一時名士以其間選伎徵歌觥籌交錯投壺蹴
鞠以爲常既屢及省門不第超視天下雲擾乃日與其徒
勤習騎射爲鄉里守禦計自是無意於科舉之業矣連歲
崎嶇兵燹家益落亦不能復爲向時豪舉日鍵關讀五經
史漢及唐宋人集嘗五六終卷其部帙行次前後皆可舉
覆故其爲文悉有根柢無剽疾穿鑿以爲奇者自君死後
人稍知學爲古人文字乃鮮留意經術而規慕近似轉相
標榜其風漸繁漸熾浸以成俗君信能工於文章矣然生

平不自炫鬻及沒而猶無所稱於世而獨余竊歎賞之以
爲遣過於今之作者子之言果足重乎其或者不足以取
信則君之阨於前而伸於後者其亦未可必也悲夫君才
略倜儻而性孝初亂起閩關數千里抵山東從羣盜中扶
掖方伯公歸其家已邑中諸少年乘亂欲刼掠富人家爲
變君蜜嚆其豪數人給之粟以好言餌之其謀遂解邑以
無事丁酉其友有以事逮獄者君間至京師經營之事得
未減歸而鬻鬻爲之盡白諸當與往來者趨緩急傾身濟
之終以此竭其貲而不悔亦不以矜於人自壯年喪內不

娶後益究心宗旨初叅樵山慧大師因聽鐘聲有所得居
常布衣蔬食日坐卧一榻中雖文字之緣亦不復作然君
年未老其氣力猶未衰宜可久視徜徉於世一旦患右背
微痛針藥不得施五月而卒豈其所見者達而其中猶有
未盡乎者哉君始年少自豪折節讀書晚更棲心禪悅迹
其生平可謂善變化其氣質者矣而猶抑鬱以死則意者
君之學於浮屠其亦不得已而托於游方之外者耶元配
唐氏婉娩有婦道能贊君以成德君卒於康熙乙巳距生
萬歷甲寅得年五十二孺人與君同庚先十七年卒得年

三十五子五人曰紹聞紹棠紹祖二殤女五人俱嫁士族
孫男女若干人紹聞等以今年某月日葬君於小嶺灣之
新阡君之屬纊也家人泣問後事曰吾不孝不能爲八十
老父計何暇計及汝等哉終無所言後三年而方伯公卒
方伯公爲吏廉沒時幾無以爲殮其父子之間有足悲者
銘曰其工以窮其命之逢嗚呼命兮誰司之雖不吾以昌
厥辭我銘其幽君當卿

貤贈奉直大夫邵公墓銘

先生姓邵氏諱球字漱泉系出宋處士康節公後公之孫有諱䌸者扈蹕渡江擢刺常州遂家無錫之崇寧里明洪武中編天下屬籍邵氏以世儒占儒籍數傳至有齋公諱名世以進士起家歷官山東布政使有政聲載邑志有齋公曾孫曰一陽公曾復有二子次曰重千公鈞嗣伯父祁公公後是爲先生祖鈞生自歆公振是爲先生考自歆公以文章遊諸侯間所得貲以賙貧乏輒隨手盡公歿母張孺人持家嚴肅居貧以紡績佐食蕭一燈兼課先生讀紙

窗簌簌鳴漏下三鼓未輟也先生事母孝跬步必謹邵氏故多藏書自六藝故訓以及六書形聲之學天文律吕之說莫不精研而力索趣解而事昭尤潛心宋五子書及先儒語錄獨不爲科舉利祿之文嘗出應童子試報罷輒樂以爲有老母在固不忍一日離也舉家事精粗劇易躬自經紀不使老人知故張孺人暮年其奉養或過巨家云娶竇氏余從姊也能承先生意子一向皋女一適秦氏先生以嘉慶己巳十一月十七日卒年僅三十有六可哀也焯少受業於先生得聞先生之教不騖於世華不斁於速化

於務本切己之學尤三致意焉志有之庸德之行庸言之謹堯舜之道孝弟而已矣而世之論古者往往豔稱王公大人名位功業以班秩之崇卑爲品望之高下不然有忠孝節烈人所難能之行亦足以驚世駭俗而傳之無窮又不然則有風流文采之美抒寫性情流播金石好古之士亦間有述焉然則士不遇時而又無盤根錯節以自表見又不屑從事文藝之末以取名者其終無可述耶以先生之庸德懿行與夫世之貴富而名聞天下者計焉其有愧於彼者歟以　年　月　日葬於朱家塢自歆

公墓之昭其子向來徵辭焯乃涕泣而爲之銘曰

錦不襮而華德不言而尊屏櫛几几孺致溫溫呼嗟先生

體魄在茲而精爽於古大儒之門既庶既蕃以利其後昆

受業竇承焯拜譔

眷姪王芝林拜書

先考山東右布政使空齋府君暨　先妣范恭人行述
維我先考方伯府君之將塟也不孝孤儒炳謹瀝血銜哀
而告曰嗚呼人子之於親也孰不欲尊顯而表章之然或
不幸身處微賤不能顯其親而又未嘗學問無文章以求
傳於後此子之所深痛而無已也獨是不孝雖不幸身至
徼又不能以文章傳府君而府君生平行已居鄉諸概與
夫仕宦歷官諸政績卓卓可傳固不以不孝之愚賤無文
而終泯泯者按府君姓邵氏系出宋河南處士康節先生
後從南渡家於錫十世祖靜虛公以元末科貢教授邑之

崇寧里卒葬錫山之廟巷明太祖定江南戶口吾邑惟虞
氏邵氏得占儒籍而靜虛公兩子同時廩於學宮六傳爲
高大父左江公左江生曾大父午川公午川生大父繼川
公以府君貴累贈朝議大夫雲南布政司參議大父積學
有至行爲鄉祭酒四十年學使者扁於門曰碩儒懋德蓋
自高大父以後代爲名諸生曾大父五試於鄉大父又九
試不售人皆以邵氏之必將有後也大父娶大母鄒太恭
人是生府君府君諱名世字翼興號有齋晚號空齋小萬
歷乙卯舉人天啟壬戌文震孟榜進士授南京兵部車駕

司主事進員外郎丁外艱服闋補北京兵部職方司員外
郎遷雲南布政使參議兼僉事提督學政歷惠潮兵備廣
東副使興泉兵備福建參政山東提刑按察使本省右布
政使署左司事以城守功加二級支一品服俸府君幼時
有異徵大母嘗召女巫於家府君自外來巫爲神言曰貴
人至矣因具告曰吾五聖神也公當舉進士官布政而同
里張熙伯家有鬼爲祟府君潛往鬼輒語人曰邵方伯來
吾謹避之既而聲寂然自少工舉子業儀部買方蕘先生
郡伯顧雲山先生閱府君文輒相語曰此我輩中人也年

二十一受知邑侯林公諱宰試第一遂補博士弟子員林
君有知人鑑而獨器重府君己酉鄉試報罷益苦疾讀盛
暑冱寒手一編不置集諸能文者爲會會必赴會藝佳者
雖單辭摘而誦之以故文日益進爲尚書制義尤傳誦一
時釋褐後任南北兵曹時邊疆多事羽檄紛馳職方一員
旋遭譴責府君悉心籌畫無幾微曠職大司馬以爲才由
兵曹出視學政飭章程杜請托所拔皆一時名雋每試畢
延見諸生諄諄指授無倦色兩迤文風翕然丕變滇介西
南絕徼中朝仕宦者多不樂往諸司官以次擢去踐更者

久不至府君身攝五篆臨安屬有謀殺孤商者其隣僧性明等爲証府縣以大辟論報府君心疑之及覆訊四巳畏刑自誣服乃令四各跪伏門外而獨摘性明鞫之給紙筆令書隣近居址即引去更摘一幼僧恐之曰殺人事皆汝爲之性明已供矣時僧固幼遙見性明觳觫案前執筆若畫招狀謂事已露因吐實則性明欲私居人妻不得乘商假宿而斃之以遺之禍耳乃以罪坐性明而貰其幼者居民得釋方訊時白日中彷彿一冤字現座前吏卒相顧悚懼既得白則皆嘆息以爲至誠之感云甲戌滇苦旱府君

借直指姜公步禱於郊浹旬霖雨大澍昆池爲滇大澤歲久澱淤海濱田廬多湮没府君身臨視相度畚鍤經年濬子河以納山潦填爾宗等灘以杜沙磧既而水安下流田悉成沃壤滇人感德因搆生祠肖像以祀府君在職方時一同官某來告曰吾兩人例當外轉然外缺祇滇中學政耳今當休假以避之府君笑曰若皆避則誰當行者既而某果以病假而府君遂得滇居滇凡六年閱科歲試三主武闈試二課既賡以最報久之而未得量移者以府君不求躁進故也既遷於粵再遷於閩二邦人僉以爲有德於

我而潮人之祠而祀者視滇加虔潮士吳君諱立奇以防海策獻府君奇之曰此將才非老帖括者因以便宜授一武職銜吳君練兵緝盜累見功績後爲粵東大帥保障全粵每按部過府君祠必加禮焉閩人以海爲田海禁嚴則民聚而爲盜副使曾君諱纓酌爲廣販之法令船戶掛號給票驗單輸餉會有以廣販事訐告武弁鄭彩林習山兩院以赴販罪之兵衆訩訩禍且不測府君習知廣販難猝禁而二弁又素得士心難動搖力爭之上臺事得無究鄭芝龍跋扈海上諸文武大吏皆賂遺無算因而刼制之獨

心卿府君廉不敢以賄聞他日以百鎌購一伽楠帶托所善者致誠悃府君拒之固進竟不肯受某憤且慚亟碎其帶擲之然終讐府君不敢肆府君自言吾居官未嘗妄受一錢其廉介多此類任按察時撫軍王公諱永吉政尙嚴有司承旨按獄多失實府君請覆覈卒以平反歲全活若干人壬午東省被圍府君與王公登陴厲士卒誓死守凡兩閱月而城獲全後敘功王公晉大司馬總督薊遼府君亦加級轉布政先是郡司理某貪暴不法府君具揭王公劾罷去後夤緣以邊才起廢得京職甫二載遂代王公任

王公慮其銜舊怨謀以浙撫遷府君去府君謝曰某生平未嘗有所請托然得歷官至此未嘗一蹉跌今老矣脫有不合當拂衣歸耳且吾自度終無可指摘者既而某果心銜府君而未有以中也儒炳後以他事之濟南其老人輒能言當日事至今獨以爲不可及也生平孝友過人厚邮親族無濫交其相合必以誠信待僕從有恩禍遇人無貴賤必抑然自下口不道人過雖親子弟未嘗見其疾言遽色自奉甚薄而能急人之難雖質錢以應弗靳也大父年四十六始得府君比府君登第則已踰八旬矣適會覃

郁氏宗譜　卷　行述　五　超然堂

恩貤封兵部主事錫章服閭里以爲榮晚年奉大母家居雖既貴抑搔扶持不令人代每祭輒長跪掩涕墓在震澤之西偏春秋展墓必匍伏行十餘里至墓所周覽塋樹徘徊不忍去與仲叔存齋公相友愛通籍後悉以祖遺田產讓之同產姑適黃氏寠而無子府君迎養終於家而復卹其嗣子親黨之待以舉火者歿而不能葬者無不仰給於府君塾師某貧而未娶府君偶因燕集時聞其事蹙然不自安且日即持三十金爲納幣焉秦君貳公爲總角交歿有年矣忽示夢府君謂其家將有大厄欲藉府君爲援府

君心異之未幾嗣君貽德果爲怨家所訐連搆兩訟府君適官南都力爲之營解乃得釋里居杜門掃迹終日危坐問取星歷醫方及堪輿家書一佐繙閱三黨慶賀或令子姪代至有喪事輒自往弔唁曰吾情有所不忍也終身縕袍敝屣雖屠兒小販爲爾汝之稱絕弗與較至如通籍往還平時藉杯酒歡洽有事或稍侵侮之初不介意久之亦適然忘矣筮仕二十餘年家無餘財膳食或缺甘脆一觴一豆晏然自得平時素豪于飲或終日不醉家居燕會輒復盡歡曰人生惟讀書飲酒差足樂耳歲丁未宗族子姓

郁氏宗譜　卷　行述　六　超然堂

以次爲府君稱八十觴酬酢者累月不孝微察府君精力殊未憊秋初稍示微疾時一卧起易簀之日語不孝曰昨夢秦儼海（諱炯同年進士）以柬相邀吾殆不起矣然吾行自有好處殊不苦也乃手自盥櫛徐理巾服正容坐頃之奄然而逝無一語及私蓋府君修身潔行不愧不怍故能翛然來去絕無係戀其生平盛德大節畧可見矣昔陳筠堂先生語亦漁年伯曰汝同年中邵君厚重端雅大有器度他日爵必通顯壽亦未可量真吾黨一完人也内父張靜涵先生亦語不孝曰吾所交遊最廣求其能介然特立始終無

變塞者惟而翁聖門所謂狷者而翁殆無愧焉元配吾母誥贈姚恭人茹荼拮据相府君以成名而不得一日享其報卒時不孝甫三齡耳向塟于大池灣之高岑形家言地不利兹因府君之窆改遷合塟焉其懿行詳具周文簡公誌銘及府君所撰行述中繼配吾母誥封范恭人外祖光祿丞承吾公女別駕吾崗公孫女憲副西虞公曾孫女范爲虞山冠族承籍貴盛吾母獨好儉朴被服練縞不減儒素風大母年高不欲之官舍吾母旦夕候起居時飲食愉愉煦煦敬愛有加大母安之幾忘府君之遠宦而府君獨

身走南北馳驅盡瘁無將母之慮者以吾母之能養也故自三黨內外靡不以爲賢撫不孝兄弟愛如已出自少而成人顧復周至此尤人情所難者晚歲忽中風疾手足不仁尋復向愈後三年而疾更作遂至于大病不孝時遊山左竟不得親湯藥視含殮終天之恨其曷有窮耶兹將以庚戌十二月初二乙酉葬府君及范恭人于馬鞍隝祖塋之昭遷大池灣姚恭人柩合葬焉惟是府君一生德業政績昭然可垂不孝旣不能備物于生前復不能表微於身後惴惴焉惟過佚前人光是懼敢詮次一二以祈　大君子之採錄焉不孝子孫世世銜感無相忘也謹摶顙哀籲以請

生卒子姓具列於後

府君生於萬歷戊子七月十二日卒於康熙丁未八月二十四日享年八十先妣范恭人生於萬歷庚子九月二十四日卒於順治庚子十二月二十一日享年六十有一子三長儒顯邑庠生娶鮑氏庠彥封樂安令嘉甫公女甯都令觀如公孫女次儒榮邑庠生娶唐氏太學心浣公女庠彥浣如公孫女俱先府君卒次即不孝儒炳邑庠生聘嚴氏貢士與德公女少司寇雲岑公孫女女殤娶張氏宮保

大司農年伯靜涵公女廣信郡守贈宮保大司農岵望公孫女婦卒俱先妣姚恭人出女二一適丁亥進士歷城令堵廷棻庠彥贈歷城令洛生公子太學頤冲公孫敕封孺人女卒姚恭人出一字秦宏鈞庠彥貽德公子庠彥貳公公孫側朱氏出孫男五儒顯出者二緒蕃娶侯氏恩貢侯選州同知兹冷公女貢士封大理寺司務子兢公孫女緒茂娶胡氏庠彥邇光公女庠彥銘新公孫女婦卒儒榮出者三紹聞娶高氏庠彥咸旟公女封禮部主事聲野公孫女紹棠娶吳氏廩彥壬午副榜永臨公女贈兵部員外揚

華公孫女紹祖娶鄒氏庠彥晉遠公女泉州郡守水石公
孫女不孝出者四緒賡娶鄒氏庠彥維戩公女泉州郡守
木石公孫女婦卒緒承聘嚴氏文學天若公女貢士與禴
公孫女女殤娶江邑黃氏贈承德郎懷山公女朝卿公孫
女緒奕娶張氏庠彥羔倩公女侍御九野公孫女緒京嗣
弟儒勳後娶楊氏文學來儀公女庠彥爾亮公孫女孫女
十五儒顯出者三一適庠生黃緒康庠彥彥音公子庠彥
象九公孫一適武庠生倪永中翰宇和公子封中書舍人
景南公孫一適黃宗裕文學維觀公子庠彥仲揚公孫儒

榮出者五一字張皐孫丁亥進士仲隅公子庠彥玄植公
孫女殤一適吳錫艮廩彥憲揚公子兵部職方郎芝庭公
孫一適張嘉瓚庠彥公升公子庠彥以集公孫一字王隆
高庠彥伯豐公子文學湛盧公孫女殤一適秦瀠庠彥子
韶公子太學華玉公孫女卒不孝出者七一適吳郡庠生
秦松岱庠彥以霄公子太學公游公孫一適武庠生楊延
觀候選貢士貳韓公子中翰翼鳳公孫一適武定州庠生
范標刑部廣西司主事雲生公子封文林郎靖吾公孫一
適邑庠生高崗庠彥原始公子文學一梅公孫一字倪永

磬太學念劬公子庠彥紹南公孫殤適葉孝植庠彥仲耿
公子少司空聞適公孫一適秦淳庠彥潛候公子文學肖
溪公孫一適張世錡郡庠庠彥德生公子庠彥爲之公孫
曾孫男十四緒蕃出者三曾訓聘候氏文學虎臣公女庠
彥山生公孫女曾詔聘葉氏文學上舒公女庠彥端甫公
孫女曾詒幼未聘緒茂出者二曾謨聘顧氏文學宗玉公
女象山令雙丸公孫女曾語幼未聘紹開出者三曾傅聘
高氏四川太邑縣庠彥一儀公女太學心初公孫女曾保
曾伊幼未聘紹棠出者一曾衍聘華氏庠彥叔燕公女庠

彥廷仲公孫女紹祖出者一曾復緒賡出者二曾起曾越
緒永出者一曾振緒奕出者一曾述俱幼未聘曾孫女三
緒茂出者二幼未字紹棠出者一字吳遵鐄庠彥巨源公
子壬午副榜永臨公孫

不孝孤子儒炳泣血稽顙百拜謹述

賜進士出身文林郎雲南臨安府推官年小姪緦服愚甥
陳禮祉頓首拜填諱

自歆公寄稟靈座
不孝男振泣血稽顙謹稟　母親大人靈座前嗚呼痛哉
憶自本年七八月連接　母親示諭并夏大哥來扎備悉
春夏間家中駁雜非凡嫂嫂忽遭變故心甚憂惶慘傷猶
幸　母親來諭云身體康健飲食照常不孝振差爲稍慰
乃今本月十一日申刻忽接　母親大變凶信驚惶無措
嗚呼痛哉伏念不孝振去秋就館潮州曾具稟母親云嗣
後　老人庶可稍展眉頭兩三年後即可漸積些須幹辦
父親殯事頤養　母親暮年乃一旦竟拋棄不孝而逝

俾不孝此衷莫遂嗚呼痛哉惟念　母親一生幼失怙恃
孤苦零丁年二十適吾　父即親操井臼奉事　祖父
祖母兩大人惟謹暇即勤於針指紡織爲不孝兄弟姊妹
等七八衣著　父親得無內顧憂且在室則恭敬兄嫂出
嫁則和睦姊娌兼之待人接物無不處處寬厚事事禮法
此鄉黨戚族所共知者年四十而　父親猝然見背維時
不孝輩兄弟姊妹五人俱係幼穉無知　母親竭力料理
殯殮諸費上慰高年　祖母下撫孤兒幼女勤苦操作拮
据萬狀痛何可言迨不孝兄振甫卒於京邸時　母親又

護持嫂嫂姪女輩朝夕辛勤困苦過日即不孝在川寄有
銀兩回家日用之外並不肯絲毫浪費逐漸積攢回贖住
房遷居并置備器用什物等件傷哉痛哉歲在癸未　母
親年六十不孝在家親朋稱慶維時又因三妹抱病留家
醫藥罔效而歿不能盡歡嗣後不孝奔馳浙省復入川中
　母親與兩媳相依稍覺安逸然猶操持家計籌畫綢繆
終未免勞心費力戊子二月不孝旋里時竊見　母親齒
牙零落髮鬢半蒼不孝私心深慮然猶幸精神強健步履
如前意謂猶可大享遐齡不孝粤遊數載後尚冀侍奉晨

昏以補從前離恨孰料是年即辭　膝下之日竟成不孝
與　母親永訣之日哉夫以母親辛苦一世不得安享一
年兒女七人僅存不孝一子又生不能伺候起居病不能
親嘗湯藥歿不能躬視含殮天之報施善人何刻毒若是
哉言念及此不孝誠如萬箭攢心矣哀哉痛哉讀孫表兄
及夏大哥來扎轉述　母親遺命令不孝通盤打算大事
戒勿冒昧速歸於死者既無益而生者仍然一無所有債
負何償塋基何辦吾在九泉能瞑目乎嗚呼當作此語時
　母親不知如何繫念不孝再三輾轉嗚咽唏噓始作此

語寄示不孝傷哉痛哉惟不孝此時昏迷慘痛尚未得進
退行止姑俟來歲春間熟思　遺命再行稟聞千里迢遙
幽明間隔吾　父吾母果何在乎傷哉痛哉時乾隆辛卯
十二月十三日不孝男振泣血稽顙具稟廣東潮分司署
右係辛卯年訃聞後寄呈　先母靈之稟因內遊
先母一生節畧緣附於譜末以誌不忘云男振謹記

邵氏宗譜　卷　寄稟　三　超然堂

邵經農傳

吾邑有讀書學古之士二人一曰邵經農一曰劉言潔前
年言潔亡今年經農又亡二人者年未衰學未可量其所
至皆不幸以死自二人死而吾邑少善讀書者矣豈不惜
哉經農名緒廣一字義書祖名世明天啟中進士官山東
布政使有清望父儒炳母張戶部尚書有譽女也尚書博
通百氏之書與布政俱老壽經農稍長及受兩家之教故
學有原委不沾沾經生家言年二十餘與言潔同補博士
弟子員才名相亞自此與言潔砥礪名行考質文藝務以

邵氏宗譜　卷　崇寧里列傳　一　超然堂

故人爲師言潔氣高岸不可一世而經農循循謹飭言動
不欲先人言潔文沈雄經農澹折格不同而原本經術則
一經農所交皆天下知名士而心折者言潔一人而已經
農雖世家子家故貧敝衣糲食恬然無所介於懷喪婦不
更娶獨處者終其身性愛書搜從所入修脯盡以易書晝
夜校讐所居一小室凝塵不掃圖史縱橫藥爐茗椀銀鍠
果食與筆研襍陳於六經子史旁及佛老之言莫不精研
淹貫晚益潛心宋五子書著四書抉微若干卷餘所著南
華經注經學襍纂字學源流等書數十卷經農少工制舉

業年四十後專肆力於古文辭文近南宋諸家不事摹倣
而有其風格詩不多作嘗論古人詩而獨拙於書法點畫
簡率塗乙錯互文成惟一二人能辨之他人不能辨也方
言潔病革經農往視言潔口誦平日所讀書不輟經農曰
心不可有一物於書不能忘亦病也言潔瞿然起坐曰如
君言又嘗與言潔論學言潔曰志不高者學不達氣不盛
者才不肆立吾志養吾氣庶幾追古人而從之經農曰言
不根諸理則其言邪理不本諸躬行則其言偽蓋二人志
趣高遠其不同流俗如此言潔名齊嘗以選貢入太學時

崑山顧尚書方收召後進士欲致言潔門下言潔作閨女
詞五章謝焉既而某少宰更欲致言潔亦不往余故為經
農傳牽連書之而深以二人之亡為可惜也

賜進士出身
誥授奉政大夫左春坊左諭德康熙己未
召試博學鴻詞前翰林院庶吉士秦松齡拜撰

賜園邵夫子傳

乾隆壬戌冬汾自京師歸先生之子之鵬等泣而來告
曰先人之喪卜葬已有日矣鵬等不肖淪落無似不能
乞誌銘於當代立言大君子唯先人之美將湮沒不彰
以汾通門屬為傳嗚呼小子何敢傳先生顧唯先生學
成德尊行爭鄉邑汾辱在門下之末親炙儀型不忍行
實之久而或湮也爰洒淚濡毫參所見聞請就精能質
焉藏之家乘以俟世之有道而文者採擇或不至於無
徵云爾先生姓邵氏系出宋康節先生康節之孫高宗
南渡時有諱[illegible]者自河南均州之新城為浙之新昌令
遷常郡刺史遂家於常再傳而居邑之崇甯橋俗稱斜
橋子孫至今為無錫人明太祖初定江南戶籍邵氏以

世儒得占儒籍先生自七世祖左江公以來三代皆名
諸生隱德不仕至繼川公生邑庠生諱士宏以子兵部
公貴封如其官生有齋公明崇禎間以壬戌舉進士歷
任山東布政使諱名世是為先生曾祖事業文章並載
邑乘生文學孟闇公諱儒顯孟闇公生椒令公諱緒蕃
椒令公生邑庠生㮣園公諱曾訓字東彝號園客賜園
其晚號即先生也行七穎敏過人四五齡授書俱有解
悟年十三能詩稿中偶向花間行忽聞花間語欲詠花
間人迷却花間路是也至十五六熟文選全部即能通

曉及史漢八家無不流貫自弱冠迄三十詩古文詞無
不精妙見者莫不驚異詩學以少陵爲宗訓能溫柔敦
厚得風人之意太史雲川先生嘗序其稿嘆爲詩如其
人俱稱逸品顧司業復初華鴻博劍光載入邑志文苑
中進士顧雙溪又入行義焉而所最著者尤莫如楷法
行草先生孤撑特立於習尚波靡之中嘗訓及門曰學
書者當出死力從顏柳入夫學書之次第則必彙萃晉
唐名帖以次縱觀由唐而晉由晉而魏而漢而秦斯得
大成不務出此而言宋時蘇黃米蔡言趙言董無爲也

先生天資高潔於唐代諸賢若顏若柳若歐若虞褚馮
薛署一涉獵而已與右軍逸少神骨相接故先生書皆
鄉以名其家小楷小所宗則樂毅黃庭曹娥洛神十三
行行楷則蘭亭無不入右軍子敬之閫奧至聖教序雲
摩爭座懷素聖母十七帖廟堂四面半截東方贊臧公
神道等碑則帖不離案手不離帖一落筆即與古米會
不僅以貌而以神後乃彙萃晉唐諸帖之精華珠璣錯
落誠罕妙物是集眾家而成一家書少年則宕逸挺秀
精采奕奕晚年峭拔渾古橫恣蒼堅然肌理細膩骨肉

停勻筋和脈暢潤澤圓滿有一種謹嚴雄逸之妙康熙
三十年前錫邑孫高巖華而外少能以書名者其時鴻
博翰林嚴秋水藕漁書恣態秀潤妍媚得力於學士趙
松雪墨跡居多一時學者咸宗之至先生書出骨幹清
挺又有一種不可思議處其筆畫如抽細金銀絲嵌入
紙內端莊出以瀏灕剛健含於婀娜間有傳入
大內則人人皆知有先生而師之矣今錫金兩邑之書勝
於他邑者未必非先生能理書學之次第而爲之引夫
先路也我

朝
聖祖仁皇帝宸翰揮灑淋漓到處賜額以天子善書一時
名公鉅卿無不求稱旨而以書學爲重方南巡時羣知
錫有能書者爲邵園客今辛酉春
上御極之初偶於書畫册中見先生小楷及詩深加贊賞
汾所覩焉將
詔舉之時先生已謝世惜哉雍正年間虛舟王吏部掄存
蔣學正僑居錫時獨心賞吾先生俱推重爲不可及嘗
語人曰邵君麵園書洵乃書中之聖也但苦人不易學

耳士大夫購得書數行珍如圭璧而先生自眎則欿然專篤於學猶以爲未至者也盧升拙存亦心服相與折衷三老老年相友善先生苦志遇艱年二十二受知於督學使者吉水李公諱振裕深加激賞拔置第二名補博士弟子員題目煥乎其有文章舜有臣五人而天下治每試輒冠其曹嵇端樸園張公歲試題君子去仁惡無終日之間違仁贊爲江南第一支筆試竟文宗擇筆仗之佳者命題作文以備刋刻今江南試牘中淵淵其淵等篇是也廷樞張公視學江南署中有與先生隙者

欲抑置劣等有潘某者淮郡之名士也爭之仍得列前茅潘某與學士顧瞻盧先生言之張公亦擊節嘆賞然淡於功名爲諸生三十年終身祗兩赴省闈然先生書卷未嘗釋手也案頭排比嚴整無或橫斜失次佳硯故墨及諸書法古器以次歷焉先生孝友端方安貧樂道人無間言戚黨皆知母侯太孺人性最嚴於事有不悅先生即長跪勸解俟色和乃敢起於太孺人之卒也哭踊盡哀呼天無路水漿三日不食椒令公委曲勸諭方食粥一盂及遭椒令公之變先生痛不欲生哀毁成目

疾終未能愈先生篤手足之誼兄弟三人白首怡怡未嘗以有故面赤生平襟懷高曠超然世外理有不可義形於色邪辟者憚之然與人接藹然可親援諸往訓不事家人產唯以詩酒弈棋自娛以著述名世喜豪飲卒受酒累晚得軟腳病卧床十年然氣清神健有親友及門問候者徑至榻前每茶罷清言脫帽掀髯上下古今或汎濫時事娓娓不倦見者無不愛敬少有絕人之姿有摸骨相者云後日當爲大和尚蓋以氣骨高古貌偉而清癯也先生氣象誠與山林趣近以故文雖入神不

能顯貴所著有山窗追畧小顯文集俟編輯付梓傳於世先生一生孝友雍睦謹小慎微而接物則謙和平恕不競進不慕利不沽名不釣譽數十年來宗仰典型者多矣於是知風流德望被後人固遠也壽八十以其年月日浩然歸空先生元配侯孺人文學虎臣女庠彥山生公孫女繼配孫孺人柏潭少宰公玄孫女庠彥履蔦第三女伊昭公胞妹仲熊姑母也年五十有九因患痞塊飲食少進寢處靡寧諸藥不效竟以是終側室北里梅涇袁氏定洪公女兩孺人一生勤儉勞苦柔順婉嬺

能盡婦道不永其年盡悉吾先生悼亡詩內臨終時倩
友人李東帆另書遺照以垂示子孫先生及三孺人生
卒葬所子姓姻戚已載家乘故畧不書爰次其事爲傳
賜進士出身
誥授通奉大夫翰林院侍讀學士門人王會汾拜撰
賜進士出身
誥授光祿大夫工部右侍郎年家眷姪張泰開拜書

邵先生傳

先生諱鈞字重千姓邵氏邑庠彥一陽公仲子也一陽公

有同祖弟曰祁公公早歿無子先生甫六歲以倫序爲
祁公公後幼秉一陽公教力學不倦年十九補郡諸生與
伯兄心才先生俱以能文名鄉里錫邑邵氏系出宋處士
康節先生南渡時有諱𢐛者扈蹕南遷遂家於錫邑之崇
甯里子孫至今爲無錫人明洪武初編天下屬籍而邵氏
以世儒得占儒籍號望族先生自八世祖左江公以來三
代皆名諸生隱德弗仕至繼川公長子有齋公諱名世始
以功名顯明崇禎間以名進士歷任山東右布政使其事
業文章載於邑誌是爲先生高祖生邑庠生懼叟公諱儒

榮懼叟公生繩候公諱紹祖繩候公生邑庠生一陽公諱
曾復實生先生懼叟公次子邑庠生諱紹棠生子祁公公
諱曾行即先生所後父也先生少而穎異既長尤自攻苦
念先世以儒顯而方伯公宦績卓著丕振家聲慨然思
讀書勵行繩祖武以大顯揚沈酣經史寒暑不輟是時文
體競習浮華而先生獨矩矱先民根柢經籍邑中老宿若
大司成復初顧公翰林學士愼齋鄒公皆先生素嘗問業
者莫不口先生文不置雍正壬子試南闈以文詰復初顧
公公一見大稱賞決爲首選比揭曉竟不獲售嗣是屢戰

不利先生怡然自安惟教授生徒資修脯以供菽水不幸
年未及艾賫志以歿是可悲也先生性孝友一陽公暨黃
太孺人年既高家無恒產先生怡怡色養終身孺慕歲游
饑薪水不給雖備嘗荼苦不令二老人知惟所欲則進之
無倦色時季弟鉞年已及壯先生體黃太孺人意亟爲畢
婚娶費皆出先生手辦戚黨咸以爲難心才先生長先生
二歲先生事之如師以學問相砥礪心才先生中年得心
疾旋增劇先生百計求良醫療治親爲煮藥竟不起先生
命長子瀕安爲之後殯殮成服如禮心才先生素有文聲

遺稿若干首恐日久散軼先生手爲編次付梓行世一陽公晚歲念食指浩繁而先生爲出繼子徒資硯田爲活計慮不給命析箸先生喟然曰吾豈以瑣事貽老人憂哉兩老人惟予奉養溯安嗣母及婢子亦惟予依季弟夫婦或另爨可也既一陽公辭世先生不以出繼存降殺心一切喪具黽勉有無必誠必信越二年長嫂趙又謝世先生爲具含殮不忍以不給故或從畧又逾年營葬一陽公暨心才先生夫婦而先生之心力瘁矣數年之間喪葬頻仍先生獨肩其任季弟時或匱乏仍補益之以故太孺人尤慰

先生雖身處困約視一門邵所于姓常欲遍給之使無失所以爲快雖力有不逮而其心固無窮也先生性耿介不隨俗俯仰意有不合則義形於色議論侃侃知交中咸畏服之生平謹大節愼取與或干以非禮雖千金弗顧與人交意悃肫懇數十年如一日先君子故與先生爲莫逆交雍正丙午命予兄弟受業於先生余時甫十齡先生教以讀書作文之法篝燈講誦夜分忘倦侍先生函丈者八閱寒暑每憶嚴更柝靜庭雪映窻余兄弟各成兩三義先後脫稿先生爲之呵凍評騭循循啟牖或至漏下三四鼓以

爲常迄今四十餘年追思如昨日事也先生之教大約以五經爲根柢以先民爲程式一切浮靡腐爛之習痛加滌除而尤以立品敦行相策勵嘗訓余兄弟他日當思上不負所知下不負所學比余通籍以來服官三十餘年不能如先生教有餘恧焉猶憶歲甲寅先生就山左之聘余兄弟攀轅無術依依戀戀先君子賦詩贈別有忽訝兒曹失所師之句今先生卽世計三十有三年先君子捐館舍亦十有四年矣先生之嗣君自歆借余由蜀來粵歷茲八載乙未之冬自歆作家譜成乞余爲先生立傳余不敢以不

文辭謹爲序次如左追憶少時執經師門退聞過庭餘論今與自歆聒對六千里外撫今思昔泚筆及此其安能無愴然於懷也先生生於康熙三十七年戊寅卒於乾隆八年癸亥享年四十有六配史孺人事舅姑能盡孝養得老人歡相夫子治家勤儉號有家法生於康熙四十三年甲申卒於乾隆三十六年辛卯享年六十有八子二人長君溯安嗣心才先生後次君振卽自歆女二人皆適士族孫一人孫女一人俱幼

賜進士出身

誥授中議大夫兩廣都轉鹽運使司鹽運使前日講官起
居注翰林院編修辛未會試同考官壬申
恩科浙江鄉試副考官教習壬申科庶吉士
大清會典館纂修官文獻通考館提調官山西太原府四
川甯遠府知府加四級又軍功加一級隨帶紀錄四次
受業門人秦鑽頓首拜譔

邵君自歙家傳

君諱振姓邵氏字興宗自歙其別號也系出宋處士康節
先生後祖一陽公曾復父重千公鈞俱庠生母史孺人重

千公有二子長曰溯安繼伯父心才公後次即君也君生
而歧嶷性尤敏生數歲六經四子書即成誦重千公與兄
相友愛兄中歲得心疾重千公獨任家務以課徒自給一
時從遊者履常滿公爲剖晰經義君時從屏後聽之客退
乃悉誌其語相辨詰以爲樂重千公卒從母依外家史氏
舅儒者好文士尤愛賞之君抱負宏達好治古書而獨不
喜舉子業出應郡縣試有聲旣而屢躓塲屋輒棄去南走
浙歷遊公卿間適秦君果亭自太原移守四川邀君往果
亭者重千公弟子也而心折於君君旣至泛錦江歷夔巫

採巖冐諸峯秀偉清絕而一寄諸詩古文詞已又偕之嶺
南時金壇于君惺介來主講席與君並治文選一見相得
甚歡居久之史孺人卒君聞訃一慟幾絕遂歸出槖中裝
分親族之貧乏者邵氏故有譜牒失修者數世矣君乃入
宗祠檢前代木主並求碑銘傳誌之屬取舊譜增益之旣
藏事適果亭以事去官惺介歸金壇而君亦頹然老矣君
居與余同里閈歲癸未君爲史孺人稱六十觴余登其堂
相見談嶺南事及海防鹽漕諸大政甚悉余固知其才而
特怪其谿刻自處有類纖嗇治生者及余官皖南聞其屢

致千金爲所親欠負畧盡得劵輒焚之困甚者更貸之始
知君奇偉淵達之士而昔日自奉之約爲母在也君以乾
隆五十七年十月十九日卒配張氏有闇德子一球
華榕端曰高山絕巘長江大河凡穹隆浩渺之觀洵足廓
胸襟發意氣也然湖海之士衆矣求其孝弟睦婣篤守家
學者或不數見焉嗚呼邵君其得於山川之助者耶抑其
天性固有過人者耶
賜進士出身
敕授文林郎前山東范縣知縣壬子科鄉試同考官愚弟

華榕端拜撰

鶴鳴邵公家傳

同治甲戌之冬邵君景文吉人昆仲作家譜成乞余爲其尊甫鶴鳴先生傳余以不文辭不獲爰述昔所聞於先生者以貲之先生之母孤姑也故少習於家而尤與先君子稱莫逆先生與人言吶若不出口先生與人交無長幼必以信先生之貌温然而和介然而貞未嘗逆億人而人亦無敢詐者每兩三日輒一來與先君子談良久乃別時猶丱角也竊聽之而識其一二云先生之言曰道誼忠信吾不知何以名也勢位利祿吾不知何以榮也鶏鳴而起而叢焉紛焉沓焉集焉不能不有與於吾吾擇之理而順反之心而安而隨事付之不順不安退而思其順且安者而後行之泰然以嬉佟然以遊人無我射我無人求吾竊悲夫世之人多爲機械而自苦也又曰士農工賈吾不得而兼也則取吾所能者而業一焉既業矣朝而爲之夕而安之所以盡吾分也爲之而效吾非所計也及考其生平一如其所言先生姓邵氏諱向皐字鶴鳴一字綿卿先世自洛陽徙江蘇之無錫縣曾祖諱鈞祖諱振父諱球

三世俱以儒名先生以咸豐十年七月二十三日卒年五十有七配秦太宜人有賢德子二永昌國學生永年五品銜藍翎候選布政司經歷孫光耀光釗光榮前年以子永年

誥贈先生爲奉直大夫如其銜以此知先生蓄其德而有待者蓋未有艾也

愚表姪實士鏞拜譔

五牧州巷本支

江南道監察御史　覃恩贈父母　敕命一道

奉

天承運

皇帝制曰誼篤靖共入官必資於教功歸訓廸能仕而教之忠爰沛國恩用揚庭訓爾邵承源乃江南道監察御史邵癠之父躬修士行代敞儒風抱璞自貞克毓圭璋之德析薪能荷彌彰杞梓之良茲以覃恩贈爾爲文林郎江南道監察御史錫之敕命於戲貽令聞

於經籝義方久著佩絲章於策府禮秩加優茂典丕承榮名益劭

制曰移孝作忠懋簡臣勞之績推恩錫類式揚賢母之名茲錫榮綸用宣懿範爾顧氏及江南道監察御史邵癠之母早嫺典則夙著規型敬以從夫宜室聿徵其順德勤于訓子備官一本于慈祥茲以覃恩贈爾爲太安人於戲荷彩翟之天章徽音益暢披彤毫之仙藻惠問常流承賁寵光彌彰壼教

勅命

雍正元年　月　日

之寶

江南淮安府阜寧縣訓導　覃恩贈父封母　敕命一道

奉

天承運

皇帝制曰任使需才稱職志在官之美馳驅奏效報功膺錫類之仁爾邵綸錫迺江蘇淮安府阜寧縣訓導邵

涵初之父雅尚素風長迎善氣弓冶克勤于庭訓箕裘丕裕夫家聲茲以覃恩貤贈爾爲修職佐郎錫之敕命於戲筆顯揚之盛事國典非私酬燕翼之深情臣心彌切

制曰奉職無愆懋著勤勞之績致身有自宜酬鞠育之恩爾蔣氏迺江蘇淮安府阜寧縣訓導邵涵初之母淑範宜家令儀昌後早相夫而教子俾移孝以作忠茲以覃恩貤封爾爲八品太孺人於戲賁象服之端嚴誕膺鉅典錫龍章之渙汗用表榮施

敕命

道光八年十一月初九日

之寶

書毘陵族叔子湘先生青門集例言

增按唐宋前賢文集皆詩先於文惟柳柳州集曾南豐集明宋潛溪歸震川集先文後詩或謂比興著述各從其重亦未盡然韓歐之文詎不勝詩耶叔父青門先生舊刻簏稾先文後詩旅稿又先詩後文竊病其體例參差請於先生仍以古近體詩列文之前至於詩或分體或編年原無一定簏稿分體旅稿編年各仍其舊也

一先生自戊申後始下筆爲古文辭詩則童而習之然少作無不存者姪增重加排纂戊午以前得古今詩六卷序記

碑傳雜文十卷爲青門簏稿己未訖辛未得古今詩二卷文四卷爲青門旅稿合之凡二十二卷壬申後將另編爲賸稿請竢異日

旅稿詩文大半經施愚山王阮亭諸先生選定故有評點簏稿舊刻無評語無圈點近偶從先生篋衍中詩得顧赤方評本文得陸冰修評本爲兩先生己未客京邸時筆姪增極愛賞之竊謂詩評似須溪文評似鹿門也欣然請以付梓要不敢妄有增損以失其實亦方有文評附見則書字以別之

稱壽之文唐宋元文集所無明文始有之惟震川集最多
亦最佳他家彌望茅葦耳先生壽序僅一卷載簏稿中論
者謂當肩視震川而上之己未客游以後應俗雖多輒隨
手散去間存數首仍續入簏稿以旅稿不列兹體也偶存
小簡廿餘條亦附入簏稿如壽序例
代文韓歐蘇集皆有之如昌黎代張籍與李浙東書爲韋
裴二相讓官表爲宰相賀白龜狀廬陵代人上王樞密求
先集序代楊推官上吕相公求見書東坡遺愛亭記代巢
元修滕元發墓誌代張文定張康靖公神道碑代人作之
類是也至明人尤多不可枚舉徐渭有云顯者不肯代隱
者不能使之代不幸處於不顯不隱之間故人得而代之
先生誦其語每歎息以爲名言集中代詩無存者代文乃
間存二三云
吾家之有康節公專祠實創始於鄉賓府君而先生竭蹷
成之蓋繼述之苦心存焉因取諸名公所撰祠堂碑記題
跋及鄉賓府君墓誌銘墓表彙爲一卷名曰邵氏家録附
簏稿後
先生旅槖先刻於豫章爲族叔静山提學之力居多簏稿

刻於草堂則邑侯王似軒先生力捐清俸付之剞劂誠藝
苑之美談近今希覯之盛舉也謹識其實以鳴高誼
康熙三十二年癸酉仲冬長至日受業姪璿璣亭氏頓首
拜識

邵易亭先生遺稿序

周泰以上作者多不著名氏其後諸子雜出遂成一家言故名或附以傳蓋古人之心欲以其書名不定以其名名也易亭先生天性澹泊聲光闇然務在韜晦其爲學自經史迄名家雜家之書靡不手錄既老家貧親故凋落饘粥或不給先生處之夷然所居南樓蓄書萬卷朝夕披吟未嘗少輟嘗是時先生伯兄瓛亭侍御方官於朝謇諤自矢世稱名臣先生獨終身不應有司試然四方利弊必作書相報是先生未始無用世才也惟以憂民之忱寄之伯兄

以樂天之意寄之古人之書而已無與焉故所作制義悉以文可名爲名而不著其名則先生之節概從可想矣先生之曾孫涵初受書於予始得先生制義而讀之并見所手錄者十餘卷問其餘則自先生亡後零落盡矣制義高古簡穆力追正嘉旁及隆萬獨是制義所託者卑而先生遺書已盡不獲更見著作之大他日史官珥筆不能以制義入文苑傳中是可惜也在先生之心方不欲以其名名則他書之不傳亦復何恨而爲其子孫者摩挲手澤僅獲此而傳之先生之苦心其遂盡於此乎

嘉慶甲子冬十月後學楊熙之拜撰

邵易亭先生遺稿序

余幼時即好作詩詞不喜作制藝及長汩於科舉不免爲之亦似與人異然應試而外終不肯多作也年來稍涉獵於長卿孟堅及唐宋諸家覺其氣醇其辭簡而雅不若制藝因題觸造心竊以爲自得蓋古文詩詞之作縱無用於當世而能自求樂者也制藝藉以取科第而已亦未必有用於當世而適自求苦者也前人喻制藝爲敲門之磚欲其應也欲其應則在乎磚之鉅細而不在乎磚之精麤也

明也而況即操至鉅者敲之難急欲發聲者而應之是爲大難此固余之僻論亦未必非敲門之一法且深知敲門之苦者也吾甚怪乎人之琢磨者不許之求而磚之求也又何況窮年握此磚而終未嘗以敲門也故於易亭先生之爲制藝有感也先生爲瓛亭侍御之弟侍御爲官時直言敢諫先生獨不肯應試所作制藝若干首極滲澹經營出之深刻古雅絕近先民夫豈不謂世多下士未知命竟何如不願受眄投之按劍耶余嘗叩先生生平知其事兄恭每以四方利病馳書於兄使聞於　朝是先生未嘗無

出世意胡以所爲制藝儘散置於手錄先輩制藝中題下署曰文可名可不署其名竊其心直不欲以此傳又不欲使泯而不傳殆以心力所結如享帚自珍不忍竟棄四顧蒼茫皆齷齪無可與語聊厠古人之中如與古語閱人閱世內之俟其子孫知愛其先人爲之表章外之或得遇一二識者辨別於荒涼寂寞之中爲之歎息咨嗟知其文之可名并可知名之能名也彼日夕咿唔趨俗所向即使其名各未必文可名而況乎其名亦與身俱泯不必其能名也是則先生之意也先生之孫綸錦與余交有年綸錦之

子涵初從余學詩及書頗見頭角或先生以敲門之磚先爲之刮垢磨光使其後人易爲敏歟此固在涵初自勉之綸錦將欲以此稿付諸梓索序於余余固不願以心思材力從事於無用之章句者也亭林先生云八股盛而六經微豈無謂而言之歟余特引伸其語謂余有激余亦聽之聊以明先生之苦心即以爲先生制藝之序庶不孤先生意乎先生名瑚字商六易亭其號也余特囑綸錦刻先生名而先生自署款識代爲闡明雖非先生意爲後人者所當然也倘亦先生所深許也

嘉慶九年歲在甲子冬十一月通家再姪王芝林拜撰并書

邵鳳林先生運糧圖記　半谷鄒方諤譔

蜀松潘爲西川門戶道里遼遠蠻夷環屯例設總兵一員鎭撫中外而鎭標兵糧餉皆取給於內地灌縣又松潘孔道每歲於成都各州府採買軍餉凡二萬石交解灌收貯輸運灌壤土卑濕歷久則發熱蒸變且地接夷虜兵火盜賊時時竊發變遂中起故守是邑者常重於他所雍正十年冬吾鄉邵鳳林先生以才能調任灌令督理收運兼晝夜巡查不得息凡百五十日事竣先生既解任歸里屬古村吳君繪爲圖

示余且請爲記余維
國家承平日久政教和洽四夷向風休兵革不用者幾百年然而守禦之具訓練之方約束嚴明未嘗少懈其給養軍士歲糜數十萬粟轉輸飛輓無有後先
國家所以講求於兵食者規模遠矣前歲金川恃險弄兵騷動州縣勢頗猖獗迺不逾時灰滅煙消束手歸命固由
聖天子威靈之所控制抑亦平日休養生息所以固我軍士之心而激勵其捐軀效死之勇者有素與金川用兵適當松潘之境後之撫是圖者可以知
國家內撫士卒外禦邊防其道爲詳且盡而先生當日
上體
天子煦育之恩夙夜馳驅經營撫集則皆有可書者故不辭而爲之記

思補樓記　緯甫楊熙之譔

先賢二泉先生自贊曰幼孤而怠厥修於我乎有怍晚病而省厥愆於我乎有覺易曰元咎者善補過也吾爲我詞之庶心逸而日樂也熙之讀而歎曰惟先生可以稱無過

惟先生而後善補過今之知過者蓋尠況補過乎雖然思則何可無也雖思其遂能補乎未易言也友人邵晴江告余曰某少孤露無椽瓦之庇少長賃於舊居之傍去南樓不數武南樓者先高祖樂山公始居之邵氏五世讀書處也以貧故不獲肆力於學屢躓場屋無以承先志其過一矣後因益甚託於岐黃以奉甘旨遷延歲月業又未精其過二矣且出言則不避忌諱行事則不量財力動招愆尤爲世任怨雖時悔之而故性習成難以驟改其爲過又未可更僕終也今稍廓其居得樓數楹適當南樓之前得此

而五世以來宗族相保聚差自慰耳然年屆知非無見過之一日其何以立先人後乎故自顏其額曰思補以自儆焉倘得排遣世慮靜而思之不知其能補耶否耶余聞而善之易曰震无咎者存乎悔悔者過之所由補也晴江述往事而多悔其尙勉力以補之而豈徒思也哉夫以貧而廢舉業與託於岐黃不得謂之蠱然先世詩書之澤正長而其樓明敞於讀書尤宜則晴江所欲補而未逮者即諸之蠱其能毋望賢子孫之幹乎若其風日之美景物之佳以俟其後人述祖德而追賦之未爲晚也是爲記

香谷公藝蘭圖擬題辭

香谷公自題藝蘭圖說

曩時欲與二三同志作相對忘言圖不果今春偶寫是圖蓋取國香服媚之意名之曰藝蘭或以爲孤芳自賞非也抑聞與善人居如入芝蘭之室同心之言其臭如蘭亦與初願有默契焉昔者騷經云既滋蘭之九畹兮又樹蕙之百畝其藝之謂乎樹德莫如滋庶克充斯義也

藝蘭圖賦　侯鳳苞心齋

我聞容春之堂華宥藝蘭畹惟以滋蘭畹各九本製芰集蓉

之際風轉應知吟松詠竹之餘馨聞自遠裁詩有句恍蘭氣之氤氳易無心識蘭言之繾綣問嘉植於泉齋信芳華之匪晚蘭芽代茁奕葉重光文孫繼起晚有餘芳庾園可賦陶逕未荒如蘭斯馥相得益彰晚佳卉可懷如彼必恭之梓念流芳不沫還同勿翦之棠空谷自生何傷乎不采而佩清風所拂入室者不聞其香若其藝之也則必壅之以世澤膏之以清芬滋培乎筆墨浸灌乎典墳秀毓謝庭如芝之其茂香來楚澤自芷而分名與玉俱佳自多後起象如金可斷不乏同聲於是寫以爲圖素心可對抽葉淡

濃吐花向背樹蕙應同夢蓀未逮坡與梅分籬同菊采企
風流於內史何妨序以爲亭擬騷思於左徒自許紉之作
佩拈得孤芳自賞之句稱此幽懷繪成相對忘言之圖遜
茲逸態（昔自定中語）况乃靜探徑奧光霽橋邊石留圭晃亭擬
海天雪浪菖蒲之列與茲蘭而並傳長於階雲之逕滋以
滴露之泉嘉樹爲亭賦應傍竹思濂有沼愛或同蓮清露
凝香氣味如親乎九老光風送馥丰標似仰乎五賢（二泉先生有五賢像設）
聚新圖之絕妙諒有意以承先

讚曰蘭之幽幽先澤所貽明發無忝薄言藝之藝之於身
芳蘭竟體藝之於心清露若洗身心瑩然無非蘭者一片
幽香非筆所寫泉齋蘭畹厥旨可思签號所寄乃在於斯

陽湖公譜傳　明譜原本

德字朋甫別號陽湖嘉靖丙午舉應天鄉試聯登丁未進士初授浙江長興知縣丁外艱服闋補福建浦城知縣欽取擬給事中未任而卒兩邑俱入名宦生於正德乙亥卒於嘉靖癸丑年三十九配胡氏子二伯良秉彝

明庠彥樂山公邵先生小傳　蠡湖散人譔

先生姓邵氏諱應奎字樂山無錫人南宋時常州刺史君協邵公諱勰河南人罷郡後遂居毘陵是爲先生始遷祖曾祖重仁明歲貢生謁選爲廣文未任祖文秀父衛母顧氏兄弟四人先生居季崇禎初補邑諸生有聲與華郎中補庵先生交以氣節相砥礪甲申之歲我
太祖高皇帝龍興定鼎先生以前代庠儒不忘勝國乃召畫工肖已像爲明諸生冠衿以表始終一節今遺像乃三十許人也由是杜門郤軌雖至戚亦不通往來歲造麴蘖效劉伯倫隱蓋足不出戶庭者又三十二年而卒年六十九先生少年以艱難創業篤於兄弟視姪猶子皆爲婚娶鄉黨重之配吳氏繼顧氏子三人永源永良永貞邑庠生孫七人

慧山記物望傳

先祖吟泉公諱涵初道光乙酉科拔貢任阜甯訓導授南和知縣辭官歸里修錫金續志有堪輿指原學易反隅行世居家不與公事而好善甚力米太師李孌墓久失訪邾在湛硯山爲村農所佔訟於官而復之並爲置祭田生員名在學籍者向例歿則去之公輯遊庠錄自明中葉始凡遊庠者皆有考修葺文莊祠墓文莊二泉書院向有十五景公修其舊輯爲新爲二十三景中有鼎易臺古蹟年久湮廢公經營兩載獨任其勞得以重復舊觀臨山登石濬

泉築有海天石屋每逢春秋佳日遊人畢集咸稱勝地遂刊載詩文編曰析薪錄並輯邵氏宗譜爲居鄉族人妥造混亂因獨力捐修而更正之公任黃浦司訓六載有餘後以軼滿膺薦除令南和乞

假旋里公性雅淡好讀書遂隱居焉少年以詞賦擅名刊有裕經堂詩賦二集凡一時名下皆出其門於是選定律賦雲璈三集七言排律曰正葩集洎爲儒官專務經學而不囿於古尚書禮記左氏傳咸有心解發前人所未發公年五十讀禮家居參造化而究其源窮高遠而求其故閱六載而指原反隅二書成公多餘藝工大小篆直追籀斯彝自矜惜鐵筆印文入秦出漢然久已善刀而藏又善古隸師法於漢並喜寫墨蘭則猜而不作故專力於篆鐫有易情軒墨刻一册明邑令松滋王公祠在慧山當時有鄉民王姓混佔祠內公告於官而逐之並同邑令倡修祠宇因記載王公宦績編輯曰錫山攬秧集公性耽山水晚餘杖履甚健春秋暇日與二三素心邀遊慧麓登高弔古文莊公著有慧山記世無刊本搜訪數年而得之其慧山集詩文久佚乃分門附載並輯嘉靖以後三百年事爲續記

咸豐己未刊版一時風行庚申兵燹被燬同治戊辰孫文

焘重錄

慧山續記跋

是編經庚申之變版已被燬僅存印本一部自隨克復後亟加釐正之力梓行賴邑尊郭愚谿大令舅兄楊藝芳方伯釀資相助始得重付剞劂庶名山文獻從此常留而先人手澤亦不與刼灰同燼文𠅘實深幸焉爰跋於尾以誌勿諼

同治戊辰冬十月既望

誥授奉政大夫賞戴花翎同知銜分發補用縣丞兼襲雲騎尉世職邵文𠅘海嶠氏謹跋

詩帖正葩集小序

錫山邵吟皋夫子嘗選刊律賦雲璈集揣摩家奉爲金科玉律已不脛而走矣繼復以七排正葩集之選未及蕆事就官皋甯學博瀕行命齡續成之遷延兩載恐負師承爰於今年秋鳩匠開雕帀月告竣其律詩皆經吾師選定未敢以己見參也刻既成因述其顛末於

道光庚寅八月上澣

勅授承德郎湖北陨陽府督捕軍糧通判隨帶加一級受業琴川張元齡百拜謹識

無錫縣志

隱逸

邵應奎字樂山諸生與華節愍允誠同學允誠殉節後應奎杜門三十年孫璿別有傳瑚字商六閉戶著書絕意仕進綽有祖風年八十有六

官望

邵璿字虞在康熙乙丑拔貢令芮城最徵爲工部郎擢御史掌登聞鼓院康熙六十年與同官秦天錫等抗疏請建儲奉

旨改章京從軍西塞璿以耋留雍正改元

詔仍發遣叱馭伊涼歲餘卒璿綽厲風發有古諫臣風少得詩法於其族徵士晉陵長蘅所傳出塞諸篇居然騷選遺則 乾隆志

邵璿字虞在由拔貢生令芮城徵爲工部郎擢御史掌登聞鼓院以言事遣戍甘肅歲餘卒璿少受詩學於武進族人長蘅所傳出塞諸篇多悲壯可誦 嘉慶志

邵璿字虞在由拔貢令芮城行取工部主事洊擢御史掌登聞鼓院康熙六十年與同官秦天錫等抗疏奏建儲事從軍西塞歲餘卒

諭賜祭葬復原官璿工詩其出塞諸篇悲壯可誦 道光志

邵建徵字鳳倫璿子雍正五年舉材能科授灌縣知縣值金川騷動蜀松潘爲西川門戶蠻夷環屯鎮標所駐歲需糧餉數萬石灌當孔道收貯轉輸咸資乎灌地土卑濕糧易蒸變且夷虜雜處兵火盜賊時時竊發建徵日夜巡查經畫務如閭閻不擾雍正十年冬事竣論功上官將保薦即解組歸

孝友

邵綸錦字香谷九歲刲股療母疾年十六父歿哀毀骨立因母多疾治方書精其術兄綸錫出繼伯後爲母所愛盡以產讓兄己獨奉母母殊大耋色養如一日會兄產復罄仍依助之婚嫁其子女母心安焉族祉文兆公祠就圮借顧觀察光旭倡修之 論塋年久磨滅綸錦蒐訪五載恍惚有默相掘地見誌銘 論塋遂復

藝術

邵涵初字吟泉道光五年拔貢生官阜甯訓導擢南和知縣以疾不赴歸宋李太師墓址爲土豪所占訟而復之

與梁谿金績志曉暗形家言蓄有學易反隅堪輿指原
諸書涵初亦能小篆與同郡先輩孫洪爲近

玉田邵君墓志銘

同邑楊熙之譔文

顧皋書丹

玉芝林篆蓋

余與邵上舍綸錦交有年矣嘉慶八年綸錦以其父墓志屬熙之曰吾族祖文莊公大賢也歿二百七十年邱壠湮圯幾爲他姓所有歲丙辰綸錦集邑士大夫請於當路掘地得桂文襄萼譔公墓志始得樹碑修墓焉蓋志銘之不可少如此今綸錦葬父三十有四年銘志闕如安得不爲

久遠慮嗚呼此不死其親之心爲人子孫者所當共體之者也熙之何敢以不文辭按狀君諱岱徵字玉田無錫人南宋時有諱緦者中元豐己未進士官常州刺史遂家焉是爲君始遷祖傳十三世應奎君曾祖也祖永源　贈江南道監察御史父瑚號易亭母蔡氏潘氏君出自潘易亭先生仲子也先生性澹泊好讀書不事生產及君之壯家貧甚伯兄季弟皆無子不任門戶事君獨力支持艮苦同邑沈氏立賈區家故饒貲事者數十人延君總其要會計精當暇則讀書一室宴如也諸賈人貿於沈者歲終爭餽

君君一無所取曰彼爲沈故也余何有焉綸錫幼時省君
於沈睹核桃色欣動君笑曰若欲之乎擇其一畀之而授
一錢於匱曰彼貨之也必償値焉其一介必嚴類如此然
與人交温厚和平專務克己人服其峻節而樂其和衷也
以乾隆三十五年正月二十九日卒距生於康熙五十二
年十一月十七日年五十有八配王氏刻苦儉約能成君
志子男二綸錫嗣伯兄後綸錦國子監生孫男一涵初以
是年十有二月朔葬九龍山馬鞍隝父墓之穆銘曰
見利思義經曰成人淵源家學辭餽律身越三十年清節

不磷藏銘永固長庇後昆

晴江邵君墓志銘

皇清國子監生例贈修職郎晴江邵君墓志銘
賜進士出身
誥授資政大夫工部左侍郎提督江蘇全省學政加三級
萬載辛從益撰文
賜進士及第
誥授資政大夫戶部右侍郎兼管錢法堂事務 上書房
行走翰林院修撰同里顧皋書丹
誥授中憲大夫山西河東兵備道兼管山西陝西河南等
處地方鹽法事務前內閣侍讀昭文張大鏞篆蓋

慧山去無錫縣西五里第一峯曰繡嶺前明理學名臣邵
文莊公之墓在焉予姓式微諭塋樵牧入 本朝代益緜
遠士人輾轉侵盜賍究匪詰於時文莊七世族孫邵君篤
古君子也奮然以復墓爲已任入山蒐訪罷心殫精閱五
六寒暑僅識墓坊故址神謀指示具得要領君度事涉冥
昧然疑叵測嘉慶丙辰之春白諸有司廼循坊址及土尋
發而誌石見則桂文襄文字並公兆域皆完固孔臧役夫

讙踴驚詫爲神由是文莊公墓始復而邦人士曰君之賢
籍籍到今道光乙酉余奉
命視學江左君之子涵初出余門下更悉君義行甚詳如
文莊尚德書院從屋已易他姓君贖歸克保專祠又經營
三處祖隴繚垣勒石傾貲弗惜余益心儀其爲人今歲丁
亥仲冬涵初以君日月有時來請銘據狀君姓邵氏諱綸
錦字晴江常州無錫人曾祖永源 皇贈江南道監察御
史祖瑚父岱徵俱不仕君生九歲嘗籲天願減已算已母
疾旣遘考若妣喪雞骨支牀幾滅性家世業儒君屢試輒

贖攻靈蘭書敦仁活物福功無量與人交坦易廉介然諾
久要始同產兄綸錫失業君推宅居之與兄子泰初恩紀
稠渥卒成立比涵初少孤需泰初助膏火費百金曰是區
區者矣足報叔父恩於萬一也語次悲不自勝嗚呼自非
君宅心照事盛德感人曷克致此斯誠篤古君子焉矣法
宜銘君生於乾隆乙亥九月十三日歿於嘉慶丙寅七月
二十三日春秋五十有二國子監生以子涵初拔貢生郎
川教諭例得
貤贈修職郎配蔣氏淑慎婉德共孤涵初卜以十二月十

三日葬君大瀆橋西之新阡禮也孫二薦森康霖銘曰
仁不必壽義不必富福由人造吉自天祈宗伯枝胄梁谿
耆舊佳城鬱秀浸昌厥後

皇清國子監生例贈修職郎顯考晴江府君行狀

嗚呼府君之棄養也不孝涵初年甫十五童稚無知
不能詮次梗概乞
當代一言以謀不朽今不孝涵初三十有七年矣日月
有時將爲府君營窀穸不亟求銘誄以光泉壤則不
孝涵初罪更難逭爰敘述幼時所聞庭訓及父書手
澤之所留貽而睹記者瀝血和墨畧舉大端以冀
立言大君子所採擇焉府君姓邵氏諱綸錦字晴江號
香谷晚年又自號補樓始遷祖諱勰康節公孫米進

士爲常州刺史始家無錫高王父諱永源贈文林郎
江南道監察御史曾大父諱瑚大父諱岱徵祖妣王
氏是爲府君曾祖祖考妣府君生平務本源篤親族
重交友處世謙和持躬刻苦取予極嚴家無餘儲而
凡外所當爲必傾囊以營亟亟焉惟日不足蓋天性
然也方九歲時先王母王太孺人染時疾極危先王
父適館他邑家貧無僕婢府君行且泣問途而延醫
返則侍奉湯藥每夜焚香禱於天祈於竈願減己算
益母壽衣不解帶者彌月王太孺人疾竟瘳宗族咸

詫爲奇童年十六先大父捐館舍家道益艱是時府
君已能習舉子業遂課徒以奉先王母甘旨五應有
司試不售兼攻靈蘭書黙契精微獨坐無仰然終不
屑以此自鳴每訓不孝涵初曰吾不能以舉業青一
矜雖術若倉扁終飲恨焉汝他日毋爲此也先八世
伯祖文莊公有尙德書院後郎爲公專祠年久傾圮
從屋皆被侵佔乾隆已酉集貲贖歸庚戌更築君子
堂於超然堂之前而祠宇復完公有論塋在慧山繡
嶺族人失守他姓利其地盗埊者數十姓冢百餘土
人盗賣者恐被譴轉夷公邱隴毁碑碣以滅其遺跡
或淸鳌之士之姦人輒指鹿爲馬自庚戌迄乙卯凡
六年府君常往來山中不避寒暑丈踏糧號揣度地
形披荊剔蕪搜覓殘碑斷碣始知其地然終不能得
公冢穴計無所出乃禱於乩仙明先賢文端顧公降
乩云自光亨貞吉坊而上九尺五寸可掘地中有劉
太常撰墓志此贈翁兆也自右坊故址而上四尺五
寸掘地有桂文襄撰墓志則公兆存焉府君得乩示
然疑莫測鄉先賢顧觀察晴沙先生謂府君曰人之

精誠鬼神可格子既誠矣乩示必不爽府君遂於丙
辰歲二月二十五日集邑士大夫請於當路掘地得
志尺寸悉符始築冢修墓樹碑禁葬而論塋以復丁
巳以後復賍易臺故址且樹碑焉冢自六世祖以下
墓凡三處府君皆立碑築垣培植松楸補志銘碌碌
無暇晷而心力亦瘁於此矣初府君之孤也歲館於
外伯父諱綸錫出嗣先伯祖玉階公後玉階公業儒
一身之外無長物先王母鍾愛伯父心不忍伯父之
出嗣府君遂以先王父所遺貲産與伯父共之伯父
不善治生未十年貲産皆盡僅存南樓一宅宅故未
析之産也府君於是遂以宅讓焉及娶吾母乃賃族
人之屋以居去南樓不數武先王母得就養筆耕所
獲輒分潤於伯父所以仰體先王母之志也堂兄泰
初既成童府君育之又擇師教之比其長府君爲娶
吾母之姪及府君卒堂兄已成立兄以府君無隔宿
儲莫以百金俾涵初爲膏火貲曰是區區者未足報
叔父恩於萬一也府君生平可傳之事向多不孝涵
初幼失怙不能盡悉謹述所知至於所不及知與知

而不甚悉者皆不能備述痛可如矣府君生於乾隆
二十年乙亥九月十三日　時卒於嘉慶十一年丙
寅七月二十三日未時享年五十有二國學生以不
孝涵初候選教諭
例貤贈修職郎配吾母蔣太孺人
例貤封孺人處士殿臣公諱朝璽女子一即不孝涵初乙
酉科拔貢
朝考二等奉
旨以教諭即用娶孫氏處士秋槎公諱睿照女孫男二應

森聘朱氏乾隆己酉科舉人安徽寧國府太平縣教
諭諱旭女康霖聘楊氏廩貢生候選訓導歷署蘇州
府吳縣長洲縣教諭鎮江府金壇縣訓導名德塘女
孫女四人今卜吉於道光七年丁亥十二月十三日
安葬於大澗橋西之新阡並爲太孺人營壽藏不孝
涵初畧陳大概伏乞
大人先生賜之誄銘誄詞不孝涵初世世子孫感且不
朽
不孝孤子邵涵初稽顙拜謹狀
例授文林郎候補詹事府主簿門下晚生昭文張元齡頓
首百拜填諱

著述

邵氏文鈔合璧 邵應奎 邵璿 邵瑚

塞外吟草 邵璿

易學真傳 邵瑚

蜀西日記 邵建微

醫學摘要

本草摘要註釋

臨証醫案

編選良方

傳家秘方

重刊邵文莊公年譜 已上邵綸編

律賦雲璈三集

五七言排律正葩集

稀經堂詩賦稿

錫山邵氏宗譜

錫山攬秀集

學易反隅三卷

堪輿指原八卷

堪輿切用三卷

析薪編

錫金游庠錄

邵文莊公慧山記

慧山續記

無錫金匱縣續志

李太師復墓記畧

餘生稿

易情軒壘刻 已上皆邵涵初著

梧桐書屋詩鈔 邵廳森

重鋟慧山記 邵文燾

延陵三大支宗譜 邵文燾

璣亭公塞外吟草

拜搭里

江村別後每情牽忽見居人學種田俗類故鄉悲亦喜夢多幻境醒猶眠分畦滌圃推新麥比屋編籬接暮烟更異呼羣有鷄犬淮南疑在白雲邊

紀夢　八月十九

白壁平鋪壁上行雲雷刻鏤最分明殿庭清秘無塵到醒後心猶在玉京

聽灘聲　新臺三十六臺

軟紅塵隔碧灘流二十年來愧宦遊夜靜聲高何處急鬨江春漲楚江秋

山行雨日

山行雨日無谿壑山石雖奇山色惡巨靈萬手擘成堆亂塡殊域紛相搏兀兀層層勢欲傾陰森白晝悲風作可擘可堆郎可平誰留比類蹲蒼塄

帳後有巨浸

澄淵浩渺帶晴莎半結層冰半綠波不是將兵空背水豈同返駕故臨河孤燈夜照雪光宿小徑行知山後過聽換更籌衾枕冷今宵殊覺暮寒多

九日放歌

今夕何夕我來何方飛雪積兮空山荒鳳城西北六千里層層登陟攀穹蒼身高星斗可手摘那知紅塵低處今夕正重陽吹花節颺館霜蘢山高會俱茫茫我欲指北斗挹酒漿兮使天孫而爲裝雙成飛瓊玉笙煖菊花杯進杜蘭香菊花之酒三重酎願奉

君王千萬壽坐令六合雞犬盡無災落英笑倚東籬艱雪既晴秋夜長今夕歌歌重陽

驄馬五花得之番地無心而遇喜見乎詞

漏聲催拂碧雲駿金闕歸來玉勒風愛向畫圖看駿足於今始得五花驄

將至魁通招二百里崇山連亘樹皆松柏

蒼蒼松栢遍巖巒勁節終朝馬上看秋氣晝凝千嶂碧風聲夜落半空寒宮闈守令誰爲長蒲柳衰頹恥舊官獨抱孤心酬雨露遙天寂寞自九九

道之南北皆崇山綿亘千餘里直至軍營

兩山不斷高插天百里一曲何蜿蜒老龍怒蟠雷雨寂羣

蛟渴飲波瀾旋石乾峯削如掌指峯峯不同拔地起崇岡
蟠蟠勢欲動繚以長松直如矢孤根倒掛巖穴通强幹特
立石筍中驅役礌石猶兒童中有猛虎下有猰貪殘匪獨
狼與熊行人鎮日嗟飄蓬欻然寒氣來高空天意欲雪雲
濛濛闌爐添火燄不紅八年戍卒裘蒙茸兵求仓撤軍心
同會看　廟算輒邊戎雨雪霏霏盡向東

憶鰲建兩兒各一律

劇憐繞膝無多日代算流光已半生五載河東方治縣一
年畿北正巡城制科那解談隆萬塵甑常呼待癸庚宦

海艱虞共昕夕衰顏涕泗獨交橫
京宦頻年兒得迴貧家憐汝錯胚胎敝裘積雪依人發野
店調飢觸暑來十載空書劈窠字千言終歎陸沈才近聞
赤地官租急絕塞憂心那肯灰

歲已逼除念　先人而不得祭是用作歌

父兮母兮兒在武斯層冰峩峩雪千里一年將盡無歸期
父兮母兮將無饑軍中有禱虔時祭況復山川遠間之魂
來萬里路冥冥魂歸千古風淒淒腥羶牲牢生莫識敢道
備腊不㿅鑫呼天天高高則荒歲月新故那得知陰沈雲

慘竟長夜靈風何處相追隨庭訓教忠過教孝丹心矢其
金石垂臨戎叱電走霹靂欲攫虎豹四蛟螭軍麾屯處竭
筋力上報　聖主親心怡今夕歲除無一事沙場終未
卧鼓鼙在天義憤應擊賊烹蒿未必下咽時吁嗟乎父兮
母兮無苦饑諸孫奉母虔禋（上聲）祀龍山舊業登階祀饗之
芬薦鬯匕椒之馨雜蔛芷胡考其寧痛莫徠此塞草萌芽
塞馬肥兒在武斯親亦喜

元夜雪窗孤燈啜茗呈　諸道長

黃柑今夕傳朱戶綠茗殊方泛素瓷五夜不知鐙放處一

年初見月圓時雪添凍岫寒翻減（晨有微雪）花發淸虀炮較遲
哀樂難調藉絲竹入雲還憶踏歌詞

再疊前韻

初戊已過春社日治聾瓶罄李家瓷（李昉爲學士月給內庫酒李濤與詩曰爲乞治聾酒一瓶俗云飲社酒治聾）闇蛾虛擲寒輕夜蹴踘終輸年少時楊
柳露回歸未得梅花風起信偏遲攜來書簏渾忘卻善本
南華並楚詞

元夜詩同人疊韻見和索余續吟率成六章

星橋百戲靚粧宜吳俗盤飧醉客瓷南國文章誇六代東

皐牖歡祝三時沙場伏策心徒壯　金闕投簪老未遲千
載武陵悲遠客春山猿鳥獨無詞吳武陵曰獨子厚與猿鳥爲伍
玉產堅昆碧椀宜蕭條獨伴一粗瓷窮看送祟經旬後厄
度瀚裳剛半時火樹春鐙邊地少杏花寒食閏年遲低佪
差合唐人句只有開懷無愧詞
閒情令節兩相宜把玩單持朱賭子馬上負之隨大將後信舊瓷不似
嚴城弛禁夜那堪孤月對愁時百年身世雲霄迥萬里冰
霜花鳥遲記得綵樓歌舞地太平簫管按新詞
軍井冰開汲漸宜挈壺想像古周瓷周禮挈壺氏掌軍井之令似聞鵝

鶩聲喧雪豈是崑崙夜奪時破陣樂高歸騎辦分光曲饑
變官遲從戎異地逢新節側耳彤弓燕勞詞
望斷紅鐙醉亦宜金樽餘瀝不盈瓷西戎未滅家何處北
斗迴看月滿時屬國獨蠻蝸角小飛書
冊命電光遲西海諸戎互相殘殺特遣陝督年公偕師定之春農安穩銷金甲盾
鼻無煩學擁詞
犀液清宵兀坐宜越甌無恙案頭瓷歌憐亭苑八稀後夢
冷關山燭滅時春淺夜長風力勁曉侵寒重謁聲遲鐃歌
會聽喧京國合撰平淮雅訟詞

花朝有雪

偏似花朝春雪深一番花似一愁吟舊遊有蝶香中戀絕
域無梅象外尋幻夢身嫌宵夢短薄寒人畏曉寒侵抽宵
舒葉多雜事爲謝東風莫入林

重修宗譜序

蓋聞世月積斯原日遠派日繁斯分日疎遠者必有以追之疎者必有以聯之則賴於譜者重矣慨自譜之難言也爲子孫者或碌碌於名利或營營於衣食置譜於勿問遂有詢其祖而茫然者即有能識舊者或追至三四世而止又或追至十餘世而止而尋源返本終莫之考此其弊患於昔之無傳或有傳矣而子孫勿能續而修之流之愈久卒歸於無有於是求其本而不得遂妄爲援引崇韜之誚有所不免後之人即有賢哲者與水源木本之思究所從出安可得耶我邵氏之譜明正德間文莊公修之嘉靖間陽湖公修之天啟間履泉公修之 國朝康熙間衣天公修之道光間先祖吟泉公修之同治間文齋修之夫譜所以傳之於昔證之於今詔之於後韓魏公有言曰家有譜而不修爲之不孝其是之謂乎至是公議可行續修自乙未年起至本年告成其書捐之艱難墊款之浩繁與夫採訪則搜求的派印刷則校對精詳席不暇煖者已四易寒暑矣是役也王君桂芬熟於譜例延爲主稿同族蔭軒共襄厥事例得附書是爲序

光緒二十四年歲次戊戌四月

誥授奉政大夫

賞戴花翎知州銜分發補用縣丞世襲雲騎尉小宗孫文燾謹識

邵氏西村公序

伍牧西村邵氏余之世戚也始自明承事郎道玄公一傳而至瑜字貴用號耕隱再傳而至淵字肫仁號樗菴三傳而至景字天祥號雪崖四傳而至葵字國忠號西村豪俠好義門下食客者數十人寒者欲衣則與衣饑者欲食則與食設有窘貧乏不能供父母西村則以己之財給其日用廩之粟供其親客又有老者不能行西村則以己之車代其步博施于人而能濟衆大有孟嘗君之風焉若夫修宗廟葺社稷不費人之斗量不取人之一粟由此觀之又

曷可不表其名而記其仁歟後世以爲西村邵氏云者未始不自國忠號始洵我姻親邵氏周有召公奭仁及兆民詩有甘棠勿伐之詠宋有邵康節堯夫先生周流列國芳名遺著于千秋明有邵文莊二泉先生黜易釋經聲名流傳于百世厥後又有西村之重兄弟邵明市陽湖先生登進士勲名赫奕於當時何則人不謂康節邵氏又不謂文莊邵氏且又不謂陽湖邵氏而獨以爲西村邵氏云者吾竊有所異焉大抵夫西村者昔爲人號今爲村名百世不朽更又一鄉之間南北東西槩稱西村里者賴其名而托居其宅邊耳瞻彼西村巍然望族之樸故爲之序

陽邑周燦庭拜撰

大肇公傳

邵陽湖公有賢裔曰大肇幼失怙恃賴祖母劉氏撫養成立公父龍光家本貧苦及其卒也盜蕩然無遺公年甫弱冠即習業姑蘇勤勉倍於他人又自奉儉約卒以積蓄起家置田產屋舍視中人年三十娶高氏生子文郎矣未幾妻子相繼而亡公凄然流涕曰吾辛苦半生克成家室冀我先人無至抱痛餒而也今天之厄我如斯何命之不辰

至此極耶後繼娶唐氏晚生子振坤而家道復興公於此心力已瘁然晚景悠遊里黨稱福履者必首及公公於此亦可以無憾矣公晚歲樂善好施凡里黨有義舉必竭力勸贊公有從兄鳳元者家貧甕飧不繼公時賙濟之没又爲之殯葬且視寡嫂如母至老不衰人尤以爲難云論曰人之生世天之所以位置之者其豐其嗇皆非人之所能自生也然與其豐於前而嗇於後孰若嗇於前而豐於後也公雖少遭顛沛卒能得福於晚年今七十餘而精神矍鑠不啻五十許人吾知其壽考康寧殆未有艾矣

嘉慶二十有五年庚辰　姻眷姪强鶴峯拜撰

佑發翁序

夫序者貴序以實行不可附以虛名也若徒假乎虛名則天眞且失之矣奚以序爲西村邵翁者字佑發正先公幼子也爲人純厚天性穎敏因少孤家貧無力延師習學託跡於稼穡貿易躬耕盡瘁經營億中娶強孺人有閫德生子三女一能爲翁助克勤克儉不數年間而家業隆隆屢次建造不事靡麗惟計及久遠大小事悉從古樸務孝乎母奉養無怠迨終盡禮處家庭則肅雍有慶奉祭祀則黍

稷維馨治家以嚴教子以義不苟於取予不惑於師巫翁雖末學行得學實又明書算卽謂之已學也可且不特此翁之識見高明作事精確族黨中有雀角翁不憚煩力爲排解貧困者無不頌其德豪暴者無不服其論是以通圖欽仰後於道光二十一二十九年兩次水荒舉翁董事倡議輸捐周濟貧乏邑侯　張公嘉翁辦理賜額褒獎匾云好義可風翁其榮矣哉茲當族修家乘翁年七十有八適余館在翁家訓伊二孫知翁之實遂不自揣孤陋援筆而爲之序

節婦陸孺人序　眷姪薛洪疇拜序

孺人陸氏陸巷佛祿公之長女也生而端淑不違母訓雖出自農家能明大義年十九歲歸同里邵君裕德相夫君事翁姑力致其敬氏夫係佑發公仲子爲人純謹樸厚忽遘危疾孺人早夜調護醫禱無靈僅年二十四而卒時孺人方二十一歲無子女痛哭不已勺飲不入口願以身殉翁姑再三慰解孺人悲翁姑亦悲孺人恐傷翁姑意未可遽死强起復食或有疑其無子可恃者孺人泣曰忠臣不

事二君烈女不更二夫吾豈有異志哉余有翁姑在必不使余無恃使余夫爲餒鬼也自是毀簪珥甘守節與家衆處溫溫然無所忤然笑言不苟容止有常讓伯叔寡分產菲飲食勤紡織苦守二十餘年克廣前業無矯矯之氣無戚戚之容若不自知其苦并不以節自矜誠加一等人矣今孺人年近五旬適族會修譜牒孺人敬遵翁命以叔明德之長子洪福爲嗣明德君詳道孺人之實乞序於予因述其梗概以俟世之採訪者

眷侍生薛洪疇拜序

五牧支節孝
邵瓚妻沙氏本嘉慶志節孝撫孤守節請
旌奉
旨給帑建坊旌表入慧山燒香浜節婦祠春秋祭典
邵師杖妻竇氏本道光甲午舊譜孝侍翁姑矢志貞
操矛身守節庚申亂時具呈請
旌未及奉
旨後於甲子年補辦先於是年春祭添設神位入
文北公祠內節孝堂配享春秋附祀

候選縣佐　卹贈世襲雲騎尉入祀忠義祠邵師棠
妻王氏庚申城陷與夫同殉闔門死義男女六人同
殲於家壽於庚午年由　京都具呈請
卹奉
旨蔭襲世職並將王氏准其入忠義節烈祠春秋祭典
附　京都請　旌行查文
本局第四十五次奏請將從九品銜邵師棠陣亡事
實並准自行捐貲建祠立坊
飭部議卹於同治九年十二月十三日具奏本日奉

旨依議旌經議得從九品銜邵師棠照四品官以下陣亡
例議給雲騎尉世職襲次完時給予恩騎尉世襲罔
替於同治十年四月初七日具奏本日奉
旨依議欽此各在案除咨照江蘇巡撫轉飭辦理請襲外
為此鈔給原案可還此據
原奏府　京師忠義總局鈔給
候選縣佐贈同知邵蔭森妻朱氏太倉人現年六十
三歲前於同治八年因撫孤守節計三十三年與例
符合由　京都據姻親刑部員外郎記名御史秦賡

彤呈請奉
旨　旌表准其入祠建坊並給建坊銀三十兩
附禮部行查文
禮部為行查事儀制司案呈據刑部員外郎秦賡彤
呈稱係江蘇金匱縣人緣無錫縣姻親候選縣佐邵
蔭森娶朱氏為妻道光十七年蔭森身故時氏年二
十七歲矢志守節現年五十九歲計守節三十三年
實係寒苦守節與
旌表之例相符職關戚誼不忍聽其湮沒為此取具同鄉

京官印給粘呈投遞伏乞恩准歸入年終彙題辦理
等情具呈前來查例載凡在
部取結呈請
旌表者由部行杏該省江蘇以七個月爲限以文到部
之日爲始於限內查明咨部倘逾限不行咨覆由本
部查取職名交部議處等語又同治元年五月本部
議覆給事中博桂條奏凡在
部取結呈請
旌表者由部先行核准彙題仍行查原籍如果年例相符

即行咨部其有姓名舛錯存歿互歧亦即據實咨覆
等因奏准在案今據刑部員外郎秦賡彤爲姻親邵
朱氏守節呈請
旌表本部覈與定例相符除將該氏歸入年終彙題外相
應行文該撫即飭查明該氏守節年分遵照本部奏
定章程詳細聲覆倘逾限不行咨覆本部即查取職
名交部議處愼勿延玩可也
一咨　江蘇巡撫
一咨　江蘇學政

誥授奉政大夫海嶠先生六十壽序
蓋聞九五福一曰壽夫壽所以修之於己得以受之於天
受之於天原所以修之於已何也壽爲福之基福以壽而
載也我世長海嶠先生係出宋先賢康節先生諱雍之後
五世胞伯瓢璣亭公諱璿掌江南道監察御史祖吟泉公
諱涵初以拔貢生授阜寧訓導卓異授南和知縣事毋丞
孝辭官乞終養父麐森早卒母朱氏撫孤守節由朱御史
福基開於
朝旌表其門先生生而岐嶷長而聰慧祖吟
泉公官阜寧時嘗携至署教以致知力行之學以文非

公年譔授先生指之曰願爲眞士夫不願爲假道學斯言
也千古不易之論也汝其記之先生初習舉子業列前茅
而不售旋因庚申兵燹避居東鄉濟渡江至皖投李爵相
大營爵相一見大喜留爲記室隨爵相平吴以功　欽加
五品銜　賞戴藍翎　賞換花翎分發補用縣丞以順道
省親於家毋朱氏謂曰汝父見背汝僅兩歲汝無吾何以
至今日吾無汝何以終餘年狼狽相依何堪離也先生遂
決意棄官歸田事奉庭闈者已三十有餘年於兹矣視膳
問安有疾則湯藥親嘗衣不解帶戚黨咸稱其孝焉先生

重於祖而厚於族惠山　文莊公祠宇頃圮遂倡議改建
新堂並續修宗譜其於書捐之艱難籌款之支絀任怨任
勞用心用力者已易五六寒暑矣 元鑄
祖心荅公諱煥庚
以　尉進士與吟泉公素稱莫逆交凡有地方公事彼此
相辨素代世交故得知其略矣先生娶楊氏山西河東道
宗濂胞妹繼楊氏即宗濂堂妹續張氏陽湖知縣福熙女
妾山東薛氏子一均穌頭角崢嶸讀書敏捷他日書香一
縷可卜直上青雲聘媳林氏浙江補用道祖述姪女也丙
申春屆先生六十壽誕戚黨朋友咸以奉觴上壽 元鑄 忝

在其間敢以先生得壽之由而爲之序
光緒二十二年歲次丙申春王正月　穀旦
敕授修職郎翰林院孔目加二級世小姪王元鑄頓首拜
撰并書

天授鄉揚樹疁邵節婦碑傳
節婦姓陳氏同邑邵君玉珏妻也幼失怙恃賴外家養育
以成年十九歸邵君君温厚勤慎克承先業黨族咸稱之
惜不祿年僅三十有六卒節婦少三歲無子誓以身殉族
中長老以爲夫立後死節易撫孤難再四勸之乃止即以
夫弟玉麟子子昂爲子子昂生纔四月耳節婦飲檗茹荼
提攜顧復視之如已出時值兵亂初平玉麟又忽焉逝家
徒壁立無以爲殯殮節婦又代爲措置爲兩寡一孤同處
一室不能無凍餒憂閱二十春秋而子昂甫成立自幼至

延師娶婦所用均出於夜織未幾婦又卒節婦又經理其
喪劬躬勵操其艱苦何如也而節婦處之泰然無怨言今
節婦年日衰諸親屬擬請
旌於
朝而爲例所格遂罷議適族長海嶠刺史續修宗譜述節
婦之賢乞余傳余傳之以風後之人云
宗濂曰生者古無傳昔陶靖節自爲傳僅託空言不敢顯
其姓氏議者猶非之若節婦者其志堅其行潔其境苦可
以傳矣豈可以古法泥之哉

光緒元年歲次乙亥八月
誥授中憲大夫
晉授通奉大夫
賞戴花翎布政使銜湖北荊宜施兵備道督理關鈔事務
前戶部陝西司員外郎兼督催所行走眷侍生楊宗濂
拜撰
賜進士出身
誥授奉直大夫　記名御史翰林院編修乙亥
恩科
欽命湖北正考官眷侍生朱福基拜書

兵部員外郎　覃恩贈妻一道
奉
天承運
皇帝制曰蓄旨禦窮隱約之婦喆夫之所篤也乃者寵渙
方來而遺簪興感睹象珈而棲然亦情之所必鍾矣
爾兵部職方清吏司員外郎邵名世妻贈安人姚氏
躬有馴行嬪于德門婦道柔嘉言容徵之圖史壺儀
儼恪履操協于珪璋毋唔時伴于中宵機絲夜月交
儆日勤于昧旦佩結明星褰振翮于翱翔羨御琴之
靜好簾旌歛掛期符卜鳳之占寶鏡空懸已闕迴鸞
之彩是用加贈爾為宜人煌煌日月之光已重耀于
玄壤樓樓松楸之氣如有慨于紫泥
制誥
崇禎三年　月　日
之寶

雲南布政使參議　覃恩贈妻一道

奉
天承運
皇帝制曰朕嘉意馭吏有賢必旌無私不邮是故徵而佶
禰之儷亦得以錫寵而揚嶶爾雲南布政使司右參
議兼按察司提學道僉事邵名世妻贈宜人姚氏毓
自儒型蔚爲德梱承尊效毖緯蕭湘藻而靡寧佐彥
規勤燃竹縉芸之永勗顧風雲動色倍嘗雞警之餘
乃霜露摧心遽在鹿鳴之後雖鵲袍之珠映詎象服

之瓊埋茲加贈爾爲恭人鵑度箐燈之夜鵲刻穟穴
之春
制　誥
崇禎九年三月　日
之　寶

雲南布政使參議　覃恩　二道

奉
天承運
皇帝制曰自道教洽而髦士興金碧多才亦蒸蒸遠逼秋
魯矣人文易萃師立而化成南顧嘉嘆朕所爲篤惠
遐天意自深遠耳爾雲南布政使司右參議兼按察
司提學道僉事邵名世清濯金莖華蜚玉藻月臨慧
渚一泓心澈冰壺霞翥秣陵萬里掌抒石畫乃鴻樞
之協贊箚富五兵遂虹筆之高搴鑑潑多士爾乃甄

陶滇服並奮明時廸蛾修於環橋入鵠程而化洽迢
迢叱馭克篤陂而貢琛需需循墻率依雲而載日有
光離治可斬賫綸是用奏績授爾階朝議大夫錫之
誥命朕聞爾祁于役時嗣苗鵰張借箸銷兵爾與謀
力廼知威世有衞鍾於詩書俶欒無奇率其子弟詩
曰文武吉甫萬邦爲憲朕將需爾籌以奏蕩平自爾
式士始
制曰簪組之族繞滕易驕顧以㕁雩之標當倍風之勢
而能孚於玉珮持其冰心亦足嘉矣况實有道以襄

吾遣臣爾雲南布政使司右叅議兼按察司提學道
僉事邵名世繼妻封宜人范氏家有治譜儷於儒修
載咏鳴鳩取諸懐而鞠子孔瞻騑駱代厥丧以娛親
惟誼篤於鴻賓恒厲常官之節乃化彰於麟上何懐
在友之箴樂育菁莪榮攀桃李兹加封爾爲恭人綺
荃考鏞於綸誥琮璜協珮於圖書

制　誥

崇禎九年八月十六日

之　寶

湖南醴陵縣知縣　覃恩贈父封母　勅命二道

奉

天承運

皇帝制曰百里需才稱職志在官之美清風執政報功膺
錫類之仁爾邵緒廣乃湖南醴陵縣知縣邵元龍之
父讀書儒士積學留名弓冶克勤于庭訓箕裘丕裕
夫家聲兹特封爾爲文林郎頌顯揚之盛酬燕翼之
情國恩丕承榮名此敕

制曰孝子愛親之心必遂其顯揚故朝廷有推恩之典
禮必與之爾鄒氏乃湖南醴陵縣知縣邵元龍之母
克勤紡績訓子能官既膺民社之榮宜錫褒嘉之典
兹特封爾爲太孺人服此榮恩益綿壽祉

湖南醴陵縣知縣　報最封妻　勅命二道

奉
天承運
皇帝制曰爲民求牧國家重撫字之功學古入官臣子勵
靖共之節爾湖南醴陵縣知縣邵元龍讀書十年政
最百里愛民如子甘雨澤於黍苗與物爲春仁風被
於偃草兹以覃恩特授爾爲文林郎於戲簡予我眾
益宏惠保之嘉謨世選爾勞申錫術良之懋賞
制曰龍光同荷藎臣懷篤棐之忱象服是宜淑女著柔

嘉之則爾黃氏乃湖南醴陵縣知縣邵元龍之妻堂
滙修儀河魴傷詠矢同心而警旦占協德以含章茲
以覃恩贈爾爲孺人於戲彰令德於不瑕特頒渙汗
膺殊榮之下逮永嗣徽音
勅命
康熙　年　月　日
之寶

世系遡原

第一世令　宋太祖時爲軍校尉歸老范陽子一德新
第二世德新　爲儒早卒子一古
第三世古　字天叟子二雍睦
第四世雍　字堯夫先世居范陽父名古徙衡漳又徙共
城公年三十遊河南葬親伊水上遂爲河南
人嘉祐間詔求逸士授將作監主簿復舉遺
士補潁州團練推官皆稱疾未任所著皇極
經世觀物內外篇漁樵問對伊川擊壤集行

於世哲宗朝賜謚康節度宗朝詔從祀
孔子廟廷宋史道學有傳子二伯溫仲良
睦　宋進士
第五世伯溫　宋史儒林有傳子三溥博傳
仲良奉遺命遷蜀
第六世溥　字公清官至徽猷閣侍制子一宏淵
博　字公濟
傳
第七世宏淵登武甲官至殿前都統制子二澤總

第八世澤　隆興二年狀元官至吏兵二部侍郎贈尚書
　䆿　原名湆字君協宋元豐己未進士高宗時自
河南均州之新城扈駕南渡爲浙之新昌令
陞常州刺史遂家焉是爲毘陵始遷祖
右錄吟泉公諱涵初附載考據始原
辨譌三則
右世系溯原照履泉公所修譜載於世系圖之首涵初接
陽湖公五牧支譜引稱五遷祖君協公爲康節公之孫自
河南均州之新城扈高宗駕南遷爲浙之新昌令後刺常

邵氏宗譜　卷一　世系溯原　二　樾然堂

遂家焉因爲延陵邵氏云云亦未言元豐已未進士與履
泉公譜不符涵初因附訂譌三則於後
君協公非子文公伯温之曾孫亦非元豐已未進士
宋史邵伯温儒林傳云紹興四年卒年七十八然則子文
公生於宋神宗嘉祐二年丁酉至元豐二年已未伯温年
甫二十三歲履泉公譜以君協公爲伯温曾孫陽湖公譜
以君協公爲康節公孫俱無元豐已未已中進士之理且
諸譜皆云君協公扈高宗駕南渡而來今以伯温公生年
計之嘉祐二年至高宗建炎元年南渡時七十一歲陽湖

公譜以君協公爲康節公孫其言可信履泉公譜以君協
公爲伯温公曾孫其言不可信　伯温傳云三子溥博傳
譜稱君協公名䆿原名湆俱不符　有齋公譜獨以君
協公爲仲良子其餘諸譜俱載仲良奉遺命遷蜀未詳其
後裔康節公傳則又但云子伯温别有傳而仲良無明文
豈略之耶
履泉公譜君協公爲宏淵子未可信
韻府羣玉引邵宏淵紹興中有戰功今考紹興年號在南
渡之後高宗即位五年改元紹興元年而譜乃以宏淵爲

邵氏宗譜　卷一　世系溯原　三　樾然堂

君協公父豈有其子已由進士扈駕作縣令陞刺史而其
父尚能力戰建功者乎然則履泉公譜以宏淵爲君協公
父未可信也而陽湖公譜引以君協公爲康節公孫較可
信矣
履泉公譜載澤隆興二年狀元
履泉公譜載澤與君協公俱宏淵子并以澤爲君協公之
兄而注澤爲隆興二年狀元又注君協公爲元豐己未進
士豈有兄之登科後於弟八十六年者乎　澤爲宏淵之
子而中隆興二年狀元年世相符君協公爲宏淵之子澤

之弟年世俱不相符

同治十有二年歲次癸酉仲冬孫文燾敬錄

邵二泉先生年譜敘

余少侍於先君子時時爲言二泉先生之爲人也私心業不勝向往矣比長從邑中諸長者游聞其行事益悉退而詢諸人雖三尺孺子語及先生莫不知其爲篤行君子也先生何以得此哉凡人有可强有不可强文辭之繢飾才辨之所及也事功之馳騁智術之所及也節槩之矜厲意氣之所及也是可强者也四海之大百世之遠生平不識面目之人一旦耳其姓名輙心融神竦欣然願爲執鞭是不可強者也不可強之謂誠先生少而秉毅壯而不渝老

而彌固又時講於學問以深持而厚發之視聽言動一切以不欺爲主屋漏猶是康衢猶是其於誠也幾矣宜其取信於人如此也先生所著有簡端錄學史容春堂集凡數萬言曷嘗無文辭歷中外所在家尸而戸祝之曷嘗無事功閹瑾之横一毫不假曷嘗無節槩惟其一誠流注而三者之跡並爲所掩蹤而求之不見可喜不見可愕徐而繹之深醇懇篤穆然其可思而悠然其無斁也視夫文辭事功節槩而已焉者千里矣此所謂不可强者也友人高雲從雅好先生每相與譚說先生不勝亹亹會先生之從

于魯及甥吳道成嘗編先生年譜雲從乞而得之大悅更加詮正梓而行之屬余爲序余也陋無能窺先生萬一往聞先生有言願爲真士夫不願爲假道學竊以爲善譜先生者無如斯言吾黨誠於斯言有猛省焉若何爲真若何爲假謹擇而趨務求不愧於先生迺爲能譜先生者也第曰先生篤行君子也羡慕而已矣誦說而已矣卒不免歸於假而矣已此亦所謂可強者也矣譜之爲雲從曰善遂書而志其端

萬歷壬辰仲春望日　同邑後學顧憲成謹題

邵文莊公年譜引

公道德文章卓然名世
明興以來爲錫邑縉紳稱首說者謂公豐於身嗇於其后似欲責報於天烏乎公生三歲而孤太夫人且育且教以至成人順志承顏八十年如一日君子以爲孝孫刺史懸宗伯官於
朝三十餘年內處奸闇外遭藩逆侃侃大節曾不少動君子以爲忠家居侍養優游林泉屏跡官府終日與二三子講論於二泉書院君子又以爲高夫然則身後之聲

稱視彼不肖之子姓孰重孰輕必有間矣天之所以命公者不已厚歟士人瞻拜公祠每欲睹公歷履之全而無從也惟我先大夫父胥巖先生公之仲子嘗手掇公行事藏之家塾迄於今五十有七年道成於是因其歲月列以詩文叙次成編題其端曰年譜蓋將付諸梓人傳之於世使士人之瞻拜公者知所則傚於無窮也若乃道德之純文章之富具在
國史典籍茲特其概云

曾外孫閶江吳道成頓首百拜謹書

二泉先生年譜後敘

攀龍既删訂先生年譜成作而歎曰不二者道不晦者心曠百世而遥推四海而準乎今去先生六十年奇而觀先生之遺文考先生之遺事如見其人焉而誠心質行使人感發興起而不能自已然則此譜存也世之人皆若生常先生而親炙之者是先生之學研窮於六經博涉於羣書而所自得者大要見之簡端學史二書未嘗爲辨别異同之説而其學一出於正不少惑於異端似是之非未嘗爲矯絶成名之事而其行一由於矩不苟且於富貴功名之

際凡先生所言所行者世所謂固然而無奇正世所謂冥然失之而不自覺者也觀者可深察而自得之矣或曰以先生之德而靳其嗣則降祥之天謂之何嗟乎二氣揉雜三代以下聖賢無純全之稟以孔子之聖焉而窮顏子之賢焉而夭况其他乎先生之氣蓋獨嗇於是者矣然而無常者氣也有常者理也君子修其在我而無慊心焉見其常不見無常也吾所謂常者何也觀其遺書考其遺事百世而下猶使人感發興起而不能自已者是也然則先生之爲後也大矣

同邑後學高攀龍謹書

嗚呼我伯父文莊公道德之純文章之富著之簡編者垂於不朽矣嘉靖壬戌通家秦次山公錄公對客語數葉門人莫江泉公敘公平生亦數葉璽並得之繼以家藏遺書隨事編入公之歴履大畧已具遂念古昔大儒皆有年譜用是次第編集而成書昔濟成楊先生自叙年歴而請法於公公答書有曰史法貴簡譜書貴詳詳而或默其冗綱而目之可也璽因取法焉竊追嘉靖癸卯璽年十二同母兄煦公抱爲子者不幸病故伯母顧淑人立璽爲嗣在膝下五年而復不果俟璽有子以嗣煦云嗚呼公之爲公行

道之人能誦説焉顧夫敘其實以垂後世以告史氏者璽有責矣譜成景逸高君更得公曾外孫吳道成所編合而筆削遂付之梓璽於高君見懿德之好在人心者千古一日焉孰謂公也而無後乎因書譜末以志感

萬歴壬辰三月旣望

從子璽百拜謹書

邵文莊公年譜

從子邵賁
曾外孫吳道成 同編
邑後學顧憲成
高攀龍 同訂

公諱寶字國賢姓邵氏號泉齋又號二泉學者稱爲二泉先生世爲無錫人其先宋以上譜逸無徵元季公之七世祖容春府君高不仕之義與倪處士元鎮爲文字交

國初五世祖仲容府君以人才試職知州始徙南塘仲容生叔安從學周正言士衡而與王中書孟端爲友能自受益以資踐履士望歸之叔安生存一博洽經史終身由禮隱然山澤之儒存一生鏞能詩嘗省用以濟人配楊氏生溥是爲純和公孝友溫恭通書史大義配過氏生公存一純和皆以公貴贈都察院右副都御史楊氏贈淑人過氏累封太淑人進太夫人服

英宗皇帝天順四年庚辰九月初三日酉時公生（太淑人過氏生公於南塘里第）

邵氏宗譜　卷首　文莊公年譜　六　超然堂

五年辛巳二歲（生而後能言且行人爭奇之）

六年壬午三歲（曾祖存一公父純和公）

七年癸未四歲（葬存一公純和公卒）

八年甲申五歲（命名曰寶）

憲宗皇帝成化元年乙酉六歲（聘顧氏公仰公女也）

二年丙戌七歲（祖母楊淑人卒公哀毀如成人）

三年丁亥八歲（葬楊淑人）

四年戊子九歲（隨季父王公政也先生命出對云低低粉壁畫出萬里江山公應聲曰小小池塘撈入一天星斗爲人傳誦）

五年己丑十歲（太淑人疾公爲文告天願減己年延母壽）

六年庚寅十一歲

七年辛卯十二歲

八年壬辰十三歲（遊學吳中）

九年癸巳十四歲（習舉子業）

十年甲午十五歲（受業於壽菴俞公）

十一年乙未十六歲補邑庠生（大宗師提學御史戴公珊）

十二年丙申十七歲（公有疾自七月起至十二月始愈）

十三年丁酉十八歲娶淑人顧氏

十四年戊戌十九歲（從錢希齋先生講理學）

邵氏宗譜　卷首　文莊公年譜　七　超然堂

問學於定山莊先生（先生諱昶字孔暘江浦人初爲翰林檢討以奏事落職後復南京行人司致仕）

十五年己亥二十歲

十六年庚子二十一歲八月應天府鄉試中式（主考官扎出郢琫 侍講李東陽同考官方陽公中式第八名）

十七年辛丑二十二歲會試不第

至家讀書於保安寺之東林房從學者至

十八年壬寅二十三歲

十一月入南雍（渡江見定山先生於浦江書院留三日始入 京師見提學婁先生於會同館）

十九年癸卯二十四歲（正月自南雍歸十一月再至京）

二十年甲辰二十五歲二月會試中式（第三十九名）

三月

殿試

賜進士出身（狀元李旻榜第二甲第十八名無錫同年 陳昌 莫驄 華珏 吳學 華烈 張檟）

是月吏部分送大理右寺辦事

二十一年乙巳二十六歲八月二十一日除河南開封府

許州知州九月南還省太淑人於家（西涯李氏有送邵許州詩序）

二十二年丙午二十七歲

二月赴許州（太淑人就養）

四月蝗禱於神三日而蝗去（詩曰今日蝗虫來明日蝗虫去吾爲吾民歡還愁蝗去處）

五月新作四關門復水濠（有許濠復水賦）

毀尼寺改建黃丞相祠（公自爲祭文）

八月省試對讀

十月（會見鄉飲賓以觀其德）

二十三年丁未二十八歲作政惠倉（有見記）

立諸鄉社學（有見勸文條約）

作守官箴以自警

作同官箴以相勸

孝宗皇帝弘治元年戊申二十九歲在許州

巡撫李御史（隆）請旌異政

表漢御史大夫晁錯墓（公爲碑陰記）

謁子產墓表漢荀氏八龍塚

奉

詔毀諸新建寺觀及淫祠

修廟學（諭諸生以義利公私之辨及忠孝大節讀書爲文之方而許之風化翕然改觀）

建尊經閣

刻朱子講座銘於壁

作嚴師堂
作品士亭 各見記謂士之品一道德其上功名次之而富貴者宜𥘉不與先作於許而後又各於南昌分司之亭
六月勸事於汝州
謁兩蘇墓
二年己酉三十歲在許州
二月作范忠宣祠於襄城 祠在學右事見祠記
作裴晉公祠於郾城 郾城西北五十里有鎮曰裴城唐丞相晉國公討淮西時嘗駐師於此
六月巡撫楊御史 理 巡按文御史 貴 各奏請旌異政
八月省試彌封

九月三日三載考績赴京給由
十一月考稱復職
十二月奏旌五節婦不報
三年庚戌三十一歲正月十七日復任
五月禁澆旱魃 詳見旱魃對
立社約 詳見四說
正穎考叔祠墓
改魏文帝廟以祀漢愍帝 帝不稱獻而稱愍從昭烈所請也
九月增置書籍於學宮

四年辛亥三十二歲上巡撫時政書 凡十六條
巡撫武御史 清 覆奏覈實異政
新作教場 在西南關
四月 子德孫生
五年壬子三十三歲四月 子德孫死
議計口澆田法
八月爲鄉試受卷官
建言地方時政四事
御史請旌異政

十月上計
六年癸丑三十四歲二月出京三月復任
四月 子偁真生
修許州志
巡撫涂御史 昇 請旌異政
六月毀龍骨
得久逸窩主
作總社倉立積散法 詳見同倉其原議及答對
六月奉

詔進階奉直大夫 贈父純和公爲許州知州 封母趙氏爲太宜人
七年甲寅三十五歲
四月二十一日除戶部四川司員外郎 士民遮道號呼攀不忍父偷之去立祠祀之
七月六日赴京
十一月 子偷真生
八年乙卯三十六歲
九年丙辰三十七歲
二月爲會試同考官
十年丁巳三十八歲 正月清理十三司正糸以來積弊各以字號吊支吏滿交代

請定　王府養贍米則例
二月二十五日除本部廣西司署郎中事員外
七月二十日三年通考
八月二十五日實授本司郎中
十一年戊午三十九歲
六月上修內治以安人心疏 時踐響甚急
九月巡撫朱都御史檄建牌坊於里第具書辭
十二年己未四十歲左侍郎許公進疏舉堪任方面 有德修政舉學判優長等語

十月議處取珠事
十三年庚申四十一歲四月四日除江西按察司副使提調學校
七月 具考純和府君贈許州知州誥文告於墓
十月二十六日啓行十二月初九日至江西 十六日考試南昌三學諸生
品士亭記
十四年辛酉四十二歲 正月 [illegible] 八日 [illegible] 小試
六月 之南康白鹿書院留三日之九江 [illegible] 舉

十月作諭來學文揭白鹿書院
十五年壬戌四十三歲 二月之宜春 [illegible] 封事修學舍清學田
改建宗儒祠祔諸儒 作告周程二先生文以祀之
七月 之撫州
十六年癸亥四十四歲
二月 之瑞州之臨江
三月 之袁州毀淫祠
四月 之安福
七月 之金谿

八月之吉安

十月閩師蕭壽先生訃之贛州

禁祖父母父母喪久不葬者雩都袁慶嗣作廣孝記刻石於學

十一月之南安長至日釋菜於濂溪祠

建一峰書院

十七年甲子四十五歲二月之建昌小試四月迎太皇太后遺詔於貴溪謁陸象山墓七月小試舉

十八年乙丑四十六歲之白鹿書院留二十日之饒州謁濂溪祠

四月之饒州

六月十四日迎

先帝遺詔於南昌

邵氏宗譜　卷首　文莊公年譜　十四　超然堂

八月具疏乞終養時王寔葉紫特文被郵之歎將幸聚稿其書扎公彙錄一冊人跋其後見云

十二月除浙江按察使十四日啟行

十一月一日至家

武宗皇帝正德元年丙寅四十七歲二月二十一日之官

三月鞫獄

二年丁卯四十八歲在浙江

五月二十七日除浙江右布政使

八月提調鄉試監臨御史孙公閱卷取士號精稱得人云

十一月勘銀鑛於處州

三年戊辰四十九歲在浙江

二月一日除湖廣左布政使

五月三日抵家六月十八日之官

八月勘　榮府地

九月會給事中張九敘勘事瀏陽見省劄

四年己巳五十歲在湖廣

正月四日除都察院右副都御史奉

敕總督漕運三月十日啟行四月十一日至泗州謁

邵氏宗譜　卷首　文莊公年譜　十五　超然堂

祖陵十三日至鳳陽謁

皇陵十八日還淮安以例上自陳疏有上下閘河論見文集

七月二十七日督漕船赴

京議事

九月二十九日至京

閏九月二十六日會議於

朝會議狀一明賞罰以振朝綱一審徵折以通漕法一防河患以達漕慮一議水次以定漕兌一均加耗以一漕規一督辦科以嚴漕計一清遺逃以足漕額詳見文集

十月十四日謹假

詔召見於　左順門即日之通州處運事
十一月二十四日還
朝被劾待罪 劉瑾怒漕帥平江伯陳熊使公劾之公不答瑾嗾給事中劾平江伯併劾公不劾云
十二月十一日得
旨致仕
五年庚午五十一歲正月一日行
慶賀禮於僧寺正月八日至淮安奉太淑人行十七日抵
家
三月 始課諸生來學者闢聽松竹圃

四月 盛氏歸先塋侵地遂贖之
六月漕政舉要錄成 自序刻於家塾
七月作尚德書院於聽松竹圃十九日落尊賢堂 尊賢堂祀十賢爲宋司徒長史湛公挺唐尚書右僕射龍郡李文肅公紳唐隱士陸公羽宋國史編修秦公觀宋御史蔣行錄公觀宋無錫令焦公千之宋禮部尚書尤文簡公袤元進士倪公瓚 國朝義士眾公禮 國朝中書舍人王公紱堂在惠山泉亭上
九月祠宋丞相李忠定公於尚德書院
十月十六日聞貴州巡撫之
命具疏乞終養 是年瑾誅 十二月十二日啟行
六年辛未五十二歲正月 朔旦行祝壽禮於杭州侍郎第

二月 四日至江西南昌留數日十日至臨江閱冠警聞三日
三月七日聞戶部右侍郎提督倉場之
命 時在湖廣長沙府醴陵縣十三日還自醴陵
二十六日至江西南昌具疏乞終養四月十七日抵家
二十六日奉
旨不允所請六月十三日啟行七月十三日授本部左侍
郎九月八日
敕往裏河處置糧運 上申明糧運事宜狀上糾舉運官狀上建言漕事狀詳見續集
十日

命兼都察院左僉都御史 二十九日 敕封贈父母及祖父母三品誥命
十一月十日
欽賜大明會典一部
十二月十二日奉
詔進階通議大夫 贈祖玉溪公爲都察院右副都御史祖妣楊氏爲淑人 加贈父耕軒公爲都察院右副都御史 加贈母過氏爲太淑人
七年壬申五十三歲正月 十三日 郊祀分東 獻饌沂山之神十四日與慶成燕
三月十八日奏乞終養奉
旨不允所辭

二十一日奉
命會勘通州城池
五月七日再疏乞歸省九日得
旨准省親六月一日抵家秋作里塾於西巷 見浦鄉人理也念里中子弟無力讀書者多故聘師主之
九月八日又乞終養得
旨准侍養 聞侍養命喜而不寐
八年癸酉五十四歲正月十八日有疾
九月出遊

九年甲戌五十五歲
十年乙亥五十六歲八月建家廟於正寢東南
十一年丙子五十七歲 朱憲撫廷璧檄縣建牌坊辭祠戒餘御史爲議建宗儒坊辭作二泉書院於惠山遷忠宗祠於書院
八月簡端錄成
十二年丁丑五十八歲
建五賢祠 五賢者爲龜山先生文靖楊公玉泉先生喻公子才遂初先生尤公延之小山先生李公元德實齋先生蔣公重貢
刊容春堂前集
冬十月給米於族之貧者 歲以爲常 辭邑令請鄉飲

十三年戊寅五十九歲 正月作曾侍亭於容春堂左亭中有屏作仲尼居曾子侍像以寓希賢之志每晨興必謁拜焉四月鑿思濂沼於曾侍亭右建小石梁於上曰光霽爲石田九區於容春堂右匾其上曰續渠遺意
冬十二月學史成
十四年己卯六十歲
夏六月 逆濠作亂公聞變命宗元筮之得觀之坤公喜曰朝廷無事矣後濠果敗
秋八月七日除 南京禮部尚書
九月十五日上疏乞終養會
武宗皇帝南巡不報 公侍養家居門庭蕭然
十五年庚辰六十一歲

秋七月始得
旨准侍養 秋八月巡按御史東郡命知縣暢華建大宗伯坊辭冬十一月作超然堂於惠山最勝處築超然臺闢巖於點易臺之上
十六年辛巳六十二歲夏五月十五日
世宗皇帝卽位
詔起公南京禮部尚書 旨云卿才行老成倚需茲任先朝已有成命不允所辭著上緊到任管吏部知道
秋七月十日再疏懇辭
八月十二日得
旨准終養
詔有司以禮存問 旨云歲以卿才行老成新政之初特茲起用既累乞終養奉誠懇切勉從所請著有司以禮存問待

觀終之日奏
京吏部知道
冬十一月二十日知府王教知縣暢華來致存問之
命 使者致詞曰 皇天子以太淑人病體未安先生累乞終養孝誠懇切有 詔着有司以禮存問某等敬致茲休命公具表謝之
世宗皇帝嘉靖元年壬午六十三歲 春正月太淑人疾日進公露禱如前四月二十五日會上三宮尊號太淑人進太夫人服
十一月 作卓鳳山先生祠堂
冬十二月 二日亥時太淑人終於適寢
二十二日立再從弟寬之子一玄爲後 命名曰聰
二年癸未六十四歲 春正月以居喪辭薦文書

冬十月一日啟太淑人殯 時積雨連旬是日忽霽明日復雨人爲公孝誠所感見素林公撰墓碑銘
三年甲申六十五歲 秋七月陳尹介義官鄒益饋米一百石修牌坊辭
四年乙酉六十六歲春二月服闋起用具疏乞休 旨云鼎文學優長才望素著有疾宜善加調理待有缺起用所辭不允至是凡七疏
二十九日巡撫都御史吳公 廷舉 以簡端錄學史二書進呈
五年丙戌六十七歲 秋九月二十日夜堂寢災冬十二月巡按御史許公檄縣鐃銀助營修宮室辭十二日建鍾孝堂於舊址

六年丁亥六十八歲 二月巡撫都御史陳公鳳梧檄縣鐃銀造宿書坊辭
二月二十四日公終於正寢 晨起謁 先聖及家廟步履如常退坐存一齋方與客談論忽舊疾復作瞑目不言至亥刻而終 訃聞於 朝 諭祭一壇命營葬禮部議公簡行著於朝廷孝友聞於鄉里化人有道傳後有書擬贈太子少保 賜謚文莊公所著有定性書說學史簡端錄左觿漕政舉要錄容春堂前後續別集等書行於世之言殆有所感而發與

重訂年譜跋

余束髮受書 先祖吟泉公即授以 文莊公年譜指余曰讀此可以知忠臣孝子之出處矣余幼時不解稍長每閱一過即喟然嘆曰立朝之正色事母之真誠與夫理學文章絕冠當代固足爲一代之偉人矣是不可

以不讀譜案 文莊公年譜始刻於明萬歷壬辰公之從子 諱 曾外孫 吳道成 原編同邑顧端文公 憲成 高忠憲公 攀龍 訂成一部上下兩集刊刻行世至今日已三百有六年矣其間又無翻刻即殘篇斷編已如晨星寥寥我家世傳僅留一本尚有缺頁爲憾苟不再行重刻幾同史之闕而不可補若竟以重刻則艱於資用於是再四思維取其事之至要者系之於年月日之後是不得已之舉耳後啟有人將其事之本末全刻者余拭目望之

光緒二十三年仲冬月　十世族孫文燾百拜謹跋

重刻文莊公年譜後跋

錦十二歲時先君玉田公授　文莊公年譜命讀既又隨拜　公祠先君愀然曰祠將傾矣顧同族無有力者余又有志未逮爲之奈何後之人或有心予之心者然恐祠不能待也越四年先君捐館舍錦孤露孑立每念先君言未嘗不盡然傷也歲己酉顧觀察響泉先生偕邑士大夫葺超然堂錦謹從贊之庚戌更築君子堂而祠始成嘉慶元年丙辰錦復集邑士大夫修復　公墓嗚呼　先君言猶在耳不幸見背三十有四年矣祠墓之復固由　公之遺澤在人而　先君之志庶幾少慰也錦念　公之神靈依於祠墓　公之行事備於年譜而舊刻迄今已二百餘年恐日久闕佚爰仍顧端文高宗憲二公同訂本重事鐫刻冠以我　朝四庫書目　御案及明史儒林傳而附修葺祠墓諸碑記於後在　公之明德何待錦以爲表章惟是先君畢生苦志至老未逮錦今又就衰矣用急壽之梓以承　先君之志云

嘉慶十年歲在乙丑冬十月七世族孫綸錦百拜謹跋

五賢遺像石刻題跋

錦七世祖文莊公摹勒五賢遺像乃公師長沙李文正公東陽令杜言符所繪而公復書五賢事畧以貽吾祖者也正德辛巳吾祖家居冉涇里第鐫諸石版其眞蹟襲藏如故公嘗言每一展卷輒歎石刻之不能得其妙也越五年嘉靖丙戌容春堂火眞蹟無存奉石刻以藏諸家廟更翻木刻以應摹搨爲文記之而石刻之珍同墨寶至今可想見焉今之石本即當日家廟所藏也後人祀公於惠麓之二泉書院此碑移置祠中祠宇傾頹委之榛莽者蓋亦屢矣歲已酉觀察顧響泉先生會諸同人葺而新之錫因獲

覩是碑剔除苔蘚舊澤猶新而吾祖先後鄭重惋惜之神情儼然如在敬謹摹搨裝成卷軸以便歲時瞻拜云

乾隆壬子元旦七世族孫綸錫三薰謹識

五賢遺像跋

邵文莊公刻五賢像於冉涇家廟其後祠移於惠山嵌祠壁間乾隆已酉之夏光旭集邑中紳士重葺超然堂明年春更築君子堂於超然堂之前於時邵氏族衆惟晴江一人朝夕勤事衝暑風塵往來如織以訖於成而拓五賢像裝潢成軸懸之於家歲時瞻拜焉不其誠哉克保此祠者微斯人誰與歸

後學顧光旭跋

錫山邵氏宗譜序

吾吳自泰伯分封爲人文薈萃之區三國時首推顧陸二姓至東晉時以王謝爲最大南米後氏族漸繁半皆扈踵而來者也錫山邵氏居是邦已久以故山水靈秀所鍾出昔及今代有聞人其先本召康公康公食邑於召故曰召公召之旁加邑焉謂之邵召公封於北燕以元子就封而留次子代爲召公至周宣王時召穆公虎以平淮夷功錫圭瓚秬鬯錫山土田而國益大爲之歌江漢自召公分燕九世至惠侯惠侯傳三十世至王喜爲秦所滅於姬姓之

國獨後亡其後東陵侯邵平爲秦始皇無道棄爵種瓜瓜美有五色之奇故東陵瓜之名爲世所稱而信臣始居壽春以明經甲科爲郎出補穀陽長舉高第遷上蔡長視民如子升零陵太守乞假歸復徵爲諫議大夫遷南陽太守其治如上蔡晉唐以來世居范陽至宋先儒邵康節先生雍葬親洛陽遂居河南高宗南渡君協諱勰者自河南均州之新城扈駕南遷爲浙之新昌令擢常州路刺史因家焉勰次子福二居錫邑之新橋子亨六亨七亨八郎爲延陵三大支其中珥貂相望簪紱雲興科名稱極盛也蓋修

邵氏之家乘者有明正德間邵文莊公寶肇修譜牒嘉靖間給事中諱德者重修之我　朝道光甲午年邵吟泉大令又修之迨經庚申兵燹譜盡散失况有以假亂真者其孫海嶠刺史溯本追源出邀族人力圖修輯歲戊辰適值鈞以進士第一人乞假歸省路經錫山相與煮酒二泉亭述續修家乘以誌先人之德澤鈞感刺史之急於先務故爲之序以答其請

同治十有二年歲次癸酉六月

賜進士及第

誥授奉政大夫提督湖北全省學政翰林院修撰吳門愚弟洪鈞頓首拜撰

敕授修職郎翰林院孔目加一級同邑世愚姪王元鑄頓首拜補書

續修邵氏宗譜緣起

夫家乘之作所以序長幼分支派也吾邵氏凡顯達者皆輯宗譜自明迄今中無間斷均遵先世之遺規乃前年自鄉人所修者假手於粗率無文墨之人妄司秉筆於是倒亂錯悞不可枚舉於同治壬申族人以宗譜急圖更正爲言余仰承　遺訓不敢以邵之旋於癸酉仲春在祠舉行一載告成其印成百五十部於臘月八日給散領者百部餘則存焉當存爲司事者收捐入已以致各支視爲畏途皆聞風而裹足於甲戌春祭日其未修者咸有同志即令

採訪照宗派全行補修遂於冬間復設譜局續修四冊仍印百五十部前領者照號補給以符前數庶免後日之遺漏耳後敢有人能如吾志者務以百外爲原本特附書以待賢者考核余實有厚望焉兹續修四冊附入前譜之後合成二十六冊另起目錄以便易查惟望識者勿以失例爲幸

光緒龍飛元年歲次乙亥九月州巷支文肅拜識

癸酉重修宗譜後敘說

吾邵人文淵藪代有名賢洪武初年始定考取儒童之制有司以氏族之業儒者分占儒籍吾邵與焉自朱南渡君協公宦於毘陵遂家於此後分居各郡縣子孫繁衍散處不一至明中葉吾錫邑三大支均出名進士擢顯位鼎立一時各稱望族是時追溯本源各修譜牒後遭回祿數代失考後於

國初時各以家藏廢本彙合重訂始得追復其舊以遺後人至今有考焉康熙間我五世祖天一公手定訂本得考

其詳自召公以下得姓溯源考據詳備吾祖吟泉公於道光甲午修輯支譜以此列於卷首俾後人有考余嘗受先人遺訓曰吾邵宗譜始紊於雲鵬再混於春城側亂宗支不可枚舉後於咸豐間有胡埭支宗瀚集譜相習其訛假手於譜師遂致眞譌混淆于斯濫矣時吟泉公欲禁止而不果因邀同族意圖更正値庚申之變而遂中止余不敏仰承先志乃於辛未春與族議行設局惠麓　文莊公祠邀族人襄助事出不幸遭鄉族人辦理不善收捐入橐據爲已有遂致因循而兩載不成至今年春余籌墊經費復

加鼇頓延請公正之人各司其事於是和衷其濟襄助厥
功而此舉之所以成焉是譜共訂百五十部冊部三十二
冊鼇爲兩卷以傳序像贊統歸首卷編輯一公派五房序
次之以亨六公三支分昭穆之故五牧爲首冉涇爲次則
斜橋素求另刻支譜故不列焉江陰大宗係歸若一俾可
易於查考惟冉涇一支自文非公本房之外餘皆舛錯余
以可考者逐加鼇正則漫無頭緒者仍照舊本以視後人
近世之修譜者往有攸顯位勢而目爲同宗者或有倚財
富勢而攙爲本支者此等則吾所不取焉茲照舊本支派

邵氏宗譜　卷首　癸酉修譜後敘說　二一　超然堂

編次修輯餘則不敢濫收也余愧無才忝任秉筆倘有執
我譏陋者則幸甚焉族中襄助出力者數人而已例得附
書癸酉仲冬州巷支小宗孫文壽謹識

欽加三品銜陞用直隸州特授常州府無錫縣正堂吳特
用府署理常州府金匱縣正堂吳爲　會銜出示曉諭事
據運同銜舉班前先選知縣秦臻補用府前東河同知朱
鎬前安徽潁上縣知縣王鳳儀道員用前署浙江杭州府
知府林祖述前溧陽縣訓導楊宗濟六品銜湖北補用通
判侯維祺同知銜揀選知縣竇士鏞三品銜廣東補用府
前署陽江同知鄒覲皐四品銜補用直隸州前署直隸正
定府晉州知州章鈞六品銜東河候補主簿秦寶驥同知
銜劉繼增知州銜分發補用縣丞世襲雲騎尉邵文壽候

邵氏宗譜　卷首　憲示　一　超然堂

選布政使經歷邵永年職員邵棨椿等稟稱切惠山寺左
舊有明先賢太子少保南京禮部尚書邵文莊公諱寶專
祠邑志列入祠典自萬歷間按察使蔡獻臣天啟間邑令
劉五緯與建以來　國朝順治間前學憲張公能鱗乾隆
間前邑尊吳鉞邑紳顧光旭偕祠裔封職邵綸鏘先後重
修道光丁亥奉　憲以綸錦祔族祠裔直隸南和知縣邵
涵初復爲修葺惟歷年已久木料朽腐墻垣坍山牆傾圮
歲修並未翻造勢難一律堅固治等伏念文莊生平事實
具載明史儒林列傳其居鄉講學東林實爲顧端文高忠

憲諸賢先導今名山俎豆日就荒涼凡屬鄉黨士林咸盼聿新以中仰止上年職文燾永年榮椿邀同通族籌貲撤舊重建議定每丁每年捐錢三百六十文以三年爲度一面庀材鳩工先將大門改建樓房四楹二造廳屋四楹三造享堂四楹及前後軒兩廊等處並修葺旁邊舊屋供奉宋先賢康節邵子神位爲追遠祠興工以來週圍墻垣一律駁築完固工程浩大需費甚鉅丁捐實有不敷現在文燾等重修匯譜續奏丁捐以期迅速蕆事誠恐各祠裔散居兩邑分致傳單未能周到或有藉端阻撓從中隳射侵

蝕情事商由治等公請出示曉諭以昭愼重前來治等以鄉先賢祠祀攸關理合聯名具稟爲此環求會銜出示曉諭等情到縣據此除批示外合行會銜出示曉諭爲此示仰兩邑該族後裔人等知悉自示之後務各查照所議赶緊輸捐俾先賢祠宇得以早日聿新邵氏宗譜亦可及時蕆事洵屬一舉兩得倘有不肖祠裔及地方痞棍從中影射隳蝕及藉端阻撓等情一經指名稟

縣定即提案究懲决不姑寬各宜懍遵毋違特示 遵

光緒二十一年五月十六日示 實貼惠山邵公祠照牆

姑里支分刻世表辨

惟冉涇派遷居姑里支已十數傳矣查的派而下自季明公一房之後今子孫繁衍其文生聚生茂生三房宗支雖同居一處實有遠近之別此支後裔刻僅二十餘人每逢舉行修譜而兩房各修各派素未彙合前嘉慶間輯八本之譜則文生聚生茂生三房與焉咸豐間五牧重修時則季明一房與焉是時爲因舛錯輩分曾刻新集之序附入譜中彼此各執一詞紛紛爭論故雖同居一派不能和修者也方今設局宗祠大興續修之舉適在敘稿乃兩房均

持譜牒送繳仍各一說紛爭不决咸來相告余以兩支緣由爲之細核查季明公支係執族中往來文契巾代之稱呼爲証實與譜上不合似少一代之誤並言八本之修係聚生經理其事當置我房於不聞故有此弊則素來稱呼皆照文契相沿至此刻下意圖更正惟核文生一房之歷代家乘實無遺漏但述文契之故皆言兩房先輩有王氏私親往來就戚近而稱因此相習其訛此兩支之各執其理者也余問之非特不解其故抑且不明其理姑以大略而論如王氏姻戚則當時親近者而稱似或有之然一門

之往來何以藉口相傳羣呼其謬甚至遺誤文契訛書筆墨則族中豈無公論之人均能唯唯聽命乎此余之不解者一也若論聚生經手修譜當置季明一房於度外是有錯亂之弊弟既能司其譜務諒必知禮達人想當不至於此或兩支並立時有盛衰然關名節雖至愚者不爲此余更不解也余不敏忝任秉筆若任其紛爭恐傷族誼則誰是誰非事難剖定茲特和解其辯兩全其美議以各修世表分爲先後爰跋數語以附譜末俟備日後查考倘能執我疎忽者則幸甚

同治癸酉閏六月朔延陵大通譜務主修文燾附白

邵文莊公祠墓祭田碑

邵文莊公祠本在冉涇里第其門人莫僉事同華郎中雲設像祀之萬歷間按察蔡獻臣知縣劉五緯踵修之後廢

國朝順治中督學僉事張能鱗重葺二泉書院移　公像祀焉乃爲今祠後知縣吳鉞重修祠像乾隆己酉顧觀察光旭偕族孫綸錦復修之築君子堂道光癸卯族孫涵初踵修之重建超然堂增建永錫齋等處祠宇而觀瞻物具　公瑩在惠山繡嶺三百年後邱隴湮滅族孫綸錦訪求公冢往來山中六閱寒暑不可得乃神謀鬼度始於嘉慶丙辰春掘地得志銘遂識贈公衣冠墓及　公兆穴而修築焉並清釐照易臺山糧而各復其原界道光庚戌族孫涵初邀時雍等置祭田請於有司而碑諸祠屬侃爲引爰敘祠墓廢興修復之由以諗來者俾得保茲田租而樽節之擴充之則祠與墓之糧賦于租乎納祭掃于租乎出修葺于租乎給庶幾乎無廢弛矣至　公之明德則光史冊垂志乘其散見於賢士大夫之記載者不可殫述固無待於侃之贅言已

賜進士出身

誥授奉政大夫工部屯田司員外郎前四川雙流縣知縣
後學汪士侃謹撰
誥授奉直大夫
勅授承德郎同知銜候選直隸州州判　恩貢進士後學
竇承焯謹書

邵氏宗譜　卷二　祭田碑　二　超然堂

調署江蘇常州府金匱縣事震澤縣正堂沈
爲祠墓祭田立碑垂久事據南和縣知縣邵涵初呈稱八
世伯祖明南京禮部尚書太子少保謚文莊邵公爲前明
理學名臣明史儒林有傳崇祀河南江西等省名宦祠本
籍郡縣鄉賢祠本邑東林書院道南祠學舍崇正書院惠
山尊賢祠另有專祠建於惠山尙德書院故址春秋給
帑有司致祭又論堂在惠山繡嶺祠墓皆載入縣志緣公
無嫡裔年久蕪廢乾隆年間先贈公國學生綸錦實力清
釐祠圯重修墓失再復頓還舊觀歷經錫邑郭侯甄侯立
案給示勒碑各在案道光年間涵初等勉承先志率族增
建祠内永錫齊四代崇祀閣尙書公毋貞節太夫人享堂
又重建超然堂添建有原齋等處祠宇仍恐歲修無著今
率族裔國學生時雝職員時和國學生錫鵬公置廉義等
號辦粮平田二十九畝一分七厘六毫以歲租爲祠墓修
葺祭掃公用歸公正後裔輪管爲此開呈田號求請詳
憲立案並請飭區將田粮剔歸五五二圖立邵公祠戶辦
粮註册立案永遠不許盜賣盜買改換花戶給示勒碑垂
久等情開呈田號粮租細數到縣據此除造册詳請

邵氏宗譜　卷首　憲示　一　超然堂

藩府憲立案並飭區遵照外合行給示勒碑遵守爲此示諭

邵氏族衆後裔知悉此項祭田已經詳明立案飭區提併

立戶辦糧嗣後永遠不准放糧改戶以杜盜賣盜買之弊

各宜遵守秉公經理倘有覬覦弊混一經發覺定即按律

懲究決不寬貸須至碑者　遵

計鈔單

廉字一百九十九號　平田一畝三分一厘

三百八十號　平田四分五厘一毫

三百七十二號　平田二畝三分六厘五毫

義字三十二號　平田一畝零四厘

二百零九號　平田五分六厘

元字三百十二號　平田九分一厘四毫

四百六十四號　平田一畝八分一厘一毫

造字一百五十九號　平田九分一厘

一百九十一號　平田一畝二分五厘七毫

三百四十七號　平田一畝一分四厘一毫

四百八十三號　平田九分八厘八毫

五百二十三號　平田三分

五百六十二號　平田二畝六分七厘

次字一千二百四十八號　平田二畝二分二厘四毫

一千四百八十七號　平田一畝二分七厘四毫

一千五百零七號　平田五分一厘五毫

離字五百二十四號　平田四分四厘七毫

五百四十一號　平田二畝一分五厘三毫

六百四十九號　平田二畝八分五厘八毫

一千二百三十六號　平田一畝八分五厘

一千二百七十一號　平田二畝零四厘四毫

一千二百九十號　平田一分零三毫

以上共平田二十九畝一分七厘六毫　坐落金匱縣

道光二十年九月十九日

告示　勒石惠山邵文莊公祠享堂

南肖灘支附祀緣由記

案該本支前於道光年間後裔時雍時和捐資置田否部立案作爲　文莊公祠祭費嘗有嚴邵支錫爵承辦者田號坐落畝分有碑記註載但捐田後裔實心懷慨爲得入　祠以禹祥懿德兩位神主附配追遠祠中春秋祭□此記

附載墓

爾榮子有安有成墓在緣字七百七十七號平田一畝五分八厘

禹祥子懿德孫時雍墓在緣字一百九十五號平田一畝一厘八毫

時和墓在緣字一百六十五號平田一畝四分四釐三毫

時周墓在緣字一百九十一號平田四分五厘

各老支派向列前譜此次失修謹以開列於左

顧山支　北涸支、

孫家廊下支　北歐巷支

青墩支　前賢村支

羊腰灣支　南窑支

新豐里支　布非里支

滸墅關支　毛支橋支

郁巷上支　邵灣里支

牆西支　潘葑支

張姆涇支　城足下支

北塘支　大渲支

塘前支　前馮支

北袁巷支　彥大橋支

梓樹巷支

以上失修其二十五支前次失修者不載

光緒二十四年歲次戊戌四月　日穀旦

監修　州巷支文藻海嶠氏　斜橋支榮梓蔭軒氏　謹識

書康節公嘗稱先賢說

長蘅既重建始祖祠成恭題木主曰邵氏始祖先賢康節公位齋戒卜吉日奉主躋於堂位居中南向左右無配位而祀遷祖以下於別室禮也或疑曰余見聖廡從祀諸弟子稱先賢而左邱明以下稱先儒舊已子之祀康節也進稱先賢有據與曰有及門弟子稱先賢後賢稱先儒此明嘉靖間張孚敬所釐定也崇禎十四年帝幸太學以宋儒周程張邵朱六子有功聖學欲於已定位次題稱外特加隆崇令內閣所司集議禮部右侍郎蔣德璟言世次相序

遵行已久請改題木主尊稱先賢而位程仍舊便詔報可其明年四月復更定位次竟躋祀六子於左邱明下蓋出
上意云
國朝康熙二十五年八月御史許三禮疏言周次張邵朱六子理學正傳直接孟子明季已稱先賢序於公羊穀梁之上不當與先儒一例宜令天下郡縣學槪加釐正詔下
公卿博議時少宗伯徐公乾學建議言宋儒之不可先漢唐諸儒猶祭川者之必先河而後海也六子德崇業廣寥寥千餘年紹承道統雖七十二賢亦或有所未逮若欲尊六子似宜列之四配十哲間今乃躋於公羊子之上步叔乘顔噲之下是進退無據也疏遂寢然太學題稱位次皆如故夫太學者郡縣之表率太學稱之而專祠顧仍舊稱於義為不順且是慢其祖也蘅則奚敢或曰是則然矣然子之說今博士諸生或未之前聞也蘅曰然乃具著其始末附祠志令後有考焉

常郡漳湟支裔孫長蘅子湘氏謹著

同治十有二年歲次癸酉小宗族孫文龢敬錄

邵逸雲先生七十壽序

從來有大德者必享大年享大年者必有大德天理昭彰固無不爽也先生字杏林號逸雲名廷鍾係宋先賢康節先生諱雍之後明山東右布政使署左司事支一品服俸諱名世有齋公八世孫父雲鵬子三長廷鉉三廷銘先生其次也先生生而岐嶷長而聰慧一切言行舉止必準乎規矩少讀書以父命棄舉子業而習陶朱與人交溫厚和平以信義為重惠山文莊公祠改建新堂先生朝夕往惠山督工往各處收捐者勤勤懇懇乃閱易寒暑與有力焉

諸葛一生惟謹慎可為先生頌之以子貴 誥封奉政大夫生於道光癸未四月二十一日配錢氏 誥封宜人相夫克儉御下克寬生於道光丁酉七月初八日子一榮椿候選從九以軍功授五品頂戴[illegible]孫三[illegible]增嘆乎子孫順孝克繼陳寶之風夫婦[illegible]之案約以克勤克儉庶幾洒[illegible]洒昔壬辰春屆先生七十誕辰元鑄與先生交誼為莫逆爰奉觴上壽作詩以祝之并以先生之行事而為之序

光緒十八年壬辰春正月世愚姪王元鑄頓首拜撰并書

邵東陽先生傳

先生諱燿字東陽別號石畦姓邵氏瑞生公仲子也兄諱烜字耿陽長先生四歲先生生甫八歲而瑞生公歿母扃孺人斷機晝荻先生幼孤力學志于濟世年十五母命習醫受業於東洞庭李飛黃徵執弟子禮誠謹篤厚飛黃公器之即以女妻之飛黃公有二子不受教謂其妻曰他日收余二老骨者必此人也先生少而穎異既長尤自攻苦念先世世以儒顯沈酣經史著有塊然草一時能文者莫不口先生之詩與文不置又長于六書酬應無虛日先生

卑舉子業不事謂不若針砭足以濟人急故廣置醫書家貧雖典衣勿恤也猶憶先生年二十餘應徐星友先生聘即抵淮徐驗遇黃河水決半年中母氏倚門懸望即命耿陽裹糧負囊抵淮徐至睢寧縣之李家集挈先生歸里不數年周孺人即世兄耿陽哀毀成疾又即世嫂程氏又即世耿陽祇生一女無後先生于一切喪具黽勉有無必誠必信不以家貧從略逾年營葬并扶外父母櫬瘞之而先生之心力瘁矣先生雖身處困約視一門羣從子姓使無失所以為快力雖不逮而其心固無窮也先生性耿介不

隨俗俯仰意有不合則義形于色議論侃侃知交中咸畏服之生平謹大節慎取與或干以非禮雖千金弗顧求診者卽夜半叩門無不立赴先生曰以余心體病者心義不容緩其意思肫懇有長者風先君子故與先生爲莫逆交嘗謂余曰吾所交款廣求其能介然特立始終無變塞者惟邵君而已余與先生令嗣南一款契同受業于象六夫子門侍函丈者五閱寒暑每憶嚴更析靜庭雪映窗或至漏下三四鼓歲以爲常南一先余青其衿殆先生篤厚之報云先生生於雍正五年丁未卒於乾隆五十八年癸丑

享年六十有七配李孺人事姑盡孝相夫克儉號有家法生於雍正十年壬子卒於乾隆五十八年癸丑享年六十有二子一名筠女二人皆適士族孫二人曾孫五人曾孫女六人俱幼歲乙丑南一將宗譜示余乞余爲先生立傳余不敢以不文辭謹爲識之如此

嘉慶十年歲在乙丑春三月上浣

世教姪鑪峯徐紹基尹先氏頓首拜撰

龍塘泰和邵君壽序

邑之控江門外五里有橋名曰阜橋蘇常水陸通衢道徑於此乃湖水西滙至此渟曲分流故術者有主橋之稱自橋之南折而東里許有村舍在焉是地後倚龍山面臨巨塘平原曠野盡屬膏腴之地因名龍塘前有岸平望遠潤故土人名曰龍塘岸其村舍中邵氏聚族居其半有泰和邵君者里中之正人也系出明先賢文莊公一派其先世以務農爲本君少年得薄田數畝僅資餬口於是躬課農桑刻苦儉約因此家道漸豐遂起家焉與人交温厚和平

事務克己人咸服之附近遇有公事則必倡義率先始終其事如里之左右重修橋梁勉力捐資督理蕆事前庚申兵燹民不料生君設法賑濟出而任其事則龍塘一帶居民得以復生賴君之力居多慧麓文莊公祠興工修葺族人告之曰助而泰和欣然許諾弗惜傾囊於是捐助祠之裝摺得以修其成焉君精於會計凡出入必廉讓過人令子貿易屬勿奢望曰毋使損人利己有累於人願固其本足矣豈可妄想耶君年周甲精神強壯雖遠道必行勿令動輒舟車除非正項而外未嘗浪費一錢耳人服其廉介

而樂其和衷也如此書曰見利思義古之誠篤君子也君可稱焉易曰積善之家必有餘慶史稱郭汾陽曰大富貴亦壽考而世之安享大年者豈可以富貴而定論哉

同治癸酉六月中浣耐生居士文藻書於二泉書院之翠竹軒

邵全茂先生七十壽序

邵公全茂者大興公長子樹春公八世孫也無錫西邵巷人少性誠樸品行端方敦倫睦族以孝友聞及長以務農爲生待人接物悉以寬和里有爭執不平者每力爲排解而一毫不取凡有橋梁社觀等修葺必出頭募捐值本支家祠遭庚申之燬片瓦無存僅留荒基深惜之族人曰重建此祠非公莫屬公即毅然自任遂舉公欵採息積少成多經理十餘年果告厥成功焉公生於道光己丑二月二十三日配蔣氏克相夫子至敬至誠親操井臼紡績是勤

生於道光丁酉十月二十九日子四長仁生早卒次世馨配呂氏三世德配支氏四世順俱事親不違克恭克儉兄愛弟敬孫二亦篤孝非公之德何能致此易曰積善餘慶善人必有後也信矣今春適屆公七十壽精神倘然矍鑠夫婦白頭偕老子孫滿堂嗟乎舉梁鴻之案猶是齊眉繼竇儼之風定然折桂於公生誕之日弟已奉觴上壽茲值邵氏續修家乘乞余爲序余不能文畧敘其梗概如此是爲序

光緒二十三年三月　世愚弟王元鑄頓首拜撰并書

後記

無錫是中國吴文化的發祥地。七千多年悠久歷史與文明，造就了『梁溪明秀之區，衣冠禮樂甲於江左』的城市人文傳統和深厚的歷史文化底藴。數千年來，文脉綿延，永世流芳。邵寶在《錫山遺響》序中曾經這樣描述：『錫之爲邑，在三吴間。山水清麗豐曠，生其地者，多沉雅秀整，以文名家，代不乏人。』文化已經成爲這座城市最本色的氣質。爲傳承吴地文明，建設文化名城，進一步彰顯無錫城市内在精神特質，經過幾年的精心策劃，旨在全面整理地方文化典籍的《無錫文庫》編纂出版工作於二〇一〇年全面啓動，二〇一一年起陸續與讀者見面了。

無錫的城市文化曾經爲中華文化寶庫作出過巨大貢獻。顧愷之、倪瓚、王紱、鄒一桂、賀天健、徐悲鴻、錢松喦、吴冠中，如松秀群嶺，在中國繪畫史上擁有很高的地位；華秋蘋、楊蔭瀏、劉天華、華彦鈞（阿炳），乃韵動天籟，對中國音樂發展發揮了重要作用；李紳、蔣防、尤袤、蔣捷、陳維崧、顧貞觀、嚴繩孫、周濟、劉半農，皆胸懷錦綉，在中國文學史上可謂各領風騷；計六奇、顧祖禹、顧棟高、秦蕙田、嵇璜、錢基博、錢穆、錢鍾書、錢海岳，可稱堂奥廣庭，學造淵源，在中國學術史上卓然大家；顧憲成、高攀龍之東林，唐文治之『國專』，徐霞客之游記，徐壽、華蘅芳之『格致之學』，陳翰笙、錢俊瑞、孫冶方、薛暮橋之經濟學，都堪稱中華文化史上的一座座高峰，至今閃耀着炫目的光芒。

深厚的歷史文化底蘊激發了無錫城市的文化自覺。市委、市政府滿懷對鄉土誠摯之情、對文化敬畏之感，以義不容辭的責任擔當，致力於文化强市建設，以科學的理念和方式對歷史文化遺産作全方位的觀照、深層次的發掘、系統性的保護，匯四海之智，舉全市之力，共襄文化建設盛舉。二〇〇六年十二月，無錫市成功申報國家歷史文化名城，標志着新一輪文化意識的覺醒，并迅速轉化爲文化自覺的實踐。近年來，我市全面啓動惠山、清名橋、小婁巷、榮巷、蕩口等五個歷史文化街區和十個古村落保護修復工程，『護其貌，顯其顔，鑄其魂，揚其韵』；鴻山遺址成功保護的經驗被國家文物局譽爲大遺址保護『無錫模式』，并被授予首批國家考古大遺址公園，闔閭城遺址考古發現則確立了歷史上無錫曾作爲吴王闔閭都城的地位；建成開放六十餘座博物館、名人故居和紀念館；對無錫的非物質文化遺産予以重點保護；每年春天舉辦的中國（無錫）吴文化節、中國文化遺産保護論壇成爲文化亮點，享譽海内外。這些舉措遵循規律，探索文化建設體制和機制的創新，形成了寶貴的『無錫經驗』，得到海内外學者、專家的一致肯定。

在注重保護歷史文化遺存的過程中，發掘、整理無錫歷史文獻著作，展示和弘揚無錫城市的思想精神世界，自然而然成爲大家關注的重點。二〇〇六年，市委宣傳部組織無錫文史專家、學者編撰的十七册三百萬字的《無錫文化叢書》正式出版，引起强烈反響，出版後供不應求，在二〇〇八年再版加印。《無錫文化叢書》集中反映了無錫城市文化精華，展示了無錫城市文化特質，彰顯了無錫歷史文化的厚重，同時也告訴人們，文化精神的傳遞是文化繁榮發展的重要内涵，一旦擦去歲月蒙塵，優秀的歷史文化就會轉化成爲取之不盡的精神財富。

爲了進一步彰顯城市歷史文化底藴，二〇〇七年，市委、市政府將全面系統整理無錫文化典籍擺上工作議事日程，明確提出編纂《無錫文庫》。由于無錫歷史文化底藴深厚，卷帙浩繁，内容豐富，編纂工作千頭萬緒，要想整理出一部簡明扼要而又内容翔實、主旨鮮明而又文質彬彬的文獻集成，難度遠大於預想。爲此，我們先後成立了《無錫文庫》工作委員會和編輯委員會，加强對編纂出版工作的組織領導與統籌協調，在尊重歷史、尊重規律、尊重科學、尊重專家的基礎上，積極推進文庫編纂工作。編輯委員會經過反復論證，明確原則，綱舉目張，有條不紊地開展工作。充分憑借地方文史專家的優勢，充分發揮高校人文學院、研究機構的作用，充分依靠出版機構的專業經驗，并邀請國内外著名文史專家指導、把關，形成了文庫編纂的工作合力。

在編輯過程中，我們力求使《無錫文庫》成爲經得起歷史考驗的鄉邦文獻集成。

全面規劃又保持開放結構。面對豐富的歷史文化積澱，没有規劃就不可能形成清晰的編纂思路。在前期編纂工作中，編輯委員會經過二十餘次的論證會和專題研討會，形成并確定了《無錫文庫》總書目，明確了收録範圍和内容主體，立足無錫市區，兼顧江陰、宜興，主要體現無錫本土内容，突出人文科學，適當兼顧其他門類。據此，《無錫文庫》收録圖書五百五十餘種，分爲五輯：第一輯『官修舊志』，收編無錫地方志（含江陰、宜興）；第二輯『地方史料專著』，收編反映無錫地方史料的專著與筆記；第三輯『年譜家乘』，收編無錫（含江陰、宜興）地方名人年譜和望族的家譜；第四輯『無錫文存』，收編歷史上無錫作家詩文和專著的精華；第五輯『近現代名家名著存目』，編撰無錫近現代名家名著的書目提要。爲使文庫具有更大的開放度和包容量，《無錫文庫》注重整體設計，在框架分類上既注意整合，又突出重點，考慮到文庫的涵蓋面和系統性；在書目選擇上既注重經典性，又强調代表性，兼顧到圖書本身質量和作者特點；在出版方式上既總體規劃、循序推進，又采取較爲靈活的方式，成熟一批出版一批，不編序號，爲今後增補書目預留空間。

尊重歷史又反映時代特色。《無錫文庫》注重歷史性與時代性相結合，以嶄新的學術角度和現代學科理念對城市歷史文化進行整理和弘揚。編纂工作充分體現對歷史傳統的尊重，儘可能減少評述性成分，杜絶截割、改篡、增删圖書内容，對節選本衹采取作者的自選本。與此同時，以現代學術視野來看待傳統史料，增加收録有價值的歷史資料和文獻，如對民國時期的一些稿本、期刊、會刊、紀念册也予以應有的關注，收入了部分重要的民間史料。

保持原貌又便于讀者查閲。《無錫文庫》除第五輯外，全部采用原版影印方式，力争選擇最優版本作底本，保持文獻著作的歷史面目。爲了便於閲讀、查證、使用、研究，每一輯均撰寫編輯説明，每種書撰寫提要，并編撰《文庫》書目索引。通過這樣的方式，使《無錫文庫》兼具工具書檢索的作用，增强文化典籍整理的實用功能。

如期完成又精益求精。《無錫文庫》作爲一項重大文化工程，編纂工作面廣量大，必須集中力量，一鼓作氣。我們明確，從編纂工作全面啓動開始，花三年時間完成《無錫文庫》出版工作。《無錫文庫》總書目形成後，五輯的書目編纂工作同時開展、整體推進。我們要求，《無錫文庫》編纂出版工作要强化精品意識，力求思想精深、内容精彩、選編精當、學風精良、裝幀精美。文庫編纂出版的每個環節都反復論證推敲，確保經得起歷史檢驗。

《無錫文庫》的編纂出版工作，得到了鳳凰出版傳媒集團的大力支持，鳳凰出版社在版本選擇、編輯出版方面做了細緻的工作；由於《無錫文庫》收録的資料有三分之二散落在全國各圖書館中，中國國家圖書館、上海圖書館、南京圖書館等一批國内知名圖書館爲此提供了積極的幫助；應邀擔任《無錫文庫》學術顧問的專家，都是無錫籍的文化名人和國内一流的古籍研究專家，他們有的不顧年事已高，有的不顧自身工作繁忙，爲《無錫文庫》的編纂工作付出辛勤勞動；《無錫文庫》工作委員會和編輯委員會成員以及編務人員在文庫編纂出版過程中做了大量的工作。在此，謹向他們表示崇高的敬意和由衷的謝忱！

由於《無錫文庫》收録内容涉及範圍廣、時間跨度長，部分書目已經散佚，可利用資料受到限制，加之編輯委員會水平有限，《無錫文庫》的編纂工作難免會有一些疏漏和錯誤，不當之處敬請讀者指正。

王立人

二〇一一年一月